D1751383

Gerd F. Kamiske (Hrsg.) · Unternehmenserfolg durch Excellence

Gerd F. Kamiske (Hrsg.)

Unternehmenserfolg durch Excellence

HANSER

Dieses Buch ist eine überarbeitete Neufassung des im Springer Verlag erschienenen und dort vergriffenen Titels „Die hohe Schule des Total Quality Managements".

Die Deutsche Bibliothek – CIP-Einheitsaufnahme

Ein Titeldatensatz für diese Publikation
ist bei Der Deutschen Bibliothek erhältlich.

Dieses Werk ist urheberrechtlich geschützt.
Alle Rechte, auch die der Übersetzung, des Nachdrucks, und der Vervielfältigung des Buches oder Teilen daraus, sind vorbehalten. Kein Teil des Werkes darf ohne schriftliche Genehmigung des Verlages in irgendeiner Form (Fotokopie, Mikrofilm oder ein anderes Verfahren), auch nicht für Zwecke der Unterrichtsgestaltung, reproduziert oder unter Verwendung elektronischer Systeme verarbeitet, vervielfältigt oder verbreitet werden.

© 2000 Carl Hanser Verlag München Wien
Internet: http://www.hanser.de
Redaktionsleitung. Martin Janik
Herstellung: Ursula Barche
Umschlaggestaltung: Parzhuber & Partner GmbH, München
Gesamtherstellung: KöselBuch (www.KoeselBuch.de)
Printed in Germany

ISBN 3-446-21358-9

Herrn Prof. Dr. rer. nat. Dr. oec. h. c. Dr.-Ing. E. h. Walter Masing,
Unternehmer und Lehrer, gewidmet

Vorwort und Einführung zur überarbeiteten und erweiterten Auflage

Die Neuauflage bietet die wertvolle Gelegenheit, den Inhalt dieses Bandes der Entwicklung anzupassen bzw. sich wieder an die Spitze der Entwicklung zu setzen. Sie erlaubt auch eine schärfere Abgrenzung zu einem weiteren vom selben Herausgeber erschienenen Band, dem „Rentabel durch TQM – Return on Quality". Die wichtigen Umfänge der Wirtschaftlichkeitsbetrachtungen konnten somit weitgehend ausgeklammert werden, um hier der Geisteshaltung für TQM als der Hohen Schule und den hilfreichen Techniken den gebührenden Platz einzuräumen.

Die Gültigkeit der Aussagen von Autoren, die auf ihrem Gebiet zu den Spitzen gehören, wird durch Erfolge ihrer Thesen in der praktischen Anwendung bei bedeutenden Unternehmen sichergestellt. Toyota hatte die zweite Revolution in der Autoindustrie begründet, deutsche Unternehmen leiten ihre eigenen Wege daraus ab.

Einige Kapitel von grundlegender Bedeutung haben ihre Gültigkeit bis heute nicht verloren und wurden deshalb unverändert übernommen. Andere wurden, wo nötig, überarbeitet und dem neuesten Stand angepaßt. Vier Kapitel wurden neu in das Buch aufgenommen, um es noch anwenderorientierter zu gestalten, nachdem drei Kapitel ganz entfielen und einige erheblich gekürzt wurden.

Das Buch wird einem der Leitsätze der Qualitätswissenschaft in besonderer Weise gerecht, nämlich daß Qualität aus der Geisteshaltung der Menschen und der von ihnen angewandten Techniken entsteht. „Qualität" steht dabei in seiner umfassenden humanen, wirtschaftlichen und ökologischen Bedeutung für jede Betriebs-, aber auch für die gesamte Volkswirtschaft.

Umfassende Qualität im Sinne dieses Buches führt über mentale und quantitative Veränderungen zu einer neuen Qualität (einmal umgangssprachlich ausgedrückt) als der charakteristischen Eigenschaft des Unternehmens. Hier schwingt etwas mit, was nicht nur den Entwickler, Produzierer und Verkäufer antreibt, sondern auch den Eigentümer oder Aktionär, Umweltschützer und Konkurrent fasziniert.

Unternehmensverantwortung ist nicht delegierbar. So ist es auch mit der Verantwortung für Qualität.

Gerd Kamiske
Herausgeber

Inhalt

1	**Total Quality Management – eine herausfordernde Chance**	1
1.1	Das Qualitätsmanagementsystem, ein Schritt auf dem Wege zu TQM von K. J. Ehrhart	1
1.2	TQM – ein bestechendes Führungsmodell mit hohen Anforderungen und großen Chancen von C. Malorny	11
1.3	Qualitätsmanagement im Unternehmen: Philosophie – Strategie – Methode von H. Kirstein	42
1.4	Mit TQM zur schlanken Fabrik: Das ökonomische Motiv von G. F. Kamiske	53
1.5	Organisation des Umweltmanagement im Rahmen von Total Quality Management von D. Butterbrodt	63
2	**TQM – Einführungsstrategien**	81
2.1	Die ganzheitliche Unternehmensentwicklung unter den Aspekten des Total Quality Managements (TQM) von H. Schaar	81
2.2	TQM–Schulungsprogramm von P.-Å. Sörensson	114
2.3	Arbeitsorganisation und Verbesserungsaktivitäten in japanischen Betrieben von U. Jürgens	124
2.4	Coaching-Techniken im TQM von C. Kostka	132
3	**Vertrauensmanagement**	189
3.1	Vertrauensmanagement von J. Tikart	189
3.2	Von der Zweck-Gemeinschaft zur Sinn-Gemeinschaft von H. Lietz	194
3.3	Führen von Führungskräften (die den Wandel vollziehen sollen) von G. Höhler	211
3.4	Schulen von Führungskompetenz – geht das? von P. Haase	224
3.5	Führen zur Gruppenarbeit – flächendeckende Einführung von Qualitätszirkeln in einem Großunternehmen von F. Marciniak	236
3.6	Der Qualitätsmanager im TQM – Aufgabenbereiche eines modernen Qualitätswesens von F. Krämer	251
4	**Qualitätstechniken**	271
4.1	Qualität entsteht aus Geisteshaltung und Technik von G. F. Kamiske	271
4.2	Die sieben elementaren Werkzeuge der Qualität von J. Ebeling	277
4.3	Techniken des Quality Engineering von A. Gogoll und P. Theden	308

| 4.4 | Management-Werkzeuge der Qualität von A. Gogoll | 346 |
| 4.5 | Qualitätstechniken im betrieblichen Umweltschutz von U. Tammler | 358 |

Autoren 379

1 Total Quality Management – eine herausfordernde Chance

1.1 Das Qualitätsmanagementsystem, ein Schritt auf dem Wege zu TQM

K. J. Ehrhart

Wie und warum sich der Inhalt des Begriffs „Qualität" gewandelt hat

Nach der Norm DIN 55 350 von 1987 ist unter „Qualität" zu verstehen: „die Beschaffenheit einer Einheit bezüglich ihrer Eignung, festgelegte und vorausgesetzte Erfordernisse zu erfüllen".
Die Bearbeiter der DGQ (Deutsche Gesellschaft für Recht)-Schrift 11-04 „Begriffe im Bereich der Qualitätssicherung" waren jedoch der Ansicht, die „festgelegten und vorausgesetzten Erfordernisse" der DIN-Definition seien „vielfach mißverständlich", weil der Eindruck entstünde, unter Qualität könnten auch andere Erfordernisse als die hinsichtlich der Beschaffenheit gemeint sein, z. B. Anforderungen an den Liefertermin oder den Preis, und außerdem könnte man vermuten, es gäbe zwei Arten von Erfordernissen, nämlich vorausgesetzte und festgelegte, was freilich nicht der Fall sei. Entsprechend beschreibt die DGQ-Schrift „Qualität" schlicht als „Beschaffenheit einer Einheit bezüglich ihrer Eignung, die Qualitätsforderung zu erfüllen".
Überraschenderweise belehrt uns jedoch die Norm DIN ISO 9004 „Qualitätsmanagement und Elemente eines Qualitätsmanagementsystems – Leitfaden" zu diesem Thema eines anderen:
„Ein erstrangiges Anliegen jedes Unternehmens ... muß die Qualität seiner materiellen oder immateriellen Produkte sein." ... Es muß Produkte anbieten, „welche

a) genau festgelegte Erfordernisse,
b) die Erwartungen des Abnehmers,
c) die einschlägigen Normen und Spezifikationen sowie
d) die gesetzlichen (oder andere gesellschaftliche) Forderungen erfüllen;
e) zur Verfügung stehen, und zwar zu einem konkurrenzfähigen Preis;

- Das Verständnis für Qualität hat sich in den letzten Jahren vertieft

f) zu Kosten realisiert werden, die einen Gewinn ermöglichen."

Daß in ISO 9004 und ihren nationalen und übernationalen Nachfolgenormen erstmals die profitable Produktion als Qualitätsmerkmal genannt wird, wollen wir wenigstens am Rande beifällig zur Kenntnis nehmen.

- Zum Qualitätsverständnis gehören nun auch Termintreue und Preiswürdigkeit

Auffällig ist aber, daß der Text der Norm tatsächlich explizit zwischen festgelegten Erfordernissen und den, offensichtlich darüber hinausgehenden (sonstigen) Erwartungen des Abnehmers unterscheidet, und Termintreue und Preiswürdigkeit zu den Qualitätsmerkmalen zählt. Damit überschreiten ISO 9004 und ihre Nachfolgenormen die Grenzen der früheren DIN-Definitionen deutlich und diese selbst ist inzwischen ausdrücklich erweitert worden; sie bezieht „Qualität" nun nicht mehr nur auf Produkte, sondern auf Tätigkeiten ganz allgemein. Die aktuelle Fassung der Norm lautet: „Qualität ist die Gesamtheit von Eigenschaften und Merkmalen eines Produkts oder einer Tätigkeit, die sich auf deren Eignung zur Erfüllung gegebener Erfordernisse beziehen" (DIN 55 350, Teil 11). Man sollte beachten, daß „gegebene Erfordernisse" sehr viel mehr umfassen als „festgelegte und vorausgesetzte".

In den Worten, mit denen die erwähnten Normen heute den Begriff „Qualität" umschreiben, schlägt sich demnach offenbar eine ganz andere Geisteshaltung und Auffassung von dem, was Qualität bedeutet, nieder, als sie in der eher technischen Terminologie der DGQ-Schrift zum Ausdruck kam. Dem nüchternen Satz – Qualität sei die Eignung, Qualitätsforderungen zu erfüllen, mit seiner Ergänzung: Termintreue und Preiswürdigkeit hätten damit freilich nichts zu tun – soll die aus einem renommierten US-amerikanischen Unternehmen stammende Definition gegenübergestellt werden, die ich einer persönlichen Mitteilung von Herrn Prof. Masing verdanke:

„Quality is: to give your customer a little more than he expects for a little less than he expects."

Am Vergleich der beiden Aussagen läßt sich der Wandel ermessen, den der Begriff „Qualität" in den vergangenen 40 Jahren erfahren hat. „Qualität" ist ja kein Begriff der technisch-ökonomischen Sphäre; indem wir die Qualität eines Produktes oder einer Leistung beurteilen, messen wir das Erreichte an einer – bewußten oder auch unbewußten – Zielvorgabe. Solche Vorgaben und Erwartungen, bzw. Forderungen oder Erfordernisse, sind aber nur im Rahmen der gegebenen gesellschaftlichen Verhältnisse, als Produkt ihres

1.1 Das Qualitätsmanagementsystem, ein Schritt auf dem Wege zu TQM

sozialen Umfelds, verständlich und wandeln sich mit diesem. Der Entwicklungsprozeß, in dem sich unsere und die Wirtschaften der meisten anderen Industrieländer befinden, und dessen Richtung werden erst verständlich, wenn wir den Inhalt des Begriffs „Qualität" als ein wesentlich soziales Phänomen begreifen, das dem Wandel und der Evolution unterliegt wie die Gesellschaft selbst, die sich seiner im Verkehr der Wirtschaftssubjekte untereinander bedient.

• Der Inhalt des Begriffs „Qualität" wandelt sich mit den Wertvorstellungen der Gesellschaft

Man muß es nicht so brutal ausdrücken wie Lenin, der meinte, alle gesellschaftlichen Probleme ließen sich auf das eine reduzieren: „Wer wen?" – der zugrunde liegenden Erkenntnis, die sozialen Fragen seien letztlich nur Fragen der Machtverteilung, kann man sich allerdings schlecht entziehen. Sozialer Wandel ist die spürbare Auswirkung stattgehabter Machtverlagerung, die der einzelne – je nachdem, ob er dabei gewinnt oder verliert – als Fortschritt begrüßt oder als Niedergang beklagt; darum ist auch der Inhalt, den eine Gesellschaft dem Begriff „Qualität" gibt, ein Resultat der Machtverteilung, und zwar der zwischen Kunde und Lieferant.

Im folgenden soll, von diesem Gedanken ausgehend, dargestellt werden, warum und wie sich das Verständnis der deutschen Industrie für Begriffe wie „Qualitätsforderung" und „Qualität" im Umgang mit ihren Kunden von der Währungsreform im Jahre 1948 bis heute geändert hat.

Erste Phase: Der Kunde muß nehmen, was er bekommt.
Die wirtschaftliche Situation in den ersten Jahren nach der Währungsreform, in der Kindheit der sozialen Marktwirtschaft, war die einer typischen Mangelwirtschaft, wie sie den Jüngeren nur noch aus den sozialistischen Wirtschaften und dem, was derzeit von diesen übriggeblieben ist, bekannt sein dürfte. In solchem Verkäufer- oder Verteilermarkt muß der Kunde abnehmen, was er bekommt und dankbar sein, wenn er überhaupt beliefert wird. Daß in solchen Märkten Qualitätsforderungen (und damit die Qualität von Produkten und Leistungen) keine sonderliche Bedeutung haben, leuchtet unmittelbar ein. Der Kunde wird als lästiges, leider unvermeidbares Übel empfunden; wenn seine Qualitätsforderungen überhaupt akzeptiert werden, dann in der Absicht, sie möglichst zu umgehen. Wie es auch durchaus ehrenwert ist, wo immer sich dazu eine Gelegenheit bietet, übers Ohr zu hauen. Unter Kollegen brüstet man sich gern mit derartigen Erfolgen.
Was Qualität ist, legt der Lieferant fest. Die gröbsten Fehler werden durch Sortierung beseitigt. Wer bessere Ware will,

muß den zusätzlichen Sortieraufwand und den höheren Ausschuß bezahlen: Qualität kostet eben Geld.
Die Kosten bestimmen den Preis.
Das Management sieht unter solchen Verhältnissen seine Aufgabe darin, die Produktion mengenmäßig abzusichern und – wenn möglich – zu steigern; das Führungsverhalten ist, je nach Gemütslage, patriarchalisch bis autoritär, die Qualität der Produkte das Ergebnis von Befehl und Gehorsam.
Inner- oder außerbetriebliche Schulungen finden nicht statt. Wozu auch? Das in der Berufsausbildung erworbene Wissen reicht allemal aus, neue Anforderungen gibt es nicht. Woher sollten sie kommen?
Der Rationalisierungsdruck ist gering.

Zweite Phase: Der Kunde muß nehmen, was vereinbart ist. Unter derartigen Umständen macht es Freude, zu produzieren. Daher wächst das Angebot und bald ist der Punkt erreicht, wo Nachfrage und Angebot als ausgeglichen angesehen werden können. Mit zunehmendem Angebot schwindet die Macht des Verkäufers, wächst die des Käufers und der Wettbewerb. Daher ist es nun dem Abnehmer möglich, erste einfache Qualitätsanforderungen durchzusetzen: Er ist nicht mehr bereit, jede mit beliebigen Fehlern behaftete Ware abzunehmen, folglich kommt es zur Vereinbarung von AQL-Werten (Acceptable Quality Level). Daß solche AQL-Werte als Prüfkriterien zu benutzen und nicht zulässige Fehleranteile der Lieferung sind, ist zwar den Spezialisten bekannt, findet aber auf dieser Stufe der Entwicklung noch keinen Niederschlag in der täglichen Praxis.
Aus der Sicht des Käufers wird mit dem AQL-Wert die Schmerzensgrenze beschrieben: „Eine Ware" will er sagen, „mit einem noch höheren Anteil an Fehlern nehme ich nicht mehr ab." Der Produzent und Verkäufer hingegen, in seinem Verhalten noch stark von der gerade erst entschwundenen Machtvollkommenheit geprägt, interpretiert den vereinbarten maximalen Fehleranteil als jene Qualität, die abzunehmen der Kunde sich verpflichtet habe. Was formal-juristisch auch zutrifft. Da also „der Kunde abzunehmen hat, was vereinbart worden ist", wird zwar darauf geachtet, daß der AQL-Wert nicht überschritten, mit ähnlicher Sorgfalt aber auch überwacht, daß er – z.B. durch Sortiermaßnahmen – nicht unterschritten wird. Zwischen den Beteiligten besteht unausgesprochenes Einverständnis darüber, daß Fehleranteile im Rahmen der vereinbarten Grenzwerte nicht zur Beanstandung berechtigen.

Dennoch werden aber in dieser Phase die ersten systematischen Maßnahmen zur Qualitätssteuerung erforderlich. Viel zu häufig nämlich kommt es vor, daß aufgrund der Ergebnisse der Endprüfung das gesamte Los sortiert werden muß, weil der AQL-Wert überschritten war. Selbst bei oberflächlicher Untersuchung wird dabei bald klar, daß etwa 80% der hohen Sortierkosten von nicht mehr als 20% der auftretenden Fehler verursacht werden. Es ist also nicht schwer zu erkennen, wo mit erfolgversprechenden Prüfmaßnahmen in den Fertigungsprozeß eingegriffen werden muß. Damit beginnt die Ära der sog. „statistischen Qualitätskontrolle". Gleichzeitig entsteht der erste externe Schulungsbedarf.

Dritte Phase: Der Kunde muß nichts, sondern der Lieferant fehlerfrei liefern.

Der zunehmende Wettbewerb unter den Lieferanten versetzt die Kunden in die Lage, fehlerfreie Ware zu verlangen. Zwar führen Fehleranteile innerhalb der vereinbarten AQL-Prozentsätze nicht zur Rücksendung, nunmehr jedoch zur Reklamation, mit der der Kunde seine Unzufriedenheit zum Ausdruck bringt. Gleichzeitig erwartet er Auskunft, mit welchen Maßnahmen der beanstandete Mangel künftig vermieden werden soll.

Fehlerfreie Ware kann aber nicht einmal theoretisch, geschweige denn in der Praxis, mit Hilfe statistischer Prüfungen des Produkts gewährleistet werden. Die Prozesse müssen gesichert, Fehler müssen vermieden werden. An die Stelle der nachträglichen Fehlererkennung und -beseitigung tritt die vorbeugende Fehlerverhütung. Die Stunde des Qualitätsmanagementsystems hat geschlagen.

Bald wird klar, daß jeder Bereich des Unternehmens als Fehlerverursacher in Frage kommt, das Qualitätsmanagementsystem daher das gesamte Unternehmen umfassen muß.

Das Streben nach fehlerfreier Leistung läßt am einzelnen Arbeitsplatz keinen zulässigen Fehleranteil mehr zu. Fehler sollen grundsätzlich vermieden, bei Auftreten (unabhängig von ihrem Umfang) beseitigt werden. Eine solche Erwartung kann nicht mehr von einem selbständigen Prüf- und Kontrollwesen erfüllt werden, sondern nur von dem für den Prozeß verantwortlichen Mitarbeiter selbst. Mit dem Qualitätsmanagementsystem entsteht daher gleichzeitig das Prinzip der Selbstprüfung und ein erheblicher Schulungsbedarf, um die erforderliche Qualifikation sicherzustellen.

Vierte Phase: Der Lieferant muß die Erwartungen des Kunden erfüllen.

Die Qualität der führenden Hersteller wird unter dem Druck des Wettbewerbs vergleichbar, ihre Produkte austauschbar. Um sich von der Konkurrenz abzuheben und den Kunden dauerhaft zu binden, genügt daher die Qualität der Ware nicht mehr, sie wird als selbstverständlich vorausgesetzt. Die sonstige Betreuung des Kunden, der Service im weitesten Sinn gewinnt zunehmend an Bedeutung: die Erfüllung seiner expliziten Forderungen allein stellt ihn nicht mehr zufrieden, auch darüber hinausgehende und nicht ausdrücklich erwähnte Erwartungen wollen erfüllt sein.

Damit rücken neben dem Produkt alle anderen, meist immateriellen Leistungen, mit denen das Unternehmen gegenüber dem Kunden in Erscheinung tritt, in den Vordergrund und auch in bezug auf sie gilt das Prinzip der Fehlerfreiheit, der vorbeugenden Fehlerverhütung. Das Qualitätsmanagementsystem wird auf sämtliche materiellen und immateriellen Leistungen des Unternehmens ausgedehnt.

Mehr und mehr hängt dabei die wirkliche Zufriedenheit der Kunden weniger von der Beherrschung von Techniken und Verfahren ab, über die inzwischen Hinz und Kunz verfügen (oder doch verfügen könnten), als vom Geist, mit dem der einzelne Mitarbeiter an die Erledigung seiner Aufgaben geht, wie sehr er sich mit ihr und ihrer Bedeutung für den Kunden identifiziert. Schon daraus erhellt unmittelbar die wachsende Bedeutung der Schulung und die Rechtfertigung des immer größer werdenden Aufwands, der dafür getrieben wird.

Es wandeln sich im Laufe dieser Entwicklung mit den Anforderungen und Erwartungen, die von außen an das Unternehmen herangetragen werden, eben auch die internen Anforderungen und Erwartungen an jeden in ihm Tätigen: aus dem gehorsamen, subalternen Befehlsempfänger, dessen Arbeit von einer autoritären Prüfinstanz beurteilt und gegebenenfalls verworfen wird, ist nun im Idealfall der mitdenkende und seine Arbeit selbst kritisch begutachtende Mitarbeiter geworden, den Stolz auf seinen Beitrag zum Produkt und zur Zufriedenheit des Kunden erfüllt, der aber auch weiß, wie sehr sein persönlicher Erfolg von der Leistung aller anderen Menschen in seinem Unternehmen abhängt.

Der Geist, der sich in solchem Verhalten ausdrückt, gedeiht freilich nicht in jeder Umgebung. Fragen der „Unternehmenskultur" werden darum nun aktuell und es wandeln sich unter dem Druck der Verhältnisse das soziale Gefüge im Inneren des Unternehmens, Führungsstruktur und Führungsstil, und am vorläufigen Ende dieser Entwicklung ahnt man ein Organisations- und Führungsmodell, wie es idealtypisch als „Total Quality Management" (TQM) beschrieben wird.

Fünfte Phase: Der Lieferant muß die Erwartungen des Kunden übertreffen.
Schon aber wird deutlich, daß es auf Dauer nicht genügen wird, die Erwartungen des Kunden zu erfüllen. Wem es nicht gelingt, sie zu übertreffen und den Kunden immer wieder durch die eigene Leistung zu überraschen, der wird ihn eines Tages an den tüchtigeren Wettbewerber verlieren. Manche Märkte scheinen derzeit bereits in diese Phase einzutreten.

Weitere Gründe für die Installation eines Qualitätsmanagementsystems

Neben dem bereits genannten Grund – der gewandelten Auffassung darüber, wie eine den Kunden befriedigende Leistung beschaffen sein sollte – gab es während der zurückliegenden Jahrzehnte weitere technisch-ökonomische und soziale Veränderungen in den Betrieben, welche die Wirksamkeit der seitherigen Verfahren der Qualitätssicherung, wie der sog. „statistischen Qualitätskontrolle", stark beeinträchtigen und deren Weiterentwicklung zudem erforderlich machten, was wir heute unter einem Qualitätsmanagementsystem verstehen.

- Für die Betriebe wurde es erforderlich, ihre Qualitätskontrolle zu einem Qualitätsmanagementsystem weiterzuentwickeln

Technisch-ökonomische Veränderungen

Die Verlagerung der Macht vom Produzenten auf den Konsumenten – die sich selbstverständlich auch in der Gesetzgebung niederschlägt, wie z. B. im Gesetz zur Produzentenhaftung – ist zugleich Folge und Ursache des verstärkten Wettbewerbs unter den Lieferanten, der diese dem Zwang zu ständiger Rationalisierung und Kostensenkung aussetzt. Denn längst sind die schönen Tage dahin, als die Kosten den Preis bestimmt hatten; der Markt setzt mit dem Preis die Grenze für die Kosten. Wer es nicht schafft, seinen Aufwand unter dieser Marke zu halten, der hat bald ausgespielt. Daher werden in der industriellen Produktion, neben anderen kostensenkenden Maßnahmen, die Prozeßgeschwindigkeiten kontinuierlich erhöht.
Mit den wachsenden Produktionsgeschwindigkeiten wird

- Der vom Markt akzeptierte Preis begrenzt zugleich die Kosten

aber der Effekt der statistischen Qualitätsprüfung immer fragwürdiger. Ziehen und Prüfen der Stichprobe zum Zwecke der nachträglichen Fehlererkennung nehmen nach wie vor dieselbe Zeit in Anspruch, so daß mit steigenden Fertigungsgeschwindigkeiten bis zur Einleitung von Korrekturmaßnahmen mehr und mehr mangelhafte Einheiten produziert werden. Auch aus diesem Grunde muß die nachträgliche Fehlererkennung der vorbeugenden Fehlerverhütung weichen, wie sie nur im Rahmen eines Qualitätsmanagementsystems erfolgversprechend angestrebt werden kann.

- Vorbeugende Fehlerverhütung ist nachträglicher Fehlererkennung überlegen

Soziale Veränderungen

Schließlich hat sich auch seit Ende des Zweiten Weltkriegs – und nicht zuletzt durch dieses Ereignis ausgelöst –, die Einstellung der deutschen industriellen Arbeiterschaft zu Autorität und Fremdüberwachung gründlich geändert. Menschen, die in einer liberal-demokratischen Gesellschaft aufgewachsen sind, die zu Diskussions-, Kritik- und Konfliktbereitschaft erzogen wurden und sich außerhalb des Fabrikareals ihrer wachsenden Macht und Bedeutung als Konsumenten und Wähler durchaus bewußt sind, nehmen es nicht mehr ohne weiteres hin, daß über die Qualität ihrer Arbeit andere urteilen, die zudem meist schlechter bezahlt werden als sie selbst.

- Dem Selbstverständnis heutiger Mitarbeiter widerstrebt es zunehmend, daß die Qualität ihrer Arbeit von anderen beurteilt wird

An einem ähnlichen Widerspruch dürfte, nebenbei gesagt, die Einführung der statistischen Qualitätsprüfung in der japanischen Industrie gescheitert sein, was bekanntlich zur Einführung der Quality-Circles durch Prof. Ishikawa geführt hat. Mit dem japanischen Selbstverständnis ist es nämlich ganz unvereinbar, über die Leistung eines anderen ein Urteil abzugeben oder selbst von einem anderen beurteilt zu werden.

Auch aus diesem Grunde also ist es mit den seitherigen Verfahren zu einem Ende gekommen. Wenn heute in der gesamten westlichen Industrie allgemein vom „Ende des Taylorismus" gesprochen wird, so ist damit nichts anderes gemeint, als daß unsere Belegschaften die Bestimmung und Beurteilung ihrer Leistungen durch andere nur mehr unwillig hinnehmen, auf unser besonderes Problem bezogen: daß Selbstprüfung an die Stelle der Fremdprüfung treten muß und die Verantwortung für die Güte der Arbeit jeglicher Art der zu tragen hat, der sie erbringt.

Zertifizierung des Qualitätsmanagementsystems

Schließlich werden Qualitätsmanagementsysteme auch – und zwar in nicht unerheblichem Maße – aufgrund direkter oder indirekter externer Veranlassung zum Zwecke der Zertifizierung eingerichtet: zum einen, weil Kunden einen solchen Nachweis der Qualitätsfähigkeit fordern, um ihrer eigenen Sorgfaltspflicht zu genügen; zum anderen, weil das Unternehmen sich von einem solchen, aus freien Stücken erworbenen Zertifikat Vorteile im Wettbewerb verspricht (siehe hierzu insbesondere Kapitel 5).

So notwendig oder auch nur sinnvoll die Zertifizierung des Systems in beiden Fällen aber sein mag, es besteht die Gefahr, daß bei der ausschließlichen Fixierung auf das erstrebte Zertifikat das eigentliche Ziel aus den Augen verloren wird, nämlich: ein wirkungsvolles Qualitätsmanagementsystem aufzubauen.

- Bei Fixierung auf das QM-Zertifikat kann der Blick auf das eigentliche Ziel verlorengehen

Obwohl die Kennzeichen eines Qualitätsmanagementsystems nach dem seitherigen klar sein dürften, nochmals seine Merkmale zur Verdeutlichung:

1. Es umfaßt das gesamte Unternehmen und
2. bezieht sich auf sämtliche materiellen und immateriellen Leistungen;
3. es realisiert das Prinzip der vorbeugenden Fehlervermeidung
4. durch Instruktion, Schulung und Motivation und
5. durch die Installation möglichst kurzer Regelschleifen, die vom Fehler zu seiner Ursache zurückführen und
6. dessen Beseitigung sicherstellen
   (Konfuzius: „Wer einen Fehler begeht, ohne dessen Ursache zu beheben, hat schon den nächsten Fehler gemacht.").
   Und schließlich wird im Rahmen des Systems
7. die Verantwortung für die Qualität einer Leistung dem übertragen, der die Leistung erbringt.

Demgegenüber muß ein zertifizierbares System bestimmte Formalien erfüllen, die nur eine – wenn auch unerläßliche – Teilmenge der aufgezählten sieben Elemente sind.

Daher wird zwar ein wirklich funktionierendes Qualitätsmanagementsystem immer ohne größeren zusätzlichen Aufwand erfolgreich ein Zertifizierungsaudit bestehen, es ist aber keineswegs gesagt, daß ein zertifiziertes System über das bloße Zertifikat hinausgehende Erwartungen erfüllt.

- Die bloße Zertifizierung eines QM-Systems bedeutet nicht selbsttätig ein besseres Betriebsergebnis

Warum ein, nur mit dem Ziel der Zertifizierung eingerichtetes Qualitätsmanagementsystem darüber hinausgehende Erwartungen nicht erfüllt

Auch in dem Unternehmen, aus dessen Praxis hier berichtet wird – der Carl Edelmann GmbH in Heidenheim – ist, wegen des eigentlich ganz nebensächlichen Zieles der Zertifizierung, das eigentliche und ursprüngliche Anliegen, ein wirkungsvolles System einzurichten, aus dem Auge verloren worden. Oder besser gesagt: Ohne sich sonderliche Gedanken darüber zu machen, wurde einfach angenommen, das System, erst einmal eingeführt und von berufenen Autoritäten für gut befunden, werde seine wohltätige Wirkung schon auf irgendeine Weise zur Geltung bringen.

Kurzum, als wir nach einiger Zeit darangingen, Fehler- und Fehlerkosten-Analysen zu studieren und das System selbst zu überprüfen, stellten wir fest, daß sich hinsichtlich der Struktur und des Umfangs unserer Fehler nichts getan hatte und daß das Qualitätsmanagementsystem von der Belegschaft bestenfalls als lästiges Beiwerk hingenommen wurde, aber nicht tatsächlich in das Betriebsgeschehen integriert war.

Eingehende Diskussionen auf allen Ebenen zeigten bald die Ursachen unseres Scheiterns: Belegschaft, mittleres Management, Führungskräfte, selbst die Unternehmensleitung wußten nicht oder konnten nicht sagen, was denn eigentlich gewollt gewesen war.

Wir hatten nämlich ein Qualitätsmanagementsystem eingeführt bzw. „angeordnet", ohne uns dessen grundlegendste Voraussetzung klar und zu eigen gemacht zu haben:

- Die Führung muß sich über die Ziele im klaren sein und sie den Mitarbeitern vermitteln

Die Verantwortung für die Einführung und Aufrechterhaltung eines Qualitätsmanagementsystems, welches, wenn es die erwarteten Wirkungen zeitigen soll, ein Führungsinstrument sein muß, liegt ausschließlich bei der Unternehmensleitung. Sie kann diese Aufgabe nicht delegieren.

Ehe sie aber daran denken kann, sie in Angriff zu nehmen, muß sie sich selbst über ihre Absichten und Ziele Klarheit verschafft haben und diese bekannt machen; anderenfalls entstehen, aus dem mangelnden Zielbewußtsein der Führung und fehlender Information, unterschiedliche Auslegungen der tatsächlichen Vorhaben beim Management, auf der leitenden Ebene also, und entsprechend fehlorientiertes Handeln der ausführenden Ebene.

Der Aufbau eines Qualitätsmanagementsystems als ein Führungsinstrument zur Verwirklichung der genannten Ziele und einer erfolgreichen Betriebsführung ganz allgemein kann nur von oben nach unten, von der Unternehmensspitze über das Management, Schritt für Schritt, bis in die ausführenden Instanzen vorgetrieben werden. Ausgangspunkt kann nur und muß eine, von allen Führungskräften verstandene, akzeptierte und mitverantwortete Unternehmens- und Qualitätspolitik sein. Sie sollte so eindeutig und klar sein, daß jeder, der Verantwortung im Unternehmen trägt, im Zweifelsfall aus ihren Grundsätzen erkennen kann, welche seiner möglichen Handlungsalternativen den gemeinsamen Zielen dient und welche nicht.

- Die Einführung erfolgt von oben und erfaßt eine Ebene nach der anderen

Der Aufbau eines Qualitätsmanagementsystems ist daher ein langwieriger und mühseliger Prozeß von oben nach unten: mühselig deshalb, weil er überwiegend aus Überzeugungsarbeit besteht, und einen ganz entscheidenden Anteil davon hat die Unternehmensleitung selbst zu leisten.

- Eine Ebene nach der anderen zu überzeugen verlangt viel Beharrlichkeit

Am Ende dieses Prozesses, bei dem jede Maßnahme ihre Rechtfertigung letztlich aus der Qualitätspolitik herleiten muß, wird nicht nur die Dokumentation des, allerdings immer nur vorläufigen, letzten Standes in Form des Qualitätsmanagementhandbuches stehen, sondern auch die Erkenntnis, daß nun der Weg zum Total Quality Management beschritten werden sollte.

1.2 TQM – ein bestechendes Führungsmodell mit hohen Anforderungen und großen Chancen

C. Malorny

Ausgangssituation

Immer mehr Führungskräfte erkennen, daß dem schärferen Wettbewerb und den geschäftlichen Unsicherheiten mit herkömmlichen, vielfach nur punktuell wirksamen Unternehmensführungskonzepten nicht mehr ausreichend begegnet werden kann. Jahrzehntelang bewährte, in unserem Denken teilweise fest verankerte Grundsätze und Leitbilder unternehmerischen Handelns stehen angesichts neuer Rahmenbedingungen verstärkt auf dem Prüfstand. Dieser Prozeß mündet vielfach in ein Suchen nach neuen Konzepten für Produktivitätsverbesserung und Wachstum.

- Bewährte Grundsätze stehen auf dem Prüfstand

In Japan ist es der Deming Prize, der unter Federführung der Japanese Union of Scientists and Engineers seit 1951

- Starke Impulse für Veränderungen im Management sind in Japan der Deming Prize, in den USA der MBNQA

deutliche Impulse für die Herausbildung qualitätsorientierter Unternehmensstrategien auslöst. Diese werden in der japanischen Literatur unter dem Begriff des Total Quality Control (TQC) diskutiert.

In den USA ist es der Malcolm Baldrige National Quality Award (Bild 1.1), der unter der Administration des National

1997/98 Categories/Items	Point Values
1 Leadership	**110**
1.1 Leadership System	80
1.2 Company Responsibility and Citizenship	30
2 Strategic Planning	**80**
2.1 Strategy Development Process	40
2.2 Company Strategy	40
3 Customer and Market Focus	**80**
3.1 Customer and Market Knowledge	40
3.2 Customer Satisfaction and Relationship Enhancement	40
4 Information and Analysis	**80**
4.1 Selection and Use of Information and Data	25
4.2 Selection and Use of Comparative Information and Data	15
4.3 Analysis and Review of Company Performance	40
5 Human Resource Development and Management	**100**
5.1 Work Systems	40
5.2 Employee Education, Training, and Development	30
5.3 Employee Well-Being and Satisfaction	30
6 Process Management	**100**
6.1 Management of Product and Service Processes	60
6.2 Management of Support Processes	20
6.3 Management of Supplier and Partnering Processes	20
7 Business Results	**450**
7.1 Customer Satisfaction Results	130
7.2 Financial and Market Results	130
7.3 Human Resource Results	35
7.4 Supplier and Partner Results	25
7.5 Company-Specific Results	130
Total Points	**1,000**

Bild 1.1: Inhalte des Malcolm Baldridge National Quality Award 1997/98

Institute for Standards and Technology seit 1988 jährlich vom Präsidenten der USA an solche Unternehmen vergeben wird, die nachweisen können, daß ihre permanent überdurchschnittlich gute wirtschaftliche Situation auf der unternehmensweiten Anwendung der Prinzipien des Total Qality Management (TQM) beruht. Beiden Ländern gelang es, den Dialog über erfolgreiche qualitätsorientierte Unternehmensführungskonzepte im Sinne des TQM netzwerkartig zu institutionalisieren.

- USA und Japan konnten sich gegenseitig befruchten

TQM – allgemeine Anforderungen

Was ist unter TQM zu verstehen?

Erstmalig wurde der Begriff Total Quality Management in der DIN EN ISO 8402 – Qualitätsmanagement und Qualitätssicherung; Begriffe – definiert:
Total Quality Management, in der deutschen Übersetzung **Umfassendes Qualitätsmanagement:** *Auf die Mitwirkung aller ihrer Mitglieder beruhende Managementmethode einer Organisation, die Qualität in den Mittelpunkt stellt und durch Zufriedenstellung der Kunden auf langfristigen Geschäftserfolg sowie auf den Nutzen für die Mitglieder der Organisation und für die Gesellschaft zielt.* In Bild 1.2 sind die einzelnen Elemente der Begriffsnorm anschaulich dargestellt.

Aus der Definition des Begriffs TQM folgt, daß die Entscheidung, TQM im Unternehmen einzuführen, in der Regel eine grundlegende Veränderung der Organisationsstruktur und Führungsphilosophie nach sich ziehen muß. Eine weitere Möglichkeit, sich die Kernaussagen des Begriffs TQM zu verdeutlichen, besteht in der Analyse der drei Buchstaben (Bild 1.3): Jeder Buchstabe steht für einen wichtigen Inhalt:

- „T" für **Total,** d. h. Einbeziehen aller Mitarbeiter, aber auch ganz besonders der Kunden; weg vom isolierten Funktionsbereich, hin zum ganzheitlichen Denken.
- „Q" steht für **Qualität,** Qualität der Arbeit, der Prozesse und des Unternehmens, aus denen heraus die Qualität der Produkte wie selbstverständlich erwächst.
- „M" steht für **Management** und hebt schließlich die Führungsaufgabe Qualität und die Führungsqualität hervor. Insofern kann TQM aus dem Blickwinkel der Wissenschaft als *Führungslehre,* aus Sicht der Unternehmen als *Führungsmodell* gelten.

Die Bedeutung und Tragweite des TQM ergibt sich auch aus der Definition der European Foundation for Quality Man-

- Was heißt eigentlich TQM?

- Qualität steht im Mittelpunkt

- Die drei Buchstaben TQM haben jeder für sich eine wichtige Bedeutung

- Die nachfolgende Graphik strukturiert TQM vortrefflich

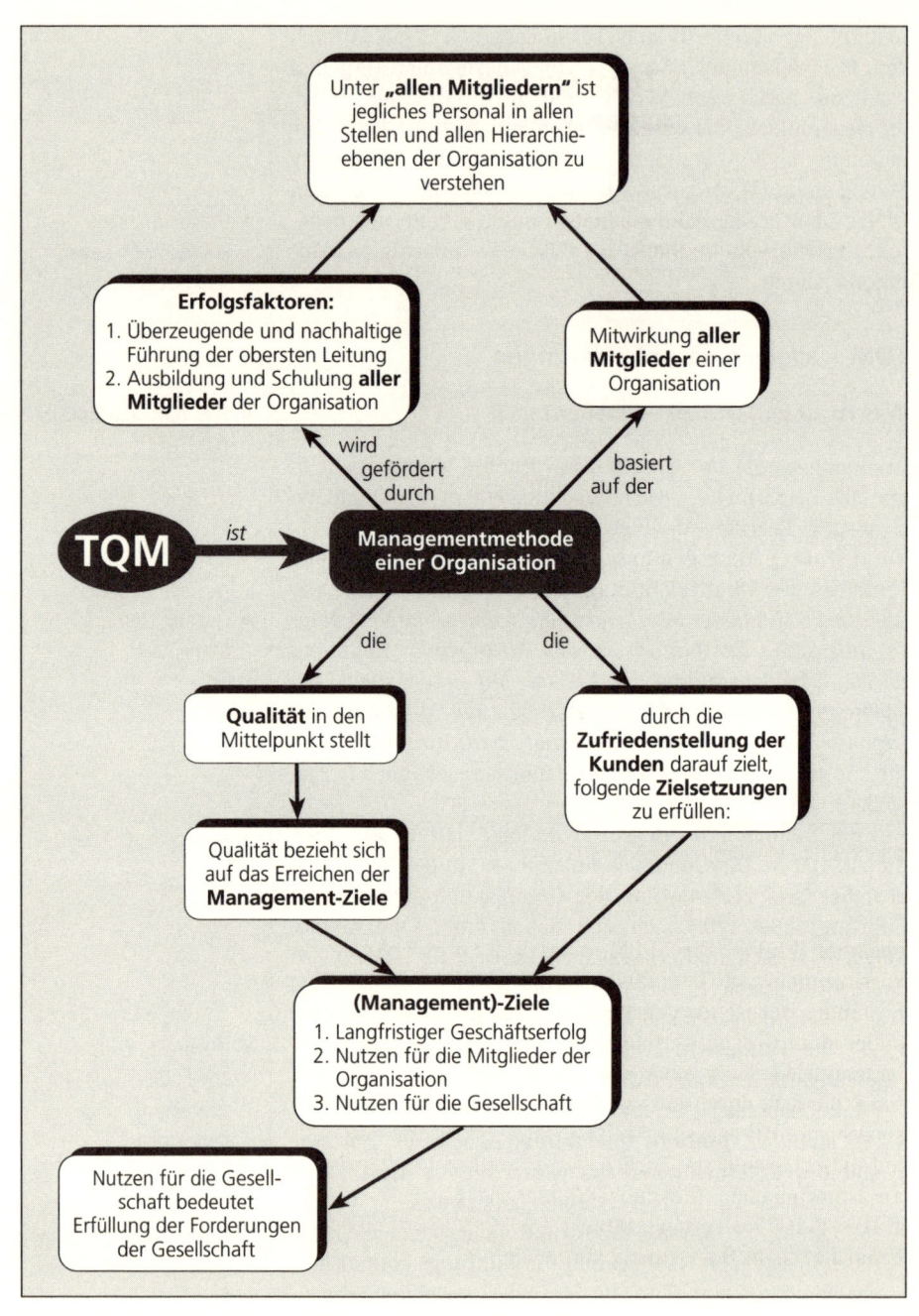

Bild 1.2: Struktur des Total Quality Management entsprechend der DIN EN ISO 8402

1.2 TQM – ein bestechendes Führungsmodell mit hohen Anforderungen und großen Chancen

**Total Quality Management -
Aspekte des Führungsmodells**

- bereichs- und funktionsübergreifend
- partnerschaftliche Kommunikation mit dem Kunden (Kundenorientierung)
- dialog- und mitwirkungsorientierte Öffentlichkeitsarbeit (Gesellschaftsorientierung)
- Einbeziehung aller Unternehmensangehörigen (Mitarbeiterorientierung)

- Qualität der Arbeit
- Qualität der Prozesse
- Qualität des Unternehmens
- Qualität der Produkte

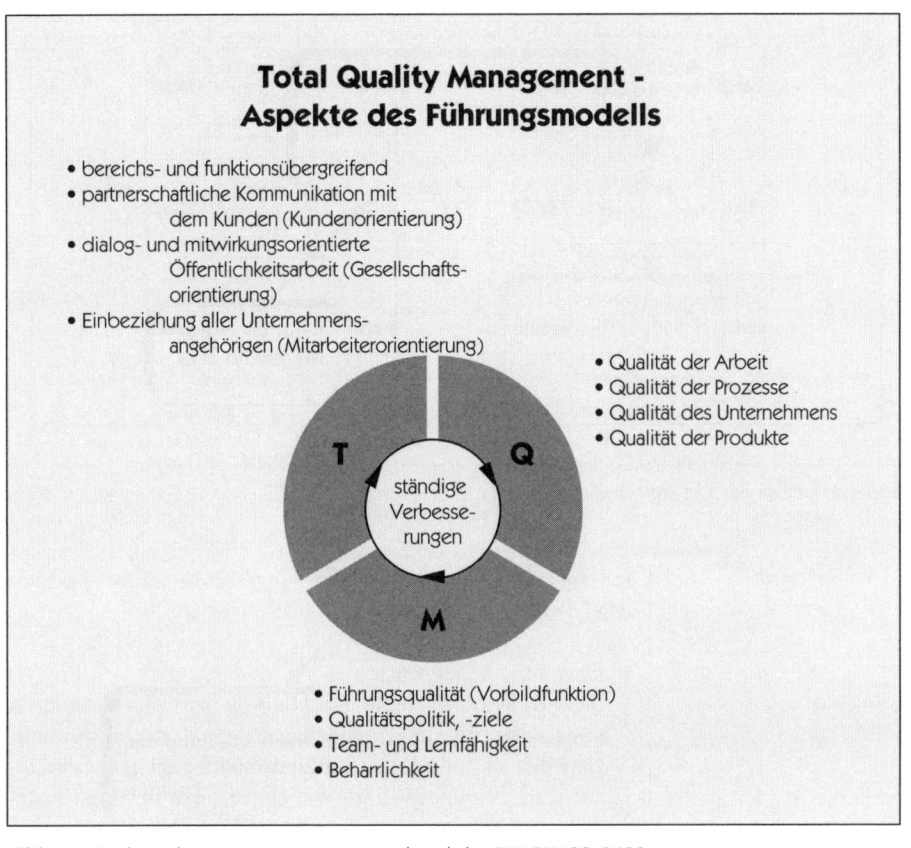

T Q
ständige Verbesserungen
M

- Führungsqualität (Vorbildfunktion)
- Qualitätspolitik, -ziele
- Team- und Lernfähigkeit
- Beharrlichkeit

Bild 1.3: Struktur des Management entsprechend der DIN EN ISO 8402

agement (EFQM). Die EFQM, eine 1988 von 14 Vorstandsvorsitzenden und Geschäftsführern gegründete und seither beständig wachsende Organisation, setzt dafür als Maßstäbe außer dem Geschäftserfolg sowie der Kunden- und Mitarbeiterzufriedenheit auch die gesellschaftliche Verantwortung, die sich durch entsprechendes Management der Ressourcen und Prozesse erweisen muß. Die Stiftung verleiht auf dieser Grundlage jährlich den European Quality Award an Unternehmen, die dabei Spitzenwerte erreichen (Bild 1.4); seit 1997 wird nach ihren Kriterien auch der Ludwig-Erhard-Preis in Deutschland vergeben.

- Der EQA ist die europäische Antwort

Entwicklungsstufen zu TQM

Verfolgt man die unternehmerischen Bemühungen, Markterfolg zu erlangen, so sind in der Grundhaltung zur Qualität

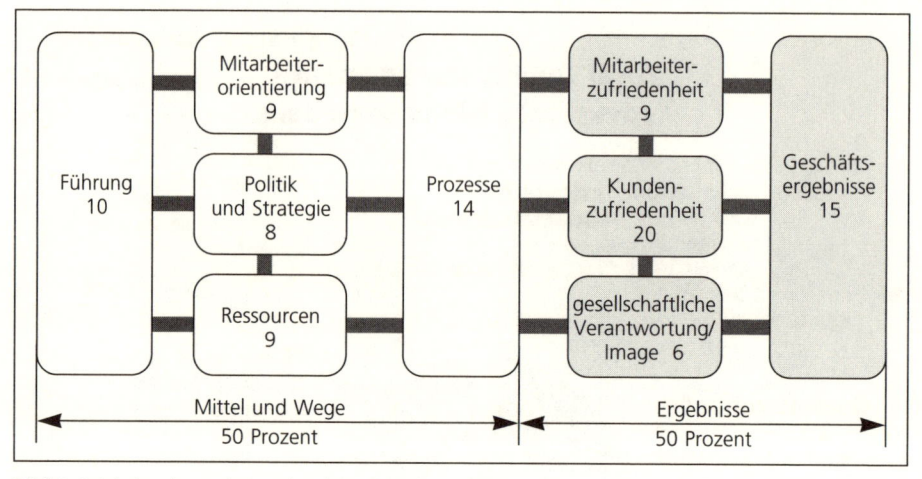

```
┌─────────────────────────────────────────────────────────────────┐
│           Mitarbeiter-              Mitarbeiter-                │
│          orientierung              zufriedenheit                │
│               9                         9                       │
│  Führung    Politik       Prozesse    Kunden-      Geschäfts-   │
│    10    und Strategie      14      zufriedenheit  ergebnisse   │
│               8                        20              15       │
│           Ressourcen               gesellschaftliche            │
│               9                    Verantwortung/              │
│                                       Image 6                   │
│         Mittel und Wege                Ergebnisse               │
│           50 Prozent                   50 Prozent               │
└─────────────────────────────────────────────────────────────────┘
```

Bild 1.4: Inhalte des Ludwig-Erhard-Modells für Excellence

- Die erweiterten Inhalte von Qualität

im wesentlichen drei Entwicklungsstufen zu beobachten (Bild 1.5):

- *Rational – konservativ*
  Qualität wird als eine Funktion neben vielen anderen Funktionen im Unternehmen betrachtet und an Spezialisten delegiert. Unter Qualität versteht man im wesentlichen die Produktqualität; wie sie erreicht wird, ist unerheblich (auch: koste es, was es wolle).
- *Integral – halbherzig*
  Qualität geht jeden an. Qualität als separate Funktion wird aufgelöst und soll in jede der anderen Funktionen integriert werden. Jeder macht *unter anderem* auch Qualität. Qualität erscheint unklar, diffus und untergeordnet.

- *Visionär – programmatisch*
  Qualität ist Chefsache und Führungsaufgabe. Qualität ist allen anderen Funktionen übergeordnet – Total Quality Management. Qualitätsorientierte Mitarbeiterführung ist die unmittelbare Quelle für Qualität. Unter Qualität versteht man Arbeitsqualität jedes einzelnen, Prozeßqualität und Unternehmensqualität, woraus wie selbstverständlich die Produktqualität entsteht. Dabei fallen keine zusätzlichen Kosten an, vielmehr werden Kosten eingespart durch höhere Produktivität, geringeren Fehlleistungsaufwand bei größerem Markterfolg. [1]

1.2 TQM – ein bestechendes Führungsmodell mit hohen Anforderungen und großen Chancen

Total Quality Management
visionär-programmatisch
- Qualität ist Chefsache und Führungsaufgabe
- Qualität ist allen anderen Funktionen übergeordnet
- Produktqualität als Ergebnis von Unternehmensqualität

integrative Qualitätssicherung
integral-halbherzig
- Qualität als separate Funktion wird aufgelöst und in die anderen integriert
- Qualität geht jeden an
- jeder macht **unter anderem** auch Qualität

Qualitätskontrolle
rational-konservativ
- Qualität eine Funktion von vielen
- Qualität wird an Spezialisten delegiert
- Produktqualität steht im Vordergrund

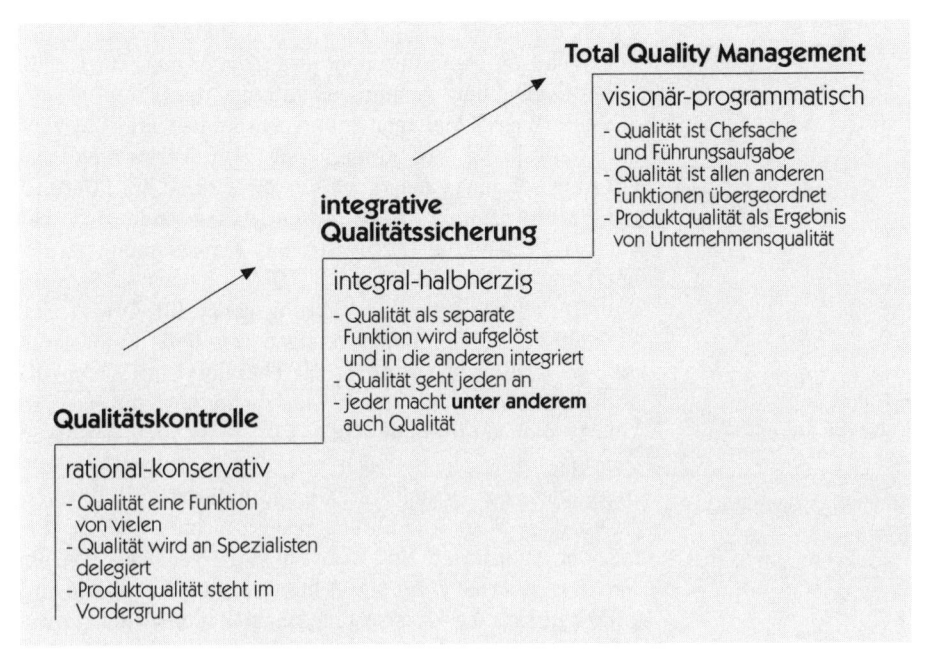

Bild 1.5: Die Entwicklungsstufen zu TQM – Grundhaltungen zur Qualität

Die qualitätsorientierte Bewußtseinsbildung

Ein gemeinschaftliches Qualitätsverständnis, welches die Unternehmenskultur prägen soll, muß entwickelt werden. Die Entwicklung bzw. Veränderung der Unternehmenskultur ist ein Prozeß, der nicht von heute auf morgen erfolgen kann; er benötigt Zeit und Beharrlichkeit seitens der Führungskräfte, um wirklich erfolgreich zu sein und die Basis für weitergehende Maßnahmen bilden zu können.

TQM als qualitätsorientiertes Führungsmodell ist auf den Konsens im Unternehmen angewiesen. Ist dieser gefunden, bietet es dann auch große Chancen und beste Erfolgsaussichten. Als in die Zukunft gerichtetes Führungsmodell sind von TQM aber keine schnellen Erfolge und kurzfristigen Problemlösungen zu erwarten. Die Erfolge werden sich eher in der langfristigen Sicherung von Wettbewerbsvorteilen einstellen.

- TQM verlangt Beharrlichkeit

TQM verlangt Führung

TQM stellt ein Führungsmodell dar, das aufbauend auf einer mitarbeiterorientierten Management-Philosophie Möglich-

- Führen im Konsens mit den Mitarbeitern

- Führen nach den Regeln des TQM hat den Menschen im Mittelpunkt

keiten beinhaltet, die es dem Unternehmen erlauben, auf die vielfältigen Anforderungen des Marktes und der Gesellschaft flexibel und angemessen zu reagieren [2].

Mit dem Begriff Management als Bestandteil im TQM wird es zwangsläufig als Kombination von Verwaltung und Führung definiert (siehe auch Kapitel 3.2 und 3.3). Der bisherige Schwerpunkt des Managements lag tendenziell eher auf der Verwaltung (bürokratisches Management), in Zukunft muß es aber im Sinne von TQM eine bewußte Schwerpunktverlagerung hin zur Führung geben [3]. Drückt sich Verwaltung durch planen, budgetieren und organisieren aus, so ist Führung (leadership) charakterisiert durch die Fähigkeit, Mitarbeiter durch Konsensfindung auf eine Zukunftsvision auszurichten (Bild 1.6). Diese Sichtweise von Führung unterscheidet sich von den traditionellen Führungsstilen, die allzuoft durch einen autoritären Führungsansatz ohne Teamorientierung gekennzeichnet sind. Der Erfolg der autoritären Stile war so lange gegeben, wie ein Nachfrageüberhang am Markt bestand. In dieser Phase entwickelten sich die klassischen Managementinstrumente wie z. B. Management by Objectives oder strategische Planung. Führen heute ist ein dynamischer Prozeß, der Freiräume schafft für das Verwirklichen individueller Ziele. Mitarbeitermotivation und -begeisterung, Vermittlung von Kunden-

TQM verlangt Führung (Leadership)

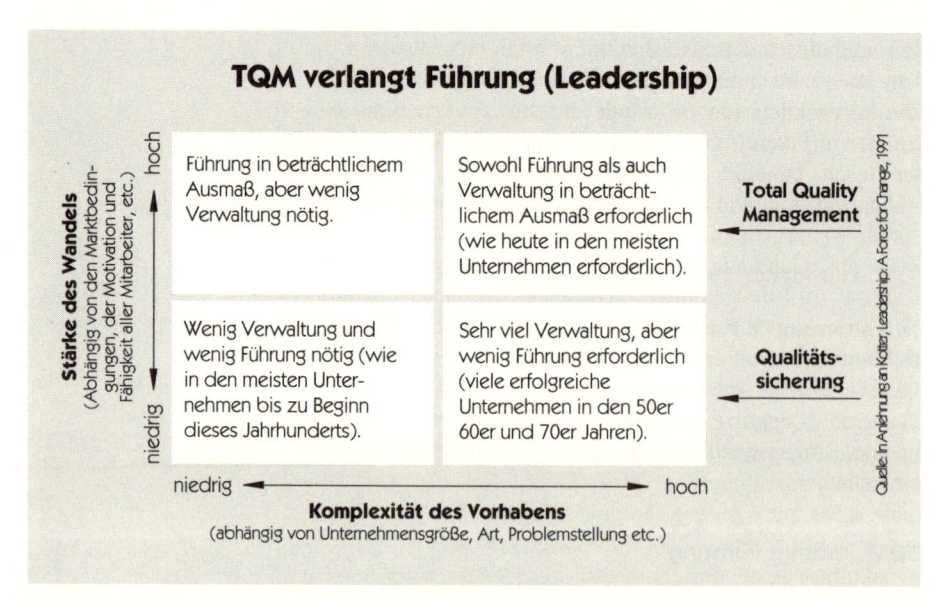

Stärke des Wandels (Abhängig von den Marktbedingungen, der Motivation und Fähigkeit aller Mitarbeiter, etc.)	hoch	Führung in beträchtlichem Ausmaß, aber wenig Verwaltung nötig.	Sowohl Führung als auch Verwaltung in beträchtlichem Ausmaß erforderlich (wie heute in den meisten Unternehmen erforderlich).	← **Total Quality Management**
	niedrig	Wenig Verwaltung und wenig Führung nötig (wie in den meisten Unternehmen bis zu Beginn dieses Jahrhunderts).	Sehr viel Verwaltung, aber wenig Führung erforderlich (viele erfolgreiche Unternehmen in den 50er 60er und 70er Jahren).	← **Qualitätssicherung**
		niedrig ← **Komplexität des Vorhabens** → hoch (abhängig von Unternehmensgröße, Art, Problemstellung etc.)		

Quelle: In Anlehnung an Kotter, Leadership: A Force for Change, 1991

Bild 1.6: Die Beziehung von Wandel und Konplexität zu dem Maß an Führung und Verwaltung, das in einem Unternehmen (auch im Hinblick auf Total Quality Management) gebraucht wird.

interessen an die Mitarbeiter, Kooperation mit allen Stellen und Bereichen des Unternehmens bei der Entwicklung von Visionen und langfristigen Zielen sind die eigentlichen Aufgaben und wesentlichen Herausforderungen an die Führung. Dazu reicht die bloße Verpflichtung für Qualität (quality commitment) nicht aus. Vielmehr muß das Management aktiv die Führungsrolle übernehmen (quality leadership – Qualitätsführung); nur so bleiben die Bekenntnisse des Managements zur Qualität glaubwürdig und für den Mitarbeiter einsichtig. Neben ein Qualitätsmanagement, das vorrangig die ständige Verbesserung aller Unternehmensprozesse (technische wie auch administrative) im Blick hat, tritt nun die Qualitätsführung. Der einzelne Mitarbeiter darf weder in seiner Kreativität noch in seinem Willen und seinen Möglichkeiten zur Erarbeitung von Qualität behindert werden. Das Management hat im Sinne von Führen die Aufgabe, vorhandene Hindernisse auszuräumen, seien es finanzielle, bürokratische oder solche, die sich aus der Hierarchie ergeben und statt dessen motivatorisch z. B. durch Arbeitsumfeldverbesserungen zu wirken. Für den Mitarbeiter muß ein neues organisatorisches Umfeld geschaffen werden, das ihm neue Rollen, Verantwortungen und Befugnisse einräumt. Grundlegende menschliche Bedürfnisse der Mitarbeiter nach Leistung, Zugehörigkeit, Anerkennung, Selbstachtung und schließlich nach Selbstverwirklichung erfahren so ihre Befriedigung. Dadurch lassen sich große Widerstände auf dem Weg zum qualitätsorientierten Unternehmen gemeinsam überwinden und ein hoher Identifikationsgrad der Mitarbeiter mit dem Unternehmen erreichen. So verstanden ist der Geschäftsführer mehr der Spielführer und Trainer der Mannschaft und weniger der Vorsitzende des Vereins.

- Den Mitarbeitern Hindernisse aus dem Weg räumen

- Der Chef als Coach

TQM – kundenorientierte Organisation

Die Forderung nach größerer Flexibilität auf der Suche nach Wettbewerbsvorteilen führte in der Vergangenheit zu einer Reihe unterschiedlicher Strategien wie „simultaneous engineering", „just-in-time" oder in jüngerer Zeit „lean production". So unerläßlich diese strategischen Wettbewerbskonzepte insbesondere in ihrer kombinierten Anwendung auch sind, zum Aufbau langfristiger Wettbewerbsvorteile lassen sich ihre Potentiale ohne eine veränderte Unternehmenskultur unter den heutigen Marktbedingungen nicht ausschöpfen. Die Verwirklichung dieser Konzepte in der traditionellen Unternehmensstruktur führt häufig deswegen

- Die Unternehmenskultur soll förderlich sein für das Einbeziehen von Kunden und Mitarbeitern

nicht zum Erfolg, weil die bestehende systematische Arbeitsteilung und die professionelle Spezialisierung der Mitarbeiter nicht aufgehoben wird. Der taylorsche Geist der Arbeitsteilung wird durch steigende Bürokratisierung der Organisationsstruktur aufgrund wachsender Größe und zunehmendem Alter der Unternehmen unterstützt [4]. Die Abkehr vom eigentlichen Kunden am Markt hin zu einer internen Orientierung ist die Folge. Bemühungen, die vielfältigen internen Koordinationsprobleme zu überwinden, erfordern und binden jedoch erhebliche Energien und Ressourcen. Planungs-, Steuerungs-, Informations- und Kontrollsysteme werden installiert, um die steigende Anzahl der Schnittstellen zu verknüpfen. Eigenkomplexität wird erzeugt, das Verhalten der Mitarbeiter wird von den eigentlichen Zielen und Aufgaben des Unternehmens abgelenkt. Die Lösung interner Koordinationsprobleme, ohne eigentlichen Abbau der Schnittstellen, führt dabei bestenfalls zu einer Orientierung am Produkt, jedoch nicht zu einer dringend notwendigen Orientierung am Kunden.

Hand in Hand mit der o. g. Führungsaufgabe für Qualität bedarf es einer kundenorientierten Organisationsstruktur, die flexibel auf die dynamischen und teilweise dramatischen Marktveränderungen reagieren kann. Kleine überschaubare Organisationseinheiten mit ganzheitlicher Verantwortung für die Qualität ihrer Arbeit bilden hierfür die Grundlage. Eine dergestaltige Teamorganisation wird die Kreativität der Mitarbeiter fördern und streng hierarchische Strukturen ablösen.

- Teams im dynamischen Prozeß entstehen aus dem Wunsch nach Kooperation

In einem dynamischen Prozeß bilden sich bereichsübergreifende Teams, um auf die jeweiligen, oft schlecht strukturierten Anforderungen des Kunden flexibel und schnell zu reagieren (kurze Regelkreise). Die Teams entstehen weniger auf Weisung des Managements, sondern vor allem aus der Handlungsnotwendigkeit heraus; Management beschränkt sich hierbei auf das Koordinieren und Moderieren. Der Kunde muß in diese Teamstruktur partnerschaftlich eingebunden werden; der Austausch und die Kommunikation mit ihm wie innerhalb des Unternehmens dürfen niemals abreißen.

- Die Bindung von Kunden ist eine Managementaufgabe

Es gilt, sich darauf zu konzentrieren, Kunden durch Erfüllung ihrer Wünsche langfristig an sich zu binden. Ein erfolgreiches „Kundenbindungs-Management" wird zu der wesentlichen Kernfähigkeit des Unternehmens [5]. Eine derartig kundenorientierte und qualitätsbewußte Unternehmensorganisation und -führung ist vom Wettbewerber im Gegensatz zu Produkteigenschaften nur schwer zu erkennen und zu imitieren, so daß sich hiermit große Erfolgsaussichten ergeben. Besonders erfolgreiche Unternehmen haben erkannt, daß die Basis für ausgeprägte Kundenloyalität gegenüber Marken, Produkten und Unternehmen zufriedene Kunden darstellen und ausschließlich durch Kundenloyalität der Fortbestand des Unternehmens gesichert werden kann. Dies nicht zuletzt aufgrund der Tatsache, daß die Pflege loyaler Kundenpotentiale weit weniger Aufwendungen erfordert, die für Aktivitäten zur Gewinnung neuer Kunden eingesetzt werden müssen.

• Zufriedene Kunden sind loyale Kunden

TQM und Unternehmenskultur

Die Unternehmenskultur bildet die Basis für sämtliche Vorgänge innerhalb eines Unternehmens und findet ihren sichtbaren Ausdruck in der Art des Umgangs der Mitarbeiter untereinander, den Beziehungen zu den Vorgesetzten sowie der Kommunikation mit dem Kunden. Auf ihr müssen sich also auch alle Maßnahmen und Strukturveränderungen zur Verbesserung der Qualität letztendlich abstützen. Qualität muß in einer Konzentration auf das Wesentliche gemeinsamer Wertmaßstab werden. Qualitätsorientiertes Denken muß in gemeinsamer Diskussion mit allen Mitarbeitern gefunden und durch entsprechende begleitende Maßnahmen wie vor allem intensive Schulungen ständig vertieft werden. In diesem Sinne entwickelt sich die Unternehmenskultur zu einer Qualitätskultur – „Total Quality Culture" (Bild 1.7).

• Qualität ist der gemeinsame Wertmaßstab

Die Kultur wird von allen Mitarbeitern nicht nur getragen sondern auch geprägt und setzt deshalb von allen ein Verhalten des Verständnisses, des einander Ernstnehmens, der Kommunikation und der Kooperation voraus [6]. Präzisieren läßt sich dies durch das Wissen um die Schwierigkeiten der Prozesse des nächsten Mitarbeiters, so daß ein internes Kundenverhältnis wachsen kann.
Die Überwindung sowohl der internen als auch der externen Schnittstellen ist der Schlüssel zum Erfolg. Hier kann und muß die Unternehmensleitung beispielhaft wirken und Zeichen setzen. Keine abgeschlossene Chefetage, sondern ein offenes und verständiges Ohr für die Probleme und Schwierigkeiten der Mitarbeiter, das Begreifen des Mitarbeiters als Individuum, sind das Gebot der Stunde. Das Management prägt die Kultur also entscheidend mit, nicht durch verbale Statements, sondern durch reales Verhalten und Vorleben [7].
Gerade das o.g. Führungsverständnis, also das Gestalten und die Initiative ergreifen, fordert bereits im Vorstand den

• Verringerung von Schnittstellen und Abbau von Barrieren

Die Total Quality Culture als Dach des TQM Führungsmodells

TQC
Total Quality Culture

Führung
Organisation
Ressourcen

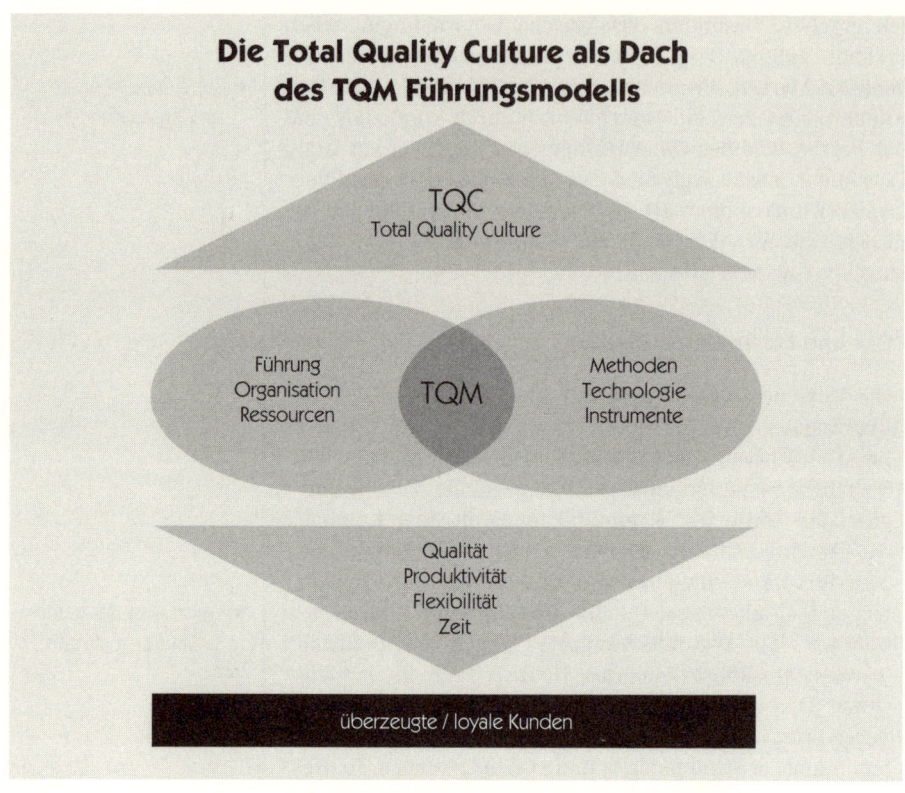

TQM

Methoden
Technologie
Instrumente

Qualität
Produktivität
Flexibilität
Zeit

überzeugte / loyale Kunden

Bild 1.7

- Das Unternehmen ist ein offenes System für partnerschaftliche Zusammenarbeit

Konsens und das geschlossene, auf Überzeugung basierende Vorgehen. Auf diese Weise können auch schwierige Themen offen und konfliktfähig angegangen werden, ohne beim Kollegen Wunden des Sich-Unverstanden-Fühlens zu hinterlassen. Schließlich muß sich der Vorstandsvorsitzende für diesen Prozeß der Verständigung und damit für die Entwicklung der Qualitätskultur persönlich verantwortlich fühlen und aktiv die Führerschaft übernehmen. Ist die gemeinsame Basis gefunden, so gilt es, die neue Unternehmenskultur auf lange Sicht zu institutionalisieren. Dies stellt sich oftmals schwieriger dar als die eigentliche Findung der Basis, da sich die Kultur letztendlich unabhängig von Persönlichkeiten im Unternehmen weiterentwickeln sollte. Bei Wechsel auch des Vorstandsvorsitzenden darf kein Bruch auftreten. Versteht man in diesem Zusammenhang das Unternehmen als offenes System in Partnerschaft mit dem Kunden, so wird damit eine interaktive Lernfähigkeit impliziert, die sich auf die Anforderungen des Kunden, aber auch auf den Wertewandel in der Gesellschaft bezieht.

1.2 TQM – ein bestechendes Führungsmodell mit hohen Anforderungen und großen Chancen

Die Qualitätskultur ist somit nicht ein nach innen gerichtetes Konzept, sondern eine dynamische, sich laufend weiterentwickelnde Kultur, die es dem Unternehmen und seinen Mitarbeitern ermöglicht, sich in das Marktumfeld, das selbst zum Bestimmungsfaktor wird, zu integrieren. Wurden traditionelle Corporate Identity Konzepte bisher fast ausschließlich durch die Unternehmen selbst initiiert und nachfolgend auf dem Markt meist durch Werbung installiert, so geht die Qualitätskultur den umgekehrten Weg, wobei letztendlich der gemeinsame Dialog zwischen Unternehmen und Kunden (auch Zulieferanten) die Qualitätskultur hervorbringen sollte. Die Qualitätskultur wird dann zum Ausdrucksträger der kundenorientierten Organisation als auch des qualitätsorientierten Denkens der Mitarbeiter. Die Symbiose von Qualität und Kultur erlangt damit eine Dimension, die unverkennbar über das traditionelle Unternehmensmanagement hinausgeht, der Qualitätsführerschaft bedarf. Qualität der Führung ist somit die wesentliche Voraussetzung für eine erfolgreiche Qualitätskultur im Unternehmen. Dies wird die Marktakzeptanz und damit auch den Markterfolg in höchstem Maße beeinflussen und das Unternehmen auch in krisenhaften Zeiten zusammenhalten.

• Die Qualität der Führung ist das dominante Element

Der Weg zu TQM

Herausforderungen

Viele Unternehmen stoßen bei der Umsetzung der Inhalte des TQM auf drei grundlegende Herausforderungen: [8]
- **Herausforderung Nr. 1**: *Die passenden Ansatzpunkte für den Start erkennen, um das Fundament für einen nachhaltigen Wandel zu schaffen.* Es läßt sich beobachten, daß Führungskräfte, besonders der obersten Leitungsebene, Schwierigkeiten haben, die umfassenden Inhalte des TQM zu erfassen und die im Sinne ihres Unternehmens geeigneten Umsetzungsschritte einzuleiten.
- **Herausforderung Nr. 2**: *TQM unternehmensweit realisieren unter Einbindung aller Führungskräfte und Mitarbeiter.* Kommt ein Umsetzungsprozeß in Gang, besteht die Gefahr, daß er nach zwei bis drei Jahren wieder abgebrochen wird; hauptsächlich dann, wenn die unternehmensinternen „Widersacher", die Verhinderer eines tiefgreifenden fundamentalen Wandels des Unternehmens, über die „Akteure der Veränderungen" die Oberhand gewinnen.
- **Herausforderung Nr. 3**: *Den Umsetzungsprozeß auf ho-*

• TQM fordert heraus

• Die falschen Starts
vermeiden

hem Niveau durch geeignete Maßnahmen stabilisieren – darüber liegen in Unternehmen aufgrund der noch jungen Thematik nur wenig Erfahrungen vor. Es zeigt sich, daß auch ein Umsetzungsprozeß noch nach fünf Jahren abbricht, wenn es nicht parallel zur Umsetzung des TQM zum Aufbau einer die Umsetzung unterstützenden Infrastruktur kommt, die traditionelle funktionsgegliederte Organisationsstruktur nicht durch eine prozeßstrukturierte Organisation ersetzt wird und Karrierepfade neu ausgerichtet werden.

Blockaden überwinden – auf den Start kommt es an

Die Entscheidung, TQM einzuführen, setzt zunächst die qualifizierte Beschäftigung mit der Thematik voraus. Da TQM wesentlich auf ein Management des Wandels abzielt, orientiert an einem umfassenden Qualitätsverständnis, muß es als ein Führungsmodell begriffen werden, das in eine kontinuierliche Weiterentwicklung und ständige Verbesserung einmündet. TQM muß mit Beharrlichkeit verfolgt werden, wobei Gedankensprünge sowie Strategieänderungen zu vermeiden sind. Dies um so mehr, als solche Sprünge und Änderungen in der Regel von Mitarbeitern ohnehin nicht oder nur mit großer Verzögerung nachvollzogen werden.

• Schon Deming verlangt „Constancy of Purpose"

Die Erfahrungen zeigen, daß erfolgreiche Veränderungen im Sinne des TQM grundsätzlich damit beginnen, daß sich eine bestimmte Gruppe von Führungskräften und Mitarbeitern mit der Situation des Unternehmens auseinandersetzt. Diese Gruppe kann anfänglich aus nur einer oder zwei Personen bestehen. In der Regel finden diese Personen dann Mittel und Wege, ihre Einsichten auf eine breite und meist mitreißende Weise anderen zu vermitteln und so schon relativ früh weitere Personen von der Notwendigkeit des TQM zu überzeugen. Schon allein dieser erste Schritt ist wichtig für das Anschieben der Veränderung, verlangt er doch einen lebhaften, ausgeprägten Meinungsaustausch im Unternehmen. Gelingt es der Gruppe, weitere wichtige Führungspersönlichkeiten für sich zu gewinnen, hat die Umsetzung des TQM – auch langfristig – Aussicht auf Erfolg. Doch eine Prämisse muß als Voraussetzung immer gelten: Ein solch bedeutender Entwicklungsprozeß ist ohne das aktive Vorbild des höchsten Entscheidungsträgers einer Organisation nicht möglich.

• Alles steht und fällt mit dem Führungswillen des Unternehmers an der Spitze

In der Diskussion mit Führungskräften über hemmende Faktoren, die den Start mit TQM im Unternehmen schwer gestaltbar machen, tauchen im wesentlichen sechs, immer

1.2 TQM – ein bestechendes Führungsmodell mit hohen Anforderungen und großen Chancen

Führungskräfte-Workshop

Was verhindert den Start des Total Quality Management?

- Qualität wird delegiert
- Konkrete Ansatzpunkte fehlen
- Stabsstelle ist verantwortlich
- Verantwortungsbewußtsein fehlt
- Qualität – kein Managementthema

Stellhebel werden nicht erkannt

- Inhalte zu schwammig
- TQM wird nicht begriffen
- TQM wird unterschätzt
- Inhalte unklar
- Fehlendes Wissen

TQM-Inhalte unklar

- Keine Bereitschaft für TQM
- Inhalte zu komplex
- Top-Management ohne Wissen
- Inhalte werden nicht erkannt

Programmorientierte Sichtweise

- TQM = unkoordinierte Aktionen
- TQM = Programm
- Weitere Stabsübung

- Schon wieder etwas Neues!
- Unternehmenskultur paßt nicht
- Voraussetzungen fehlen

Fehlende Voraussetzungen

- Mitarbeiter werden überfallen
- Mitarbeiter werden nicht vorbereitet
- Management unglaubwürdig
- Start-Schulungen fehlen
- Keine Verinnerlichung

Frühzeitiger Abbruch

- Wenig Durchhaltevermögen
- Keine Zeit weil Aufträge
- Einsicht fehlt bei guter Wirt.lage
- Keine langfristige Orientierung

Fehlende Orientierung

- TQM-Inhalte zu verwirrend
- Zu viele Abkürzungen und Begriffe
- „Fachchinesisch" der Qualität
- Fahrplan fehlt
- Einführung ist unklar

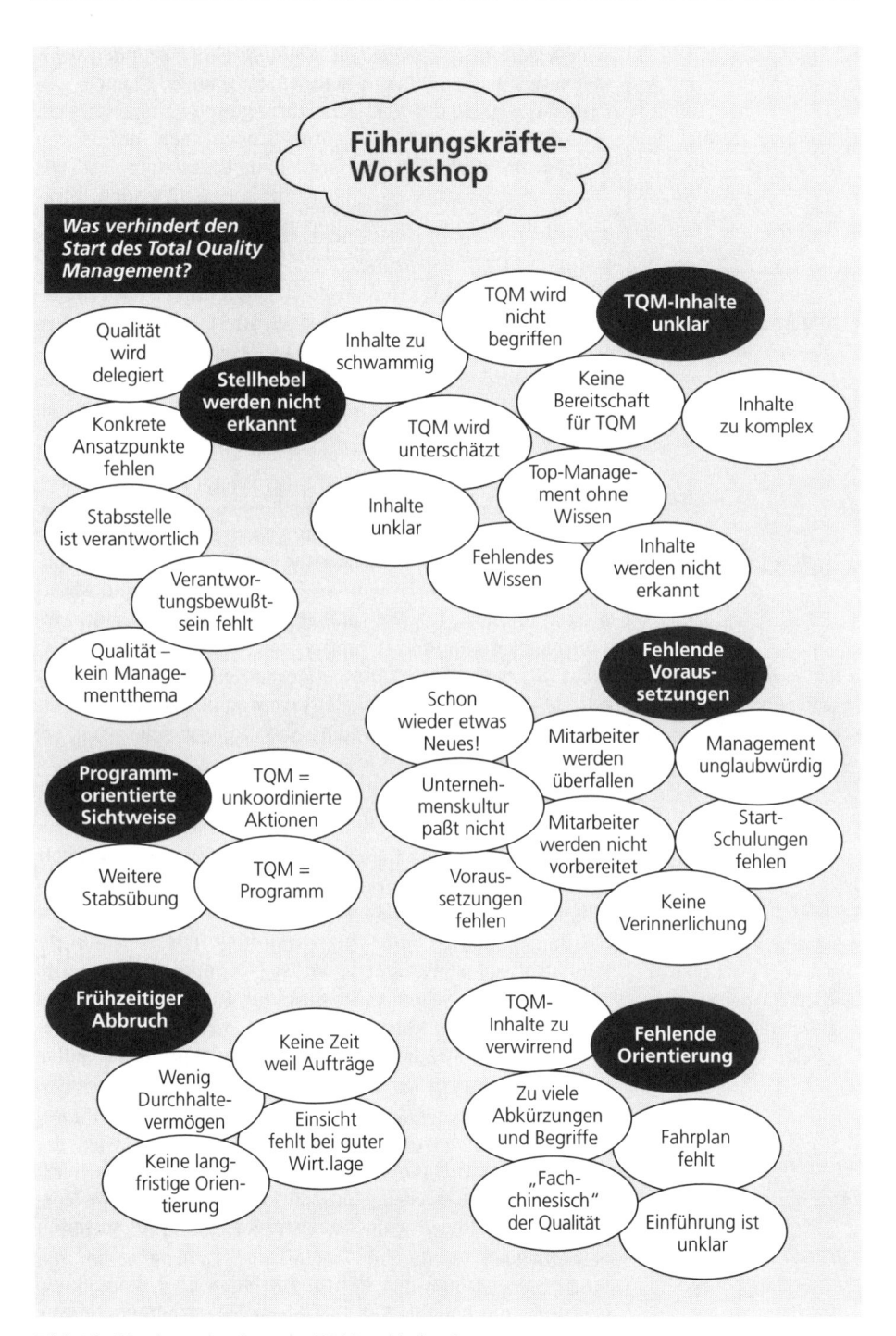

Bild 1.8: Was kann den Start des TQM verhindern?

wiederkehrende Aspekte auf. Sie sollen im folgenden erörtert werden [9]. In Bild 1.8 sind sie zu sechs Clustern zusammengestellt.

- *TQM-Inhalte unklar*

Auf den ersten Blick erscheinen die Inhalte des TQM nicht schwierig. Deshalb ist es leicht, sich die Prinzipien anzuhören und sie als selbstverständlich abzutun. Äußerungen auf Workshops, wie „Wir haben doch schon immer die Produktivität verbessert", oder „kundenorientiert ist doch jedes Unternehmen", zeigen, wie schwer es ist, Denkmuster zu verändern. Durch die vermeintliche Einfachheit der Inhalte des TQM wird tendenziell dann auch auf eine einfache Umsetzung des Modells im Unternehmen geschlossen.

- *Stellhebel von TQM werden nicht erkannt*

Die Ansätze des TQM sind komplex und subtil. Sie zielen nicht direkt auf die Verbesserung der Produktqualität, sondern haben das Verhalten von Führungskräften und Mitarbeitern im Blick. Die Notwendigkeit, ein qualitätsorientiertes Führungsverständnis zu entwickeln, wird jedoch vielfach nicht hinreichend erkannt. Daraus folgt häufig die Annahme, Qualität könne delegiert werden und die Kompetenz und der Einfluß, insbesondere des Top-Managements, sei nicht oder nur begrenzt erforderlich.

- *Fehlende Voraussetzungen*

Ein weitere Ursache für den Mißerfolg bei der Umsetzung des TQM ist das Verharrungsvermögen traditioneller Organisationsstrukturen. Eine Strategie großer Veränderung – bei der es sich bei der Umsetzung des TQM zweifelsohne handelt – scheitert oftmals an der stabilisierenden traditionsverhafteten Organisationsstruktur mit zahlreichen Hierarchiestufen oder einer opportunistischen Unternehmenskultur, verknüpft mit einem autoritären Führungsverhalten [10]. Auch eine Dissonanz zwischen dem Denken der verschiedenen Führungskräfteebenen stellt oftmals ein Hindernis für die Umsetzung des TQM dar. Zusätzlich wird der Start des TQM mit unrealistischen Erwartungen nach raschen Ergebnissen verbunden, die, wenn sie nicht eintreten, oft den vorzeitigen Abbruch vorprogrammieren. Dahinter verbirgt sich häufig der Zweifel der Mitarbeiter an der tatsächlichen Veränderung des Unternehmens in Richtung verbesserter Qualität. Soll die Umsetzung des TQM erfolgreich verlaufen, so müssen im Vorfeld Führungskräfte und

---

- TQM ist vielschichtig

- Umfassende Qualität kann nicht delegiert werden

- Ständige Verbesserungen heißt auch ständige Veränderung – das schafft Widerstände

Mitarbeiter in einer Weise vorbereitet werden, daß sich die notwendigen und zwangsläufig ergebenden Veränderungen in Form neuer Strukturverhältnisse, Positionen und Verhaltensweisen weitgehend harmonisch vollziehen und Bestand haben. Dazu gehört insbesondere, daß die gewünschten Verhaltensweisen organisatorisch verankert werden, d.h. es müssen die Strukturen, wie sie die Aufbau- und Ablauforganisation repräsentieren, verändert werden. In letzter Konsequenz geht es um den Umbau der hierarchisch geprägten Organisationsform auf eine flache, teamorientierte Struktur.

• Vor der Einführung von TQM steht die Sensibilisierung der Führungskräfte und Mitarbeiter

- *Programmorientierte Sichtweise*

Kennzeichen fehlgeschlagener Umsetzungen ist darüber hinaus eine zu programmorientierte Sichtweise der Inhalte des TQM. Diese läßt sich durch die Vorstellung charakterisieren, daß es einen definierten Anfangs- und Endpunkt gibt. Innerhalb dieser Zeitspanne werden dann teilweise hektische Aktivitäten entfaltet, die den Charakter kurzfristiger Aktionen haben. Mangelnder Erfolg läßt die Bemühungen schon nach kurzer Zeit versanden. Der Eindruck der Mitarbeiter, es handele sich um eine „weitere Stabsübung", verstärkt sich. Ein kontinuierlicher Lernprozeß, der die Qualitätsfähigkeit fortlaufend steigert, kommt nicht in Gang.

• Vordergründig Kosten einsparen zu wollen ist kein gutes Argument für TQM

- *Fehlende Orientierung*

Schließlich ist zu beobachten, daß Führungskräfte aufgrund von Vielfalt und Anzahl moderner Managementbegriffe Schwiergkeiten haben, die tatsächlich für sie nützlichen Instrumente herauszufinden und anzuwenden. Noch schwieriger gestaltet sich das Erkennen der Zusammenhänge und des Zusammenspiels der Instrumente, die sich hinter den zahlreichen Begriffen und Abkürzungen verbergen. Dennoch ist das Wissen um die Inhalte und Zusammenhänge von fundamentaler Bedeutung. „Wer nicht weiß, wo die Reise hingehen soll, bewegt sich höchstens per Zufall in die richtige Richtung", so die prägnante Antwort eines Unternehmers, dessen erster „halbherziger" Versuch, TQM einzuführen, scheiterte und der erst beim zweiten Anlauf die Startschwierigkeiten überwinden konnte. Die meisten modernen Begriffe lassen sich unter dem Dach des TQM einordnen oder sind Bestandteil davon. Aber eben dies macht die Umsetzung des TQM nicht leichter – im Gegenteil. So bietet es sich vor dem geplanten Start zwingend an, einen Umsetzungspfad in Form eines ausreichend detaillierten Strategiepapiers zu erarbeiten und zu formulieren, damit

• Die Schritte auf dem Pfad der Umsetzung sollen geplant sein

- Sind alle Beteiligten qualifiziert?

die Orientierung auf dem mehrjährigen Weg zum TQM nicht verloren geht. Dazu ist die Qualifizierung derjenigen, die den Umsetzungspfad konzipieren sollen, notwendig. Ein derartig konzipierter Umsetzungspfad hat praktisch die gleiche Funktion wie eine Landkarte. Er zeigt an, wo man mit seinen Bemühungen steht und in welche Richtung man sich weiter bewegen könnte.

- *Frühzeitiger Abbruch*

Einen hemmenden Aspekt stellen auch die Umfeldbedingungen dar. Schon zuvor wurde erläutert, daß oft versäumt wird, den richtigen Zeitpunkt für die Umsetzung des TQM zu wählen, also den Wandel rechtzeitig zu beginnen. Es besteht aber auch die Gefahr, die Umsetzung aufgrund einer veränderten Marktlage frühzeitig abzubrechen. Gerade wenn TQM mit der verständlichen Intention begonnen wird, eine wirtschaftlich schwierige Situation besser zu bewältigen, kann die Besserung der konjunkturellen Lage das Durchhalten des Managements der Veränderung zu einem Problem machen. Mit steigender Nachfrage und verbesserter Umsatz- und Gewinnlage nimmt die Bereitschaft von Führungskräften und Mitarbeitern, die „Anpassungslasten" weiter zu tragen, ab. Ein frühzeitiger Abbruch kann auch durch übereilt angesetzte „Siegesfeiern" bedingt sein, die den Widersachern der Veränderung das Signal geben, aufatmen zu können. Kotter wies darauf hin, daß teilweise die Initiatoren der Erneuerung schon bei ersten klaren Anzeichen des Fortschritts zur Überschwenglichkeit neigen [11]. Die Gegner stimmen ein und sehen den Sieg als Zeichen dafür, nun wieder Ruhe in das Unternehmen einkehren zu lassen. Zusätzlich lassen sich die Veränderer von ihrem Sieg überzeugen und verringern ihre Anstrengungen. Schon nach kurzer Zeit stockt der Veränderungsprozeß und die alten Gewohnheiten schleichen sich wieder ein. Gefahr droht dabei nach Einschätzung vieler Autoren besonders vom mittleren Management. Aus diesen zweifellos hemmenden Faktoren ergibt sich die zwingende Notwendigkeit nach Absicherung eingeführter Veränderungen. Dieses Phänomen stellt das Top-Management vor die schwierige Aufgabe, immer wieder glaubhaft deutlich zu machen, daß das Ziel der Umstrukturierung noch lange nicht erreicht ist, auch wenn sich schon viel verbessert haben mag. Aber noch etwas scheint bedeutsam: Eine kontinuierliche Weiterentwicklung im Sinne einer ständigen Verbesserung benötigt eine organisatorisch verankerte Infrastruktur im Unternehmen, um den TQM-Prozeß voranzutreiben.

- Für die Stabilisierung der Umsetzung ist die Mitwirkung des mittleren Management unverzichtbar

1.2 TQM – ein bestechendes Führungsmodell mit hohen Anforderungen und großen Chancen

Aus den hemmenden Faktoren lassen sich eine Reihe von Empfehlungen und Hinweisen für den Start des TQM ableiten:

- Die Entwicklung eines einheitlichen Begriffsverständnisses und Grundkonsenses sowie der Abgleich mit der firmeneigenen Sprache und Terminologie ist zwingend erforderlich.
- Das Bemühen um kontinuierliche Verbesserungen ist ein langfristiger Prozeß, der ein erhebliches Maß an Ausdauer und Durchhaltevermögen erfordert.
- Der Umsetzungsprozeß des TQM sollte nicht durch kurzfristige, zu hochgesteckte Zielerwartungen bestimmt werden. Demgegenüber werden langfristige, innovative und anspruchsvolle Zielsetzungen dringend benötigt. Sie können das Unternehmen ausrichten, mobilisieren und anspornen.
- Es ist sinnvoll, einen strategisch ausgerichteten Umsetzungspfad zu erarbeiten und zu formulieren, der auch u.a. wichtige Meilensteine enthalten sollte.

• Aus den hemmenden Faktoren lassen sich die fördernden ableiten

Nachhaltigen Lernprozeß initiieren – von der Sensibilisierung zur Excellence

Um Herausforderungen und übliche Start-Blokaden „in den Griff" zu bekommen, empfiehlt sich für die kontinuierliche Umsetzung des TQM ein stufenförmiger Pfad im Sinne einer Landkarte. Dieser ist durch vier grundsätzliche Phasen gekennzeichnet (Bild 1.9):

- *Sensibilisierungsphase* – Initiierung des TQM,
- *Realisierungsphase* – unternehmensweite Anwendung und Entfaltung des TQM,
- *Stabilisierungsphase* – Beschleunigung des Verbesserungsprozesses und innovative Ausrichtung,
- *Phase der Exzellenz* – Verfeinerung und Dynamisierung des TQM.

• Die Phasen einer erfolgreichen Umsetzung

Die Phasen leiten sich aus der langjährigen Beobachtung und Unterstützung von unternehmerischen TQM-Umsetzungen ab. Jede der Phasen läßt sich durch spezifische Merkmale charakterisieren. Mit Hilfe der Merkmale ist es möglich, Schwerpunkte für die Umsetzung des TQM zu ermitteln und Hinweise zur Weiterentwicklung im Sinne von Gestaltungsanforderungen zu geben.

Phase der Exzellenz

Hauptstellhebel Verfeinerung des TQM-Prozesses

- Ständige Weiterentwicklung/Verbesserung organisatorisch in die „tägliche Arbeit" integrieren.
- Divergenzen korrigieren, Verschwendungen aufspüren und beseitigen.
- Mitarbeiter und Prozesse auf Ideengewinnung und -umsetzung fokussieren.
- Ansätze reifen lassen, Kursänderungen vermeiden.

Stabilisierungsphase

Hauptstellhebel Vernetzung der Einzelmaßnahmen

- Vollständige Etablierung von Überprüfungszyklen (geschlossene Regel- und Feedbackkreise).
- Erfolgreiche Ansätze/Strategien/Methoden u.a. kommunizieren und standardisieren.
- Elemente des TQM harmonisieren (zu einem *Gesamtkunstwerk* zusammenfügen)
- Punktuelle Einzelmaßnahmen vernetzen
- Innovationsfreundliches Klima forcieren.

Realisierungsphase

Hauptstellhebel Führungs- und Strukturwandel

- Unternehmensweite Einführung von TQM:
  – vertikal durch alle Ebenen;
  – horizontal durch alle Bereiche;
  – in allen Prozessen;
  – bezogen auf alle Produkte und Dienstleistungen.
- Ganzheitliches durch alle Funktionsbereiche abgestimmtes Vorgehen.

Sensibilisierungsphase

Hauptstellhebel Bewußtseinswandel

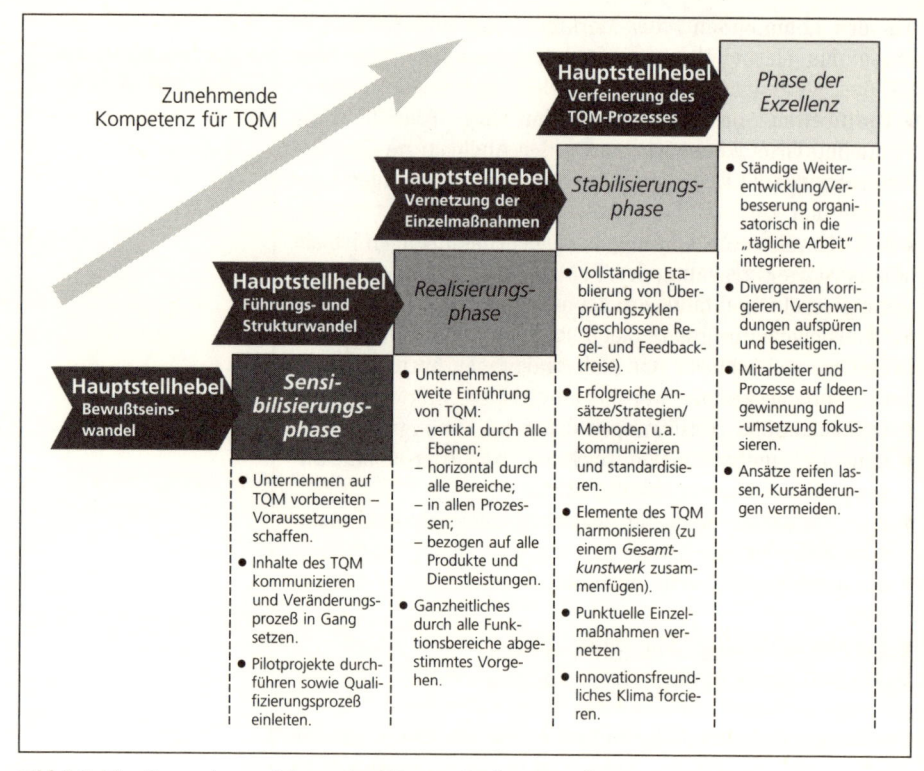

- Unternehmen auf TQM vorbereiten – Voraussetzungen schaffen.
- Inhalte des TQM kommunizieren und Veränderungsprozeß in Gang setzen.
- Pilotprojekte durchführen sowie Qualifizierungsprozeß einleiten.

Zunehmende Kompetenz für TQM

Bild 1.9: Vier Phasen kennzeichnen den Weg zur Business Excellence

Die Sensibilisierungsphase – Veränderungsbereitschaft entwickeln

Durch Beobachtung von Veränderungsprozessen in Unternehmen konnte die Erfahrung gemacht werden, daß die Umsetzung des TQM in den ersten ein bis zwei Jahren erheblich von den bisherigen allgemeingültigen Handlungsmustern bestimmt wird. Dabei fiel auf, daß immer dann besonders viel Energie in das Wecken von Bereitschaft und Veränderungswillen eingebracht werden mußte, wenn die mit der Umsetzung des TQM verbundenen Verhaltenserwartungen in starkem Kontrast zu den bisherigen Handlungsmustern standen. *Doppler* führt hierzu aus, daß den Menschen, die jahrelang auf Anpassung, Gehorsam und Unterwürfigkeit gedrillt und konditioniert wurden, eine aus dieser Erfahrung erworbenen „Klugheit" verbietet, sich ohne Mehrfachvergewisserung auf Veränderungen einzulassen [12]. Deshalb erfordert die Umsetzung des TQM zunächst das Schaffen eines günstigen Klimas im Unternehmen.

- Ist das Unternehmensklima geeignet?

Insofern ist ein wesentliches Merkmal der Sensibilisierungsphase das Herbeiführen eines Veränderungswillens, das als das „Auftauen und Infragestellen der gegenwärtigen Gewohnheiten" beschrieben werden kann. Maßgeblicher Stellhebel dieser Phase ist der Bewußtseinswandel. Der Bewußtseinswandel läßt sich durch die Überzeugung der Vorstands- und Geschäftsführungsebene von der Notwendigkeit, TQM umzusetzen, maßgeblich beschleunigen. Darüber hinaus ist die Umsetzung des TQM zum Scheitern verurteilt, wenn sie vom Vorstandsvorsitzenden oder Geschäftsführer nicht als eigene, originäre Aufgabe verstanden wird.

- Der Sinn der Veränderung muß deutlich werden und akzeptiert sein

Grundlegende Auslöser und fördernde Faktoren für Veränderungsprozesse sind:
- Deutlich spürbarer Problemdruck,
- neue Gelegenheiten und Chancen, aus denen sich ein persönlicher Nutzen ableiten läßt,
- eine verstärkte Kommunikationsorientierung und kritische Reflexion,
- die partizipative Suche nach einem umfassenden Kontext und
- die Möglichkeit der Selbstentwicklung des Einzelnen.

Dabei darf die Betroffenheit von Führungskräften und Mitarbeitern nicht im „Emotionalen" steckenbleiben. Problembewußtsein bedeutet, daß Probleme auch als reale Probleme erkannt und empfunden werden, d.h. daß z.B. eine wirtschaftlich schwierige Situation des Unternehmens diskutiert werden muß. Die Artikulierung der Betroffenheit muß zu einem gemeinsamen Problembewußtsein und der Bildung von Verbündeten und „Leidensgenossen" im Sinne der Unternehmensgemeinschaft führen. Erst dann besteht die Chance, daß sich aus dem gemeinsamen Problembewußtsein der Wunsch nach einer Veränderung der Verhältnisse und die Einstellung, die eigenen Schwierigkeiten als Herausforderung und gemeinsames Problem anzusehen, entwickelt.

- Wer keine aktuellen Probleme hat, kann auch ein Zukunftsszenario aufstellen

- *„Unwritten Rules" diskutieren*

Ein wichtiger Punkt während des Suchprozesses nach einer neuen Orientierung ist das Offenlegen und Diskutieren der sog. „Unwritten Rules", die die eigentliche persönliche Maxime der Mitarbeiter sind. Aus den „Unwritten Rules" lassen sich Katalysatoren ableiten, die die spätere Implementierung des TQM unterstützen können. Während der Suche nach neuen Orientierungsmustern sollte das Top-Management zwingend darauf achten, daß hervortretende „Schattenkulturen", die das Unternehmen möglicherweise vom

- Vertrauen ist zerbrechlich, daher ist Ehrlichkeit unabdingbar

- Zum Vertrauensmanagement gesellt sich das Veränderungsmanagement

Kurs auf ein qualitätsbewußtes Unternehmen hin abbringen, keinen zu großen Einfluß gewinnen.

Der sich anbahnende Veränderungsprozeß muß durch das Schaffen eines hohen Maßes an Vertrauen und Sicherheit abgestützt werden. Besonders für die nachfolgende unternehmensweite Realisierung des TQM (Realisierungsphase) ist im Vorfeld ein Vertrauensvorschuß dringend erforderlich.

In der Sensibilisierungsphase kann Vertrauen vor allem dadurch geschaffen werden, daß sich Führungskräfte mit dem persönlichen Wohlbefinden der Mitarbeiter auseinandersetzen. Dazu gehört die Bandbreite der Werte, Einstellungen, Antriebskräfte und Ideen, die die Mitarbeiter akzeptieren, ertragen oder verarbeiten können. Dahinter steht die Intention, die Mitarbeiter dort „abzuholen", wo sie gedanklich „stehen".

Die Erfahrung zeigt, daß sich aus dem Suchprozeß nach einer Lösung eine Vielzahl von Verbesserungsvorschlägen ergibt, die teilweise sofort verwirklicht werden können. Den Veränderungsprozeß einzuleiten und voranzutreiben, ist dabei in einem ersten Schritt originäre Aufgabe der obersten Hierarchieebene. In einem zweiten Schritt ist die mittlere Hierarchieebene gefordert, die Veränderungsnotwendigkeit den Mitarbeitern nahezubringen und verständlich zu machen.

- *Unternehmen in „produktive" Unruhe versetzen*

Doch wie steht es mit jenen Unternehmen, die sich in keiner wirtschaftlich schwierigen Situation befinden? Auch hier gelten die gleichen Gesetzmäßigkeiten. Soll ein Veränderungswille geweckt werden, so muß das Unternehmen aus seiner Ruhe, Selbstgewissheit und möglicherweise -zufriedenheit gebracht und in eine gewisse Unruhe versetzt werden. Hier bietet sich der sogenannte „Leidensworkshop" an, in dem Führungskräfte auf ein mögliches negatives Zukunftsszenario eingeschworen werden. Derartige Workshops müssen interaktiv konzipiert sein und auf die Bewußtseinsbildung und Verhaltensbeeinflussung abzielen. Dabei hat sich gezeigt, daß die Einsicht für Veränderungen besonders stark hervortritt, wenn die beteiligten Führungskräfte „Worst-case-Szenarien" selbständig erarbeiten.

- *Durch Pilotprojekte Erfahrungen sammeln*

- Mit Pilotprojekten beginnen

Ein weiteres Merkmal der Sensibilisierungsphase ist die Durchführung konkreter Pilotprojekte. Solche Projekte ermöglichen es dem Unternehmen zu experimentieren, zu lernen und Erfahrungen zu sammeln, wobei sie den Charakter von Trainingsprojekten haben können. Ziel der Pilotprojekte sollte es sein, in einem kleinen Rahmen zunächst Erfahrungen zu sammeln und Einsichten zu gewinnen, um in der unternehmensweiten Umsetzung sicherer zu werden. Dabei geht es keineswegs um die komplette pilothafte Umsetzung des TQM in einem abgeschlossenen Fachbereich, sondern um das Ausprobieren einzelner TQM-Elemente – z.B. das Vorgehen bei der Einführung von Gruppenarbeit, Qualitätszirkeln u.ä. – in einem ausgewählten organisatorischen Teilbereich, beispielsweise in einem Werk. Positive Ergebnisse von Pilotprojekten, die die Aufmerksamkeit anderer Bereiche auf sich ziehen, unterstützen den Veränderungsprozeß praktisch von selbst.

- Erste Erfahrungen sind die Summe der anfangs gemachten Fehler

- *Qualifizierungsprozeß einleiten*

Begleitet werden muß die Sensibilisierungsphase durch das Einleiten eines umfassenden Qualifizierungsprozesses [13]. Dabei sollte es sich in erster Linie zunächst um Lerninhalte handeln, die die Bewußtseinsbildung für die Umsetzung des TQM fördern. Die Erfahrung zeigt, daß allen voran die Führungskräfte intensiv zu schulen sind, da sie, solange sie nicht selbst von der Notwendigkeit der Veränderung im Hinblick auf TQM überzeugt sind, ihre Mitarbeiter nur ungenügend erreichen. Hier geht es um das sichtbare persönliche Einstehen für Veränderungen, um Glaubwürdigkeit gegenüber den Mitarbeitern zu erlangen.

- Vor der Realisierung steht die Qualifizierung

Während der Sensibilisierungsphase wird vor allem Zeit investiert. Sie muß aufgebracht werden, um die Zusammenhänge zu erläutern, zu informieren und vor allem zu verbreiten. Erst wenn die Mitarbeiter spüren, daß das Unternehmen und damit auch sie selbst, ein tatsächliches Problem haben und die Erwartungshaltung gegenüber neuen Ansätzen vorhanden ist, kann zur nächsten Phase übergegangen werden.

- Die nächste Phase sollte schon erwartet werden

Zusammenfassend ergeben sich, um den Wandel einzuleiten, folgende Empfehlungen:
- Informationsveranstaltungen und Aushänge über die Situation des Unternehmens (z.B. Geschäftsbericht mit den Mitarbeitern diskutieren).
- Kommunikationsdichte erhöhen. Problembewußtsein und breite Akzeptanz für Veränderungen schaffen sowie Verbesserungspotentiale sichtbar machen.
- Mitarbeiter in die Suche nach neuen Lösungsansätzen einbeziehen (Vertrauen entwickeln, Ängste abbauen, Sicherheit geben).

- Umfassenden Qualitätsbegriff als neue Orientierung etablieren (Inhalte des TQM verbreiten).
- Pilotprojekte durchführen (Wissen aneignen, Fähigkeiten trainieren, u. ä.).
- Qualifizierungsprozeß schrittweise beginnen (Handwerkzeug, wie z. B. die Qualitätstechniken erlernen und trainieren).

**Die Realisierungsphase –
das „Abenteuer TQM" beginnt erst jetzt richtig**

- Aus der Pilotphase heraus wird das ganze Unternehmen erfaßt

Ist die notwendige Sensibilisierung einer kritischen Zahl von Führungskräften und Mitarbeitern erreicht, gilt es, TQM unternehmensweit zu verankern. Der Erfolg dieser Phase ergibt sich zunächst maßgeblich aus der Verinnerlichung des während der Sensibilisierungsphase entwickelten neuen Wissens und Denkens und der nun daraus resultierenden, tatsächlichen Verhaltensänderungen. Hierbei sind zunächst die Führungskräfte angesprochen, da sie auf Basis ihrer „neuen" Einsichten ein für die Mitarbeiter sichtbares qualitätsorientiertes Führungsverständnis ableiten und praktizieren sollen.

- *Strukturen qualitätsorientiert ausrichten*

Ein weiteres Kennzeichen dieser Phase ist eine weitreichende Strukturveränderung des bisherigen Organisationsaufbaus und -ablaufs. TQM verlangt eine Organisation in Teams, die in vollständiger und ganzheitlicher Verantwortung die Wertschöpfung erbringen sollen. Das bedeutet für zahlreiche Unternehmen, den Übergang von einer zentralen Lenkungsstruktur zu einer stark dezentralen, das eigenverantwortliche Handeln aller Mitarbeiter betonenden Struktur zu gestalten. Ziel ist die vollständige Umgestaltung zu einer auf den Kunden fokussierten, prozeßstrukturierten Organisation.

- *Hierarchieebenen abflachen*

- Flachere Hierarchien verkürzen den Informationsweg

Begleitet wird der Umstrukturierungsprozeß meistens durch einen Abbau der Hierarchieebenen, da diese heute anerkanntermaßen der Kommunikation und Kreativität im Unternehmen nicht förderlich sind. Dahinter steht die Erkenntnis, daß das hierarchische Paradigma davon ausgeht, daß Mitarbeiter weder willens noch fähig sind, ihre eigene Arbeit zu organisieren und zu kontrollieren. Die Verantwortung wird bewußt in die obersten Hierarchieebenen getragen und dort gebündelt. In einer solchen Struktur sind Selbstverantwortung, Kreativität und Innovationen kaum möglich. Allerdings – und das sei hier ganz deutlich gesagt – wenn Menschen zusammentreffen, um ein gemeinsames Ziel zu verfolgen, entstehen aufgrund des gruppendynamischen Prinzips informelle Hierarchien. Insofern sind Hierarchien eine natürliche Sache. Sie jedoch tief zu staffeln und funktionell gegeneinander abzugrenzen, wie es sich in Unternehmen beobachten läßt, widerspricht heute jeglicher Erfahrung. Hinzu kommt die Erkenntnis, daß zahlreiche Prinzipien des TQM besonders gut in kleinen Organisationseinheiten funktionieren.

Insoweit ist der Führungs- und Strukturwandel der Hauptstellhebel in der Realisierungsphase. Das angestrebte qualitätsorientierte Führungsverhalten muß zwingend von Strukturveränderungen in Richtung einer prozeßstrukturierten, auf die Anforderungen der Kunden fokussierten Organisationsform, begleitet werden, wenn es Bestand haben soll. Der Strukturwandel wirkt einem Rückfall in alte Verhaltensmuster entgegen, der bei Nachlassen des Veränderungsdrucks häufig zu beobachten ist [14].

- Bevor TQM nicht stabilisiert ist, besteht die Gefahr des Rückfalls in frühere Muster

Bisher haben nur wenige Unternehmen den Schritt unternommen, eine „echte" prozeßstrukturierte Organisation zu schaffen. In der Realisierungsphase sind eine Vielzahl von flankierenden Maßnahmen notwendig, um die teilweise negativ empfundenen Konsequenzen der Strukturveränderungen zu kompensieren. Insgesamt lassen sich aus beobachteten Strukturveränderungen die folgenden Empfehlungen ableiten:

- Mitarbeiter im TQM-Umsetzungspfad schulen (Identifikation mit dem Konzept erreichen).
- Hierarchieebenen abbauen sowie dezentrale Teamstrukturen einführen und Zusammenarbeit üben (bei einem amerikanischen Textilhersteller hat keine selbständige Organisationseinheit mehr als 170 Mitarbeiter, weil dann die Prinzipien des TQM nach deren Ansicht nur schwer greifen. Mit zunehmender Größe der Organisationseinheiten werden diese ab 170 Mitarbeiter geteilt. Das Unternehmen hat heute weltweit 30 eigenständige Betriebe).
- Umfassendes „Training on the job" in den neuen Strukturen betreiben.
- Möglichkeiten zur Diskussion und Reflexion über das neue qualitätsorientierte Führungsverhalten für Führungskräfte etablieren.
- Meinungsbildner, Mentoren, Autoritätsträger gewinnen und in Veränderungsprozessen trainieren.

- Ständigen Verbesserungsprozeß kontinuierlich weiterentwickeln.
- Kommunikations- und Informationsdichte erhöhen.
- Entscheidungskompetenz an Teams delegieren, Eigenverantwortung trainieren.
- Infrastruktur zur Unterstützung des ständigen Verbesserungsprozesses etablieren.

Die Stabilisierungsphase – Synergien nutzen

- Synergien durch Vernetzung positiver Einzelaktivitäten

Werden die neuen Ansätze des TQM-Konzepts in weiten Teilen des Unternehmens ausreichend beherrscht, d.h. führen sie zu tatsächlichen Leistungssteigerungen, so müssen die vielfältigen Einzelmaßnahmen harmonisiert und vernetzt werden. In dieser Phase lassen sich erhebliche Synergieeffekte realisieren. Erst durch das Ausbalancieren unterschiedlicher, zuvor intensiv trainierter und beherrschter Maßnahmen kommt es zum gewünschten langfristigen Unternehmenserfolg. Eine weitere Zielrichtung zur Stabilisierung des TQM ist die kompromißlose Förderung der Kreativität eines jeden Mitarbeiters zu einer innovativen Unternehmenskultur. Was es bedeutet, Regeln organisatorisch zu verankern, zeigen Beispiele eines amerikanischen Chemieunternehmens [15]:

- Maßnahmen zur Aktivierung der Kreativität der Mitarbeiter

- 15-Prozent-Regel: eine langjährige Tradition, die es Mitarbeitern erlaubt, bis zu 15 Prozent ihrer Zeit an Projekten ihrer eigenen Wahl zu arbeiten (Ziel: Förderung des Innovationsdrangs der Mitarbeiter).
- 25-Prozent-Regel: jeder Geschäftsbereich soll 25 Prozent seines Jahresumsatzes mit Produkten erwirtschaften, die nicht länger als fünf Jahren auf dem Markt sind (Ziel: Förderung der Entwicklung von Neuprodukten).
- Golden-Step-Auszeichnung für Mitarbeiter, die neue Ideen erfolgreich umgesetzt haben (Ziel: Förderung von internem Unternehmertum).
- Technische Foren, auf denen Mitarbeiter Referate halten und sich gegenseitig über neue Ergebnisse informieren (Ziel: Gegenseitige Förderung und Information).
- Genesis Grants: Wagniskapitalfonds, aus dem Mitarbeiter bis zu DM 75 000,– erhalten, um Prototypen entwickeln und Markttests durchführen zu können (Ziel: Förderung von Innovationen).
- Beteiligung der Mitarbeiter am Gewinn (Ziel: Förderung des Bewußtseins der Mitarbeiter, einen individuellen Beitrag zum Unternehmenserfolg zu leisten).

Folgende Empfehlungen lassen sich zusammenfassend aus der Erörterung ableiten:

- Kurze, geschlossene Regelkreise unternehmensweit etablieren (vollständige Eigenverantwortung erreichen durch abgestimmte Ziele, Ergebnisrückführung und Veranschaulichung).
- Fortschritte systematisch messen (Fakten schaffen).
- Nahtstellen in den Prozessen konsequent minimieren (Funktionsgrenzen auflösen).
- Zunehmend den Innovationsgedanken in der Organisation kommunizieren und durch „Innovationsregeln" u. ä. verankern.
- Mitarbeiter am Unternehmensergebnis beteiligen.
- Beurteilungssysteme und Karriereentwicklungsmöglichkeiten an der ständigen Weiterentwicklung und dem kontinuierlichen Verbesserungsprozeß ausrichten (qualitätsförderliche Verhaltensweisen begünstigen).
- Positive Kettenreaktionen von Maßnahmen fördern, wodurch der ständige Verbesserungsprozeß auf „eigene Beine" gestellt wird. Beispiel eines deutschen, weltweit führenden Herstellers von Faltschachteln [16]: das Führungskräfteentwicklungs-Programm für das mittlere Management förderte das Selbstbewußtsein dieser Ebene unerwartet stark und weckte bei den Führungskräften dieser Ebene den Wunsch nach mehr Eigenverantwortung. Dies wiederum veranlaßte die oberste Hierarchieebene zum Handeln, was in neue Strukturen, z. B. Teamarbeit einmündete und weitere Schulungen zu Problemlösungstechniken notwendig machte, die Kompetenz und Fähigkeit des Unternehmens steigt kontinuierlich.
- Auf Kleinigkeiten achten, diese fördern und diskutieren (auf der Tagesordnung der Vorstandssitzungen eines führenden Elektronikkonzerns stehen Berichte über Qualitätsverbesserungen an erster Stelle. Die Geschäftsberichte nehmen eine nachrangige Stelle ein. So wird allen Vorstandsmitgliedern signalisiert, daß Qualitätsverbesserungen das wirklich wichtige Ziel sind).
- Neue Mitarbeiter unternehmensspezifisch auswählen und trainieren (Bewerber einstellen, die zur Unternehmensphilosophie passen).

• Empfehlungen zur nachhaltigen Stabilisierung der TQM-Einführung

- Wer hier ankommt ist wirklich gut

- Beharrlich die Unternehmenskultur pflegen, denn nur Beharrlichkeit führt zum Ziel

Die Phase der Exzellenz – die hohe Kunst, Qualität als Arbeits- und Denkhaltung zu konservieren und zu optimieren

Im Rahmen des TQM-Umsetzungspfades ist das Hauptmerkmal der Phase der Exzellenz die Konvergenz. Dies bedeutet, daß sämtliche Maßnahmen, Elemente, Techniken, Ziele u. ä. im Einklang mit der qualitätsorientierten Unternehmensphilosophie stehen sollen. Dazu gehört insbesondere das Handeln der Mitarbeiter, wobei die Prozesse noch stärker auf die Ideengewinnung und -umsetzung fokussiert werden. Die Verankerung des Innovationsgedankens in der Organisationsstruktur nimmt einen zentralen Stellenwert ein. Für jeden Mitarbeiter muß es selbstverständlich sein, sich neben seiner eigentlichen (Tages-) Aufgabe in Projekten an der Weiterentwicklung und Verbesserung des Unternehmens zu beteiligen. Unternehmen, die schon heute zur Spitze gehören, wie die Gewinner des Deming Application Prize, des Baldrige Award oder des European Quality Award, geben Mitarbeitern das Gefühl, zu einer besonderen Gemeinschaft zu gehören. Diesen Unternehmen ist es gelungen, ihre Maßnahmen weiter zu verfeinern und sich in ihrer qualitätsorientierten Ausrichtung konsequent an formulierte Leitbilder und Leitlinien zu halten. Zahlreiche Maßnahmen in dieser Phase dienen der Pflege der Unternehmenskultur. Im folgenden soll beispielhaft ausgeführt werden, welche grundsätzlichen Maßnahmen den TQM-Prozeß in der Phase der Exzellenz weiter voranbringen können:[17]

- Umfassende Schulung neuer Mitarbeiter in unternehmensphilosophischen und praktischen Inhalten. Sie werden über Werte, Einstellungen, Normen, Firmengeschichte und -tradition informiert und auf sie regelrecht eingeschworen.
- Strenges Auswahlverfahren für neue Mitarbeiter auf Basis der qualitätsorientierten Philosophie.
- Schulung der eigenen Mitarbeiter auf Spitzenniveau. Verschiedene erfolgreiche Groß-Unternehmen gründeten eigene Ausbildungsstätten (Corporate University), die einen hohen Lehrstandard haben. Erfolgreiche mittelständische Unternehmen lassen sich häufig – mit Unterstützung hervorragender externer Weiterbildungsanbieter – ein unternehmensspezifisches Trainings-Curriculum maßschneidern.
- Möglichst innerbetriebliche Rekrutierung von Führungskräften. Anerkanntes Führungskräfteentwicklungs-Programm für Nachwuchskräfte mit internationaler, organi-

sationsweiter Ausrichtung. Prägung der Mitarbeiter von ihrer Einstellung an.
- Verantwortung wird von Teams getragen, auch auf den höheren Hierarchieebenen.
- Entscheidungen werden einstimmig gefällt.
- Arbeitszeiten flexibilisieren.
- Firmeneigene Sprache und Terminologie. Die Sprache umschreibt einen bestimmten geistigen Bezugsrahmen und vermittelt das Gefühl, einer besonderen Gemeinschaft anzugehören. Dazu gehört auch die Vermittlung von Firmenanekdoten, Heldentaten, Rollenmodellen usw.
- Firmenlieder, Feste, Gelöbnisse zur Stärkung der psychologischen Firmenbindung und der Kommunikation über Erfolge und Niederlagen.
- Wettbewerbe und öffentliche Anerkennung von Mitarbeitern, die sich um die Verwirklichung der Unternehmensphilosophie besonders verdient gemacht haben. Deutliche Sanktionen, wenn die Unternehmensphilosophie verletzt wird.
- Vollständige Koppelung von Gratifikations- und Beförderungskriterien an die qualitätsorientierte Unternehmensphilosophie.
- Vollständige Teamorganisation mit einem Minimum an Nahtstellen.
- Gestaltung der Unternehmensgebäude, Büros usw. aus dem Blickwinkel der Unternehmensphilosophie mit dem Ziel der Verfestigung von Werten und Normen.

- ... und was Ihnen sonst noch als nützlich einfällt

Auffällig ist, daß die vorstehenden Beispiele ausgeprägt präventiven Charakter besitzen. So sollen beispielsweise die strenge, an den Unternehmenswerten ausgerichtete Auswahl von Mitarbeitern sowie ein Führungskräfteentwicklungsprogramm u.a. verhindern, daß ein Unternehmen wegen eines eventuellen Führungsvakuums in eine Führungskrise gerät. Führungskontinuität muß im Rahmen der TQM-Umsetzung gewährleistet sein.

Nach aller Erfahrung fördert die in TQM-geführten Unternehmen visionär ausgerichtete Qualitätskultur eine kontinuierliche Weiterentwicklung und ständige Verbesserung. Gleichsam als Gegenpol zur Unternehmensphilosophie etabliert sich der kontinuierliche Verbesserungs- und Innovationsprozeß (Bild 1.10). Beide sind zwingend erforderlich, damit Unternehmen dieser Phase nicht in Stagnation verfallen. Hierbei läßt sich ein zirkulärer Verstärkungsprozeß erkennen. Parallel zur zunehmenden Reife der Qualitätskultur vergrößert sich der Drang nach Weiterentwicklung, abgestützt durch einen immer effizienter werdenden Verbesse-

- Ständiges Ringen um Verbesserungen verhindert Stagnation

- Hohe Anforderungen stehen vor großen Chancen

Scheinbare Widersprüche TQM-geführter Unternehmen

Einerseits ← Die Kraft des „und" → *Andererseits*

Einerseits	Andererseits
• Eine strategische Mission, jenseits reiner Gewinnorientierung,	• Pragmatisches Gewinnstreben,
• eine relativ stabile Unternehmensphilosophie,	• nachhaltiger Wandel und kräftige Dynamik,
• Bewahrung des Kerns,	• kühne, bindende und riskante Maßnahmen,
• eine klare Vision und Ausrichtung,	• Nutzung zufälliger Chancen und Experimentierfreude,
• riskante, hochfliegende Ziele	• schrittweise, evolutionäre Weiterentwicklung,
• Auswahl von Managern, die die Unternehmensphilosophie befolgen,	• Auswahl von Managern, die Veränderungen bewirken,
• strategische Kontrolle,	• operative Autonomie,
• äußerst straffe Kultur (mit ausgeprägtem Konformitätsdruck),	• Veränderungs- und Anpassungsfähigkeit,
• langfristige Investitionen,	• kurzfristige Gewinne
• philosophisch, visionär, futuristisch,	• hervorragende operative Leistungsfähigkeit, „tagesaktuelles Geschäft",
• Konvergenz mit der Unternehmensphilosophie.	• Anpassung an die Umwelt.

Quelle: In Anlehnung an Collins, J. C., Porras, J. I., (1995), S. 70

Bild 1.10: Spannungsfelder im TQM-Prozeß, die während der Phase der Excellence ausbalanciert werden müssen.

- Wer aufhört besser zu sein, ist bald nicht mehr gut genug

rungsprozeß. Beschränkungen und Grenzlinien sind aufgehoben bzw. der Unternehmenskultur angepaßt, der Austausch von Ideen zwischen Mitarbeitern läuft auf Hochtouren, überall im Unternehmen wird experimentiert und dazugelernt. Fehler anzuzeigen und über sie zu sprechen ist ausdrückliche Pflicht eines jeden Mitarbeiters; der ständige Verbesserungsprozeß verläuft praktisch reibungslos. Die Spitzenunternehmen, zu denen die Gewinner des Deming Application Prize, Baldrige Award und European Quality Award gehören, bestätigen, daß letztlich die Geschwindigkeit des Verbesserungsprozesses auf Dauer der einzige Motor wettbewerblicher Vorteile ist.

Fazit

Für jedes Unternehmen, daß sich auf den schwierigen Weg zur Business Excellence begeben möchte, stellt sich die Frage wo und wie anfangen? Nach aller Erfahrung muß der Sensibilisierungsphase die größte Aufmerksamkeit geschenkt werden, und das, obwohl sie im Vergleich zu den anderen Phasen einfach wirkt. Es läßt sich beobachten, daß besonders in dieser Phase Fehler gemacht werden, die die spätere Umsetzung des TQM erheblich behindern – oder sogar verhindern – können. Häufig wird unterschätzt, wie schwierig es sein kann, Mitarbeiter aus ihren gewohnten „Pfaden" herauszuführen. Die Realisierungsphase ist für motorische Führungskräfte („die sog. Macher") die interessanteste, gilt es doch hier Neues zu gestalten und umzusetzen. Die Stabilisierungsphase ist für den Unternehmenserfolg, wie er sich letztlich in der Bilanz niederschlägt, entscheidend. Hier kann das Interesse erlahmen, das mit konsequentem Engagement und „eiserner Hand von Oben" erhalten werden muß. Beharrlichkeit führt zum Ziel. Diese Erkenntnis ist besonders für den Aufsichtsrat wichtig, sollten während der TQM-Umsetzung Vorstandsmitglieder wechseln.

- Auf den richtigen Start kommt es an

- Ist es für viele Jahre stabil oder etwa nur ein Strohfeuer?

Literatur

1 Deming, W. E.: Out of the Crisis, Massachusetts Institute of Technology, Center for Advanced Engineering Study, Cambridge, Mass. 1989.
2 Kotter, J. P.: Leadership: a Force for Change, The Free Press, New York 1991.
3 Höhler, G.: Spielregeln für Sieger, 3. Auflage, ECON, Düsseldorf, Wien, New York 1992.
4 Bleicher, K.: Zukunftsperspektiven organisatorischer Entwicklung. Von strukturellen zu humanzentrierten Ansätzen. ZfO, 59/1990. S. 152–161.
5 Müller, W., Riesenbeck, H.-J.: Wie aus zufriedenen auch anhängliche Kunden werden. Harvard Manager, Ausgabe 3/1991, S. 67–79.
6 Forster, W.: Qualitätsmanagement als Kulturentwicklung. Organisationsentwicklung. 3/90, S. 64–71.
7 Kamiske, G. F., Malorny, Chr.: TQM umsetzen – kritische Erfolgsfaktoren, in: ZWF 91 (1996) 11, S. 523–525.
8 Malorny, Chr.: Die Umsetzung des TQM gestalten – in vier Phasen zur Business Excellence, in: Qualitätsmanagement im Unternehmen, hrsg. v. Hansen, W., Kamiske, G. F., Springer Verlag Berlin 1999.

9 Malorny Chr.: TQM umsetzen – Der Weg zur Business Excellence, Schäffer-Poeschel, Stuttgart, 2. Aufl. 1999.
10 Seghezzi, H. D., Bleicher, K.: Integriertes Qualitätsmanagement, in: Qualität und Zuverlässigkeit, 40 (1995) 6, S. 675–680.
11 Kotter, J. P.: Acht Kardinalfehler bei der Transformation, in: Harvard Business Manager, 17 (1995) 3, S. 21–28.
12 Doppler, K.: Management der Veränderung – Entwicklungsprozesse erfolgreich steuern und gestalten, in: Organisationsentwicklung, 10 (1991) 1, S. 18–30.
13 Hummel, Th., Malorny, Chr.: Total Quality Management – Tips für die Einführung, 2. Aufl., in: Reihe „Pocket Power", hrsg. v. Kamiske, G. F., München 1997.
14 Malorny, Chr.: Der Weg zum umfassenden Qualitätsmanagement, in: Spektrum der Wissenschaft, Januar 1997, S. 96–99.
15 Collins, J. C., Porras, J. I.: Visonary Companies – Visionen im Management, München 1995.
16 Vgl. auch Ehrhart, K. J., Cichon, K. U., Malorny, Chr.: Mitarbeiter für Qualitätstechniken begeistern ist eine Führungsaufgabe, in: io Management 65 (1996) Nr. 11, S. 43–49.
17 Malorny, Chr.: Einführen und Umsetzen von Total Quality Management, Dissertation, in: Reihe Berichte aus dem Produktionstechnischen Zentrum Berlin, hrsg. v. Spur G., Berlin 1996.

1.3 Qualitätsmanagement im Unternehmen: Philosophie – Strategie – Methode

H. Kirstein

Unternehmen im Wandel

In den vergangenen Jahren hat sich die Aufgabe der Qualitätssicherung deutlich gewandelt. Mehr und mehr Unternehmen werden gewahr, daß Qualitätssicherung nach herkömmlicher Methode nicht mehr ausreichend ist. Viele Firmen glauben aber, die Qualitätsverbesserung durch Qualitätsmotivation, Bewußtseinsänderung und eine Ansammlung verschiedener Techniken bewältigen zu können. Die Ergebnisse zeigen, daß derartige Bemühungen zwar ehrenwert aber für sich allein angewandt nutzlos sind [1].

• Konzentration auf das Produkt genügt nicht

Ein anderer Ansatz ist die Konzentration auf das Produkt. Produktvergleiche, Produkt-Audits, Produktinnovationen sind nur einige Schlagworte zur Qualitätsverbesserung. So richtig jede Methode für sich durchaus ist – auch sie reichen nicht aus, um auf die Dauer wettbewerbsfähig am Markt zu agieren. Vergleiche von Produkt- und Unternehmensbeurteilungen zeigen, daß Qualität und Produktivität keine gegensätzlichen Unternehmensziele sind. Weitsichtige Unternehmen haben deshalb erkannt, daß der Wettbewerb sich nicht ausschließlich durch Produktvergleiche darstellt, sondern daß Prozeßgesichtspunkte oft den kostenmäßigen Ausschlag für die Wettbewerbsfähigkeit ergeben.

Moderne Massenprodukte ähneln sich immer mehr; Kundenansprüche einerseits, gemeinsame Anforderungen andererseits (z. B. gesetzliche Auflagen) führen zur Annäherung der Produkte. Was dem Unternehmen als Wettbewerbsfaktor besonders auf dem Kostensektor bleibt, sind Kostenvorteile in den betrieblichen Abläufen und Prozessen – Entwickeln, Produzieren, Vertreiben – einschließlich Finanzieren und Verwalten.

- Die Wettbewerbsvorteile liegen in den betrieblichen Abläufen und Geschäftsprozessen

Ein unmerklich sich entwickelnder Wettbewerbsfaktor ist die Fähigkeit eines Unternehmens, qualitativ hochwertige Verfahrensprozesse zu entwickeln und zu betreiben. Im Aufbau systematisch verfeinerter und gut strukturierter Qualitätssicherungssysteme in allen Operationen und allen Prozessen des Unternehmens liegt einer der wesentlichen Wettbewerbsvorteile.

Neue Denkansätze

Aus dieser Erkenntnis heraus haben sich neue Denkansätze gebildet, deren Verbreitung in westlichen Industrieländern jetzt mit zunehmender Geschwindigkeit erfolgt. Eine Vielzahl von Wissenschaftlern, Instituten und Beratungsfirmen haben sich dieser Materie bemächtigt und vertreiben neue Methoden und Verfahren unter den Unternehmen. Die Zahl der Schlagworte ist so groß, daß die sich für neue Denkansätze interessierenden Firmen nun vor der Frage stehen: Wo beginnen – was aufgreifen?

Um sich durch den Dschungel dieser Ansätze hindurchzufinden, ist Systematik erforderlich. Man kann z. B. versuchen, alle angebotenen und verfügbaren Denkrichtungen und Methoden nach ihrem möglichen Anwendungspotential zu ordnen: ein derartiges – sicher noch unvollständiges – System ist im folgenden Diagramm (Bild 1.11) enthalten.

- Die drei systematischen Ebenen von TQM

Um die Vielzahl der Namen übersichtlicher zu gestalten, sind sie in drei Ebenen geordnet. Es kann sich einmal um einen Denkansatz, um eine Philosophie handeln; es kann auch eine konkretere Methode sein, die meisten liegen irgendwo dazwischen und sind sehr oft betriebsorganisatorischer oder auch personenbezogen führungstechnischer Natur.

- Nicht jedes Unternehmen erzielt Vorteile aus den gleichen Methoden

Alle Methoden haben durchaus Vorteile eigener Art – sicher ist aber auch, daß man nicht alle Methoden gleichzeitig in einem Unternehmen anwenden kann. Es wird also darauf ankommen, sich aus dem Kuchen der Möglichkeiten die Stücke herauszuschneiden, die für das eigene Unternehmen den größten Nutzen bringen.

Bei der Analyse des dargestellten Umfanges neuer Denkansätze sind verschiedene Ebenen zu unterscheiden (Bild 1.12). Von oben (im Bild 1.11 innen) nach unten (im Bild 1.11 außen) werden die Ansätze konkreter oder umgekehrt von außen nach innen wird die Anschauung globaler.

TQM von der Philosophie über die Strategie zur Methode

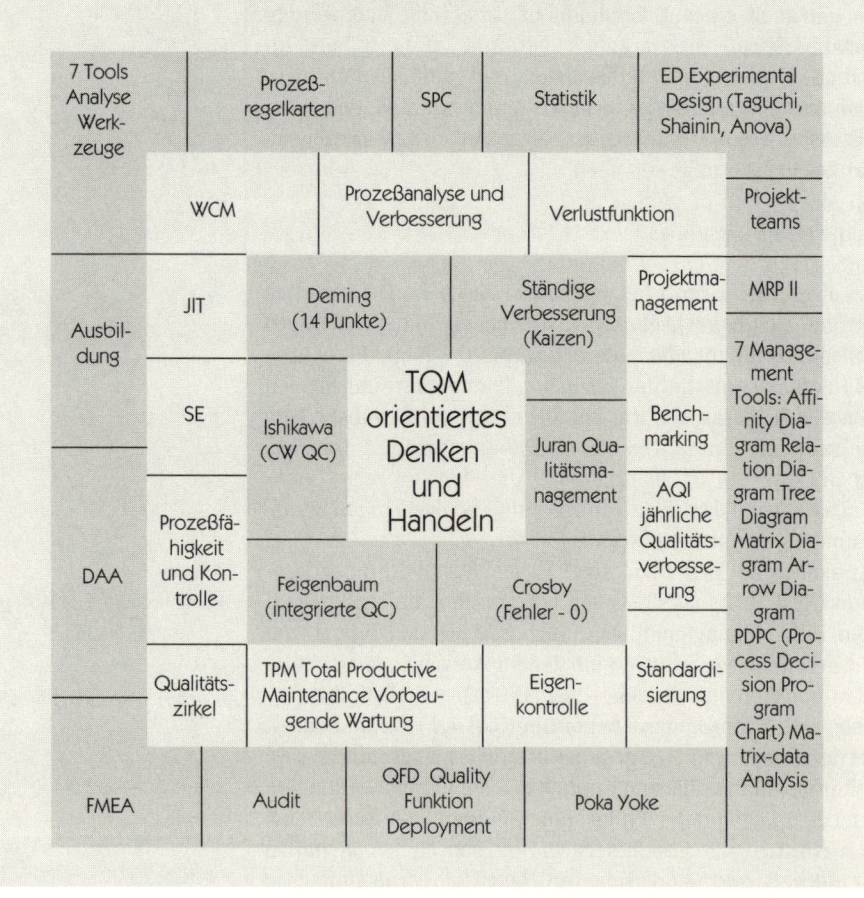

7 Tools Analyse Werkzeuge	Prozeßregelkarten	SPC	Statistik	ED Experimental Design (Taguchi, Shainin, Anova)
	WCM	Prozeßanalyse und Verbesserung	Verlustfunktion	Projektteams
Ausbildung	JIT	Deming (14 Punkte)	Ständige Verbesserung (Kaizen)	Projektmanagement	MRP II
	SE	Ishikawa (CW QC)	**TQM orientiertes Denken und Handeln**	Juran Qualitätsmanagement	Benchmarking	7 Management Tools: Affinity Diagram Relation Diagram Tree Diagram Matrix Diagram Arrow Diagram PDPC (Process Decision Program Chart) Matrix-data Analysis
DAA	Prozeßfähigkeit und Kontrolle	Feigenbaum (integrierte QC)		Crosby (Fehler - 0)	AQI jährliche Qualitätsverbesserung
	Qualitätszirkel	TPM Total Productive Maintenance Vorbeugende Wartung	Eigenkontrolle	Standardisierung
FMEA		Audit	QFD Quality Funktion Deployment	Poka Yoke	

Bild 1.11   Abkürzungen siehe Seite 52 f.

1.3 Qualitätsmanagement im Unternehmen: Philosophie – Strategie – Methode

Ebenen der Lösungsansätze

- Unternehmenskultur / Grundhaltung
- Philosophien / Denkweise
- Strategien / Verfahren
- Methoden / Operationen

Bild 1.12

Philosophien und Strategien erkennen

Die ganze Systematik baut auf einer gewissen Unternehmenskultur auf.

Fast alle Unternehmen haben heute den Kunden in den Mittelpunkt ihres Handelns gestellt. Dabei sind wieder zwei Gruppen zu unterscheiden, nämlich solche, die das sagen, und solche, die das tun. Nach allen persönlichen Erfahrungen eines jeden einzelnen im Umgang mit Herstellern und Dienstleistern scheint die erste Gruppe z. Zt. noch zu überwiegen. Das liegt daran, daß man außer einer noch so wohlmeinenden Grundhaltung nicht viel mehr zu bieten hat – es fehlt an geeigneten Denkweisen und Verfahren.

Stellvertretend für die unterschiedlichen Philosophien stehen einige Namen in der nächsten Ebene – es sind die Namen der Denkansätze, die den größten Einfluß auf die Entwicklung modernen Qualitäts- und Produktivitätsdenkens haben [2].

Deming vermittelt neue Grundideen durch Kombination von gesundem Menschenverstand und Entwicklung neuer Denkansätze; seine 14 Punkte sind 14 Gebote für das Management (Bild 1.13). Jurans Lehre setzt rationaler an und vermittelt gute Managementtechniken (Bild 1.14). Crosby ist der professionelle Verbreiter neuer Techniken, während Feigenbaum der Gestalter des Begriffes „integrierte Qualitätssicherung" ist; letzterer wird heute aber in einem von Ishikawa viel umfassenderen Begriff in Form von unternehmensweiter Qualitätssicherung angewandt.

Der Übergang von der Philosophie zur Strategie ist fließend, da natürlich alle geschilderten Denkweisen in Form bestimmter Strategien propagiert werden. Strategien sind meist Programme, die schlagwortartig verschiedene Metho-

- Die Lehren von Deming sind von grundlegender Bedeutung für gutes Management

Demings 14 Punkte

1. Unverrückbares Unternehmensziel
Schaffe ein feststehendes Unternehmensziel in Richtung ständige Verbesserung von Produkten und Dienstleistungen.

2. Der neue Denkansatz
Um wirtschaftliche Stabilität sicherzustellen, ist ein neuer Denkansatz nötig. Wir sind in einer neuen Wirtschaftsära.

3. Keine Sortierprüfung mehr
Beende die Notwendigkeit und Abhängigkeit von Vollkontrollen, um Qualität zu erreichen.

4. Nicht unbedingt das niedrigste Angebot berücksichtigen
Beende die Praxis, nur das niedrigste Angebot zu berücksichtigen.

5. Verbessere ständig die Systeme
Suche ständig nach Fehlerursachen, um alle Systeme für Produktion und Dienstleistungen sowie alle anderen im Unternehmen vorkommenden Tätigkeiten auf Dauer zu verbessern.

6. Schaffe moderne Anlernmethoden
Schaffe moderne Trainingsmethoden und sorge für Wiederholtraining am Arbeitsplatz.

7. Sorge für richtiges Führungsverhalten
Schaffe moderne Führungsmethoden, die sich darauf konzentrieren, dem Menschen zu helfen, seine Arbeit besser zu verrichten.

8. Beseitige die Atmosphäre der Angst
Fördere die gegenseitige Kommunikation und andere Mittel, um die Angst innerhalb des gesamten Unternehmens zu beseitigen.

9. Beseitige Barrieren
Beseitige die Grenzen zwischen Bereichen.

10. Vermeide Ermahnungen
Beseitige Slogans, Aufrufe und Ermahnungen.

11. Setze keine festgeschriebenen Ziele
Beseitige Leistungsvorgaben, die zu erreichende Ziele willkürlich festschreiben.

12. Gestatte es, auf gute Arbeit stolz zu sein.
Beseitige alles, was das Recht jedes Werkers und jedes Managers in Frage stellt, auf ihre Arbeit stolz zu sein.

13. Fördere die Ausbildung
Schaffe ein durchgreifendes Ausbildungsprogramm und eine Atmosphäre der Selbstverbesserung für jeden einzelnen.

14. Verpflichtung der Unternehmensleitung
Mache die ständige Verbesserung von Qualität und Produktivität zur Aufgabe der Unternehmensleitung.

Bild 1.13

1.3 Qualitätsmanagement im Unternehmen: Philosophie – Strategie – Methode

Managementmaßnahmen (in Anlehnung an Juran)

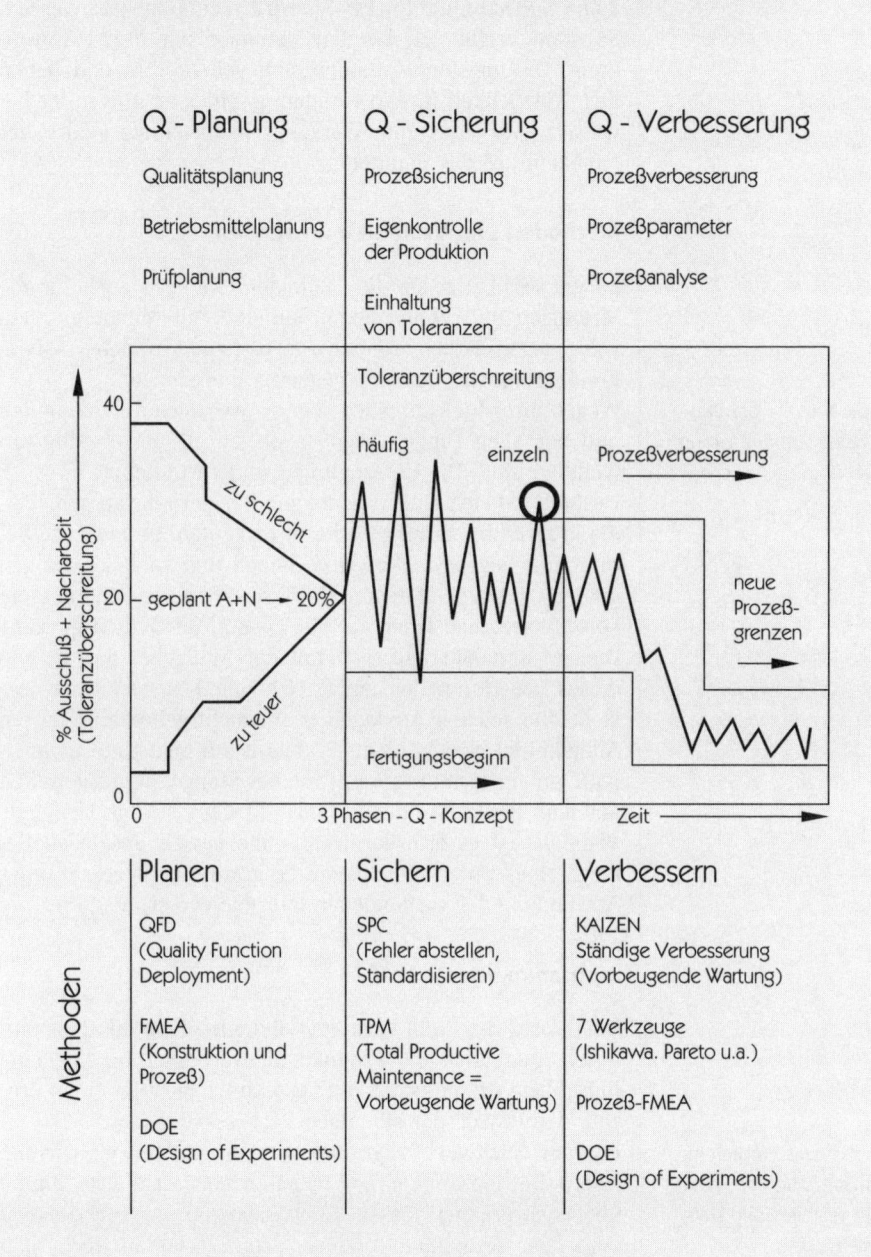

Q - Planung
Qualitätsplanung
Betriebsmittelplanung
Prüfplanung

Q - Sicherung
Prozeßsicherung
Eigenkontrolle der Produktion
Einhaltung von Toleranzen

Q - Verbesserung
Prozeßverbesserung
Prozeßparameter
Prozeßanalyse

(Diagramm: % Ausschuß + Nacharbeit (Toleranzüberschreitung) über Zeit; geplant A+N → 20%; zu schlecht / zu teuer; Toleranzüberschreitung häufig / einzeln; Prozeßverbesserung; neue Prozeßgrenzen; Fertigungsbeginn; 3 Phasen - Q - Konzept)

Methoden

Planen
QFD (Quality Function Deployment)
FMEA (Konstruktion und Prozeß)
DOE (Design of Experiments)

Sichern
SPC (Fehler abstellen, Standardisieren)
TPM (Total Productive Maintenance = Vorbeugende Wartung)

Verbessern
KAIZEN Ständige Verbesserung (Vorbeugende Wartung)
7 Werkzeuge (Ishikawa, Pareto u.a.)
Prozeß-FMEA
DOE (Design of Experiments)

→ Produkt -, Prozeß -, System - Audits

Bild 1.14

den mit einer Philosophie vereinen – zumindest ist das die Wunschrichtung. Wenn sie bloße Schlagworte bleiben und keine Substanz dahintersteht, wird nichts bewirkt werden. Substanz ergibt sich aus den Methoden und deren Anwendung. Die meisten Methoden sind voll erprobt und haben ihre Nützlichkeit in den Händen geschickter Anwender bewiesen. Wie jedes gute Werkzeug bedürfen sie jedoch der Fachkenntnis des Benutzers.

Methoden und Verfahren anwenden

Es gilt nicht nur für die Methoden, sondern auch für die Strategien und Philosophien: sie sind untereinander nicht völlig gegensätzlich, sondern im Gegenteil in vielen Aspekten überlappend und sich gegenseitig ergänzend.

- Die Vielzahl der Bausteine von TQM kann anfangs verunsichern

Wegen ihrer Vielzahl ist es aber schwer, sich durchzufinden und vor allen Dingen fraglich, ob sie alle gleichzeitig anwendbar sind. Die Unternehmen sind verunsichert.

Deshalb hat sich eine Vielzahl von Beratern daran gemacht, die Programme mundgerecht zu verkaufen. Da auch die Berater nur begrenzte Kapazität haben und vor allen Dingen aus ihrer Tätigkeit einen Gewinn erwirtschaften müssen, konzentriert sich jeder auf ein Thema, unter dem er seine Dienste anbietet; natürlich mit der Maßgabe, daß gerade dieses Programm den einzig richtigen Lösungsansatz darstellt. Bei solchen Aussagen ist Vorsicht geboten, denn ein Allheilmittel gibt es nicht. Praktisch auf kein Unternehmen paßt ein einziges Programm von der Stange, herausgegriffen aus dem Baukasten der in Bild 1.11 dargestellten Umfänge. Vielmehr ist es erforderlich, für die jeweils speziellen Belange eines Unternehmens ein Programm maßgerecht unter Anwendung der vorhandenen Bausteine zu schneidern.

Programm oder Prozeß?

Das Wort Programm vermittelt ohnehin einen falschen Eindruck; Qualitäts- und Produktivitätsverbesserung sind eine Reise, kein Ankunftsziel, d.h., es handelt sich um einen Prozeß, den Prozeß der ständigen Verbesserung.

- Ein neues Programm macht nur Sinn, wenn es realisiert und stabilisiert wird

Bei dem Stichwort Programm ist noch ein Hinweis wichtig. Ältere Betriebsangehörige haben schon viele Programme über sich ergehen lassen. Sie wissen um die Kurzlebigkeit derartiger Aktivitäten und sie sehen gelassen auch dem kommenden Programm entgegen, das verspricht all die Probleme zu lösen, die schon alle vorherigen Programme gelöst haben sollten. Um es kurz zu sagen, ebenso wichtig wie der

Programminhalt ist die Form und Art der Implementierung, wobei ein Grundsatz zum Erfolg unabdingbar ist: Programme müssen vorgelebt und nicht vorgebetet werden. Die Realisierung dieses kleinen Grundsatzes entscheidet schon über Erfolg oder Mißerfolg eines Programmes.

Konzeptbeispiel

Wie kann nun bei der Auswahl geeigneter Bausteine vorgegangen werden? An einem Beispiel wird dargestellt, welche Bausteine geeignet sind, um zu einem Gesamtkonzept zusammengesetzt zu werden. Wichtig noch einmal: das ergibt ein mögliches Konzept, wie es für Unternehmen A aussehen könnte. Selbst für Unternehmen A sind andere Varianten denkbar; erst recht trifft das zu, wenn aus den gleichen Umfängen für Unternehmen B ein Konzept zusammengestellt wird. Die Bausteine sind die gleichen, die Verfahrensweise muß unternehmensspezifisch angepaßt sein.

Grundsätzliche Erwägungen

Es hat keinen Sinn, sich einige oder mehrere Methoden auszuwählen und die dann als Programm des Unternehmens zur Behebung von Qualitäts- und Produktivitätsproblemen anzuwenden; derartige Vorgehensweise ist zum Scheitern verurteilt. Vielmehr muß von einem gewissen Selbstverständnis ausgegangen werden, wie es in der Unternehmenskultur verankert ist; d.h., das Konzept muß aus Ebenen (Bild 1.11) von innen nach außen aufgebaut werden. Viele Unternehmen glauben hier, eine Abkürzung zu finden. Aber wo es keine entsprechende Unternehmensphilosophie gibt, hängt jede Strategie in der Luft [2].

Um auch hier systematisch vorzugehen, wurde von den Japanern das Verfahren der Hoshin-Planung entwickelt [3]. Hoshin-Planung (Policy Deployment) (Bild 1.15) ist ein System zur langfristigen, allumfassenden Einführung des Grundsatzes der ständigen Verbesserung in einem Unternehmen. Dabei liegt die Betonung auf dem Vorgang selbst, weniger in konkreter Ergebnisorientierung; wichtig ist die Kombination von top-down und bottom-up-Methoden, die im Wechselspiel – Kommunikation ist ein Schlüsselelement! – Unternehmensgrundsätze und Einzelziele verbinden.

Es herrscht Einigkeit darüber, daß ein Unternehmen heute den Kunden in den Mittelpunkt seiner Handlungsweise stellen muß – die Frage nach dem Grundverständnis ist deshalb schnell beantwortet.

MBO	Policy Management
- Schwerpunkt liegt auf Zielsetzung - autoritäres Vorgehen bei der Zielzuordnung - konzentriert auf das „Wer" - auf die Person orientiert - härter arbeiten - fördert bereichsorientiertes Denken und Handeln - „Wer" hat versagt? - kann entmutigen	- Schwerpunkt liegt auf den Prozessen - Ziele und Maßnahmen, ausgehend von Gegebenheiten und Daten, in gegenseitiger Abstimmung ermittelt und festgelegt - konzentriert auf das „Wie" - gruppenorientiert - intelligenter arbeiten - fördert bereichsübergreifendes Denken und Handeln - „Was" lief falsch? - kann ermutigen

Bild 1.15: MBO versus Policy Management

Strategieansätze ableiten

Viele Unternehmen haben heute Unternehmensgrundsätze verankert, die mehr oder weniger alle auf den Philosophien der genannten Vordenker beruhen, wenn es auch lange gedauert hat, bis derartige Grundsätze aufgestellt wurden.

Diskussionen gibt es schon darüber, ob die richtige Strategie jetzt nach Deming, Juran oder sonst einer Richtung ausgerichtet werden soll. Hier ist zu beobachten, daß die Diskussion um die richtige Vorgehensweise entweder völlig unterdrückt wird oder zeitaufwendig bis zum Überdruß geführt wird.

Aufbauend auf der Unternehmensphilosophie kommt der Strategie deshalb einige Bedeutung zu, als hier den Beschäftigten eine Grundrichtung vermittelt werden soll, deren wichtigste Eigenschaft ist, daß sie nicht das Schicksal der Vorläuferprogramme teilt und beliebig häufig umgestoßen wird. Das Vorhandensein einer Strategie ist nicht nur für die eigentliche Vorgehensweise unerläßlich, sondern sie soll auch Vertrauen in die Fähigkeit des Unternehmens bei den Mitarbeitern vermitteln. In überschaubaren Zeiträumen soll die Marschrichtung erkennbar sein.

Es empfiehlt sich für ein Unternehmen, die Elemente aus all den Richtungen zusammenzustellen, die eigene Schwächen am besten behandeln und abstellen. Eine Kombination von

Demings Grundsätzen und Jurans Managementtechniken mit erforderlichen Bausteinen aus anderen Programmen wird eine gesunde Basis für eine praktische Vorgehensweise sein. Im folgenden werden stichwortartig die wichtigsten Elemente für ein mögliches Konzept angegeben:

Deming
- Ständige Verbesserung als Grundsatz alles weiteren Handelns (Deming-Zyklus).
- Prozeßorientierte Denkweise und Anwendung statistischer Methoden.
- Schaffung einer Atmosphäre ständigen Lernens.
- 14 Punkte für das Management.

Juran
- Bearbeitung der Phasen Qualitätsplanung–Qualitätssicherung–Qualitätsverbesserung.
- Management von Jahreszielen (AQI); Projektbearbeitung.

Juran und Deming
- Erkenntnis, daß 85% der Probleme, die durch das Management verursacht sind, dort auch beseitigt werden können.
- Teambildung und mitarbeiterorientiertes Handeln.

Crosby
- Standardisierung der Prozesse, Erfüllung der Mindestanforderungen.

Ishikawa
- Unternehmensweite Qualitätssicherungskonzepte.
- Einbeziehung nicht-produzierender Bereiche.

Methoden

Die Auswahl der Methoden ist relativ einfach; es handelt sich um Handwerkszeuge, von denen man immer die ergreift, die man gerade benötigt. Ein guter erster Ansatz ist, sie den drei Phasen der Qualitätsbeherrschung zuzuordnen (Bild 1.14). In der Planungsphase ist FMEA die geeignete Methode, Qualitätsmängel aus Produkten und Prozessen herauszuplanen. Bei ungewissem Sachverhalt werden statistische Versuche (Design of Experiment – DOE) erforderlich sein. In der Qualitätssicherungsphase ist SPC die überragende Methode, die zur Prozeßbeherrschung unerläßlich ist. Sie liefert auch erste Ansätze für die Qualitätsverbesserungsphase durch Trennung der zufälligen und speziellen Fehler [4]. In der Qualitätsverbesserungsphase sind einfache Analysentechniken der 7 Werkzeuge (Ishikawa-Diagramm, Pareto-

- Die Techniken des Quality Engineering werden ausführlich im Kapitel 6 beschrieben

analyse) angezeigt und als fortgeschrittene Methoden die DOE-Verfahren zur Lösung komplexer Aufgaben.

Nach Beherrschung und Anwendung dieser Grundmethoden kann man zu anspruchsvolleren Methoden übergeben. Dieses schrittweise Vorgehen ist auch deshalb sinnvoll, weil viele Unternehmen gar nicht in der Lage sind, neue Konzepte auf breiter Basis sofort umzusetzen.

Ausbildung und Umsetzung

- Was lange dauert, muß man früh anfangen

Die Umsetzung im Unternehmen erfordert ein zweigleisiges Vorgehen. Ishikawa sagt dazu [5]: „Qualität wird niemals kurzfristig verbessert werden können. Als vorsichtige Schätzung muß man zwei bis drei Jahre ansetzen; im Mittel etwa fünf Jahre und manchmal werden zehn Jahre gebraucht, um Produkte höchster Qualität herzustellen", – wobei er nicht-japanische Firmen eher der langsamen Seite zuordnet. Denn erstens muß die neue Denkweise nicht nur propagiert, sondern vorgelebt werden und zweitens müssen die erforderlichen fachlichen Methoden und Verfahren vermittelt werden. Der erste Teil ist eine ganz klare Top-down-Methode und die Voraussetzung, daß die Vermittlung neuer methodischer Ansätze nicht ins Leere läuft. Bei der Einführung der praktischen Methoden erreicht man ein sicheres Vorgehen, wenn man folgende drei Punkte beachtet, die für die Prozeßbetreiber eines jeweiligen Prozesses, wo auch immer er angesiedelt ist, wichtig sind:

1. Entferne alle Barrieren, die den Prozeßbetreiber behindern, seine Arbeit ordentlich auszuführen.
2. Benutze die Verfahren der Prozeßkontrolle zur Aufrechterhaltung fähiger Systeme.
3. Betreibe allgemeine Ausbildung und spezielles Training für alle Beteiligten.

Unter Beachtung dieser drei Grundsätze lassen sich betriebsinterne Programme zur Einführung prozeßorientierten Denkens und Handelns ausarbeiten, die, wenn von einer allgemeinen Grundhaltung des Prinzips ständiger Verbesserung ausgegangen wird, sicher auch von Erfolg sein werden.

Abkürzungen

ANOVA Analysis of Variable
AQI   Annual Quality Improvement
DAA   Departmental Activity Analysis
FMEA   Failure Mode and Effects Analysis
JIT   Just in Time
MRP   Machine Resource Planning

SE   Simultaneous Engineering
SPC   Statistical Process Control
WCM   World Class Manufacturing (lean production)

Literatur

1. A. Feigenbaum: Management of Quality – The Key to the Nineties, The Best on Quality, IAQ Book Series Vol. 3, 1990, Hanser Publisher
2. H. Kirstein: Ständige Verbesserung als Schlüssel für Produktivität und Qualität, QZ (1988) Heft 12, Carl Hanser Verlag München
3. Yoshio Koudo: The Development of Quality in Japan, The Best on Quality, IAQ Book Series Vol. 3, 1990, Hanser Publisher
4. H. Kirstein: Deming in Deutschland? QZ 34 (1989) Heft 9
5. Kaoru Ishikawa: How to Apply Companywide Quality Control in Foreign Countries, Quality Progress Sept. 1989

1.4 Mit TQM zur schlanken Fabrik: Das ökonomische Motiv

G. F. Kamiske

Managen oder Führen?

Der Titel enthält für manche(n) eine Unschärfe. Ist Managen nicht nur Verwalten? Oder beinhaltet es Verwalten (den Erhalt des status quo) und Führen (das Beschreiten eines gemeinsamen weiterführenden Weges) [1]? Total Quality Management spricht nur vom „Management", gemeint ist jedoch beides [2,3].

TQM entwickelt sich zur übergeordneten Unternehmensstrategie. Eine Strategie hat aber nur intellektuellen Wert, wenn sie nicht auch umgesetzt wird. Das geht erfolgreich nur mit Überzeugen und Bewegen der Mitarbeiter.

• Umsetzen geht nur mit überzeugten Mitarbeitern

Menschliches Führen

In der Einfachheit und Selbstverständlichkeit der drei Worte „Führen mit Qualität" liegt die große Gefahr, den Sinninhalt der Aussage gründlich mißzuverstehen [4].
Würde nicht jede Führungskraft von sich mit Recht annehmen können, eine solche mit besonderen Qualitäten zu sein, ganz besonders, wenn man sich in der obersten Führungs-

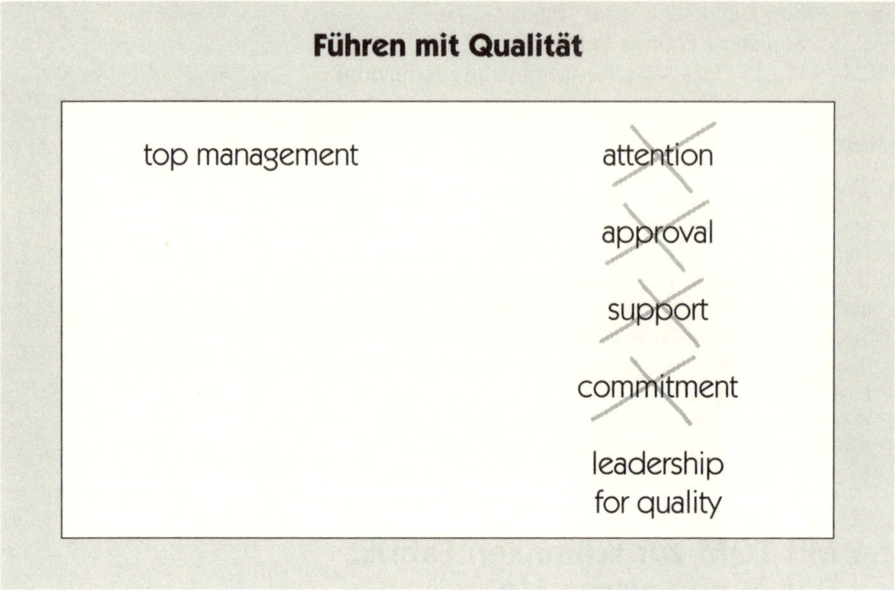

Führen mit Qualität

top management   ~~attention~~

~~approval~~

~~support~~

~~commitment~~

leadership
for quality

Bild 1.16

- Führungsverhalten ist meßbar

ebene befindet? Wie sonst wäre man denn dort hingekommen? Außerdem: keiner ist doch gegen Qualität! Damit ist man jedoch noch meilenweit von der eigentlichen Bedeutung des Führens mit Qualität entfernt (Bild 1.16).

Nun hat sich aber in der deutschen Unternehmenslandschaft inzwischen doch Erhebliches verändert. Nicht nur, daß viele Führungskräfte – notwendigerweise – problembewußter geworden sind. Die Ergebnisse des International Motor Vehicle Program IMVP des Massachusetts Institute of Technology MIT [5] wurden studiert und weitgehend akzeptiert (Bild 1.17). Ihr Wert wird auch für Branchen außerhalb der Automobilindustrie gesehen.

Große Schwierigkeiten haben wir offensichtlich, die Hintergründe des japanischen Produktivitäts- und teilweise auch Qualitätsvorsprungs zu erkennen. Das MIT hat dafür ganz eindeutig das Managementverhalten ausfindig gemacht und einen Managementindex erarbeitet und damit das Führungsverhalten, das Vorgesetzten-Mitarbeiterverhältnis, gemessen. Feinsinnig nennen sie dieses Verhältnis „fragile" (zerbrechlich).

Das Vertrauensverhältnis eines jeden Mitarbeiters zu seinem Vorgesetzten, die Sicherheit seines Arbeitsplatzes sind angesprochen, wenn Mitarbeiter vermehrt in

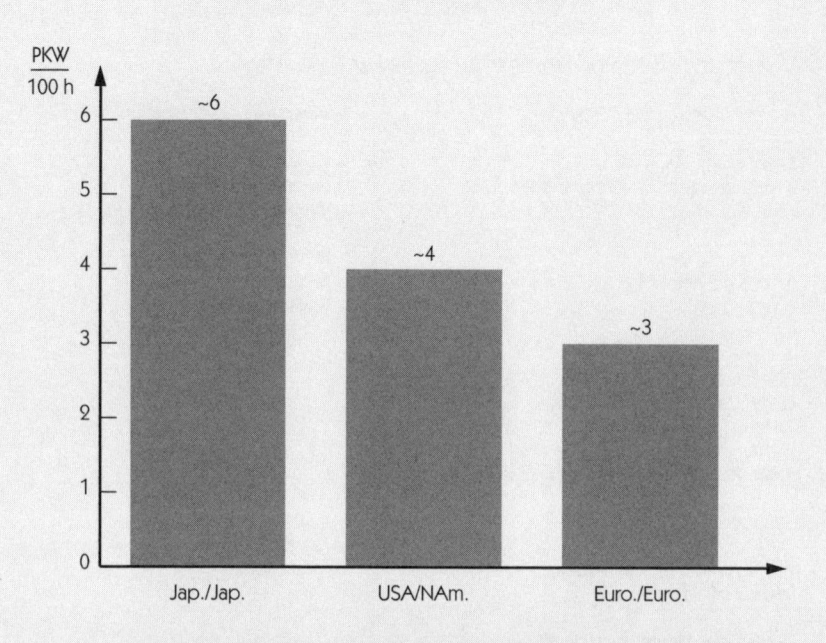

1.4 Mit TQM zur schlanken Fabrik: Das ökonomische Motiv

Produktivitätsunterschiede der Automobilhersteller in der Triade

PKW/100 h
- Jap./Jap.: ~6
- USA/NAm.: ~4
- Euro./Euro.: ~3

Jap./Jap. Japanische Hersteller in Japan
USA/NAm. US-amerikanische Hersteller in Nordamerika
Euro./Euro. Europäische Hersteller in Europa

Bild 1.17

den Prozeß ständiger Verbesserung eintreten sollen, der schließlich u.a. auch zu einem geringeren Bedarf an Mitarbeitern führen soll. Der Abbau von Beständen jeder Art (Bild 1.18) läßt sich in seiner Vielschichtigkeit, so weiß man heute, nur erzielen, wenn „Mitdenken an jedem Arbeitsplatz" ausdrücklich erwünscht ist (Bild 1.19).

- Das Vertrauensverhältnis zwischen Vorgesetztem und Mitarbeitern ist Grundlage für den Prozeß ständiger Verbesserung

So erkennt man die Grenzen des Erreichbaren, wollte man das Erfolgsmodell „fragile/lean" – schlankes Management – in wirtschaftlich schwierigen Zeiten einführen.
Fatal wäre es, wenn sich bei den Mitarbeitern festsetzen würde, „schlank" werden heißt nicht, wettbewerbsfähiger, sondern entlassen zu werden [6].

Lean Production – JIT – TPS
Materialfluß geht vor Maschinenauslastung und Personalbeschäftigung

Vorgehensweise von üppiger zu schlanker Produktion

durch Absenken der Bestände — Verschwendung beseitigen

Materiallager Kaufteile
Zwischenlager teilbearbeiteter Produkte
Fertigwarenlager
— Kapitalbindung
Lagerfläche
inflexibel bei Materialänderung

mehr als ein Lieferant
für das gleiche Teil
— mehrfacher Aufwand für
technische Informationen,
für Preisverhandlungen,
Zersplitterung der Losgrößen

lange Rüstzeiten
lange Werkzeugwechselzeiten
Taktausgleichszeiten
Warten auf Material und Werkzeug
weite Transportwege, intern und extern

Sortierer
Nacharbeiter
Betriebsmittel für Nacharbeit
Reparaturfläche
— Personalmehraufwand
Kapazitätsverlust
Investitionen

Zusätzliche Maschinenkapazität
wegen mangelnder Verfügbarkeit
der Betriebsmittel aufgrund von
Störungen
Zusätzliches Wartungspersonal

Ersatzpersonal für Abwesende

Sobald Störungen auftreten, Ursachen ermitteln und nachhaltig abstellen

Bild 1.18

Qualitätsmanagement

Warum ist das „Führen mit Qualität" so schwierig? Warum beschreiten noch zu wenige Spitzenmanager diesen Weg bzw. demonstrieren zu selten Fachkompetenz?
Verführerisch einfach ist dagegen Management by Objectives MBO. Diese eindimensionale Vorgehensweise versteht jede(r) nach kurzem Nachdenken. Mit entsprechendem Durchsetzungsvermögen und einem übersichtlichen Terminplan kommt man schon recht weit (Bild 1.15).
Qualitätsmanagement dagegen ist eine mehrdimensionale

1.4 Mit TQM zur schlanken Fabrik: Das ökonomische Motiv

Strategie und verlangt sozusagen räumliches Führungsverhalten. Man muß an beinahe unzähligen Stellen des Unternehmens auf immer etwas andere Weise das Rad – das Riesenrad – in Bewegung setzen. Das Beispiel mit dem Riesenrad illustriert das Ganze recht gut: es ist unerheblich, in welche Schaukel man einsteigt, sie müssen schließlich alle schweben. Anders als bei diesem Beispiel allerdings wird erst kassiert, wenn sich alles bewegt.

- Schwierigkeit und zugleich Herausforderung liegen für den Qualitätsmanager in dem umfassenden Ansatz

Viele möchten nun gerne dieses diffizile Unterfangen verdrängen, um es auszulassen oder auszusitzen, bis der ganze Rummel vorüber ist. Wehe, wenn aber ein Wettbewerber das Rad zu drehen versteht. Nach heutigem Stand der Erkenntnis gibt es nämlich keine Managementmethode, die so viel Rationalisierungspotential freisetzt. Also besser heute als morgen beginnen. Wer zuerst anfängt, hat einen Vorsprung, und, „was lange dauert", so Ishikawa, „muß man früh beginnen".

- Große Ratiopotentiale werden freigesetzt

Einige umfassende Qualitätsmanagementansätze sind in jüngster Zeit auch in Deutschland zu beobachten. Hier sei in gedrängter Form eine Unternehmenspolitik wiedergegeben, die weit mehr ist als bisher übliche Qualitätspolitik, und die in ihrer Bedeutung volkswirtschaftliche Dimensionen besitzt [7]:

Qualität als bestimmender Faktor des Denkens und Handelns. Erhöhung der Produktivität durch schlanke und schnelle Prozesse. Ablösung von hierarchischen und vertikalen Denkweisen durch Teamstrukturen. Schaffung eines föderativen Verständnisses bei gleichzeitiger Nutzung der Chancen des Konzernverbundes.

- Qualität bestimmt Denken und Handeln

Zeit ist ein Schlüsselfaktor im Wettbewerb. Wir müssen schneller reagieren. Dazu brauchen wir eine Kombination aus europäischer Innovationskraft und der in Japan so perfektionierten kontinuierlichen Verbesserung. Diese kontinuierliche Verbesserung muß eine selbstverständliche Arbeit von allen werden.

- „time to market"

Im Interesse optimaler Prozeßabläufe müssen traditionelle hierarchische Strukturen verändert und neue Formen der Zusammenarbeit gefunden werden. Ganz wichtig ist dabei das „Simultaneous Engineering" als generelle Methode der Zusammenarbeit und Qualitätsarbeit. Es ist das Gebot der Stunde, die Arbeit nicht nacheinander, sondern parallel, gleichzeitig und gemeinschaftlich in Teams durchzuführen. Dadurch ist es möglich, Prozesse zu verkürzen und effizienter zu gestalten.

- „simultaneous engineering"

- Der Mensch im Mittelpunkt von Zweck- und Sinngemeinschaften

Das wichtigste strategische Zielfeld sind die Menschen. Die europäischen Unternehmen sind heute noch weitgehend als Zweckgemeinschaft organisiert. Das Kennzeichnende dabei ist, daß das Management versucht, den Mitarbeiterinnen und Mitarbeitern seine Vorstellungen zu vermitteln, und dann erwartet, daß diese verstanden und sofort umgesetzt werden.

„Der Mensch ist aber keine Input/Output-Maschine." Erfolgreiche Management-Philosophien basieren auf dem Konzept von Sinngemeinschaften. Dabei sind alle Mitarbeiterinnen und Mitarbeiter als Mitglieder einer großen Unternehmensfamilie zu sehen, in der jeder seine individuellen Interessen und Träume haben möge, man aber gemeinsame Wertvorstellungen besitzt und auf der Basis wechselseitigen Vertrauens und gegenseitiger Achtung zusammenarbeitet. „Sie arbeiten zusammen, um etwas Gemeinsames zu leisten und sich über den Erfolg zu freuen."

Ein Versuch, die Wirkungen des Total Quality Managements darzustellen, ist mit Bild 1.19 gemacht. Nicht zu übersehen ist wohl, daß die Wortwahl teilweise technikorientiert ist, die Zusammenhänge haben ihre Gültigkeit jedoch in übertragener Bedeutung für alle Geschäftsbereiche.

Führen mit Qualitätstechniken

- Für jede Entwicklungsstufe entlang der Wertschöpfungskette stehen Qualitätstechniken bereit

Führen mit Qualität verlangt auch eine Erweiterung des technischen Rüstzeugs. Zusätzlich zu den bewährten schon klassisch zu nennenden Qualitätstechniken (Bild 1.20) gibt es zu jeder Entwicklungsstufe entlang der Wertschöpfungskette mindestens eine weitere (Bild 1.21) mit der Fokussierung auf die Verringerung bzw. gar Vermeidung von Fehlern (siehe auch Kapitel 4). Der besondere Wert dieser Techniken liegt in der Durchstrukturierung der Gedankengänge und Formalisierung der Dokumentation und, mit wenigen Ausnahmen, in der Bearbeitung im Fachkollegenteam, um auf diese Weise das Firmen-Know-how zu nutzen. Jede Fachkraft braucht dabei nur *die* Technik zu beherrschen, die in ihr Aufgabengebiet fällt.

Die Führungskraft muß natürlich alle diese Techniken mit ihren Potentialen kennen, um zielgerichtet die Schulung ihrer Mitarbeiter veranlassen zu können.

Die Herausforderung an die Aufnahmefähigkeit ist, großes Interesse vorausgesetzt, nicht groß, verglichen mit den ohnehin vorhandenen Fachkenntnissen. Eine Führungskraft allerdings, die den erforderlichen Gestaltungswillen nicht mehr aufbringt, verdient diese Bezeichnung wohl nicht. Die

1.4 Mit TQM zur schlanken Fabrik: Das ökonomische Motiv

Wettbewerbsfähiger werden durch Führen mit Qualität

Womit kann ich den Kunden zufriedenstellen, gar erfreuen?

Produktqualität entsteht durch: kundenbezogene wettbewerbsorientierte Qualitätsplanung (z.B. QFD/HoQ)
↓
hohe Qualität der Produktentwicklung und Prozeßplanung (zusätzl. Qualitätstechniken wie Robust und Parameter Design, FMEA)
↓
sichere Fertigungsprozesse ($c_{pk} > 1,67$) →
Erweiterung der Problemlösungskapazität durch Qualitätszirkel/7 element. Werkzeuge/Kaizen - KVP →

Was habe ich davon? Er kommt wieder und kauft bei mir!

Produktpreis
Preis - Gewinn = Zielkosten
fix   fix
↓
Aufwand für Nutzleistung
"   " Stütz   "
"   " Blind   "
"   " Fehl   "
↓
optimieren von Nutz- und Stützleistung
↓
sichere Prozesse eliminieren Fehlleistung, ermöglichen Verringern von Materialbeständen, keine Sortierkosten nötig

KVP verringert die Blindleistung

verringert Fehlzeiten und Kosten für Ersatzpersonal

ermöglicht simultane Entwicklung und Prozeßplanung, kürzere Entwicklungszeiten und geringere -kosten

hohe Verfügbarkeit der Betriebsmittel verringert Investitionsbedarf

Wie kann ich die Mitarbeiter begeistern?

Die Arbeit sollte Sinn und Freude machen
↓
Die Seele muß mitschwingen; Stolz auf die eigene Arbeit und darauf, zur Firmenfamilie zu gehören

Qualifizierung der Mitarbeiter "on the job", aber auch job rotation zur Verbreiterung des Horizonts

Delegation von Pflichten und Rechten (bis auf die Werkerebene)

Erweiterung der Mitbestimmung am Arbeitsplatz (z.B. durch Qualitätszirkel)

Erweiterung der Zuständigkeit (Quantität, Qualität, Betriebsmittel, -verfügbarkeit)

Erfolge - und Mißerfolge - mit Mitarbeitern teilen (immateriell und materiell)

Was habe ich davon? Sie kommen zur Arbeit und machen mit!

Die Arbeit sollte ihren Zweck erfüllen (Einkommen sichern)

jeder ist wichtig und bleibt nur ungern fern

ermöglicht flache Hierarchien

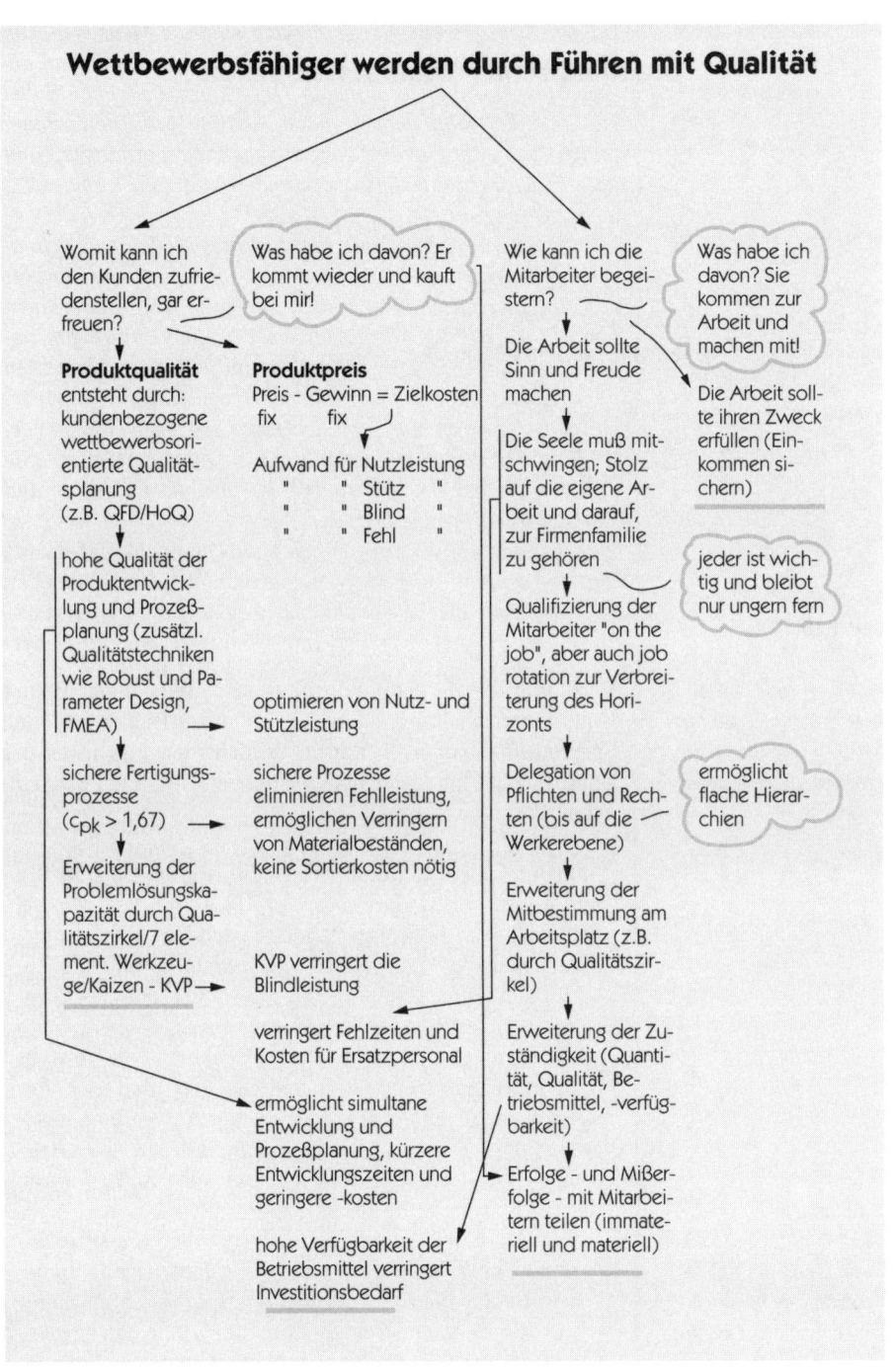

Bild 1.19: Die Wirkungen von Kundenorientierung, Mitarbeiterbezug und Technikeinsatz auf die Produktivität

> **Die klassischen Qualitätstechniken**
>
> Forschen, Entwickeln, Konstruieren
> Absicherung durch Versuche
>
> Planung der Produktion
> Arbeitsvorbereitung
> Fertigung und Montage
>
> Fertigungsprüftechnik
> Werkstoffprüftechnik
> Zerstörungsfreie Materialprüftechnik
> Technische Statistik

Bild 1.20

- Führen mit Qualität erfordert Gestaltungswillen und die Bereitschaft zu Veränderungen

Kardinalfrage für jede Führungskraft, angefangen in der Unternehmensleitung, ist es, die mentalen Hierarchien und Sperren abzubauen [8] und auch nicht den Fluchtweg der Überbeschäftigung oder den der Konzentration auf Sachaufgaben [9] zu beschreiten.

Führung bedeutet, wohlüberlegte Strategien gegen innere und äußere Kritik durchzusetzen [8]. Damit sind wir bei der nächsten Führungsaufgabe, nachdem der richtige Mitarbeiter/die Mitarbeiterin die ihn/sie betreffende Zusatzqualifikation erhalten hat. Sehen wir die Qualifizierung als Investition, so kann sie sich nur rechnen, wenn sie auch eingesetzt wird. Das beste Mittel, die Anwendung durchzusetzen, ist damit gegeben, daß sich der Vorgesetzte für die Ergebnisse aus der Anwendung interessiert oder besser noch, die Ergebnisse zur Grundlage seiner Entscheidungen macht, damit also führt. Führen mit Qualität heißt in diesem Sinne

- Mitarbeiter wenden die Qualitätstechniken an, wenn der Vorgesetzte sich für die Ergebnisse aus der Anwendung interessiert

  – die Qualitätsplanung mit dem Wettbewerbsvergleich unter Zuhilfenahme des House of Quality/Quality Function Deployment bewußt und transparent zu machen,
  – die Konstruktionsfreigabe von der Höhe der Risikoprioritätszahl der Fehlermöglichkeits- und -einflußanalyse abhängig zu machen,

- die Güte der Fertigungsplanung sowie der Produktion mit dem Maschinen- und Prozeßfähigkeitsindex zu beurteilen,
- die An- und Auslieferungsqualität mit dem kundenbezogenen Produktaudit zu messen und schließlich
- das eigene Unternehmen und die Lieferanten dem Systemaudit zu unterziehen.

Der Prozeß ständiger Verbesserungen, aber auch der Rückschritt, läßt sich auf diese Weise messen. Die Regelkreise sind klein, es kann unmittelbar gestaltend eingegriffen werden.

Unterstützende Qualitätstechniken

zur Qualitätsplanung:
QFD mittels HoQ

zur Qualitätsverbesserung:
in der Konstruktionsphase: Konstruktions-FMEA
in der Produktionsplanungsphase: Prozeß-FMEA

zur Verringerung des Einflusses von Störgrößen:
Robust Design mittels Parameterdesign und Optimierungsversuchen (DOE)

zur Beobachtung von Fertigungsprozessen und Initiierung von ständigen Verbesserungen:
die statistische Prozeßregelung SPC/SPR/EPR

zur Analyse von Schwachstellen und Ermittlung von deren Ursachen sowie zur Nutzung des Know-hows der Mitarbeiter:
die Qualitätszirkel

zur Ausschöpfung des Problemlösungspotentials:
die Anwendung der elementaren Werkzeuge in Qualitätszirkeln

Bild 1.21

Qualitätsorientiertes Kostenmanagement

Das oberste Management bevorzugt die Sprache des Geldes. Darauf wies Juran hin und erklärte damit vielen Qualitätsleitern, warum ihre Fehlerstatistiken, sozusagen als Ersatzwährung der Geschäftsleitung angeboten, so wenig bewirken. Führen mit Qualität stellt auch die Herausforderung dar, das Qualitätsgeschehen in Kosten ausdrücken zu können, die unmittelbar Eingang finden in betriebswirtschaftliche Überlegungen. Mehr noch, unter dem konsequenten Anspruch der Qualitätsführerschaft ist die Dominanz der Qualität, in ihrer weiten Bedeutung, in der Kostenrechnung erforderlich [10; 11]. Hiervon ist die Praxis noch weit entfernt. Die Entwicklung der Betriebswirtschaft ist, so sei zu hoffen, auf dem richtigen Wege, angetrieben durch die gestiegenen Ansprüche an die Effektivität derzeitiger Controllingsysteme [12].

Literatur

1 Lietz, Jürgen, H.: Der Unterschied zwischen „managen" und „führen", in: Blick durch die Wirtschaft, Frankfurter Allgemeine Zeitung vom 11.09.1992
2 O. V.: DIN EN ISO 8402-1994 – Entwurf v. März 1992, S. 25
3 Dennes, Rolf: Japans Unternehmen konkurrieren auf andere Weise, in: Blick durch die Wirtschaft, Frankfurter Allgemeine Zeitung vom 15.02.1993
4 Kamiske, Gerd: Das große Mißverständnis, in: Qualität und Zuverlässigkeit 36 (1991) 3, Leitartikel, S. 124
5 Womack, J. P.; Jones, D. T.; Ross, D.: Die zweite Revolution in der Automobilindustrie, Campus Verlag, Frankfurt am Main/ New York, 1990
6 Blume, Georg: Keine Kündigungen in der Krise, in: die tageszeitung vom 16.02.1993, Berlin
7 Piëch, Ferdinand: Ein Jahrzehnt der Entscheidung, in: Autogramm (Mitarbeiterzeitschrift der Volkswagen AG), Januar 1993
8 Heller, G.: Nach dem Anstoß Abbau von mentalen Hierarchien, in: Handelsblatt vom 15.02.1993
9 Nieder, Peter: Viele Vorgesetzte nehmen sich zuwenig Zeit für die Führung, in: Blick durch die Wirtschaft, Frankfurter Allgemeine Zeitung vom 10.02.1993
10 Tomys, A.-K.: Kostenorientiertes Qualitätsmanagement (1995); Carl Hanser Verlag.
11 Kamiske, G. (Hrsg.): Rentabel durch TQM (1996); Springer Verlag.
12 Wildemann, H. (Hrsg.): Controlling im TQM (1996); Springer Verlag.

1.5 Organisation des Umweltmanagements im Rahmen von Total Quality Management

D. Butterbrodt

Mit der zunehmenden Belastung der natürlichen Umwelt durch Schadstoffe und den immer deutlicher zutage tretenden negativen globalen Folgen ist in den letzten Jahren das öffentliche Interesse an diesem Problemfeld gewachsen. Die Umweltpolitik der vergangenen zwei Jahrzehnte hat gezeigt, daß der Staat nur bestimmte Rahmenbedingungen schaffen kann, die vorwiegend durch reaktives und sanktionierendes Verhalten zum Ausdruck kommen. Die grenzwert- und auflagenorientierte Umweltpolitik der Vergangenheit hat zwar gewisse Erfolge aufzuweisen, erweist sich aber als noch nicht ausreichend. Die Folge dieser Entwicklung ist eine weitere Zunahme der Umweltbelastung bis hin zu lokalen Störfällen und der Gefahr von globalen Umweltkatastrophen mit fatalen Auswirkungen auf die Menschen und die ökologischen Systeme der Erde.

Abgeleitet aus dieser Situation rückt die Forderung nach einer Liberalisierung der bürokratischen Vorschriften bei gleichzeitiger Zunahme der Eigenverantwortung der Industrie immer weiter in den Vordergrund. Diese Forderung ist damit verbunden, die unternehmerischen Freiräume für ökologische Innovation und Optimierung weiter voranzutreiben. Hierzu sind Ideen und Innovationen erforderlich, die sowohl in organisatorischer als auch technischer Hinsicht eine Verlagerung von nachgeschalteten zu integrierten Umweltschutzmaßnahmen unterstützen. Integration bedeutet dann nicht nur, punktuell Maßnahmen des betrieblichen Umweltschutzes zu realisieren, sondern kontinuierlich in allen Phasen der Wertschöpfung Verschwendung insbesondere nicht nachwachsender Ressourcen zu vermeiden.

Ökologie und Ökonomie sind ebensowenig ein Widerspruch wie Qualität und Ökonomie, wenn Verschwendung dort vermieden wird, wo die Wertschöpfung stattfindet. Die dem Prozeß nachgeschalteten Maßnahmen für Umweltschutz verursachen ebenso wie die Nachsorge bei der Qualitätssicherung dann hohe Kosten, wenn die Prozesse der Produktentstehung und der Produktion unsicher sind und am Prozeßende nachgebessert und entsorgt werden müssen.

Mit der Verordnung (EWG) Nr. 1836/93 über die freiwillige Beteiligung gewerblicher Unternehmen an einem Gemein-

- Die Belastung der Umwelt nimmt immer noch zu

- Unternehmen benötigen Freiräume für innovativen integrierten Umweltschutz

- Ökologie und Ökonomie widersprechen sich nicht

schaftssystem für das Umweltmanagement und die Umweltbetriebsprüfung, im folgenden kurz EMAS (Environmental Management and Auditing Scheme) genannt, und der Normenreihe DIN ISO 14000 ff. ‚Umweltmanagementsysteme' gibt es international gültige Regelungen zur Gestaltung betrieblicher Umweltmanagementsysteme.

- Umweltmanagementsysteme lassen sich entsprechend strukturieren wie Qualitätsmanagementsysteme

In Anbetracht der sich ausweitenden Umweltproblematik und der Erfahrungen im Bereich des Qualitätsmanagements durch Zertifizierungen auf Normengrundlage wird davon ausgegangen, daß in den kommenden Jahren der Nachweis eines wirksamen Umweltmanagementsystems zur Voraussetzung für das Zustandekommen erfolgversprechender Unternehmensbeziehungen wird. Die folgende Darstellung gibt in Form eines Konzepts konkrete Hinweise zur Einführung eines Umweltmanagementsystems in Anlehnung an das Qualitätsmanagement.

Betriebliches Umweltmanagement

Aus der Erkenntnis heraus, daß ein Fehler dort verhindert werden sollte, wo er entsteht, entwickelte sich der Gedanke, daß es auch in Bereichen wie dem betrieblichen Umweltschutz zweckmäßig ist, mit Hilfe von Managementsystemen präventive Maßnahmen zur Fehler- bzw. Problemvermeidung zu etablieren. Dabei wird unter einem Managementsystem die Gesamtheit aller organisatorischen Maßnahmen (aufbau- und ablauforganisatorisch) verstanden, die dem Erreichen eines bestimmten Unternehmensziels dienen.

- Vorsorgen ist auch hier besser als nachsorgen

Umweltmanagement im speziellen umfaßt die Planung, Steuerung, Überwachung und Verbesserung aller betrieblichen Umweltschutzaktionen sowie eine umweltorientierte Betriebs- und Mitarbeiterführung. Das Ziel eines solchen Umweltmanagementsystems besteht darin, alle Funktionsbereiche und Ebenen des Unternehmens so zu führen, daß die umweltbezogenen Forderungen, die von verschiedenen Seiten an das Unternehmen gestellt werden, als Mindestmaß erfüllt werden, wobei eine möglichst hohe Effektivität aus ökologischer wie auch aus ökonomischer Sicht angestrebt wird. Dabei steht nicht das Erreichen eines einmal festgelegten Standards im Vordergrund, sondern eine stetige Verbesserung des betrieblichen Umweltschutzes. Die Vorteile einer effektiv betriebenen Umweltpolitik sind:

- Effektive Umweltpolitik reduziert Kosten ...

- **Reduzierung der Kosten** durch rückläufige Investitionen in nachgeschaltete Reinigungstechnologien (End-of-pipe-Technologien), durch verminderten Ressourceneinsatz, verringerte Abfallmengen, Reduzierung der Sortenvielfalt

in Einkauf und Entsorgung sowie durch geringere Versicherungsprämien aufgrund sinkender Haftungsrisiken,
* **Reduzierung des Risikos** infolge der Produkt- und Anlagenhaftung durch sicheren und gesetzeskonformen Anlagenbetrieb sowie Rechtssicherheit durch die nachweisbare Beachtung umweltrechtlicher Erfordernisse,
* **Steigerung der Wettbewerbsfähigkeit** durch Erschließung neuer, zukunftsorientierter Märkte und durch steigende Publizität und Imagegewinn in der Öffentlichkeit,
* **Verbesserung und Vereinfachung betrieblicher Abläufe** durch
  - steigende Motivation der Beschäftigten,
  - eine verbesserte Organisationsstruktur,
  - vereinfachte Kontakte zu Genehmigungsbehörden,
  - eine leichtere Erfüllung von Mitteilungs- und Dokumentationspflichten gegenüber Behörden.

- ... reduziert Haftungsrisiken
- ... steigert die Wettbewerbsfähigkeit
- ... und verbessert Betriebsabläufe

Das Umweltmanagementsystem ist dann effektiv, wenn jeder einzelne Mitarbeiter motiviert ist, sich aktiv an umweltbezogenen Verbesserungsmaßnahmen zu beteiligen und sein Wissen und Können in den Verbesserungsprozeß einbringt. Um diese Motivation erreichen zu können, muß die Unternehmensleitung mit gutem Beispiel vorangehen und ein ökologieorientiertes Verhalten vorleben. Es ist nur dann sinnvoll, wenn es Ergebnisse hervorbringt, die positive Effekte für Umwelt und Unternehmen bewirken. Um dies zu gewährleisten, ist Umweltschutz als Bestandteil der täglichen Arbeit zu begreifen, nicht als zusätzliche Aufgabe, die parallel zum gewohnten Tagesgeschäft zu absolvieren ist. Betrieblicher Umweltschutz muß aus den Prozessen kommen und muß auch dort umgesetzt werden.

Zusammenhang zwischen Qualitäts- und Umweltmanagement

Der erweiterte Qualitätsbegriff bildet den Rahmen zur Umsetzung des betrieblichen Umweltschutzes und -managements im umfassenden Qualitätsmanagement (TQM). Qualitätsmanagement bildete sich aus der Qualitätssicherung und -kontrolle heraus. Anfänglich wurde am Ende des Fertigungsprozesses durch Kontrolltätigkeiten sichergestellt, daß keine oder ein geringstmöglicher Anteil von fehlerhaften Teilen das Unternehmen verläßt. Fehlerhafte Teile wurden in Kauf genommen – solange sie bei der Endkontrolle aussortiert bzw. einer Nacharbeit zugeführt werden konnten. Qualität bedeutete Produktqualität, in der arbeitsteiligen Vorgehensweise waren Spezialisten für deren Erzeu-

- Umweltschutz läßt sich harmonisch in das TQM einfügen

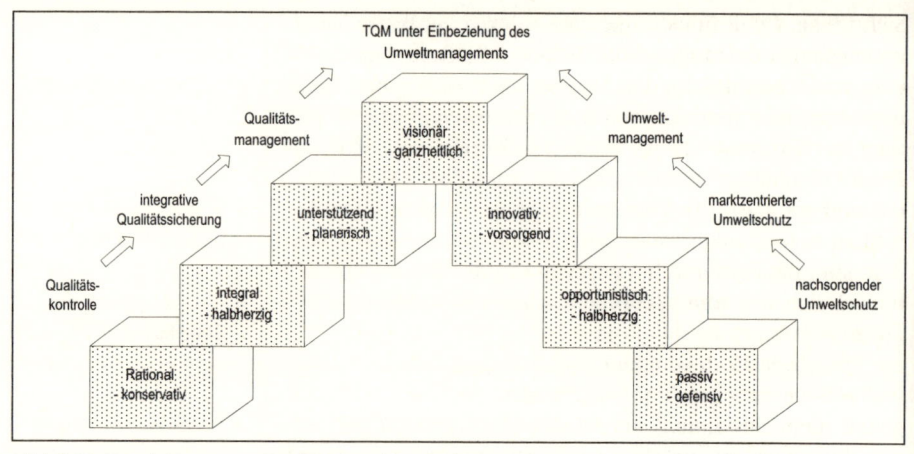

Bild 1.22: Entwicklung von Qualitäts- und Umweltmanagement

- Umweltschutz ist Managementaufgabe

gung zuständig. In der integrativen Qualitätssicherung wurde die Qualitätssicherung als separate Funktion aufgelöst und in die Linienfunktionen integriert. Jedoch wurde Qualität neben den anderen „Haupt"tätigkeiten und „Sachzwängen" vernachlässigt.

Auch betrieblicher Umweltschutz wurde und wird zunächst, dem Produktionsprozeß nachgeschaltet, von Spezialisten betrieben, um die Einhaltung gesetzlich festgelegter Vorgaben sicherzustellen. Dies ist mit hohem technischen, materiellen und finanziellen Aufwand verbunden. Erst die Wahrnehmung des Umweltschutzes als Managementaufgabe führte zur Einbeziehung der Produktion und schließlich der gesamten Unternehmensabläufe in Umweltschutzbemühungen. Bereits in der Planungsphase von Prozessen und Produkten muß Umweltschutz vorsorgend berücksichtigt werden. In Bild 1.22 ist der Entwicklungsprozeß von Qualitäts- und Umweltmanagement dargestellt. Ein in die Zukunft gerichtetes Management vereinigt die Managementaspekte Qualität, Umweltschutz und weitere wie z. B. Arbeitssicherheit. Qualität und Umweltschutz, als Managementaufgaben verstanden, erfordern die Einbeziehung aller Mitarbeiter und die beschriebene Kundenorientierung.

Haupt- und Nebenprodukte als Gegenstände der Qualitätsverbesserung und des betrieblichen Umweltschutzes

Der Qualitätsbegriff und die Aufgaben des Qualitätsmanagements werden von einer engen, rein produktbezogenen

Sichtweise auf Produktionsprozesse und sämtliche Unternehmensabläufe ausgedehnt. Jedoch ist die Zufriedenstellung und Überzeugung des Kunden im wesentlichen durch hervorragende Produktqualität zu erreichen. Die Betrachtung der Prozesse erfolgt daher immer mit dem Ziel, die Produktqualität so wirtschaftlich wie möglich sicherzustellen und ein positives Unternehmensbild zu vermitteln. Soweit es sich um die Beschaffenheit der Hauptprodukte handelt, sind die Forderungen der Kunden und der Gesellschaft hinsichtlich der umweltbezogenen Merkmale Teil der Qualitätsforderungen an das Produkt.

Im Prozeßverlauf fallen neben den Hauptprodukten ungewollte Nebenprodukte an. Forderungen an diese sind im Regelfall nicht Bestandteil der Qualitätsforderungen, sondern rein umweltschutzbezogene Forderungen. Sie werden von gesellschaftlichen Gruppen, aber auch von Kunden, die sich in zunehmendem Maße mit den Herstellungsprozessen der von ihnen erworbenen Produkte (z. B. Verwendung wasserlöslicher oder Pulverlacke anstatt lösemittelhaltiger Lacke in der Oberflächenbeschichtung) beschäftigen, aufgestellt.

- Qualitätsforderungen an das Produkt und umweltschutzbezogene Forderungen an den Prozeß ergänzen sich

Sowohl im Qualitätsbereich als auch im Umweltschutz wird die Betrachtung von einzelnen Aspekten oder Unternehmensbereichen auf eine umfassende Sichtweise ausgedehnt. Diese bezieht auch die Phasen des Produktlebenszyklus mit ein, die nicht im Unternehmen, sondern wie beim Produktgebrauch oder der Entsorgung außerhalb stattfinden. Ursache dieser Betrachtungen sind stets externe Forderungen, so daß durch die Ausdehnung der Bemühungen zur Qualitätsverbesserung und zum Umweltschutz über die Hauptprodukte hinaus auf die Nebenprodukte eine weitere Annäherung von Qualitäts- und Umweltmanagement stattfindet.

Modelle zur Umsetzung

In den aufgeführten Modellen werden verschiedene Vorgehensweisen vorgeschlagen, wie auf Unternehmensebene die Strukturmodelle (z. B. DIN EN ISO 9001, DIN ISO 14001) für Qualitäts- und Umweltmanagement verzahnt werden können.

- Qualitäts- und Umweltmanagementmodelle lassen sich verzahnen

Summarisches Modell

Grundlage des summarischen Modells ist das Qualitätsmanagementsystem nach DIN EN ISO 9001 bzw. DIN EN ISO 9004-1. Bei diesem Ansatz wird das vorhandene Qualitätsmanagementsystem um weitere Managementaspekte, wie z. B. betrieblichen Umweltschutz oder Arbeitssicherheit, ergänzt (siehe Bild 1.23). Hierfür wird jeweils ein eigenes Element eingeführt. Im Element „Umweltschutz" werden alle Festlegungen des Unternehmens, die bzgl. der Organisation des betrieblichen Umweltschutzes getroffen und dokumentiert werden, aufgeführt. Dieses Modell ist vor allem in Unternehmen sinnvoll, die bereits ein Qualitätsmanagementsystem auf der oben genannten Grundlage implementiert haben und ohne größere Änderung des bisherigen Systems umweltrelevante Aspekte ihrer Tätigkeiten berücksichtigen wollen. Hierfür werden die folgenden vier Varianten dargestellt:

Kernelemente der DIN EN ISO 9001
1. Verantwortung der Leitung
2. Qualitätsmanagementsystem
3. Vertragsprüfung
4. Designlenkung
5. Lenkung der Dokumente und Daten
6. Beschaffung
7. Lenkung der vom Kunden beigestellten Produkte
8. Kennzeichnung und Rückverfolgbarkeit von Produkten
9. Prozeßlenkung
10. Prüfungen
11. Prüfmittelüberwachung
12. Prüfstatus
13. Lenkung fehlerhafter Produkte
14. Korrektur- und Vorbeugemaßnahmen
15. Handhabung, Lagerung, Verpackung, Konservierung und Versand
16. Lenkung von Qualitätsaufzeichnungen
17. Interne Qualitätsaudits
18. Schulung
19. Wartung
20. Statistische Methoden
21. Qualitätsbezogene Kosten
22. Produktsicherheit und ...
23. Umweltschutz

Zusatzelemente
24. Werkssicherheit
25. Informationssicherheit
25. Sozialverträglichkeit
26. ...

DIN EN ISO 9001 für UMS
1. Verantwortung der Leitung
2. Umweltmanagementsystem
3. Vertragsprüfung
4. Designlenkung
5. Lenkung der Dokumente und Daten
6. Beschaffung
7. Lenkung der vom Kunden beigestellten Produkte
8. Kennzeichnung und Rückverfolgbarkeit von Produkten
9. ...
10. ...

DIN ISO 14001
1. Allgemeines
2. Umweltpolitik
3. Planung
3.1 Umweltaspekte
3.2 Gesetzliche und andere Forderungen
3.3 Zielsetzungen und Einzelziele
3.4 Umweltmanagementprogramme
4. Umsetzung
4.1 Organisation
4.2 ...

Medienorientierte Betrachtung
1. Umweltrelevante Angaben zum Unternehmen
1.1 Firmendaten
Verdachtsflächen, Kontaminierung von Altlasten

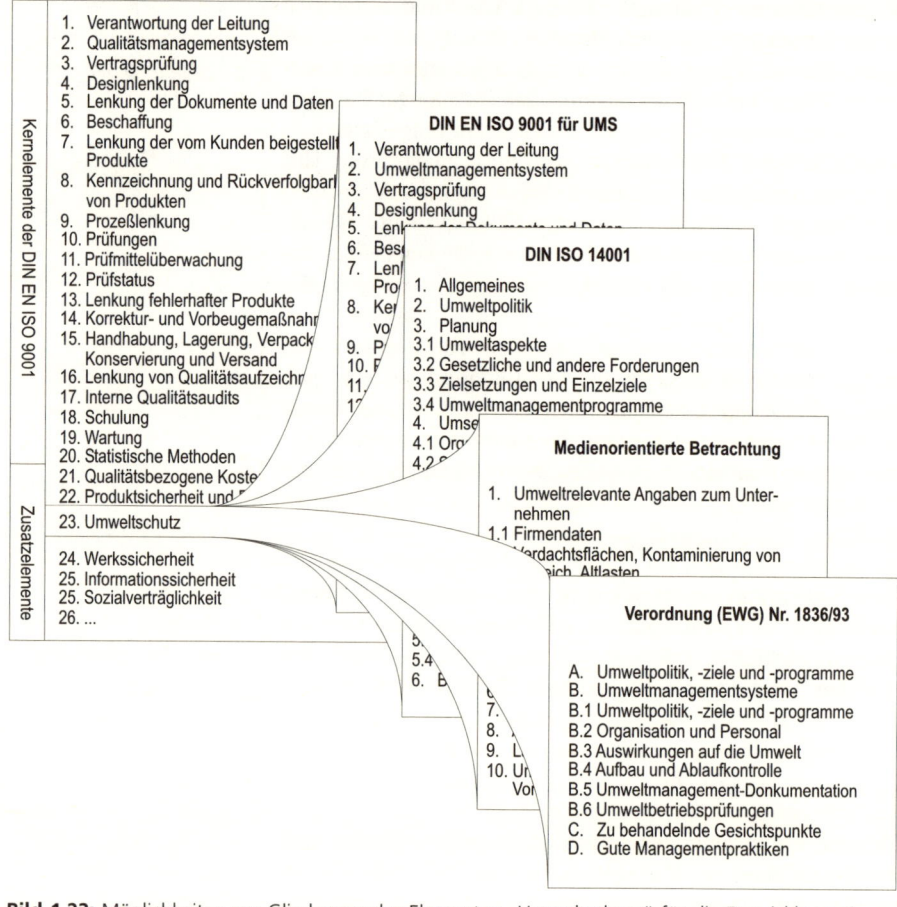

Verordnung (EWG) Nr. 1836/93
A. Umweltpolitik, -ziele und -programme
B. Umweltmanagementsysteme
B.1 Umweltpolitik, -ziele und -programme
B.2 Organisation und Personal
B.3 Auswirkungen auf die Umwelt
B.4 Aufbau und Ablaufkontrolle
B.5 Umweltmanagement-Donkumentation
B.6 Umweltbetriebsprüfungen
C. Zu behandelnde Gesichtspunkte
D. Gute Managementpraktiken

Bild 1.23: Möglichkeiten zur Gliederung des Elementes „Umweltschutz" für die Entwicklung eines Umweltmanagementsystems

1. Umweltspezifische Aspekte werden unter der Verwendung der 20 Elemente des Qualitätsmanagementsystems nach DIN EN ISO 9001 betrachtet und dokumentiert.
2. Umweltspezifische Aspekte werden unter Anwendung der anerkannten Umweltmanagementnorm DIN ISO 14001 betrachtet und dokumentiert.
3. Es erfolgt eine umweltmedienorientierte Untersuchung (z. B. Luft, Wasser, Boden) aller Unternehmenstätigkeiten und ihre Darlegung im entsprechenden Element des Qualitätsmanagementhandbuchs.
4. Ausrichtung an der Gliederung des Anhangs I der Verordnung (EWG) Nr. 1836/93 als Gestaltungsgrundlage für das Element „Umweltschutz".

Innerhalb des Elementes „Umweltschutz" erfolgt also die Betrachtung der Unternehmenstätigkeiten von einem umweltspezifischen Standpunkt aus, Qualitätsaspekte werden dabei nur sekundär berücksichtigt.

Dieses Modell ermöglicht eine getrennte oder zusammengeführte Erstellung von Managementhandbüchern. Die Entscheidung hierüber hängt vom Umfang der umweltrelevanten Risiken des Unternehmens ab. Für Unternehmen mit größeren Qualitäts- als Umweltrisiken und umgekehrt ist der Aufbau getrennter Dokumentationssysteme (Handbücher) vorteilhafter, denn dadurch kann die Bedeutung des jeweils dominierenden Aspektes stärker hervorgehoben werden.

- Zusammenfassende Managementhandbücher haben nicht nur Vorteile

Ist dagegen aufgrund der zu beachtenden Rahmenbedingungen wie Produktpalette und Produktionsweisen eine getrennte Behandlung von qualitäts- und umweltspezifischen Aspekten nicht sinnvoll, kann die Darlegung des Managementsystems in einem gemeinsamen Handbuch, z. B. auf der Grundlage der vorhandenen Prozesse im Unternehmen, erfolgen.

Inbesondere die Dokumentation bzw. Darlegung eines solchen Systems in einem Element des gemeinsamen Handbuchs stellt sich schwierig dar. Es ist zu befürchten, daß die Beschreibung des Umweltmanagementsystems in einem einzigen Element der Komplexität nicht gerecht werden kann. Ein Weg ist, wie oben angeführt, die Erarbeitung eines eigenen Umweltmanagementhandbuches, auf das dann im Element „Umweltschutz" des Qualitätsmanagementhandbuchs verwiesen wird.

Bei der Einführung des Umweltmanagementsystems und der Erarbeitung des Managementhandbuchs wird besonderer Wert auf die Abstimmung zwischen Qualitäts- und Umweltmanagement gelegt.

- Strukturiert man auch in Zukunft lieber nach Elementen oder prozeßorientiert?

Für Unternehmen mit einer starken prozeßorientierten Ausrichtung, insbesondere auf der Grundlage der „neuen 9001" ist jedoch das adaptive Modell besser geeignet.

Adaptives Modell

Das adaptive Modell basiert ebenso wie das summarische auf der DIN EN ISO 9001 für Qualitätsmanagementsysteme. Adaption bedeutet Anpassung, und im Rahmen dieser Darstellung ist es der Versuch, die Struktur eines Qualitätsmanagementsystems nach DIN EN ISO 9001 so zu gestalten, daß alle umweltspezifischen Aspekte der Unternehmenstätigkeiten berücksichtigt werden. Dabei unterscheidet der Autor zwischen verschiedenen Varianten des adaptiven Modells (siehe Bild 1.24).

Einerseits wird die DIN EN ISO 9001 zum Aufbau eines eigenständigen Umweltmanagementsystems verwendet (siehe Variante 1 des summarischen Modells) und andererseits als Grundlage zum Aufbau eines gemeinsamen Qualitäts- und Umweltmanagementsystems.

Adaptives Modell

Variante 1
Adaption der DIN EN ISO 9001 zum Aufbau eines eigenständigen Umweltmanagementsystems und dessen Darlegung in einem separaten Umweltmanagementhandbuch

Variante 2
Adaption der DIN EN ISO 9001 zum Aufbau eines gemeinsamen Qualitäts- und Umweltmanagementsystems und dessen Darlegung in einem Managementhandbuch

erweiterter Qualitätsbegriff

Variante 2.1
Verbindung von Qualitäts- und Umweltmanagement gelingt nicht vollständig auf Basis der 20 Elemente der DIN EN ISO 9001
⇨ Ergänzung der Struktur um operative Elemente des Umweltmanagementsystems

Variante 2.2
Verbindung von Qualitäts- und Umweltmanagement gelingt vollständig auf Basis der prozeßorientierten DIN EN ISO 9001

integratives Modell

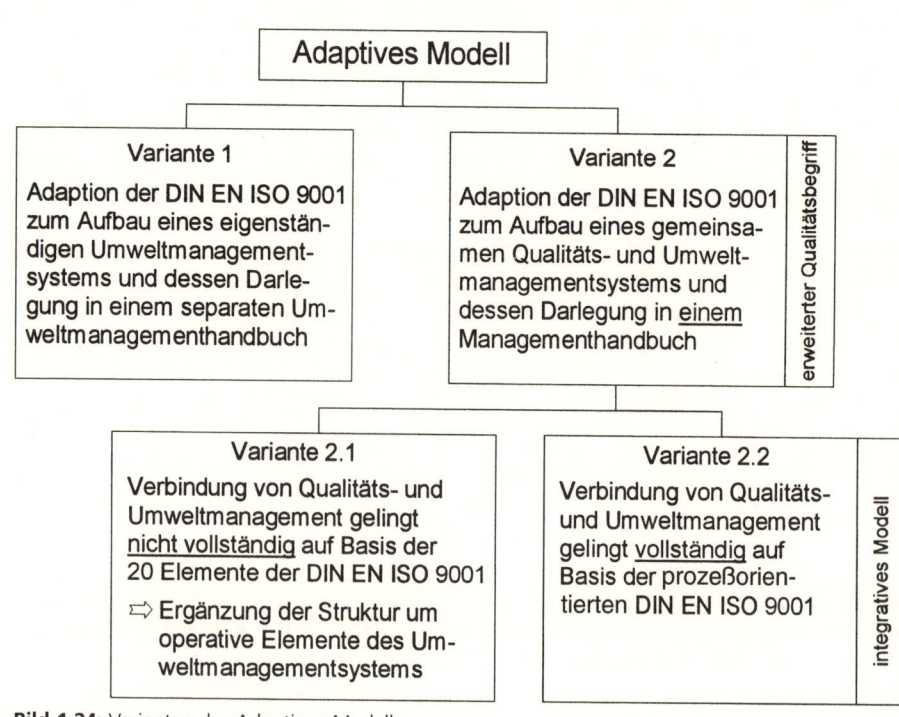

Bild 1.24: Varianten des Adaptiven Modells

1.5 Organisation des Umweltmanagements im Rahmen von Total Quality Management

Variante 1:

Adaption des Qualitätsmanagementsystems nach DIN EN ISO 9001 zum Aufbau eines eigenständigen Umweltmanagementsystems mit ähnlicher Struktur und Begriffswelt sowie die Darlegung des Umweltmanagementsystems in einem separaten Umweltmanagementhandbuch.

Ein Beispiel für diese Adaptionsform ist das von Ellringmann vorgeschlagene „Muster-Handbuch Umweltschutz" (Ellringmann, 1993). Hierbei verfolgt Ellringmann die Integration des Umweltschutzes in die Unternehmensführung durch die Erweiterung des Führungsmodells (TQM) um Elemente des Umweltschutzes. Dazu müssen Qualitäts- und Umweltmanagement auf verschiedenen Ebenen zusammengeführt und in ein umfassendes Management integriert werden:

a) Normative Ebene: Eingliederung von Qualitäts- und Umweltpolitik in die Unternehmenspolitik

b) Strategische Ebene: Einbeziehung von Qualitäts- und Umweltprogrammen sowie -managementsystemen

c) Operative Ebene: Regelung von Prozessen und Anweisungen zur Umsetzung der Unternehmensstrategien

Auf der operativen Ebene kommt dieses adaptive Modell zum Tragen. Hier sind die Handbücher der Managementsysteme angesiedelt. Danach erfolgt die Darlegung des Umweltmanagementsystems in Anlehnung an die Struktur der DIN EN ISO 9001 für Qualitätsmanagementsysteme. Änderungen dieser Struktur werden vor allem zur stärkeren Betonung der Bedeutung umweltrechtlicher Grundlagen sowie von Forschung und Entwicklung vorgenommen. Sind bestimmte Prozesse bereits durch das Qualitätsmanagementsystem geregelt, so wird im Umwelthandbuch auf diese Bezug genommen und verwiesen. Die Darlegung des Systems erfolgte in einem getrennten Handbuch einschließlich entsprechender Verfahrens- und Arbeitsanweisungen. Zwischen dieser Form des adaptiven und dem summarischen Modell bestehen Gemeinsamkeiten.

- Darlegung des Umweltmanagementsystems in einem separaten UM-Handbuch oder ...

Variante 2:

Adaption des Qualitätsmanagementsystems nach DIN EN ISO 9001 zur direkten Verknüpfung von Qualitäts- und Umweltmanagementsystemen sowie die Darlegung des gemeinsamen Managementsystems in einem Handbuch.

- ... Verknüpfung von Qualitäts- und Umweltmanagementsystemen

- Die Verknüpfung ist nur dann verständlich, wenn Qualität umfassend wie bei TQM gesehen wird

Der Zusammenführung von Qualitäts- und Umweltmanagement liegt ein neues, erweitertes Verständnis für den Qualitätsbegriff zugrunde. Infolge dieser Sichtweise wird als Kunde eines Unternehmens nicht nur die Person/Organisation gesehen, die Abnehmer eines Angebotsproduktes ist, sondern die gesamte Gesellschaft. Die Gesellschaft umfaßt nach dieser Auffassung die Öffentlichkeit, Kunden, Lieferanten, Mitarbeiter, Banken, Versicherungen und staatliche Stellen. Diese haben ein spezifisches Interesse am Umgang mit unerwünschten Nebenprodukten des Unternehmens. Hierbei werden unter der Bezeichnung „unerwünschte Nebenprodukte" alle Emissionen sowie Wert- und Abfallstoffe verstanden, die im Herstellungsprozeß entstehen und in irgendeiner Weise aus dem System Unternehmen in die Systemumwelt eingeführt werden.

Um eine Verbindung der Managementsysteme auf der Basis der 20 Elemente der DIN EN ISO 9001 herzustellen, ist es erforderlich, ihre Eignung für die gemeinsame Darlegung von qualitätssichernden Maßnahmen und betrieblichem Umweltschutz zu untersuchen. Hiernach ist es notwendig, eine Reihe neuer, an das Umweltmanagement gerichtete Elemente einzuführen und das Umweltmanagementsystem an Geschäftsprozessen auszurichten.

Vor allem führungsorientierte und phasenübergreifende Elemente haben eine höhere Eignung zur Integration umweltspezifischer Gesichtspunkte aufgewiesen als solche, die auf die Phasen des Produktentstehungsprozesses ausgerichtet sind. Dieser Umstand ist besonders bei der Erarbeitung eines Dokumentationskonzeptes zu beachten, das sowohl auf Qualitäts- als auch Umweltmanagementsysteme angewandt werden kann.

Variante 2.1:

Mit der DGQ-Schrift 100-21 wird der Versuch unternommen, die vollständige Integration des betrieblichen Umweltschutzes in das Qualitätsmanagement zu erreichen. Im Vorwort der DGQ-Schrift 100-21 wird darauf hingewiesen, daß dieses Dokument die Systemanforderungen der *„EG-Verordnung"*, Verordnung (EWG) Nr. 1836/93 berücksichtigt. Dies ist jedoch nur teilweise geschehen, da Hinweise z. B. auf die Veröffentlichung einer Umwelterklärung völlig fehlen. Forderungen bzgl. Kommunikation reduzieren sich, in Anlehnung an die DIN ISO 14001, auf die Zugänglichkeit der Umweltpolitik für daran interessierte Kreise.

Variante 2.2:

Winzer verfolgt in einer Darlegung des adaptiven Modells konsequent die Integration des betrieblichen Umweltschutzes in das Qualitätsmanagementsystem (Winzer in: Westkämper, 1995). Umweltaspekte werden hierbei auf der Grundlage der DIN EN ISO 9001 in die Qualitätsaspekte integriert. Die konsequente Integration der Umweltaspekte in das Qualitätsmanagementsystem nach DIN EN ISO 9001 definiert der Autor als Sonderfall des adaptiven Modells. Eine Zertifizierung nach einer bekannten Umweltmanagementsystem-Norm, z. B. DIN ISO 14001 ist jedoch schwierig. Unternehmen, die keine Zertifizierung oder Teilnahme am Gemeinschaftssystem der Verordnung (EWG) Nr. 1836/93 planen, können mit Hilfe dieses Modells betrieblichen Umweltschutz im Rahmen des Qualitätsmanagements betreiben.

Produktlebenszyklus-Modell

Durch die umweltspezifische Prozeßbetrachtung entlang des gesamten Produktlebenszyklus auf der Grundlage der Betrachtung der DIN EN ISO 9004-1 wird dem inhaltlichen Unterschied zwischen Qualitäts- und Umweltmanagement Rechnung getragen. Während Qualitätsmanagementsysteme vorwiegend auf Angebotsprodukte ausgerichtet sind, erstreckt sich der Produktbezug von Umweltmanagementsystemen zusätzlich auch auf die unerwünschten Nebenprodukte. Hieraus resultiert die Tatsache, daß qualitätssichernde Maßnahmen schwerpunktmäßig in Marketing, Design und Arbeitsplanung vollzogen werden, da in diesen Phasen die Ermittlung und Umsetzung der Kundenanforderungen bzgl. der Angebotsprodukte erfolgt. Die weiteren Maßnahmen des Qualitätsmanagements zielen auf die Sicherung der Prozeßfähigkeit im Produktentstehungsprozeß ab. Maßnahmen des Umweltmanagements ergänzen die des Qualitätsmanagements in idealer Weise in allen Phasen des Produktlebenszyklus, hierbei stehen vor allem die unerwünschten Nebenprodukte im Brennpunkt. Ziel ist es, eine Reduzierung der umweltbelastenden Auswirkungen von Angebots- und Nebenprodukten durch Verbesserung von Anlagen und Prozessen zu erreichen. Der „Produktlebenszyklus" (nach DIN EN ISO 9004-1) ist das zentrale Betrachtungsobjekt für das in Bild 1.25 dargestellte, um das vom Autor um Umweltschutz- und Arbeitssicherheitsaspekte erweiterte Produktlebenszyklus-Modell.

- Qualitäts- und Umweltmanagement im Produktentstehungsprozeß ergänzen sich in idealer Weise

- Teilsysteme haben Gemeinsamkeiten

Managementsysteme weisen Merkmale auf (z. B. Dokumentation, Schulung, Information), die allen Systemen gemeinsam sind, weshalb untersucht wurde, inwieweit sich das Produktlebenszyklus-Modell zur Verbindung von Qualitäts- und Umweltmanagement eignet.

Das Produktlebenszyklus-Modell wird in zwei Bereiche unterteilt, der erste Bereich spiegelt die phasenübergreifenden und der zweite Bereich die phasenbezogenen Elemente wider. Phasenübergreifend bedeutet, daß diese sich nicht einer bestimmten Phase des Produktlebenszyklus zuordnen lassen. Im allgemeinen sind sie gemeinsamer Bestandteil aller Managementsysteme und -teilsysteme.

phasenübergreifende Elemente:
Unternehmenspolitik, -ziele und -programme
Managementsystem
Betriebsprüfung
Dokumentation
Kommunikation
Motivation und Schulung

phasenbezogene Elemente:
- Beseitigung oder Wiederverwendung
- Produktnutzung
- Technische Unterstützung und Wartung
- Montage und Inbetriebnahme
- Verkauf und Verteilung
- Verpackung und Lagerung
- Verifizierung
- Produktion oder Erbringung von Dienstleistungen
- Beschaffung
- Prozeßplanung und -entwicklung
- Produktdesign und -entwicklung
- Marketing sowie Marktforschung

Qualitätsaspekte
Umweltschutzaspekte
Arbeitsschutzaspekte

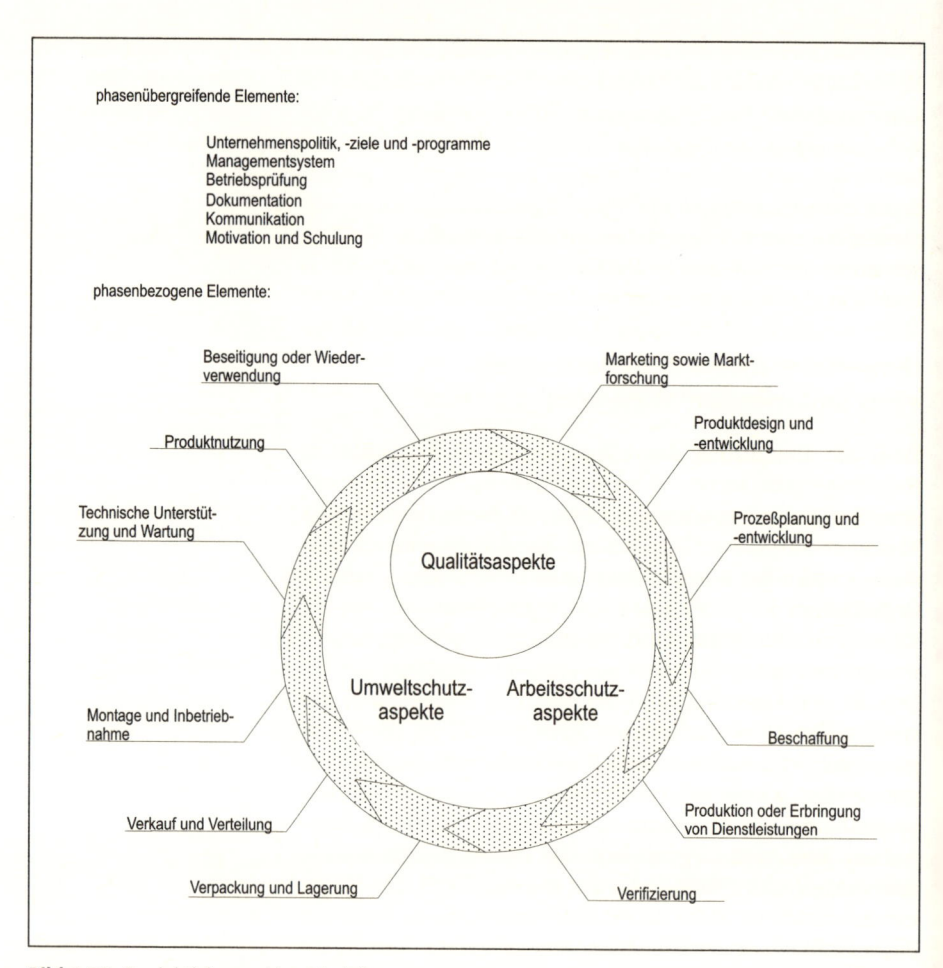

Bild 1.25: Produktlebenszyklus-Modell

So sind Elemente wie:
- Unternehmenspolitik, -ziele,
- Dokumentation,
- Kommunikation,
- Motivation und Schulung sowie
- Betriebsprüfung

sowohl im Qualitäts- als auch im Umweltmanagementsystem wiederzufinden. In diesen Elementen kann eine sehr enge Verknüpfung der Systeme stattfinden.

Durch die pasenbezogenen Elemente des zweiten Bereichs soll eine klare und verständliche Strukturierung des Managementsystems erreicht werden. Die Orientierung am Produktlebenszyklus ermöglicht die Herstellung eines engen Prozeßbezugs, womit die Basis für deren Verbesserung gelegt wird.

Die Strukturierung des Managementsystems anhand des Produktlebenszyklus als Abfolge der zentralen Geschäftsprozesse gestaltet das System sehr flexibel. Weitere Aspekte wie Arbeitsschutz und Arbeitssicherheit sowie Werkschutz lassen sich unkompliziert ergänzen, da auch sie im ganzen Produktlebenszyklus zu berücksichtigen sind. Eine umweltmedienorientierte Organisation des betrieblichen Umweltschutzes weist eine solche Flexibilität dagegen nicht auf, da hier eine elementorientierte Separierung vorliegt.

- Die Flexibilität des Umweltmanagementsystems entlang des Produktlebenszyklus ist höher als bei einer umweltmedienorientierten Organisation

Umweltmanagement als Bestandteil eines umfassenden Managementsystems

Wird die Einführung des Umweltmanagementsystems im Betrieb geplant, so ist auf unternehmensspezifisch gewachsene Strukturen zu achten. So kann an bereits vorhandene Managementsysteme, z. B. an das Qualitätsmanagementsystem, angeknüpft werden. Auch andere Strukturen, wie die Organisation der Betriebsbeauftragten für Abfall, Gewässerschutz und Immissionsschutz werden bei der Errichtung eines Umweltmanagementsystems sinnvoll einbezogen.

Den in der Einleitung aufgeführten Managementansätzen wie Qualität, Umweltschutz und Arbeitssicherheit, liegen die gleichen Prinzipien zugrunde. „Es handelt sich um die Integration der jeweils produktbezogenen Maßnahmen mittels systembezogener Maßnahmen, also durch eine festgelegte Aufbau- und Ablauforganisation. Sie bilden Bausteine eines integrierten und übergeordneten Managements des Unternehmens (Adams, 1995, S. 19). Das Umweltmanagement ist Bestandteil eines umfassenden Managementsystems. Elemente, wie z. B. die Einbeziehung aller Mitarbeiter der Or-

- Umweltmanagement ist Teil des umfassenden Managements

ganisation, durchziehen das gesamte Managementkonzept. Andere Elemente, wie z. B. Entsorgungs- oder Energiekonzepte, sind spezifisch für das betriebliche Umweltmanagement. Vor der Systemumsetzung sollte die Frage geklärt werden, inwieweit Synergieeffekte zwischen den verschiedenen Systemen und Bereichen existieren und wie diese angemessen genutzt werden können.

- Unterschiedliche Systeme können erhebliche Synergien besitzen

Techniken und Hilfsmittel im Umweltmanagement

Um ein systematisches Vorgehen bei der Einführung und Aufrechterhaltung des Umweltmanagementsystems zu ermöglichen, kommen eine Reihe von Managementmethoden und -techniken zum Einsatz. Hierbei werden unter Techniken „Maßnahmen, Einrichtungen und Verfahren verstanden, die dazu dienen, naturwissenschaftliche Kenntnisse praktisch nutzbar zu machen" (Butterbrodt/Tammler, 1996). Unter Umweltmanagementtechniken sind somit alle Methoden zu verstehen, die zur Problemlösung im Rahmen des Umweltmanagements dienen.

- Techniken sind Werkzeuge für systematisches Arbeiten

Zu den Umweltmanagementtechniken gehören neben speziell für den betrieblichen Umweltschutz entwickelten Methoden auch diejenigen, die ursprünglich für den Einsatz in anderen Gebieten, z. B. im Qualitätsmanagement, konzipiert wurden. Diese Methoden werden teilweise in ihrer ursprünglichen Form verwendet oder aber auch an die speziellen Erfordernisse im betrieblichen Umweltschutz angepaßt (siehe hierzu Kapitel 4).

Das Umsetzungskonzept

Der Aufbau eines Managementsystems umfaßt die aufbau- und ablauforganisatorische Strukturierung des gesamten Unternehmens. Betroffen sind sämtliche Unternehmensbereiche und Abteilungen, jeder einzelne Mitarbeiter, alle unternehmensinternen und die Unternehmensgrenzen überschreitenden Vorgänge und Abläufe. In Abhängigkeit von der Branche und Größe des Unternehmens sowie der vorhandenen Organisationsstruktur muß von einer unternehmensabhängigen unterschiedlichen Umsetzungsdauer ausgegangen werden. Es ist jedoch möglich, bereits während der Aufbauphase das Umweltmanagementsystem oder Teile hiervon wirkungsvoll zu nutzen.

- Erfolgreiche Umsetzung verlangt Planung des Vorgehens

Voraussetzung zu einer effektiven und erfolgreichen Einführung ist ein zielgerichtetes und planvolles Herangehen. Den Rahmen hierfür bildet das Projektmanagement, ein

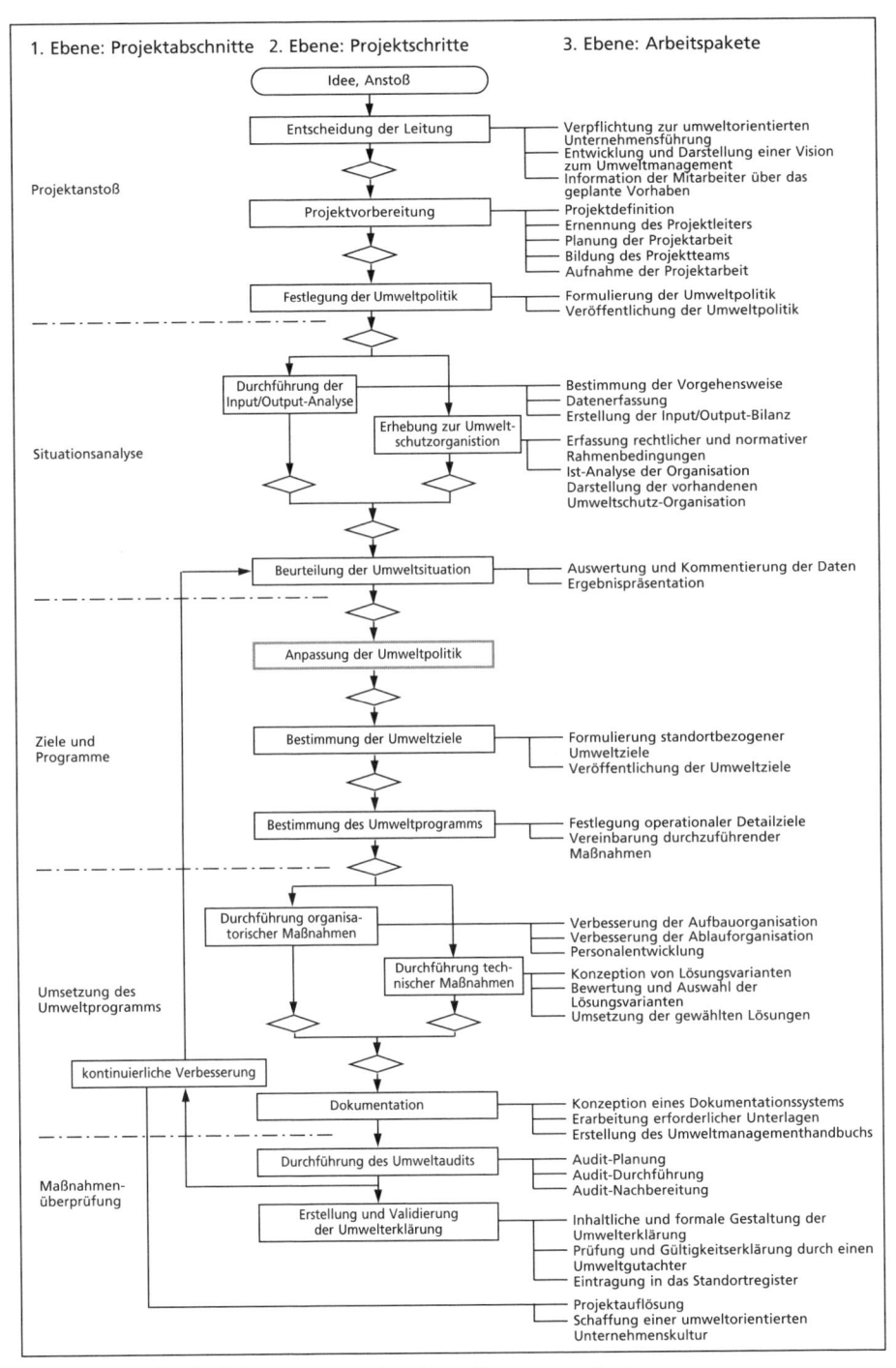

1.5 Organisation des Umweltmanagements im Rahmen von Total Quality Management

1. Ebene: Projektabschnitte	2. Ebene: Projektschritte	3. Ebene: Arbeitspakete
	Idee, Anstoß	
Projektanstoß	Entscheidung der Leitung	– Verpflichtung zur umweltorientierten Unternehmensführung – Entwicklung und Darstellung einer Vision zum Umweltmanagement – Information der Mitarbeiter über das geplante Vorhaben
	Projektvorbereitung	– Projektdefinition – Ernennung des Projektleiters – Planung der Projektarbeit – Bildung des Projektteams – Aufnahme der Projektarbeit
	Festlegung der Umweltpolitik	– Formulierung der Umweltpolitik – Veröffentlichung der Umweltpolitik
Situationsanalyse	Durchführung der Input/Output-Analyse	– Bestimmung der Vorgehensweise – Datenerfassung – Erstellung der Input/Output-Bilanz
	Erhebung zur Umweltschutzorganistion	– Erfassung rechtlicher und normativer Rahmenbedingungen – Ist-Analyse der Organisation – Darstellung der vorhandenen Umweltschutz-Organisation
	Beurteilung der Umweltsituation	– Auswertung und Kommentierung der Daten – Ergebnispräsentation
	Anpassung der Umweltpolitik	
Ziele und Programme	Bestimmung der Umweltziele	– Formulierung standortbezogener Umweltziele – Veröffentlichung der Umweltziele
	Bestimmung des Umweltprogramms	– Festlegung operationaler Detailziele – Vereinbarung durchzuführender Maßnahmen
Umsetzung des Umweltprogramms	Durchführung organisatorischer Maßnahmen	– Verbesserung der Aufbauorganisation – Verbesserung der Ablauforganisation – Personalentwicklung
	Durchführung technischer Maßnahmen	– Konzeption von Lösungsvarianten – Bewertung und Auswahl der Lösungsvarianten – Umsetzung der gewählten Lösungen
kontinuierliche Verbesserung	Dokumentation	– Konzeption eines Dokumentationssystems – Erarbeitung erforderlicher Unterlagen – Erstellung des Umweltmanagementhandbuchs
Maßnahmenüberprüfung	Durchführung des Umweltaudits	– Audit-Planung – Audit-Durchführung – Audit-Nachbereitung
	Erstellung und Validierung der Umwelterklärung	– Inhaltliche und formale Gestaltung der Umwelterklärung – Prüfung und Gültigkeitserklärung durch einen Umweltgutachter – Eintragung in das Standortregister
		– Projektauflösung – Schaffung einer umweltorientierten Unternehmenskultur

Bild 1.26: Projektablauf der Umsetzung eines Umweltmanagementsystems

- Sinnvoll ist die Eröffnung eines Projektes

Führungsinstrument, das darauf ausgerichtet ist, innerhalb einer bestimmten Zeit mit bestimmten Mitteln ein definiertes, abgegrenztes Vorhaben erfolgreich zu verwirklichen.

Das im folgenden erläuterte Konzept beruht auf einem Ablaufplan, der an die jeweiligen unternehmensspezifischen Gegebenheiten und Erfordernisse angepaßt werden kann (Bild 1.26)

Die einzelnen Projektschritte müssen nicht zwingend nacheinander abgearbeitet werden. Es besteht auch die Möglichkeit, mehrere Schritte parallel zu bearbeiten bzw. bei Bedarf zu wiederholen. Im Bild steht hierfür symbolisch die Raute als Zeichen der Entscheidungs- und Verzweigungsmöglichkeit. Nach jedem Projektschritt ist zu entscheiden, ob zum nächsten übergegangen werden kann, der Schritt nochmals zu überarbeiten ist oder sogar zum vorhergehenden Schritt zurückgekehrt werden muß.

Letzteres ist nötig, wenn beispielsweise festgestellt wird, daß zur Abarbeitung eines Projektschritts entscheidende Informationen fehlen, die bereits in einem der vorhergehenden Schritte hätten gesammelt werden sollen. So könnte z.B. während der Formulierung des Umweltprogramms eine nachträgliche Ermittlung bestimmter, bei der Erstellung der Input/Output-Bilanz übersehener Daten notwendig werden. Nur ein gut geplanter und sorgfältig ausgeführter Projektablauf kann auf rationelle Weise zu einem erfolgreichen Projektabschluß führen.

- Die Nachvollziehbarkeit der Projektschritte sind Controllinghilfen für die Leitung

Die 14 Projektschritte sind zu fünf übergeordneten Projektabschnitten zusammengefaßt (1. Ebene). Diese Einteilung ist insbesondere für die verantwortliche Unternehmensleitung von Bedeutung. Die einzelnen Projektschritte (2. Ebene) besitzen für das mit der Einführung des Umweltmanagementsystems betraute Projektteam besondere Bedeutung. In der dritten Ebene erfolgt eine Unterteilung in gesonderte Arbeitspakete, die für einzelne Bearbeiter wichtig sind. Die Arbeitspakete eines Projektschritts können parallel bearbeitet werden. So sind beispielsweise die Verbesserung der Aufbau- und der Ablauforganisation wie auch die Umsetzung von Maßnahmen zur Personalentwicklung im Projektschritt ‚Durchführung organisatorischer Maßnahmen' gleichzeitig umsetzbar. Wo eine schrittweise Bearbeitung der Arbeitspakete aus ablauforganisatorischen Gründen nicht notwendig ist, hängt der tatsächliche Projektablauf von den konkreten unternehmensspezifischen Rahmenbedingungen sowie den personellen und finanziellen Kapazitäten des jeweiligen Unternehmens ab.

Literatur

Adams, H. W.: Integriertes Management-System für Sicherheit und Umweltschutz – Generic Management System, Carl Hanser Verlag, München, Wien 1995

Bundesumweltministerium, Bundesumweltamt (Hrsg.): Handbuch Umweltcontrolling, Verlag Franz Vahlen, München 1995

Butterbrodt, D.; Tammler, U.: Pocket-Power Techniken des Umweltmanagements, Hanser Verlag, München, Wien 1996

Butterbrodt, D.; Tammler, U.: Pocket-Power Öko-Audit, Umweltmanagementsystem, Hanser Verlag, München, Wien 1996

Butterbrodt, D.: Praxishandbuch umweltorientiertes Management – Grundlagen, Konzept, Praxisbeispiel, Springer Verlag, Berlin, Heidelberg 1997

Goldberg, W. H.: Entscheidungsschwellen bei Umweltschutzinnovationen, in: Kreikebaum, H. (Hrsg.): Integrierter Umweltschutz – eine Herausforderung an das Innovationsmanagement, 2., erweiterte Auflage, Gabler Verlag, Wiesbaden 1991

Hopfenbeck, W.; Jasch, Ch.: Öko-Controlling – Umdenken zahlt sich aus, Verlag Moderne Industrie, Landsberg/Lech 1993

Kamiske, G; Butterbrodt, D.; Juhre, D.; Tammler, U.: Management des betrieblichen Umweltschutzes – Leitfaden für kleine und mittlere Unternehmen, Verlag Franz Vahlen, München 1999

Winter, G. (Hrsg.): Das umweltbewußte Unternehmen – Die Zukunft beginnt heute, Verlag Franz Vahlen, München 1999

Winter, G. (Hrsg.): Ökologische Unternehmensentwicklung – Management im dynamischen Umfeld, Springer Verlag, Berlin, Heidelberg 1997

Gege, M. (Hrsg.): Kosten senken durch Umweltmanagement – 1000 Erfolgsbeispiele aus 100 Unternehmen, Verlag Franz Vahlen, München 1997

2 TQM – Einführungsstrategien

2.1 Die ganzheitliche Unternehmensentwicklung unter den Aspekten des Total Quality Managements (TQM)

H. Schaar

TQM ist kein neues System, ist keine neue Methode, sondern ein *uraltes Prinzip*, das der ehrwürdige Robert Bosch schon vor 100 Jahren in wunderbarer Weise beherrschte. Als er seine berühmt gewordene Büroklammer vom Fußboden aufhob und zu seinen Mitarbeitern sagte: „Des isch fei mei Dividende, auf der Ihr do romdabbet."

TQM heißt, mit den vorhandenen Ressourcen so sparsam wie möglich umzugehen – gemäß dem Erziehungsmotto unserer Eltern:

- TQM will Ressourcen sparen

„Wer den Pfennig nicht ehrt, ist des Talers nicht wert."

> Die Zeit ist vorbei, da das *Geld auf der Straße* lag!
> Aber in unseren Unternehmen, in den Beständen, in den Durchlaufzeiten, in den indirekten Kosten, da liegt es noch *haufenweise*.

Die Frage ist nur, wie kommen wir an dieses Geld ran? Wahrscheinlich *nicht über weitere Kostenreduktionsprogramme*, denn der *Versuch, sich zu Tode zu sparen*, scheint nicht sehr erfolgreich zu sein.
Wie die amerikanische Unternehmensberatung Wyatt & Company erst vor kurzem feststellte – nachlesbar in Gerd Gerkens „Radar für Trends": 75% aller untersuchten *Rationalisierungsprojekte* waren bereits *im Ansatz zum Scheitern verurteilt*, und bei 25% aller Rationalisierungsprojekte war innerhalb kürzester Zeit jeder zehnte Arbeitsplatz wieder neu besetzt.
Unter Umständen ist es aber auch die Aufgabe von TQM, die Wunden, die harte Personalmaßnahmen schlagen, wieder zu heilen.

Vier Fragen werden zum Thema „TQM" immer wieder gestellt:
1. Gibt es ein *Geheimnis der Japaner*, das für uns Europäer ein Geheimnis bleibt?
   Antwort: NEIN!
2. Ist bei der Einführung von „TQM" eine *methodische Vorgehensweise* zu beachten?
   Antwort: JA! In aller Konsequenz. Die Japaner haben dafür 40 Jahre Zeit gehabt, um sie zu lernen. Wir haben vielleicht nur 4 Jahre Zeit.
3. Ist die Einführung von „TQM" *wirtschaftlich?*
   Antwort: JA! Sogar sehr. Beweis folgt.
4. Was ist das *größte Problem* bei der Einführung von „TQM"?
   Bitte seien Sie mir nicht böse. Das größte Problem sind *SIE, die Führungskraft*, an der Spitze Ihres Unternehmens. *Ihre Einstellung* entscheidet über Erfolg oder Nichterfolg.

- TQM ist wirtschaftlich

- Probleme sind ungenutzte Chancen

Hier der *Unternehmer:* „Seid umschlungen, ihr Millionen von Problemen. Ich sehe lauter Chancen!"
Dort den *Unterlasser:* „Laßt mich in Ruh' mit Eurem neumodischen Zeugs. Ich hab' schon genug Probleme am Hals."
Hier der *Gestalter*, dort das *Opfer* – der eigenen Zukunft.

Drei Thesen liegen diesem Aufsatz zugrunde:
1. **Ohne Bewußtseinswandel geht es nicht**
   Viele Manager leiden unter dem *Atlas-Syndrom:* „Ich trage die Probleme meines Unternehmens." Da scheinen

4 Fragen zum TQM

1. Geheimnis?	Nein!
2. Methodische Vorgehensweise?	Ja!
3. Wirtschaftlich?	Ja!!
4. ? größtes Problem?	?!

Bild 2.1

die Japaner intelligenter zu sein als wir Europäer. *Die Japaner mobilisieren das letzte Gramm Intelligenz aus dem Kopf des letzten Mitarbeiters* und bringen diese geballte Energie- und Intelligenzladung in eine gemeinsame Veränderung des Unternehmens ein.

Man könnte auch sagen, es ist unsere Aufgabe, das Gold aus den Köpfen unserer Mitarbeiter zu schürfen, denn unsere Mitarbeiter sind intelligenter als wir glauben.

2. Ohne Strukturwandel geht es auch nicht

Es wird *kein Stein auf dem anderen* bleiben. Die *Hierarchie wird sich in ihrer Bedeutung wandeln,* denn der Wertschöpfungsprozeß findet ganz unten in den Teams statt. Dort, wo Arbeit, Kompetenz und Verantwortung angesiedelt werden.

Schöne Zeiten für die Chefs. Die bekommen nämlich mehr Zeit. Nur – scheinen sie nicht alle sehr glücklich darüber zu sein. Denn:

3. Ohne Führungswandel geht es erst recht nicht

Die Team-Organisation verlangt eine *veränderte Führungsstruktur.*

Und die bringt einen veränderten Führungsstil mit sich. Umstellungsprobleme für die Chefs. Denn die haben zu lernen, statt viel zu arbeiten, besser zu führen. Sie haben zu lernen, *nicht die Sache zu managen, sondern die Menschen zu fördern und zu fordern.*

- Der Prozeß des Wandels verlangt Chefs, die weniger die Sache managen und mehr die Menschen fördern

3 Thesen zum TQM

1. Ohne Bewußtseinswandel geht es nicht!
   * Unsere Mitarbeiter sind intelligenter als wir glauben!

2. Ohne Strukturwandel geht es auch nicht!
   * Es bleibt kein Stein auf dem anderen!

3. Ohne Führungswandel geht es erst recht nicht!
   * Der kritische Punkt ist der Mann an der Spitze!

Bild 2.2

1. These: Ohne Bewußtseinswandel geht es nicht

> Die Einführung von „TQM" gleicht einem Hürdenlauf. Kaum ist die erste Hürde überwunden, wartet bereits die nächste. Und eine der höchsten Hürden wartet gleich am Anfang. Sie kennen vielleicht die Rede, daß es *vier Arten von Mitarbeitern* gibt.
> 1. die wenigen, die dafür sorgen, daß etwas geschieht. Das sind die *Macher*. Die braucht man nicht zu motivieren, die sind motiviert, die wollen etwas bewegen.
> 2. die vielen, die dafür sorgen, daß nichts geschieht. Das sind die *Bewahrer*. Treu bis in den Tod halten sie fest am Alten. „Solange ich auf diesem Stuhl sitze, werde ich persönlich dafür sorgen, daß sich hier nichts ändert."
> 3. die vielen, die zusehen, wie etwas geschieht – die *Zuschauer*. „Mal abwarten, wer hier gewinnt."
> 4. die überwältigende Mehrheit, die keine Ahnung hat, was überhaupt geschieht!

Die *Siebenschläfer*. Sie wissen nicht einmal, daß sie nichts wissen. Oft sind das diejenigen, die Umsatz mit Gewinn verwechseln.
Aber Achtung – es ist nicht ihre Schuld, daß sie nichts wissen.
Wir, die Chefs, haben sie nichtwissend gelassen!
Es gibt einen Kfz-Zulieferanten, von dem noch öfters die Rede ist, der diese Hürde, nämlich die überwältigende Mehrheit der ahnungslosen Mitarbeiter zu aktivieren, sehr gekonnt gemeistert hat.
Alle Mitarbeiter wurden *in eine Halle* gebeten – 1000 Leute. Das Management auf die Bühne und dann kam die *Botschaft* rüber:

„Leute, es geht uns nicht gut."

Dann die *Zahlen* auf den Tisch, die an Deutlichkeit nichts zu wünschen übrig ließen.

- Auch Manager dürfen Fehler zugeben

Danach das persönliche *Bekenntnis:* „Wir, die Manager haben in der Vergangenheit Fehler gemacht. Doch das wollen wir ändern.
Aber es geht nur gemeinsam.
Bitte helft mit!
Und es geht auch gleich los."

Reaktion der Mitarbeiter nach dieser ersten Großveranstaltung: Von „Ja, daß die da oben auch einmal Fehler zugeben,

Mitarbeiter kann man in vier Klassen einteilen!

Die wenigen, die dafür sorgen, daß etwas geschieht,

die vielen, die dafür sorgen, daß nichts geschieht,

die vielen, die zusehen, wie etwas geschieht

und die überwältigende Mehrheit, die keine Ahnung hat, was überhaupt geschieht.

Bild 2.3

ja, das haut mich 'grad aus dem Schuh." Bis hin zu „Na, des isch doch sicher bloß wieder so en neuer Trick, um Arbeitsplätze abzubauen."
Zurück in der Abteilung wurden die Mitarbeiter von ihrem Chef erwartet, der sie bat, zwei Kollegen aus ihrem Kreis zu wählen, die dann als sogenannte *TQM-Multiplikatoren* ausgebildet werden sollten. Die Betonung lag auf: *wählen!* Nicht vom Chef bestimmt!
Erster *Aha-Effekt für die Chefs:* 10% der Belegschaft waren bereit, sich wählen zu lassen.
Zweiter Aha-Effekt: Es wurden zum Teil ganz andere Mitarbeiter gewählt, als die, an die der Chef gedacht hatte.
Diese sogenannten *TQM-Multiplikatoren* wurden dann drei Tage lang ausgebildet in der Frage „Wie macht man eine Arbeitsplatz-Analyse?" – und dann ging es auch bereits los.

- Mitarbeiter schätzen die Ehrlichkeit ihrer Vorgesetzten

- Sich an der Analyse zu beteiligen, fördert die Identifikation mit dem Ergebnis

Statt einen der bekannten Unternehmensberater mit einer 6-monatigen Unternehmensanalyse zu beauftragen, an deren Ende der kostbare Rat steht, man möge doch 15% des indirekten Personals entlassen, beteiligten sich alle Mitarbeiter an der *eigenen Arbeitsplatzanalyse*.

> Motto: „Wer kennt meinen Arbeitsplatz besser als ich selbst?"
> Ziel: „Ich helfe mit, die Qualität meines Arbeitsplatzes zu steigern, damit meine Arbeit und mein Leben lebenswerter werden."

Die wichtigsten Fragen dabei waren:
1. *„Was gefällt Dir an Deinem Arbeitsplatz?"* Da fiel doch manch' einem, schon seit sieben Jahren am selben Platz, nichts ein.
2. *„Was gefällt Dir nicht an Deinem Arbeitsplatz?"* Da fiel manchen so viel ein, daß sie ein zweites und drittes Blatt brauchten.
3. *„Was hast Du an Verbesserungsvorschlägen?"* Manch einem fiel nichts ein und manchem fielen zehn Verbesserungsvorschläge und mehr ein.

Das muß man sich einmal vorstellen:
Da hat man 1000 Mitarbeiter und jedem fallen vielleicht 10 Vorschläge ein; da würde man ja auf einem Verbesserungspotential von 10 000 *Verbesserungsvorschlägen* sitzen.
Wo sind diese 10 000 Verbesserungsvorschläge heute in Ihrem eigenen Unternehmen?
Für Deutschland wäre das eine respektable Zahl, für Toyota ist das eine Beleidigung. Die erwarten 40 Verbesserungsvorschläge pro Mitarbeiter pro Jahr, die sie dann auch noch zu 99,7% verwirklichen.

- In den Köpfen der Mitarbeiter stecken große Potentiale

In dem besagten Fall des Zulieferers gab es weit über 1000 Verbesserungsvorschläge.
Die *Reaktion der Chefs* war sehr geteilt.
Die einen: „Super, lauter brauchbare Vorschläge. Warum sind wir eigentlich nicht selbst darauf gekommen?"
Die anderen: „Katastrophe, jetzt muß ich mich darum auch noch kümmern."

> *Das Ziel wurde erreicht.*
> Alle machten mit, und viele begannen ihre Angst vor der „Veränderung von morgen" abzubauen.
> Es wurde eine regelrechte Aufbruchsstimmung erzeugt.
> So nach dem Motto: „Donnerwetter, hier passiert ja wirklich etwas. Die da oben machen ja tatsächlich

Ernst." TQM wurde zum Thema am abendlichen Biertisch.

So wie die Anfangsgeschwindigkeit die Flugbahn des Golfballs bestimmt, so ist diese *Aufbruchsstimmung* entscheidend für das Gelingen des *Bewußtseinswandels*. Die kritischste Phase bei einem *Raketenstart* sind die 10 Sekunden nach Zero.
Ähnlich ist es in unseren Unternehmen. In den ersten zehn Wochen des TQM-Prozesses entscheidet es sich, ob die Mitarbeiter „abheben".
Die Verbesserungsvorschläge wurden sortiert. Es wurde eine Liste aller *Sofortmaßnahmen pro Abteilung* erstellt. Die Liste wurde öffentlich ausgehängt und es wurde begonnen, sie abzuarbeiten. Die Liste bleibt so lange hängen, bis der letzte Verbesserungsvorschlag abgearbeitet ist. *Materiell* darf man von diesem Schritt keine Wunder erwarten. Aber *psychologisch* bringt er sehr viel. Der Winterschlaf vieler Mitarbeiter wird beendet. Die Chefs lernen, ihren Mitarbeitern mehr zuzutrauen. Und im übrigen wird Vertrauen geübt. Das Zahlen- und Mengengerüst aus der Arbeitsplatzanalyse wurde geglaubt.
Das war die erste Brennstufe; bevor die ausglühte, wurde bereits die zweite gezündet, die sogenannte *Arbeitsablaufanalyse*.

- In der Startphase wird über Erfolg oder Mißerfolg von TQM entschieden

Obwohl um *Faktor 10 schwieriger* als die Arbeitsplatzanalyse, wurde die Arbeitsablaufanalyse mit derselben Begeisterung von den TQM-Multiplikatoren begonnen und durchgezogen.
Professor Juran hat einmal sinngemäß gesagt: „Wer die Prozesse in einem Unternehmen nicht beherrscht, beherrscht gar nichts in einem Unternehmen."

Und da es in jedem Unternehmen 500 bis 1000 Arbeitsabläufe gibt, ist die entscheidende Frage: „*Wie laufen diese Prozesse eigentlich ab?*"
Jeder Beleg, jede Ware, jedes Teil, jeder Vorgang produziert einen solchen Prozeß, einen Ablauf. Viele Arbeitsgänge, Belege, Karteien, Statistiken, Zwischenablagen, Bildschirmmasken und Datenelemente können ersatzlos entfallen, würde man die Arbeitsabläufe intelligenter organisieren.
Aus einer *Philips-Studie* wissen wir, daß sich 70% aller Kundenreklamationen auf das administrative Umfeld der Produktentwicklung beziehen, und nur 30% der Kundenre-

- Sind die Prozesse beherrscht und fähig?

klamationen sich auf das Produkt selbst beziehen (das Produkt kann nicht das, was es im Prospekt verspricht). Dabei sind wiederum 90% der Produktentwicklungsabläufe organisatorisch/administrativ bestimmt, und nur 10% des Gesamtaufwandes entfallen auf den kreativen Anteil.
Mit anderen Worten:

- Die Abläufe bestimmen den Wirkungsgrad des Unternehmens

Es ist die Ablauforganisation, die den Wirkungsgrad unserer Organisation in unseren Unternehmen entscheidend beeinflußt.

Wer von uns würde seinem Architekten gestatten, sein Haus ohne Baupläne zu bauen? Würden Sie Ihrem Konstruktionschef gestatten, neue Produkte ohne Konstruktionszeichnung zu entwickeln? Kaum!
Wir haben uns in der Vergangenheit den Luxus geleistet, eine Organisation sich entwickeln zu lassen, die kein Mensch

- Trotzdem kennen wir sie nicht genügend

kennt. Über 90% aller Industriefirmen kennen ihre Arbeitsabläufe nicht!
Diese Arbeitsabläufe wurden mit großem Engagement von den TQM-Multiplikatoren dokumentiert.
Dabei wurden folgende *logische Ziele* erreicht:
1. Die *totale Prozeßtransparenz*. Das bringt Sicherheit, denn wir wissen jetzt alle, wovon wir sprechen.
2. Die *Aufdeckung von 99% aller Fehlerquellen*, Doppelarbeiten, Liegezeiten und sinnloser Arbeiten, sprich: NFDP „nur für den Papierkorb".
Das bringt Klarheit: „Wo liegen unsere Reserven?"
Und wir haben *gelernt, in Prozessen zu denken,* und damit werden sie ja bekanntlich auch beherrschbar.
Es wurden aber auch psychologische Ziele erreicht. Die Selbstbeteiligung aller Mitarbeiter! Mit dem *Effekt,* daß 80% aller Abläufe schlichtweg perfekt dokumentiert waren. Das war für die gestandenen Organisationsfachleute und Berater fast ein Schock. Die dachten nämlich immer: Das können nur Profis. Irrtum! Wieder ein Beweis, daß unsere Mitarbeiter intelligenter sind, als wir glauben.
Die Mitarbeiter haben auch gelernt, mitzudenken. Statt daß der „externe Klugschwätzer" sich zu Wort meldet:
„Sie sollten, Sie müßten, Beachten Sie" – und sein Zeigefinger wird dabei immer länger – haben sich die Mitarbeiter beim Chef gemeldet und haben gesagt: „Schau' mal Chef, lauter Verbesserungsmöglichkeiten. Da müssen wir doch

- Stimmt das TQM-Umfeld, gehen die Verbesserungsaktivitäten von den Mitarbeitern aus

was ändern!"
Es wurde erreicht, daß die *Komplexität der Realität* von allen Mitarbeitern akzeptiert wurde. Auch die Erkenntnis, „wir haben ja alle Probleme", führte zu einer gewissen *emo-*

2.1 Die ganzheitliche Unternehmensentwicklung unter den Aspekten des TQM

tionalen Verbrüderung nach dem Motto: geteiltes Leid ist halbes Leid. Und unmerklich stieg die *Bereitschaft zur Veränderung*. Sie wurde leise, eindringend wie Wasser, lautlos in den Köpfen installiert, und am Ende war allen klar: „Das können wir so nicht lassen. Laßt uns hier 'was ändern!" Es kam aber noch ein ganz anderer überraschender Effekt heraus.

In verschiedenen Abteilungen wurde stichprobenartig analysiert, wieviel Prozent des Arbeitsaufwandes in einer Abteilung sich auf die Fehlerkorrektur bezog. Und dabei kam heraus, daß zwischen *29–35%* der Arbeitskapazität für die *Beseitigung von internen Fehlern* aufgewendet werden mußten. Das darf man sich ruhig ein bißchen auf der Zunge zergehen lassen.
Das heißt doch, daß *30% aller Mitarbeiter* in unseren Firmen nur für die *Fehlerbeseitigung* eingesetzt werden. Von 1000 Mitarbeitern sind das rund 300 Personen. Das kostet uns 30 Millionen DM Personalaufwand pro Jahr.
Das heißt aber auch, daß von 10 Jahren Arbeitszeit 3 Jahre nur für Fehlerbeseitigung vergeudet werden.

„MUDA" nennen das die Japaner – Verschwendung!

- Die Beseitigung unnötiger Fehler bindet viel Kapazität

```
            Verschwendung
                  |
      30% Fehlerkorrekturaufwand
                  |
D.h.
• 30% aller Mitarbeiter ——► Fehlerbeseitigung
• 300 Mitarbeiter von 1000 Mitarbeitern = 30 Mio.
• 3 Jahre von 10 Jahren vergeudet
                  |
               "muda"
        (auf japanisch: Verschwendung)
```

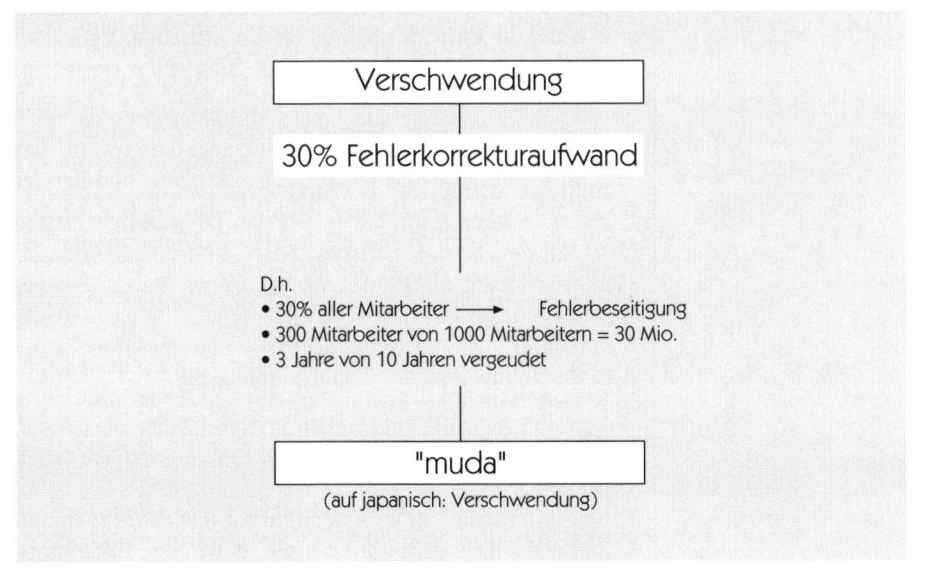

Bild 2.4

Diese 30% schlugen ein wie eine *Bombe*. Der Geschäftsführer des Zuliefer-Unternehmens hat daraufhin seine 100 Manager um sich versammelt und ihnen gesagt:
„Diese 30% will ich haben. Ich genehmige alle Mittel, aber komme mir keiner und bringe mir diese 30% nicht – der soll mich kennenlernen."
Ein klares Wort zur rechten Zeit hat noch nie geschadet.

2. These: Ohne Strukturwandel geht es nicht

- Wer den Wandel will, muß zu Veränderungen bereit sein

„TQM" heißt auch, *Management des Wandels* und das heißt: Herbeiführen eines *Strukturwandels*.
Die Arbeitsablauf-Analyse führte zur Erkenntnis,
- daß das *gesamte Unternehmen ein Prozeß ist*
- daß wir alle voneinander abhängig sind
- daß das normale Reparaturverhalten nur zu neuen Insellösungen führt
- und daß nur eine systematische Umstrukturierung zum Erfolg führt.

Es wurden *vier Schwerpunkte* gebildet.
Stellt man ein Unternehmen auf den Kopf, ergibt sich folgendes Bild:
- An der einen Spitze hat man den Point-of-Sales (*POS*). Hier steht unser Verkäufer dem Kunden gegenüber. Macht unser Verkäufer einen guten Job,
- gibt es Arbeit für den Point-of-Creativity (*POC*). Hier finden wir die Entwicklung und die Konstruktion. Verstehen die Jungs von POC ihr Handwerk, übergeben sie serienreif entwickelte Produkte
- an den Point-of-Manufacturing (*POM*). Hier ist die Produktion mit der integrierten Logistik zu Hause; von der Auftragsannahme bis zur Auslieferung an den Kunden.

Und am anderen Ende haben wir den Point-of-Information (*POI*) mit den betriebswirtschaftlichen Führungsinformationen. Hier sitzen die Damen und Herren aus dem Finanz- und Rechnungswesen (einschl. Planung und Controlling), die nachrechnen, wie wirtschaftlich die anderen point of's mit dem ihnen anvertrauten Vermögen umgehen.

Der Point-of-Creativity (POC)

TQM in der Entwicklung und Konstruktion bedeutet:
50% schneller und 50% billiger neue Produkte entwickeln.

4 Strukturelle Schwerpunkte

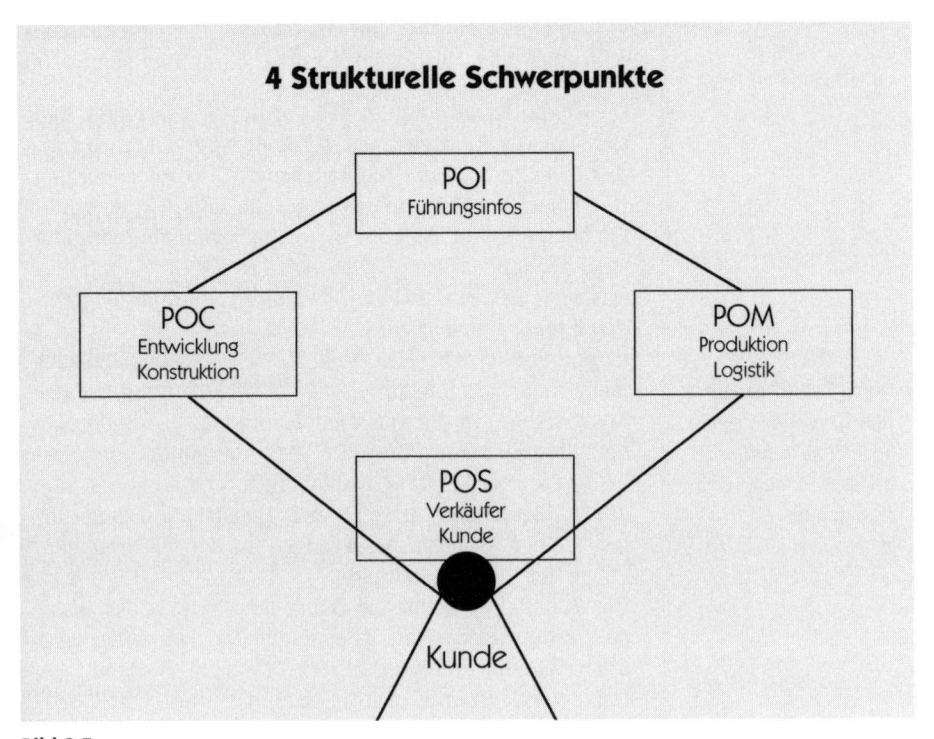

```
        POI
        Führungsinfos

POC                    POM
Entwicklung            Produktion
Konstruktion           Logistik

        POS
        Verkäufer
        Kunde

        ●
        Kunde
```

Bild 2.5

Praktisch hatte das der Zulieferer 1989 bereits an einem Modellprojekt getestet, in dem ein Entwicklungs-Team die Aufgabe bekam, innerhalb von einem Jahr ein neues Produkt zu entwickeln.

Ziel: Herstellkosten 6% niedriger.

Unterderhand wurde gesagt: „Sehr ehrgeizig, kaum zu schaffen."

Um es kurz zu machen: Nach einem Jahr ging das Produkt in die Vorserie, die Herstellkosten wurden um 7,2% gesenkt, das Entwicklungsbudget wurde eingehalten und „en passant", so quasi als Abfallprodukt, wurden noch 25% der beweglichen Teile eingespart.

Nun, meine Damen und Herren, ich denke, Sie haben auch solche Beispiele in Ihrem Unternehmen. Aber: Das ist nicht TQM.

Ein, zwei, drei Teams in bestehender, alter hierarchischer Struktur operieren zu lassen, ist nicht TQM.

- TQM verlangt die Organisation im Team

TQM bedeutet, das gesamte Unternehmen komplett auf Team-Organisation umzubauen!
Die Team-Organisation in der Entwicklung bedeutet, daß sich um ein *Kernteam*, zu 100% delegierte Mitarbeiter, das *Erweiterte Team* mit Mitgliedern aus allen übrigen Bereichen des Unternehmens gesellt, damit jeder Funktionsbereich von Anfang an in die Produktentwicklung eingebunden ist (interdisziplinäre Teams).
Das bedeutet zum zweiten, daß die *Haupttagesarbeit in den Teams* gemacht wird.

- Durch Teamorganisation kommt den jeweiligen Projekten das gesamte Firmen-Know-how zugute

In der Praxis heißt das, daß 70% der Team-Mitglieder nicht mehr im Einkauf, in der Projektplanung, in der Konstruktion, in der Qualitätsplanung sitzen, sondern in den Projekt-Teams. Ungefähr 30% der Mitarbeiter verbleiben körperlich in den Abteilungen und erledigen dort die verbleibenden Arbeiten wie Konstruktionsänderungen kleiner Art, Nachbesserungen an den Zeichnungen, Pflege der Stammdaten etc.
Der *Teamleiter* ist für die Dauer des Projekts der *Disziplinarvorgesetzte*. Die Teammitglieder beurteilen sich untereinander und werden vom Teamleiter beurteilt.
Der *Funktionsleiter* bleibt Disziplinar- und Fachvorgesetzter.

Seine wichtigsten Aufgaben sind in Zukunft:
- Steigerung der fachlichen *Qualifikation* seiner Mitarbeiter
- Steuerung des *Know-how-Transfers* zwischen seinen Mitarbeitern
- Sicherstellung der richtig dimensionierten *Personalkapazität* seines Bereichs
- Steigerung der *Gesamt-Fachkompetenz* seines Bereichs
- Schaffung von *Teamgeist*, Zusammengehörigkeit und Gruppenstolz

Die Entwicklungsteams sind die *internen Kunden*, die Funktionsbereiche/Leistungscenter/Linienabteilungen stellen die *internen Lieferanten* dar.
In der Praxis hat das dazu geführt, daß die *alte Struktur* „Geschäftsleiter, Bereichsleiter, Hauptabteilungsleiter, Abteilungsleiter, Hauptgruppenleiter, Gruppenleiter und Sachbearbeiter", also immerhin sieben hierarchische Stufen, abgebaut wurde auf vier hierarchische Stufen.
Es gibt jetzt noch den Geschäftsleiter, darunter den Funktionsleiter, dann den Teamleiter und als unterste Ebene die Mitarbeiter.

- Flache Hierarchien fördern den Informationsfluß

Diese Veränderungen führen zu den *unterschiedlichsten*

Hierarchieabbau

```
Geschäftsleiter
Bereichsleiter
Hauptabt.-leiter          Geschäftsleitung
Abteilungsleiter     →    Funktionsleitung
Hauptgruppenleiter        Teamleitung
Gruppenleiter             Mitarbeiter
Mitarbeiter
    IST                        SOLL
```

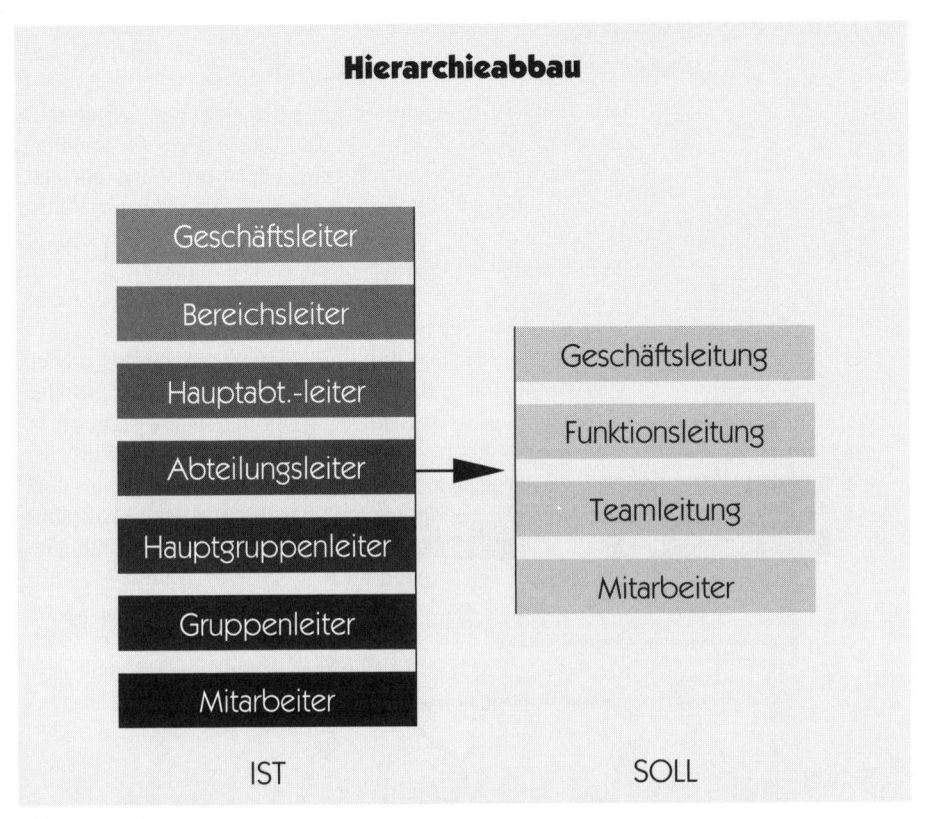

Bild 2.6

Effekten. Die Teams selbst setzen sich ehrgeizigere Ziele und Termine, als die Chefs sich in der Vergangenheit je getraut hätten vorzugeben.
Die Team-Mitglieder gehen untereinander wesentlich kritischer miteinander um. *Dickbrettbohrer* waren hochwillkommen. *Dünnbrettbohrer* bekamen teilweise Probleme.
Und Probleme bekamen auch die Funktionsleiter. Denn wenn ein Konstrukteur in einem Team keinen guten Job machte, beauftragte ihn der Team-Leiter, zu seinem Konstruktionschef zu gehen und ihm zu sagen, daß das Team mit seiner Leistung nicht zufrieden sei.
Konsequenz: Jetzt hatte der Funktionsleiter das Problem. Alle Teams wollen den Fritz, keines der Teams will den Hans. Die bezahlten Leerkapazitäten wurden plötzlich transparent.
Aber auch die *Einstellung gegenüber den Chefs* wurde kritischer, weil Selbstbewußtsein und Selbstvertrauen in den Teams stiegen.

- Erfolgreiche Teamarbeit hebt das Selbstvertrauen

Teamorganisation in der Entwicklung

POS   POC   POI   POM

GL-Fühungskreis = Funktionsbereichsleiter

- Produktgruppe A
- Produktgruppe B
- Versuch
- Funktionsleiter II
- Fertigungsplanung

Funktionsleiter III

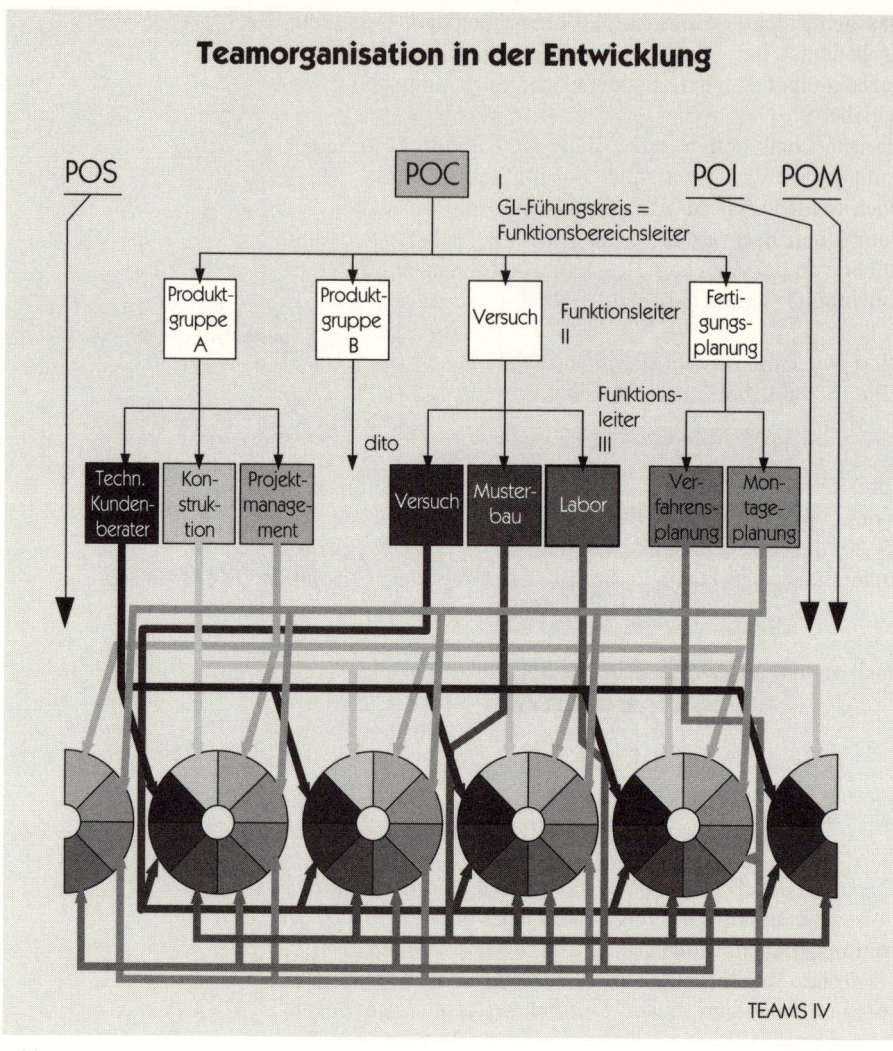

dito

- Techn. Kundenberater
- Konstruktion
- Projektmanagement
- Versuch
- Musterbau
- Labor
- Verfahrensplanung
- Montageplanung

TEAMS IV

Bild 2.7

- Steigende Anforderungen verlangen nach höherer Qualifikation

- Der Stellenwert der Sozialkompetenz steigt

Hier wächst eine neue Generation selbstbewußter, leistungsorientierter Mitarbeiter mit hoher Sozialkompetenz heran, die wenig Respekt vor ihren „Mega-Grufties" zeigen. *Ein Hunger nach Ausbildung* und Training wurde spürbar. Das Ausbildungs-Budget wurde vervierfacht. Zugegeben, es war auch nicht besonders hoch.

Probleme bekamen auch diejenigen Chefs, die Titel mit Kompetenz verwechselten und noch nicht begriffen hatten, daß *statt Fachkompetenz künftig Sozialkompetenz* gefragt war.

Das heißt nicht, daß es künftig ohne Fachkompetenz geht. Es bedeutet nur, daß die Prioritäten zwischen Fach- und Sozialkompetenz sich zugunsten der Sozialkompetenz verschieben.
Manche Chefs hatten auch Mühe, *ohne Titulatur* zu leben, denn die wurde „en passant" gleich mitabgeschafft.
Doch manche hatten auch Freude, daß die Delegation von Funktionen nach unten in die Teams zu Zeitersparnis und Abbau von persönlichem Druck führte. Eine neue Führungssouveränität wurde spürbar.

Der Nutzen der Team-Organisation ist beachtlich.
Die Produktivitätssteigerung liegt zwischen 25–50%, z.T. darüber.

Zum Beispiel hat sich der Durchsatz an Entwicklungsprojekten im Technischen Bereich (rund 250 Mitarbeiter = 25–30 Mio. DM Personalkosten p.a.) zum Teil verdoppelt.

Anders ausgedrückt: Die Durchlaufzeit der Entwicklungsprojekte hat sich teilweise halbiert.

Noch anders ausgedrückt: Bei Beibehaltung der alten Organisation wäre eine massive Aufstockung der Mitarbeiterzahl unvermeidbar gewesen.

Neueste Beobachtung: Der Markt reagiert mit steigendem Auftragseingang auf die gewonnene Flexibilität.

Wie sind diese Ratio-Effekte erklärbar?
- Umständliche administrative Prozesse werden durch direkte Kommunikationsprozesse im Team ersetzt.
- Entscheidungen fallen am Team-Tisch, ohne lange Instanzenwege.
- Das Team zwingt den Konstrukteur durch kritische Einwände, „einfacher zu konstruieren". Es zeigt sich, daß
 die Werkzeugkosten um 50% sinken,
 die Fehlerkosten um 30% sinken,
 die Prozeßfähigkeit von 50% auf 90% steigt,
 die Termineinhaltung sich auf 80% bis 90% verbessert.

- Kommunikation im Team ermöglicht kurzfristige Entscheidungen

Der Aufwand will auch beachtet sein:
- Der Mangel an fähigen Projektleitern,
- die sichtbar werdenden Fachkompetenzlücken der Teammitglieder,

- fehlende Methodik und Systematik im Teamprozeß,
- nicht beherrschte Qualitätstechniken und Qualitätsmethoden

führten zu einer Steigerung des Ausbildungsbudgets. Hier ist die Personalentwicklung gefordert, denn TQM ist vor allem eine Lern-, Ausbildungs- und Qualifizierungsoffensive.

Der Point-of-Manufacturing (POM)

Weil das Ganze im Point-of-Creativity so passabel geklappt hat, wurde die gesamte Team-Organisation auch gleich in der Produktion eingeführt. Die gesamte Fabrik wurde in *Fertigungsabschnitte*, in sogenannte *kleine Fabriken*, unterteilt. Um den Meister, Vorarbeiter und seine Werker gesellten sich nun die Fertigungsplaner, Arbeitsvorbereiter, Fertigungssteuerer, Disponenten, Auftragsabwickler und Qualitätssicherer. Und diese stellten nun das sogenannte Produktions-Team dar.

- Zur Übernahme von Verantwortung gehört die Kompetenz von Teams

Sie hatten alle Funktionen, Kompetenzen und auch die Verantwortung und nun die Aufgabe, sich selbst innerhalb der Fabrik zu steuern und ihrem nächsten internen Kunden, sprich dem nächsten Fertigungsabschnitt, die Ware zum gewünschten Termin und in gewünschter Qualität zu liefern.

Konsequenz: *Die Verwaltungsetagen wurden geräumt,* und die Mitarbeiter sind endlich da, wo der materielle Wertschöpfungsprozeß wirklich stattfindet.

Der menschliche Anpassungsprozeß, Umzug in die kleine Fabrik, Teamarbeit im Produktions-Team, das alles war nicht einfach. In den ersten vier Wochen schaute jeder der „Neuen" in *seinen* Bildschirm. Nach vier Wochen

- Um ein wirkliches Team zu werden, braucht es Zeit

schauten Planer, Steuerer, Disponenten schon *gemeinsam* in einen Bildschirm. Nach drei Monaten hatten alle begriffen, daß sie ihre Aufgaben nur gemeinsam, als Team, lösen konnten.

Als nächstes steht jetzt die Einführung der Gruppenarbeit und die Einführung eines neuen Entlohnungssystems an.

Rückblickend stellt man fest, daß die *Angst vor der Veränderung* das größte Problem war. Diese Angst abzubauen ist

- Das Aufgeben von Statussymbolen verlangt viel Überzeugungsarbeit

die vielleicht wichtigste Führungsaufgabe in einem so gravierenden Strukturwandel. Daß viele Mitarbeiter an ihren *Statussymbolen hängen,* war das am meisten unterschätzte Problem.

Die nächste Erkenntnis war die, daß manch einer der Funk-

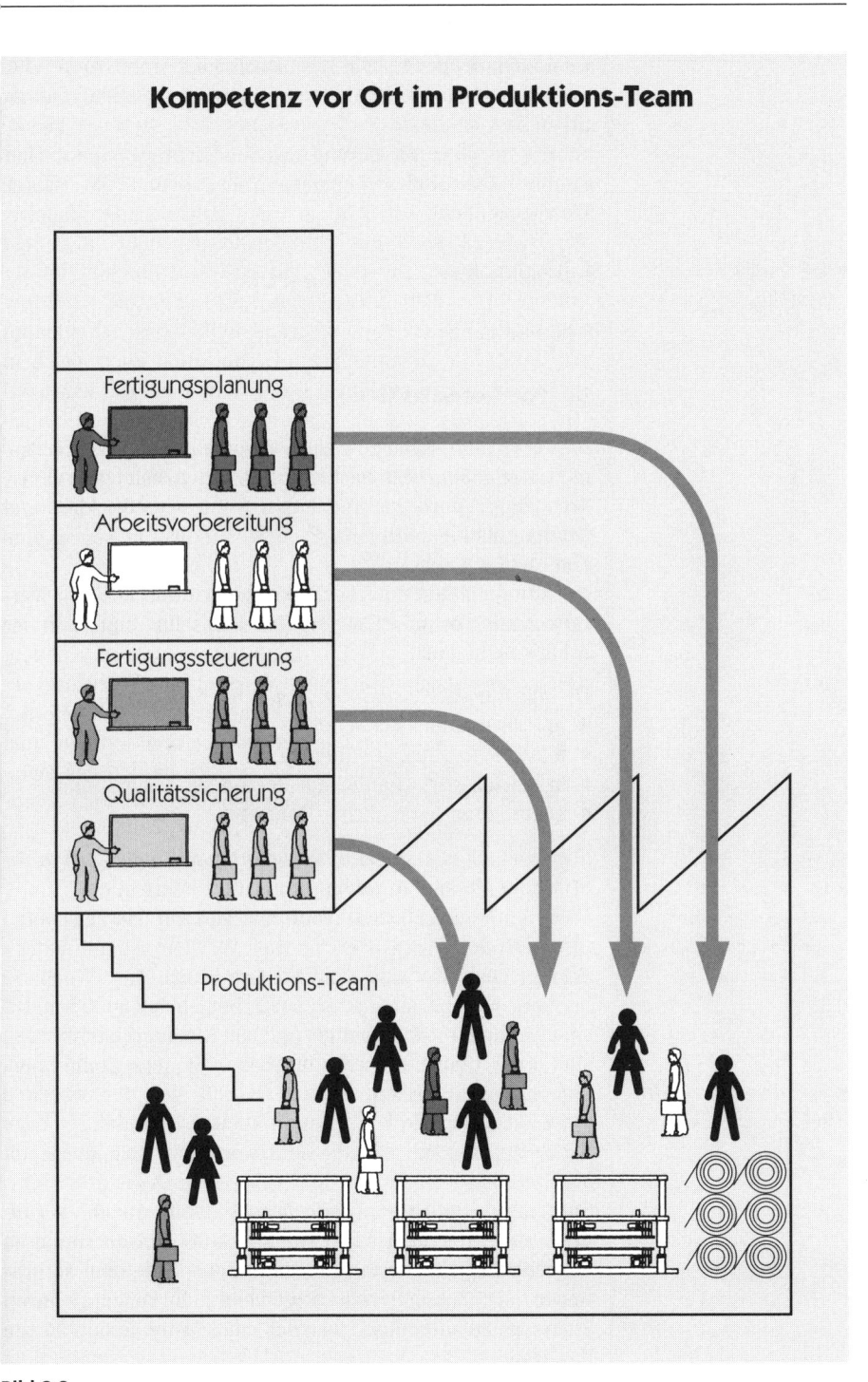

2.1 Die ganzheitliche Unternehmensentwicklung unter den Aspekten des TQM

Kompetenz vor Ort im Produktions-Team

Bild 2.8

tionsleiter beim Versuch, z.B. seine zehn Arbeitsvorbereiter auf die verschiedenen kleinen Fabriken zu verteilen, mit Schrecken feststellte, daß von seinen zehn Arbeitsvorbereitern er nur drei mit gutem Gewissen in die Fabrik schicken konnte. Die anderen sieben beherrschten ihr Handwerkszeug nicht.

- Die Qualifikation muß breit angelegt sein

Da in der Zukunft ein Funktionsträger mehr und mehr Einzelfunktionen in seiner Person vereinen soll, ist ein Wandel „vom Mini-Spezialisten zum General-Spezialisten" angesagt.

Der Point-of-Sales (POS)

Bismarck hat einmal gesagt: *„Eine gute Außenpolitik beruht auf einer guten Innenpolitik."* Da strengen sich tausend Mitarbeiter an, doch was nützt das, wenn der *eine* Mann vor Ort die gute Idee, das neue Produkt, im Gespräch beim Kunden nicht gut verkauft?

Der Kunde glaubt dem Techniker mehr als dem Verkäufer. Doch viele Techniker sagen: „Ich hab's im Kopf, aber ich bring's nicht raus."

Da hilft nur eins: *Schulung, Schulung, Schulung –*
- in Präsentationstechniken,
- in logischem Argumentieren,
- in betriebswirtschaftlichem Begründen des Nutzens
- bis hin zum persönlichen Auftreten.

Schulung für alle, die künftig vor Ort zum Kunden gehen.

- Ist der Verkäufer stolz auf die eigene Firma, wirkt er überzeugender auf seine Kunden

80% aller Verkäufer haben Akquisitionsängste.
Viele Verkäufer stehen nicht mit ganzem Herzen hinter ihrem Produkt.
Wenige Verkäufer sind stolz auf ihre Firma.
Servicegrad und eine persönliche Beziehung zum Kunden sind wichtiger als Rabattgespräche. Kundenreklamationen sind eine Quelle an Erkenntnissen. Sie ersparen einem teure Marktanalysen. Doch statt daß sich der Vorstand persönlich um jede Reklamation kümmert, landen sie beim Sachbearbeiter Nr. 24, der sie inkompetent und lustlos abarbeitet.

- Reklamationen können sehr aufschlußreich sein

Statt die Anzahl der *Kundenbesuche konsequent* zu *steigern*, steigt der tägliche Verwaltungsaufwand an sinnlosen Tagesberichten und Wochenstatistiken. 90% aller Firmen haben *Auftragsabwicklungsprobleme.* In jeder zweiten Firma ist es theoretisch möglich, daß Ware ohne Faktura das Haus verläßt, weil das *interne Regelkreisprinzip* nicht installiert ist.

Verkaufsnischen werden nicht gesucht – sondern gemacht. Dazu braucht es Mut – zur Veränderung. Aber scheinbar ist der *Leidensdruck* noch nicht hoch genug. Viele haben vergessen, daß die Qualität des Verkaufserfolges brutal einfach gemessen wird. Entweder hat der Kunde gekauft oder nicht. „Ein bißchen gekauft" gibt es sowenig wie „ein bißchen schwanger".
Empathie (Zuhören, Einfühlen) und *Projektion* (Überzeugungskraft, Ausstrahlung) sind zwei sehr wichtige Erfolgsfaktoren im Verkauf.
Fachwissen ist auch wichtig, aber nicht entscheidend.
Erst wenn der Kunde *„Nein"* sagt, beginnt das *„richtige Verkaufen"*. Viele Verkäufer haben Angst vor diesem „Nein". Wirklich gute Verkäufer fühlen sich jetzt erst richtig gefordert.

In den Verkauf gehören die besten Profis. Verkäufer – nicht Verteiler. In den USA hat ein Verkäufer ein höheres Image als ein Arzt.
Der Verkauf ist nicht alles, aber alles ist nichts ohne den Verkauf.

Der Point-of-Information (POI)

Hier sitzen die im Unternehmen, die immer fragen: *„Ja, was kostet denn das?"*
Sie fragen es zu Recht, aber es wäre gut, wenn sie sich auch einmal die Frage stellen würden: „Was kostet es, wenn wir den TQM-Prozeß nicht starten?"
Unter Umständen kostet es die Existenz!

Die Mehrzahl aller Industriefirmen hat *keine exakte Produktkalkulation*, ergo kennen sie ihre Verbrauchsmengenabweichungen je Arbeitsgang und Fertigungsauftrag nicht. Zwangsläufig kennen sie den *Gewinn je Einzelprodukt* nicht. Und sie haben auch keine leistungsgerechte *Zuordnung der indirekten Kosten* auf Produkte und Projekte. Von integrierter Planbilanz, Finanzplanung, betriebswirtschaftlichem Produkt-Lebenszyklus ganz zu schweigen.
Hier kann einem ein bißchen *angst und bange* werden. Denn es braucht immer noch drei bis vier Jahre, um ein leistungsfähiges Finanz- und Rechnungswesen aufzubauen. Diejenigen Unternehmen, die nicht mit ihrem internen Rechenwerk in Zukunft *Entscheidungssituationen simulieren* können, so daß sie je nach Beurteilungssituation

• Für unternehmerische Entscheidungen wird ein leistungsfähiges Rechnungswesen benötigt

- Auslastungsgrad in der Fabrik
- Grenzkosten
- Umsatzerwartung
- Auslastung der indirekten Kapazitäten
- Fehlerkosten
- usw.

eine *exakte Entscheidungsgrundlage* haben, besitzen schlechte Karten in der Zukunft.

Ganzheitliche TQM-Konzeption und ihr Nutzen

Parallel zur Einführung der flachen Hierarchie und der Team-Organisation muß eine *ganzheitliche Organisations-Entwicklungs-Konzeption* (OE) erarbeitet werden. Alle Schlagworte wie „Simultaneous Engineering", „Just-in-time", „Integrale Logik", „Null-Fehler-Prinzip", „Teamwork", „Kundenorientiertes Denken und Handeln" usw. müssen unter einen Hut gebracht werden.

- Die Entwicklung der Organisation hin zu TQM verlangt Geduld, die sich lohnt

Allein im Entwicklungsbereich bedurfte es *120 Moderationen*, bis alle Mitarbeiter das Prinzip der Teamorganisation verstanden hatten. Und in der Produktion waren *30 Moderationen* nötig, nur zum Thema „Was bedeutet Just-in-time (JIT)". Es erfordert vom Management viel Geduld, bis alle Mitarbeiter verstanden haben, was in Zukunft von ihnen erwartet wird. Doch die Anstrengung lohnt sich.

Der Nutzen der ersten zwei Jahre

- Die Änderungskosten sind spürbar gesunken.
- Es gibt viel mehr Produktionsverbesserungsvorschläge.
- Kostensenkungschancen in bisher unbekanntem Ausmaß sind aufgetreten.
- Die Bestände sinken trotz steigendem Umsatz.
- Durch einen Einstellungsstop ist das Verhältnis von indirekten und direkten Mitarbeitern um 10% besser geworden. Das bedeutet in Deutschen Mark: 800 Mitarbeiter in der Verwaltung, davon 10% weniger = 80 Mann, das sind ja schon bald 8 Millionen.
- Die Abwesenheitsquote ist spürbar gesunken.
- Man kommt wieder pünktlich zur Sitzung.
- Das Betriebsklima ist gelöster.
- Die Abteilungsbarrieren sind aufgehoben.
- Die Schließung eines kleinen Werkes erfolgt nahezu lautlos.
- Die Zusammenarbeit mit dem Betriebsrat ist nach wie vor sehr gut.

Ganzheitliche TQM-Konzeption

- Lean-Management
- Simultaneous Engineering
- Just-in-Time / Tagfertigkeit
- Kanban
- Integrale Logistik
- Management-Informations-System (MIS)
- Leistungstransparenz
- Null-Fehler-Prinzip
- Internes und externes Kunden-Lieferanten-Verhältnis
- Markttransparenz
- Integrierte EDV
- Flache Hierarchie
- Team-Arbeit
- Kleine Fabrik
- Kundenorientiertes Denken und Handeln
- Management des Wandels
- Prinzip der Selbstbeteiligung
- Einbeziehung aller Mitarbeiter in den Wandel
- Prinzip der ständigen Verbesserung (KVP)
- Kaizen

Bild 2.9

Der Gesamtnutzen von TQM

Er wird von Fachleuten grob auf *10% vom Umsatz* geschätzt. *Unterlasser* realisieren davon maximal 20%. *Unternehmer* realisieren davon 80% – manchmal sogar mehr.

3. These: Ohne Führungswandel geht es erst recht nicht

Bevor ich zur dritten und vielleicht wichtigsten These komme, möchte ich Ihnen noch ein *Rätsel* aufgeben.
Wir erinnern uns doch alle, was in der Vergangenheit in unseren Firmen an *Turbulenzen* entstanden ist, wann immer wir versucht haben, die Strukturen zu verändern.

Nutzen von TQM
– geschätzt –

↗	10-39 %	Produktivität indirekes Personal
↗	10 %	Produktivität p.a. direktes Personal
↙	25-50 %	Reduzierung Bestände
↙	20-90 %	Reduzierung Durchlaufzeiten
↗	50 %	Beschleunigung Entwicklungszeiten
↙	50-99 %	Reduzierung Produktfehler
↙	80 %	Reduzierung manueller Arbeitsfehler
↗	90 %	Termintreue in allen Funktionen

Gesamtnutzenpotential 10 % vom Umsatz

Bild 2.10

Wieso kann ein Unternehmen sein ganzes Haus umstrukturieren, drei Hierarchien abbauen, Arbeitszuständigkeit und Verantwortung an die Basis delegieren, Titulaturen abschaffen, Einstellungsstop verkünden, ein kleines Werk schließen und Kosten senken? – Und nebenbei auch noch einen Umsatz- und Gewinneinbruch verkraften. Trotzdem ist die Stimmung an Bord noch gut. Gibt es hier einen *Trick*, den wir noch nicht kennen?

Nach meiner persönlichen Einschätzung waren es im wesentlichen *zwei Dinge*:

- Ehrliche Information erhält das Vertrauen der Mitarbeiter auch in schwieriger Zeit

1. *Die totale Information aller Mitarbeiter.*
   Dreimal im Jahr eine Großveranstaltung, Litfaß-Säulen in jedem Stockwerk, wöchentliche Abteilungsaussprachen, 80 Meetings der Geschäftsleitung pro Jahr mit allen Mitarbeitern in 20er Gruppen, 120 Moderationen allein im F+E-Bereich, Betriebszeitschrift und, und, und...
   Alles diente nur einem Ziel!
   - Keinem Mitarbeiter die Chance lassen, er wüßte nicht Bescheid, um was es hier geht.

- Allen Mitarbeitern klar zu machen, es geht nur mit ihm gemeinsam.
2. So, wie wir alle wissen, daß hinter einem erfolgreichen Mann eine noch erfolgreichere Frau steht, stand hinter diesem erfolgreichen Weg dieses von mir zitierten Unternehmens interessanterweise eine Frau. Eine *Schweizer Lebensberaterin*, die der Geschäftsleitung den Ratschlag gab – und Ratschläge sind ja auch Schläge:

„Wenn Ihr die Herzen Eurer Mitarbeiter nicht erreicht, erreicht Ihr gar nichts in Eurem Unternehmen."

Das hat eingeleuchtet. Die Beraterin wurde engagiert. Als erstes führte sie ein Führungs-Coaching mit den obersten 20 Managern durch. Eine ihrer ersten Fragen war: „Meine Herren, was verstehen Sie unter *Führung*?"
Der Vorarbeiter sagt zum Werker:
„Karle, kannsch net aufpaße, Du hosch scho widdr 120 Stück Ausschuß produziert."
Da nimmt der Karle den Schraubenschlüssel und droht seinem Vorarbeiter.
„Wend Dei Gosch net hälsch, schlag i Dir a paar an Schädel na."

Führung ade!
Immer noch gilt das Prinzip *ODKO! Ohne Disziplin keine Ordnung!*

Wer hat das zugelassen, daß in unseren Firmen Disziplinlosigkeit und Unordnung eingerissen sind? Wer außer uns? Und der Tag, an dem wir das geschehen ließen, der läßt sich ziemlich genau für jedes Unternehmen bestimmen. *Es war der Tag, an dem wir den einen Auftrag mehr angenommen haben, als uns gut getan hätte.* Es war der Tag, an dem wir Größe mit Stärke, Umsatz mit Gewinn verwechselten. Es war der Tag, an dem wir begannen, die Maschinen schneller laufen zu lassen und wir lernten, den Ausschuß gesundzubeten.

- Disziplin üben heißt auch, der Versuchung nicht zu erliegen

Die nächste Frage der Beraterin war:
„Meine Herren, Sie fordern *Team-Arbeit*. Mit Recht. Doch was praktizieren Sie? Predigen Sie Wasser und trinken Sie Wein, oder sind Sie schon ein Team? Ein Team erkennt man unter anderem an den gemeinsamen *Zielen*."
„Bitte schreiben Sie doch einmal auf, jeder von Ihnen, jetzt spontan auf die vor Ihnen liegende Metaplankarte, *'was ist Ihr Unternehmensziel'*?"

- Das Interesse an Teammitgliedern geht über rein berufliches hinaus

20 Mann, 18 verschiedene Antworten! Manch' einen hat's da geschüttelt.
Ein *Team* erkennt man auch an dem gegenseitigen *Respekt* und an der *Akzeptanz der Persönlichkeit* des anderen.
„Meine Herren, was wissen Sie voneinander. Bitte schön, Herr Konstruktions-Chef, wenn Sie uns doch bitte mal sagen würden, was Sie vom Herrn Produktions-Chef wissen, z.B.:
- Wieviele Kinder hat er?
- Wie heißen sie?
- Wo wohnt Ihr Kollege genau, in welcher Straße, auswendig aus dem Kopf? Damit Sie ihm aus dem Urlaub eine schöne Karte schreiben können.
- Was ist sein Lieblingsbuch?
- Wo möchte er nächstes Mal in den Urlaub hinfahren?"
Betretenes Schweigen.
Und dann hat sie das *Eisberg-Modell* erklärt. Was ist das Besondere an einem Eisberg? Daß der kleinere Teil über Wasser schwimmt und der größere Teil unter Wasser. Und so ähnlich ist es mit uns Menschen auch.

- Die ratio bestimmt nur den kleineren Teil unseres Handelns

10% unserer Gesamtkapazität rechnen die Wissenschaftler dem logisch-rationalen Teil, unserem Gehirn, unserem Kopf, dem Verstand zu.
90% unseres Potentials ordnen sie unserem Unterbewußtsein, unseren Gefühlen, der Intuition zu.

Auf der *logischen Ebene* behandeln wir die *Fakten:*
- Umsatz, Deckungsbeitrag, Cash-Flow usw.

Auf der *emotionalen Ebene* geht es um
- unsere *Gefühle,* die Sorgen, Ängste, Begeisterungen, Leidenschaften, totales Engagement und innere Frustrationen.
- Auf der *logischen Ebene* hat Iacocca Henry Ford gefragt: „Wieso wollen Sie mich entlassen, die *Zahlen* stimmen doch."
- Auf der *emotionalen Ebene* hat Henry Ford geantwortet: *„Weil ich Sie nicht leiden kann."*
- Auf der *logischen Ebene* sagt der Mitarbeiter: *„Ja, Chef,* in Ordnung, wird bis Freitag mittag erledigt.
- Auf der *unbewußten Ebene* denkt er: „Das ist doch nicht zu schaffen. *Der Alte spinnt."*
- Auf der *oberen Ebene sagt* der Mitarbeiter: *Ja.*
- Auf der *unteren Ebene* meint der Mitarbeiter: *Nein.*

Irgendwo in dieser Passage des *Coachings* hat es bei vielen Managern „*Klick*" gemacht.

2.1 Die ganzheitliche Unternehmensentwicklung unter den Aspekten des TQM

Das Eisbergprinzip

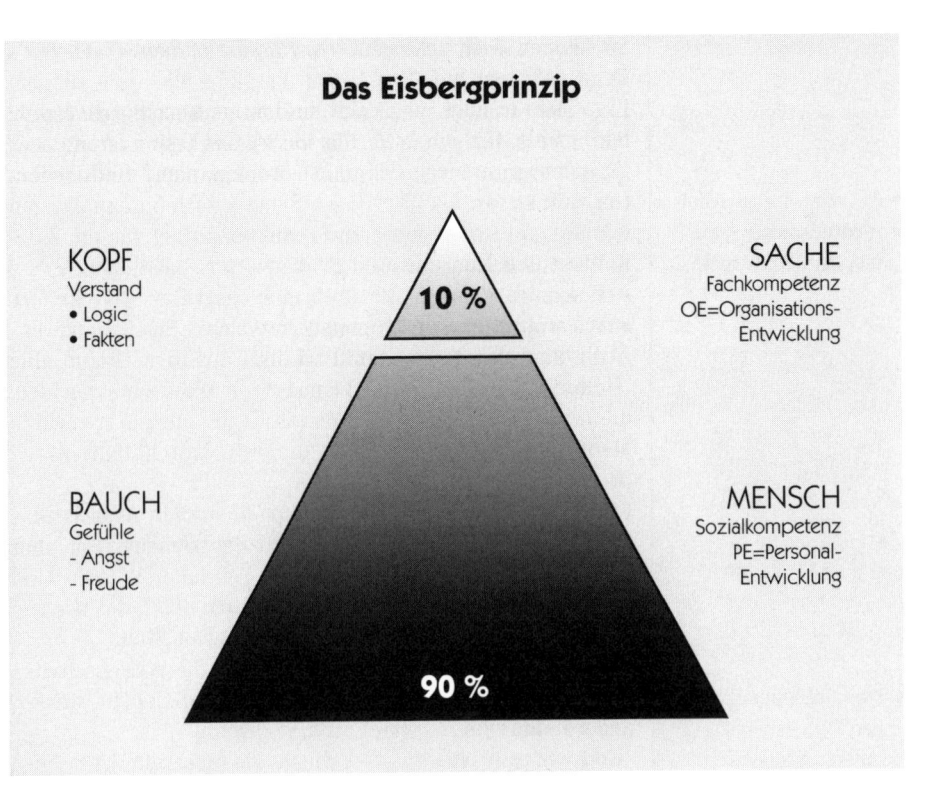

KOPF
Verstand
• Logic
• Fakten

10 %

SACHE
Fachkompetenz
OE=Organisations-
Entwicklung

BAUCH
Gefühle
- Angst
- Freude

MENSCH
Sozialkompetenz
PE=Personal-
Entwicklung

90 %

Bild 2.11

Einer sagte:
„Ja, wenn das wirklich so ist, ja, da haben wir ja am Wichtigsten vorbeioperiert."
Und ein anderer meinte:

„I glaub', mir müssen alle nochmal d' Schulbank drücken."
In den nächsten drei Jahren gingen alle Führungskräfte, vom Geschäftsführer bis zum Meister, 10–16 Tage pro Jahr ins Führungscoaching. Es wurde ein Coaching-Programm von der Schweizer Beraterin entwickelt, das über 3–4 Jahre das Management begleitet und die Aufgabe hat, die logischen Organisations-Entwicklungsprozesse psychologisch zu unterstützen.
Ihre Thesen waren einfach und einleuchtend.

„*Wir sind nicht dazu da, die Probleme unserer Mitarbeiter zu lösen, sondern haben dafür zu sorgen, daß sie ihre Probleme selbst lösen können.*"

• Mitarbeiter stellen eine große Problemlösungskapazität dar

Sie kennen doch das *Feldherrn-Hügel-Syndrom:*
Der Chef steht auf dem Hügel. Er steht über den Dingen.
Ergo sieht er alles, weiß alles und handelt nach dem Motto:
Ich befehle, Ihr gehorcht. Für ihn ist das Leben ein Kampf.
Er ist programmiert: Du mußt kämpfen, denn die Ressourcen sind knapp.

- Wenn es Sieger gibt, gibt es auch Besiegte

Für ihn gibt's nur Sieger und Besiegte.
Kontext und Konsens sind Schlagwörter, mit denen er um sich schlägt, denn er hat noch nicht begriffen: *Wer andere zum Verlierer macht, hat selbst verloren.*
Auch die Aufforderung im Coaching:
„Halten Sie doch mal eine begeisternde Rede von einer Idee, die Ihnen schon lange am Herzen liegt!" machte manchem Manager Probleme.

> Erkenntnis: *Wie kann ich andere Menschen begeistern, wenn ich nicht selbst begeistert bin?*

Die Frage nach unserem inneren *Menschenbild*, das wir alle in uns tragen, führte zu nachdenkenswerter Stille:

Coach:
„Wie sehr mögen Sie
andere Menschen?"
„Und wie sehr haben
Sie sich selbst lieb?" –
„Gut – nur, wie können
Sie Ihre Mitmenschen
lieben, wenn Sie sich
selbst nur ein bißchen
lieb haben?"

Teilnehmer:

„Ja, ja, schon."

„Ja, schon auch ein bißchen."

> Wir sind nicht dazu da, die Probleme
> unserer Mitarbeiter zu lösen, sondern haben
> dafür zu sorgen, daß sie ihre Probleme
> selber lösen können!

Bild 2.12

2.1 Die ganzheitliche Unternehmensentwicklung unter den Aspekten des TQM

In den Manager-Köpfen liefen ganze Filme ab! Das Besondere an diesen Coachings ist, daß ihre Inhalte zu *50%* auch privat genutzt werden konnten.
Ein Teilnehmer erzählte, wie sein Bub zu ihm sagt: „Papa, seit Du in dem Coaching bist, kommt man direkt wieder mit Dir zurecht."
Und mehr als ein Teilnehmer hatte Erstaunen bei sich zu Hause ausgelöst, als er seiner Frau wieder mal ein paar *Blumen mit nach Hause* brachte.
Der Versuch, trotz allem Negativen in unserem Leben *das Positive bewußt* zu *sehen*, gibt Kraft und Lebensfreude.
Viele dieser Coachingthemen lösten Nachdenken aus.

- Gutes Miteinander im Betrieb strahlt sich auch auf das Daheim aus

Schon nach wenigen Monaten waren die *ersten Erfolgserlebnisse* zu erkennen:
- Man ging höflicher miteinander um.
- Man war pünktlicher.
- Es gab weniger Aggressionen, mehr Gelassenheit und Vertrauen.
- Das Interesse am andern stieg.
- Ein erstes Wir-Gefühl entwickelte sich wie ein zartes Pflänzchen.

Der *Bewußtseinswandel* hält seit drei Jahren an. Selbst die letzten Zweifler wanken und die Geschäftsleitung sagt: Das war *eine unserer besten Ideen*, denn ohne diese Führungs-Coachings hätten wir diesen TQM-Prozeß nie durchgehalten.

Chefs werden künftig nicht mehr nur am Umsatz und am Einhalten des Budgets gemessen, sondern auch nach ganz anderen, viel wichtigeren *menschlichen Kriterien beurteilt:*

- Mit TQM wird die Führung nach anderen Kriterien gemessen

- Wie hoch ist die *Fluktuationsrate* in ihrem Bereich?
- Wie hoch ist der *Krankenstand*?
- Wie ist das *Betriebsklima*?
- Wie viele *neue Ideen* werden unter ihrer Führung realisiert?
- Wie viele alte Fehler werden abgestellt und wie viele *neue Fehler* gemacht?
  Hoffentlich viele. Denn nur aus neuen Fehlern machen wir neue Erfahrungen, sprich: lernen wir.
- Wie viele *Mitarbeiter* haben sie an sich *vorbeigefördert*?
- Wie hoch ist der Kompetenzgrad ihres *Stellvertreters*? – „Stellvertreter", sagt da einer, „hab' ich keinen. Und den, den Sie da in meinem Kästchen stehen sehen, der kann mich nicht einmal zu 30% ersetzen."

Oder:
- Motivierte Mitarbeiter kritisieren ihren Chef gerne und oft.
- *Wie oft loben Sie?*
  Lob ist eines der effizientesten Führungsmittel, die wir besitzen, aber auch eines der gefährlichsten. Lob muß wahr sein.

Oder:
- Wieviel können Ihre Mitarbeiter von Ihnen *lernen*?
- Wie viele sind von Ihnen *begeistert*?
- Und für wie viele sind Sie ein *Vorbild*?

„Wieviel wissen Sie von der Zukunft?"

- Heute die Fabrik mit Zukunft bauen – TQM

Nur wer sich heute mit der Zukunft beschäftigt, wird sie morgen meistern.

Die neue „Messlatte" der Chefleistung

- Fluktuationsrate
- Krankheitsstand
- Betriebsklima = Stimmung
- Anzahl neuer Ideen
- Wieviele alte Fehler abgestellt?
- Wieviele neue Fehler gemacht?
- Wieviele Mitarbeiter gefördert?
- Kompetenzgrad des Stellvertreters
- Wieviel Kritik verträgt er?
- Wie oft lobt er?
- Wieviel kann man von ihm lernen?
- Wieviele sind von ihm begeistert?
- Für wieviele ist er Vorbild?

Bild 2.13

2.1 Die ganzheitliche Unternehmensentwicklung unter den Aspekten des TQM

„Wenn ich weiterhin glaube, was ich immer geglaubt habe, werde ich weiterhin so handeln, wie ich immer gehandelt habe. Wenn ich weiterhin so handle, wie ich immer gehandelt habe, werde ich das erhalten, was ich immer erhalten habe."

Marilyn Ferguson

Man muß gegen den Strom schwimmen, um zur Quelle zu kommen.

In der Zukunft ist neben der Fachkompetenz vor allem Sozialkompetenz angesagt. Die Fähigkeit, „Menschen zu führen", erfordert:
- Selbst Mensch sein
- Sich in den Dienst des Ganzen stellen
- Dienen
- Den Menschen über die Sache stellen

Vielleicht ist die *Sozialkompetenz der größte Engpaßfaktor* der Zukunft.

- Ist mangelnde Sozialkompetenz unsere Schwachstelle?

Die entscheidenden Merkmale von TQM sind:
- Die *Einbindung aller Mitarbeiter* in den Veränderungsprozeß
- Die Einführung der *Team-Organisation* über das gesamte Unternehmen hinweg und damit die konsequente *Entscheidungsdelegation nach unten* an die Basis
- Die konsequente Realisierung der *schlanken Prozesse in allen Bereichen* des Unternehmens. Nur mit ihnen stabilisiert sich ein Unternehmen auf dem untersten Fixkostenniveau
- Das *Null-Fehler-Prinzip*
  Das heißt nicht, daß keine Fehler mehr gemacht werden dürfen, sondern es bedeutet, daß alle Fehler intern ausgemerzt sind, bevor unser Produkt das Haus verläßt
- Die Erhebung des *„Prinzips der ständigen Verbesserung"* (KVP = Kontinuierlicher Verbesserungs-Prozeß) zum Wertmaßstab unseres Handelns
- Die Ausrichtung des Denkens und Handels aller Mitarbeiter auf den point-of-sales (interne oder externe Kunden = *Kundenorientierung*)
- Die Ausbildung der TQM-Prozeßberater zu *Generalisten für ganzheitliche Organisationsentwicklung* (OE)

- Das Bessere ist der Feind des Guten

> - Die Ausbildung von hauseigenen Führungskräften zu *internen Trainern und Coaches* als Teil einer *ganzheitlichen Personal-Entwicklung* (PE)
> - Das *TQM-prozeßbegleitende Führungscoaching* für alle Führungskräfte

- Die Führungskultur muß sich erneuern

Das alles dient der Unterstützung und Praktizierung einer *neuen Führungskultur.*

Weg vom
- Befehlshaber
- Manager
- Macher der Sache

hin zum
- Förderer
- Führer
- Former von menschlichem Bewußtsein.

Motivierte Mitarbeiter bringen freiwillig 25–75% mehr Leistung – laut Professor Herzberg.

> *Der Beitrag der Organisation zur Motivation ist die „Tagfertigkeit".*
> Das heißt, daß an jedem Arbeitsplatz jeden Tag alles erledigt wird, was zu erledigen ist, mit der Konsequenz, daß es im Normalfall an einem Arbeitsplatz keine Arbeitsrückstände gibt. Ergo gibt es in der EDV auch keine Buchungsrückstände und somit keine Informationsrückstände im Management.
> Auf neudeutsch sagt man jetzt statt Tagfertigkeit: Just-in-time (JIT).

Dieses Prinzip wird uns in den nächsten 10 bis 20 Jahren begleiten.
Das Prinzip der Tagfertigkeit ist einer der Schlüssel zum Erfolg in der Zukunft.
Der Erfolg ist das, was er-folgt. Und „mehr Gewinn" ist die *Auswirkung* auf der materiellen Ebene aufgrund der *Einwirkung* auf menschliches Bewußtsein.
Wenn Sie 100% Kraft, Zeit und Geld haben, um einen 100%igen Erfolg zu gewährleisten, dann müssen Sie 70–90% Ihrer Zeit, Ihrer Kraft und Ihres Geldes in die *Organisation* stecken, um höchstens 50% des Erfolgs zu gewährleisten.

- TQM ist außerordentlich spannend und voller versteckter Schätze, die auf ihre Entdeckung warten

Aber Sie brauchen nur 10 bis maximal 30% Ihrer Zeit, Ihres Geldes und Ihres persönlichen Engagements für die *Motivation*, um die zweiten – die wichtigeren – 50% Ihres Erfolgs zu garantieren.

Organisation und Motivation

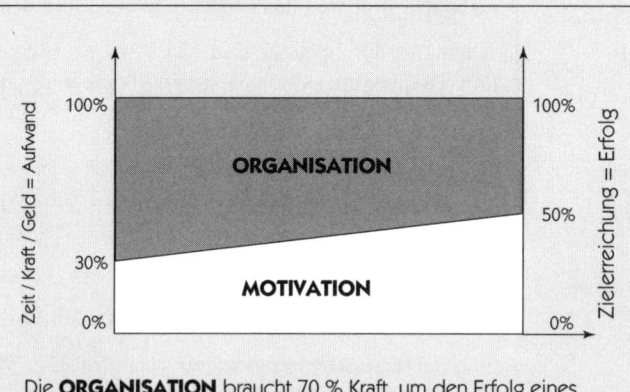

Die ORGANISATION braucht 70 % Kraft, um den Erfolg eines Unternehmens um maximal 50 % zu steigern.

Die Organisation schafft die Basis für die Motivation.

Die **MOTIVATION** braucht 30 % Kraft, um die Mitarbeiter zu begeistern.

Die **STÄRKSTE KRAFT** in einem Unternehmen sind begeisterte Mitarbeiter. Sie steigern den Erfolg „spielend" um 50 %.

Bild 2.14

Dr. Rudolf Mann hat gesagt und geschrieben:

„*Unternehmen sind selbstgebastelte Abenteuerspielplätze.*"

Darf ich diese These um eine zweite ergänzen?

„*Unternehmen stellen eine Plattform dar, auf der sich jeder einzelne Mitarbeiter selbst weiter-ent-wickeln darf.*"

Die allerwichtigste Frage hat die Schweizer Beraterin dem Management vor dem Projektstart gestellt:

„*Wer ist der Visionär in Ihrem Unternehmen?*"   **!**

Veränderungsprozesse laufen wie folgt ab :
- Hurra, wir machen was Neues
- Ach Du lieber Gott, das hat ja etwas mit Arbeit zu tun

- Oh, erster Teilerfolg
- Wahnsinn, soviel Arbeit
- Zweiter Teilerfolg
- Um Gottes Willen. Chef, wer hat denn das bestellt? Soviel Arbeit, und was das kostet. Laßt uns aufhören!

„Oben, an den Spitzen, sind alle Manager Helden. Unten, an den Tiefpunkten, sind Sie, Herr Vorsitzender, ganz alleine.

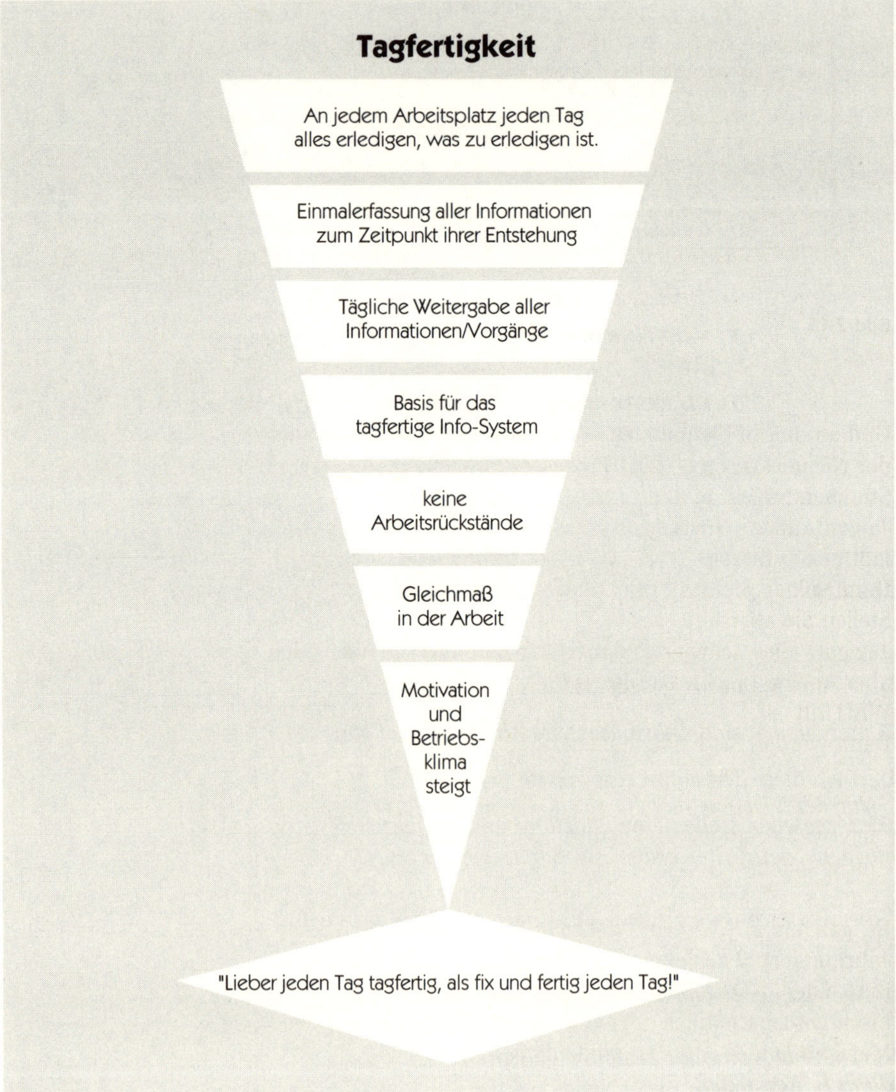

Tagfertigkeit

An jedem Arbeitsplatz jeden Tag alles erledigen, was zu erledigen ist.

Einmalerfassung aller Informationen zum Zeitpunkt ihrer Entstehung

Tägliche Weitergabe aller Informationen/Vorgänge

Basis für das tagfertige Info-System

keine Arbeitsrückstände

Gleichmaß in der Arbeit

Motivation und Betriebsklima steigt

"Lieber jeden Tag tagfertig, als fix und fertig jeden Tag!"

Bild 2.15

Welche Probleme produziert die Nichttagfertigkeit?

- Arbeitsrückstände
- Informationsrückstände
- Zusatz- und Sonderarbeiten, um die Rückstände zu kompensieren
- Vermeidbare Zeitverluste
- Zu wenig Zeit führt zu mehr Druck und zu mehr Stress
- Mehr Stress führt zu Aggressionen und zu Abbau von Überlegenheit
- Fehlende Überlegenheit führt zu Fehlverhalten und zu Fehlentscheidungen
- Fehlentscheidungen kosten Geld und Image

Bild 2.16

Und an diesen Tiefpunkten entscheidet sich der Erfolg oder der Nichterfolg Ihres TQM-Prozesses.
Stimmen Sie ein in den Chor:
Jawohl, alles schwierig, dauert lang und kostet viel Geld, laßt uns aufhören!
Dann sollten Sie das Projekt besser nicht starten.
Stellen Sie aber fest:
Jawohl, alles schwierig, dauert lang und kostet viel Geld, aber, meine Damen und Herren,
WEITER!
Dann werden Sie Erfolg haben!"

Nur der Visionär hat die Kraft, diesen Weg durchzuhalten, weil er an ein Ziel glaubt, das die anderen noch gar nicht sehen.

!!

Es gab einen Visionär, vielleicht den größten in diesem Jahrhundert. Fachleute aus der ganzen Welt versuchten ihm einen Nachmittag lang klarzumachen, daß es technisch-wissenschaftlich völlig ausgeschlossen ist, auf dem Mond zu landen. Und am Ende dieses Tages sagte
John F. Kennedy:
„Okay, you are right. But I see the man on the moon!"

Typischer Projektverlauf

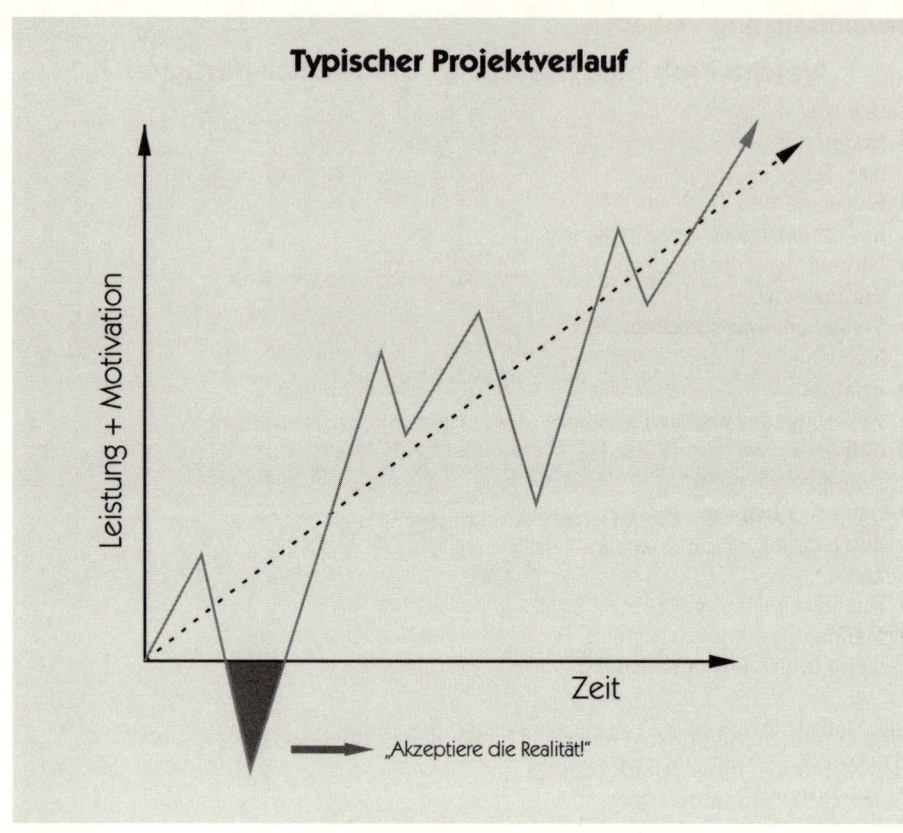

Leistung + Motivation / *Zeit*

„Akzeptiere die Realität!"

Bild 2.17

2.2 TQM–Schulungsprogramm

Ein Schulungsprogramm zur Unterstützung des TQM-Prozesses

P.-Å. Sörensson

Schulung für TQM

Qualifizierung für die Umsetzung von TQM wird sich auf drei Ebenen oder in drei Themenkreisen abspielen:
- Bewußtseinsbildung und Verhaltensbeeinflussung
- Vermittlung von Kenntnissen über Prozesse und Systeme
- Vermittlung von Kenntnissen über und Fertigkeit bei der Anwendung von Methoden und Werkzeugen

Bewußtsein und Verhalten

Hier handelt es sich um *Qualifizierungsmaßnahmen mit Zielen* wie:
- Erkenntnis, daß Veränderung natürlich und notwendig ist.
- Einsehen, daß TQM ein Weg zum Erreichen der Ziele eines ehrgeizigen Geschäftsplanes ist.
- Lernen, wie die modernen Managementwerkzeuge zusammenwirken.
- Verstehen, wie wirksam die Orientierung nach Kundenbedürfnissen (extern/intern) ist.
- Erfahren, welche Ergebnisse die modernen Managementwerkzeuge hervorrufen können.
- Definieren, welche Rolle das Management im Veränderungsprozeß spielt.
- Gefühl entwickeln für die Kraft zur Veränderung, die durch Ermächtigung der Mitarbeiter entwickelt werden kann.
- Die Stärke des Prozeß- und Systemdenkens erleben.
- Maßnahmen ergreifen, um die Veränderung der Arbeitsweise in der Firma einzuleiten.

Die Maßnahmen können in Form eines stark interaktiven *Workshops* durchgeführt werden, mit *Inhalten* wie:
- Veränderungen in der Umwelt;
- Die Wettbewerbssituation des eigenen Unternehmens;
- Die Natur der Veränderung, wie Veränderungen herbeigeführt werden können;
- Kontinuierliche Verbesserung einschließlich Fokussierung auf Kunden, Konzentration auf Prozesse und Einbeziehung der Mitarbeiter;
- Kunden/Lieferanten-Verhältnisse; extern und intern;
- Arbeitsprozesse;
- Einbeziehung und Ermächtigung von Mitarbeitern;
- Umsetzen in der täglichen Arbeit.

Marginalien:
- Einsehen und Miterleben
- ... durch interaktive Workshops

- Systemkongruenz

Ein Workshop kann aber nur zur Einleitung eines Veränderungsprozesses dienen. Um Haltungen und Verhalten nachhaltig zu ändern, müssen die internen Systeme, wie z.B. Leistungsbeurteilung, Lohn- und Gehaltsbestimmung und Anerkennung und Belohnung verändert werden. Vor allem müssen die Vorgesetzten in ihren Äußerungen, Entscheidungen und Handeln das gewünschte Verhalten konsequent vorleben.

Prozesse

- Geschäftsprozesse und Verbesserungsprozesse

Die Prozesse, von denen hier die Rede ist, sind einerseits die Geschäftsprozesse des Unternehmens und andererseits die nach der TQM-Philosophie integrierend wirkenden Verbesserungsprozesse.

Die *Geschäftsprozesse* dienen den Hauptzwecken des Unternehmens, z.B. Entwicklung, Herstellung und Vertrieb von Produkten und schneiden sozusagen horizontal durch das Unternehmen und seine verschiedenen Geschäftsbereiche. In diesen Prozessen soll die Philosophie des TQM umgesetzt und die dazugehörigen Methoden und Werkzeuge angewendet werden.

Die wichtigsten Geschäftsprozesse sind:
- Geschäftsplanung
- Qualitätsplanung
- Produktplanung
- Produktentwicklung
- Prozeßentwicklung
- Produktionsplanung
- Beschaffung
- Logistik
- Fertigung und Montage
- Qualitätssicherung
- Instandhaltung
- Vertrieb

Die *Verbesserungsprozesse*, die zu höherer Qualität und Produktivität, niedrigeren Kosten und kürzeren Durchlaufzeiten führen sollen, greifen in die Geschäftsprozesse und in das Geschehen im Unternehmen ein, entweder ganz allgemein als Unterstützung in jedem Geschäftsprozeß, spezialisiert in einem bestimmten Prozeß oder integrierend in einer Gruppe von zusammenwirkenden Prozessen.

- Interaktive Prozesse

Die Verbesserungsprozesse sind grundsätzlich so eingerichtet, daß Mitarbeiter aus verschiedenen Abteilungen und Bereichen miteinbezogen werden und deren Bemühungen für eine gemeinsame Aufgabe integriert werden. Als Sammelbegriff für diese Prozesse wäre deswegen „integrative Verbesserungsprozesse" möglich.

Als *Integrative Verbesserungsprozesse* wären dann zu bezeichnen:
- Policy Deployment (oder Management)
- Simultaneous Engineering
- Just In Time (JIT)
- Total Productive Maintenance (TPM)
- Qualitätsverbesserung von Produkten und Produktionsprozessen
- Qualitätsverbesserung von Dienstleistungen und Administration

Als Gegenstand von Qualifizierungsmaßnahmen im Rahmen des TQM kommen die Integrativen Verbesserungsprozesse und einige der Geschäftsprozesse, zunächst Qualitätsplanung und -sicherung, in Betracht.

Welche *Qualifizierungsmaßnahmen* in diesen Prozessen eingesetzt werden, ist von den Zielen und Zielgruppen abhängig:
- Wenn die Teilnehmer über die Prozesse nur informiert werden sollen, eignen sich Informationsveranstaltungen, Seminare oder eventuell Computer Based Training (CBT)-Programme, je nachdem wie tiefgehend die Information sein soll.
- Wenn die Teilnehmer in der Lage sein sollen, mit den Programmen zu arbeiten, eignen sich Seminare, Workshops und praktische Projektarbeit mit Beratung und Coaching.

- Qualifizierungsmaßnahmen abhängig von Zielen und Zielgruppen

Werkzeuge

Die bei der Umsetzung der TQM-Philosophie zur Anwendung kommenden Werkzeuge sind teilweise neu, in einigen Fällen direkt im Zusammenhang mit TQM entwickelt worden (siehe hierzu auch Kapitel 4).

Größtenteils sind die Werkzeuge aber alt und bekannt. Sie wurden aber bisher nicht konsequent genug und zu selten eingesetzt. Neu ist also, daß die Werkzeuge jetzt überall dort, wo sie helfen können – und auch für neue und ungewöhnliche Zwecke und Situationen – ganz konsequent verwendet werden sollen.

• 5 Gruppen von Werkzeugen	Die Werkzeuge lassen sich in fünf Gruppen kategorisieren: *Analytische:* • QFD Quality Function Deployment • FMEA Failure Mode and Effects Analysis (Fehlermöglichkeits- und -einflußanalyse) • FBA Fehlerbaumanalyse • DFMA Design for Manufacture and Assembly • Poka Yoke, Fehlhandlungssicherung • WA/WE Wertanalyse • DCP Dimensional Control Plan • CFM Continuous Flow Manufacture • SMED Single Minute Exchange of Die *Statistische:* • Statistische Basismethoden • Regressions-/Varianzanalyse • SPR Statistische Prozeßregelung • Prozeßfähigkeitsanalyse • Versuchsplanung • Robuste Konstruktion/Prozesse • Statistische Tolerierung • Zuverlässigkeitsanalyse *Problemlösungs-:* • Systematische, interaktive Problemlösung • 7 elementare Qualitäts-Werkzeuge • 7 Management-Werkzeuge *Industrial Engineering:* • Arbeitsvereinfachung • Arbeitsplatzgestaltung • Instandhaltung vor Ort *Psychologische:* • Information und Kommunikation • Moderation • Coaching • Teamarbeit
• Interaktive Werkzeuge	Die psychologischen Werkzeuge sowie die Problemlösung sind ihrer Natur nach interaktiv. Die meisten der aufgelisteten analytischen Werkzeuge und vor allem die beiden ersten wirken auch interaktiv, da sie in überbereichlicher Teamarbeit den größeren Nutzen bringen.
• Maßnahmen und Methoden zur Schulung und Training	Mit welchen *Maßnahmen und Methoden die Werkzeuge gelehrt werden* können, ist ganz erheblich vom Ziel, aber auch von der Natur der Werkzeuge abhängig. • Ein oberflächlicher Überblick über Methoden und Werkzeuge kann in reinen Informationsveranstaltungen gegeben werden.

2.2 TQM-Schulungsprogramm

- Ein vertiefter Überblick, der die Teilnehmer z.B. in die Lage versetzen soll, selbst beurteilen zu können, wo verschiedene Werkzeuge wirkungsvoll eingesetzt werden können, erfordert schon wesentlich mehr, und zwar in der Form von Lehrgängen, Seminaren oder CBT-Programmen bis hin zu aufwendigeren Workshops.
- Für diejenigen, die mit den Werkzeugen arbeiten sollen, sind Workshops notwendig, eventuell nach Einführung durch CBT-Programme. Unerläßlich sind aber praktische Übungen mit Unterstützung von einem Berater oder Coach. Sie sollten soweit möglich direkt in den normalen Arbeitsbereich, z.b. in einer Projektgruppe, integriert werden.
- Die interaktiven Werkzeuge, also die psychologischen, Problemlösungs- und einige der analytischen Werkzeuge, kommen nur in Gruppen oder Teams zum Einsatz und müssen deswegen auch durch interaktive Workshops und Übungen gelehrt werden.
- Der Trainer muß bei den Werkzeugen gleichzeitig die Rolle eines Beraters – mit entsprechenden Forderungen nach Ausbildung und Erfahrung – ausüben können.

Zusammenhang Werkzeug/Prozeß

In den Matrizen Bilder 2.18 und 2.19 sind die Werkzeuge und die Geschäftsprozesse bzw. die Integrativen Verbesserungsprozesse einander gegenübergestellt und die Kombinationen, wo die Werkzeuge in einem Prozeß zum Einsatz kommen würden, markiert.
Es wird dabei sehr deutlich, daß sich die einzelnen Prozesse in ihrer Anwendung der Werkzeuge nicht sehr viel unterscheiden. In allen Prozessen kommen

- die Problemlösungswerkzeuge
- die Statistischen Basismethoden
- die Psychologischen Werkzeuge

zum Tragen.
Die analytischen Werkzeuge kommen in der Mehrzahl der Prozesse zum Einsatz.
Die sogenannten speziellen Verbesserungsprozesse sind einander sehr ähnlich, bezüglich der Werkzeuge, die gebraucht werden (und übrigens auch bezüglich Philosophie und Arbeitsprinzipien).
Daß die Prozesse soviel gemeinsam haben, bedeutet immer einen großen Vorteil bei der Gestaltung von Qualifizierungsmaßnahmen für diejenigen, die mit den Prozessen arbeiten werden.

- Die Ähnlichkeit der Prozesse

- ... vereinfacht das Schulungsprogramm

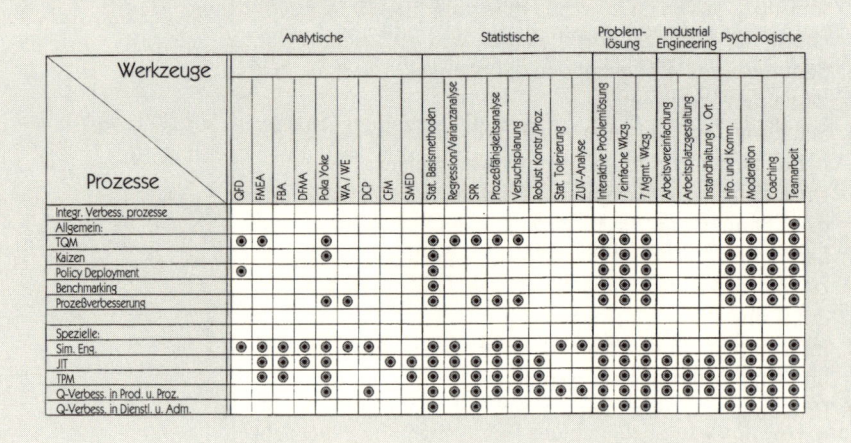

Bild 2.18 Einsatz der Werkzeuge in den Prozessen

Bild 2.19 Einsatz der Werkzeuge in den Prozessen

Der Qualifizierungsprozeß

Die Qualifizierungsmaßnahmen zur Unterstützung des TQM-Prozesses in einem Unternehmen stellen selbst einen Prozeß mit mindestens zehn Schritten dar (Bilder 2.20 und 2.21):

1. Als Einleitung des Änderungsprozesses im Unternehmen ein interaktiver Workshop zur Bewußtseinsbildung und Verhaltensbeeinflussung über die Themen Veränderung und Umsetzung von TQM.
Durchführung als Flächenbrand durch die Führungsschichten, „top-down" und, leicht abgewandelt, in Kaskadenform weiter an alle Mitarbeiter.
2. Breite Information an alle Führungskräfte über Prozesse und Werkzeuge und über Qualifizierungsmaßnahmen zu diesen Themen.
3. Schulung und Training bezüglich systematischer, interaktiver Problemlösung und die damit verbundenen einfachen Werkzeuge für „alle" Mitarbeiter des Unternehmens als Voraussetzung für einen Verbesserungsprozeß „bottom-up".
4. Beginn oder Beschleunigung des Verbesserungsprozesses im Unternehmen, sowohl „top-down" als auch „bottom-up", ausgelöst durch Festlegung und Veröffentlichung der Strategie und Ziele des Unternehmens.
5. Seminare und Workshops für Führungskräfte über Prozesse und Werkzeuge.
6. Schulung, Training, Beratung und Coaching der Mitarbeiter bezüglich Methoden und Werkzeuge.
Durchführung zielgruppenspezifisch und „just-in-time", d. h. dann, wenn die Werkzeuge benötigt werden.
7. Laufende Verbesserungsarbeit, spezielle Verbesserungsprojekte und Umsetzung des TQM in neuen Produkt- und Prozeßentwicklungsprojekten.
8. Information über Projekte, Verbesserungsergebnisse und Qualifizierungsmaßnahmen.
9. Erteilung und Veröffentlichung von Anerkennung und Belohnung für Verbesserungen.
10. Weiterentwicklung des Prozesses und der Qualifizierungsmaßnahmen.

Dieser Prozeß läuft parallel zu
- der Entfaltung und Umsetzung der Strategie des Unternehmens sowie der Ziele auf verschiedenen Ebenen;

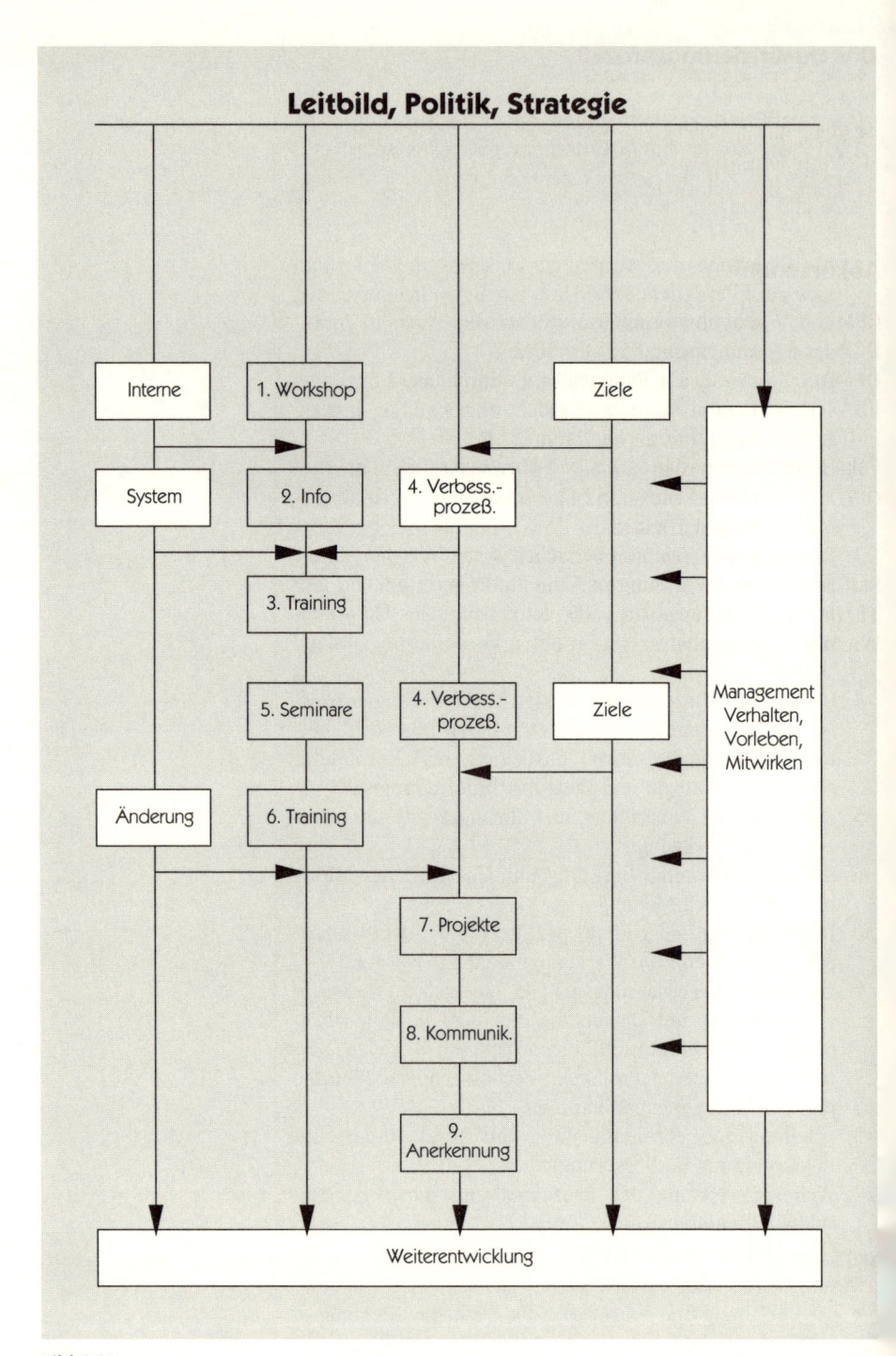

Bild 2.20

- der Veränderung der internen Systeme des Unternehmens;
- den durch Vorleben immer sichtbarer werdenden Verhaltensänderungen der Leitung und Führungskräfte des Unternehmens.

Abkürzungen

CFM	Continuous Flow Manufacture
DCP	Dimensional Control Plan
DFMA	Design For Manufacture and Assembly
FBA	Fehler-Baum-Analyse
FMEA	Fehler-Möglichkeits- und Einfluß-Analyse
Poka Yoke	Narrensicherung, Fehlhandlungssicherung
QFD	Quality Function Deployment (KundenOrientierte Produktentwicklung und Fertigungsplanung, KOPF)
SMED	Single Minute Exchange of Dies
TPM	Total Productive Maintenance
WA/WE	Wertanalyse

Qualifizierungsprozeß

1. Workshop: Bewußtsein und Verhalten
2. Info: Prozesse und Werkzeuge
3. Training: Problemlösung
4. Verbesserungsprozeß eingeleitet bzw. beschleunigt
5. Seminare: Prozesse und Werkzeuge
6. Training: Methoden und Werkzeuge
7. Projekte und laufende Verbesserungsarbeit
8. Kommunikation: Ergebnisse
9. Anerkennung
10. Überprüfung, Rückkopplung und Weiterentwicklung

Bild 2.21

2.3 Arbeitsorganisation und Verbesserungsaktivitäten in japanischen Betrieben

U. Jürgens

Ausgangspunkt: Die Produktionsorganisation

Das System der Produktionsorganisation, für das die Autoren des International Motor Vehicle Program (IMVP) des MIT den Begriff des „Lean Production System" entwickelt haben, ist auch in Japan nicht überall verbreitet. Seit den Erfolgen, die vor allem Toyota auf seiner Basis erzielt, hat es aber an großer Zugkraft gewonnen, immer mehr Unternehmen sind bestrebt, es zu übernehmen.

• Gegenüberstellung der Produktphilosophien

In der Gegenüberstellung mit dem traditionellen westlichen System der Massenproduktion werden die Besonderheiten des „Lean Production System" (LPS) deutlich (Bild 2.22). Zugrunde liegen den beiden Systemen in der Tat unterschiedliche Produktionsphilosophien. Das Ideal des „störsensibel/ungepufferten" Systems ist die fließende Einzelstückfertigung. Es wird bewußt auf Vorteile der „economies of scale" verzichtet.

Im LPS wird dem Prozeß gezielt die Sicherheit entzogen, die Zwischenlager, Puffer, Sonderzeiten und Sonderpersonal für allfällige Zwischenfälle und Probleme bieten. Fehler sollen durchschlagen und mit ihnen der Streß und Druck, Fehlerursachen zu beseitigen und Prozeßverbesserungen vorzunehmen.

Nicht perfekte Vorwegplanung, sondern Arbeitseinsatzflexibilität auch bei unvorhergesehenen Einsätzen und qualifizierte Beteiligung an Problemlösungen sowie an den darauf bezogenen Kommunikationsprozessen sind das Ziel. Demgegenüber ist das Bestreben in den westlichen Produktionsbetrieben traditionell darauf angelegt, die geplanten Leistungswerte im Einsatz des direkten Personals und der Maschinen und Anlagen zu gewährleisten und die Aufwendungen für Kontroll- und Unterstützungstätigkeiten sowie Nacharbeiten, die erforderlich sind, um dieses Ziel zu erreichen, dafür eben in Kauf zu nehmen. Bereichs- und anlagenbezogen werden Höchstleistungen erwartet, selbst wenn die gefertigten Teile sich im Anschluß stapeln, weil die Produktion im folgenden Abschnitt zum Stillstand ge-

Kennzeichen der Produktionsorganisation von „Bestbetrieben" und tayloristischer westlicher Automobilwerke

Produktionssystem	störsensibel – ungepuffert	robust – gepuffert
Zwischenlager an Material und Halbfertigprodukten	gering	hoch
Anzahl Qualitätsinspektoren und Nacharbeiter	gering	hoch
Anzahl Springer, Helfer, Personal zur besonderen Verfügung	gering	hoch
Zeitzuschläge für Prozeßstörungen	gering	hoch
Zusätzlicher Platzbedarf für Nacharbeit	gering	hoch
Pufferbereiche zwischen Produktionsabschnitten	gering	hoch
Einsatzflexibilität für unterschiedliche Tätigkeiten	hoch	gering
Qualifikationsniveau der WA in der Fertigung	hoch	gering

Quelle: John F. Krafcik/John Paul MacDuffie, IMVP International Policy Forum, 1989.

Bild 2.22

kommen ist, und die Teile dort zunächst nicht gebraucht werden.
Das System der Null-Fehler- und Null-Puffer-Produktion ist von verschiedenen Autoren bereits seit Mitte der 80er Jahre detailliert dargestellt worden.[1] Es ist bei Toyota entwickelt worden, und Toyota ist nach wie vor das Idealmodell für dieses System, das auch in Japan als „neues Produktionssystem" diskutiert wurde.[2] Die meisten dieser Autoren sind

- Das Null-Fehler/ Null-Puffer-Ideal

---

[1] Vgl. Krafcik, J. F./J. P. MacDuffie: 1989; Shimada, H./J. P. MacDuffie: 1986; vgl. auch Schonberger 1982; 1986, 1990, Shingo 1981; insbesondere Monden, Y.: Toyota Production System. Practical Approach to Production Management, Atlanta 1983; Ohno 1988.
[2] Shinohara 1988. Im wesentlichen aber sind diese Darstellungen auf Fertigungsabläufe beschränkt geblieben; das Verdienst der MIT-Autoren ist es, die Umsetzung von LPS-Prinzipien auch in den Bereich der Entwicklung, der Zulieferbeziehungen und des Vertriebs dargestellt zu haben.

Produktionsingenieure und beschränken sich auf die Darstellung technisch-organisatorischer Ablaufgestaltung.

- Voraussetzungen: Team-, Verbesserungs- und Konsensorientierung

Dennoch wurde auch hier deutlich, wie es auch die MIT-Autoren besonders hervorheben, daß diese Produktionsorganisation funktionsnotwendig auf eine Anzahl von Voraussetzungen beruht: Teamorganisation, kontinuierliche Verbesserungsaktivitäten, systematische Arbeitswechsel und Lernen am Arbeitsplatz, hohe Betriebsidentifikation der Belegschaft, Konsens zwischen den Betriebsparteien.

Das Null-Fehler/Null-Puffer-Prinzip, also die systematische „Schlankheit", bildet offensichtlich ein notwendiges, aber nicht hinreichendes Element für das Funktionieren des Systems. Fehler dort zu verhindern, wo sie verursacht werden, das läßt sich nicht gegen das direkte Produktionspersonal durchsetzen bzw. über ihre Köpfe hinweg sicherstellen. Aufgabenintegration, erweiterte Verantwortung, Selbstregulation sind dafür unabdingbare Voraussetzungen. Die Reißleinen zum Stoppen des Fließbandes an jedem Arbeitsplatz bekräftigen diese Überzeugungen.

- Kompetenz zum Bandstop

Die heiligste Kuh des westlichen Managements, das Realisieren des Mengenziels, wird in die Hände der „untersten" Arbeiter gelegt. Reißleinen an den Fließbändern (oder entsprechende Vorrichtungen bei anderen Prozeßabläufen) weisen auch heute die wenigsten der westlichen Montagewerke vor.

Schließlich bietet das Null-Fehler-Ziel, das ja immer nur asymptotisch erreicht werden kann, permanent Stoff für Qualitätszirkelaufgaben und Verbesserungsüberlegungen im Gruppenzusammenhang (Bild 2.23 zeigt dies exemplarisch anhand der Ursache–Wirkungsbeziehungen beim Bandstop bei Monden 1983, S. 143).
Die Null-Puffer-Zielsetzung bedeutet, daß, wenn irgendwo der Prozeß (z.B. im Hinblick auf die Qualitätszielsetzung) unterbrochen wird, auch die vor- und nachgelagerten Prozeßstufen im Prinzip unmittelbar danach zum Stillstand kommen. Gefertigt werden darf nur, wenn ein Auftrag vorliegt, und der kommt in kleinsten Losgrößen von den jeweils nachgelagerten Prozeßstufen. Bleibt er aus, so kann nicht weitergefertigt werden. Für den Fall, daß Probleme auftreten, wird erwartet, daß die Kollegen der umliegenden Arbeitsplätze einspringen, um die Prozeßunterbrechung zu

Ursache-Wirkungs-Beziehungen bei Bandstop

```
                        Qualitätsproduktion
                               ▲
         ┌─────────────────────┴─────────────────────┐
  Verbesserungen in der              Verbesserungen, um Einhaltung
  vorangehenden Produktionsstufe     der Taktzeit zu gewährleisten
         ▲                                           ▲
  Bandstop; Rückgabe der                          Bandstop
  fehlerhaften Teile                                 ▲
         ▲
  Fehler erkennen
         ▲
  Keine Vorräte an Einbauteilen;     Arbeit kann innerhalb der
  Keine Zeit für Nacharbeit          Taktzeit nicht geschafft werden
         └─────────────────┬─────────────────────────┘
                           ▲
                    Reduktion der
                    Personalbemessung
```

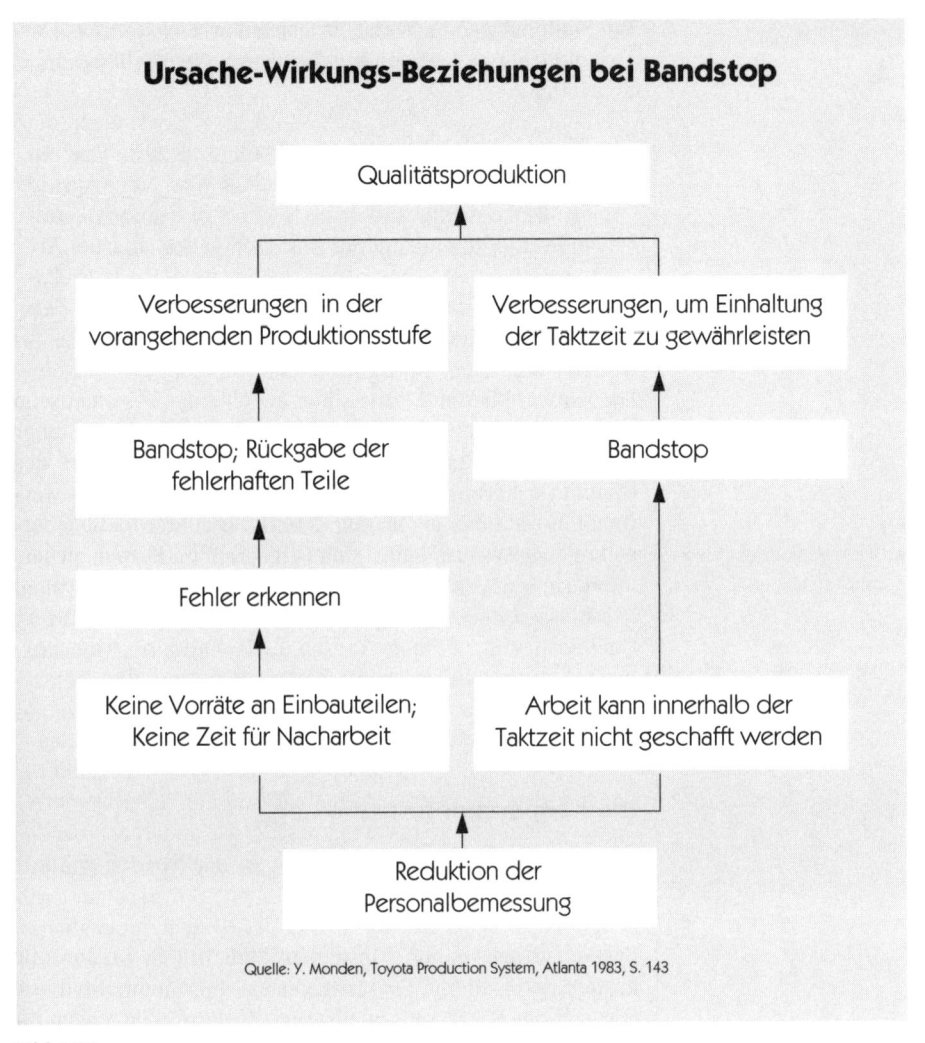

Quelle: Y. Monden, Toyota Production System, Atlanta 1983, S. 143

Bild 2.23

verhindern oder ihre Dauer abzukürzen. Das tägliche Produktionssoll zu erreichen, ist unbedingtes Gebot. Ausfallbedingt während der regulären Arbeitszeit entgangene Produktion muß im Rahmen von Mehrarbeit nachgeholt werden. Das Einspringen für den Kollegen der Produktionsgruppe und damit ein enger Gruppenzusammenhalt liegt schon daher im eigenen Interesse; ebenso wie die Mitwirkung an Verbesserungsaktivitäten, die den Arbeitsablauf im gesamten Abschnitt anbetreffen, nicht nur am eigenen Arbeitsplatz.

- Einspringen für den Kollegen nebenan

Die Null-Puffer-Zielsetzung ist ebenso wie das Null-Fehler-Ziel eine permanente Herausforderung für Verbesserungsaktivitäten.

> Was das Arbeitsstudium im Taylorismus, das ist „KAIZEN" im Toyotismus; beruht das eine auf externer Kontrolle, so ist das andere nicht ohne „intrinsische" Motivation und Beteiligung der Beschäftigten zu machen.

Bei KAIZEN geht es um die Kontinuität des Verbesserungsprozesses, um den fortdauernden Versuch, Fehler/Puffer weiter abzubauen. Dies gilt für die Werkzeugwechselzeiten ebenso wie für den Umfang der Zwischenlager an Material und Halbzeug. Das Null-Fehler/Null-Puffer-System verknüpft damit das Rationalisierungsziel mit dem Ziel der Qualitätssicherung; hoher Rationalisierungsdruck soll ohne Qualitätseinbußen erreichbar sein. Es beruht auf einem Regelkreis, der es ermöglicht, die Fehlerzahl im System zu vermindern, ohne daß mehr Personal notwendig ist. Im System der Massenproduktion galt als ehernes Gesetz, daß mehr Qualität nur durch mehr Personal (Nacharbeiter, Qualitätsinspektoren) zu erreichen ist. Der ständige Rationalisierungs- und Verbesserungsdruck stellt also ein notwendiges Systemelement dar.

- Hoher Ratioeffekt ohne Qualitätseinbußen

Die Kooperationsorientierung

Kleingruppen bilden sowohl den Kern der Arbeitsorganisation wie der Problemlösungsaktivitäten. Die Arbeitsorganisation ist – über die durch das JIT-System geschaffenen Systemzwänge hinaus – in hohem Maße durch die Prozeßauslegung bestimmt. In Montagebereichen dominiert nach wie vor die Fließbandorganisation. In Bereichen mechanischer Fertigung hat sich in den letzten Jahren das System U- oder S-förmiger Prozeßauslegung durchgesetzt, das sowohl Mehr-Maschinenbedienung wie auch Änderungen in der Personalbemessung nach Auftragslage effizient ermöglicht.

> Die Segmentation der Fertigung in eine Vielzahl paralleler U- und S-förmiger Prozeßabschnitte bildet den produktionsorganisatorischen Unterbau der Arbeitsorganisation in Produktionsgruppen in immer mehr japanischen Betrieben.

Dies ist die Produktionsorganisation, die im Zusammenhang mit den großen Rationalisierungsanstrengungen nach der Yen-Aufwertung durch die japanische Automobilindustrie auch in den Zulieferunternehmen inzwischen weithin durchgesetzt wurde.

Die Verbesserungsorientierung

Grundlegend ist das Zusammenwirken von einerseits den „Sachzwängen", die von der Produktionsorganisation ausgehen, und einer auf Verbesserung orientierten, individuellen Arbeitshaltung. Die letztere wird gestützt durch die Systeme der Personalbewertung, der Personalentwicklung und Karriereplanung sowie der Aus- und Weiterbildung.

Verbesserungsaktivitäten, „Kaizen", sind aber nicht nur eine Basisbewegung auf ausführender Ebene. Ein wesentliches Merkmal von Kaizen ist das Zusammenwirken von Hierarchieebenen und Funktionsträgern im Unternehmen und die Parallelität einer Vielzahl unterschiedlicher Formen:

1. Verbesserungsaktivitäten auf individueller Ebene.
2. Kleingruppenaktivitäten dauerhafter oder temporärer Gruppen unterschiedlicher Hierarchieebenen. Ein anderer Typus sind Gruppen von „Kaizen-men" – ältere Arbeiter, die zeitweise von ihren regulären Tätigkeiten freigesetzt werden, um Verbesserungsaktivitäten durchzuführen und im Sechsmonatsrhythmus rotieren (vgl. Imai 1986, S. 96).
3. Verbesserungsgruppen aus Vertretern des mittleren Managements.
4. Verbesserungsaktivitäten im Rahmen von Rationalisierungsverbünden innerhalb z.B. der Toyota-Gruppe (Bild 2.24 gibt dazu ein Beispiel aus eigenen Untersuchungen wieder).

● Vielfältigkeit von Kaizen-Aktivitäten

Kaizen ist nicht primär Experten-, sondern eine Jedermann/frau-Aktivität.

Die Knappheit an Ingenieuren seit Anbeginn der industriellen Entwicklung in Japan hat perfektionistische, ingenieurslastige Planungskonzepte der Arbeits- und Technikgestaltung wie in westlichen Ländern hier gar nicht erst aufkommen lassen.

Kaizen am Beispiel des Unternehmens K in Japan
(nach eigenen Erhebungen 1990)

Jahreszielplanung
(u.a.)
– Reduktion der Durchlaufzeit um 20%
– Reduktion der defects um 15% in „injection" und 20% in „assembly"

Kaizen Ebenen
(a) Individuelle Verbesserungen
  – Plansoll 1989 60, erreicht 31
(b) Kleingruppenaktivitäten
  – im Werk H mit 758 Beschäftigten 240 Gruppen a 4-5 Mitglieder
  – Treffen während der Teepause
(c) Managementteam
  – Aufgabe: alle 2 Wochen 5 Linien zu verbessern
  – Zusammensetzung aus verschiedenen Funktionsbereichen, Hierarchieebenen und Werken des Unternehmens
  – die für den Bereich jeweils zuständigen Ingenieure nehmen nicht an der Gruppe teil, unterstützen sie aber
(d) Teilnahme am Toyota Improvement System (TIS)
  – 42 Unternehmen in 8 Gruppen
  – Treffen monatlich in einem der Unternehmen der Gruppe
  – jedes Unternehmen entsendet 5 Vertreter (z.B. 3 IE, 2 Teamleiter)
  – ein Jahrestreffen von TIS
(e) Organisation eines Systems wie (d) mit den eigenen subcontractors

WZB - U. Jürgens

Bild 2.24

- Auch in Japan dauerte es mehrere Jahre

Dennoch sind die Unternehmen, wie sich am Vergleich Nissan und Toyota verdeutlichen läßt, in der Nachkriegszeit durchaus unterschiedliche Entwicklungswege gegangen (vgl. Cusumano 1985). Als sich vor allem am Beispiel Toyota die enormen Einsparungspotentiale einer Kombination von Just-in-Time und TQC-System zeigten, gingen viele japanische Unternehmen daran, dieses System zu übernehmen. Auch unter japanischen Verhältnissen war dies keine einfache und schnell zu realisierende Aufgabe. Ishikawa Kaoru, der in der Qualitätszirkelbewegung eine Schlüsselrolle gespielt hat, rechnet mit drei bis fünf Jahren, bis die Einführung von TQC sich im Leistungsniveau eines Unternehmens positiv geltend macht. Die Ingenieurskader vor allem aus dem Bereich Industrial Engineering wurden in vielen Unternehmen in den siebziger und achtziger Jahren auf Projekte angesetzt, um Just-in-Time-Strukturen, Total

Quality Control bzw. in den letzten Jahren Total Productive Maintenance (TPM) zu realisieren bzw. entsprechende Aktivitäten zu unterstützen. Eine Folge ist, daß Industrial Engineers in den meisten japanischen Unternehmen nunmehr selten mit operativen Aufgaben der Leistungsregulierung zu tun haben. Diese Aufgabe haben untere Vorgesetzte und „Kaizen" übernommen.

Zum Abschluß

Die „Alle machen mit"-Orientierung, die so charakteristisch für das japanische Kaizen-Konzept ist, unterliegt durchaus Spannungen, und es spricht einiges dafür, daß diese Spannungen zunehmen.

Sie resultierten einmal aus der anhaltenden Boom- und Überhitzungsphase der japanischen Industrie: Qualitätszirkeltätigkeiten stießen zunehmend auf zeitliche Koordinierungsprobleme; QZ-Aktivitäten verschärften die Überstundenproblematik. Zum anderen wurde durch umfassende Kapitalinvestitionen der Automationsgrad erhöht, und computergestützte Systeme haben sich durchgesetzt. Eine Kaizen-Reaktion hierauf ist der Nachdruck auf Total Productive Maintenance Aktivitäten, die auf Verringerung von Maschinenausfällen, höherer Prozeßverfügbarkeit und Leistungsgrad abzielen. Erfahrungstransfer aus anderen Unternehmen/Werken sowie die Ausgangsqualifikation als Ingenieur gewinnen hier eine größere Bedeutung. Daher gibt es eine Tendenz zur stärkeren Betonung der von (Management-)Experten getragenen Verbesserungsaktivitäten, wenngleich den Kleingruppenaktivitäten auf Werkstattebene aufgrund ihrer großen ideologischen Bedeutung im japanischen Kontext noch immer hohe Bedeutung beigemessen wird.

- Spannungen und Wandlungsprozesse

Literatur

1. Cusumano, M. A. (1985): The Japanese Automobile Industry. Technology and Management at Nissan and Toyota, Harvard, Mass.
2. Imai, Masaaki (1986): Kaizen (Kay'zen) – The Key to Japan's Competitive Success, New York.
3. Ishikawa, Toshio (1991): Vocational Training, in: The Japan Institute of Labor, Japanese Industrial Relations Series 7, Tokyo.
4. Jürgens, Ulrich et al. (1989): Moderne Zeiten in der Automobilfabrik. Strategien der Produktionsmodernisierung im Länder- und Konzernvergeich, Berlin etc.

5. Krafcik, J.F./J.P. MacDuffie (1989): Explaining High Performance Manufacturing: The International Automotive Assembly Plant Study, IMVP Working Paper, unveröffentlicht.
6. Monden, Yasuhiro (1983): Toyota Production System. Practical Approach to Production Management, Atlanta.
7. Ohno, Taiichi (1988): Workplace Management, Cambridge Mass.
8. Nemoto, Masao (1987): Total Quality Control for Management. Strategies and Techniques from Toyota and Toyoda Gosei, Englewood Cliffs, N.J.
9. Parker, Mike/Jane Slaughter (1988): Choosing Sides: Unions and the Team Concept, Boston.
10. Schonberger, Richard J. (1982): Japanese Manufacturing Techniques. Nine Hidden Lessons in Simplicity, New York u.a.
11. Ders. (1986): World Class Manufacturing. The Lessons of Simplicity Applied, New York, u.a.
12. Ders. (1990): Building a Chain of Customers. Linking Business Functions to Create the World Class Company, New York, London.
13. Shimada, H./J.P. MacDuffie (1986): Industrial Relations and 'Human Ware': Japanese Investments in Automobile Manufacturing in the United States, IMVP Working Paper, unveröffentlicht.
14. Shingo, Shigeo (1989): A Study of the Toyota Production System. From an Industrial Engineering Viewpoint, Cambridge, Mass. and Norwalk, Conn.
15. Shinohara, I. (1988): NPS – New Production System. JIT Crossing Industry Bounderies, Cambridge, Ma.
16. Womack, Richard et al. (1990): The Machine that Changed the World, New York etc.

2.4 Coaching-Techniken im TQM

C. Kostka

Problemstellung

- Im TQM ist der Mitarbeiter der Kunde der Führung

Die kontinuierliche und konsequente Umsetzung von Total Quality Management zur langfristigen Erfolgssicherung eines Unternehmens kann nur gelingen, wenn alle Unternehmensmitglieder ihre Verhaltensweisen an einer qualitätsorientierten Geisteshaltung ausrichten. Total Quality Management ist mit grundlegenden Strukturveränderungen in Richtung prozeß- und kundenorientiertes Verhalten verbunden. Diese Veränderungen müssen von allen Mitarbeitern getragen und gelebt werden. Um die dafür notwendigen Fähigkeiten bei allen Mitarbeitern zu aktivieren und die benötigten Problemlösungs- und Kreativitätspotentiale zu erschließen, müssen zunächst die Führungskräfte ihr Führungsverhalten

2.4 Coaching-Techniken im TQM

kritisch reflektieren und entsprechend den neuen Anforderungen verändern (siehe Kapitel 1.1).
Dieser Veränderungsprozeß vollzieht sich individuell verschieden und ist mit der Akzeptanz von prozeß- und kundenorientierten Denk- und Verhaltensweisen verbunden. Dies sollte sich dahingehend auf die Mitarbeiterführung auswirken, daß sie nicht mehr als Mitarbeiterverwaltung oder sogar -unterwerfung verstanden wird, sondern Mitarbeiter als wertvollste Ressource eines Unternehmens betrachtet und von der Führungskraft ebenfalls als Kunden behandelt werden[1]. Aufgrund der Vorbildwirkung wird sich dies positiv auf die externen Kunden auswirken.

Werden die Mitarbeiter als Kunden der Führungskraft betrachtet, wird Mitarbeiterführung zu einer individuellen Dienstleistung. Diese Dienstleistung besteht darin, Mitarbeiter unter einer gemeinsamen Zielsetzung zu selbstverantwortlichem Handeln zu ermutigen, befähigen und ermächtigen. Dies fördert gleichzeitig die Erschließung arbeitsplatz-spezifischer Verbesserungspotentiale (wie Problemlösungs-, Entscheidungs- und Kreativitätspotentiale) sowie die Mitarbeiterzufriedenheit.

- TQM erfordert die Veränderung von Denk- und Verhaltensweisen

- Führen im TQM ist eine Dienstleistung

Führung als Dienstleistung

Führungskräfte als Dienstleister sind Begleiter, Berater und Förderer ihrer Mitarbeiter. Diese Form des Führungsverhaltens wird heute durch den Begriff Coaching charakterisiert [2]. Coach ist der englische Begriff für Trainer und Betreuer einer Sportmannschaft oder eines Sportlers. Die Führungskraft als Coach ist analog einem Mannschaftstrainer zu sehen, der seine Mannschaft zusammenstellt, sie auf ein gemeinsames Ziel einschwört, gemeinsam mit dem Team eine geeignete Strategie ausarbeitet und das Trainingsprogramm danach ausrichtet. Für jeden Wettkampf analysiert der Coach die Spielführung des Gegners und versorgt sein Team mit entscheidenden strategischen und taktischen Informationen. Er bespricht die Spieltaktik, trainiert die Spielzüge und sorgt für die mentale Fitness seiner „Schützlinge". Seine Verantwortung endet, wenn die Spieler auf dem Platz sind. Dann ist es die Aufgabe der Spieler, das Erlernte erfolgbringend einzusetzen.

Auf die Führungskraft übertragen heißt dies, den Führungsprozeß als eine Dienstleistung zu gestalten und so umzusetzen, daß die Geführten in die Lage versetzt werden, selbstverantwortlich zu handeln. Denn nicht nur im sportlichen Wettkampf entscheidet teamorientiertes Training und Zu-

- Die Führungskraft als Dienstleister kann analog dem Coach einer Sportmannschaft gesehen werden

- Die Führungskraft als Dienstleister begleitet, berät und fördert ihre Mitarbeiter

sammenspiel über Sieg oder Niederlage, sondern vor allem im Wettbewerb um den Kunden am Markt. Die Führungskraft als Coach benötigt neben ihrer breiten Fach- und Methodenkompetenz dafür folgende soziale Fähigkeiten:
- Sie hört aufmerksam zu, stellt problemlösungsorientierte Fragen, erkennt Bedürfnisse, Erwartungen, Wünsche und Probleme der Mitarbeiter (Kommunikationsfähigkeit).
- Sie sieht unterschiedliche Meinungen als Chance und Konflikte als Möglichkeit, neue Lösungswege zu finden (Kritik- und Konfliktfähigkeit).
- Sie entwickelt und vereinbart gemeinsam mit den Mitarbeitern Ziele, berät die Geführten in Einzelgesprächen sowie Gruppendiskussionen, entwickelt in Zusammenarbeit mit ihnen ein gemeinsames Vorgehen (Kooperations- und Teamfähigkeit sowie systemisches Denken).
- Sie versucht die vorhandenen Potentiale jedes einzelnen zu fördern und zu erweitern (Motivationsfähigkeit).

Die Verhaltensänderung, vom Vorgesetzten zum Dienstleister der Mitarbeiter zu werden, ist mit einem Lern- und Erkenntnisprozeß verbunden, in dem eigene Denk- und Verhaltensweisen konsequent und kontinuierlich reflektiert werden müssen. Erst dadurch können Veränderungspotentiale aufgedeckt und akzeptiert werden. Es können organisatorische Bedingungen geschaffen werden, die den Bedürfnissen, Wünschen und Erwartungen der Mitarbeiter entsprechen und mit den Leistungserfordernissen des Unternehmens in Einklang zu bringen sind.

- Auch Führen bedarf gewisser Techniken, die erlernt werden können

Vorbildliche Führungskräfte nutzen vielfach unbewußt und ganz selbstverständlich Techniken im Umgang mit ihren Mitarbeitern, die der beschriebenen Dienstleistung entsprechen. Besonders für den ehrgeizigen Führungsnachwuchs, ist notwendig, sich die Vorteile dieser Techniken bewußt zu machen. Daher werden im folgenden Techniken vorgestellt, wodurch die Kommunikations-, Kooperations-, Konflikt-, Feedback- und Reflexionsprozesse in Gruppen oder mit Gruppen verbessert oder neugestaltet werden können.

Coaching-Techniken zur Entwicklung von Führungsqualität im Sinne von TQM

Einleitung

- Coaching-Techniken

Für die Veränderung von Denk- und Verhaltensweisen reicht es nicht aus, der Führungskraft oder den Mitarbeitern Wissen über zukünftig erwünschte Verhaltensweisen zu vermitteln. Es müssen vielmehr das soziale Regelsystem und

das Rollenverhalten von Führungskraft und Mitarbeitern identifiziert, kritisch hinterfragt und neue Verhaltensweisen eingeübt werden. Dafür ist der systematische Einsatz folgender Techniken hilfreich:
- Systemtechnik,
- Moderationstechnik,
- Visualisierungstechnik,
- Gesprächsführungstechnik,
- Konfliktmanagementtechnik,
- Feedbacktechnik und
- Reflexionstechnik.

Im folgenden sollen diese Techniken für den Einsatz im betrieblichen Umfeld beschrieben werden.

Systemtechnik

Der Begriff *System* geht auf das griechisch-lateinische Wort sýstema zurück, was „das aus mehreren Teilen zusammengesetzte und gegliederte Ganze" bedeutet [3]. Ein System wird verstanden als eine Anzahl von in Wechselwirkung stehender Elemente. Die jeweilige Ausprägung der Elemente und ihre Wechselwirkungen (bzw. Beziehungen) bestimmen das Systemverhalten. Systeme bestehen demnach aus Elementen, die durch Beziehungen miteinander verknüpft sind. Die Elemente und Beziehungen bilden ein Gefüge und weisen eine Ordnung auf. Dies ist die Struktur eines Systems, die bestimmten Anordnungsmustern oder Ordnungsprinzipien folgt (z. B. Unternehmenshierarchie, Netzwerkstrukturen, Feedbackstrukturen). Ein zu betrachtendes System (z. B. eine Abteilung) wird durch eine Systemgrenze von seiner Umwelt abgegrenzt [4]. Die Systemgrenze wird entsprechend dem Betrachtungsgegenstand willkürlich gezogen. Es kann das gesamte Unternehmen oder nur eine Abteilung von seiner Umgebung abgegrenzt und hinsichtlich der Fertigungs-, Geschäfts-, Materialflußprozesse betrachtet werden. Das wesentliche Prinzip der Systemtechnik besteht darin, durch modellhafte Abbildungen, komplexe Zusammenhänge zu veranschaulichen [5].

• System-Definition

Alle Formen menschlicher Interaktion stellen offene Systeme dar, weil sie starken Einflüssen von außen unterworfen sind bzw. in lebenswichtigen Wechselbeziehungen zu ihrer Umwelt stehen (Bild 2.25) [6]. Offene Systeme können daher nicht unabhängig von ihrer Umwelt betrachtet werden. Offene Systeme sind geprägt durch Komplexität, d. h. die Beziehungen zwischen den Elementen können unterschiedliche Eigenschaften und Ausprägungen haben. Sie

• Menschliche Beziehungen können als offene Systeme betrachtet werden

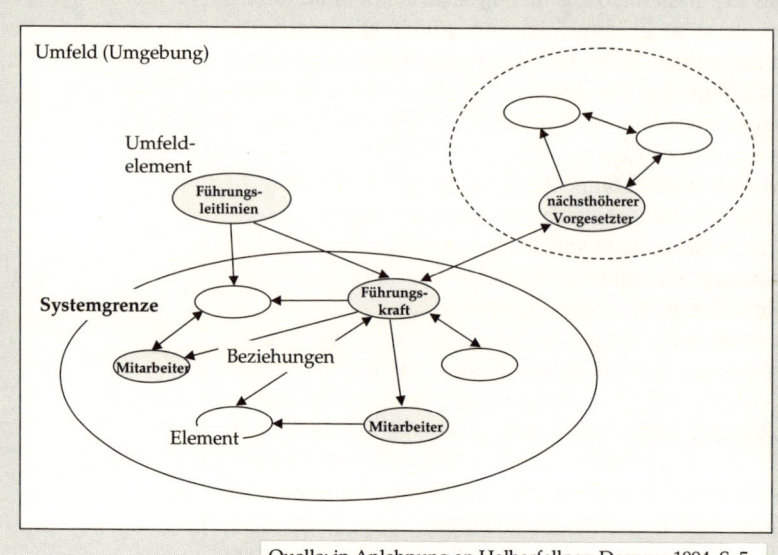

[Diagram: Umfeld (Umgebung) mit Umfeldelement, Führungsleitlinien, nächsthöherer Vorgesetzter, Systemgrenze, Führungskraft, Mitarbeiter, Beziehungen, Element]

Quelle: in Anlehnung an Halberfellner; Daenzer 1994, S. 5

Bild 2.25: Grundbegriffe der systemischen Betrachtung

- Offene Systeme unterliegen Störungen

verändern sich mit jedem Geschehen und Handeln der Elemente. Jedes Verhalten des Systems wirkt auf sich selbst zurück und wird damit zum Ausgangspunkt für neues Verhalten des Systems oder der Elemente. Das Systemverhalten ist ein von Störungen begleiteter Prozeß des ständigen Veränderns [7]. Jeder Beteiligte (Element) des Systems ist ebenfalls Gestalter und als solcher in Systemveränderungen einzubeziehen. Offene Systeme unterliegen einer dynamischen Ordnung. Diese Ordnung beinhaltet nicht nur die Struktur des Systems, sondern auch dessen Verhalten. So führt die optimale Ausgestaltung der Teilbereiche eines Systems nicht zwingend zur Optimierung des Ganzen. Nur unter Berücksichtigung aller Vernetzungen kann die erfolgreiche Planung, Gestaltung und langfristige Verbesserung eines komplexen Systems gewährleistet werden [6].

- Die Elemente in sozialen Systemen sind Personen, die individuelle Ziele verfolgen

Im Unterschied zu anderen systemtheoretischen (technischen oder biologischen) Ansätzen können sich in sozialen Systemen die Elemente (Personen) ein Bild von der Situation machen, auf dessen Basis sie handeln. D. h. die Elemente sind Personen, die unabhängig vom System Bedürfnisse, Wünsche, Erwartungen und Interessen haben. Sie verfolgen dadurch individuelle Ziele und treffen entsprechende Entscheidungen, die die Entwicklung des Systems beeinflussen [6].

2.4 Coaching-Techniken im TQM

Mit Hilfe der Systemtechnik lassen sich komplexe Systeme bzw. Probleme in übersichtliche Einheiten zergliedern. Die der Systemtechnik zugrunde liegenden Verfahrensweisen zwingen die an der Problemlösung bzw. Zielfindung Beteiligten, eine vordefinierte Schrittfolge einzuhalten. Dadurch können:

- Aktivitäten im Problemlösungszyklus sinnvoll gestaltet,
- Aktionismus und oberflächliche Lösungen verhindert,
- unterschiedliche Sichtweisen transparent gemacht und
- Konsens mit allen Beteiligten hinsichtlich der Lösung von Problemen oder bei der Erarbeitung von Zielen hergestellt werden.

- Die Systemtechnik zwingt zum Einhalten einer vordefinierten Schrittfolge

Durch Abstraktion und Vereinfachung der Realität können entsprechend der Problemstellung und Situation die wesentlichen Aspekte betrachtet werden. Gleichzeitig werden jedoch die Zusammenhänge und Wechselwirkungen miteinbezogen. Untersuchungsbereiche bei einem Unternehmen als soziales System betrachtet sind daher:

- System- Umwelt-Beziehungen (z. B. Auftraggeber, Kunden, Lieferanten),
- Ziele des Systems (z. B. Kundenzufriedenheit, Mitarbeiterzufriedenheit),
- Strukturen und Prozesse (z. B. Aufgaben, Ressourcen, Abläufe),
- Elemente des Systems (z. B. Verhalten, Regeln, Rollen, Fähigkeiten).

Entsprechend der Zweckmäßigkeit und der Problemrelevanz können umgebungsorientierte, wirkungsorientierte, prozeß- und strukturorientierte sowie interaktionsorientierte Betrachtungsweisen von Systemen vorgenommen werden. Im folgenden werden die unterschiedlichen Betrachtungsweisen kurz beschrieben.

Bei der **umgebungsorientierten** Betrachtungsweise (Bild 2.26) wird zunächst das System selbst vernachlässigt und als Black Box betrachtet. Der Betrachtungsschwerpunkt liegt auf den Zusammenhängen zwischen dem System und der Umgebung. Dabei bietet es sich an, zunächst nach Art und Umfang der externen Faktoren zu fragen, die die Funktions- und Verhaltensweisen des Systems beeinflussen. Z. B. können bei der umgebungsorientierten Systembetrachtung die Schnittstellen zu Kunden, Konkurrenten, Lieferanten, Auftraggebern etc. einer Abteilung oder einer Projektgruppe aufgezeigt werden. Anschließend werden die Schnittstellenbeziehungen betrachtet und beschrieben. Daraus können Übersichten über alle nach außen gehenden Verbindungen (z. B. abteilungs- oder unternehmensüber-

- Umgebungsorientierte Betrachtungsweise eines Systems

```
┌─────────────────────────────────────────────────────────┐
│  ┌──────────────────┐   ╭─────────╮                     │
│  │ Schnittstellenpartner │  andere  │                   │
│  └──────────────────┘   │Abteilungen│                   │
│         ╭───╮           ╰─────────╯                     │
│         │ ? │                        ╭──────╮           │
│         ╰───╯                        │ Kunde│           │
│                                      ╰──────╯           │
│  ╭──────╮  ┌──────────────────────┐  ╭───────────╮     │
│  │ Kon- │  │ Schnittstellen einer │  │  Unter-   │     │
│  │kurrenz│ │    Arbeitsgruppe     │  │ nehmens-  │     │
│  ╰──────╯  └──────────────────────┘  │infrastruktur│   │
│                                      ╰───────────╯     │
│            ┌──────────────┐                            │
│            │Schnittstellen-│                           │
│            │  beziehungen │                            │
│  ╭──────╮  └──────────────┘       ╭────────╮          │
│  │ Liefe-│                         │technol.│          │
│  │ranten │     ╭────────╮          │ Trends │          │
│  ╰──────╯     │Auftrag-│           ╰────────╯          │
│               │ geber  │                                │
│               ╰────────╯                                │
│                                                         │
│  Quelle: In Anlehnung an Haberfellner; Daenzer 1994, S. 11 │
└─────────────────────────────────────────────────────────┘
```

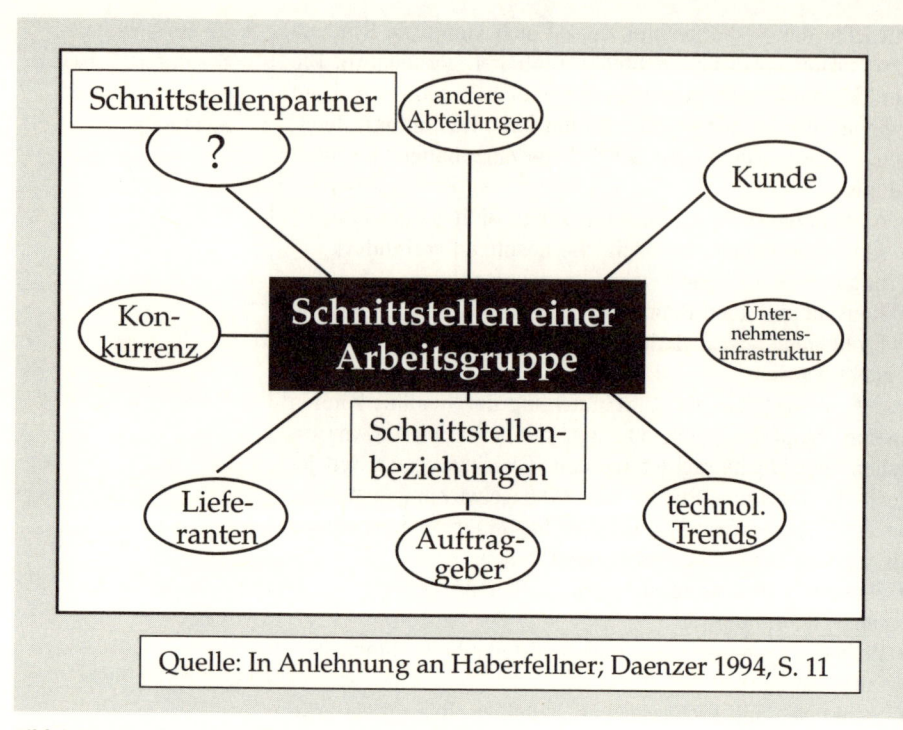

Bild 2.26: Umgebungsorientierte Systembetrachtung

- Wirkungsorientierte Betrachtungsweise eines Systems

- Hilfsmittel zur groben Beschreibung der Qualität eines Systems

greifend) erstellt oder Strategien für den Umgang mit den Schnittstellenpartnern entwickelt werden. [4]

Die **wirkungsorientierte** Betrachtung (Bild 2.27) eines Systems prüft, welche Verhaltensmöglichkeiten das System auf die aus der Umgebung identifizierten Einwirkungen oder Einflußgrößen (Inputs) und welche Auswirkungen bzw. Ausgangsgrößen (Outputs) dies wiederum auf die Umgebung hat. Die eigentlichen Wirkungszusammenhänge im System selbst können auch bei dieser Betrachtungsweise vernachlässigt werden. Da hier ein Übergangszustand betrachtet wird und ggf. Steuergrößen des Systems identifiziert werden können, sind interne Zusammenhänge grob in die Betrachtung einzubeziehen. Das System wird als Grey Box aufgefaßt.

Die wirkungsorientierte Systembetrachtung ist ein Hilfsmittel für Führungskräfte zur groben Beschreibung des Zustandes und der Qualität eines Systems. D. h. bevor mit der detaillierten Untersuchung bzw. Neugestaltung eines Systems begonnen wird, werden die Funktionsblöcke zunächst grob abgegrenzt und deren angenommene oder erwünschte Funktionen definiert.

2.4 Coaching-Techniken im TQM

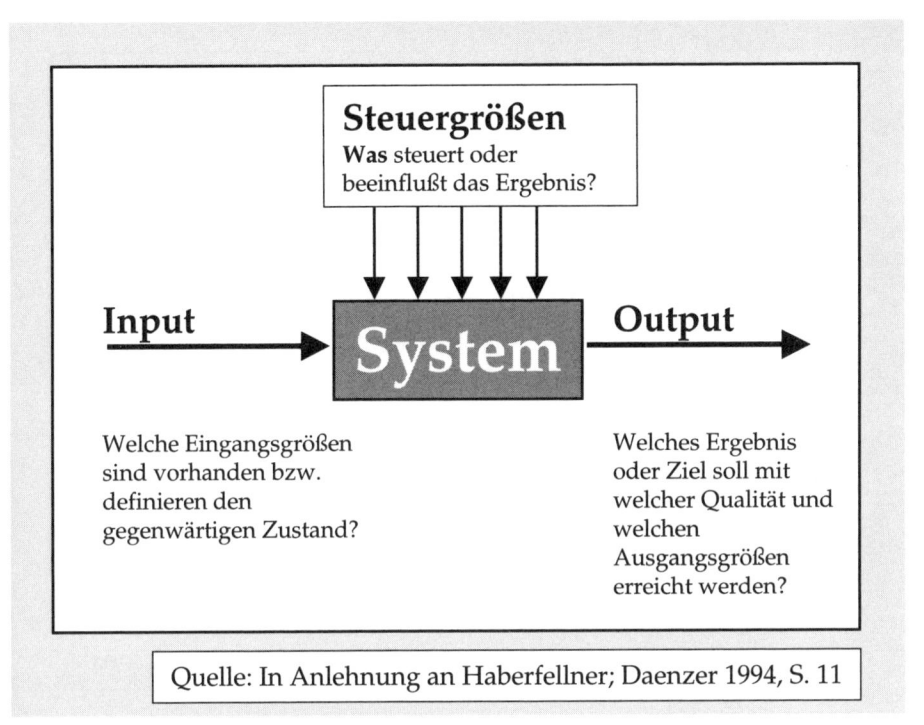

Steuergrößen
Was steuert oder beeinflußt das Ergebnis?

Input → **System** → Output

Welche Eingangsgrößen sind vorhanden bzw. definieren den gegenwärtigen Zustand?

Welches Ergebnis oder Ziel soll mit welcher Qualität und welchen Ausgangsgrößen erreicht werden?

Quelle: In Anlehnung an Haberfellner; Daenzer 1994, S. 11

Bild 2.27: Wirkungsorientierte Systembetrachtung

Dadurch kann das Zusammenspiel (Input-Output) der Problemfeldern und Lösungsmöglichkeiten grob aufgezeigt werden. Erst danach wird die strukturorientierte und detaillierte Analyse der Problemfelder oder Gestaltung von Lösungsmöglichkeiten vorgenommen. Die wirkungsorientierte Systembetrachtung kann für die Definition von Problemen, für die Erstellung von Bilanzen (z.B. Energiebilanzen) und Produktivitätskennziffern, aber auch für die Entwicklung von Zielen verwendet werden [4].

Bei der **strukturorientierten** Betrachtungsweise (Bild 2.28) liegt der Fokus auf den Prozessen und Strukturen des Systems. Dabei sind vor allem die dynamischen Wirkungszusammenhänge interessant (z.B. zeitlicher Ablauf von Handlungen und Entscheidungen sowie die entsprechenden Zuständigkeiten und sich daraus ergebende Probleme). Damit kann geklärt werden, wie die Eingangsgrößen (Input) in die Ausgangsgrößen (Output) umgewandelt werden (Ist-Prozeß) oder werden sollen (Soll-Prozeß).
Mit der strukturorientierten Betrachtungsweise werden der strukturelle Aufbau und Ablauf sowie die entsprechenden

- Strukturorientierte Betrachtung eines Systems

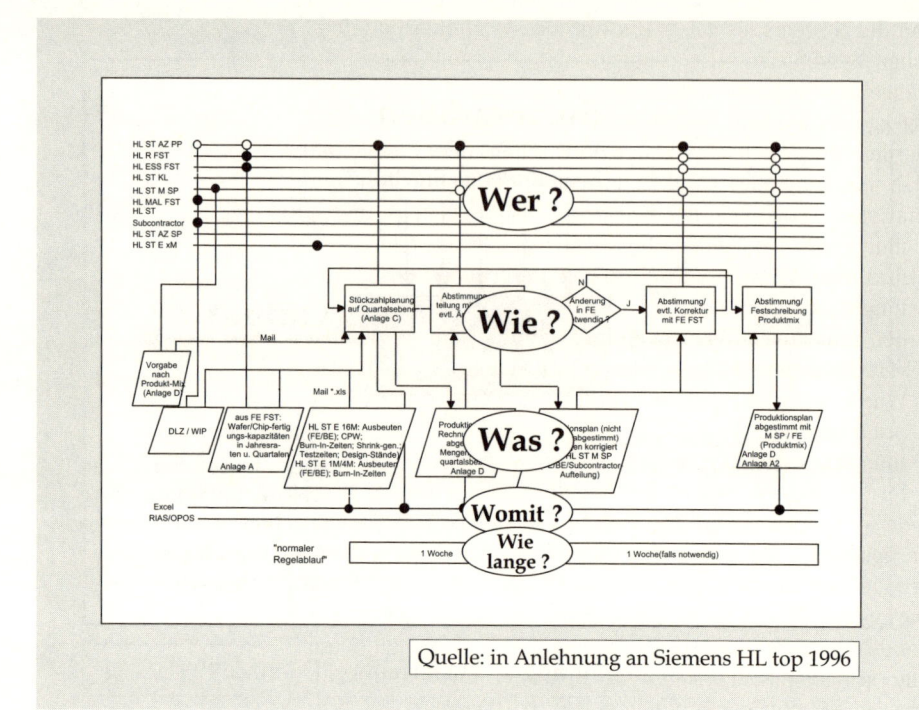

Bild 2.28: Strukturorientierte Systembetrachtung

Quelle: in Anlehnung an Siemens HL top 1996

- Hilfsmittel zur Analyse oder Neugestaltung von Aufbau- und Ablauforganisation

strukturellen Zusammenhänge identifiziert und analysiert. Die strukturorientierte Betrachtungsweise dient daher vor allem zur Analyse von Abläufen (z. B. Auftragsabwicklung, Materialfluß, Durchlaufzeiten) oder zum Aufstellen von Soll-Prozessen.

Die einzelnen Aktivitäten werden als Prozeßschritte (Wie?) festgehalten. Anschließend werden den Prozeßschritten die entsprechenden zuständigen und beteiligten Personen (Wer?) und die Outputs (Was?) zugeordnet sowie die für die Aktivitäten benötigten Hilfsmittel (Womit?) und der Zeitaufwand. Die in dem Prozeßschritt auftretenden oder potentiellen Probleme können dann (ähnlich wie beim Ishikawa-Diagramm) entsprechend zugeordnet werden. Dies schafft Klarheit und Übersicht (Transparenz) über die einzelnen Prozeßschritte, darin enthaltene Probleme und deren Ursachen. Es können damit schnell und übersichtlich Sach- und Strukturkonflikte gelöst und die Prozesse optimiert werden [4].

- Systemische Betrachtungsweise von Systemen

Die **systemische** Betrachtungsweise von Systemen bezieht sich nur auf soziale Systeme (Bild 2.29). Bei der Betrachtung von sozialen Systemen werden auch hier zunächst die Gren-

zen des Systems festgelegt. Es werden systeminterne (Menschen, Strukturen, Ausstattungen) und -externe (Kunde, Auftraggeber) Elemente sowie Ziele, Funktionen, Produkte und Erträge des Systems definiert. Bei dieser Betrachtungsweise werden die Wechselwirkungen zwischen den Elementen (d. h. die individuell handelnden Personen) identifiziert und analysiert. Dabei liegt der Betrachtungsschwerpunkt auf:
- individuell verschiedene Fähigkeiten, Fertigkeiten, Bedürfnisse, Wünsche, Erfahrungshintergründe und Erwartungen,
- der subjektiven Wahrnehmung, die aufgrund individuell verschiedener Fähigkeiten, Fertigkeiten, Bedürfnisse, Wünsche, Erfahrungshintergründe und Erwartungen geprägt wird,
- Interaktionsstrukturen und
- formalen sowie informellen Regeln.

Jede im System befindliche Person hat andere Fähigkeiten, Fertigkeiten, Bedürfnisse, Wünsche, Erfahrungshintergründe und Erwartungen, die sie in das System einbringt. Daraus resultieren individuelle Ziele, die das Gesamtverhalten des Systems beeinflussen. Die subjektive Wahrnehmung unterschiedlicher Personen in gleichen Situationen kann übereinstimmend oder unterschiedlich sein. Dies hat Einfluß auf die Interaktionsstrukturen. D. h. die Personen in einem System beeinflussen sich wechselseitig, wodurch Interaktionsstrukturen bzw. immer wiederkehrende Verhaltensweisen geprägt werden. Das Verhalten jedes sozialen Systems wird durch soziale Regeln bestimmt, die entweder explizit (z. B. Standards, Gesetze, Vorgaben) oder implizit (z. B. informelle Regeln) gelten. Soziale Regeln sind situationsspezifisch und sorgen für ein relativ stabiles Verhalten von Personen in sozialen Gruppen. Besonders die informellen Regeln werden durch Beobachtung sowie praktisches Handeln individuell erlernt. Daher können Unklarheiten oder unterschiedliche Auffassungen hinsichtlich geltender informeller Regeln bestehen, weil besonders implizite (Verhaltens-)Regeln nicht transparent sind [8].

Diese Regeln können durch die systemische Betrachtung von Systemen identifiziert und transparent gemacht werden. Zusätzlich wird das soziale System von außen beeinflußt. Eine Abteilung wird z. B. durch Konkurrenz am Markt, gesetzliche Bestimmungen, das kulturelle Umfeld der Mitarbeiter beeinflußt. Mit Hilfe der systemischen Betrachtungsweise (Bild 2.29) können die Wechselwirkungen und ihre Ursachen sowie Auswirkungen analysiert und aufgezeigt werden.

- In sozialen Systemen sind die Elemente Personen

- Hilfsmittel zum Identifizieren und Neugestalten von sozialen Regeln

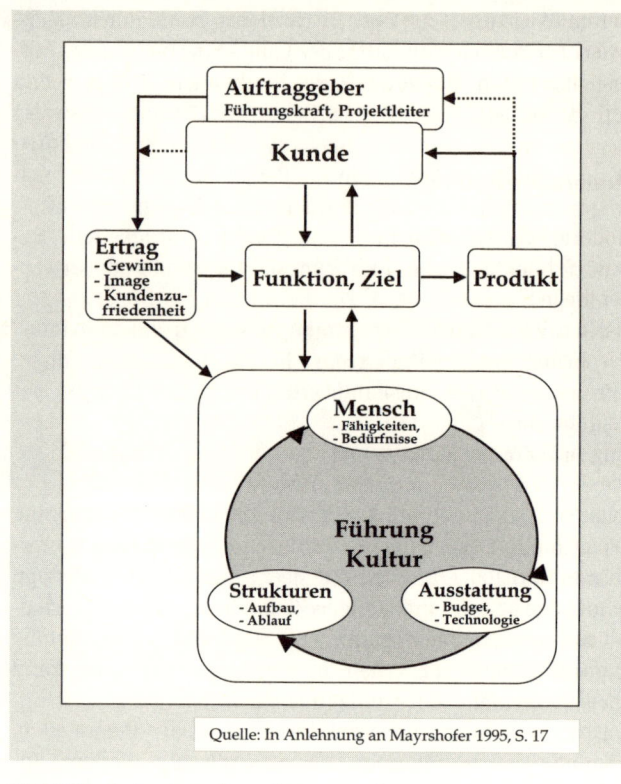

Bild 2.29: Systemische Betrachtung von Systemen

Quelle: In Anlehnung an Mayrshofer 1995, S. 17

- Systemtechnik hilft, Transparenz über alle Prozesse zu schaffen

Mit Hilfe der Systemtechnik kann Transparenz über Strukturen und Prozesse aller Art (z. B. Produktions-, Kommunikations-, Führungsprozeß) geschaffen und können die darin enthaltenen Probleme identifiziert werden. Weiterhin ermöglicht es die Systemtechnik eine entsprechende Klärung von Abläufen, Wirkungszusammenhängen und Zuständigkeiten vorzunehmen sowie durchzuführende Aktivitäten und entsprechende Zuständigkeiten zur Beseitigung der Probleme festzulegen. Sie unterstützt das methodische Lösen von Problemen. Durch realistisches Einschätzen von Möglichkeiten und Abschätzen der sich daraus ergebenden Konsequenzen können realistische Ziele gesteckt und durch Veränderung der Interaktionsstrukturen und Regeln des sozialen Systems neue Formen der Zusammenarbeit entwickelt und integriert werden.

Um eine systematische und partizipative Zusammenarbeit in allen Bereichen und für alle im Unternehmen ablaufenden Prozesse (somit auch Führungsprozesse) zu gewährleisten muß Transparenz über die Prozesse sowie der Konsens zwischen Personen mit unterschiedlichen Sichtweisen hergestellt werden. Dafür bietet die Moderationstechnik geeignete Hilfsmittel.

Moderationstechnik

Moderation bedeutet im ursprünglichen Sinn Mäßigung bzw. Schlichtung zwischen zwei oder mehreren Personen. Der Begriff *moderieren* wurde bereits im 16. Jh. dem lateinischen Verb „moderare", „mäßigen" entlehnt [3].

• Definition: Moderation

Der Erfolg der Moderationstechnik hängt im wesentlichen von der Rolle und den Fähigkeiten des Moderators ab. Die Aufgabe des Moderators ist es, die eigenständige Entwicklung und Zusammenarbeit einer Gruppe zu ermöglichen sowie deren Selbststeuerung zu gewährleisten und aufrechtzuerhalten. Dafür muß der Moderator einerseits die inhaltliche Arbeit methodisch unterstützen und andererseits den emotionalen Prozeß der Gruppe steuern. Zu seinen Aufgaben gehört der gezielte Einsatz von Techniken, um:

• Rolle und Aufgaben des Moderators

- das Problem, die Prozesse sowie das Ergebnis der Gruppe transparent zu machen,
- zur Reflexion der Gruppenprozesse anzuregen,
- eine kommunikationsförderliche Atmosphäre herzustellen,
- latente Konflikte aufdecken zu helfen und manifeste Konflikte zu lösen bzw. für die Problemlösung zu nutzen sowie
- die Kreativität der Gruppe zu mobilisieren und
- Konsens zwischen allen Gruppenmitgliedern über die Teil- und Endergebnisse herzustellen.

Die Unterstützung der inhaltlichen Arbeit erfolgt entsprechend der sachlogischen Problembearbeitung. Deren Ablauf wird jedoch durch die zu berücksichtigenden psychologischen Faktoren der Gruppenarbeit beeinflußt. Jede Gruppe (ab zwei Personen), z. B. Lern-, Arbeits- oder Projektgruppe, durchläuft aufgrund des Themas, der Situation, des Umfelds und vor allem der unterschiedlichen Persönlichkeitsmerkmale der Gruppenmitglieder sowie der Führungskraft (oder Projektleiter) einen ganz spezifischen Gruppenprozeß. Dieser folgt bestimmten Entwicklungsphasen. Auf der Grundlage einer umfangreichen Auswertungen von Studien hat Turkman die folgenden vier Phasen der Gruppenentwicklung identifiziert [10]:

• Phasen des Gruppenprozesses

Die Erfahrung zeigt, daß diese Phasen (Bild 2.30) bei der Arbeit mit Gruppen (z. B. bei Projektmanagement, Kleingruppen, Workshops, auch Besprechungen) tatsächlich im-

Phase	Forming (Formierung und Orientierung)	Storming (Bewertung und Konflikte)	Norming (Lösung und Strukturierung)	Performing (Arbeitsphase)
Aufgaben-verhalten	Definieren der Aufgaben, Identifizieren der Regeln, Festlegen geeigneter Methoden	emotionale Anspannung, Abgrenzung hinsichtlich der Aufgabenanforderungen, unterschiedliche Strategien zur Zielerreichung	offener Informationsaustausch (Meinungen und Gefühle), Einsatz der Ressourcen, Kooperation	Freisetzen von Problemlösungs- und Entscheidungspotentialen, konstruktive Aufgabenbearbeitung
Gruppen-verhalten	Angst und Unsicherheit gegenüber der Situation, Suche nach situationsadäquatem Verhalten, Abhängigkeit von Führungspersonen	Konflikte zwischen Gruppenmitgliedern und Untergruppen, Rebellion gegen die Führungskraft, Polarisierung der Meinungen	gegenseitige Unterstützung, Lösung interpersoneller Probleme, Entwicklung des Wir-Gefühls, Definieren gemeinsamer Werte	Rollenverhalten ist flexibel und funktional, Gruppenstruktur ist funktional zur Aufgabenerfüllung
Gruppen-struktur				
Leistungs-fähigkeit der Gruppe	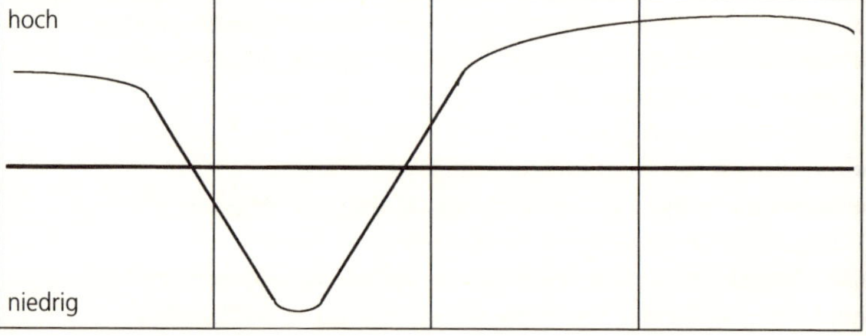 hoch			niedrig

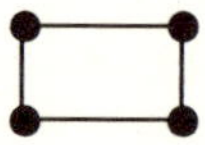

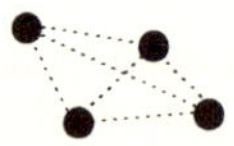

Bild 2.30: Phasen der Gruppenentwicklung

- Probleme entstehen, wenn die Phasen Forming und Storming nicht überwunden werden können

mer auftreten. Werden die Phasen beachtet und mit der Problemlösung oder Aufgabenerfüllung verknüpft, ist ein positives Ergebnis zu erwarten. Ohne eine adäquate Begleitung, so zeigt die Praxis, können Gruppen jedoch die Phasen Forming und Storming nicht überwinden, weil die Personen innerhalb der Gruppen nicht in der Lage sind, die unterschiedlichen Sichtweisen der jeweils anderen Personen zu akzeptieren. Eine optimale Kooperation und Vertrauensbildung ist daher nicht möglich. Vielmehr besteht ein dauerhaftes Mißtrauen, es kommt zu Machtkämpfen und die eigentlichen Sachprobleme werden nicht gelöst.

2.4 Coaching-Techniken im TQM

Die Phasen der Gruppenentwicklung können auf alle Bereiche zwischenmenschlicher Beziehungen (demnach auch auf die Beziehung zwischen Führungskraft und Mitarbeiter), übertragen werden. Nach einer Phase des Kennenlernens (Forming) versuchen Personen, gemeinsame Ziele zu identifizieren. Durch gegenseitiges vorsichtiges verbales Abtasten werden anschließend meist unbewußt die Rollen geklärt, denen implizite Regeln sowie Werte und Normen zugrunde liegen. An dieser Stelle kommt es zu Konkurrenzsituationen. Es treten Konflikte (Storming) auf, die jedoch als Chance zu betrachten sind. Denn hierin sind aufgrund der unterschiedlichen Sichtweisen und Erfahrungshintergründe, Problemlösungs- und Kreativitätspotentiale enthalten. Sofern die unterschiedlichen Werte und Einstellungen der unterschiedlichen Personen als sich ergänzend und bereichernd betrachtet werden, kann eine Atmosphäre der Offenheit und des gegenseitigen Vertrauens (Norming) geschaffen werden. Dies ist die Voraussetzung für ein optimales Arbeitsklima (Performing).

Die Kenntnis der Entwicklungsphasen von Gruppen ermöglicht es dem Moderator (auch der Führungskraft) sowohl den inhaltlichen als auch den psychologisch-emotionalen Prozeß der Gruppe zu steuern. Das emotionale Gruppengeschehen orientiert sich nicht zwangsläufig am inhaltlichen Problemlösungszyklus (Kapitel 6.2). Vielmehr folgt es den Phasen der Gruppenentwicklung, die unbewußt verlaufen. Die Nichtbeachtung dieser Phasen bewirkt eine Verlagerung der emotionalen Spannungen auf die inhaltliche Problemlösungsebene und führt häufig dazu, daß die eigentlichen Sachprobleme nicht gelöst werden können [11].

• Anpassung der Phasen des Problemlösens an die Phasen der Gruppenentwicklung

Die Aufgabe des Moderators ist es daher, den emotionalen und den sachlichen Problemlösungsprozeß der Gruppe aufeinander abzustimmen und zu steuern. Das bedeutet für den Moderator, daß er den Rhythmus seiner Moderation den Bedürfnissen, Wünschen, Erwartungen und Fähigkeiten seiner Zielgruppe anpassen muß. Daraus leitet sich der Moderationszyklus ab, der folgende Phasen enthält: [11]

• Phasen der Moderation

- **Anwärmphase:** In dieser Phase stellen sich die Teilnehmer auf die Veranstaltung ein. Die Begrüßung ist sehr wichtig, weil sie die Stimmung der Teilnehmer und ihr Wohlbefinden für den gesamten Verlauf der Veranstaltung beeinflußt.

• Teilnehmer ankommen lassen

- **Themen-/Problemorientierungsphase:** Diese Phase dient dazu, der Gruppe ihre gemeinsamen Probleme bzw. Themen bewußt zu machen. Hier wird die Bedeutung der Themen und Probleme für die einzelnen Teilnehmer ge-

• Bedeutung der Themen klären

klärt sowie die unterschiedlichen Sichtweisen dazu offengelegt. Ist das Thema für die Gruppe nicht wichtig, dann ist entweder die Gruppe für die Bearbeitung des Themas nicht ausreichend informiert oder nicht richtig zusammengesetzt. Ist das Thema für die Gruppe wichtig, dann sollten alle Teilnehmer innerhalb dieser Phase in den Problemlösungsprozeß integriert werden und ihren Beitrag für das Gelingen der Veranstaltung leisten können. Gelingt dies, ist der erste Schritt zur Identifikation mit dem Thema geleistet.

- Intensiver Kommunikationsprozeß
- **Themen-/Problembearbeitungsphase:** In dieser Phase wird die eigentliche Arbeit am Problem durchgeführt. Auf der Suche nach Lösungen findet ein intensiver Kommunikationsprozeß zwischen den Teilnehmern statt, in dem Argumente ausgetauscht, Widersprüche aufgedeckt, Meinungen und Haltungen sichtbar gemacht sowie Kontroversen ausgetragen werden.

- Prioritäten setzen
- **Ergebnisintegrationsphase:** Die Akzeptanz einer Moderation hängt weitgehend davon ab, ob es gelingt, zu einem Ergebnis zu kommen. Dafür ist es in dieser Phase notwendig, Prioritäten hinsichtlich der zu bearbeitenden Probleme zu setzen. Anschließend können entsprechende Lösungsalternativen erarbeitet werden.

- Maßnahmenkatalog muß von allen getragen werden
- **Handlungsorientierungsphase:** In dieser Phase wird ein gewichteter und von allen getragener Maßnahmenkatalog erstellt. In diesem werden Aufgaben mit Terminen für die einzelnen Personen festgelegt, damit die Umsetzung bzw. Übertragung in den Arbeitsalltag gewährleistet werden kann. Die Maßnahmen bzw. Ergebnisse müssen klar formuliert und von allen akzeptiert werden. Es wird das weitere Vorgehen festgelegt.

- Reflexion der Ergebnisse
- **Abschlußphase:** Diese Phase sollte ein bewußtes und für alle erlebbares Ende darstellen. Um ein Erfolgserlebnis zu verdeutlichen, werden die inhaltlich-sachlichen Ergebnisse wiederholt und der Prozeß reflektiert, mit dem das Ergebnis zustande (oder nicht zustande) gekommen ist. Anschließend ist es wichtig, die positiven und negativen Emotionen, die während der gesamten Veranstaltung aufgetreten sind, deutlich zu machen. Es wird damit überprüft, ob die Bedürfnisse, Wünsche und Erwartungen der Teilnehmer erfüllt wurden.

Die einzelnen Phasen haben immer eine sachliche und eine emotionale Funktion, die im folgenden stichwortartig zusammengefaßt werden (Bild 2.31):

Mit Hilfe der Moderationstechnik kann die Kommunikation in Gruppen bzw. Teams deutlich verbessert werden. Gleich-

2.4 Coaching-Techniken im TQM

Moderationsphase	sachliche Funktion	emotionale Funktion
Anwärmphase	• Begrüßung und Eröffnung der Veranstaltung, • formale und inhaltliche Klärung der Veranstaltung, • Vorstellen und Abstimmen von Tagesordnung und Zielsetzung, • Klären der Rollen, • Vereinbaren der Rahmenbedingungen (Regeln, Dokumentation, Pausen etc.), • Hinführen zum Thema.	• Teilnehmer ankommen lassen, • Verbindung zu den und zwischen den Teilnehmern aufbauen, • Vereinbaren der Erwartungen, Wünsche und Bedürfnisse der Teilnehmer.
Themen-/Problemorientierung	• Visualisieren aller in der Gruppe geäußerten Gedanken, • Themen, Probleme, Aspekte, Sichtweisen sammeln, ordnen und verdichten, • Problembewußtsein für das Thema schaffen, • Problem durch geschickte Fragestellung formulieren.	• Interesse für das Thema wecken, • Meinungsvielfalt durch Integration unterschiedlicher Hierarchieebenen ermöglichen, • Beteiligung aller Teilnehmer gewährleisten, • Einsicht und Verständnis für die unterschiedlichen Sichtweisen fördern.
Themen-/Problembearbeitung	• Priorisieren und Präzisieren der zu bearbeitenden Themen und Probleme, • Klären der Ursachen und Hintergründe, • Lösungsideen entwickeln, • Entscheidungen hinsichtlich der einzelnen Lösungsalternativen vorbereiten.	• Kommunikativ-kreative Atmosphäre gewährleisten, fördern und aufrechterhalten, • Ernstnehmen und Aufnehmen aller Ideen und Einwände, • Einbeziehen aller Teilnehmer.
Ergebnisintegration	• Konsequenzen der Lösungsalternativen prüfen, • Lösungsalternativen auf Realisierbarkeit abwägen, • Identifizieren der für die Zielsetzung am besten geeigneten Alternative, • Entscheidung treffen.	• Alle Bedenken, Schwierigkeiten gegen Lösungsalternativen aussprechen lassen bzw. besprechbar machen, • Konsens zwischen den einzelnen Teilnehmern herstellen.
Handlungsorientierung	• Planen der Einzelaktivitäten, • Vereinbarungen treffen, • Formulieren der Einzelaktivitäten (Wer, Was, mit Wem, bis Wann...), • Planen des weiteren Vorgehens.	• Sicherstellen der Umsetzung, • Selbstverpflichtungen ermöglichen, • Verbindlichkeiten erzielen, • Realitätsbewußtsein herstellen.
Abschluß	• Reflektieren der Qualität der sachlichen und inhaltlichen Ergebnisse, • Reflektieren des Prozesses, durch den das Ergebnis (nicht) zustande gekommen ist, • Abschluß finden.	• Transparenz der Zufriedenheit oder des Unbehagens mit dem Ergebnis und dem Verlauf der Veranstaltung herstellen, • Verabschieden der Teilnehmer.

Bild 2.31: Sachliche und emotionale Funktionen der Moderationsphasen

- Verbesserung der Kommunikation durch Einsatz der Moderationstechnik

zeitig kann Transparenz über Meinungen, Sichtweisen, Einstellungen, Bedürfnisse, Erwartungen, Werte etc. aller Teilnehmer hergestellt werden. Es wird angestrebt die Entscheidungsfindung, Problemlösung etc. im Konsens zu erreichen, wobei alle Teilnehmer gleichrangig behandelt werden. Dadurch entstehen Arbeitsergebnisse, mit denen sich die Teilnehmer identifizieren können. Durch den hohen Grad der Interaktivität können emotionale Aspekte der Zusammenarbeit verdeutlicht und gefördert werden. Die Moderationstechnik kann daher für unterschiedliche Situationen bzw. Veranstaltungen eingesetzt werden, wie tägliche Arbeitsbesprechungen, routinemäßig durchzuführende Projektsitzungen oder unterschiedliche Formen von Meetings, Problemlösungs-Workshops, Start- (Kick-Off)-Veranstaltungen, Teamentwicklungen, Informationsveranstaltungen sowie Präsentationen.

Die Führungskraft kann, sofern sie geschult ist, die Moderationstechnik selbst einsetzen oder einen erfahrenen externen Moderator beauftragen.

Ein wichtiges Hilfsmittel für Moderationen sowie für alle Arten von Daten- und Ergebnispräsentationen ist die Visualisierungstechnik, die im folgenden beschrieben wird.

Visualisierungstechnik

- Visualisierung erhöht die Behaltendquote und sorgt für ein einheitliches Problemverständnis

Für die Wahrnehmung stehen dem Menschen fünf Sinne zur Verfügung, so daß er Informationen durch Hören, Sehen, Riechen, Schmecken und Tasten beziehen kann. In der Regel werden jedoch für Problemlösungen, Entscheidungsfindungen und andere Themenbearbeitungen in Gruppen lediglich die Ohren für die Aufnahme von Informationen genutzt. Untersuchungen haben ergeben, daß die Merkfähigkeit beim Hören nur bei ca. 20 Prozent liegt. Die Konzentration und Aufmerksamkeit wird durch die visuelle Darstellung von Informationen bzw. Zusammenhängen um ca. 30 Prozent verbessert (Bild 2.32). Dies läßt sich darauf zurückführen, daß der Mensch vornehmlich in Bildern, Mustern und Symbolen denkt. Das gleichzeitige Hören und Sehen steigert die Merkfähigkeit auf ca. 50 Prozent. Zudem ist die Aussagefähigkeit einer visuellen Darstellung von Informationen und Zusammenhängen verbindlicher. [11]

- Visualisierungen unterstützen das Problemverständnis

Visualisieren bedeutet etwas bildlich ausdrücken. Es können Sachverhalte, Prozesse, Diskussionen, Gefühle optisch dargestellt werden. Dabei wird nicht das gesprochene Wort ersetzt, es ist vielmehr das Ziel der Visualisierung: [11]

2.4 Coaching-Techniken im TQM 149

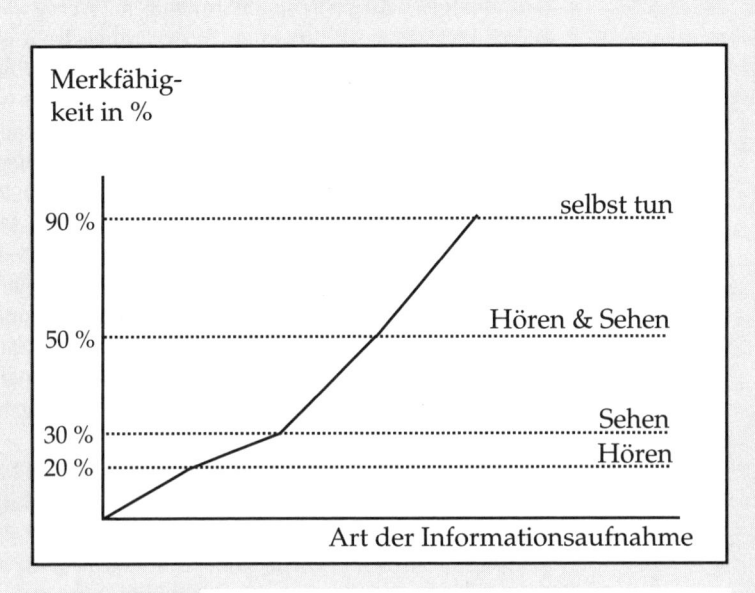

```
Merkfähig-
keit in %

90 % ····················································selbst tun

50 % ··············································Hören & Sehen

30 % ····················································Sehen
20 % ····················································Hören

          Art der Informationsaufnahme

     Quelle: in Anlehnung an Seifert 1994, S. 13
```

Bild 2.32: Merkfähigkeit

- die Aufmerksamkeit des Publikums (Betrachter, Teilnehmer etc.) zu konzentrieren,
- das Publikum einzubeziehen sowie eine Orientierungshilfe zu geben, Informationen leicht(er) erfaßbar zu machen,
- Gesagtes zu erweitern und zu ergänzen,
- die Sprache zu vereinheitlichen bzw. sicherzustellen, daß alle von derselben Sache sprechen, und den Redeaufwand zu verkürzen,
- das Behalten bzw. die Merkfähigkeit zu fördern, zu Stellungnahmen zu ermuntern und die Kreativität zu fördern.

In den 60er Jahren wurde von Sperry entdeckt, daß die beiden Hirnhälften nur jeweils einen bestimmten Teil der über die Sinnesorgane aufgenommenen Informationen be- bzw. verarbeiten. Es wurde durch Experimente nachgewiesen, daß die linke Hirnhälfte bei den meisten Menschen auf das abstrakte Denken (analytisches Vorgehen, Logik, Grammatik etc.) und die rechte Hirnhälfte auf das kreative Denken (Intuition, Bilder, Formen, Symbole, Farbe, ganzheitliches

- Eine Hirnhälfte dient dem abstrakten, die andere dem kreativen Denken

- Wir benötigen beide Hirnhälften für das kreative Problemlösen

- Aussagekräftige Visualisierungen müssen gründlich vorbereitet werden

- Informationen sammeln und zielgruppenorientiert auswählen

- Auswahl der passenden Gestaltungselemente entsprechend dem Inhalt

Erfassen etc.) ausgerichtet ist. Dabei wurde durch Erziehung, Bildung und Berufsleben das abstrakte Denken häufig besser ausgeprägt als das kreative Denken [12].
Zunehmend werden die zu lösenden Probleme komplexer. Logik und Fachwissen können Kreativität, Intuition, symbolisches und ganzheitliches Denken nicht ersetzen, wenn neue Ideen bzw. Strategien entwickelt bzw. unübersichtliche komplexe Zusammenhänge erkannt werden sollen/müssen. Dafür werden beide Hirnhälften benötigt. Visualisierungen regen die Kreativität der Teilnehmer und der Beobachter an. Sie dienen als Hilfsmittel zur Schaffung von Transparenz und Übersicht. Mittels bildhafter Darstellung können Daten und Informationen geordnet, zusammenhängend veranschaulicht und somit komplexe Sachverhalte verdeutlicht werden. Ihre Beurteilung wird dadurch erleichtert und die Kommunikation verbessert [13].
Eine aussagekräftige Visualisierung muß gründlich vorbereitet werden. Der Kreativität sind bei der Gestaltung zwar keine Grenzen gesetzt, für den optimalen Erfolg gilt es jedoch, die Grundlagen der bildhaften Darstellung zu kennen und zu berücksichtigen. Diese beinhaltet Kenntnisse über die: [11]

- **Planung einer Visualisierung:** Hierzu gehört die Informationssammlung und -selektion. Dafür ist es notwendig, sich Klarheit über den Inhalt, das Ziel und die Zielgruppe der Visualisierung zu verschaffen.
- **Gestaltungselemente und Bausteine für eine Visualisierung:** Hier geht es darum, wie (Text, Grafik, Symbole, Diagramme, Tabellen etc.) und womit (Packpapier, Flip-Chart, elektronische Kopierwand, Overhead-Projektor, Plakat etc.) die geplanten Inhalte logisch aufgebaut und dargestellt werden sollen. Jede Visualisierung benötigt einerseits die inhaltlichen Elemente, die dargestellt bzw. vermittelt und andererseits die Medien, mit denen die Informationen physikalisch aufbereitet werden sollen. Beide zusammen sind die Gestaltungselemente bzw. Bausteine der Visualisierung. Gestaltungselemente sind z. B. Symbole (Bild 2.33), die zum Verdeutlichen und/oder Hervorheben von Informationen, zum Auflockern „trockener" Themen sowie zur Förderung von Kreativität dienen. Die eingesetzten Mittel und Formen der Darstellung sollen das Gesagte deutlich und klar ausdrücken. Es ist darauf zu achten, Farben und Formen zielgerichtet einzusetzen, denn dann schaffen sie Klarheit über Gedankengänge bzw. den Zusammenhang von Sachverhalten. Das Hervorheben von Überschriften bzw. wichtigen Themen

2.4 Coaching-Techniken im TQM

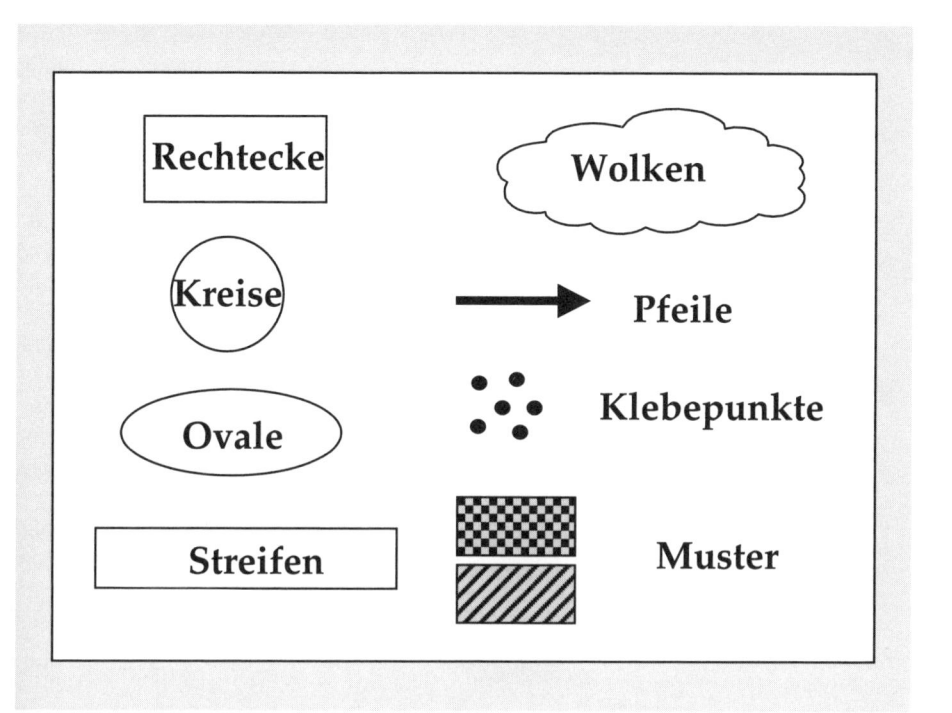

Bild 2.33: Visualisierungssymbole

dient der gemeinsamen Konzentration auf einen Gedanken.
- **Regeln für die Komposition einer Visualisierung:** Die Gestaltungselemente Text, freie Grafik und Symbole sowie Diagramme etc. werden auf Medien wie Packpapier, Flip-Charts oder Overhead-Folie zu einer präsentationsreifen Vorlage zusammengestellt. Um eine gelungene und optisch klare Grundgestaltung zu erreichen, ist es notwendig, eine geeignete Blattaufteilung zu wählen. Die Anordnung der Gestaltungselemente muß dabei einer bestimmten Logik und Anordnung (Bild 2.34) folgen. Um wichtige Informationen hervorzuheben, Zusammenhänge zu verdeutlichen, Querverweise zwischen den einzelnen Darstellungen herzustellen und aufeinanderfolgende Darstellungen miteinander zu verbinden, muß der gezielte Einsatz von Farben und Formen sorgfältig geplant werden.

Es existiert eine Vielzahl und Vielfalt von Darstellungstechniken. Diese eignen sich sowohl für die Darstellung statistischer Sachverhalte als auch für die Darstellung von Struktu-

- Die Komposition der Visualisierung unterstützt die Aussage

- Der Kreativität sind keine Grenzen gesetzt

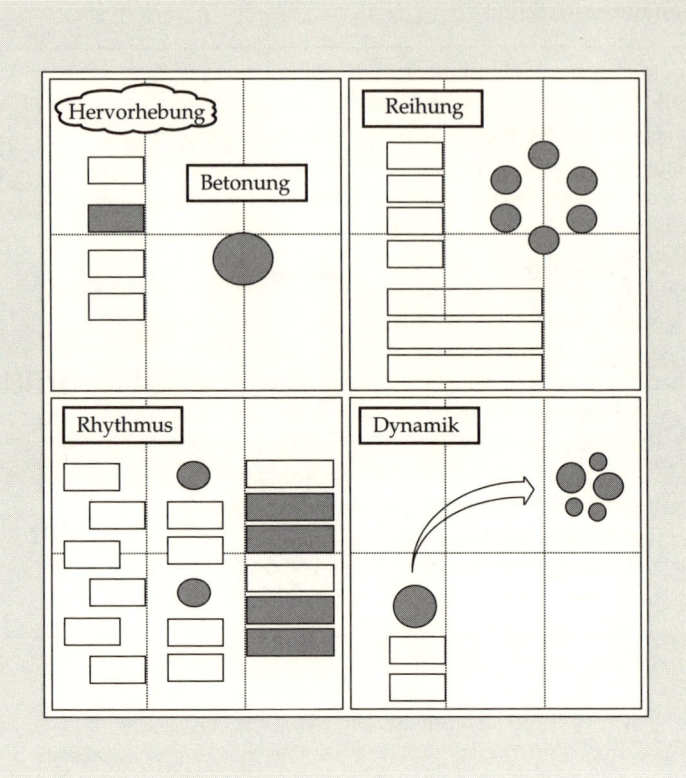

Bild 2.34: Anordnung der Gestaltelemente

- Simultan Visualisieren spart Zeit und dadurch Kosten

ren (Aufbauorganisation), Abläufen (Ablauforganisation) oder Strukturierung von Gedanken.
Da visualisierte Aussagen eine gleiche Interpretation z. B. der Ergebnisse bei allen Teilnehmern bzw. Beobachtern ermöglichen, wird die Chance erhöht, Probleme besser diskutieren zu können. Indem die Teilnehmer bzw. Beobachter auf einen gemeinsamen Punkt konzentriert werden, können wesentliche von unwesentlichen Informationen selektiert und eine (unnötige) Informationsüberflutung vermieden werden.
Durch sofortiges Visualisieren simultan zur Gruppenarbeit bzw. Besprechung, entstehen nachträglich keine Schwierigkeiten bei der Zusammenfassung, Dokumentation und Informationsweitergabe. Individuelle Interpretationen beim Verfassen z. B. von Protokollen können vermieden werden [11].

Konfliktmanagementtechnik

Sobald zwei Menschen zusammenkommen, treffen individuelle Wünsche, Erwartungen, Bedürfnisse, Wertvorstellungen und Sichtweisen aufeinander (siehe dazu Phasen der Gruppenentwicklung), die, sofern kein Angleichen der Sichtweisen möglich ist, zu Auslösern von Konflikten werden. Der Begriff Konflikt wurde im 18. Jahrhundert dem lateinischen Wort *conflictus* entlehnt, was „Zusammenstoß, Widerstreit, Zwiespalt oder Kampf" bedeutet [3]. Konflikte werden daher meist als störend, bedrohlich und destruktiv erlebt. Aufgrund dessen versuchen die meisten Menschen, Konflikten auszuweichen. Ist dies nicht möglich und wird der Konflikt schließlich ausgetragen, so kommt es nicht selten zu Eskalationen in Form von persönlichen Beschimpfungen oder aufreibenden Machtkämpfen.

• Konflikte sind natürlich und nützlich

Durch die zunehmende Bedeutung der Zusammenarbeit in (interdisziplinären bzw. interkulturellen) Gruppen müssen die unterschiedlichen Vorstellungen und Sichtweisen berücksichtigt und aufeinander abgestimmt werden, so daß das unterschiedliche Spezialwissen und die Problemlösungspotentiale der einzelnen als sich ergänzend genutzt werden können.

Untersuchungen [10] zum Zusammenhang zwischen Konfliktniveau und organisatorischer Effizienz ergaben, daß sowohl ein zu niedriges (fehlende Ideen, Kreativität und Innovationskraft) als auch ein zu hohes Konfliktniveau (Streß, Intrigen, fehlende Integrationskraft) mit geringer Effizienz verbunden sind. Ein mittleres Konfliktniveau hingegen scheint sich effizienzsteigernd auszuwirken. Ergeben sich ungünstige soziale Effekte, so liegt dies i. d. R. nicht am Auftreten eines Konflikts, sondern an der Art, wie die beteiligten Personen auf ihn reagieren, also am inneren und äußeren Konfliktverhalten.

• Ein zu niedriges als auch ein zu hohes Konfliktniveau ist mit geringer Effizienz verbunden

Aufgrund unterschiedlicher Ausgangspunkte und Untersuchungsgegenstände sind unterschiedliche Konfliktdefinitionen [14] entstanden. Soziale Konflikte werden dabei definiert als Spannungssituationen, in denen zwei oder mehrere Personen, die voneinander abhängig sind, mit Nachdruck versuchen, scheinbar oder tatsächlich unvereinbare Handlungspläne oder Handlungsabsichten zu verwirklichen und sich ihrer Gegnerschaft bewußt sein können.

• Definition: soziale Konflikte

Die Aufgabe des Konfliktmanagements [14] liegt dabei einerseits in der Ermittlung der Ursachen der Entstehung und der Auswirkung von Konflikten und andererseits in der Entwicklung von Maßnahmen zur zielorientierten, bewußten

Gestaltung und Steuerung von Konfliktfeldern. Dabei dienen Gestaltungsmaßnahmen der Schaffung einer Organisationsstruktur, durch die Konfliktursachen reduziert bzw. aufgehoben werden und unvermeidbare Konflikte austragbar gemacht werden. Demgegenüber dienen Steuerungsmaßnahmen der direkten Verhaltensbeeinflussung bei Konfliktprozessen.

• Das den Konflikt auslösende Thema gerät meist in den Hintergrund

Da in jedem Konflikt eine dynamische Eigenantriebskraft enthalten ist, ist eine saubere Abgrenzung der Ursachen eines Konfliktes zunächst schwierig. Das den Konflikt auslösende Thema gerät in den Hintergrund und der Konflikt wird zu einem völlig anderen Thema ausgetragen. Tatsächlich ist ein Konflikt fast nie ein plötzliches Ereignis, die Anfänge sind jedoch unauffällig und scheinbar harmlos. Der Konflikt entwickelt sich dann in bestimmten Eskalationsstufen: [15]

1 **Potentieller Gegensatz oder unterschiedliche Zielvorstellungen (Diskrepanz):** Verstimmung aufgrund persönlicher oder struktureller Gegensätzlichkeiten. Dies sind häufig völlig banale Ereignisse (z. B. jemand fühlt sich übergangen, weil ein anderer um Rat gefragt wurde), die in der Regel auf unterschiedliche Erfahrungen, Wünsche, Bedürfnisse, Werte und Interessen zurückzuführen sind und einen Spannungszustand hervorrufen.

2 **Wahrnehmung des Konfliktes:** In dieser Phase werden die potentiellen Gegensätzlichkeiten oder die unterschiedlichen Zielvorstellungen von zwei oder mehreren Kontrahenten erst wahrgenommen. Es entwickelt sich eine Konkurrenzsituation, in der sich die Kontrahenten ihrer Gegnerschaft bewußt werden.

3 **Reaktionen auf den wahrgenommenen Konflikt:** Die Gegner entwickeln unterschiedliche Strategien (z. B. Aggression und Zwang, Wettbewerb, Rückzug, Kompromiß, Kooperation) den Konflikt beizulegen. Es kann bereits zu klärenden Gesprächen kommen oder aber der Kontakt mit dem Konfliktgegner wird gemieden. Möglicherweise werden bisher unbeteiligte Dritte in den Konflikt einbezogen (z. B. durch Bildung von Koalitionen). Leider suchen diese unbeteiligten Dritten nicht immer Möglichkeiten, den Konflikt zu lösen, sondern beteiligen sich an der Suche nach Lösungs- bzw. Rachestrategien, den Gegner zu blockieren oder zu besiegen. Mehrdeutig formulierte Beleidigungen, Demütigungen und die Demonstration von Stärke finden im Umfeld scheinbar sachlicher Diskussionen statt. Dabei geht es allein darum, den Gegner verbal niederzuschmettern, ihn vor anderen bloßzustellen und

ihn einzuschüchtern. An dieser Stelle kann es auch zu offenen Drohungen und Auseinandersetzungen kommen.

4 **Konfliktlösungsmechanismen (Konsens oder Dissens):** In dieser Phase wird der Konflikt durch den Einsatz der Strategien und Taktiken beendet. Dies kann dann entweder zu Sieg oder Niederlage führen oder die Gegner haben beide einen Nutzen davon.

Auf jeder der Eskalationsstufen kann der Konflikt durch geeignete Maßnahmen gelöst werden. Dafür ist die Kenntnis der bereits beschriebenen Phasen eines Gruppenprozesses notwendig, denn die in der Storming-Phase auftretenden Konflikte können durch die geschickte Steuerung von Gruppen zielführend genutzt werden.

- Der Konflikt kann auf jeder Eskalationsstufe durch geeignete Maßnahmen gelöst werden

Die Fähigkeit, Konflikte zu identifizieren und konstruktiv zu lösen, erfordert die Kenntnis der eigenen Muster im Umgang mit Konflikten. Um konstruktive Konfliktlösungen herbeiführen zu können, sollte die Führungskraft, ggf. gemeinsam mit ihren Mitarbeitern, persönliche und organisatorische Verhaltensmuster beim Umgang mit Konflikten identifizieren und analysieren. Dadurch wird es möglich, den eigenen Anteil am Konflikt zu erkennen und nicht emotional involviert zu werden. Persönliche Konfliktlösungsmuster sind z. B. „immer die anderen beschuldigen", „anderen immer recht geben", „vom Thema ablenken" oder „Beziehungskonflikte über Sachfragen bearbeiten". Die persönlichen Konfliktlösungsmuster werden bereits in der Kindheit aus den typischen Verhaltensweisen der Herkunftsfamilien in Konfliktsituationen entwickelt und im täglichen Umgang mit Konflikten verfeinert. Die Konfliktlösungsmuster der Organisation haben sich im Laufe der Zeit in der Kultur der Organisation verankert und werden maßgeblich durch das Verhalten der Führungskräfte geprägt.

- Der konstruktive Umgang erfordert die Kenntnis der eigenen Konfliktmuster

Traditionell wird in unserem Kulturkreis versucht durch **Argumentation** Konflikte beizulegen. Dieses Vorgehen hat sich aufgrund einer auf Gegensätzlichkeiten und Polarisierung beruhenden Denkweise entwickelt, die den als Gewinner hervorgehen läßt, der die stärkeren Argumente (Zwang und Nachgeben) hat (Bild 2.35). Eine mögliche Alternative ist das auf gegenseitiger Toleranz beruhende **Verhandeln**. Dabei bewegen sich die Kontrahenten in abgesteckten Abgrenzungen und erarbeiten einen Kompromiß. Die Ursachen des Konfliktes bleiben jedoch wie beim Argumentieren bestehen. Der Konflikt wird nur verschoben. Auch beim sachlichen **Problemlösen** (Ursache–Wirkungs-Zusammenhänge erstellen), das zunehmend im betrieblichen Umfeld eingesetzt wird, besteht die Gefahr, daß an

- Traditionelle Konfliktstrategien basieren auf Gewinnern oder Verlierern

- Bei ausgehandelten Konflikten bleiben die Konfliktursachen bestehen

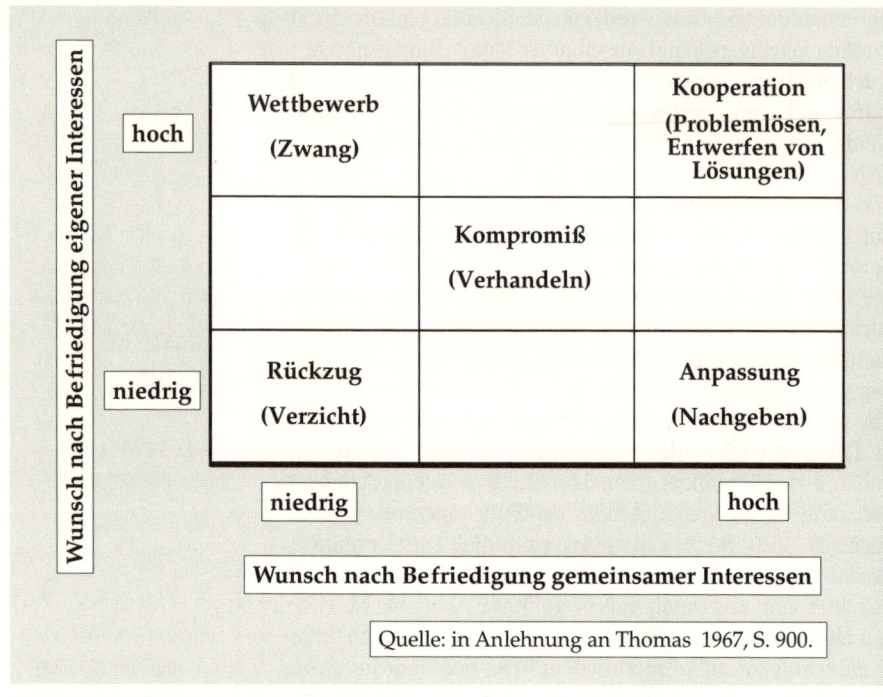

hoch	Wettbewerb (Zwang)			Kooperation (Problemlösen, Entwerfen von Lösungen)
		Kompromiß (Verhandeln)		
niedrig	Rückzug (Verzicht)			Anpassung (Nachgeben)
	niedrig			hoch

Wunsch nach Befriedigung eigener Interessen (vertikale Achse)

Wunsch nach Befriedigung gemeinsamer Interessen

Quelle: in Anlehnung an Thomas 1967, S. 900.

Bild 2.35: Konfliktlösungsmechanismen

- Durch konstruktiven Umgang mit Konflikten können kreative Lösungen entworfen werden

speziellen Ursachen festgehalten wird und andere Faktoren, z. B. bestehende Beziehungs- und Wertkonflikte, völlig außer acht gelassen werden. Beim Argumentieren, Verhandeln und bei der üblichen Problemanalyse wird vergangenheitsorientiert gehandelt. Konflikte sind jedoch komplexe Situationen, in denen sich eine Vielzahl von Faktoren in Wechselwirkung befinden und beachtet werden müssen (siehe Systemtechniken) und Potentiale für völlig neue Lösungen enthalten.

Für eine konstruktive Konfliktlösung ist das **Entwerfen von neuartigen (zukunftsorientierten) Lösungen** eine Methode, bei der die Kontrahenten gemeinsam nach neuen Lösungen für ihr Problem suchen und dabei neue Lösungsebenen in Betracht ziehen. Durch einen unparteiischen Dritten wird dabei sowohl die sachliche als auch die emotionale Dimension des Konfliktes einbezogen. Das bedeutet, daß die Bedürfnisse, Wünsche, Erwartungen, Werte und Interessen aller Kontrahenten berücksichtigt und in die Konfliktlösung einbezogen werden.

Oft sind Kontrahenten nicht vertraut mit den grundlegenden Regeln und Methoden einer konstruktiven Konfliktlösung.

2.4 Coaching-Techniken im TQM

Der unabhängige Dritte ermöglicht durch die methodische Vorgehensweise allen Kontrahenten, ihre Sichtweise vorwurfsfrei und ausführlich darzulegen, so daß für alle ein klares und umfassendes Gesamtbild über das Konfliktthema entsteht. Durch den geschickten Einsatz geeigneter Instrumente (siehe Moderationstechnik und analoge Verfahren der Reflexionstechnik) werden die Kontrahenten befähigt, auf kooperative und kreative Weise neue Lösungen zu finden.

- Konstruktives Konfliktlösen bedient sich einer methodischen Vorgehensweise

Bei der Gestaltung von kooperativen Beziehungen und zielgerichtetem Handeln im Unternehmen können Konflikte nicht ausgeschlossen werden. Für den konstruktiven Umgang mit Konflikten wird im folgenden eine systematische Vorgehensweise vorgeschlagen. Aufgrund der zu beachtenden Phasen von Gruppenprozessen entspricht sie dem Vorgehen bei Moderationen. Unabhängig von der Art, dem Eskalationsgrad des Konfliktes und der Position der Konfliktparteien sind von einem unparteiischen Dritten folgende Prozeßschritte für das konstruktive Konfliktlösen immer zu beachten und einzuhalten: [16]

- Phasen des konstruktiven Konfliktlösens

- **Einstieg:** In dieser Phase muß der unparteiische Dritte eine angstfreie, kooperative und vertrauensvolle Atmosphäre schaffen. Dafür sollte der bisherige Stand der Informationen erfragt und Erwartungen an die Konfliktlösung von den Kontrahenten eingeholt werden. Der unparteiische Dritte (ob Führungskraft oder Moderator) muß sich dann von den am Konflikt Beteiligten den Auftrag zum Konfliktschlichten einholen. Sind die Kontrahenten damit nicht einverstanden, so können sich in der Folge die Widerstände beider Kontrahenten gegen den unparteiischen Dritten richten. In diesem Zusammenhang sind ggf. Regeln für das Verhalten während des Konfliktlösungsprozesses zu vereinbaren.

- Auftrag zum Konfliktlösen von den Kontrahenten einlösen

- **Konfliktorientierungsphase:** Diese Phase dient dazu, den Kontrahenten ihre gemeinsamen Probleme bzw. Themen bewußt zu machen. Hier werden die Bedeutung der Themen und Probleme für die einzelnen Beteiligten geklärt sowie die unterschiedlichen Sichtweisen dazu offengelegt. Die Themen, Fragen bzw. Probleme werden gesammelt, geordnet sowie ggf. gewichtet und eine Reihenfolge festgelegt. Dabei ist es wichtig, daß Gemeinsamkeiten, Unterschiede, Interessen, Bedürfnisse, Wünsche und Erwartungen durch Nachfragen, aktives Zuhören und Zusammenfassen des Geäußerten herausgearbeitet werden. Es ist dabei wichtig, daß alle Beteiligten in diesen Prozeß einbezogen werden. Gelingt dies, ist der erste

- Gemeinsamkeiten und Unterschiede transparent machen

- Hintergründe des Konflikts herausarbeiten

- Suche nach kreativen Konfliktlösungen

- Umsetzung und Kontrolle der Maßnahmen planen

- Ergebnisse reflektieren

- Durch Techniken die kreativen Potentiale von Konflikten nutzen

Schritt zur kooperativen und kreativen Konfliktlösung geleistet, denn die unterschiedlichen Positionen der Kontrahenten sind klar formuliert.

- **Konfliktbearbeitungsphase:** In dieser Phase wird an den Positionen der Kontrahenten gearbeitet. Auf der Suche nach Lösungen werden gegenseitig Wünsche geäußert und Hintergründe des Konfliktes herausgearbeitet. Dabei wird die direkte Kommunikation zwischen den Kontrahenten wieder in Gang gesetzt. Es werden Widersprüche aufgedeckt, Meinungen und Haltungen sichtbar gemacht. Hier kann es zum Formulieren von Forderungen oder zum Aushandeln von Kompromissen kommen.

- **Ergebnisintegrationsphase:** Die Akzeptanz einer Konfliktregulation hängt weitgehend davon ab, ob es gelingt, zu einer für alle befriedigenden Lösung zu kommen. Dafür ist es in dieser Phase notwendig, Lösungsmöglichkeiten zu sammeln, anschließend Lösungsalternativen auszuwählen und Lösungen auszuarbeiten und zu priorisieren.

- **Handlungsorientierungsphase:** In dieser Phase einigen sich die Kontrahenten auf die beste Lösung und formulieren eine Übereinkunft. Anschließend wird die Umsetzung und Kontrolle durch einen von allen getragenen Maßnahmenkatalog erarbeitet. Darin werden Aufgaben bzw. Vereinbarungen für die einzelnen Personen festgelegt, damit die Umsetzung bzw. Übertragung in den Arbeitsalltag gewährleistet werden kann. Die Maßnahmen bzw. Ergebnisse müssen klar formuliert und von allen akzeptiert werden. Anschließend werden Vereinbarungen für den Umgang mit künftigen Problemen getroffen.

- **Abschlußphase:** In dieser Phase sollte das Erfolgserlebnis deutlich gemacht werden. Dafür werden die sachlichen Ergebnisse wiederholt und der Prozeß, mit dem das Ergebnis zustande gekommen ist, reflektiert. Anschließend ist es wichtig, die positiven und negativen Emotionen, die während der gesamten Veranstaltung aufgetreten sind, deutlich zu machen. Es wird dadurch überprüft, ob auch tatsächlich alle Beteiligten mit der Konfliktlösung einverstanden sind.

Die einzelnen Phasen haben immer eine sachliche und eine emotionale Dimension, die im folgenden stichwortartig zusammengefaßt werden (Bild 2.36).

Mit Hilfe der Konfliktmanagementtechnik können die den Konflikten innewohnenden Chancen genutzt werden. Durch die methodische Vermittlung eines unparteiischen Dritten kann der Eskalationsprozeß unterbrochen und der Wett-

2.4 Coaching-Techniken im TQM

Prozeßschritte der Konfliktlösung	inhaltliche Funktion	emotionale Funktion
Einstieg: ins Thema kommen	• Transparenz über die Bedeutung des Konfliktes schaffen, • Hinführen zum Thema, • Ziele abstimmen.	• Bereitschaft zum Konfliktlösen herstellen, • Stimmung auf ein arbeitsfähiges Niveau bringen.
Konfliktorientierung: Konfliktlandschaft abstecken	• Themen, Probleme, Fragen, Aspekte, die konfliktträchtig sind z.B.: – Gemeinsamkeiten, – Unterschiede, – Interessen, – Sichtweisen, – Forderungen sammeln. • Ggf. ordnen und verdichten, • Problembewußtsein für das Thema schaffen, • Problem formulieren durch geschickte Fragestellung.	• Klarstellen, worum es den Kontrahenten geht, • die Kontrahenten formulieren die eigenen Sichtweisen, Bedürfnisse, Wünsche und Erwartungen in Form von Ich-Botschaften, • Einsicht und Verständnis für die unterschiedlichen Sichtweisen fördern, • die Kontrahenten definieren den jeweils eigenen Anteil am Konflikt, • Beteiligung aller Teilnehmer gewährleisten.
Konfliktbearbeitung: Lösungsmöglichkeiten entwickeln, Konsequenzen aufzeigen, Entscheidungen treffen	• Priorisieren und Präzisieren der zu bearbeitenden Themen und Probleme, • Entwickeln von Lösungsideen, • Risiken und Chancen der Lösungsalternativen transparent machen, • Priorisieren der einzelnen Lösungsalternativen, • Einwände und Widerstände transparent machen.	• Klärung der gegenseitigen Wünsche, Bedürfnisse und Erwartungen, • Formulieren der Wünsche oder Forderungen an den Kontrahenten, • ggf. Aushandeln von Kompromissen.
Ergebnisintegration: Akzeptanz der Lösungsalternativen klären	• Integrieren der Einwände und Widerstände, • Konsequenzen der Lösungsalternativen prüfen, • Realisierungschancen der Lösungsalternativen prüfen, • Entscheidung treffen, • Überprüfen, ob tatsächlich eine konstruktive und für alle befriedigende Konfliktlösung erreicht wurde.	• alle Bedenken, Schwierigkeiten gegen Lösungsalternativen aussprechen lassen bzw. besprechbar machen, • Konsens zwischen den einzelnen Teilnehmern herstellen.
Handlungsorientierung: Ergebnisse sichern	• weiteres Vorgehen verabreden, • Vereinbarungen treffen, • Aktivitäten festlegen, • Umsetzung planen, • Monitoring vereinbaren und sicherstellen.	• Kollegialität (wieder-)herstellen, • Verbindlichkeiten erzielen, • Selbstverpflichtungen ermöglichen bzw. bewirken.
Abschluß: Klärung abrunden	• Zufriedenheit mit dem Ergebnis erfragen.	• Zufriedenheit erfragen, • eigene Befindlichkeit schildern.

Bild 2.36: Sachliche und emotionale Funktionen der Konfliktmanagementphasen

kampf um Sieg-Niederlage-Kategorien in eine gemeinsame Problemlösung zum gegenseitigen Nutzen geführt werden. Im Gegensatz zu autoritären Konfliktlösungen werden Wünsche, Bedürfnisse, Interessen, Werte und Erwartungen der Kontrahenten in die Konfliktlösung einbezogen, um neben den aktuellen Schwierigkeiten auch zukünftige zu entschärfen. Dadurch wird die Kommunikation zwischen Führungskraft und Mitarbeitern sowie zwischen den Mitarbeitern verbessert und der Zusammenhalt gefördert. Es werden Ressourcen für die eigentlichen Aufgaben frei, so daß die Produktivität und Zufriedenheit gleichzeitig gesteigert werden können. Probleme werden transparent, Zusammenhänge klarer und Ziele können deutlicher formuliert werden. Durch die methodische Konfliktaustragung wird aufgrund der positiven Erlebnisse bei den Beteiligten Konfliktfähigkeit entwickelt und die Kooperation verbessert.

Gesprächsführungstechnik

- Führungskräfte kommunizieren den größten Teil ihrer Arbeitszeit

Führungskräfte verbringen den größten Teil ihrer Arbeitszeit (ca. 60%) in Gesprächen mit Mitarbeitern, Kollegen oder ihrem Vorgesetzten [10]. Die Kommunikation mit diesen Personen ermöglicht durch Informationsaustausch idealerweise die gegenseitige Regulation des Verhaltens.
Gespräche zwischen Mitarbeitern und Führungskraft sind eine alltägliche und selbstverständliche Sache. Eine der größten Schwierigkeiten des Mitarbeitergesprächs ist je-

- Das Mitarbeitergespräch ist so selbstverständlich, daß es häufig überhaupt nicht stattfindet

doch, daß es überhaupt stattfindet. Das Mitarbeitergespräch wird häufig als so selbstverständlich und jederzeit durchführ- bzw. nachholbar angesehen, daß es häufig überhaupt nicht als Führungsinstrument verstanden wird. Das Gespäch mit dem Mitarbeiter ist jedoch das wichtigste Führungsinstrument und sollte daher auch entsprechend kompetent eingesetzt werden. Aufgrund der Subjektivität der menschlichen Wahrnehmung verlaufen Kommunikationsprozesse jedoch häufig irrational, unkalkulierbar und führen durch Fehlinterpretationen gelegentlich zu Fehlhandlungen.

- Strukturen des komplexen sozialen Kommunikationsprozesses

Um ein kommunikationsförderliches Verhalten herzustellen, muß sich die Führungskraft Methoden zur Vermeidung von Kommunikationsstörungen und -hemmnissen aneignen. Die im folgenden beschriebenen Gesprächsführungstechniken dienen zum Verständnis der Strukturen und der Gesetzmäßigkeiten des vielschichtigen und komplexen sozialen Kommunikationsprozesses. Sie bieten Hilfsmittel zur Gesprächssteuerung, zur Unterscheidung von Wahrnehmung

und Interpretation sowie zur Identifikation eigener und fremder Gesprächsmuster.
Trotz der im Unternehmen bestehenden Sachorientierung findet kein Gespräch nur auf der Sachebene statt. Es wird immer auch die Beziehungsebene der Gesprächspartner angesprochen. Ist die Beziehung der Gesprächspartner gestört, findet das Gespräch nur noch auf der Beziehungsebene statt. Je besser die Beziehung der Gesprächspartner gestaltet ist, desto besser können sich die Gesprächspartner hinsichtlich der sachlichen Ziele einigen.

• Kommunikation findet auf der Sach- und auf der Beziehungsebene statt

Unter sozialer Kommunikation wird über den Austausch von Informationen der zwischenmenschliche Austausch von Bedürfnissen, Wünschen und Erwartungen verstanden. Die Kommunikation zwischen Menschen enthält daher einen Sach- und einen Beziehungsaspekt. Das Gespräch dient dabei nicht nur zum Austausch von Informationen, sondern stellt den zwischenmenschlichen Kontakt her und sorgt durch das Aufzeigen von Gemeinsamkeiten zur Aufrechterhaltung des Kontaktes.

Der **Sachinhalt** enthält die reine verbale Information. Bei einem Gespräch mit dem Mitarbeiter ist jedoch nicht nur der rein sachliche Inhalt einer Nachricht von Bedeutung, entscheidend ist vor allem, wie diese Nachricht zum Ausdruck gebracht wird. Darin ist der **Appell** enthalten, der zum Ausdruck bringt, wozu der Gesprächspartner veranlaßt werden soll. Durch die Art und Weise der Formulierung kommt auch zum Ausdruck, in welcher **Beziehung** sich die Gesprächspartner zueinander befinden, d.h. welche Wertschätzung einer dem anderen entgegenbringt. Durch den Aspekt der **Selbstoffenbarung** drücken die Gesprächspartner ihre eigenen Bedürfnisse, Wünsche und Erwartungen aus. Dies kann eine gewollte Selbstdarstellung oder eine ungewollte, unbewußte Selbstenthüllung sein [17].

• Sach- und Beziehungsinhalt einer Nachricht

Die Selbstoffenbarungs- und Beziehungsaspekte sind für das Gelingen eines Gesprächs von ganz besonderer Bedeutung, denn hier wird das Selbstwertgefühl der Gesprächspartner abgewägt. Steigert die Führungskraft das Selbstwertgefühl des Mitarbeiters, wird gleichzeitig seine Motivation erhöht. Dies wird durch die Gleichheitstheorie von Adams damit begründet, daß individuell soziale Vergleichsprozesse vorgenommen werden. Diese werden meist nicht verbalisiert und laufen teilweise sogar unbewußt ab. Die jeweilige Person benötigt sie, um das Selbstwertgefühl zu bestätigen, zu steigern oder auch zu senken. Das Selbstwertgefühl entsteht nicht unabhängig von menschlichen Beziehungen, sondern durch den direkten Vergleich von Bemühungen und Beloh-

• Die Steigerung des Selbstwertgefühls ist wichtig für die Motivation

nungen anderer Personen im Verhältnis zu sich selbst. Dabei werden Leistungsunterschiede verglichen und bewertet. Der Mensch strebt dabei immer eine Gleichgewichtssituation an, um Spannungen zu reduzieren. Gelingt ihm das nicht, verändert er den Aufwand (mehr oder weniger Anstrengung), die Wahrnehmung hinsichtlich der eigenen oder fremden Leistung, seine Situation oder wählt andere Vergleichspersonen aus [10].

- Mitarbeitergespräche sollten in einer wertschätzenden Atmosphäre stattfinden

Es ist daher im Sinne der Führungskraft, Gespräche so zu gestalten und zu führen, daß sich der Mitarbeiter in einer wertschätzenden Atmosphäre befindet. Anerkennung und Kritik sind wesentliche und flexible Hilfsmittel der Führungskraft, die die Zufriedenheit und Leistungsbereitschaft des Mitarbeiters fördern.

Die im folgenden aufgeführten Gesprächstechniken bieten daher eine geeignete Grundlage, um eine auf gegenseitige Wertschätzung basierende Beziehung zwischen Mitarbeiter und Führungskraft aufzubauen.

Jedes Führungs- bzw. Mitarbeitergespräch hat ein konkretes Ziel. Um ein solches Gespräch optimal führen zu können, muß sich der Gesprächsführer daher im klaren sein, welches Ziel er mit dem Gespräch verfolgt und **was** er beim Gesprächspartner erreichen möchte. Der Gesprächsführer sollte daher die Gesprächsziele im Vorfeld definieren.

Sind die Gesprächsziele definiert, ist zu planen, **wie** das Gespräch durchgeführt werden soll. Die Gesprächsvorbereitung umfaßt dafür die organisatorische als auch die psychologische Vorbereitung, denn auch hier sind die Phasen der Gruppenentwicklung zu beachten. Dabei ist zu beachten, **wer** an dem Gespräch teilnimmt, **wann** und **wo** es stattfindet und **welche** Informationen und Hilfsmittel benötigt werden.

- Phasen einer Gesprächsführung

Für eine ideale Gesprächsdurchführung lassen sich verschiedene Phasen unterscheiden, die nacheinander im Gespräch durchlaufen werden. Das Einhalten der Reihenfolge dieser Phasen, die ebenfalls denen der Moderationsphasen entsprechen, machen den inhaltlichen und emotionalen Erfolg eines Gesprächs aus [18].

- **Anwärmphase:** Die Eröffnung eines Gesprächs ist entscheidend für den gesamten Gesprächsverlauf. Daher ist es notwendig, bevor das eigentliche Sachthema besprochen wird, einen persönlichen Kontakt zwischen den Gesprächsteilnehmern herzustellen.

- Klären der Ziele des Gesprächs

- **Orientierungsphase:** Diese Phase dient dazu, dem Gesprächspartner die Ziele des Gesprächs aufzuzeigen und gemeinsame Probleme bzw. Themen bewußt zu machen.

Hier wird die Bedeutung der Themen und Probleme für die einzelnen Gesprächspartner geklärt sowie die unterschiedlichen Sichtweisen dazu offengelegt. Es ist besonders wichtig, Bedürfnisse, Wünsche und Erwartungen sowie Einwände und Bedenken des Gesprächspartners zu identifizieren und in den Gesprächsverlauf zu integrieren.

- **Arbeitsphase:** Diese Phase dient der Suche nach Möglichkeiten, wie die Interessen befriedigt werden können. Es werden Argumente ausgetauscht, Widersprüche aufgedeckt, Meinungen und Haltungen sichtbar gemacht sowie Kontroversen ausgetragen. Die Akzeptanz der jeweils anderen Meinung hängt weitgehend davon ab, wie die Gesprächspartner ihre Nachrichten formulieren. In einem Gespräch, in dem sich die Gesprächsteilnehmer nicht gegen Argumente wehren müssen, sondern offen ihre Interessen ansprechen können, können kreative Lösungsmöglichkeiten entwickelt werden. Die Hauptschwierigkeit dieser Phase kann in der geistigen Befangenheit der Gesprächspartner liegen, neue Lösungswege zu gehen. Für die Entscheidungsfindung ist es besonders wichtig, dem Gesprächspartner durch **Aktives Zuhören, Ich-Botschaften** und **Fragetechnik** Aufmerksamkeit zu widmen.

  • Suche nach gemeinsamen Lösungen

- **Abschlußphase:** In dieser Phase sollte der Gesprächsführer, unabhängig davon, wie das Gespräch verlaufen ist, dafür sorgen, daß der Gesprächspartner in ein positives Gefühl dem Gespräch gegenüber versetzt wird. Es ist dafür sinnvoll, die inhaltlich-sachlichen Ergebnisse zu wiederholen und den Prozeß zu reflektieren, mit dem das Ergebnis zustande (oder nicht zustande) gekommen ist. Anschließend ist es wichtig, die positiven und negativen Emotionen, die während des Gesprächs aufgetreten sind, deutlich zu machen. Es wird damit überprüft, ob die Bedürfnisse, Wünsche und Erwartungen des Gesprächspartners zumindest berücksichtigt wurden.

  • Gesprächspartner unabhängig vom Ergebnis in einen positiven Zustand versetzen

Die einzelnen Phasen haben immer eine sachliche und eine emotionale Funktion, die im folgenden stichwortartig zusammengefaßt werden (Bild 3.37).

Der Gesprächsverlauf wird hauptsächlich durch das verbale wie nonverbale Verhalten sowie das Frage- und Zuhörverhalten geprägt. Während der gesamten Gesprächsdurchführung sind daher, um Kommunikationsstörungen zu verhindern, zielgerichte Gesprächstechniken einzusetzen.

• Gesprächstechniken

Sprechverhalten bedeutet, wie verständlich der Sender die zu übermittelnde Nachricht formuliert und betrifft weitgehend den Sachinhalt einer Nachricht. Da Informationen vom Empfänger nur aufgenommen werden können, wenn

• Sprechverhalten auf den Gesprächspartner ausrichten

Gesprächsphase	sachliche Funktion	emotionale Funktion
Anwärmphase	• Begrüßung der Gesprächspartner, • Erfragen von persönlichen Anliegen, • Hinführen zum Thema.	• Gesprächspartner ankommen lassen, • angstfreie Atmosphäre schaffen, • persönlichen Kontakt zu den und zwischen den Gesprächspartnern aufbauen, • Erwartungen, Wünsche und Bedürfnisse der Gesprächspartner identifizieren.
Orientierungsphase	• Ziele des Gesprächs vorstellen, • Problem formulieren, • Themen, Probleme, Aspekte, Sichtweisen geordnet darstellen, • Themen, Probleme, Aspekte, Sichtweisen von den Gesprächspartnern gezielt einholen, • Problembewußtsein für das Thema schaffen.	• Interesse für das Thema wecken, • Beteiligung des/der Gesprächsteilnehmer/s gewährleisten, • Einsicht für das Thema fördern, • Verständnis für die unterschiedlichen Sichtweisen fördern.
Arbeitsphase	• Priorisieren und Präzisieren der zu bearbeitenden Themen und Probleme, themenbezogene Fragen stellen, • Klären der Ursachen und Hintergründe der zu bearbeitenden Themen und Probleme, • Unterschiede und Gemeinsamkeiten aufzeigen, • Lösungsmöglichkeiten aufzeigen, • Ergebnis gemeinsam formulieren.	• Kommunikativ-kreative Atmosphäre gewährleisten, fördern und aufrechterhalten, • Ernstnehmen und Aufnehmen aller Ideen und Einwände der Gesprächspartner, • Einbeziehen der Gesprächspartner, • Selbstverpflichtungen ermöglichen, • Verbindlichkeiten erzielen
Abschluß	• Reflektieren der Qualität der sachlichen und inhaltlichen Ergebnisse, • Reflektieren des Prozesses, durch den das Ergebnis (nicht) zustande gekommen ist, • Abschluß finden.	• Transparenz der Zufriedenheit oder des Unbehagens mit dem Ergebnis und dem Verlauf des Gesprächs herstellen, • Verabschieden des/der Gesprächspartner/s.

Bild 2.37: Gesprächsführungsphasen

sie auch tatsächlich inhaltlich vom Empfänger verstanden werden, sollte die Führungskraft eine kurze und prägnante **Ausdrucksweise** wählen. Darin sind umständliche Formulierungen, Füllwörter und Phrasen, Wiederholungen und überflüssige Informationen zu vermeiden. Weiterhin sind für den Empfänger die Informationen leichter zu verstehen, wenn die Gedankengänge logisch aufeinander aufgebaut sind und in einer sinnvollen **Reihenfolge** wiedergegeben werden. Zu einem optimalen Sprechverhalten gehört das Beachten der **Lautstärke** des Gesprächs, weil zu lautes oder auch zu leises Sprechen den Gesprächspartner einschüchtern bzw. verunsichern kann. Dazu gehört auch das Beachten des **Sprechtempos,** denn zu langsames Sprechen führt zu Desinteresse beim Gesprächspartner und bei zu schnellem Sprechen wirkt der Sprecher hektisch und unsicher. Besonders wichtig ist vor allem eine klare und deutliche Aussprache, damit Mißverständnisse und Ermüdungen des Zuhörers vermieden werden.

Durch eine positive Ausdrucksweise, die Berücksichtigung von Bedürfnissen, Wünschen und Erwartungen sowie die Vermittlung einer positiven Grundeinstellung vermittelt die Führungskraft dem Gesprächspartner Vertrauen und Wertschätzung. Dafür ist es notwendig, **Ich-Aussagen** zu formulieren, denn diese enthalten eigene Beobachtungen, Gefühle, Vorstellungen, Ziele und Wünsche. Formulierungen mit „Wir" oder „Man" beziehen andere Personen unbefragt mit ein und verstecken hinter dem Schutzschild von Allgemeingültigkeit die eigenen Ansichten. Formulierungen mit „Du" oder „Sie" beschreiben Ziele oder Urteile und werden leicht zu verletzender Kritik. Die Ich-Aussage hingegen enthält einen emotionalen und einen sachlichen Inhalt. Es wird das Gefühl zum Ausdruck gebracht, das durch einen bestimmten Sachverhalt entstanden ist. Die Ich-Aussage enthält den subjektiven Standpunkt, den persönlichen Blickwinkel ohne Anspruch auf objektive Wahrheit. Die Führungskraft signalisiert damit, daß auch sie als denkender und kritisch beobachtender Mensch nicht alles besser weiß [18].

- Vermitteln von Vertrauen und Wertschätzung durch Ich-Aussagen

Frageverhalten: Um wichtige Informationen über Kenntnisse, Standpunkte, Bedürfnisse, Wünsche und Erwartungen zu erhalten, ist es notwendig, Fragen zu stellen. Fragen begrenzen oder erweitern die Gesprächsproblematik, helfen bei der Beschreibung eines Problems, klären Mißverständnisse auf und unterstützen die Entscheidungsfindung. Um das Gesprächsziel zu erreichen und Anhaltspunkte für den Gesprächsablauf zu erhalten, sollte die Fragetechnik zielgerichtet eingesetzt werden, denn wer richtig fragt, führt [18].

- Frageverhalten: offene und direkte Fragen verschaffen Klarheit

Um zu vermeiden, daß der Gesprächsverlauf durch eine falsche Fragetechnik beeinträchtigt wird, sind eindeutige und konkrete Formulierungen zu verwenden. Gezielte Fragen geben bereits eine Vorstellung davon, welcher Aspekt wichtig für den Fragenden ist. Das Selbstwertgefühl des Gefragten wird berücksichtigt, denn sein Wissen und seine Einstellungen zu einer ganz bestimmten Thematik sind wichtig für den Fragenden. Für eine optimale Gesprächsführung sind offene und direkte Fragen gut geeignet.

- Offene Fragen geben dem Gesprächspartner Freiraum

Offene Fragen sind so formuliert, daß der Gesprächspartner seine Antworten frei gestalten und seine Meinung unbeeinflußt äußern kann. Dafür werden die sogenannten W-Fragen eingesetzt: Wo, Wann, Was, Wie, Wofür, Warum, Wer, Welche, Wozu etc. Offene Fragen signalisieren dem Gesprächspartner Interesse, sein Geltungsbedürfnis wird befriedigt, ein positives Gesprächsklima gefördert, der Gefragte kann sich dem Thema selbst nähern und ggf. Lösungen finden. Im Gegensatz dazu sind **geschlossene** Fragen so formuliert, daß der Gesprächspartner nicht frei antworten kann. Sie grenzen die Antwortmöglichkeiten ein und zielen meist auf „Ja"- oder „Nein"-Antworten ab („Haben Sie Ihr Ziel erreicht?"). Geschlossene Fragen werden verwendet, wenn nach konkreten, spezifischen Fakten gefragt wird („Wie spät ist es?"), nur kurze Informationen eingeholt werden sollen oder nur kurze Antworten erforderlich sind. Geschlossene Fragen bringen daher nur wenig Informationen, das Gespräch wird leicht in eine Richtung gelenkt. Der Gesprächspartner fühlt sich manipuliert, bevormundet und benachteiligt, so daß eine negative Gesprächsatmosphäre entstehen kann.

- Direkte Fragen bieten Klarheit

Direkte Fragen enthalten verbal konkret formuliert, was der Gesprächspartner wissen möchte. Direkte Fragen werden verwendet, um Informationen einzuholen, Probleme zu verdeutlichen und zu lösen, Ergebnisse zu kontrollieren und Mißverständnisse aufzuklären. Direkte Fragen liefern viele Informationen. Im Gegensatz dazu sind **indirekte** Fragen so formuliert, daß der Inhalt der Frage nicht mit der Frageabsicht übereinstimmt. Der Gesprächspartner kann anhand der Frageformulierung nicht direkt erkennen, was erfragt werden soll („Sagten Sie nicht bereits, daß...?"). Indirekte Fragen sind die am häufigsten verwendeten Fragen. Deren Anwendung ist jedoch aufgrund der Interpretationsmöglichkeiten durch den Gesprächspartner problematisch. Es entstehen daher leicht Mißverständnisse, die Antworten des Gesprächspartners sind schwerer zu interpretieren und es besteht die Gefahr, daß die Frage bewußt falsch beantwortet wird. Die Beziehung zwischen den Gesprächsteilnehmern wird durch gegenseitige Abwehrmechanismen beeinträchtigt und es entsteht ein negatives Gesprächsklima.

- Aufmerksames Zuhören vermittelt dem Gesprächspartner Wertschätzung

Das Zuhören ist eine wichtige Voraussetzung für den Erfolg eines Gesprächs. Der Zuhörer erhält Sachinformationen, lernt Einstellungen, Wünsche, Bedürfnisse und Erwartungen besser kennen und kann darauf eingehen. Dem Gesprächspartner wird Wertschätzung entgegengebracht und es kann sich eine positive Gesprächsatmosphäre entwickeln.

Häufig jedoch sind Gesprächsteilnehmer oder -führer gelangweilt, unkonzentriert, desinteressiert und meinen genau zu wissen, was ihr Gegenüber sagen möchte. Dadurch können die nötigen Sachinformation nicht oder nur teilweise aufgenommen werden, es mangelt an gegenseitiger Wertschätzung, wodurch sich ein negatives Gesprächsklima entwickeln kann.
Indem z. B. die Führungskraft sich Zeit nimmt und sich aktiv um das Verstehen der Probleme des Mitarbeiters bemüht, signalisiert sie, daß sie den Mitarbeiter als Person respektiert. Diese Art des Zuhörverhaltens wird **aktives Zuhören** genannt und ist mehr eine Grundeinstellung als eine Technik. Um diese Grundhaltung im Alltag lebendig werden zu lassen, stehen der Führungskraft das Paraphrasieren und das Verbalisieren zur Verfügung [18]. Das **Paraphrasieren** bedeutet die Wiederholung des gehörten sachlichen Inhalts der Nachricht mit den eigenen Worten. Besonders bei längeren Gesprächen werden die Äußerungen des Gesprächspartners zusammengefaßt und dadurch verdeutlicht, wie die Kernaussagen verstanden wurden. Durch zusätzliche Fragen können Mißverständnisse oder Fehlinterpretationen sofort geklärt werden. Dies ist die einfachste Form des Feedbacks und gewährleistet, daß die Aussage vollständig im Sinne des Sprechers verstanden wurde. Das **Verbalisieren** bedeutet, den emotionalen Gehalt der Nachricht in eigene Worte zu fassen und wiederzugeben. Dadurch bekundet der Zuhörer (z. B. die Führungskraft ihrem Mitarbeiter gegenüber) die Bereitschaft, den Gesprächspartner auch mit seinen Bedürfnissen, Wünschen, Erwartungen oder Stimmungen ernst zu nehmen und sich in die Problemsituation des anderen hineinzuversetzen. Durch aktives Zuhören wird Vertrauen aufgebaut, denn wer sich verstanden und akzeptiert fühlt, ist auch bereit, den anderen anzuhören und zu akzeptieren.

- Funktionsweise des aktiven Zuhörens

Werden stattdessen Befehle bzw. Anweisungen erteilt, kann der Mitarbeiter seine Ideen und Wünsche nicht einbringen. Die Kreativitäts- und Entscheidungspotentiale der Mitarbeiter bleiben dadurch ungenutzt. Zudem wird die motivierende Wertschätzung mißachtet, was langfristig bei den Mitarbeitern zu Frustration, Unzufriedenheit mit der Situation und Mißtrauen gegenüber der Führungskraft führt. Das Mißtrauen resultiert aus Ängsten, den Erwartungen der anderen Personen (z. B. der Führungskraft, der Familie) nicht gerecht werden zu können und damit das Selbstwertgefühl zu senken.
Um tatsächlich auf den Gesprächspartner eingehen zu kön-

- Anweisungen schmälern das Selbstwertgefühl

nen und Affekte zu verhindern, sollten Führungskräfte ihre eigenen Gesprächsmuster, die aus bestimmten Grundhaltungen resultieren, kritisch überprüfen (siehe dazu Feedback und Reflexion). Richtig verstehen heißt nicht nur verstanden zu haben, was der andere verbal mitgeteilt hat, sondern auch verstanden zu haben, was er damit gemeint hat. Daß jedoch das richtige Verstehen seltener ist als zunächst vermutet, zeigen die alltäglichen Mißverständnisse, deren Gründe im folgenden näher betrachtet werden sollen.

Feedbacktechnik

- Mißverständnisse resultieren aus der Unkenntnis über die Wirkungen der eigenen Verhaltensweisen

Viele Mißverständnisse zwischen Personen ergeben sich dadurch, daß versucht wird, Information auf der Sachebene auszutauschen, wo es sich eigentlich um das subjektive Empfinden hinsichtlich einer Verhaltensweise, Eigenschaft oder eines Ereignisses handelt. Dabei neigt der Mensch dazu, Ursachen für Mißverständnisse entweder in der Situation oder in anderen Personen, selten bei sich selbst zu suchen. Um das eigene soziale Verhalten dahingehend überprüfen zu können, ist es notwendig, explizites Feedback zu erhalten, d. h. einen Informationsaustausch darüber, wie das Gesagte beim Gesprächspartner angekommen ist.

- Was ist Feedback?

Feedback findet dann statt, wenn ein Gesprächspartner dem anderen ausdrücklich und absichtlich mitteilt, wie er den Gesprächspartner und sein Verhalten wahrnimmt und erlebt. Damit ist nicht die allen Interaktionsprozessen innewohnende Rückmeldung, sondern die bewußte und beabsichtigte verbale Mitteilung über die Kommunikation gemeint. Feedback ist dabei ein Angebot zur Überprüfung von Verhaltensweisen und nicht als generelle Wahrheit oder Allgemeingültigkeit zu betrachten.

Explizites Feedback von der normalen Rückmeldung abzugrenzen, ist schwierig, denn jede Reaktion auf ein verbales oder nonverbales Verhalten ist bereits eine Rückmeldung oder Rückkopplung, die häufig weder willentlich noch bewußt oder reflektiert erfolgt. Dies wird als **indirektes Feedback** bezeichnet und ist für ein effektives soziales Verhalten aufgrund von Fehlinterpretationen und Mißverständnissen unzureichend. Die Unsicherheit, wie das eigene Erleben bzw. Wahrnehmen in Beziehung zu anderen ausgedrückt werden kann, führt häufig zu übervorsichtigen, möglichst vieldeutigen Formulierungen. Um sich wirklich Klarheit über das vom anderen erlebte Verhalten zu verschaffen, muß sich die Führungskraft ein **explizites Feedback** von

2.4 Coaching-Techniken im TQM

ihren Gesprächspartnern einholen. Umgekehrt kann diese Art von Feedback auch dem Gesprächspartner gegeben werden, wenn dieser es wünscht oder wenn sein Verhalten das eigene Verhalten einschränkt.

Im Laufe der Erziehung erlernt der Mensch durch Belohnung, Bestrafung, Beobachtung sowie das Vergleichen der Auswirkungen des eigenen Verhaltens auf andere, welche Verhaltensweisen situationsangemessen sind. Durch diese Vergleichsprozesse, die auf der Interpretation der Reaktion der anderen beruhen, wird das Selbstkonzept geprägt. Das Selbstkonzept (auch Selbstbild) ist ein kognitives Konstrukt darüber, wie die jeweilige Person sich selbst und ihr Verhalten im Verhältnis zu anderen Personen wahrnimmt und wie sie eintretende Ereignisse beurteilt.

- Selbstbild

Jeder Mensch hat weiterhin ein oder mehrere bewußte oder unbewußte Vorbilder, aus deren Verhaltensweisen er ein individuelles Idealbild kreiert. Das Idealbild dient als Vergleichsmöglichkeit für das Selbstbild. Während das Selbstbild beschreibt, wie sich die Person selbst bzw. ihr eigenes Verhalten wahrnimmt, stellt das Idealbild dar, wie die Person sich gerne wahrnehmen würde. Ideal- und Selbstbild stellen den zentralen Bezugspunkt der geistigen Orientierung des einzelnen dar. Zwar verändern sich Ideal- und Selbstbild im Laufe des Lebens, dienen jedoch, da der Mensch nur begrenzt Informationen verarbeiten kann, zur Informationsselektion.

- Idealbild

Das Fremdbild wird von anderen Personen kreiert, d. h. es entsteht dadurch, wie eine oder mehrere Personen eine bestimmte andere Person bzw. deren Verhalten wahrnehmen und beurteilen. Fremdbild und Selbstbild weichen im allgemeinen voneinander ab. Umfragen zeigten, daß ca. 80 Prozent der Führungskräfte meinen, daß ihre Mitarbeiter sie als kooperative Führungskräfte wahrnehmen. Tatsache ist, daß ca. 50 Prozent der Mitarbeiter ihre Vorgesetzten als mehr oder weniger autoritär bezeichnen.

Dieser Sachverhalt läßt sich anhand des Jahori-Fensters* (Bild 2.38) erläutern. Das Jahori-Fenster zeigt auf, wie sich Ideal-, Selbst-, und Fremdbild in der Interaktion mit anderen Personen darstellen. Das Jahori-Fenster besteht aus vier Quadranten, die jeweils unterschiedliche Bewußtseinsebenen einer Person darstellen: [10]

- Jahori-Fenster

---

* Jahori ist aus der Abkürzung der beiden Autoren des Konzeptes Joseph Luft und Harry Ingham entstanden.

	anderen Personen unbekannt	anderen Personen bekannt
der Person selbst bekannt	2 **verborgen**	1 **offen**
der Person selbst unbewußt	4 **unbekannt**	3 **unbewußt**

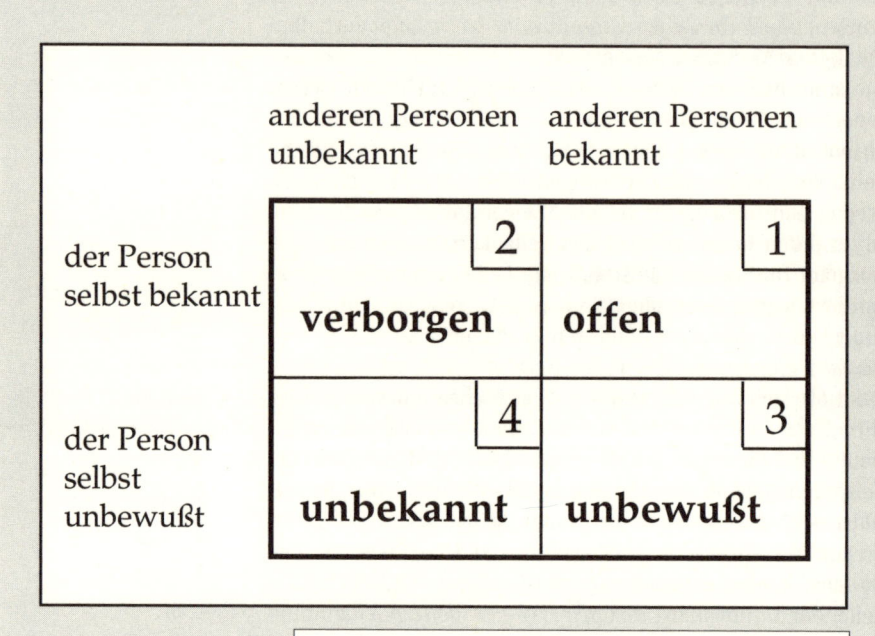

Quelle: In Anlehnung an Staehle 1994, S. 297

Bild 2.38: Jahori-Fenster

Offene Ebene: Dieser Quadrant (1) beschreibt den Bereich von Denk- und Verhaltensweisen eines Menschen (Bedürfnisse, Wünsche, Erwartungen, Handlungen), die ihm bewußt und anderen bekannt sind. Sie sind sowohl im Selbstbild als auch im Fremdbild integriert.
Verborgene Ebene: Dieser Quadrant (2) beschreibt den Bereich von Denk- und Verhaltensweisen eines Menschen, die ihm selbst bewußt, anderen jedoch unbekannt sind. Diese Denk- und Verhaltensweisen sind zwar vorhanden, die Person hat sie in ihr Selbstbild integriert, ist sich darüber im Klaren, daß sie vorhanden sind, sie passen jedoch nicht zum Idealbild. Da sie nicht zum Idealbild passen, werden sie anderen gegenüber weitgehend verborgen.
Unbewußte Ebene: Dieser Quadrant (3) beschreibt den Bereich von Denk- und Verhaltensweisen eines Menschen, die ihm unbewußt, anderen jedoch bekannt sind. Es werden unbewußt Denk- und Verhaltensweisen aus dem Bewußt-

sein verdrängt, anderen jedoch unbewußt (meist nonverbal) kommuniziert, etwa durch Mimik, Gestik, Stimmklang, Auftreten etc. Die jeweilige Person ist nicht in der Lage, diese Denk- und Verhaltensweisen selber bewußt wahrzunehmen. Sie sind demnach nicht in das Selbstbild integriert, prägen jedoch das Fremdbild.

Unbekannte Ebene: Dieser Quadrant (4) beschreibt den Bereich von Denk- und Verhaltensweisen eines Menschen, die weder ihm noch anderen bekannt oder bewußt sind. Hierunter fallen unbewußt stark unterdrückte Bedürfnisse, verborgene Talente, ungenützte Begabungen, die die Beziehung unbewußt und unerkannt beeinflussen. Diese Ebene beeinflußt Selbst- und Fremdbild unbewußt.

Besteht ein geringes Vertrauen zwischen den Gesprächspartnern und hat kein explizites Feedback stattgefunden, ist die offene Ebene im Jahori-Fenster relativ klein, die unbewußte und verborgene sind relativ groß. Wird zwischen den Gesprächspartnern explizites Feedback ausgetauscht und baut sich ein Vertrauen auf, dann nimmt die offene Ebene zu und die Anteile des unbewußten und verborgenen Verhaltens, bis auf einen mehr oder weniger tabuisierten Bereich der Intimsphäre, nehmen entsprechend ab. Die unbekannte Ebene des Verhaltens bleibt gleich groß, sie muß mit Hilfe der Reflexionstechnik bearbeitet werden.

- Die offene Ebene kann durch Feedback erweitert werden

Aufgrund der begrenzten menschlichen Wahrnehmungsfähigkeit wird die Bildung des Fremdbildes durch verschiedene Wahrnehmungsverzerrungen wie Stereotypisierung und Projektion stark beeinflußt. Es gibt positive und negative Wahrnehmungsverzerrungen. Negative Wahrnehmungsverzerrungen sind eine Form von Abwehrmechanismen gegenüber Reizen, die das bestehende Wertesystem bedrohen. Positive Wahrnehmungsverzerrungen sind Reize, die zu Idealisierungen von Personen oder Situationen führen.

- Wahrnehmungsverzerrungen

Bei der **Stereotypisierung** wird eine Person auf Basis einzelner Merkmale (z. B. Alter, Hautfarbe, Haarfarbe, Kleidung, Beruf, Zugehörigkeit zu einer sozialen Gruppe oder Schicht etc.) einer entsprechenden Kategorie zugeordnet (z. B. Frau am Steuer, Beamter etc.), über die man sich ein generelles (Vor-)Urteil gebildet hat. Äußerst unterschiedliche Menschen werden auf diese Art bestimmten Kategorien zugeordnet, in der Annahme, daß die Gleichheit in einem Merkmal Ähnlichkeit in allen anderen Persönlichkeitsmerkmalen zur Folge hat. Stereotypisierungen, auch positive, haben eine komplexitätsreduzierende Funktion und sind alltägliche Phänomene. Um jedoch für eine gute Zusammenarbeit ein entsprechendes Maß an Toleranz entwickeln zu

- Stereotypisierung

können, ist es wichtig, die Gründe der Stereotypenbildungen zu kennen. Besonders im Zuge der Globalisierung, wodurch zunehmend Personen unterschiedlicher Kulturen mit ihrem jeweiligen Wertesystem aufeinandertreffen, ist diese Kenntnis wichtig.

- Projektion

Projektion ist die Übertragung von negativen oder positiven Denk- und Verhaltensweisen auf eine bisher unbekannte Person. Es werden negative oder positive Erinnerungen, Gefühle und Verhaltensmuster (mit Eltern, Geschwistern, Lehrern, Freunden, Chefs etc.) aus der Vergangenheit in die Gegenwart auf eine völlig andere Person und Situation übertragen. Dabei findet ein Vergleich zwischen dem eigenen Selbst- oder Idealbild und der anderen Person statt. Durch die Projektion wird möglicherweise die Person sofort oder aber in der Folge abgelehnt, weil die Verhaltenserwartungen, die an diese Person gerichtet wurden, nicht erfüllt werden können. Projektionen haben folgende Ursachen (Bild 2.39):

Reaktion	Ursachen
positive/negative Übertragung:	Eine bestimmte Eigenschaft oder Verhaltensweise erinnert die projezierende Person an eine Person, die sie gerne oder nicht gerne mag.
Bewunderung:	Eine bestimmte Eigenschaft oder Verhaltensweise gefällt der projezierenden Person, weil sie diese Eigenschaft oder Verhaltensweise ebenfalls gerne haben würde.
Bestätigung:	Eine bestimmte Eigenschaft oder Verhaltensweise gefällt der projezierenden Person, weil sie diese bei sich selbst festgestellt hat und positiv bewertet.
Ergänzung:	Eine bestimmte Eigenschaft oder Verhaltensweise gefällt der projezierenden Person, weil sie diese mag jedoch nicht bei sich selbst festgestellt hat.
Antipathie:	Eine bestimmte Eigenschaft oder Verhaltensweise lehnt die projezierende Person ab, weil sie selbst so nicht sein möchte.
Selbstkritik:	Eine bestimmte Eigenschaft oder Verhaltensweise lehnt die projezierende Person ab, weil sie diese Eigenschaft oder Verhaltensweise bei sich selbst festgestellt hat, so jedoch nicht sein möchte.
Neid:	Eine bestimmte Eigenschaft oder Verhaltensweise lehnt die projezierende Person bei der anderen Person ab, weil sie diese Eigenschaft oder Verhaltensweise selbst gerne hätte, sich jedoch nicht erlaubt, so zu sein.
Konkurrenz:	Eine bestimmte Eigenschaft oder Verhaltensweise lehnt die projezierende Person bei der anderen Person ab, weil sie diese bei sich selbst festgestellt hat, der anderen Person jedoch nicht zugesteht.

Bild 2.39: Ursachen und Reaktionen von Wahrnehmungsverzerrungen

2.4 Coaching-Techniken im TQM

Negative wie auch positive Projektionen sind ebenfalls alltägliche Phänomene, die kaum komplett beseitigt werden können. Um jedoch Mißverständnisse auszuschließen oder diese zu beseitigen, ist es wichtig, daß sich besonders Führungskräfte über ihre eigenen Projektionen bewußt werden. Explizites Feedback ist ein Instrument zur Verbesserung der Kommunikation zwischen Führungskraft und Mitarbeitern sowie zur Veränderung von Denk- und Verhaltensweisen. Vielen Führungskräften ist inzwischen bewußt geworden, daß Feedback für eine optimale Zusammenarbeit notwendig geworden ist. Vielen ist jedoch unklar wie Feedback richtig eingesetzt wird. Im folgenden werden die grundlegenden Vorgehensweisen und die entsprechenden Regeln aufgeführt.

- Die Kenntnis der eigenen Projektionen hilft, Mißverständnisse zu vermeiden

Soziale Systeme sind Systeme handelnder Personen, die sich ein Bild von der Wirklichkeit machen, auf dessen Basis sie handeln. Die daraus resultierenden, vermeindlich auf objektiven Wahrheiten beruhenden Reaktionen sind jedoch immer Verschmelzungsprodukte aus Wahrnehmung, Interpretation sowie emotionaler Wertung und daher immer subjektiv zu betrachten. Im ABC-Modell nach Ellis [8] wird davon ausgegangen, daß dieselbe Verhaltensweise, Eigenschaft oder dasselbe Ereignis (A) aufgrund unterschiedlicher Interpretationen (B) zu völlig unterschiedlichen Emotionen (C) und Reaktionen führen kann.

Die Reaktion einer Person auf eine Eigenschaft oder Verhaltensweise von anderen hat immer ihren Ursprung bei der Person selbst. Sie wird ausgelöst durch die Wünsche, Bedürfnisse und Erwartungen und daraus resultierenden Verhaltensmustern der Person selbst. Daher ist es notwendig, daß jeder zunächst seine eigene Wahrnehmungsstruktur identifiziert, indem er Wahrnehmung, Interpretation und emotionale Wertung voneinander bewußt trennt. Das bedeutet, sich selbst bezüglich einer bestimmten, eigenen Reaktion zu fragen, wodurch diese Reaktion ausgelöst wurde und erst dann ein Feedback zu formulieren. Dafür müssen im einzelnen folgende Schritte durchlaufen werden:

- Identifizieren der eigenen Wahrnehmungsstruktur

- **A) Wahrnehmen:** Der Feedbackgeber soll im ersten Schritt ganz konkret beschreiben, was er bezüglich einer einzelnen Eigenschaft, Verhaltensweise oder eines Ereignisses als positiv oder negativ aus seiner Sicht bei seinem Gesprächspartner wahrgenommen hat, d.h. was er gesehen und gehört hat. Dafür sollten ausschließlich Ich-Aussagen verwendet werden.
- **B) Interpretieren:** Das zuvor Wahrgenommene wird an dieser Stelle mit einer Bedeutung versehen. Das Verhal-

ten wird interpretiert oder es werden darüber Vermutungen angestellt (z. B. „Der Gesprächspartner hat mich nicht verstanden." „Er will mich nicht verstehen." „Er hat mir nicht zugehört." „Er will mir überhaupt nicht zuhören." „Er nimmt mich nicht ernst." etc.). Diese können richtig, aber auch falsch sein. Interpretationen sollen und können nicht vermieden werden. Es geht lediglich darum, sich darüber bewußt zu werden, daß jedes wahrgenommene Verhalten individuell interpretiert wird und diese Interpretation falsch sein kann. Bei der Interpretation des wahrgenommenen Ereignisses, Verhaltens oder der Eigenschaft muß der Feedbackgeber die Bedürfnisse, Wünsche und Erwartungen des Gesprächspartners sowie dessen Stärken und Schwächen beachten, d. h. er muß beachten, wie das Feedback beim Feedbackempfänger ankommt. Besonders hier ist es wichtig, in der Ich-Form zu formulieren („Ich vermute, daß ...").

- **C) Emotionales Bewerten:** Auf der Basis der individuellen Interpretation entwickelt sich aufgrund der eigenen Bedürfnisse, Wünsche und Erwartungen eine Emotion (z. B. „Ärger"; „Wut"; „Mitleid"; „Schadenfreude" etc.). Diese Emotion unterliegt nicht mehr der Beurteilung „richtig" oder „falsch", sondern sie ist eine Tatsache. Der Feedbackgeber formuliert an dieser Stelle die Wirkung, die das Verhalten des Gesprächspartners auf ihn hatte und weshalb er um eine Änderung des Verhaltens des Gesprächspartners bittet oder weshalb dieses Verhalten für ihn (un-)angenehm ist.

Diese drei Vorgänge auseinanderzuhalten ist eine Möglichkeit, sich mehr Klarheit über die eigenen Wahrnehmungsmuster zu verschaffen, wodurch die Fähigkeit, Feedback zu geben oder zu bekommen, verbessert werden kann. [17]

Feedback geben gehört bisher nicht zu unseren Gesellschaftsnormen

Beim Feedback selbst teilt ein Gesprächspartner dem andern mit, wie er das Verhalten des anderen erlebt hat und welche Wirkungen es bei ihm ausgelöst hat. Dadurch können die Zusammenarbeit störenden Verhaltensweisen zunächst verbalisiert und später korrigiert werden. Weder Feedback zu bekommen, noch Feedback zu geben, ist für die meisten Menschen problemlos, denn es gehört bisher nicht zu den Normen unserer Gesellschaft, Emotionen zu verbalisieren oder Vorgesetzte zu kritisieren.

Feedbackregeln für das Formulieren von Feedback

Es gibt eine Reihe von Regeln, die als Hilfestellung für ein wirkungsvolles Feedback genutzt werden können. Feedback sollte folgendermaßen formuliert werden: [18]

- **Beschreibend (Ich-Aussagen):** Es sollte die eigene Beobachtung und darauffolgende Reaktion beschrieben wer-

2.4 Coaching-Techniken im TQM

den, denn dann wird dem Feedbackempfänger überlassen, ob er die Informationen in sein Selbstbild integriert und für Veränderungen verwendet oder nicht. Anklagen, Verurteilungen und Bewertungen sollten vermieden werden, denn der Feedbackempfänger muß sich sonst verteidigen.

- **Konkret:** Es sollte die konkrete Situation, in der die Verhaltensweise des Feedbackempfängers aufgetreten ist, beschrieben werden. Wo und wann hat der Feedbackgeber was wahrgenommen (gesehen, gehört etc.)?
- **Angemessen (positive Formulierungen):** Feedback kann zerstörend wirken, wenn der Feedbackgeber nur an seine eigenen Bedürfnisse, Wünsche und Erwartungen denkt und die des Feedbacknehmers nicht genügend berücksichtigt. Feedback muß den Bedürfnissen, Wünschen und Erwartungen beider gerecht werden. Feedback ist keine Aufforderung zur Selbstkritik.
- **Brauchbar:** Konkretes und angemessenes Feedback muß für den Feedbacknehmer Bedeutung haben. Feedback ist nur nützlich, wenn es sich auf Verhaltensweisen bezieht, die der Feedbackempfänger auch tatsächlich verändern kann. Feedback bezieht sich auf negative wie positive Verhaltensweisen. Positive Verhaltensweisen sind leichter und schneller zu verstärken, als negative Verhaltensweisen abzubauen.
- **Erbeten:** Feedback darf nicht aufgezwungen werden. Feedback ist am wirkungsvollsten, wenn der Feedbacknehmer darum bittet. Möchte eine Person einer anderen Person unbedingt Feedback geben, so muß der potentielle Feedbacknehmer zunächst einwilligen. Damit Mitarbeiter ihrem Vorgesetzten im Unternehmen Feedback geben können, muß die Führungskraft gemeinsam mit den Mitarbeitern einen bestimmten Rahmen dafür festlegen und systematisch Feedbackprozesse durchführen, bis es zu einer Routine wird.
- **Zur rechten Zeit:** Feedback ist umso wirksamer, je kürzer der zeitliche Abstand zwischen dem betreffenden Verhalten und der Information über die Wirkung des Verhaltens ist. Es müssen jedoch andere Gegebenheiten berücksichtigt werden, wie z. B. die Bereitschaft der betreffenden Person, Feedback überhaupt anzunehmen.
- **Klar und konkret formuliert:** Feedback ist allgemeinverständlich und in kurzen, logischen Sätzen zu formulieren, damit der Feedbackempfänger es auch verstehen und verarbeiten kann. Feedback bezieht sich dabei auf konkrete Verhaltensweisen, nicht auf Eigenschaften des

- Feedbackregeln für das Empfangen von Feedback

Feedbackempfängers („Ich finde, Sie haben sehr viel geredet." nicht „Sie sind ein Vielredner.").
Es ist schwierig, Feedback zu geben. Es ist jedoch auch schwierig, Feedback entgegenzunehmen. Ein Feedback kann möglicherweise noch so gut formuliert sein und trotzdem kann es negative Wirkungen auf den Feedbackempfänger haben, wenn dieser nicht bereit ist, es zu akzeptieren. Um die Akzeptanz von Feedback beim Feedbackempfänger zu erhöhen, werden folgende Regeln empfohlen: [18]

- **Feedback ist ein Geschenk!** Feedback ist ein wechselseitiger Prozeß. Die Hilfe des Feedbackgebers hängt von der Offenheit des Feedbacknehmers ab und von der Art und Weise, wie die Fragen gestellt werden. Feedback ist grundsätzlich etwas positives, denn eine andere Person teilt mit, wie die Verhaltensweisen des Gesprächspartners auf sie wirken, d. h. welche Emotionen die Verhaltensweisen des Gesprächspartners ausgelöst haben. Dadurch werden dieser Person unbewußte Ebenen bewußt gemacht (siehe Jahori-Fenster, Bild S. 170).

- **Keine Gegenargumentationen und Verteidigungen:** Feedback wird, besonders wenn es negative Eigenschaften, Verhaltensweisen oder Ereignisse betrifft, als Angriff verstanden. Abwehr gegenüber einem Feedback kann jedoch nicht dadurch ausgeschlossen werden, daß sie nicht geäußert werden darf. Es ist günstiger, wenn die Abwehr geäußert werden darf, so daß der Feedbackgeber darauf eingehen kann. Dadurch können Mißverständnisse sofort ausgeräumt werden. Wichtig für die Verarbeitung von Feedack ist jedoch, daß der Feedbackempfänger zunächst nur zuhört, höchstens nachfragt, auf die unmittelbare Abwehr bzw. Verteidigung jedoch zunächst verzichtet und das gesamte Feedback anhört. Damit wird einer unüberlegten Spontanverteidigung vorgebeugt und der Feedbacknehmer kann später, wenn es noch notwendig ist, Stellung nehmen. Zur Regulation von Abwehrhaltungen kann die Vereinbarung getroffen werden, daß der Feedbackempfänger vorab Verteidigung, Erklärung und Zustimmung seinerseits kennzeichnet. Dadurch wird der eigene Verteidigungsmechanismus oft relativ schnell bewußt und kann eingeschränkt werden.

- Die Einhaltung der Regeln ermöglicht die Bildung von Vertrauen

Werden die Regeln für Feedbacknehmen und -geben beachtet, so ist eine gegenseitige positive Verhaltensbeeinflussung möglich. Systematisch und wechselseitig durchgeführtes Feedback ermöglicht es zwischen Führungskraft und Mitarbeitern eine offene und vertrauensvolle Atmosphäre herzustellen. Denn explizites Feedback bleibt auf die Sache konzentriert, und in Ich-Aussagen verbalisierte Emotionen können nicht in Frage gestellt werden, sie sind vorhanden. Durch Feedback werden Informationsdefizite ausgeglichen und Bedürfnisse, Wünsche und Erwartungen deutlich. Feedback richtig eingesetzt, ermöglicht einerseits die kritische Auseinandersetzung mit den eigenen Verhaltensweisen und sensibilisiert für das Verhalten anderer Personen.

Reflexionstechnik

Während die Feedbacktechniken dazu dienen, dem Gesprächspartner jeweils mitzuteilen, wie sein Verhalten auf andere wirkt, dienen die Reflexionstechniken der ganz konkreten individuellen Veränderung von Denk- und Verhaltensweisen. Das macht die Auseinandersetzung mit dem Selbstkonzept notwendig.

- Reflexion bedeutet die Auseinandersetzung mit dem Selbstkonzept

Es bedarf dafür der Selbstbeobachtung (Reflexion der eigenen Denk- und Verhaltensweisen), um vor allem die unbewußt gesteuerten Denk- und Verhaltensweisen zu entdecken und verändern zu können. Erst die Erkenntnis über die eigenen Denk- und Verhaltensweisen ermöglicht deren grundlegende Veränderung.

- TQM erfordert Verhaltensflexibilität

Diese Veränderungsprozesse, die auch als individuelle Lern- und Erkenntnisprozesse begriffen werden können, sind für einen tiefgreifenden Wandlungsprozeß, wie er bei der Umsetzung von TQM im Unternehmen gefordert wird, notwendig. Das Ergebnis des individuellen Lern- und Erkenntnisprozesses der Führungskraft ist ein rasches und relativ wertungsfreies Einstellen auf neue Situationen und Personen. Dies wird als Verhaltensflexibilität bezeichnet. Das im 17. Jh. aus *reflectare* [lat.] entlehnte Verb reflektieren bedeutet „zurückstrahlen, spiegeln; nachdenken, grübeln, erwägen; etwas in Betracht ziehen, erstreben, im Auge haben". Reflectare ist eine Bildung aus re- „zurück, wider" und flectare „biegen, beugen". Das Substantiv Reflexion bedeutet „Vertiefung in einen Gedankengang, Überlegung, Betrachtung, Rückstrahlung" [3]. Auf menschliche Handlungen bezogen, bedeutet es in diesem Zusammenhang Selbstbeobachtung.

Selbstbeobachtung (Selbstreflexion) ist das systematische Verfolgen der eigenen Bewußtseinsvorgänge, d. h. aufmerksames Beobachten des eigenen Denkens und Handelns und deren Konsequenzen. Durch Selbstbeobachtung lassen sich die durch das Unterbewußtsein gesteuerten Gedanken, Affekte, Emotionen, Stimmungen oder Antriebe, die in Handlungen real werden, erklären und können so in das

- Durch Selbstbeobachtung können die eigenen Denk- und Verhaltensweisen kritisch verfolgt werden

- Phasen der Veränderung

Bewußtsein überführt werden, so daß Grundmuster (Paradigmen) erkannt werden können, die unbewußt das Handeln steuern.

(Selbst-)Reflexion bedeutet für den einzelnen einen individuellen Lern- und Erkenntnisprozeß zu durchlaufen, bei dem der bestehende kognitive Bezugsrahmen (z. B. Werte, Einstellungen, Regeln) in Frage gestellt wird. Reflexionstechnik dient dem Erkennen der im Johari-Fenster (siehe Bild 2.38) aufgezeigten unbewußten und unbekannten Ebenen der Persönlichkeit. Dieser Prozeß der Veränderung einer Person, einer Gruppe oder einer Organisation vollzieht sich in typischen Phasen, deren Kenntnis den Veränderungsprozeß erheblich unterstützen kann (Bild 2.40). Die Phasen der Veränderung sind: [19]

1. Schock, Überraschung: Hier findet eine Konfrontation mit unerwarteten Bedingungen statt (z. B. schlechte Geschäftsergebnisse). Es kommt zum Absinken der wahrgenommenen eigenen Handlungskompetenz, denn die eigenen Fähigkeiten und Handlungsentwürfe stimmen mit den Bedingungen in der vorgefundenen Situation nicht überein.

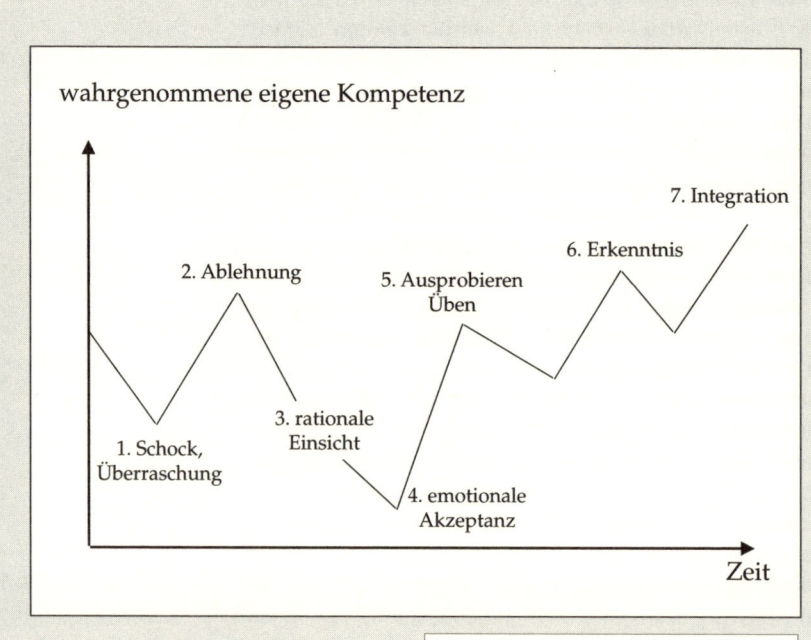

Quelle: in Anlehnung an Fatzer 1993, S. 33.

Bild 2.40: Phasen der Veränderung

2.4 Coaching-Techniken im TQM

2. **Ablehnung**: An dieser Stelle werden Werte, Glaubenssätze und Einstellungen aktiviert, die dafür sorgen, daß die notwendige Veränderung nicht akzeptiert werden muß. Die wahrgenommene eigene Kompetenz steigt wieder, denn die veränderten Bedingungen werden nicht als Notwendigkeit zur Veränderung der eigenen Denk- und Verhaltensweisen angesehen. Vielmehr wird die Situation als temporär betrachtet oder es werden Schuldzuweisungen an andere Personen gerichtet.
3. **Rationale Einsicht**: Hier wird die Notwendigkeit zur Veränderung erkannt und die wahrgenommene eigene Kompetenz sinkt wieder ab. Die Wahrnehmung ist jedoch meist vergangenheitsorientiert. Es werden Lösungen gesucht, die die unangenehme Situation schnell beenden. Dabei werden meist nur die Symptome behandelt, die eigentlichen Ursachen des Problems werden vernachlässigt und neue Handlungsmöglichkeiten überhaupt nicht in Erwägung gezogen. Es kommt in dieser Phase häufig zur Frustration, weil der emotionale Zugang zum Problem durch festgefahrene Denkmuster fehlt. Der wirkliche Wille zur grundsätzlichen Veränderung ist nicht vorhanden.
4. **Emotionale Akzeptanz**: In dieser Phase werden die eigenen Einstellungen, Werte und Glaubenssätze in Frage gestellt, um mit der veränderten Situation umgehen zu können und eine Entwicklung noch nicht bekannter Potentiale vorzunehmen. Dafür ist ein flexibler Perspektivenwechsel, d. h. das Einnehmen anderer Sichtweisen, notwendig. Durch die emotionale Akzeptanz der veränderten Situation sinkt jedoch zunächst die Einschätzung der eigenen Kompetenz erheblich. Gelingt es nicht, eine emotionale Akzeptanz hinsichtlich einer Problemsituation herzustellen, kann es zu einer erneuten Ablehnung der Situation kommen und der Veränderungsprozeß wird verlangsamt oder gestoppt.

   • Die emotionale Akzeptanz ist die Voraussetzung für tiefgreifende Veränderungen

5. **Ausprobieren und Üben**: Ist die Veränderung von Denkweisen und somit die Veränderung von Einstellungen, Werten und Glaubenssätzen gelungen, müssen die entsprechenden neuen Fähigkeiten und Fertigkeiten und damit verbundene veränderte Verhaltensweisen ausprobiert und geübt werden. Dabei gibt es Erfolge und Mißerfolge. Wo etwas Neues entstehen soll, müssen Fehler erlaubt sein. Fehler sollten als Feedback mit hohem Informationsgehalt betrachtet werden. Dabei ist es wichtig, daß es erlaubt ist, mit den neuen Praktiken und Techniken zu experimentieren. Sonst läßt sich niemand auf ein Risiko

   • Fehler können als Feedback mit hohem Informationsgehalt betrachtet werden

ein und es kann sich nicht genügend Kreativität entfalten, um die neuen Verhaltensweisen flexibel zu entwickeln. Durch das Ausprobieren und Üben steigt die wahrgenommene Kompetenz der sich verändernden Person.

6. **Erkenntnis und Integration**: Durch Feedback werden in der Probierphase immer mehr Informationen gesammelt, die das Verhalten immer besser an die neue Situation anpassen. Die Erkenntnis, in welchen Situationen die neue Sichtweise bzw. das neue Verhalten angemessen ist und wo alte Denk- und Verhaltensweise durchaus noch angemessen sind, führt zu einer Erweiterung des Bewußtseins und ermöglicht eine größere Verhaltensflexibilität. Die wahrgenommene eigene Kompetenz steigt über das Niveau vor der Veränderung, da das Denk- und Verhaltensrepertoire erweitert worden ist.

Die Kenntnis dieser Phasen ist für die Entwicklung von Veränderungsstrategien hilfreich. Generell kann beobachtet werden, daß die Veränderungsprozesse von Personen, Gruppen oder Organisationen in der Schock- und Ablehnungsphase verharren und die Chance für wirklich tiefgreifende Veränderungen verpaßt wird. Möglicherweise ist die rationale Einsicht vorhanden, daß etwas verändert werden muß, jedoch die emotionale Akzeptanz, sich selbst in Frage zu stellen, ist häufig nicht gegeben. Es sollen sich lieber die anderen verändern. Die Energie wird lieber für das hartnäckige Sichern der eigenen Position genutzt. Hinzu kommt, daß festgefahrene Strukturen und seit langem gültige Regeln das Ausprobieren neuer Verhaltensweisen erschweren und die bestehende Unternehmenskultur in der Regel Fehler nicht erlaubt oder toleriert. Das führt zu mangelnder Kreativität und Risikobereitschaft. Die in den Unternehmensleitlinien propagierten Führungsqualitäten geben zwar die Richtung für veränderte Verhaltensweisen vor, den Weg dahin muß jedoch jede Führungskraft selbst gestalten. Dadurch kollidieren häufig die gewohnten Verhaltensweisen mit den neuen erwarteten.

Lernen und Arbeiten an der Veränderung von eigenen Denk- und Verhaltensweisen wird daher kaum ohne das Entstehen von Widerständen oder Krisen (ausgelöst durch innere und äußere Konfliktsituationen) vollzogen. Gewohnte Denk- und Verhaltensweisen bieten aufgrund ihres relativ festen Bezugsrahmens eine gewisse Sicherheit im Umgang mit anderen Menschen in unterschiedlichen Situationen. Die Konfrontation mit eigenen Schwachstellen oder Kritik an gewohnten Verhaltensweisen können Auslöser für Krisen sein. Sie bewegen sich auf der Veränderungskurve zwischen den

- Häufig bleiben Veränderungsprozesse in der Schock- und Ablehnungsphase stecken

- Die Veränderung von Denk- und Verhaltensweisen ist mit Widerständen oder Krisen verbunden

2.4 Coaching-Techniken im TQM

Phasen Schock und emotionale Akzeptanz. Krisen sind daher wichtige Phasen im individuellen Lern- und Erkenntnisprozeß. Krisen und damit in Verbindung stehende Reaktionen haben ihre Ursache in Ängsten.
Ängste wiederum entstehen dadurch, daß aufgrund des Bildes, was sich die jeweilige Person von der Wirklichkeit (Selbstbild-, Idealbild und Fremdbild) macht, nur eine begrenzte Anzahl von Handlungsmöglichkeiten zur Verfügung steht, um eine bestimmte Situation zu meistern. Dabei soll möglichst das Selbstwertgefühl gesteigert werden, auf keinen Fall darf es absinken. Das Lernen neuer Denk- und Verhaltensweisen stellt dabei ein Risiko dar, denn es könnten Fehler gemacht werden. Da es in unserem Kulturkreis zudem bisher üblich ist, Dinge mit „richtig" oder „falsch" zu bewerten, hieße das in Frage stellen gewohnter Denk- und Verhaltensweisen, diese könnten falsch gewesen sein.
Es ist daher zunächst notwendig, das Denken in „Richtig"- oder-„Falsch"-Kriterien abzulegen. Erst dann kann die jeweilige Person ihren Bezugsrahmen, d. h. das Bild ihrer Wirklichkeit in Frage stellen und ggf. verändern. Beim Lösen von Problemen kann die jeweilige Person dann entscheiden, welcher Bezugsrahmen „passender" oder „brauchbarer" ist.

- In unserem Kulturkreis werden bisher Dinge mit „richtig" oder „falsch" bewertet

Auch tiefgreifende Unternehmensveränderungen werden meist durch Krisen oder krisenhafte Szenarien ausgelöst. Diese entstehen aufgrund von Diskrepanzen zwischen einem System (z. B. Unternehmen) und seiner Umwelt (z. B. Konkurrenz, Kundenanforderungen). Diese Diskrepanzen haben ihre Ursachen im System selbst. D. h. vorhandene Fähigkeiten oder Fertigkeiten von Führungskräften und Mitarbeitern eigenen sich nicht für den zu erfüllenden Auftrag, Einstellungen von Führungskräften oder Mitarbeitern sind nicht im Einklang mit ihrem Verhalten und das gelebte Verhalten ist weit von der Vision entfernt. Eine neue Vision wird häufig relativ schnell in Worte gefaßt und propagiert, die dafür notwendige Veränderung der Werte, Einstellungen und Glaubenssätze von Führungskräften und Mitarbeitern ist wesentlich schwieriger zu realisieren.
Veränderungsprozesse sind Lernprozesse. Es gibt hierbei Lernprozesse erster und zweiter Ordnung. Lernen erster Ordnung vollzieht sich in einem festen Bezugsrahmen. D. h. innerhalb eines bekannten Systems von Wahrnehmungs- und Handlungsmustern mit bestehenden Regeln, Annahmen und Prioritäten nimmt die jeweilige Person Anpassungen ihrer Denk- und Verhaltensweisen aufgrund von Umweltveränderungen vor. Lernen erster Ordnung ist ein Lernen

- Veränderungsprozesse sind Lernprozesse

durch Anpassung, das bestehende Weltbild bleibt erhalten oder wird sogar verstärkt [6].

Beim Lernen zweiter Ordnung wird der bestehende kognitive Bezugsrahmen gesprengt, indem das bestehende System selbst reflektiert wird. Dadurch findet eine Referenztransformation statt, d. h. eine Veränderung des Bezugsrahmens. Lernen zweiter Ordnung findet erst statt, wenn eine emotionale Akzeptanz hinsichtlich einer problematischen Verhaltensweise besteht. Lernen zweiter Ordnung ermöglicht durch individuelle Erkenntnisprozesse tiefgreifende Veränderungen bei Einzelpersonen, Gruppen und des gesamten Unternehmens. Um diesen Erkenntnisprozeß zu vollziehen, ist die systematische Reflexion bestehender Denk- und Verhaltensweisen zu gewährleisten. Dadurch wird die Verhaltensflexibilität von Einzelpersonen, Gruppen bzw. dem gesamten Unternehmen vergrößert werden. Dies ermöglicht die Veränderung der Zusammenarbeit in Gruppen, durch systematisches Klären der Bedingungen, Regeln und Strukturen für ein gemeinsames Ziel- und Aufgabenverständnis.

- Reflexionstechnik ermöglicht die Veränderung des Bezugsrahmens

Die Reflexionstechnik bietet dafür verschiedene Möglichkeiten. Das Grundprinzip ist dabei stets, daß durch gezieltes Fragestellen der Bezugsrahmen der veränderungsbereiten Person oder Gruppe erweitert wird. Die gezielte Fragestellung ist so gestaltet, daß die Aufmerksamkeit der Personen in eine andere Richtung gelenkt wird, so daß die ursprüngliche Situation mit einem neuen Themenbereich verbunden wird. Es gibt dafür unterschiedliche Möglichkeiten: [8]

- Thematisierung der Vergangenheit

1. **Reflexion durch Thematisieren der Vergangenheit:** Ein gegenwärtiges Problem hat seinen Ursprung in der Vergangenheit. Durch gezielte Fragestellung wird die Aufmerksamkeit auf ein vergangenes Ereignis gerichtet und damit das zu reflektierende Problem nicht mehr isoliert, sondern im Zusammenhang mit den früheren Erfahrungen betrachtet. Möglicherweise wird der reflektierenden Person dadurch klar, daß die gegenwärtigen Verhaltensweisen in der Vergangenheit in einem völlig anderen Kontext zielgerichtet eingesetzt waren. In der gegenwärtigen Situation stehen jedoch aufgrund des veränderten Umfelds völlig andere Handlungsmöglichkeiten zur Verfügung.

- Thematisierung der Gegenwart

2. **Reflexion durch Thematisieren der Gegenwart:** Häufig können Probleme nicht gelöst werden, weil die Ursachen des Problems vergangenheitsorientiert gesucht und beklagt werden. Der bestehende Bezugsrahmen führt dazu, daß die Ressourcen für die zu bewältigende gegenwärtige

Situation verschwendet werden. Durch gezielte Fragestellungen sollte hier versucht werden, die Gegenwart zu thematisieren, um die negative Betrachtung der Vergangenheit zu unterbrechen und die in der gegenwärtigen Situation enthaltenen Handlungsmöglichkeiten zu erkennen und zu realisieren.

3. **Reflexion durch Thematisieren der Zukunft:** Hier wird ähnlich wie bei der Reflexion durch Thematisieren der Gegenwart, die vergangenheitsorientierte Ursachenforschung und das damit verbundene Beklagen der in der Vergangenheit liegenden Situation dadurch unterbrochen, daß die Aufmerksamkeit auf zukünftige Möglichkeiten gelegt wird.

- Thematisierung der Zukunft

4. **Reflexion mit Hilfe analoger Verfahren:** Der Bezugs- bzw. Referenzrahmen einer Person ist i. d. R. durch eine Reihe theoretischer Annahmen gestützt, die auf der sachlichen Ebene erklärt werden können. Für tiefgreifende Veränderungen von Denk- und Verhaltensweisen, wie sie im TQM gefordert werden, ist es sinnvoll, mit Hilfe analoger Verfahren zu arbeiten. Hier wird verstärkt an den im Jahori-Fenster (Bild 2.38) als der Person selbst und anderen unbekannten Verhaltensweisen gearbeitet. Die reflektierenden Personen werden aufgefordert, ihre gegenwärtige Situation mit Hilfe von Symbolen* (z. B. Geschichte, Comic, Bild, Melodie etc.) oder Metaphern** darzustellen. Die Bedeutung der Symbole und Metaphern wird anschließend geklärt und eine Verbindung zur Problemsituation hergestellt. Bei der Reflexion eines gegenwärtigen Problems mit Symbolen und Metaphern wird die Kreativität der reflektierenden Personen angeregt. Die sachlogische Ebene wird verlassen und das gegenwärtige Problem kann in einem völlig anderen Bezugsrahmen betrachtet werden. Dadurch wird die emotionale Akzeptanz der Problemsituation erleichtert (Bild 2.40). Auf der sachlogischen Ebene hat das Symbol oder die Metapher zunächst nichts mit der Problemsituation zu tun, im Rah-

- Reflexion mit Hilfe von Symbolen oder Metaphern

- Symbole oder Metaphern regen die Kreativität an

---

* Das *Symbol* ist ein aus dem 15. Jh. bezeugtes Fremdwort, das „Sinnbild, Zeichen, Kennzeichen" bedeutet und ursprünglich dem griechischen „symbállein" entlehnt wurde. Dies ist ein zwischen Freunden oder Verwandten vereinbartes Erkennungszeichen, bestehend aus Bruchstücken, die zusammengefügt ein Ganzes ergeben und dadurch die Verbundenheit ihrer Besitzer darstellen. vgl. Drosdowski, S. 729.

** Metapher wurde dem griechisch-lateinischen metaphora im 17. Jh. entlehnt und bedeutet „übertragener, bildlicher Ausdruck". vgl. Drosdowski, S. 455.

men der analogen Prozesse stellen die reflektierenden Personen jedoch Verbindungen zwischen dem gegenwärtigen Problem und dem Symbol oder der Metapher her. Auf der Basis des Bezugsrahmens für das Symbol oder die Metapher kann das ursprüngliche Problem aus einer anderen Perspektive betrachtet und eine entsprechende Problemlösung erarbeitet werden.

Die analogen Verfahren der Reflexion sollen im folgenden ausführlich betrachtet werden, da sie aufgrund des Perspektivenwechsels für tiefgreifende Veränderungen besonders geeignet sind. Vor allem beim Erarbeiten einer neuen Vision oder beim Identifizieren informeller Regeln in (Arbeits- bzw. Projekt-)Gruppen oder für das gesamte Unternehmen empfiehlt es sich, mit diesem Verfahren zu arbeiten.

- Erarbeiten einer Vision mit Hilfe der Reflexionstechnik

Durch das Außerkraftsetzen des ursprünglichen Bezugsrahmens kann es zunächst bei den reflektierenden Personen zu Orientierungslosigkeit kommen. Daher muß der Reflexionsprozeß mit Hilfe analoger Verfahren entsprechend den folgenden Phasen kompetent und gut geplant werden:

- Phasen der Reflexion

- **Anwärmphase:** In dieser Phase stellen sich die Personen auf die Art der Reflexion ein. Es ist wichtig, daß ein guter Kontakt zwischen den reflektierenden Personen und der sie dabei unterstützenden Person hergestellt wird.
- **Themen-/Problemorientierungsphase:** In dieser Phase sollte zunächst die Vorgehensweise aufgezeigt werden. Anschließend grenzt die Gruppe (oder Einzelperson) ihre Probleme bzw. Themen ab. Es wird die Bedeutung der Themen oder Probleme für die einzelnen Personen geklärt sowie die unterschiedlichen Sichtweisen dazu offengelegt. Ein weiterer wichtiger Schritt ist das Klären der Rollen zwischen reflektierenden Personen und den Trainern.

- Verlassen des ursprünglichen Problems oder Themas

- **Themen-/Problembearbeitungsphase:** In dieser Phase wird die eigentliche Arbeit am Problem durchgeführt. Nach der Schilderung auf der sachlogischen Ebene findet der Übergang zu analogen Verfahren statt. Das ursprüngliche Thema wird nicht weiter verfolgt, statt dessen wird ein Symbol oder eine Metapher für das dem Problem übergeordnete Thema gesucht. Anschließend wird die Bedeutung der Symbole und Metaphern für die Einzelpersonen und/oder die Gruppe erläutert. Hier findet die Problembearbeitung auf der analogen Ebene statt. Es werden Handlungsmöglichkeiten anhand der Symbole und Metaphern entwickelt. Die Meinungen, Einstellungen, Sichtweisen der einzelnen werden auf dieser Ebene aufeinander abgestimmt.

2.4 Coaching-Techniken im TQM

- **Transferphase:** Die Ergebnisse der vorherigen Phase sind zunächst noch unklare Vorstellungen über mögliche Veränderungen (in Form von Symbolen oder Metaphern). Im nächsten Schritt werden die analogen Vorstellungen durch systematische Fragestellungen in die Realität übersetzt.
- **Handlungsorientierungsphase:** In dieser Phase wird ein gewichteter und von allen getragener Maßnahmenkatalog erstellt. In diesem werden wie beim Moderationszyklus die Aufgaben mit Terminen für die einzelnen Personen festgelegt, damit die Umsetzung bzw. Übertragung in den Arbeitsalltag gewährleistet werden kann. Die Maßnahmen bzw. Ergebnisse müssen klar formuliert und von allen akzeptiert werden. Es wird das weitere Vorgehen festgelegt.
- **Abschlußphase:** Diese Phase sollte wie beim Moderationszyklus ein bewußtes und für alle erlebbares Ende darstellen. Es werden die inhaltlich-sachlichen Ergebnisse wiederholt, der Prozeß, mit dem das Ergebnis zustande (oder nicht zustande) gekommen ist, reflektiert und überprüft, ob die Bedürfnisse, Wünsche und Erwartungen der Teilnehmer erfüllt wurden.

- Übertragen der Symbole und Metaphern auf die reale Situation

Der Einsatz der Reflexionstechniken ist besonders für Persönlichkeits- und Teamentwicklungen sowie für die Entwicklung einer Unternehmensvision geeignet. Es ist jedoch sinnvoll, sich dafür kompetente Unterstützung von einem externen Trainer zu holen.

- Reflexion für Persönlichkeits- und Teamentwicklungen

Fazit

Die Einführung von TQM in einem Unternehmen ist für jeden einzelnen Mitarbeiter mit großen Veränderungen verbunden. Bei dieser Neuorientierung haben die Führungskräfte die Schlüsselfunktion, denn sie sind diejenigen, die den Mitarbeitern die Orientierung für veränderte Denk- und Verhaltensweisen geben und vorleben müssen. Dafür müssen die Führungskräfte ihre Mitarbeiter als Kunden betrachten, denen sie eine individuelle Dienstleistung erbringen. Dies erfordert veränderte Führungsqualitäten, deren Entwicklung durch den strukturierten und systematischen Einsatz der oben beschriebenen Techniken unterstützt wird. Wie bei jeder anderen Kunst-Fertigkeit erfordert auch die Entwicklung von Führungsqualitäten kontinuierliches und konsequentes Training. Es ist allerdings nicht ausreichend, Führungskräfte-Seminare zu besuchen. Durch reine Wis-

- Nur durch Training ist Veränderung möglich

- Der systematische Einsatz der Techniken unterstützt den Veränderungsprozeß

sensvermittlung erwirbt der Mensch nur schätzungsweise 20% seines Wissens. Insbesondere soziale Kompetenz wird entweder in konkreten Praxissituationen (im Kontakt zu anderen Personen und der direkten Auseinandersetzung mit konkreten Problemen) erworben oder durch Nachahmen der Verhaltensweisen von Vorbildern.

Führungskräfte müssen dabei nicht stereotypen Anforderungsprofilen gerecht werden. Sie sollten vielmehr die ständige Bereitschaft zum Lernen in der konkreten Praxissituation aufbringen und vor allem die kontinuierliche und konsequente Auseinandersetzung mit den eigenen Denk- und Verhaltensweisen nicht scheuen. Dies läßt sich am besten in Zusammenarbeit mit den Mitarbeitern bei kontinuierlichem und konsequentem situationsadäquatem Einsatz der oben beschriebenen Techniken realisieren.

Literatur

1 *Höhler*, G. [1992]: Spielregeln für Sieger. 3. Aufl., Düsseldorf u. a.: Econ.
2 *Loos* , W. [1992]: Coaching für Manager: Konfliktbewältigung unter vier Augen. 2. Aufl., Landsberg a. Lech: Moderne Industrie.
3 *Drosdowski*, G. (Hrsg.): Duden „Ethymologie": Herkunftswörterbuch der deutschen Sprache. Bd. 7, 2., völlig neu bearb. Aufl. Mannheim u. a. Dudenverl. 1989.
4 *Halberfellner*, R.; Daenzer, W. F. (Hrsg.) [1994]: Systems engineering: Methodik und Praxis. 8. verb. Aufl., Zürich: Industrielle Organisation.
5 *Warnecke*, H.-J. [1996]: Die fraktale Fabrik. Revolution der Unternehmenskultur. Reinbek b. Hamburg: Rohwohlt.
6 *Watzlawick*, P.; *Beavin*, J. H.; *Jackson*, D. D. [1990]: Menschliche Kommunikation. Formen, Störungen, Paradoxien. Bern u. a.: Huber.
7 *Westkämper*, E. [1994]: Eigenverantwortung. Grundlage für das Qualitätsmanagement in einer dynamischen lernfähigen Unternehmensorganisation. ZQ Nr. 4: Sonderteil Zertifizierung. ZE43–ZE53.
8 *König*, E.; *Volmer*, G. [1996]: Systemische Organisationsberatung. Grundlagen und Methoden. 4., überarb. Aufl., Weinheim: Deutscher Studien-Verl.
9 *Malorny*, Ch.; *Langner*, M. A. [1997]: Moderationstechniken Werkzeuge für die Teamarbeit. In: *Kamiske*, G. F. (Hrsg.) Pocket Power. München u. a.: Springer.
10 *Staehle*, W. [1994]: Mangement: eine verhaltenswissenschaftliche Perspektive, 7., Aufl., überarb. von Conrad, P.; Sydow, J München: Vahlen.
11 *Klebert*, K.; *Schrader*, E.; *Straub*, W. G. [1996]: Moderationsmethode: Gestaltung der Meinungs- und Willensbildung in Grup

pen, die miteinander lernen und leben, arbeiten und spielen. 7. Aufl., Hamburg: Windmühle.
12 *Höhler*, G. [1997]: Herzschlag der Sieger. Die EQ-Revolution. Düsseldorf u. a.: Econ.
13 *Norretranders*, T. [1994]: Spüre die Welt. Die Wissenschaft des Bewußtseins, Reinbek b. Hamburg: Rowohlt.
14 *Glasl*, F. [1980]: Konfliktmanagement – Diagnose und Behandlung von Konflikten in Organisationen. 2. Aufl., Bern u. a.: Haupt.
15 *Kellner*, H. [1996]: Projekte konfliktfrei führen: wie Sie ein erfolgreiches Team aufbauen, München u. a.: Hanser.
16 *Gordon*, T. [1982]: Managerkonferenz. Effektives Führungstraining, Reinbek b. Hamburg: Rowohlt.
17 *Schulz von Thun*, F. [1996]: Miteinander Reden 1. Störungen und Klärungen. Allgemeine Psychologie der Kommunikation. 1. Aufl. 1981, Reinbek b. Hamburg: Rowohlt.
18 *Crisand*, E.; *Pitzek*, A. [1993]: Das Sachgespräch als Führungsinstrument, Arbeitshefte Führungspsychologie. Bd. 20, Heidelberg: Sauer.
19 *Fatzer*, G. (Hrsg.) [1993]: Organisationsentwicklung für die Zukunft: ein Handbuch, Köln: Ed. Humanistische Psychologie.
20 *Mayrshofer*, D. [1995]: Funktionstrennung zwischen Projektleiter und Prozeßbegleiter als Grundlage für effiziente Projektsteuerung, Projekt Management, 6. Jg., Nr. 3, S. 16–20.

3 Vertrauensmanagement

3.1 Vertrauensmanagement

J. Tikart

Statement von Johann Tikart zum notwendigen Aufbruch in der Wirtschaft:

„Deutschland steht unmittelbar vor einem großen Aufbruch. In Deutschland wurden in der Vergangenheit exzellente Fähigkeiten erworben, wie man neue Produkte entwickelt, sie kostengünstig produziert und distribuiert und wie man neue Marktchancen erkennt. Die Frage, was wir machen und wie wir etwas machen, ist geklärt. Die Frage aber, *wofür* wir etwas machen, ist nicht beantwortet, da wir uns dominant mit der Form und nicht mit dem Inhalt beschäftigen.
Die Beschäftigung mit dem Inhalt jedoch ist ein elementares Bedürfnis der Menschheit. In den letzten Jahrzehnten der industriellen Entwicklung war aus betriebswirtschaftlichen Notwendigkeiten heraus ein Unternehmen so gestaltet, daß eine Divergenz entstehen mußte zwischen dem, was betriebswirtschaftlich notwendig ist und dem, was Menschen als ein sinnerfülltes Leben betrachten.
Die Sinnerfüllung des Lebens, nach der jeder Mensch seine tiefe Sehnsucht hat, wird den Menschen im Berufsleben heute verwehrt. Als Resultat versuchen Menschen in verzweifelter Weise ihre Sinnerfüllung im Freizeitbereich zu erlangen. Im Extremen könnte man hier Drogenkonsum und Sektenzulauf nennen, um zu verdeutlichen, was gemeint ist.
In Deutschland findet keine inhaltliche Diskussion über Ganzheitlichkeit statt. Diese muß jedoch in nächster Zeit – unter Einbeziehung der Kunst, der Wissenschaft, der Religion, der Medizin – stattfinden. Der entscheidende Impuls zur Neugestaltung dieser Welt kann letztendlich nur aus der Wirtschaft kommen, da sie allein wirkliche Setzungsmacht besitzt."

Der Sinn eines Wirtschaftsunternehmens ist die Erzielung eines wirtschaftlichen Erfolges für die Gegenwart und die Zukunft. Die Sicherstellung dieses Erfolges ist der primäre Auftrag des Unternehmens und damit der aller Mitarbeiter.

- Der wirtschaftliche Erfolg ist der primäre eines Unternehmens

- Der Markt ist der Schauplatz des Geschehens. Dort werden die Bedingungen unseres Handelns bestimmt

Ein Unternehmen wird diesem primären Auftrag nicht gerecht, wenn der wirtschaftliche Erfolg lediglich als zufällige Differenz zwischen Erlös und Aufwand verstanden wird.
Der wirtschaftliche Erfolg, z. B. als operativer Gewinn definiert, ist die primäre Planungsgrundlage des Unternehmens und als nicht variabel zu betrachten. Die gesamte Kostenstruktur eines Unternehmens ist danach auszurichten. Dies bedeutet u. a. auch, daß die Kostenstruktur eines Unternehmens so gestaltet sein muß, daß in einer Zeit einer wirtschaftlichen Rezession, also bei einem massiven Umsatzeinbruch, das Unternehmen nach wie vor erfolgreich operiert, d. h. weiterhin einen positiven Betriebsgewinn erzielt.

Die Bedingungen für ein Unternehmen sind heute weitaus schwieriger, als sie früher waren. Ganz besonders die Veränderung der Märkte, die Dynamik der Märkte, die Differenzierung der Kundenbedürfnisse und die Unbeständigkeit von Marktsegmentierungen stellen an das Unternehmen ein hohes Maß an Anpassungsfähigkeit. In dieser Situation kann ein Unternehmen nur dann erfolgreich sein, wenn es die gleiche Beweglichkeit, die gleiche Dynamik wie die Märkte besitzt, wenn es wie ein Spiegelbild des Marktes erscheint.

Wir haben uns deswegen schon vor Jahren ein Unternehmensziel gegeben, das lautet:

> Entwicklung der Eigenschaft, im höchsten Maße anpassungsfähig zu sein, gegenüber den sich permanent verändernden Bedürfnissen und Chancen des Marktes, ohne die Vorteile einer industriellen Serienproduktion zu verlieren.

Die Entwicklung von Beweglichkeit bedeutet vor allen Dingen das Abwerfen von Ballast. Ballast ist all das, was uns heute hindert, heute das zu tun, was wir heute als richtig erkennen, unabhängig davon, was wir gestern als richtig erkannt hatten und folglich getan hatten.

Ballast finden wir überall:
- Lagerbestände
- Liefertermine
- Organisationsstrukturen
- Organisationsabläufe
- Denkgewohnheiten

Ein Unternehmen, dem es gelingt, solchen Ballast abzuwerfen, entwickelt sich damit zu einer Lean Company.

3.1 Vertrauensmanagement

Wenn wir die uns zur Gestaltung eines Unternehmens verfügbaren Ressourcen betrachten, dann stellen wir fest, daß der Mensch die Ressource ist, die die Forderung nach einem Höchstmaß an Beweglichkeit am ehesten und am besten erfüllen könnte. Die Entwicklung der Ressource Mensch zum kreativ gestaltenden Element eines Unternehmens ist der Weg zum Erfolg des Unternehmens. Deshalb bekennen wir uns dazu:

• Allein der Mensch kann ein Höchstmaß an Beweglichkeit entwickeln

> Der Mensch steht im Mittelpunkt.

Wir haben uns deswegen drei Orientierungen gegeben. Orientierungen, die uns bei unserem täglichen Entscheiden helfen sollen, die richtigen Wege zu gehen.
Weil der wirtschaftliche Erfolg unser primäres Ziel ist, bekennen wir uns dazu:

> Wir sind leistungsorientiert.

Weil aber der Mensch im Mittelpunkt stehen soll, darf Leistung nicht als etwas verstanden werden, das die Menschen als Bürde, als Unterdrückung empfinden.
Eine vornehme Aufgabe der Führung ist es, Bedingungen zu schaffen, unter denen Menschen Freude und Spaß an ihrer Leistung empfinden können und dafür auch die Anerkennung finden.
Weil wir wissen, daß wir unseren Erfolg ausschließlich auf dem Markt finden können, weil wir wissen, daß der Markt der Indikator dafür ist, ob unser Tun gut oder weniger gut ist, und weil wir wissen, daß der Nutzen, den wir den Kunden bieten, die Voraussetzung für den Erfolg ist,

• Drei Orientierungen helfen uns, den richtigen Weg zu gehen

> sind wir marktorientiert.

Die Leistungsorientierung verlangt von jedem seine individuelle Leistung. Den Erfolg haben wir dann gemeinsam.
Weil wir wissen, daß die Motivation unserer Mitarbeiter, ihr Engagement, ihre Identifikation mit dem Unternehmen, ihr kreatives Potential die Quellen des Erfolges sind,

> sind wir mitarbeiterorientiert oder besser:
> sind wir menschenorientiert.

In diesem Zusammenhang sehen wir nicht nur unsere Mitarbeiter, sondern auch unsere Kunden, unsere Lieferanten und das gesamte soziale Umfeld.
Raum zu schaffen, daß sich das kreative Potential, das in jedem unserer Mitarbeiter steckt, nicht nur im Freizeitbe-

reich, sondern auch im beruflichen Bereich voll entfalten kann, ist die vornehmste Aufgabe der Führung.
Jeder Mensch hat ein ganz natürliches Streben nach Anerkennung. Wenn wir wissen, daß wir diese Anerkennung nur finden, wenn wir den von uns gemeinsam gefundenen Orientierungen folgen, so geschieht dies ohne äußeren Zwang auf natürlichem Wege.
Philosophien nutzen uns wenig, wenn sie nur auf dem Papier stehenbleiben und nicht Wirklichkeit werden.
Wie können wir den Anspruch „der Mensch steht im Mittelpunkt" in unserem Unternehmen Wirklichkeit werden lassen?
Es geht darum, das ganze Unternehmen neu zu denken und gegebenenfalls neu zu gestalten. Für die Neugestaltung haben wir uns drei Organisationsprinzipien gegeben:

- Drei Organisationsprinzipien

• das Prinzip der Selbststeuerung,
• das Prinzip der Funktionsintegration und
• das Prinzip der Eigenverantwortlichkeit.

Das Prinzip der Selbststeuerung besagt, daß das Geschehen nicht von einer zentralen Stelle im Hintergrund, sondern am Ort des Geschehens durch die Sachkompetenz vor Ort gesteuert wird.
Das Prinzip der Funktionsintegration besagt, Aufhebung der Arbeitsteilung, Zusammenführen, was zusammengehört, und Finden einer prozeßorientierten Organisationsform.
Das Prinzip der Eigenverantwortlichkeit besagt, jeder ist für das selbst verantwortlich, was er tut. Im Rahmen seines Handlungsspielraumes wählt er für die Bewältigung seiner Aufgabe den Weg, den er eigenverantwortlich als richtig erkennt. Kollegen und Vorgesetzte helfen dabei.

- Die Organisation muß menschengerecht gestaltet werden

Wenn die Beweglichkeit und die Kreativität unserer Mitarbeiter die Quellen unseres Erfolges sein sollen, so geht es darum, Organisationsformen und Formen der Zusammenarbeit zu entwickeln, die dem natürlichen Verhalten der Menschen entsprechen.
Wir wollen das Unternehmen nicht so gestalten, daß es nur dann funktioniert, wenn Menschen sich entgegen ihrer Natur verhalten. Unsere Kreativität und Phantasie ist gefordert, das natürliche Verhalten der Menschen so zu lenken, daß es positiv für das Unternehmen wird. Wie das geschehen kann, das finden wir beim Betrachten der Natur, beim Studium der Evolutionslehre reichlich.
Es geht nicht darum, daß wir zunächst bessere Menschen brauchen, wir brauchen nur natürliche Menschen.
Durch unsere Erziehung, durch unsere leidvollen Erfahrungen, durch die Rollen, die wir im Leben spielen müssen, ha-

3.1 Vertrauensmanagement

ben wir uns von diesem natürlichen Zustand weit entfernt. Auch diesen Ballast müssen wir abwerfen. Und dies beginnt in unseren eigenen Köpfen. Bei der Neugestaltung und der ständigen Verbesserung des Unternehmens ist es, dem natürlichen Bedürfnis der Menschen folgend, notwendig, daß unsere Mitarbeiter von Anfang an in diesen Prozeß integriert sind. Da die Weisheit nicht in einem Kopf versammelt ist, brauchen wir alle.

Wir müssen ein Klima schaffen, in dem wir in offener Kommunikation gemeinsam unseren Weg gehen. Die Voraussetzung für eine offene Kommunikation ist jedoch das gegenseitige Vertrauen.

• Offenheit setzt Vertrauen voraus

> Vertrauen kann sich nur entwickeln,
> wenn ich aktiv Vertrauen bringe.

Vertrauen kann sich nicht entwickeln, wenn ich mich zunächst zurückziehe und mich dem mir Neuen, Unbekannten gegenüber abwartend verhalte, nach dem Motto: „Mal sehen, ob der andere meines Vertrauens würdig ist!" Nur mein aktives Vertrauen-Entgegenbringen kann Vertrauen schaffen. Und da muß ich bereit sein, dieses Vertrauen aufrechtzuerhalten, auch wenn ich das erste und das zweite und das dritte Mal enttäuscht werde. Solange bis der andere auch Vertrauen entgegenbringen kann und so eine Vertrauensbrücke entsteht.

Vertrauen kann aber auch dann nicht entstehen, wenn Menschen sich nicht öffnen können, weil sie Ängste haben. Deshalb ist es eine weitere vornehme Aufgabe der Führung, solche Ängste abzubauen.

• Vertrauen setzt Abbau von Ängsten voraus

So wie es bei einem Qualitätsmanagement darum geht, die Hindernisse aufzuspüren, die der Entwicklung einer natürlichen Qualität im Wege stehen, so geht es beim Vertrauensmanagement darum, die Ängste aufzuspüren, die verhindern, daß sich Menschen frei entfalten können.

Der Weg aus einer Welt voller Ängste, voller Mißtrauen, voller Vorbehalte und Vorurteile ist ein sehr schwieriger Weg. Er stellt an uns selbst sehr hohe Ansprüche, weil wir uns selbst zunächst zurücknehmen müssen. Vertrauensvoll das geschehen lassen, was unsere Mitarbeiter eigenverantwortlich tun, ohne immer wieder voller Mißtrauen direkt eingreifen zu wollen, das ist die Last. In diesem Sinne sind wir selbst unser größtes Hindernis.

Viele Unternehmen haben sich in der letzten Zeit entschlossen, diesen Weg zu gehen. Und nach meiner Überzeugung

wird jedes Unternehmen diesen Weg gehen müssen, auch wenn es jedesmal ein eigener Weg ist.
Wir werden damit kein Paradies auf Erden schaffen, aber unserem Auftrag besser gerecht werden. Und es mag uns trösten, daß der erste Schritt der schwierigste ist.
Denn der erste Erfolg ist der Vater aller weiteren Erfolge.

3.2 Von der Zweck-Gemeinschaft zur Sinn-Gemeinschaft

H. Lietz

Qualität durch Menschen

- Qualität wird vom Menschen erzeugt, Maschinen sind Hilfsmittel

Der europäische Weg zur Erzeugung von Qualitätsprodukten hat viele Jahre auf der Annahme basiert, daß Maschinen zuverlässiger seien als Menschen. Man hat geglaubt, durch Automation das Qualitätsproblem lösen zu können.
Heute wissen wir, daß das ein Irrtum war. Wir brauchen zwar Maschinen, wir brauchen auch die Automation, aber Qualität wird letztlich nur durch Menschen erzeugt. Ein großer Teil unserer Qualitätsprobleme ist mitarbeiterbedingt, weil die Mitarbeiter ein zu geringes Interesse an ihrer Arbeit und an der Qualität ihrer Arbeit haben. Sie haben ein zu geringes Interesse an dem Nutzen, den sie mit ihrer Arbeit anderen Menschen bieten wollen.
Qualität muß von Menschen in Produkte hineinkonstruiert, hineinentwickelt werden und sie muß von Menschen produziert werden, statt herausgeprüft zu werden. Das sind banale Feststellungen. Aber wird dieses Wissen von den meisten Unternehmen wirklich in die Praxis umgesetzt?

Das Unternehmen als Energie-System

Es gibt viele Betrachtungen darüber, was ein Wirtschafts-Unternehmen ist, was seine innere Struktur ausmacht, wie ein Unternehmen erfolgreich wirtschaften kann.
Gehen wir auf die letzten Ursachen zurück, die in einem Unternehmen wirken, dann kommen wir zu der Feststellung, daß ein Unternehmen ein Energie-System ist. Wirtschaftli-

cher Erfolg, ausgedrückt durch betriebswirtschaftlich definierten Gewinn, wird erreicht durch Bündelung möglichst aller Energien auf ein Haupt-Ziel. Solch ein Haupt-Ziel könnte z.B. sein, den Erfolg der Kunden zu fördern durch termingerechte Lieferung von Qualitätsprodukten zu niedrigsten Kosten und Preisen.

• Ein Unternehmen ist ein Energiesystem

Statt der Bündelung der Energien und Kräfte eines Unternehmens kann man die Energien auch auf viele Ziele verzettelt einsetzen. Dann wird man für keines der Ziele genügend Energien einsetzen können und wird auch nicht den gewünschten Erfolg erreichen.

Bei den Energien des Unternehmens handelt es sich um die verfügbaren finanziellen Mittel des Unternehmens, um die in Grundstücken und Gebäuden, in Maschinen und anderen Sachanlagen sowie die im Umlaufvermögen gebundenen und genutzten Energien. Die wichtigsten Energien kommen jedoch von den im Unternehmen arbeitenden Menschen. Hier haben wir es mit deren physischen und seelisch-geistigen Energien zu tun. Die physischen Energien lassen sich nicht getrennt von den seelisch-geistigen betrachten. Traurige, deprimierte, frustrierte Menschen haben in der Regel auch geringere physische Energien und einen geringeren Arbeitsantrieb als freudig gestimmte Menschen.

• Die wichtigsten Energien kommen vom Menschen

Von der Physik her kennen wird die Unterteilung in potentielle und kinetische Energie.

> In vielen Unternehmen haben wir einen hohen Anteil potentieller und damit ungenützter Energien. Sie werden überhaupt nicht in Produktivität umgesetzt.

Bei der kinetischen Energie der Mitarbeiter müssen wir uns fragen, wohin diese Energien fließen und wieviele dieser Energien für Reibungskräfte zwischen den Menschen vernichtet werden.

Für welche Ziele werden die Energien eingesetzt? Für die Ziele der Geschäftsleitung oder für z.T. abweichende, persönliche Ziele der Führungskräfte? Oder verfolgen die Mitarbeiter eher noch ihre ganz persönlichen Ziele zu ihrem eigenen Nutzen?

• Werden die Energien mißbraucht oder zielorientiert gebraucht?

In welchem Maße werden die Ziele der Geschäftsleitung von den Führungskräften, in welchem Maße werden die Ziele der Führungskräfte von den Mitarbeitern akzeptiert? Welche Bedingungen müssen für die Akzeptanz von Zielen erfüllt werden?

Von der M.I.T.-Studie zur schlanken Produktion wissen wir, daß ein großer Teil des Erfolgs dieses Management-Konzepts darauf zurückzuführen ist, daß die Mitarbeiter ihr Unternehmen als eine Gemeinschaft erleben, ich nenne es eine Sinn-Gemeinschaft.

In der Bundesrepublik wird seit vielen Jahren proklamiert und daran appelliert, daß das Unternehmen als Gemeinschaft zu betrachten sei und es wird z.T. geglaubt, daß wir diesen Zustand hätten. Die Realität sieht jedoch anders aus. Etwa 90% aller Unternehmen sind Zweck-Gemeinschaften. Sehr viele dieser Unternehmen versuchen, das Konzept der schlanken Produktion einzuführen und stützen sich dabei fast ausschließlich auf die Einführung neuer Methoden und Techniken. Das ist ein rein mechanistisches Angehen, eine höhere Produktivität und Qualität erzielen zu wollen, das zwangsläufig scheitern muß.

- Zweckgemeinschaften sind noch weit verbreitet

Das Unternehmen als Zweck-Gemeinschaft

Was verstehen wir unter einem Unternehmen als Zweck-Gemeinschaft?

Die meisten Unternehmen in Deutschland haben keine von den Mitarbeitern getragene Unternehmensphilosophie, kein Leitbild mit immateriellen Werten, die sie als Grundlage ihrer Haupt-Ziele und ihres Handelns betrachten. Handeln die Unternehmen nicht nach einem Leitbild mit immateriellen Werten, so handeln sie zweckbestimmt nach materiellen Wertekategorien, d.h. vorrangig ergebnisorientiert. Ihr Unternehmens-Zweck ist es, zu entwickeln, zu produzieren und zu verkaufen, um einen bestimmten Umsatz und Gewinn zu erzielen. Der Unternehmenszweck wird in Zahlen dargestellt. Mit diesem gefühlsleeren Bild können sich Mitarbeiter nicht identifizieren. Das ist nicht ihre Welt. Der Mensch lebt eben *nicht vom Brot* und *nicht für Brot* allein. Die Mitarbeiter in diesem System sind Mittel zur Erreichung des Unternehmens-Zwecks. So hat der Organisations-Psychologe Oswald Neuberger einmal formuliert, daß es unrichtig sei, wenn behauptet werde, im Unternehmen stünden die Menschen im Mittelpunkt. Er sagte, die Wahrheit sei: „Der Mensch ist Mittel. Punkt." Das ist für die Mitarbeiter eine freudlose Wirklichkeit, denn sie werden zur disponiblen Sache abqualifiziert. Dieses Denken ist der Ausfluß unseres mechanistischen naturwissenschaftlichen Welt- und Menschenbildes.

- Mitarbeiter müssen die Unternehmensphilosophie mittragen können

- Achtung auf Gegenseitigkeit

Spüren die Mitarbeiter auf allen Ebenen, daß sie nicht geachtet werden, so achten sie auch ihre Vorgesetzten nicht. Erkennen die Mitarbeiter, daß sie nur Mittel zum Zweck sind, so betrachten sie das Unternehmen und ihre Arbeit

3.2 Von der Zweck-Gemeinschaft zur Sinn-Gemeinschaft

auch nur als Mittel zum Zweck für ihre Bedürfnisse. Im Sinne einer provokativen Darstellung von konträren Positionen, als Schwarz-Weiß-Darstellung, können wir sagen, daß die Unternehmensleitung versucht, die Mitarbeiter auszubeuten und daß im Gegenzuge die Mitarbeiter versuchen, das Unternehmen für ihre Zwecke auszubeuten. Die Mitarbeiter interessiert dabei wenig, wie die Überlebenssicherheit des Unternehmens gesichert werden kann. Deshalb kämpfen in Zweck-Gemeinschaften die Betriebsräte häufig gegen die Unternehmensleitung an, und sie wie auch viele Mitarbeiter verteufeln die Gewinnerzielung. Sie schützen auch die Drückeberger, die bewußten Minderleister. Lassen sich in solch einem System der Zweck-Gemeinschaft Produkte in hoher Qualität zu niedrigsten Kosten produzieren?

Wer als Mitarbeiter im Unternehmen als Zahlen ausgedrückte Ziele nicht selbst direkt beeinflussen kann, interessiert sich nicht für das Erreichen dieser Zahlen-Ziele. Sie motivieren ihn nicht.
Die Zweck-Gemeinschaft steht für ein Management, das weit überwiegend nur leitet und nicht führt, das vorgegebene Ziele mit Druck, d.h. Anwendung von Macht, erreichen will. Hierfür benötigt man keine Sozialkompetenz. Noch weniger braucht man eine sozioethische Kompetenz, bei der soziale Beziehungen durch ethische Werte geprägt sind. Und so wird letztlich eine Mißtrauenskultur geschaffen, die man nur insoweit akzeptiert, daß man hier das Geld für seinen Lebensunterhalt verdienen muß.

In einer Zweck-Gemeinschaft orientieren sich die Führungskräfte an den Personen, die ihnen Anweisungen geben, sei es aus Angst oder aus opportunistischen Gründen. Sie ahmen sie nach, weil sie meinen, nur durch gleiches Verhalten ebenso erfolgreich werden oder Macht erringen zu können. Sie bilden insoweit die dienernde Hilfstruppe ihrer Vorgesetzten. So entstehen die Bereichsegoismen. Freudloses Arbeiten erfolgt unkonzentriert, weil die Gedanken und Gefühle ständig zu den Tätigkeiten schweifen, die man lieber tun würde, also die Tätigkeiten, die einen Sinn erleben lassen. Daraus entsteht unkonzentrierte, hektische Arbeit mit viel Streß, die energieraubend ist.
Was sind die energetischen Nachteile der Zweck-Gemeinschaft?
Potentielle Energien werden nicht geweckt, nicht in dynamisches, zielgerichtetes Handeln umgesetzt.
Die kinetischen Energien werden nicht auf ein Haupt-Ziel

• Angst führt zu Unterwürfigkeit

• TQM läßt sich mit Zweckgemeinschaften nicht verwirklichen

gebündelt sondern zu einem großen Teil zerstreut, indem sie auf unterschiedliche persönliche Ziele gelenkt werden. Wie will man in solch einem Umfeld die Mitarbeiter für eine Politik des TQM begeistern?

Das Unternehmen als Sinn-Gemeinschaft

Die Primärmotivation des Menschen ist sein Wille zum Sinn (Maslow). Sinn ist „die Voraus-Bedingung, unter der sich lebende Formen entwickeln, eine Art Baumuster oder Konstruktionsprinzip"[1]. Dazu gehört auch der Übergang von der Instinktsteuerung zur „bewußten Selbststeuerung und Selbstverantwortung"[2]. Die Steuerung des Menschen durch Sinn soll sein Überleben und sein Wachstum sichern. Das ist nur erreichbar durch „Dienstleistung gegenüber dem übergeordneten System"[3], das ist das soziale System, in das Unternehmen eingebettet sind.

Bezeichnet der Zweck eine Sache, eine Handlung oder eine Aufgabe, so beschreibt der Sinn ihre Bedeutung. Die Erfüllung des Sinns geschieht durch die Verwirklichung des in jeder Situation Bestmöglichen.

Mangelnde Zweckhaftigkeit kann durch „Sinn" aufgewogen werden. Aber Sinnlosigkeit ist auf Dauer durch nichts zu ersetzen, auch nicht durch eine verstandesmäßig einsehbare Zweckmäßigkeit (Böckmann, S. 22).

Was kennzeichnet nun ein Unternehmen als Sinn-Gemeinschaft?

Die Dienstleistung gegenüber dem System, der Gesellschaft, wird beschrieben in einem Leitbild. Das Leitbild ist ein Katalog der Werte, die in diesem Unternehmen zugunsten des übergeordneten Systems und des Systems „Unternehmen" verwirklicht werden sollen.

• Eine Sinngemeinschaft verbindet Menschen miteinander

Ein Unternehmen als Sinn-Gemeinschaft zeichnet sich dadurch aus, daß hier eine Unternehmensphilosophie, ein Leitbild, mit festgeschriebenen immateriellen, ethischen und somit zeitlosen Werten wirkt, die fast alle Betriebsangehörigen für sich als verbindliche Grundlage ihres Denkens und Handelns ansehen können. Ethische Werte erzeugen ein Wir-Gefühl. Das sind z.B. Gefühls-

---

[1] Böckmann, Walter: Sinnorientierte Führung als Kunst der Motivation, S. 11, verlag moderne industrie, Landsberg/Lech, 1987
[2] derselbe, S. 14
[3] derselbe, S. 15

3.2 Von der Zweck-Gemeinschaft zur Sinn-Gemeinschaft

werte wie Harmonie und Miteinander und Füreinander in der Zusammenarbeit, der Stolz auf die eigene Arbeit.
Die Sinn-Gemeinschaft steht für natürliche Führung, für „leadership" und damit für eine Vertrauenskultur, auch im Verhältnis zum Betriebsrat.

• Sinn-Gebung schafft Vertrauen

Die immateriellen Werte, von denen hier die Rede ist, sind z.B. oberste Ziele in bezug auf die Haltung des Unternehmens zu seinen Kunden, zu seinen Mitarbeitern, seinen Lieferanten und Geldgebern und zu seiner Umwelt. Es geht primär darum, welchen Nutzen es den Kunden, den Mitarbeitern bieten will. Erst aus diesen obersten Zielen werden materielle Ziele, wie z.B. notwendiger Umsatz und Gewinn entwickelt, die aber letztlich dem Erreichen der immateriellen Ziele dienen sollen. Wenn höhere Werte als Motivatoren vorliegen, wird von den Mitarbeitern auch akzeptiert, daß ein Unternehmen seinen Kunden und seinen Mitarbeitern keinen dauerhaften Nutzen bieten kann, wenn es nicht genügend Gewinn macht, um Innovationen und Investitionen finanzieren und Entwicklungs- und Marktrisiken tragen zu können.

Die Gewinnerzielung wird zur sozialen Verpflichtung, auch für den Betriebsrat und die Mitarbeiter. Bewußte Minderleistung in der Sinn-Gemeinschaft ist eine Schädigung der Gemeinschaft und wird hier vom Betriebsrat und den Mitarbeitern nicht geduldet.

• Sinn-Gemeinschaft schließt Gewinnerzielung ein

In einer Sinn-Gemeinschaft achten die Menschen sich untereinander als gleichwertige Personen, ungeachtet ihrer betrieblichen Funktion und Rangstellung. Für die Geschäftsleitung sind die Mitarbeiter Partner, denen Wertschätzung entgegengebracht wird. Das hat zur Folge, daß eben auch die Vorgesetzten Wertschätzung von ihren Mitarbeitern erfahren.

In einer Sinn-Gemeinschaft orientieren sich die Führungskräfte weitgehendst am Leitbild mit seinen immateriellen Werten. Jeder Vorgesetzte kann auf die Einhaltung der sich aus dem Leitbild ergebenden Anforderungen an sein Verhalten hingewiesen werden. Erst hieraus ergibt sich ein Miteinander und Füreinander, ein Teamverhalten aller bei Entscheidungen und bei der Steuerung der betrieblichen Abläufe, weil alle

- Was Sinn macht, wird gerne gemacht

sich einem höheren Sinn als Ziel verpflichtet fühlen. In der Arbeit, aber noch mehr in den positiven sozialen Beziehungen erlebt der einzelne Mitarbeiter den gesuchten Sinn, der ihn begeistert, der seine Arbeit „be-Geist-et". Seine Gedanken und Gefühle sind dann bei seiner Arbeit. Er arbeitet konzentrierter und macht weniger Fehler. Also gibt es auch weniger Hektik und Streß. Er verbraucht trotz intensiverer Arbeit weniger Energie als in einer Zweck-Gemeinschaft und ermüdet also weniger.

- Von der ausführenden zur mitdenkenden Ebene

In einer Sinn-Gemeinschaft, die allen Beschäftigten ein höheres Verantwortungsbewußtsein abverlangt, können möglichst viele Entscheidungen auf die untersten Hierarchie-Ebenen verlagert werden. Prozeßorientiertes Denken („Wie mache ich das?" statt „Kann ich das?") steht hier vorrangig vor ergebnisorientiertem Denken. Erst in einer Sinn-Gemeinschaft findet die dezentrale Lenkung und Steuerung als Selbstorganisation statt, die ein Unternehmen erfolgreicher macht als zentral geleitete Wettbewerber.

Die Vorteile liegen insgesamt in einem besseren Management seelisch-geistiger Energien, die ja wiederum die physischen Energien steuern. Potentielle Energien werden geweckt und die kinetischen Energien fließen bestens gebündelt auf die notwendigen Unternehmens-Ziele zu.

Von der Leitungstätigkeit in der Zweck-Gemeinschaft zur Führungstätigkeit in der Sinn-Gemeinschaft

In der Sinn-Gemeinschaft müssen die Manager, statt ihre Mitarbeiter vorwiegend nur zu leiten, sie wirklich führen. Die Manager brauchen dazu sozioethische Führungskompetenz.

Die inneren Prozesse von Menschen, ihre seelisch-geistigen Strebungen, ihre innere Motivation, werden durch Führung beeinflußt. Führung ist aber etwas anderes als Leiten. Wer überdurchschnittliche Leistungen erreichen will, muß zunächst einmal den Unterschied kennen.

Es muß deshalb streng zwischen Leiten und Führen als zwei Seiten einer Medaille, als sich bedingenden Teilen eines ganzheitlichen Managements, unterschieden werden.

Was ist Leiten?

> Leiten bedeutet, sachliche Prozesse so zu strukturieren, daß die Funktionsfähigkeit von Abteilungen und die Erledigung notwendiger Aufgaben sichergestellt ist. Das ist die Arbeit auf der materiellen Ebene.

Leiten zielt auf äußeres, zweckgerichtetes Handeln zum Erreichen vorgegebener Ziele auch gegen Widerstand, Unwilligkeit oder Gleichgültigkeit. Leiten bedient sich eines aufgesetzten sozialen Verhaltens – als Mißverständnis von Sozialkompetenz, um zu manipulieren, um Ziele zu erreichen.

Leitung steuert, regelt Organisationen und die darin wirkenden Menschen ohne Rücksicht auf Sinnbedürfnisse der Menschen und die damit gegebenen verschiedenen Wirklichkeiten. Leitung ohne Führung setzt vorrangig auf das Erreichen materialistischer, also eigennütziger Ziele. Durch Mißtrauenskultur schafft Leitung ständig unterschiedliche, gegensätzliche Wirklichkeiten. Mit Druck und Zwang versucht man, diese zu vereinigen, was nur teilweise gelingen kann. Die Energien der Menschen und damit des Unternehmens können nur fragmentarisch, nur unvollständig auf die Ziele gebündelt werden.

- Leitung läßt einen Teil der Energien ungenutzt

Leitung erreicht durch Machtanwendung (Amtsautorität), z.B. durch Anweisungen und Druckausübung, daß die Funktionsfähigkeit von Abteilungen und Organisationsabläufen jeweils nur als mäßige oder unterdurchschnittliche bis durchschnittliche Mengenleistung, Qualitätsleistung und Terminerfüllung sichergestellt wird.

Die meisten Manager haben nicht verstanden, was effiziente Führung von Mitarbeitern heißt. Sie mißverstehen das als Leiten mit mechanistischer Anwendung von Führungstechniken, als sei der Mensch, mit dem sie es zu tun haben, ein Stück Metall, das sie nach eigenem Belieben für sich zurechtbiegen könnten.

Was ist Führen?

Unter Führen als ganzheitlich-sinnorientiertem Führen hat man richtigerweise die sinngebende Gestaltung sozioethischer Prozesse zu verstehen. Sozialkompetenz zu haben, also freundlich zu sein, sympathisch zu wirken, es mit dem anderen unverbindlich gut zu meinen – meist entsprechend den eigenen Vorstellungen und zu den eigenen Bedingungen –, ist zu wenig. Sozioethisch bedeutet, die soziale Kompetenz auf

- Führen können beweist, Sozialkompetenz zu besitzen

eine ethische Verbindlichkeit zu gründen. Das heißt, den anderen in seinem So-sein und in seinem Anders-sein anzunehmen und ihn im Inneren zu achten, ihn personal als gleichwertig zu sich selbst zu sehen und sich ihm gegenüber ethisch zu verhalten.

> Führen heißt uneigennütziger Dienstleister für Mitarbeiter zu sein, d.h. Mitarbeitern die notwendigen Arbeitsbedingungen zu schaffen, damit sie ihre Fähigkeiten für das Unternehmen optimal entfalten können. Führen verschafft Mitarbeitern Erfolgserlebnisse bei ihrer Arbeit, gemessen an von ihnen freiwillig selbst gesetzten, herausfordernden Zielen. Führen hat zwischenmenschliche Beziehungen positiv zu gestalten, also für den Mitarbeiter zu sein statt gegen ihn. Das bedeutet, dem Mitarbeiter Wertschätzung und Vertrauen entgegenzubringen. Das bringt Sinn in die Arbeit.

- Führen erzeugt eine positive Grundhaltung

Das Abwerten anderer ist dagegen Sinn-Diebstahl.
Führung zielt auf positive Veränderung der eigenen *inneren* Einstellungen, des Denkens über Mitarbeiter, Kollegen und Vorgesetzte und andere Menschen entsprechend den für eine ganzheitliche Führung gültigen ethischen Werten.
Führung befriedigt das Urbedürfnis der Mitarbeiter nach *unpersönlicher* Liebe und Harmonie, die ihre Form erhält durch Offenheit, Klarheit, Festigkeit und Konsequenz. Härte und Weichheit sind Charakterschwächen.
Führung formt aus Visionen des Positiven und Konstruktiven und des vorrangigen Gebens statt des egoistischen Nehmens das Aufbauende und Nutzenstiftende in der Arbeit, das von allen gemeinsam gewollt wird. So entsteht wirkliches Speed-Management. So wird beständig hohe Arbeitsqualität erzeugt und hoher Nutzen für Kunden.

- Ein schlankes Unternehmen ist ohne Sinngemeinschaft nicht vorstellbar

> Den Unterschied sehen wir z.B. beim Projektmanagement. Lean Management als Sinn-Gemeinschaft auch in Teams braucht ganz erheblich weniger Zeit und durchschnittlich erheblich weniger Mitarbeiter für ein Projekt.

Die japanische Autoindustrie mit schwergewichtigem Team-Management brauchte für ein Projekt nur Ø 333 Mitarbeiter, während deutsche Teams Ø 1.421 Mitarbeiter benötigen.
In den Unternehmen, wo überwiegend nur „gemanagt" wird und Führung nur in kleinen Ansätzen vorhanden ist, wo frustrierte Führungskräfte und Mitarbeiter vorwiegend nur Dienst nach Anweisung verrichten, ist eine totale Kunden-

orientierung, ist eine totale Qualitätsorientierung und ein Engagement der Führungskräfte und Mitarbeiter für ständige Verbesserungen des Leistungsprozesses sowie das Vermeiden von Verschwendungen nicht zu erreichen.
Der Entwicklung von sozioethischer Führungskompetenz steht meist das Mißverständnis von der notwendigen Macht des Managers im Wege. Das Management braucht Sanktionsmacht, um dem Gemeinwohl (Betriebsgemeinschaft) dienende Zwecke durchzusetzen. Wenn sich ein bedeutsamer Teil der Mitarbeiter gegen die vom Vorgesetzten verfolgten Maßnahmen zur Förderung der Betriebsgemeinschaft wendet, ihn damit als Führer ablehnt, ist er als Führungskraft ungeeignet.
Alle anderen Formen der Macht sind unnötig und verleiten nur zum Machtmißbrauch. Die Neigung, Macht egozentrisch anzuwenden, entsteht aufgrund von persönlicher Unsicherheit. Der Manager ist unsicher, von den Mitarbeitern als Führer nicht anerkannt zu werden. Er hat Angst, von Gegnern „vom Sockel gestoßen" zu werden; deshalb beißt er um sich.

- Unsichere Manager neigen zu Machtmißbrauch

Wie Menschen auf Macht reagieren, hat Thomas Gordon in seinem Buch: „Managerkonferenz" beschrieben.
In meinen Seminaren sagen mir am Ende viele Führungskräfte, daß sie erkannt haben, daß sie eigentlich nur Leitungskräfte sind.

Der praktische Weg von der Zweck-Gemeinschaft zur Sinn-Gemeinschaft

Ohne verbindende Werte mit Ewigkeitscharakter, das sind nun einmal nur ethische Werte, kann keine Sinn-Gemeinschaft entstehen.

Am Anfang müssen sich also Topmanagement und Führungskräfte Gedanken über das Leitbild machen, dem sie sich in ihrer täglichen Arbeit verpflichtet fühlen wollen. Es geht darum, auf die Fragestellungen Antworten zu finden, insbesondere auf das Leitmotiv, mit dem das Unternehmen als Dienstleistung dem übergeordneten sozialen System dienen will.
Wenn solch ein Leitbild gemeinsam erarbeitet wurde, so sollte es mit den anderen Hierarchie-Ebenen diskutiert werden. Es sollten möglichst viele Führungskräfte – je nach Unternehmensgröße – bis zur Meister- und Vorarbeiter-Ebene miteinbezogen werden.

- Das Leitmotiv des Unternehmens muß auf Konsens aller Mitarbeiter beruhen

Als nächster Schritt ist das Leitbild zu veröffentlichen und bis zum Werker bzw. der Mitarbeiterin an der Werkbank herunterzukommunizieren.

In gleicher Weise sollte die Strategie des Unternehmens überarbeitet und bis zum Mitarbeiter kommuniziert werden, also mit ihm besprochen werden. Gleiches gilt für die Ziele des Unternehmens.

Wenn die Mitarbeiter die Werte kennen, die von jedem im Unternehmen gelebt werden sollen, können sie das von ihren Vorgesetzten auch einfordern. Hiermit entsteht für die Vorgesetzten die Verpflichtung, die gemeinsamen Werte zu verwirklichen.

- Die Vorbildfunktion des Vorgesetzten

Wenn die Mitarbeiter die Strategie und die Ziele des Unternehmens kennen und wenn sie von gemeinsamen Werten positiv für das Unternehmen und ihre Vorgesetzten eingestellt sind, werden sie auch die Strategie und Ziele des Unternehmens mittragen.

- Führungskräfte müssen sich auf ihre Führungsaufgabe bewußt vorbereiten

Dieser Prozeß setzt aber voraus, daß aus den bisherigen Leitungskräften des Unternehmens Führungskräfte mit sozioethischer Kompetenz werden. In gezielten Trainings müssen Führungskräfte sich das Basiswissen für sozioethische Kompetenz aneignen und lernen, ihre innere Einstellung zu anderen Menschen zu verändern. Unser Denken prägt letztlich, was wir wahrnehmen und wie wir uns verhalten.

Wenn wir uns fragen, warum es seit Jahren so viele Führungstrainings gibt und warum sie so wenig bewirkt haben, dann liegt das einmal am falschen Menschenbild, dem naturwissenschaftlich-reduktionistischen Menschenbild. Die naturwissenschaftliche Psychologie kennt nicht die Ganzheit von Körper, Seele und Geist. Sie arbeitet mit einem Konstrukt eines psychophysischen Organismus und erforscht so das Wahrnehmen, Erleben und Verhalten dieses psychophysischen Organismus. Das Psychologie-Lexikon bezeichnet deshalb die Psychologie als eine Wissenschaft ohne Seele. Wie wollen Führungskonzepte, die den Menschen ohne Seele und ohne Verbindung zum Göttlichen sehen, eine effiziente Mitarbeiterführung bewirken, wenn sie nur mit dem halben Menschen arbeiten?

Das in den Trainings aufgenommene neue Wissen muß sofort angewendet werden. Anzuwenden ist es zuerst in der Familie der Führungskraft, weil in der Familie die schnellsten Rückwirkungen erzielt werden. Mit den erreichten Erfolgen läßt sich das neue Denken dann auf die Mitarbeiter, Kollegen und den Vorgesetzten übertragen. Das in den Trainings vermittelte neue Denken muß unbedingt stabilisiert werden. Die alten Denkprogramme, die das alte Verhalten erzeugen, z.b. abwertendes Reden über Mitarbeiter, der Hang zu Anweisungen und belehrendem Verhalten mit Rechthabenwollen, sind viel hartnäckiger, als wir uns das vorstellen können. Man schleppt diese Denkmuster und Einstellungen, die unseren Erfolg im Umgang mit Menschen behindern, ja meistens schon 10 bis 30 Jahre mit sich herum.

Am meisten macht den Führungskräften ihr Machtdenken und ein ausgeprägtes egozentriertes Denken und Verhalten zu schaffen. Deshalb kann die notwendige Bewußtseinsveränderung nur erreicht werden, indem man etwa in monatlichen Zeitabständen wieder für einen halben Tag mit dem *Trainer für sozioethische Kompetenz* beim Gruppencoaching zusammenkommt.

- Machtdenken ist in diesem Sinne hinderlich

Bei diesen Gruppencoachings werden die bisher gemachten Erfahrungen aufgearbeitet. Es gibt positive Erfahrungen, die die Führungskraft ermutigen, so weiterzumachen. Es gibt Ängste und Vorbehalte, daß man mit dem neuen Denken nicht mehr so stark sein, daß man ausgenutzt werden könnte. Und es gibt negative Erfahrungen, die ihn entmutigen. Das sind Erfahrungen, wo der einzelne glaubt, alles richtig gemacht zu haben, obwohl er unbewußt Fehler gemacht hat.

- Sich zum Führen zu qualifizieren ist ein Entwicklungsprozeß

Hier kann nur der Coach immer wieder ermutigen und durch Wiederholungen die richtigen Zusammenhänge aufzeigen. Der Coach muß den Nachweis liefern, daß nämlich das vermeintlich richtige Denken doch auf falschem Denken beruhte und daß so ein falsches Verhalten zustandekam, das zu Problemen mit Mitarbeitern, Kollegen oder dem Vorgesetzten führte.

Solch ein monatliches Gruppencoaching, das den Prozeß der Bewußtseinsveränderung der Führungskräfte und den Prozeß der Entwicklung zur Sinn-Gemeinschaft begleiten muß, dauert ungefähr zwei Jahre. Danach ist die nächsten zwei Jahre nur noch eine gelegentliche Beratung, etwa vierteljährlich erforderlich.

Insgesamt muß man als Zeitrahmen für die Entwicklung eines Unternehmens von der eher statischen Zweck-Gemeinschaft zur dynamischen Sinn-Gemeinschaft als schnell lernender Organisation ca. vier bis fünf Jahre an-

- Ein nachhaltiger Strukturwandel dauert mehrere Jahre

setzen. Bricht man diesen Prozeß zu früh ab, beherrschen bald wieder die alten Denkmuster das Verhalten. Es entsteht dann erneut der alte Frust mit dem tendenziellen Gegeneinander zwischen Führungskraft und Mitarbeitern sowie mit den hohen Reibungsverlusten zwischen den Bereichen.

Kann ganzheitliches, sinnorientiertes Führungstraining in Verbindung mit Gruppencoaching alle Leitungskräfte zu Führungskräften machen? Auch hier gibt es keine Wunder. Wir können grundsätzlich nur mit einer Erfolgsquote von etwa 95% rechnen, wenn in schwierigen Fällen auch mit Einzelcoaching gearbeitet wird.

Es könnte hier der Eindruck entstehen, daß Führen und die Sinn-Gemeinschaft mit dem positiven Denken zu erreichen sei, wie es in vielen Büchern gelehrt wird. Das geht so nicht. Sozioethische Kompetenz erlangt man durch Anwendung geistig-ethischer Gesetze, nicht allein durch positives Denken.

Kosten und Nutzen der Sinn-Gemeinschaft

Man könnte meinen, daß die Sinn-Gemeinschaft durch die vielen Trainings und Gruppencoachings eine teure Angelegenheit sei, die sich nur sehr gut verdienende Unternehmen leisten könnten. Aber das Gegenteil ist der Fall. Die heute vorherrschende Zweck-Gemeinschaft ist tatsächlich die teuerste Management-Konzeption, die es gibt.

- reine Zweckgemeinschaften sind teuer

Was kostet die Zweck-Gemeinschaft?

Die nachfolgende Tabelle (Bild 3.1) zeigt die Ergebnisse einer Studie des Fraunhofer-Institut für Systemtechnik und Innovation in Karlsruhe, die in 1998 veröffentlicht wurden. Es ist hier nicht bekannt, welche Unternehmen Sinn-Gemeinschaften und welche Zweck-Gemeinschaften waren. Die großen Unterschiede zwischen den Spitzen-Unternehmen und den unterdurchschnittlichen Unternehmen lassen jedoch den Schluß zu, daß die Spitzenunternehmen es besser geschafft haben, ihre Mitarbeiter für den Wandel zu neuen Technologien und Organisationsformen zu motivieren. Von vielen Unternehmen mit Gruppenarbeit, die als Entlohnungsform neben einer Mengenprämie auch eine Qualitätsprämie vorsehen, wird berichtet, daß die Mitarbeiter nach wie vor den gleich hohen

3.2 Von der Zweck-Gemeinschaft zur Sinn-Gemeinschaft

Meßkriterien	Spitzen-Unternehmen	durchschnittliche Unternehmen	unterdurchschnittliche Unternehmen
Σ Durchlaufzeit einfache Produkte (Zahnräder, Pumpengetriebe)	max. 1 Tag	14 Tage	> 14 Tage
Verteilung der Betriebe auf die einzelnen Leistungsgruppen	5%	50%	40%
Σ Durchlaufzeit komplexe Produkte (Werkzeugmaschinen, komplette Fertigungsanlagen)	≤ 3 Tage	< 30 Tage	max. 40 Tage
Verteilung der Betriebe auf die einzelnen Leistungsgruppen	5%	50%	40%
Lieferpünktlichkeit, Termintreue	100%	> 90%	≥ 80%
Verteilung der Betriebe auf die einzelnen Leistungsgruppen	5%	50%	80%
Qualität – als Ausschuß oder Nacharbeit gefertigter Teile	< 1%	3%	> 5%
Verteilung der Betriebe auf die einzelnen Leistungsgruppen	5%	50%	20%
Maschinen – technische Verfügbarkeit	> 98%	> 90%	< 80%
Verteilung der Betriebe auf die einzelnen Leistungsgruppen	5%	50%	40%

Bild 3.1 Umfrageergebnisse von 1300 Unternehmen (Quelle: Fraunhofer-Institut für Systemtechnik und Innovation, Karlsruhe)

Ausschußprozentsatz haben und sich stattdessen über eine überproportionale Mengensteigerung den gewünschten Lohn über die Mengenprämie sichern. Für diese Unternehmen ist das nicht so gut, da ja bei Ausschuß nicht nur die Maschinen- und Arbeitszeit sondern auch der Materialeinsatz verloren gehen. Das sind typische Zeichen einer Zweck-Gemeinschaft, wenn die Mitarbeiter aus überwiegend egoistischen Gründen nur auf ihren eigenen Vorteil bedacht sind. Eine höhere Qualität setzt nämlich eine erhöhte Konzentration bei der Arbeit voraus, die sie nicht aufbringen wollen. Es kann auch sein, daß die Arbeitssituation so gestaltet ist, daß sie eine höhere Konzentration nicht auf Dauer aufbringen können. Dann fragt sich, ob die Vorgesetzten wirklich am Wohlergehen ihrer Mitarbeiter und ihres Unternehmens interessiert sind.

Welche Vorteile bringt uns die Sinn-Gemeinschaft?

Insgesamt zeigen diese zitierten Untersuchungen, daß sich die Herstellkosten meistens noch um 5 bis 15 Prozent und

- Vom Zweck- zum Mit-Arbeiter

mehr senken lassen. Das entspricht einer Umsatzrendite um etwa 3 bis 9 Prozent. Man stelle sich vor, um wieviel besser die deutsche Industrie im internationalen Wettbewerb dastehen könnte und wieviel mehr Arbeitsplätze durch eine erhöhte Wettbewerbsfähigkeit nicht nur erhalten, sondern auch neu geschaffen werden könnten. Die Beschäftigten entwickeln sich vom Zweck-Arbeiter, der Geld verdienen muß, zum echten Mit-Arbeiter und weiter zum Mit-Verantwortlichen, der sich sehr effektiv und effizient selbst organisiert.

- Deutlich bessere Unternehmensergebnisse durch begeisterte Mitarbeiter

In einer Sinn-Gemeinschaft sinken deshalb die Kosten, z. B. die Fehlerkosten, die Maschinenausfallkosten und die Durchlaufzeiten für Produkte auf niedrigste Werte. Und die Reibungsverluste werden gewaltig abgebaut. Diese positiven Entwicklungen, die zu einer erheblichen Verbesserung der Wettbewerbsfähigkeit führen, werden dadurch erreicht, daß die Mitarbeiter *Begeisterung* für ihre Arbeit und Ziele entwickeln und daß sich die Mitarbeiter *mit-verantwortlich* für die Gemeinschaft fühlen. Insgesamt kann sich die Umsatzrentabilität um ca. 13 bis 25% verbessern, wenn diese Kostensenkungen nicht gleich wieder voll oder teilweise an die Kunden weitergegeben werden. Volle Leistung zu erzielen, bedeutet, eine Verfügbarkeit der Produktionsfaktoren von annähernd 100% zu erreichen.

Wer als Manager zu wenig Einfluß hat, um das ganze Unternehmen zur Sinn-Gemeinschaft zu verändern, kann wenigstens aus seinem Bereich oder seiner Abteilung eine Sinn-Gemeinschaft machen (Bilder 3.2 und 3.3).

- Die Zukunft gestalten wollen, heißt sich verändern können

Manager müssen die Zukunft gestalten wollen und können. Das erfordert eine ständige Veränderung als rechtzeitige Einstellung auf sich wandelnde Märkte. Wenn sie nicht als Bremser oder hilflose Statisten mit einem Teil ihrer Mitarbeiter auf die Abfindungs-Liste gesetzt werden wollen, müssen sie zu change agents werden. Wer andere verändern will, muß sich zuerst einmal selbst verändert haben oder zumindest in den Prozeß der Selbst-Transformation eingestiegen sein, indem man lernt, Mitarbeiter zu führen statt sie nur zu leiten.

3.2 Von der Zweck-Gemeinschaft zur Sinn-Gemeinschaft

Die „Abteilung" als Sinn-Gemeinschaft
Wie vorgehen ?

1. Entscheidung vom Abt.-Chef und engsten Mitarbeitern:
   Wollen wir eine Zweck-Gemeinschaft oder Sinn-Gemeinschaft sein?

2. Bekenntnis zum Dienstleister-Prinzip als Leitmotiv der Abteilung

   2.1 Dienstleister sein nach außen – zu anderen
   2.2 Dienstleister sein abteilungsintern – untereinander

3. Abt.-Chef als Dienstleister

   macht Bestandsaufnahme der
   - Stärken/Schwächen und
   - Neigungen/Abneigungen
   seiner Mitarbeiter

4. Abt.-Chef muß
   - optimale Arbeitsbedingungen für Mitarbeiter schaffen

   Mitarbeiter einsetzen (weitestgehend)
   - entsprechend ihren Stärken
   - entsprechend ihren Neigungen

5. Abteilungs-Gespräch

   5.1 Welche Ziele (Inhalt, Termin) will unsere Abteilung erreichen?
   5.2 Welche Ziele setzt sich der einzelne Mitarbeiter?

   Sinn: Jedem Mitarbeiter Erfolgserlebnisse durch Erreichen von herausfordernden Zielen zu verschaffen

6. Abt.-Chef – Kommunikation, Verhalten

   6.1 lebt äußere und innere Achtung der Mitarbeiter
   6.2 behandelt seine Mitarbeiter als personal gleichwertig zu sich
   6.3 wirkt dahingehend, wirbt dafür, daß seine Mitarbeiter sich untereinander und zu Kollegen, Mitarbeitern, genauso verhalten wie er als Chef, entsprechend 6.1 und 6.2

7. Visualisieren

   Monatlich als Fortschritte zur Sinn-Gemeinschaft
   7.1 Dienstleisterverhalten der Abteilung gegenüber anderen
   7.2 Dienstleisterverhalten des Chefs
   - Klarheit des Wollens, Offenheit, Festigkeit
   - Achtung der Mitarbeiter, Vertrauen – Beurteilung durch Mitarbeiter
   - Zuverlässigkeit, Hilfsbereitschaft
   7.3 Dienstleisterverhalten jedes einzelnen Mitarbeiters
   7.4 Ziele
   - erreichte Zwischen-Ergebnisse der Abteilung
   - seine erreichten Zwischen-Ergebnisse zeigt jeder einzelne Mitarbeiter offen sichtbar an seinem Arbeitsplatz

© Jürgen H. Lietz, Würzburg

Bild 3.2

Zweck- oder SINN-Gemeinschaft
Fragen zur Unternehmens- und Führungskultur

	-2	-1	0	+1	+2

1. Ist das Unternehmen eine Zweck-Gemeinschaft (Dominanz von Gelddenken als eindimensionaler Werteskala)? Denkt jeder vorrangig zuerst an sich selbt? Wertung: -2/ -1 oder: Ist das Unternehmen eine SINN-Gemeinschaft (Dominanz ethischer Werte mit Akzeptanz der Gewinnerzielung als sozialer Verpflichtung)? Denkt jeder vorrangig an die Förderung der Unternehmensinteressen? Wertung: +2/+1

2. Üben Führungskräfte überwiegend Macht aus, z.B. durch Ausüben von Druck, um Leistungen zu erreichen? Das ist negativ für die Führungs- und Unternehmenskultur.

3. Verstehen sich die Führungskräfte als Dienstleister, die Mitarbeitern optimale Arbeitsbedingungen für die Entfaltung ihrer Fähigkeiten schaffen, ihnen bei Bedarf helfen, Probleme zu lösen? Wirkt positiv auf die Führungs- und Unternehmenskultur.

4. Ist zwischen dem Topmanagement und den nachgeordneten Führungskräften ein volles Vertrauen auf beiden Seiten gegeben? Wenn nicht, ist das ein Zeichen für eine Mißtrauenskultur, typisch für die Zweck-Gemeinschaft.

5. Volle Offenheit und volles Vertrauen unter den Topmanagern?

6. Herrscht zwischen den Führungskräften volle Offenheit und volles Vertrauen? Zeichen für einer SINN-Gemeinschaft.

7. Herrscht zwischen Führungskräften und Mitarbeitern Offenheit und volles Vertrauen? Fühlen sich die Mitarbeiter voll geachtet (personal gleichwertig)? Herrscht eine Vertrauenskultur?

8. Funktioniert die bereichsübergreifende Zusammenarbeit oder gibt es hohe Reibungsverluste (= negativ, Blindleistung)?

9. Besteht ein Hang zur Bürokratie, einem großen Regelungsbedarf bei Abläufen, Absicherungsverhalten der Mitarbeiter?

10. Negative oder positive Einstellung zur Toleranz bei Fehlern?

11. Auswirkung der Fehlzeiten (Abweichung von der Soll-Arbeitszeit) gewerblicher Mitarbeiter? 3-4 % = sehr positiv; mehr als 9 % = sehr negativ.

12. Allgemeine Qualitätsprobleme und ihr Einfluß auf die Kosten und die Kundenzufriedenheit? Hoch oder niedrig?

13. Mitarbeiterbedingte Qualitätsprobleme, Ausschuß- und Nacharbeits-Kosten? Hoch oder niedrig?

14. Auswirkung der Maschinenausfallzeiten (Nichtnutzung teurer Anlagen) auf die Produktivität? Hoch oder niedrig?

15. Nutzung der Mitarbeiter-Anwesenheitszeit durch Produktivität? Füllt z.B. geleistete Akkordarbeit weitestgehend die Anwesenheitszeit aus? Unproduktives Verhalten von Angestellten?

16. Herrschen in der Fabrik Sauberkeit, Ordnung und Disziplin?

17. Werden zugesagte Termine im Unternehmen und gegenüber Kunden fast vollständig eingehalten?

Bild 3.3-A

3.2 Von der Zweck-Gemeinschaft zur Sinn-Gemeinschaft

Zweck- oder SINN-Gemeinschaft
Fragen zur Unternehmens- und Führungskultur

GEF

	-2	-1	0	+1	+2

18. Hat das Unternehmen niedrige Durchlaufzeiten
    a) in den administrativen Bereichen?
    b) in der Produktion?
19. Funktioniert die Teamarbeit in der Entwicklung/Konstruktion - gemessen an kurzen Zeiten, niedrigen Kosten (Einhaltung von Terminen und Kosten) sowie gut funktionierender Produkteinführung in der Produktion (Menge, Qualität), bei den Kunden?
20. Vorrangig ergebnisorientiertes Denken (negativ für Mitarbeiter) oder prozeßorientiertes Denken der Führungskräfte?
21. Verhalten sich die Mitarbeiter stark kundenorientiert? Stellen die Mitarbeiter bei Bedarf eigene Interessen zurück?
22. Verhält sich das Management stark mitarbeiterorientiert, (ihnen hohen Nutzen bietend) oder ist der Mitarbeiter eher nur Mittel zum Zweck, um Umsatz und Gewinn zu erzielen?
23. Werden die Mitarbeiter über Strategie, Ziele, Maßnahmen, Ergebnisse laufend umfassend informiert?
    a) Gesamtunternehmen
    b) Abteilung bzw. Gruppe
24. Können die Mitarbeiter ihre Fähigkeiten (Arbeit) voll entfalten?
25. Ist die Kommunikation im Unternehmen aktuell, richtig, effizient?
26. Wurde die Hierarchie möglichst flach gehalten, möglichst mit Abschaffung von die Menschen trennenden Statussymbolen?
27. Haben die Mitarbeiter Freude an ihrer Arbeit oder Frust? Freude = Voraussetzung für ein Wir-Gefühl und für inneres Engagement.
28. Erkennt das Topmanagement, daß weit unterwiegend die Unternehmens-Probleme (z.B. zu niedrige Produktivität/Qualität) letztlich ihre Ursache darin haben, daß Topmanagement und Führungskräfte zuviel Leiten (Ergebnis: Zweck-Gemeinschaft, Mißtrauensorganisation) und zuwenig „Führen"?
29. Ist das Topmanagement bereit, mit einer Veränderung des Denkens (und damit des Verhaltens) bei sich selbst zuerst anzufangen? Veränderung des Unternehmens top-down? (Uneingeschränktes „ja" = sehr positiv; Zwiefel = negativ)
30. Ist das Topmanagement bereit, die Bildung von Sinn-Gemeinschaften zunächst auf der Ebene der Abteilungen zu fördern?
31. Ist sich das Topmanagement bewußt, daß Erfolg (= Wirkung, z.B. Gewinn) voraussetzt, daß die richtigen Ursachen (positive Arbeitsmotive aller zur Qualität/Leistung) gesetzt werden?
32. Wird akzeptiert, daß ein Bewußtseinsänderungsprozeß zu echtem SINN- und Team-Management ca. 4 Jahre dauert und daß die Zweck-Gemeinschaft die teuerste Management-Methode ist?

© Jürgen H. Lietz, Würzburg, Am Rubenland 17

Bild 3.3-B

3.3 Führen von Führungskräften (die den Wandel vollziehen sollen)

G. Höhler

Die Mitarbeiterführung ist unmittelbare Qualitätsquelle für den Erfolg im Markt. Sie ist Qualitätsvoraussetzung für den Output von Forschung und Entwicklung, von Fertigung und Innovation auf der Produktseite, für Werbung und Marketing und für das Image des Unternehmens in der Öffentlichkeit. Jede Führungscrew weiß, daß die Mitarbeiter die kostbarste und kostspieligste Ressource des Unternehmens sind. Dennoch vernachlässigt man die Mitarbeiter-Aufgabe, indem man sie hinter anderen, vermeintlich erfolgsnäheren Kriterien zurückstellt. Der Unternehmenserfolg, so muß die korrigierte Ausgangsformel heißen, beruht auf der Qualität der Mitarbeiter. Was wir ihnen nicht „verkaufen" können, das wird auch im Markt nicht erfolgreich sein. In Zeiten der schwindenden Sachwert-Orientierung heißt das aber: Das Produkt ist nur ein kleiner Teil dieses Verständigungs-Prozesses über Aufgaben, Werte und Ziele. Die immaterielle Komponente wächst – ganz wie beim Kunden, der uns in Gestalt des Mitarbeiters bereits kritisch in die Karten schaut.

Mitarbeiter als Kunden der Führung zu verstehen, das macht die Unternehmensspitze wach für Anforderungen, denen man sich so lange nicht konfrontiert sieht, wie man „Führung" als eine abgeschottete, gut geschützte, unternehmensinterne Angelegenheit mißversteht. Der Mitarbeiter verkörpert Kunden-Erwartungen – und die wichtigsten Mitarbeiter-Erwartungen an die Führung sind:

- Antriebserfüllung durch fesselnde Arbeitsprozesse
- Kompetenzgewinne und Mitwirkungsrechte
- Zuwendung und Interesse
- Entfaltungs-Chancen
- Kreativitäts-Impulse
- Erlebnisqualität von Arbeit
- Teamerfahrungen
- Zeitsouveränität, wo immer möglich
- unternehmerische Anreize
- Zurufe auf freier Strecke: Belohnungen und Lob
- Durchblick auf Karriereziele
- Umschlagplätze für Ideen, Qualitätsdiskussionen
- fehlerfreundliche Systeme
- ausgewogene Risiken
- Entscheidungsnähe
- Information mit allen Mitteln

• Unternehmenserfolg beruht auf der Qualität der Mitarbeiter

• Mitarbeiter sind Kunden der Führung

3.3 Führen von Führungskräften (die den Wandel vollziehen sollen)

- kreative Inseln
- Innovationsklima
- professionelle Perfektion
- Achtung
- unprofessionelle Wärme
- visionäre Überschüsse.

Führung als Marketingaufgabe verstanden stiftet eine neue und selbstverständlichere Solidarität zwischen Führungskräften und Mitarbeitern. Das gemeinsame Ziel, Produktqualität im Markt zu einem Erfolg zu machen, läßt manche klassische Konfrontation gegenstandslos werden. Sich ständig im Gegensatz zur Führung zu erleben und „Erfolge" auf Widerspruch gegen den Vorgesetzten zu reduzieren, wird ebenso sinnlos wie die elastische Widerspruchslosigkeit, mit der mancher bislang seine Karriere bestritt. Gemeinsam für den Kunden dazusein, das verlegt die Motivationsquelle aus dem engen Clinch der Abteilungen und Teams nach draußen in das Erfolgsgebiet des Unternehmens, mitten in den Wettbewerb.

• Erfolgreiche Produkte in den Markt zu bringen, einigt

Teamziele sind deckungsgleich mit Unternehmenszielen, und der interne Wettbewerb erhält endlich ein klares Ziel: die Optimierung der Ergebnisse für den Kunden. An dieser Zielmarke erhält auch der Nachwuchs-Ehrgeiz seine Korrektur. Nicht um die siegreichen Auftritte im Dialog mit der Führungskraft geht es, sondern um überzeugende Konzepte für die Marktleistung der Abteilung, in der Führung und Mitarbeiter leben.

Wer als Führungskraft nicht primär von den Sachaufgaben gefesselt ist, gerät zwangsläufig in zeitraubende strategische Überlegungen, was die Absicherung der eigenen Position angeht. Der „gute Mitarbeiter" wird dann hauptsächlich unter dem Gesichtspunkt der Stabilisierung der eigenen Führungsposition beurteilt. Als „Tugenden" erweisen sich aus dieser verfehlten Optik dann innovationsfeindliche und übergehorsame Verhaltensformen: Sie sind Verstärker der Führungsrolle und werden von der unsicheren Führungskraft honoriert.

• Die unsichere Führungskraft braucht den gehorsamen Mitarbeiter

Der unterwürfige Mitarbeiter, der genügsam und unabhängig von Gratifikationen seine Arbeit tut, ist der willkommene Verbündete von Vorgesetzten, die nichts mehr fürchten als innovative Erschütterungen – die sie bald nur noch auf die eigene Position beziehen. Da kann ein aufregender Gedanke, eine originelle Idee schon als Verrat erscheinen; wache Neugierde wird als Schnüffelei und Kompetenz-Überschreitung geahndet.

Überhaupt fängt die Dauernachfrage zur Kompetenz überall

- Die souveräne Führungskraft schart Könner um sich

dort an, wo jemand um seine eigene Kompetenz fürchten muß. Die souveränsten Führungskräfte fragen generell nicht, wem was erlaubt sei, sondern wer was meistert. Darin beweist sich seine oder ihre Kompetenz. Und anders sind Aufstiege auch nicht möglich. Genau darum aber geht es der stabilitätsversessenen Führungskraft: Der drohende Aufstieg, Durchstieg und Vorbeizug von Mitarbeitern soll verhindert werden.

Natürlich gibt es Druckmittel, wenn man Führungsaufgaben wahrnimmt. Daß einer Unbehagen unter den Mitarbeitern verbreiten kann, wird in dieser hilflosen „Führungslage" zur kläglichen Genugtuung eines Vorgesetzten. Auch kompliziertere Verschleierungsformen für die eigene Unzulänglichkeit werden entwickelt: Da eignet man sich eine Führungstheorie jüngsten Datums an und führt die Vokabeln der innovativen Störenfriede im Munde, um diese zu verblüffen und mattzusetzen. Wertewandel, freizeitorientierte Schonhaltungen, Genußfreude – schließlich weiß eine Führungskraft Bescheid über die Trends der Zeit.

Erstaunlich vollständig zählt mancher Verantwortliche die veränderten Erwartungen der Mitarbeiter her – ohne ihnen im Arbeitsalltag im geringsten Rechnung zu tragen. Ge-

- Der Systembewahrer braucht die Duckmäuser

sprächspartner für solche Systembewahrer können nur die geduckten, schwachen Mitarbeiter sein. Um Sicherheit zu gewinnen, kommunizieren sie in dieser Lage weniger und weniger mit Mitarbeitern und versuchen, den Austausch von Meinungen und Projekten ganz auf andere Führungskräfte zu konzentrieren. Das Ungleichgewicht der Kommunikation spiegelt dann nur noch das längst besiegelte Ungleichgewicht der Prioritäten, die gesetzt werden. Der Kunde ist fast außer Sichtweite geraten, der Mitarbeiter herabdefiniert zum Instrument der eigenen Machtbehauptung.

„Qualitätssicherung" – ein Begriff, der bisher noch auf den Produktbereich beschränkt blieb, muß also viel umfassender verstanden werden. Qualitätssicherung brauchen wir bei allen Abläufen, die dem Kunden dienen. Die Bedeutung des „Managements durch Qualität" haben Amerikaner bereits vor geraumer Zeit erkannt. In Sachen „Qualitätsmanagement" und „Kundenmanagement" sind sie uns weit voraus. Die Europäer hinken hier – wie so oft – etwas schleppend hinterher.

Steht die Marktdynamik im Mittelpunkt des Führungshandelns, dann lockert sich das Selbstbild der Führungskräfte

- In dynamischen Teams gibt jeder sein Bestes

auf: Sie brauchen dynamische Teams, in denen jeder sein Bestes gibt, um das gemeinsame Ziel zu erreichen. Nicht mehr die Befestigung der eigenen Machtposition spielt jetzt

die Hauptrolle, sondern die schöpferische Unruhe, die von draußen ins Unternehmen dringt – täglich neues Wissen, stündlich neue Informationen wollen bewältigt werden. Das gelingt nur, wenn die Grenzen zwischen Führung und Mitarbeitern offen statt abgeschottet sind.
Wer in komplexen Märkten handelt, muß die Strategien flexibel und die Menschen möglichst umfassend qualifiziert halten. Was bedeutet das? Die Problemwahrnehmung muß auch in den Einheiten des Unternehmens komplex bleiben. Wir müssen täglich dem Hang zur Vereinfachung widerstehen. Für die Führung heißt das: Lassen Sie ein gewisses Maß an Widersprüchlichkeit auch in Ihren Teams zu. Leben Sie mit der Mehrdeutigkeit der Probleme, nur dann leben Sie mit den Realitäten. Daß Entscheidungen auch ein Ergebnis unserer Bewertung von Problemen sind, bleibt auf diese Weise im Bewußtsein. Wir spiegeln damit uns selbst und den Mitarbeitern nicht eine überschaubare Welt vor, die es nicht gibt. Mehrdeutigkeit zulassen, das gibt Raum für unerwartete – oft kreative – Fragen, die das bekannte Problem von einer neuen Seite beleuchten und vielleicht den Durchbruch möglich machen. So ergibt sich ein Klima unternehmerischer Verantwortung, das auch den jungen Mitarbeitern frühzeitig zeigt: Auf ihre Mitwirkung kommt es an. Das ist die optimale Vorbereitung auf Führungsverantwortung und zugleich das beste Controlling für die Eignung der Mitarbeiter.

- Die Mehrdeutigkeit der Probleme zulassen kann zu kreativen Lösungen führen

„Produktive Ungeduld" können wir die Grundhaltung nennen, die Führung und Mitarbeiter heute verbinden sollte. Das heißt nicht, Lösungen überstürzt zu verabschieden und Lösungswege unverantwortlich zu verkürzen. Es heißt aber wohl: unnachsichtig sein gegenüber Zeitvergeudung – nicht nur bei anderen, sondern auch bei sich selbst. Wer Tempodruck hat, muß auf Effizienz setzen – Kräfte einteilen, Delegation der passenden Fragen an die richtigen Mitarbeiter und Verpflichtung aller zum Austausch durchdachter Fragen und Informationen. „Interessant", wie sich die jungen Mitarbeiter ihn wünschen, wird der Arbeitsprozeß dann von selbst. Der Lerndruck kommt nicht von Personen, so erfahren nun die Mitarbeiter, sondern aus den Sachfragen selbst. Wer nicht informiert ist, erlebt einfach weniger, weil er weniger versteht. Die Lust, Stellung zu nehmen und sich zu behaupten, kommt reichlich auf ihre Kosten, wenn wir die Voraussetzungen beachten: das Problem kennen, die Methoden beherrschen und nach morgen denken, nicht von gestern argumentieren.
Feste Orientierungspunkte in solchen fließenden Zuständen zu setzen ist auch für Führungskräfte schwer. Wenn die ver-

- Der Entscheidungsprozeß soll voller Ungeduld und zugleich wohldurchdacht ablaufen

- Wandel und Verläßlichkeit schließen sich nicht aus

läßlichste Konstante der Wandel ist, dann wird es schwierig, im Bündnis der „Ungeduldigen" auch noch Verläßlichkeit spürbar zu machen. Der tägliche Abschied von bewährten Lösungen begleitet heute jeden, der mit offenen Augen dem Wettbewerb folgt. Das Äquivalent für den verlorenen Halt bei gültigen Traditionen kann nur die tragfähige Führungsbeziehung sein, bei der nicht die Dauerhaftigkeit von Lösungen, sondern die Dauerhaftigkeit von Charakterprofilen Halt gewährt. Führung und Mitarbeiter müssen sich aufeinander verlassen können (auch weil der Kunde sich auf sie verläßt), dann ist die rasch wechselnde Kulisse des gemeinsamen Handelns nicht mehr Belastung, sondern Anreiz.

Vielleicht ist dies eine der schwersten Aufgaben für Führungskräfte: den eigenen Vorsprung als eine Spurtstrecke zum Aufholen anzubieten. Aufmunternde Zurufe auf freier Strecke gehören zum Führungsmanagement durch produktive Ungeduld. Nur wer den Fluß der Entwicklungen auch auf sich selbst und seine eigene Position bezieht, erreicht die Souveränität, die Führungsdynamik auch so zu begreifen: als innovativen Prozeß, der das Heranrücken des Nachwuchses an die Führungsqualifikationen zum Führungserfolg macht. Führungserfolg in diesem Sinne ist die gelungene Weitergabe der eigenen Qualifikation an andere. Ungeduld, so schwierig das sein mag, muß auch diesem Kapitel der Führungsaufgabe gelten. Wer die ihm anvertrauten Mitarbeiter „schnell macht" für den Markt, wer sie unternehmerisch und wettbewerbsbezogen denken lehrt, der könnte schneller in Bedrängnis geraten als ein Kollege, der seinen Leuten ein eher gemäßigtes Tempo vorlegt. Während sich in solchen beschaulichen Abteilungen über Jahre fast nichts bewegt – keiner wird befördert, auch der Direktor nicht –, folgen in dynamischen Mannschaften unter „ungeduldiger" Führung die Platzwechsel rascher aufeinander. Der Chef einer solchen tempogeladenen Crew hat aber nicht etwa ein Problem mit der Aufstiegsfähigkeit seiner Mitarbeiter, er kann seinen Platz viel eher freigeben als der „langsamere" Kollege, weil qualifiziertere Aufgaben auf ihn warten.

- Wer weiterkommen will, muß sich entbehrlich machen

Wer blockiert, der wird blockiert, müßte also die Regel lauten, die hier lesbar wird. Freilich melden „erfahrene" Leute hier Widerspruch an. Denn natürlich gibt es ganze Management-Ebenen, bei denen das Blockieren der schnellen Leute von unten in stiller Übereinkunft praktiziert wird. Aber sehen wir genauer hin: Es wird praktiziert von Managern, die sich selbst keinen Aufstieg mehr ausrechnen. Für sie gibt es nur noch Beharren auf dem erreichten Platz – oder Abstieg. Dieser Sachverhalt ist aber auch ein Stück

Führungsverantwortung: Die nächsthöhere Ebene ist zu fragen, wie viele Sackgassen-Karrieren sich die Firma im mittleren Management leisten kann oder will. Innovations-Orientierung, das heißt Veränderungen nicht nur erdulden oder „zulassen", sondern lustbetont fördern. Die Erneuerung der eigenen Methoden wird selbstverständlich, weil die Anforderungen sich ständig wandeln. Kurze Produktzyklen müssen auch dort, wo man sich weit entfernt vom Produkt im Unternehmen bewegt, zur flexiblen Dauerkorrektur in der Arbeitsorganisation, den Teamzusammensetzungen und den Strukturen führen. Schöpferische Unruhe ist die unternehmerische Grundstimmung, die alle Mitarbeiter auf ihre geistige Mobilität prüft und die Dauerbereitschaft zum „Abschied von gestern" wachhält.

Fürsorgepflicht für Nachrücker, so verstanden, ist sicherlich eines der schwersten Kapitel der Führungsaufgabe. Sein Text: Mach Platz, wenn du nicht mehr schnell genug bist, wenn die Lösung von gestern dich festhält und die von morgen dich nicht lockt; wenn Erinnerungen aus der Firmengeschichte immer häufiger das innere Bild der Firmenzukunft überlagern; wenn dich immer häufiger nach Bremsversuchen verlangt, die du unauffällig unternehmen möchtest; wenn dir Risiken, im Denken und im Handeln, als Zumutung erscheinen; wenn die Spannung zwischen deinen schnellen und langsamen Team-Mitgliedern dir keine Freude mehr bereitet; wenn das Loben von Leistungen, die nicht deine eigenen sind, dir immer schwerer fällt – dann bist du eigentlich reif für einen anderen Platz im Unternehmen. Aber wer entscheidet das? Die Antwort ist immer dieselbe: Die Führung. Aber schaut sie zu? Verfügt sie über das Wissen, um solche Karriere-Verzweigungen besonnen zu arrangieren? Wie einseitig die Erfolgsmuster sind, verrät schon die Sprache, mit der wir von Karrieren sprechen. Da gibt es den „Karriere-Sprung" und den „Karriere-Knick". Unter „Knick" wird alles verbucht, was nicht steil und geradeaus nach oben führt. So, als lebte nicht das Unternehmen von den Leuten auf allen Plätzen. Die Einseitigkeit dieser Erfolgsbewertung führt die Führungsspitze geradewegs in ihr Dilemma. Keine Führungskraft des Mittelfeldes glaubt ihr mehr, daß es im Unternehmen, auch auf gleichbleibenden Ebenen, viele ehrenvolle Plätze gibt. Also läßt man Mitglieder weiter steigen, weil ein anderes Konzept einfach nicht vorliegt. Zum Nachteil aller Mitarbeiter, die von solchen „Verlegenheits-Karrieristen" abhängen.

Produktive Ungeduld – das mag manchen Skeptiker überraschen – lobt eher als sie tadelt. Wer nach vorn will und da-

- Wer seine Mitarbeiter in der eigenen Spur hält verhindert, daß sie überholen

- Lob ist Motivation und feuert an

- Führung braucht Abstand; Abstand sichert Autorität und Vertrauen

- Bei Spitzenentscheidungen den eigenen Einfluß zu spüren ersetzt das Lob des (fehlenden) Chefs

mit die Sache meint, der braucht die anderen und feuert sie an. Lob ist Motivation; differenziertes, begründetes Lob ist ebenso wichtig wie differenzierter und begründeter Tadel. Wer begriffen hat, daß die Sprünge nach vorn nicht Soli sind, sondern Teamerfolge, der nimmt seine Mannschaft immer mit – durch anerkennende Zurufe bleibt man auf Rufweite und festigt Vertrauen. Wer Lob für seine Leistungen erhält, traut sich mehr zu und wird besser. Wer Lob verteilen kann, darf auch auf die eigene, die Führungsleistung stolz sein. Nicht das überreichliche Lob, sondern Lob nach Maß bestimmt die stärksten Teams: Die Forschung hat gezeigt, daß dabei Spitzenleistungen das Spitzenlob nicht nur verdienen, sondern brauchen wie den Brennstoff für die nächste Etappe. Der Höchstleister geht durch den schärfsten Streß – auch wenn diese Reibungshitze, wie gemächlichere Leute feststellen, häufig „selbstgemacht" ist.

Und wer lobt mich? fragen Führungskräfte in solchen Debatten gern. Führung qualifiziert sich durch einen geringeren Bedarf an Rückmeldung für die eigene Leistung – so könnte man vermuten. Richtig ist, daß zur Führungsaufgabe nicht die hautnahe Verständigung mit den Mitarbeitern über den Wert der Führungsleistung gehört; Führung braucht Abstand. Der Abstand ist eine Quelle der Motivation; wer ihn abbaut, büßt nicht nur an Autorität ein, sondern auch an Vertrauen. Woher kommt also das „Lob" für die Führung? Zunächst: von der Führung. Von der Ebene über den Führungskräften und auf der eigenen Ebene von denen, die ähnliche Verantwortung tragen.

Das geschieht bei uns nie, werden viele Führungskräfte sagen. Was man erwartet, sollte man zuerst den anderen geben, und schon setzt sich auch diese Innovation in Bewegung: Führungskräfte loben Führungskräfte. Das Lob trägt, weil man wissen kann: Hier wird die eigene Leistung kompetent beurteilt. Motivation, wie sie das Lob liefert, kommt für die Führung aber auch aus der Sache selbst. Was gelingt, was erfolgreich gelöst wird, das stärkt und ermutigt alle, die koordinieren, steuern und strategisch planen. Die hohe Motivation von Spitzenmanagern hat ihr Feedback in Problemlösungen und in den Faktoren, die von Managern der obersten Ebene immer wieder genannt werden: die Abfederung im Netzwerk der Top-Manager; die Mitwirkung bei Spitzen-Entscheidungen und der Einfluß, den man geltend machen kann – lauter Bestätigungen für den eigenen Wert. In solchen Wechselwirkungen nicht die Bodenhaftung zu verlieren, erfordert eine ausgeprägte Fähigkeit zur Selbstkritik – und eine solide Bindung an die Führungsverantwor

tung. Wahrgenommene Führungsverantwortung sichert also auch Spitzenmanager vor gefährlichen Höhenflügen – und vor tödlichen Abstürzen.
Die produktive Ungeduld darf und muß daher auch der eigenen Leistung gelten. Sie ist ein sicheres Korrektiv.
Karrieren in der Wirtschaft verlaufen bis heute so, als sei eines die natürliche Beigabe des anderen – oder sogar beides dasselbe: Management-Erfahrung und Führungstätigkeit. Wer wegen seiner Sachkompetenz auf den Weg nach oben geht, handelt durch seinen Aufstieg auch Führungsaufgaben ein. Noch denken die Unternehmensspitzen zu wenig darüber nach, ob sie ihre Talente nicht besser sortieren müßten: Das hieße, die Management-Talente und die Führungsbegabungen zu unterscheiden. „Personalmanagement", so glauben viele Manager, stelle keine anderen Anforderungen als das Management anderer Ressourcen im Unternehmen. Die Mitarbeiterschaft als eine komplexe Masse von Leistungspotentialen; Menschenmaterial, das „gemanagt" wird wie andere Materialien und Güter in der Firma auch.

- Mitarbeiter sind kein „Menschenmaterial", das wie anderes Material „gemanagt" werden sollte

In Wahrheit sind Management und Führung, Leadership, zwei gleichrangige Erfolgsfaktoren für das Unternehmen, die in ihrer Verschiedenartigkeit begriffen werden müssen. Management und Führung sind die zwei Steuerungskomponenten, die das Schiff auf Kurs und in Fahrt halten. Management bewältigt die komplexen Anforderungen der Märkte mit all ihren Vorstufen in Entwicklung, Herstellung, Finanzierung und Handel; die Führung muß Menschen bewegen und den Wandel durchsetzen. Beide Aufgaben müssen in guter Balance erledigt und etwa gleichgewichtig im Unternehmen vertreten sein.
Alle, auch die Manager selbst, müssen sich also verabschieden von der Vorstellung, Management sei eine klassische Aufgabe und Leadership eher eine Dreingabe – oder in einer Art Tendenzwende sei nun Leadership die trefflichere Aura, und das Managen solle man anderen überlassen. Beide ergänzen einander und sind durch spezifische Handlungsmodelle unterschieden.

- Management und Führung ergänzen einander

„Overmanaged and underlead" nennt der Amerikaner John P. Kotter die meisten Unternehmen in den USA. Für die westeuropäischen Industrieländer kann wohl dasselbe gelten. Die Überschätzung des Managements als strategisches Soloinstrument wird in den neunziger Jahren einem neuen Sinn für die Balance weichen, die Führung und Management brauchen, um das Unternehmen erfolgreich vorn zu halten. Wenn die Karrierewege, die wir jungen Mitarbeitern vorlegen, diese Zweibahnstraße zeigen, dann werden die

• Führungstalente müssen entdeckt werden, um sie fördern zu können	jungen Führungstalente nicht mehr zufällig, sondern absichtsvoll entdeckt und gefördert werden können. Der tägliche Kampf gegen den Einbruch des Chaos, das als Tendenz zu jeder planvollen Ordnung gehört, ist Aufgabe des Managements. In diesen dynamischen Jahren kommt die tägliche Revision der Gleichungen von gestern hinzu, das durchgehende Controlling der Qualität, der Rentabilität, der Zyklusgeschwindigkeiten und der Marktsituation, die ständigen Tempokorrekturen in Forschung, Entwicklung und Marketing und vieles mehr. Bei den gleichen Umweltbedingungen setzt auch die Führung an, aber mit ihren spezifischen Instrumenten. Führung sucht den Wandel zu beherrschen – was immer heißt, ihn zu einem inneren Prinzip der Strukturen und der Menschen zu machen, statt ihn am Bollwerk der Gewohnheiten und Traditionen abprallen zu lassen. Der Wettbewerb ist keineswegs allein ein Management-Thema; er ist ein Thema der Führung, wie wir schon
• Menschen zu bewegen ist Führung	gesehen haben. Menschen bewegen in rasch wechselnden Marktsituationen – Menschen bewegen, deren Innenleben sich verändert hat, in deren Köpfen und Herzen die Prioritäten gewechselt haben und weiter wechseln – das ist eine Aufgabe, die mit Managementwissen in keiner Weise bewältigt werden kann. Die Mitarbeiter sind nicht mehr ein gleichförmiges Heer von Erfüllungsgehilfen, das man durch einförmige Zurufe bewegen kann. Sie sind es nicht mehr, weil auch die Zeiten „draußen" nicht mehr Zeiten für uniforme Lebensbilder sind. Die Aufgaben von Führung und Management sind eindrucksvoll verzahnt. Das Management plant und trifft Maßnahmen; dafür ist unentbehrlich eine klare Personalstruktur. Die Mitarbeiterschaft muß die Aufgaben bewältigen und erfährt bei diesem Pensum Kontrolle von beiden Instanzen – vom Management und von der Führung. Richtwerte wie Termine und Zielvereinbarungen liefern den Maßstab. Was die Führung zu liefern hat, ist die Marschrichtung – und um diese zu zeigen, bedarf es jener Zukunftsbilder, die wir „Visionen" nennen.
• Auf die Zukunft soll man nicht warten, sondern sie gestalten	Geistige Entwürfe, in denen Zukunft als Szenario dasteht, in dem die Firma sich bewähren will, sind also ein Führungsprodukt. Es wäre ein Irrtum zu glauben, sie „ergäben sich" beim Management in Hochphasen oder Krisenzeiten von selbst – oder Zukunft sei überhaupt etwas, auf das man besser wartet um sicherzugehen, daß man sich nicht getäuscht hat. Den Mut, die firmeneigenen Zukunftslandschaften zu bauen, muß die Führung besitzen. Nur so kann die Bewegung, die alle von draußen aufnehmen, sich fortsetzen.

3.3 Führen von Führungskräften (die den Wandel vollziehen sollen)

Führung und Management sind prozeßhaft; wer Statisches installieren will, könnte zum Erbauer eines Firmen-Mausoleums werden, ehe er sich's versieht. Während die Manager organisieren, planen und Strukturen schaffen, die kontrollierbar sein müssen, schafft Führung die Solidarität für gemeinsame Ziele. Während das Management Problemlösungen in Soll und Ist taxiert und kontrolliert, schafft Leadership das Leistungsklima, in dem die Normen erreicht werden – möglichst mit Vergnügen und Begeisterung.

Es wird häufig gesagt, diese Jahre würden die Zeit der Inspiratoren sein; tatsächlich wird es darauf ankommen, ob es gelingt, den Teams nicht nur Management-Planungen vorzugeben, sondern ihnen, wie das schöne lateinische Wort sagt, den Geist einzuhauchen, der das ganze Unternehmen in Aufbruchstimmung versetzt: es zu inspirieren. Aufbruch als Kontinuum, das ist die angemessene Beschreibung der Führungsleistung in Zeiten raschen Wandels. Das Management sorgt auf der Produktseite für Tempo; die Führung sorgt für Tempo bei den Menschen – eine sensiblere Aufgabe. Sie ist nicht schwerer oder leichter, aber sie verlangt, wenn wir die Führungsaufgabe endlich ernstnehmen, andere Talente und Interessen als das „reine" Management. Menschen wollen Erklärungen und Entwürfe, wenn sie aufbrechen sollen in eine Richtung. Sie wollen verstehen und sich begeistern – man muß sie gewinnen. Mit Menschen, die man gewonnen hat, ein Ziel ansteuern: das heißt Führen. Das ist etwas ganz anderes, als einen Plan zu erfüllen oder eine Organisation zu erhalten. Aber das eine wird sinnlos ohne das andere. Zusammenwirken können freilich beide, Management und Führung, an diesen kritischen Differenzpunkten nur, wenn keine der beiden Funktionen sich und ihr Tun verabsolutiert. Genau dies ist aber die Versuchung und Verlockung in Übergangsphasen. Menschen brauchen Ordnungen, um ihr Tun zu wägen und überschaubar zu halten. Sie brauchen gleichzeitig die Anerkennung ihrer Einzigartigkeit, die in keiner künstlichen Ordnung angemessen aufgehoben ist. Leistung zu stimulieren heißt die immer neue Würdigung dieses Faktums: daß der Mensch mehr ist als die Systeme, die ihn tragen und schützen. Darum, nur dann bedarf das Management der begleitenden Korrekturen durch die Führung – und umgekehrt.

Leadership braucht deshalb auch mehr Einsatz der eigenen Person als das einfache „Know-how" im Management: Nicht der „Könner" ist hier gefordert, nicht der „Macher", sondern die Persönlichkeit mit unverwechselbarem Profil. Nur diese Form der distanzierten Nähe ist es, die Menschen ge-

- Menschen wollen gewonnen werden, bevor sie mitmachen

- Management braucht den Macher, Führung die Persönlichkeit

winnen und begeistern kann: Glaubwürdigkeit. Führung ist also wertbezogen im sittlichen Sinne, Management ist wertorientiert im ökonomischen Sinne.

Führen heißt Vorsprünge halten, um Mitarbeitern Fortschritte zu ermöglichen. Führung heißt fordern – in dynamischen Zeiten auch mit Ungeduld. Führung muß Maßstäbe setzen, und sie muß fördern und schützen. Führung muß Kontraste gestalten, von denen ein gutes Leistungsklima lebt. Zwischen Fürsorge und Unerbittlichkeit, zwischen Großzügigkeit und Unnachsichtigkeit von Fall zu Fall zu entscheiden ist wohl die schwerste Aufgabe. Die Versuchungen liegen an den beiden Enden der Skala: ganz auf Distanz zu gehen oder endgültig auf die wärmende Kumpanei zu setzen. Beide Extreme sind geeignet, die Führungsaufgabe gründlich zu verfehlen. Führungsbeziehungen gestalten heißt Spannung aushalten und produktiv machen.

- Mitarbeiter sollen erfahren, daß viel von ihnen erwartet wird

Führen heißt auch Vertrauen lesbar machen. Die Führung muß den Mitarbeitern zeigen, daß sie viel von ihnen erwartet. Erwartung drückt auch die Bereitschaft aus, sich überraschen zu lassen von Leistungspotentialen, die neu und anders sind – Zukunftspotentiale nämlich, die der Führungsgeneration vielleicht so nicht verfügbar sind. Dazu gehören: Unbefangenheit und Konfliktfreude der Jugend.

Führung muß sich im Wechselspiel des Vertrauens zu bewegen verstehen: Vertrauen geben, Vertrauen nehmen.

Dazu gehört – auch – Offenheit. Die vielfach geforderte Offenheit der Führungsbeziehungen ist ein empfindliches Thema. Vertrauen beruht nur zum Teil auf Offenheit; niemand kann durch wahllose Preisgabe von Fakten oder eigenen Gemütslagen dauerhaft Vertrauen binden. Im Gegenteil: Radikale Offenheit zerstört Vertrauen. Wer Verantwortung trägt, muß sich abgrenzen können. Der Abstand, den die Führungskraft einhält, ist nicht nur ein Anreiz für Fortschritte; er sichert auch Diskretionsspielräume, die beide – der Vorgesetzte und seine Mitarbeiter – jeder für sich brauchen.

- Unternehmertum beinhaltet Risiken; dieses sollte Mitarbeitern nicht vorenthalten werden

Die Führungskraft muß willens und fähig sein, Risiken zu definieren und abzuwägen. Keine Entscheidungsebene kann heute die Risiken ausblenden, die von außen und von innen in die täglichen Aufgaben eingeblendet werden. Unternehmerische Chancen wahrnehmen heißt Risiken eingehen, das sollten Mitarbeiter frühzeitig erleben. Denn die Risiko-Abwägung ist mit der neuen Qualität der Aufgaben so eng verbunden, daß die erwünschte Förderung unternehmerischen Denkens auf allen Ebenen gar nicht diskutiert werden kann, wenn Risiken nicht zugelassen werden. Toleranzgrenzen für das Risiko im Einzelfall festzusetzen ist eine der schweren

Führungsaufgaben, bei denen die Solidarität der Mitarbeiter fehlende Kompetenz nicht ersetzen kann. Führen heißt Gefahren einschätzen und ihnen begegnen. Grundsätzlich ist zwischen drei Verhaltensformen abzuwägen: Fliehen, Kapitulieren oder Kämpfen. Zur ersten Option darf nicht vergessen werden, was Abendländer gern vergessen: „Der Mann, der flieht, kann wieder kämpfen", sagt ein chinesisches Sprichwort. Flucht kann unter Umständen die angemessenste aller Strategien sein, um den neuen Angriff auf das Problem – oder den Gegner – mit unverminderter Kraft führen zu können. Aufgeben ist daran gemessen schon ein schlechterer Weg, weil ein Weg ohne Rückkehr. Der Kampf, den man sich zutraut, ist die Chance zum Sieg über das Problem oder den Gegner. Wer sich für den Kampf entscheidet, muß seiner Potentiale sicher sein – er braucht solidarische Mitarbeiter.

Die Abwägung zwischen den drei Möglichkeiten verlangt auch Erfahrung. Ohne offene Risiko-Debatten bleibt Mitarbeitern diese Erfahrung vorenthalten. Führen heißt Spannungen aushalten und gestalten, das zeigt sich auch hier. In den Teams wiederholt sich diese Aufgabe. Es gilt, die spannungsreiche Auseinandersetzung zwischen den intelligenten Logikern und den schöpferischen Kreativen zu steuern. Ob die Führungskraft der einen oder der anderen Gruppe angehört: Ihre Aufgabe ist es, die Wechselströme von Inspiration und Kontrolle, Systembewahrung und Systemüberschreitung zu begünstigen. Ehe dies geschehen kann, muß aber die Mischung der Talente in der Abteilung und ihren Teams überhaupt gelungen sein. Wie viele schöpferische Systemzertrümmerer haben Sie in Ihrer Mannschaft? Wenn Sie ein kreativer Kopf sind, hat die wechselseitige Affinität der Querdenker einige zu Ihnen gelockt.

- Ein gutes Team enthält Logiker und Kreative

Führungskräfte müssen auch in diesem Sinne über sich selbst hinausdenken. Ihre Verantwortung darf nicht nur der eigenen Spezies gelten und funktionierende Gleichdenkertrupps bilden oder zündende Querschlägerbünde. Die Führungskraft muß auch den eigenen Widerpart in die Mannschaft holen – zugunsten des Ganzen. In diesem Sinne brauchen schöpferische Systemüberwinder den abgeklärten Schutz der Führungsintelligenz – und die Mitarbeiter mit den stolzen IQ-Werten, deren Intelligenz viel zu hoch ist, um den Sprung über den Zaun ins Ideenland noch zuzulassen, benötigen tatsächlich den Zuspruch der kreativen Hochspringer, um den eigenen Stellenwert noch zu erkennen.

Die Führung muß im Funkenspiel zwischen Logik und Phantasie freilich die drohenden Gefahren kennen. Sie gehen von der Mehrheit aus. Die Mehrheit ist intelligent und ordnungsliebend; der Systemvollstrecker dominiert. Mehrheiten neigen zur Ächtung der Minderheit durch mehrheitsfähige Normen. Die „Norm" ist auch in den meisten Firmen die übermächtige, selbstbewußte Durchschnittsintelligenz, die sich durch Sachkunde ausweist und die gelernten Lösungen in Gang hält. Wer von neuen, besseren Lösungen träumt, die schneller, kostengünstiger, eleganter und schöner, kundenfreundlicher und zukunftsnäher sind, gerät ins Abseits, weil er die Mehrheit beim Exekutieren der erlernten Prozesse stört. Die Mehrheit wünscht die Spannung zwischen Intelligenz und Kreativität nicht. Sie heftet sich an Gewohnheiten und hat reibungslose Funktionen auf ihrer Seite: Alles läuft! Wer nun dazwischenschlägt mit schöpferischer Unzufriedenheit, ist ein Feind des Systems. Weit gefehlt: In Wirklichkeit ist er sein Erneuerer.

- Wer die Mehrheitsmeinung stört, ist nicht der Feind, sondern der Erneuerer des Systems

Es ist Aufgabe der Führung, diese Reibungsflächen rauh zu halten – obwohl die meisten Führungskräfte der intelligenten, systemstabilisierenden Gruppe angehören. Führen heißt eben auch: in besonderem Maß von sich selbst absehen können. Zur Distanz, von der wir sprachen, muß also die Selbstdistanz hinzutreten. Ein mehrschichtiges Porträt, in dem sich das Führungsprofil vor unseren Augen entwickelt. Ein Bildnis, das die Widersprüche der Anforderungen widerspiegelt.

3.4 Schulen von Führungskompetenz – geht das?

P. Haase

Seit dem Beginn der Managementforschung kam die Diskussion um die Erlernbarkeit von Führungskompetenz bzw. Führungsfähigkeit nicht zur Ruhe. Je nach Blickrichtung des Betrachters erscheinen die Argumente beider Seiten als begründet und stichhaltig. Die Vertreter der Eigenschaftstheorie betrachten die Führungsfähigkeit als ein Attribut der Persönlichkeit, also man wird zur Führungskraft geboren und Führung wäre damit nicht erlernbar. Der Personalauswahl kommt in dieser Betrachtungsweise der höchste Stellenwert zu, der Personalentwicklung der geringste.

- Ist Führungsfähigkeit ein Attribut der Persönlichkeit und nicht erlernbar?

Die Anhänger des funktionalen Ansatzes sehen Führungsverhalten und Führungsfähigkeit nicht als ein zwangsläufig zu erwartendes Resultat relativ starrer Persönlichkeitsstrukturen, sondern als ein erlernbares Handwerk. Die Kernaussage des funktionalen Ansatzes lautet:

> „Führung kann jeder lernen, manche werden perfekt!"

(vgl. *Neuberger* 1977). Die Konsequenz dieser Aussage ist die systematische Schulung der Führungs- und Führungsnachwuchskräfte in Mitarbeiterführung. Der Schwerpunkt der Personalarbeit liegt auf der Entwicklung und nicht in der Auswahl der Führungskräfte.
Doch entfernt man sich bei der Betrachtung der Führungsfähigkeit von den Theorien hin zur Praxis der Personalarbeit in der Industrie, scheint die Beantwortung der Frage in einer Mischform beider Theorien zu liegen. Dazu ist eine Klärung der Determinanten von Führungskompetenz, im folgenden als Führungsfähigkeit bezeichnet, und der Frage, wie sich der Vorgang des Lernens zusammensetzt, notwendig.

Lernen

Lernen von Verhalten in Unternehmen umfaßt nicht nur die rein kognitiv-intellektuelle Aufnahme neuen Wissens, vielmehr zeichnet sich erfolgreiches Lernen von Organisationsmitgliedern immer auch durch eine reale Verhaltensanpassung aus. Demnach besteht ein untrennbarer Zusammenhang zwischen dem Lernen in der Organisation und ihrem strategischen Handeln. Grundlegend ist dabei die Annahme, daß, falls neu erworbenes Wissen nicht zu Verhaltensanpassungen führt, nicht wirklich gelernt wurde.
Da Lernen nicht direkt zu beobachten ist, kann man lediglich aus dem Vergleich des Verhaltens eines Menschen vor und nach bestimmten Ereignissen (z.B. Seminare, Übungen usw.) darauf schließen, daß etwas im Menschen stattgefunden hat, was man als Lernen bezeichnet.
Entsprechend wird Lernen als ein relativ überdauernder Wandel des (langfristigen) Verhaltens definiert, der das Ergebnis von Übungen und Erfahrungen darstellt, die in aller Regel verstärkt wurden. Dem Gedächtnis kommt dabei zentrale Bedeutung zu, die wahrgenommenen Informationen werden darin gespeichert und können auf Anforderung wieder reproduziert werden. Unterschieden wird das Gedächtnis in einen Langzeitspeicher und einen Kurzzeitspeicher. Informationen, die nicht unmittelbar aktiviert werden, werden innerhalb kürzester Zeit vergessen. Beim Lernenden muß ein Interesse am Lernen bzw. eine Motivation bestehen, damit er sich die Mühe macht, den Langzeitspeicher zu benutzen und zu lernen.
Neben der Motivation ist der Erfolg des Lernens von kog-

- Lernen heißt Verhalten ändern

nitiven Fähigkeiten abhängig. Unter Fähigkeiten versteht man dabei das gesamte relativ verfestigte Potential eines Individuums, seine Umwelt zu beherrschen, d.h. kompetent in allen Lebenssituationen zu handeln. In dem hier zu behandelnden Zusammenhang interessiert in erster Linie die Führungsfähigkeit (vgl. *Staehle* 1989).

Führungsfähigkeit

- Führungsverhalten und Führungstechnik beeinflussen sich wechselseitig

Die Führungsfähigkeit wird von zwei unverzichtbaren Faktoren determiniert, dem Führungsverhalten und der Führungstechnik (Bild 3.4). Die beiden Determinanten beeinflussen sich wechselseitig, so ist ein bestimmtes Verhalten nötig für das erfolgreiche Praktizieren von Führungstechniken.

Um zu analysieren, ob und inwieweit Führungsfähigkeit erlernbar ist, muß man die Erlernbarkeit der Determinanten überprüfen. Die daraus vermutete Ableitung lautet: „Sind beide Bestimmungsfaktoren erlernbar, so ist Führungsfähigkeit ganz oder teilweise erlernbar."

Führungstechnik

- Führungstechniken sind Werkzeuge zur Verwirklichung eines Führungsstils

Mittel und Methoden zur Verwirklichung eines Führungsstils werden als Führungstechniken bezeichnet. Sie dienen der Führungskraft als „Werkzeuge" für die Wahrnehmung der Führungsaufgaben.

Neben Techniken wie Leitungsformen, Diskussionstechnik, Gesprächsführung, Personalbeurteilung und Problemlösungs-

```
                    Führungsfähigkeit
                    /              \
         Führungstechnik  ←→  Führungsverhalten
            z.B.                    z.B.
          → Ziele setzen          → kooperativ
          → Delegieren            → autorität
          → Beurteilen            → laissez-faire
```

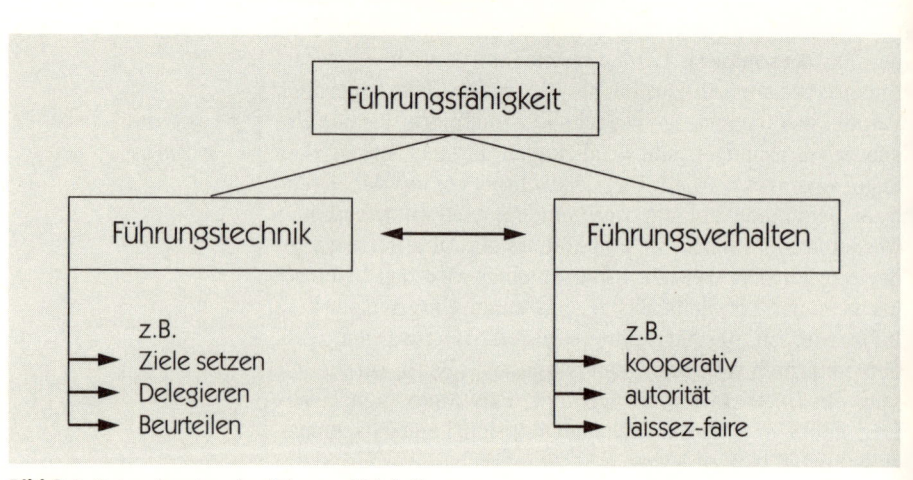

Bild 3.4: Determinanten der Führungsfähigkeit

3.4 Schulen von Führungskompetenz – geht das?

technik finden sich vermehrt Management by-Techniken in den Führungstechnikseminaren wieder. Die gebräuchlichsten sind Management by Objectives (MbO) und Management by Delegation. MbO greift den Zielsetzungsprozeß zwischen Vorgesetzen und Mitarbeitern auf und verdeutlicht seine Bedeutung für das Erreichen der übergeordneten Unternehmensziele.

Neben dem Erlernen von „Ziele setzen" wird im Führungstechnikseminar z.B. der Volkswagen AG auch die effiziente Gestaltung von Entscheidungsprozessen mittels des „Problemlösungssterns" (Bild 3.5) als Technik trainiert. Dieser Entscheidungsstern vermittelt jedem mit einer einfach zu beherrschenden Technik die Möglichkeit, Probleme systematisch und effizienter zu lösen.

Führungstechniken sind, im Gegensatz zu Führungsstil und -verhalten, bei ausreichender Qualifikation relativ einfach erlernbar, der Satz von Neuberger

Der Entscheidungsprozeß

1. **Problem definieren und aufgreifen**
2. **Daten sammeln** – Informationsquellen suchen und erschließen
3. **Daten analysieren** – Tatsachen von Vermutungen trennen
4. **Problemausmaß und -ursachen festlegen (Diagnose)** – Problem ggf. umdefinieren
5. **Lösungsmöglichkeiten erarbeiten** – Kreative Prozesse einleiten
6. **Lösungsmöglichkeiten bewerten (Prognose)** – Maßstäbe bestimmen, Auswertungen vorsehen
7. **Entscheidung**
8. **Durchführung** – Entschluß bekanntgeben, Konsequenzen ziehen

→ Problemlösung

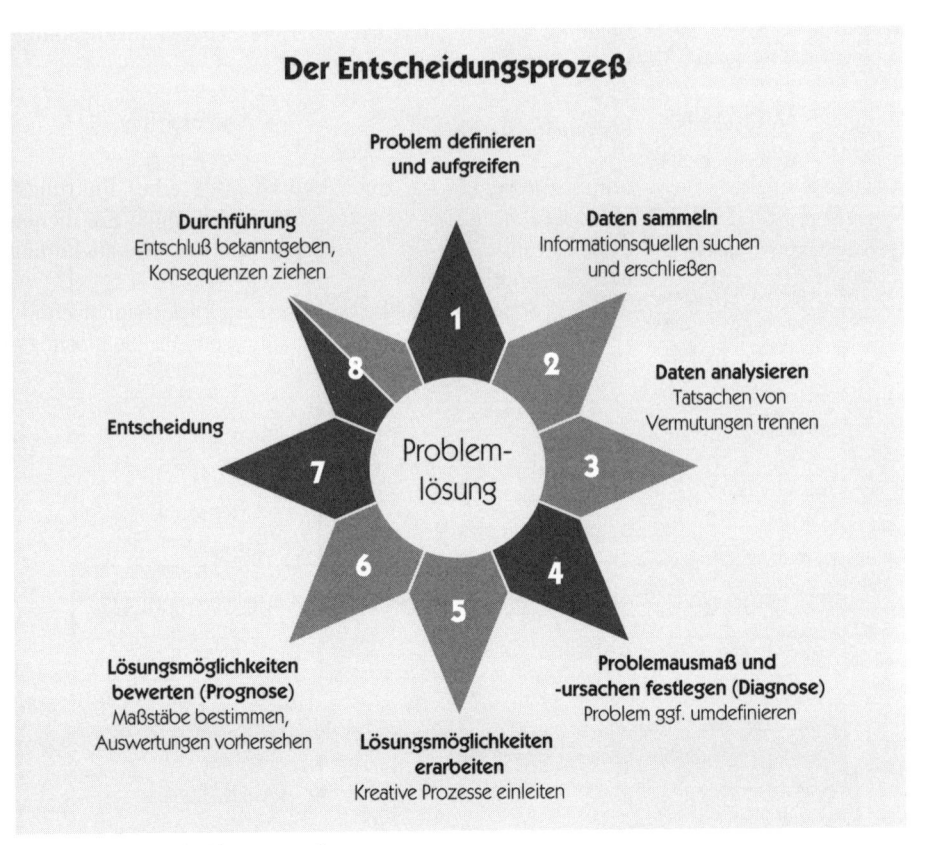

Bild 3.5: Der Entscheidungsprozeß

„Jeder kann es lernen, manche werden perfekt"

faßt die Hauptmerkmale treffend zusammen. Doch erst das Zusammenspiel eines der Situation angemessenen Führungsstils und der Führungstechniken bilden die Führungsfähigkeit oder, ohne Personenbezug, das Führungssystem (Bild 3.6).

Führungsverhalten

Als Führungsverhalten bezeichnet man die beobachtbaren Beeinflussungsversuche eines „Führers", die situationsabhängig variieren können.

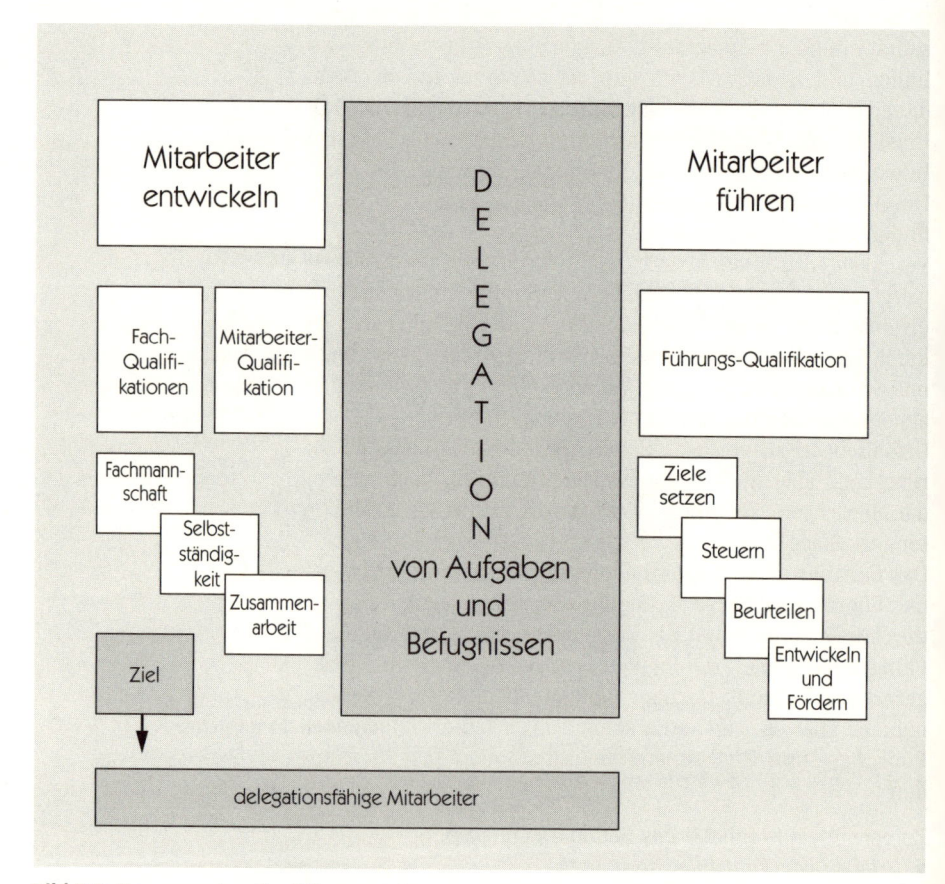

Bild 3.6: Ein anspruchsvolles Führungssystem

3.4 Schulen von Führungskompetenz – geht das?

> Das Führungsverhalten ist eine Funktion des Umfelds und der Person:
> V = f (P, U)
> V = Verhalten, P = Person, U = Umfeld
> (vgl. *Lewin* 1969)

Bild 3.7

Das Verhalten nimmt dabei eine Vermittlungsfunktion zwischen dem Umfeld (Mitarbeiter) und dem Individuum (Führer) ein (Bild 3.7).
In einer bestimmten Situation (zeitlich) hängt das Verhalten eines Individuums von dem psychologischen Lebensraum ab, in dem es sich befindet. Dieser setzt sich, wie aus der Gleichung hervorgeht, aus der Einstellung der Person selbst zu „Führung" und den Normen, Regeln usw. des Umfeldes, in der sie agiert, zusammen. Die Person geht in diese Kausalität mit dem momentanen Zustand, wie Stimmungen, Gefühlen und Bedürfnislagen ein, als auch mit seinen überdauernden Persönlichkeitsstrukturen wie Intelligenz und Einstellungen. Zwischen den Faktoren bestehen vielfältige Interaktionen, die alle auf Emotionalität begründet sind. Diese bedeuten, daß Lernen auf Basis von Emotionen stattfinden muß.
Verhalten wird in der Primär- und Sekundärsozialisation festgelegt. Dies bedeutet, daß grundlegende Eigenschaften eines Individuums nur in einem geringen Maß durch Schulungen und durch Seminare nachhaltig geändert werden können. Seminare und Schulungen für Führungsverhalten dürfen insofern nicht in erster Linie die Ratio, sondern müssen den Teilnehmer über die Gefühlsebene ansprechen. Eine vollständige Verhaltensänderung kann aber auch dadurch nicht stattfinden, doch besteht die Möglichkeit, Verhaltensausprägungen positiv zu beeinflussen (vgl. Brede 1986).
Das Seminar „Führungsverhalten" richtet sich an Führungs- und Führungsnachwuchskräfte. Das Seminar, das über 5 Tage durchgeführt wird, hat als Zielsetzung die Aktivierung von Fähigkeiten sowie Training von Fertigkeiten zum situationsgerechten Führen. Darüber hinaus sollen sich die Teilnehmer über die eigene Persönlichkeit in unterschiedlichen Führungs- und Zusammenarbeitssituationen bewußt werden.
Zu vermittelnde Inhalte des Seminars sind z.B.:
- *Erleben von Führungssituationen*
(Wahrnehmungsschärfe und Kritikfähigkeit erhöhen)

- Führungsverhalten kann nur in einem geringen Maß durch Schulungen und Seminare nachhaltig geändert werden

- *Führer und Geführter sein*
- *Erfahrung der eigenen Persönlichkeit*
  (Selbst- und Fremdwahrnehmung)
- *Eigene Erfahrung mit der Führung*
  (Eigenes Führungsverhalten reflektieren und Wege der Veränderung erkennen)
- *Stärken-Schwächen-Analyse*
- *Trainieren der Beurteilungsfähigkeit*
- *Beurteilen und Steuern von Gruppenprozessen.*

Über diese Inhalte sollen die Teilnehmer Fähigkeiten, wie das situative und authentische Führungsverhalten, Integrations- und Zusammenarbeit, Umgang mit Konkurrenz- und Entscheidungssituationen und das kreative Auflösen von Problemsituationen trainieren.

Im Gegensatz zu Seminaren, in denen vorwiegend kognitive Lernziele verfolgt werden, werden in Seminaren, die verhaltensbeeinflussende Lernziele beinhalten, gruppendynamische Methoden angewandt. Im Führungsverhaltenseminar werden die Inhalte über Diskussionen, Rollenspiele, Einzelarbeit, Gruppenarbeit und Feedback vermittelt.

Die Annahme über die Effizienz von gruppendynamischen Seminaren beruht auf der Tatsache, daß alle Teilnehmer subjektive Hypothesen zur eigenen Person als auch zur Person aller anderen Seminarmitglieder haben und diese in das Seminar miteinbringen. Die subjektiven Hypothesen über das Fremdbild, das Selbstbild und die Vermutungen über die Wahrnehmung der eigenen Person durch andere Gruppenmitglieder (vermutetes Fremdbild) werden ausgetauscht und einer Prüfung durch die anderen Gruppenmitglieder zugänglich gemacht. So bewirkt die Infragestellung oder Widerlegung mancher Hypothese bei den Teilnehmern eine innere Unstimmigkeit, die einen Prozeß der Spannungsregulierung auslöst.

- So bin ich = so sehen mich die anderen?

Das Verhaltenstraining kann erst dann als erfolgreich beendet angesehen werden, wenn das Gruppenmitglied die dissonanten Informationen mit Hilfe der anderen Gruppenmitglieder und des Trainers in sein persönliches Wertsystem einpassen kann.

Die Konzeption des Führungsverhaltenseminares lehnt sich an das 3-D-Programm von Reddin (vgl. Reddin 1977) an. Die Teilnehmer sollen ihren persönlichen Führungsstil, der auf Effektivität in Abhängigkeit von der jeweiligen Situation beruht, finden.

Führungsstil

Die ganzheitliche Betrachtung der situativen Einzelverhalten wird von dem Umfeld (Mitarbeitern) als Führungsstil erlebt. Führungsstil ist demnach ein situationsbeständiges Führungsverhalten, das durch eine persönliche Grundeinstellung gegenüber Mitarbeitern geprägt ist. Die empirische Führungsforschung klassifiziert unterschiedlichste Führungsstile, die aber in ihrer Vielfältigkeit eine Gemeinsamkeit beinhalten, sie stellen Führungsstil als eine Kombinatorik von Beziehungsorientierung (Mitarbeiterorientierung) und Aufgabenorientierung (Sachorientierung) dar.

Auf diese beiden Hauptfaktoren beziehen sich Blake und Mouton unter der Annahme der Unabhängigkeit der Dimensionen. Die von ihnen entwickelten neunstufigen Skalen (Bild 3.8) zeigen auf der Waagerechten die *Betonung der Produktion* und auf der Senkrechten die *Betonung des Menschen* (vgl. Blake/Mouton 1971).

- Führungsstil ist ein situationsbeständiges Führungsverhalten, das durch eine persönliche Grundeinstellung gegenüber Mitarbeitern geprägt ist

Von den theoretisch 81 verschiedenen Kombinationen von Personen- und Leistungsorientierungen und damit 81 Führungsstilen füllen Blake und Mouton nur 5 mit Inhalt.

Die auf der Y-Achse dargestellte Betonung des Mitarbeiters zeigt den Grad des Interesses am Wohlbefinden: die Sorge um die Mitarbeiter; das Denken an die persönlichen Ziele der Mitarbeiter; wie man auf das Wohlbefinden und die Gefühle der Mitarbeiter achtet; wie man die Notwendigkeit des Wohlbefindens hervorhebt; wie engagiert jemand sich verhält, um Wohlbefinden der Mitarbeiter zu erzielen.

Die X-Achse stellt das Interesse am Betriebserfolg dar: die Sorge um die Leistung (das Denken an die von der Organisation, Institution, Unternehmung gesetzten Ziele); wie man auf die Leistung der Mitarbeiter achtet; wie man die Notwendigkeit der Leistung bewertet; wie engagiert jemand sich verhält, um Leistung zu erzielen.

Die Zahlen von 1 bis 9 symbolisieren den Grad, das Ausmaß, mit dem jeweils auf X/Y geachtet wird. Die fünf Grundtypen sind durch die Kombinationsangabe X.Y (1.9, 9.1, 1.1, 9.9) gekennzeichnet. Diese sogenannten „reinen" Führungsstile sind mathematisch ausgedrückte Grenzwerte innerhalb des Gitters, 5.5 ist der Grenzwert für den Mittelwert. Verhaltenspsychologisch gesehen sind es eigenständige Theorien über Verhaltensweisen und deren Motive. Die Parameter X.Y können nicht in anderen zahlenmäßigen Anordnungen auftreten.

Der insbesondere in Großunternehmen vollzogene Wandel

- Interesse an den Zielen der Mitarbeiter versus Interesse an den Zielen des Betriebes

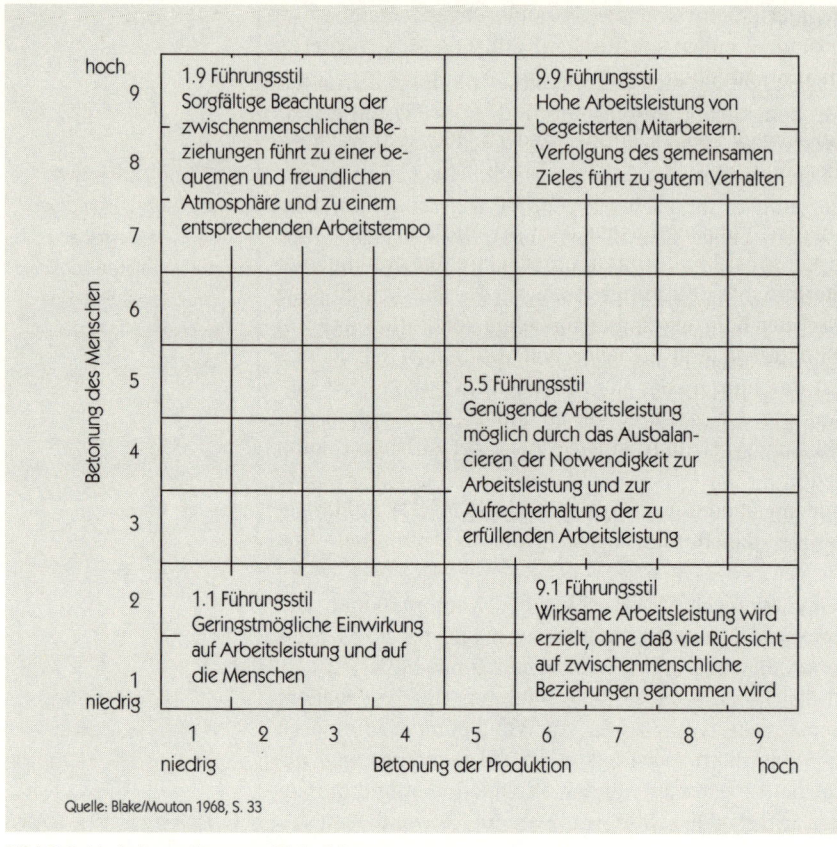

Bild 3.8: Verhaltensgitter von Blake/Mouton

Quelle: Blake/Mouton 1968, S. 33

Achsen: Betonung des Menschen (niedrig 1 – hoch 9) / Betonung der Produktion (niedrig 1 – hoch 9)

1.9 Führungsstil
Sorgfältige Beachtung der zwischenmenschlichen Beziehungen führt zu einer bequemen und freundlichen Atmosphäre und zu einem entsprechenden Arbeitstempo

9.9 Führungsstil
Hohe Arbeitsleistung von begeisterten Mitarbeitern. Verfolgung des gemeinsamen Zieles führt zu gutem Verhalten

5.5 Führungsstil
Genügende Arbeitsleistung möglich durch das Ausbalancieren der Notwendigkeit zur Arbeitsleistung und zur Aufrechterhaltung der zu erfüllenden Arbeitsleistung

1.1 Führungsstil
Geringstmögliche Einwirkung auf Arbeitsleistung und auf die Menschen

9.1 Führungsstil
Wirksame Arbeitsleistung wird erzielt, ohne daß viel Rücksicht auf zwischenmenschliche Beziehungen genommen wird

- Ziele müssen so erarbeitet und transparent gemacht werden, daß letztendlich die Mitarbeiter sie zu ihren eigenen machen

vom autoritären zum kooperativen Führungsstil, der das höchste Maß an Sachorientierung mit einem ebenso hohen Maß an Mitarbeiterorientierung verknüpft, beruht auf der Möglichkeit, Leistungsreserven der Mitarbeiter mit ihnen und nicht gegen sie zu aktivieren. Veränderte Formen der Arbeitsorganisation, wie z.B. Gruppenarbeit, kontinuierlicher Verbesserungsprozeß (KVP), erfordern einen Führungsstil, der jeden einzelnen Mitarbeiter als einen gleichberechtigten Teilnehmer im Unternehmen anerkennt und mehr Miteinander statt Gegeneinander bewirkt. Dabei ist ein Hauptelement, daß Ziele gemeinsam erarbeitet und transparent gemacht werden und letztendlich die Mitarbeiter sie zu ihren eigenen machen.

Doch das sich immer schneller ändernde Umfeld der Unternehmen benötigt zur optimalen Zielerreichung einen Führungsstil, der nicht nur kooperativ ist, sondern sich dar-

3.4 Schulen von Führungskompetenz – geht das?

über hinaus situativ auf die Veränderungen einstellt. Die Auswirkungen eines spezifischen Führungsstils variieren von Situation zu Situation:

> es gibt *keinen* idealen, immer und zu jeder Zeit erfolgreichen Führungsstil.

Der situative Führungsansatz baut auf die von Blake/Mouton klassifizierten Führungsstile auf, erweitert sie aber um die Determinante „Führungssituation". Es gibt keinen „one best way" der Führung und auch keinen „great men", der in allen Situationen und zu jeder Zeit erfolgreich ist. Erfolgreich ist der Führer, der über analytische Fähigkeiten verfügt (Analyse der Aufgabe, der Situation, der Gruppe) und sein Führungsverhalten entsprechend modifizieren kann (vgl. Reddin).

Das Führungsmodell von Reddin verdeutlicht die Abhängigkeit des optimalen Führungsstils von der Situation (Bild 3.9).

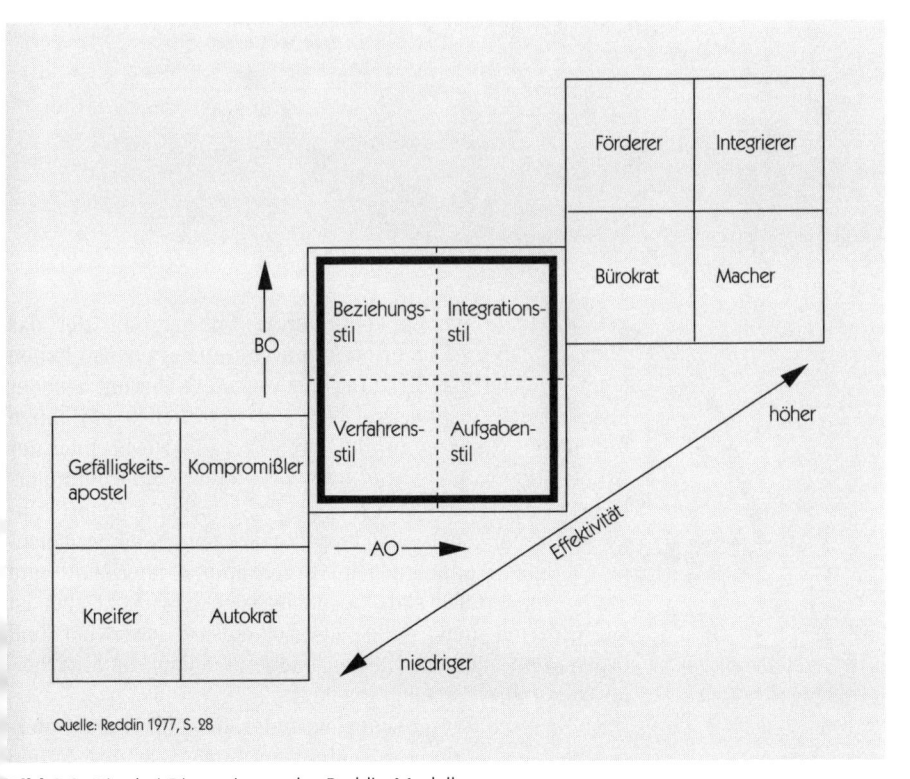

Quelle: Reddin 1977, S. 28

Bild 3.9: Die drei Dimensionen des Reddin-Modells

Die vier Grundstilformen erweisen sich nun als effektiv oder ineffektiv, je nachdem, ob sie situationsentsprechend eingesetzt werden oder nicht.

Qualifikationsanalysen

- Auswahl geht vor „Nachbessern"

Die Auswertung des Führungssystems erfordert eine Führungsfähigkeit. Führungsnachwuchskräfte mit den dafür nötigen „Basisqualifikationen" müssen identifiziert werden. In bezug auf die zuvor gemachte Aussage bedeutet das für die Managementausbildung, daß Führungsverhalten nur sehr schwer und langfristig veränderbar ist. Daher gestalten viele Unternehmen die Qualifikation ihrer Führungskräfte zu ca. 80% über Auswahlprozesse und zu ca. 20% durch „Nachbessern" in Seminaren usw. (Bild 3.10).

Hier werden neben der Dokumentenanalyse, also der Auswertung von Zeugnissen, biographischen Fragebögen, Leistungsbeurteilungen, zunehmend sog. Assessment Center (AC) eingesetzt.

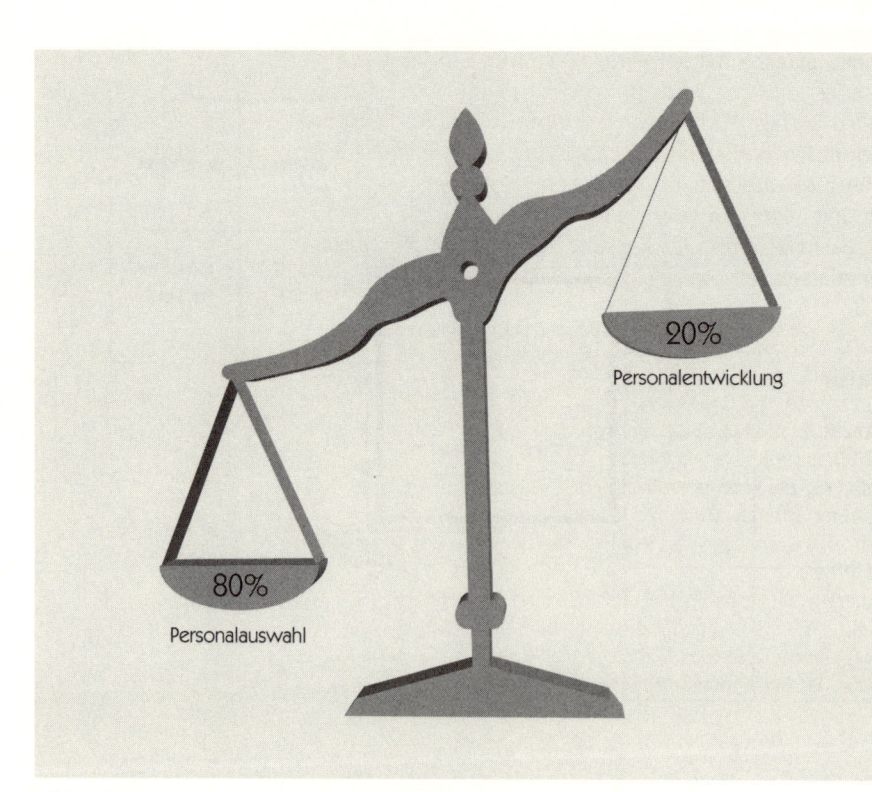

Bild 3.10: Relation von Auswahl zu Qualifikation

3.4 Schulen von Führungskompetenz – geht das?

Das AC unterscheidet sich von den herkömmlichen Verfahren dadurch, daß mehrere Beurteilungsverfahren zum Einsatz kommen wie Interview, Tests, Fallstudien, Postkorb-Übungen und führerlose Gruppendiskussion. Außerdem werden die Kandidaten über mehrere Tage beobachtet. Um ein hohes Maß an Objektivität zu erreichen, werden mehrere Beurteiler eingesetzt, die nach vielfältigen Bewertungskriterien beurteilen, ob der Mitarbeiter das nötige Führungsverhalten aufweist, um dann durch das Trainieren von Führungstechniken eine optimale Führungsfähigkeit zu erlangen.

Zusammenfassung

Die Frage „Kann man Führungskräfte schulen?" hängt also einerseits von der Erlernbarkeit von Führungstechniken und andererseits von der Veränderbarkeit von Führungsverhalten ab.

Führungstechniken sind im Gegensatz zu Führungsstil- und -verhalten bei ausreichender Lernbereitschaft und Lernfähigkeit relativ einfach erlernbar. Der Satz von Neuberger „Jeder kann es lernen, manche werden perfekt", faßt dies treffend zusammen.

Verhalten ist dagegen nur sehr langfristig beeinflußbar und damit veränderbar. Hier führt wahrscheinlich die optimale Auswahl über z.B. Assessment-Center zum gewünschten Ziel, kombiniert mit einer maßgeschneiderten Qualifizierung zum/zur besten Fachmann/-frau für Führung, d.h. fähig zu sein, andere zu veranlassen, im Sinne einer gemeinsamen Zielsetzung zu handeln.

- Optimale Auswahl + maßgeschneiderte Qualifizierung = beste Führungskraft

Literatur

1 Blake, R.R./Mouton, Verhaltenspsychologie im Betrieb, Düsseldorf/Wien 1968
2 Brede, K., Individuum und Arbeit – Erkennen ihrer Vergesellschaftung, Frankfurt/New York 1986
3 Lewin, K., Grundzüge der topologischen Psychologie, Bern/Stuttgart 1969
4 Neuberger, O., Organisation und Führung, Stuttgart etc. 1977
5 Reddin, W.J., Das 3-D-Programm zur Leistungssteigerung des Managements, München 1977
6 Staehle, W. Management, München 1989

3.5 Führen zur Gruppenarbeit – flächendeckende Einführung von Qualitätszirkeln in einem Großunternehmen

F. Marciniak

Die Literatur über Kleingruppenaktivitäten ist inzwischen kaum noch zu übersehen (vgl. Wehner 1990). Ob diese Aktivitäten nun Lernstattgruppen, Werkstattkreise, Qualitätskreise, Qualitätszirkel, Verbesserungsteams oder wie auch immer genannt werden, gemeinsam ist allen, daß mit ihrer Hilfe Qualität und Produktivität verbessert werden sollen. Hinter den verschiedenen Bezeichnungen verbergen sich sehr unterschiedliche Ansätze und Vorgehensweisen, die hier nicht dargestellt werden sollen (vgl. Deppe 1990). An dieser Stelle wird nur einer von vielen möglichen Ansätzen vorgestellt: VW-Zirkel, die sich nicht ohne weiteres auf andere Firmen übertragen lassen. Das VW-Zirkel-Modell kann aber als Anregung für den eigenen Weg dienen, den jedes Unternehmen finden und gehen muß. Die so einfach erscheinende Kopie dieses oder eines anderen Modells für die eigene Firma kann sehr schnell scheitern, weil wie so oft der Weg (fast) wichtiger als das Ziel ist.

- Den eigenen Weg finden

Überlegungen zur Einführung von Zirkeln

Seit Jahren wird es fast gebetsmühlenartig von Managern auf Kongressen und Betriebsversammlungen gefordert und verkündet: Der sich immer mehr verschärfende internationale Wettbewerb zwingt dazu, die human ressources noch stärker als bisher zu nutzen. Die Realität sieht oft – oder sollte man besser sagen in der Regel – ganz anders aus: Manager hatten auf ihren Reisen nach Japan gesehen, daß dort mit viel weniger Mitarbeitern mehr und in besserer Qualität produziert wird. Die Instrumente, die diesen Produktivitäts- und Qualitätsvorsprung anscheinend erbringen, pickten sich die Besucher heraus und übertrugen sie in die eigene Firma. Die dahinter stehende Philosophie/Unternehmenskultur wurde entweder nicht gesehen oder unterschlagen.

Stärkere Nutzung der human ressources wird so auf die pure Einführung *eines* Instruments, z.B. Qualitätszirkel, reduziert. Sie wird nicht begriffen als Verhaltensänderung des

Überlegungen zur Einführung von Zirkeln:

verschärfter internationaler Wettbewerb

Entwicklung der industriellen Fertigung

Wandel in der Einstellung zur Arbeit

Bild 3.11

gesamten Unternehmens, bei der sich zuerst einmal die Manager selbst ändern müßten. Sie, die über viele Jahre den Mitarbeitern das Gefühl vermittelt haben, ihr Expertenwissen am Arbeitsplatz sei nicht gefragt, müßten ein neues Verhalten gegenüber ihren Mitarbeitern lernen.
Die industrielle Fertigung geht weg vom Taylorismus hin zu immer mehr Gruppenarbeit, auf die Mitarbeiter(innen) durch ihre berufliche Sozialisation kaum vorbereitet sind. Zirkel sind eine gute Möglichkeit, sie an die alltägliche Gruppenarbeit heranzuführen, besonders dann, wenn Gruppen- oder Teamarbeit zur Unternehmenskultur gehören soll, wenn die Besprechung mit dem Chef nach den gleichen (neuen) „Regeln" verlaufen soll wie die Arbeit in der eigenen Gruppe. Auch hier sieht die Realität oft anders aus.
Immer mehr Mitarbeiter(innen) sind mit einem guten Lohn/Gehalt allein nicht mehr zufrieden. Ihre Einstellung zur Arbeit hat sich verändert. Sie wollen stärker an der Lösung der in ihrem Arbeitsumfeld anfallenden Probleme beteiligt werden, wollen generell mehr Entscheidungstransparenz. Zirkel bieten hier eine große Chance. Aber Zirkelarbeit verändert auch die Mitarbeiter(innen), macht sie (noch) selbstbewußter, läßt sie eine „bestimmte" Art von Chefs fordern. Wenn diese ihr Führungsverhalten nicht im gleichen Maße entwickeln wie die Mitarbeiter(innen) ihren Anspruch auf kooperative oder gar partizipative Führung und Entscheidungstransparenz, sind Zirkel auf Dauer zum Scheitern verurteilt.

- Verhaltensänderung des gesamten Unternehmens

- Einstellung zur Arbeit hat sich verändert

VW-Zirkel: Die Summe unserer Erfahrungen

Volkswagen hat in der Vergangenheit Erfahrungen mit verschiedenen Kleingruppenaktivitäten gesammelt. Diese Aktivitäten unterschieden sich vor allem durch den Grad der Partizipation, die sie den Mitarbeiter(innen) ermöglichte. 1984 setzte der Vorstand ein Auswertungsteam unter Beteiligung des Betriebsrates ein, um die bis dahin vorliegenden Ergebnisse und Erfahrungen auszuwerten.

- Der Blick zurück ist wichtig

Ein Grund für den Erfolg des Zirkelprojektes liegt sicherlich in diesem Blick zurück, liegt in der in vielen Unternehmen zu selten gestellten Frage: Was können wir aus Projekten der Vergangenheit für die Zukunft „lernen"? Meist werden mit neuen Personen alte Projekte ad acta gelegt und neue kreiert.

Bei Volkswagen ergab der Blick zurück, daß mit allen Kleingruppenaktivitäten positive Erfahrungen gemacht worden waren. Besonders gute jedoch ließen sich im Werk Hannover feststellen, das – sicherlich nicht zufällig – im Vergleich zu anderen Projekten den Mitarbeitern die größte Partizipation ermöglichte.

Das Auswertungsteam entschloß sich, dem Vorstand kein Beschlußpapier vorzulegen, das dieser unterzeichnet und

Bild 3.12

wahrscheinlich schnell wieder vergessen hätte. Es bat den Vorstand, sich gewissermaßen als ersten VW-Zirkel die Ziele der zukünftigen Zirkelarbeit selbst zu erarbeiten. Diese Vorgehensweise erzeugte beim Vorstand Identifikation mit dem Projekt und sicherte eine lang andauernde Unterstützung. Auf diese Weise wurde der Grundstein für den beteiligungsorientierten strategischen Ansatz gelegt, über den weiter unten noch zu reden sein wird.

• 1. VW-Zirkel durch den Vorstand

Mit dem Betriebsrat wurde eine Vereinbarung abgeschlossen, die seinen Bedenken Rechnung trug und gleichzeitig ein offenes, modifikationsfähiges Zirkel-Modell zuließ. Diese Betriebsvereinbarung bekam für eine Reihe anderer Firmen eine Art Modellcharakter.

• Betriebsvereinbarung mit Modellcharakter

Ziele der VW-Zirkel

Bei den Zielen lassen sich zwei Arten unterscheiden: Zum einen die konkreten Problemlösungen, die die Gruppen erarbeiten und die sich unter Kosten–Nutzen-Gesichtspunkten bewerten lassen. Zum anderen die Prozessziele wie z.B. Steigerung von Arbeitszufriedenheit, Motivation und Problembewußtsein. Die Erreichung der Prozeßziele läßt sich nur mit hohem Kostenaufwand nachweisen. Auf der anderen Seite ist gerade die Erreichung dieser Ziele für den Erhalt oder die Rückgewinnung der Wettbewerbsfähigkeit von genauso entscheidender Bedeutung wie die konkreten Lösungsvorschläge.

Mitarbeiter, die durch Zirkelarbeit zufriedener, motivierter, problembewußter geworden sind, verändern ihr Verhalten. Dieses geänderte Verhalten ist zwar schwer meßbar, aber erlebbar. Um Entscheidungsträger vom Nutzen der Zirkelarbeit zu überzeugen, ist es wichtig, diese oft mit Zirkel-Gruppen zusammenzubringen. Oft hört man dann Sätze wie: „Ich wußte ja gar nicht, daß wir so ideenreiche, mitdenkende Mitarbeiter(innen) haben. Und wie kostenbewußt sie mit dem Geld des Unternehmens bei ihrem Lösungsansatz umgegangen sind. Und sie haben nicht eher Ruhe gegeben, bis wir einsahen, daß sie Recht hatten."

• Entscheidungsträger überzeugen

In der Anfangsphase allerdings lassen sich Entscheidungsträger in der Regel nur durch die Kosten–Nutzen-Betrachtung von Zirkeln überzeugen.

Ziele der VW-Zirkel

- Information
- Teamfähigkeit
- Kreativität
- Motivation
- Weiterbildung
- Arbeitszufriedenheit
- Problemlösungen

↓

Wettbewerbsfähigkeit

Bild 3.13

VW-Zirkel-Ansatz: Team- und handlungsorientiert

Ziel:
- Identifikation mit der Zirkel-Idee
und dadurch
- Übernahme von Verantwortung bei der Umsetzung

Priorität:
Beteiligung der Betroffenen auf allen Ebenen bei
- Identifikationsprozeß
- permanenter Lernprozeß
- konstruktive Nutzung von Widerständen

Umsetzung:
- VW-Zirkel durch den Vorstand
- Klausur des Unternehmenssteuerkreises
- Klausur der Werksteuerkreise
- Klausur der Vorbereitungsteams.

Projekteinführungen, die auf die Änderung menschlichen Verhaltens zielen, scheitern mittelfristig oftmals daran, daß sie „verkündigungsorientiert" vorgehen: Zuerst wird auf Weisung von oben eine Projektgruppe installiert, die – überzeugt von der guten Sache – eine „Einführungsstrategie" erarbeitet. Diese Strategie wird in Form eines Stück Papiers von der Geschäftsleitung genehmigt. Die Projekte werden dann an Hand dieses Papiers eingeführt und (müssen) mittelfristig scheitern: Allein schon deswegen, weil die späteren Nutzer und Betreiber des Modells gar nicht, zu spät oder nicht hinreichend beteiligt wurden.

- „Verkündigungsorientiert" muß scheitern

Im Gegensatz dazu geht der VW-Zirkel-Ansatz „beteiligungsorientiert" vor: Die späteren Nutzer sind unabhängig von der Hierarchiestufe von Beginn an an der Erarbeitung der Vorgehensweise in ihrem Bereich beteiligt. In den Bereichen, in denen die Möglichkeit bestand, intensiv an der Identifikation der Betroffenen mit der Zirkel-Idee zu arbeiten, verlief auch die Einführungs- und Stabilisierungsphase am besten. So war es sicherlich kein Zufall, daß die Werke, die auf eine intensive Vorbereitungsklausur ihres Werkssteuerkreises vor Beginn der Zirkel-Einführung verzichteten, später die meisten Probleme bekamen. Diese Werke hatten versäumt, Identifikation der Betroffenen herzustellen, die – wie bei ähnlichen Projekten der Vergangenheit – den Kopf einzogen und nach dem Motto handelten: Wir halten uns erst einmal zurück, diese Idee der Geschäftsleitung wird, wie schon so oft, wie eine Welle an uns vorübergehen und ebenfalls bald im Sande verlaufen. Und ein Weiteres kam hinzu: Es wurde ebenfalls versäumt, Projekte, die inoffiziell längst gestorben waren, auch offiziell zu „beerdigen". So mußte die Leitungsebene weiterhin die schon knappe Zeit für mehrere gleichzeitig laufende Projekte aufbringen. Prioritäten wurden nicht gesetzt, teilweise konkurrierten die Projekte untereinander.

- Identifikation der Betroffenen

- Tote Projekte auch offiziell beerdigen

Phasen bei der Einführung

Zirkel werden stufenweise in allen Bereichen und auf allen Hierarchieebenen eingeführt. Ein Einführungsbereich sollte nicht mehr als 1000 Mitarbeiter(innen) haben. Bei dieser Größe lassen sich die bei der Implementierung der Zirkel auftretenden Konflikte noch konstruktiv nutzen.
Im 1. Schritt wird im jeweiligen Bereich ein Vorbereitungsteam gegründet, in dem alle Hierarchieebenen und auch der Betriebsrat vertreten sind. Dieses Team hat die Aufgabe, die Einführung vorzubereiten und später dann, wenn die Ein-

- Vorbereitungsteam gegründet

Phasen bei der Einführung

1
○ Vorbereitungsteam
○ Informationsveranstaltungen für alle Führungskräfte und Betriebsräte

2
○ Tagesveranstaltungen für alle Unterabteilungsleiter, Meister, Vizemeister und Vertrauensleute

3
○ Informationsrunden für alle Werksangehörigen des Startbereichs

4
○ Auswahl der ersten Moderatoren
○ Ausbildung von Moderatoren
○ Erstes Moderatoren-Treffen

5
○ Start der ersten VW-Zirkel

Bild 3.14

- Tagesveranstaltungen für das mittlere Management

- Information aller Mitarbeiter

- Moderatoren auswählen

führungsphase abgeschlossen ist, das Zirkel-Modell vor Ort zu betreuen. Das Vorbereitungsteam übernimmt auch die Information aller Führungskräfte und Betriebsratsmitglieder im jeweiligen Startbereich, bevor die eigentliche Einführungskampagne beginnt.

Tagesveranstaltungen für alle Unterabteilungsleiter, Meister, Vizemeister und Vertrauensleute dienen im 2. Schritt der Auseinandersetzung dieses Personenkreises mit der Zirkel-Idee. Ihre Identifikation mit der Idee gilt es zu gewinnen, sind doch von ihnen die größten Widerstände gegen Zirkel zu erwarten.

Im 3. Schritt werden alle Mitarbeiter(innen) des Startbereichs unabhängig von ihrer organisatorischen Zuordnung in kleinen Gruppen über die Zirkel-Idee informiert. Der Diskussionsanteil in diesen Runden sollte nicht unter 50% liegen. Erste Zirkelthemen können in diesen Veranstaltungen benannt werden. Das Anforderungsprofil für Moderatoren wird vorgestellt. Jeder, der meint, dieses Profil zu erfüllen, kann sich formlos um eine Moderatorenausbildung bewerben.

Die Moderatoren werden im 4. Schritt von den Führungskräften und Betriebsratsmitgliedern des Startbereichs vor dem Hintergrund des Anforderungsprofils ausgewählt und eine Woche lang extern ausgebildet. Danach findet für sie das erste der regelmäßigen Moderatorentreffen statt. Jeweils zwei Moderatoren suchen sich ein Thema aus, das sie gemeinsam mit einer Gruppe – 5. Schritt – bearbeiten wollen. Die nachfolgenden Moderatorenrunden dienen dem Erfahrungsaustausch, der Vertiefung der Moderationstechnik, der Hilfe bei allen anfallenden Problemen – und das sind nicht wenige.

• Moderatorenrunden helfen bei Problemen

Welche Themen bearbeiten VW-Zirkel?

Wie schon erwähnt, können die Mitarbeiter(innen) schon während der Informationskampagne Probleme/Themen nennen, die sie gerne bearbeiten möchten. Mit diesem Vorgehen soll nicht nur sichergestellt werden, daß sofort nach der Moderatorenausbildung mit Zirkeln begonnen werden kann. Es sollen auch negative Erfahrungen aus der Vergangenheit abgebaut werden: Mitarbeiter(innen) machten sich für die Lösung von Problemen stark, wurden aber mit dem Hinweis abgeblockt, dafür seien andere zuständig. Alle Themen des eigenen Arbeitsbereiches können bearbei-

• Negative Erfahrungen abbauen

Bild 3.15

tet werden. Ausgeschlossen sind die Themen, die nur gesetzlich, betriebsverfassungsrechtlich oder tarifvertraglich geregelt werden können.

- Führungskräfte wollen Einfluß

In der Anfangsphase versuchen die Führungskräfte massiv, Einfluß auf die Themen und die Reihenfolge ihrer Bearbeitung zu nehmen. Sie befürchten nämlich, daß vornehmlich soziale Themen von den Mitarbeiter(innen) benannt werden, die sich für das Unternehmen nicht „rechnen". Diese Sorgen erwiesen sich nach unserer Erfahrung als vollkommen unbegründet. Die Mitarbeiter(innen) wollen vor allem die Probleme bearbeiten, die ihnen oft seit Jahren auf der Seele brennen und für die es bis dahin keine Chance gab, sie anzupacken.

- Mit leichten Themen beginnen

Bewährt hat sich in der Anfangsphase, daß allein die Moderatoren und der Koordinator darüber entscheiden, mit welchen Themen begonnen wird. Es sollten leichte, wahrscheinlich lösbare Themen sein, um die Moderationstechnik zu trainieren und den Gruppen Erfolgserlebnisse zu sichern. Wenn Zirkel sich vor Ort etabliert haben und von den Mitarbeiter(innen) angenommen worden sind, können Führungskräfte auch ihre Themen einbringen. Die Mitarbeiter(innen) empfinden es dann als Auszeichnung, sich Gedanken über „sein/ihr" Thema zu machen. Es sollten aber keine Themen sein, die das Management seit Jahren ungelöst vor sich herschiebt, sondern solche, die Zirkel-Gruppen auf Grund ihrer größeren Problemnähe wahrscheinlich besser lösen können.

Der Moderator

Im Gegensatz zu vielen anderen Qualitätszirkel-Modellen sollen beim VW-Zirkel-Ansatz nicht nur Führungskräfte, sondern alle Mitarbeiter(innen) Moderatoren werden können. Damit trug der Unternehmenssteuerkreis dem Gedanken Rechnung, daß es sich beim VW-Zirkel-Ansatz um ein Personal- und Organisationsentwicklungs-Modell handelt, das alle Mitarbeiter(innen) umfassen müsse. Es wurde ein Anforderungsprofil (Bild 3.16) entwickelt, das bei der Auswahl der Moderatoren zugrunde gelegt werden soll.

- Anforderungsprofil für Moderatoren

Dieses Anforderungsprofil fordert von den Führungskräften, ihren besten Mitarbeiter(innen) Zeit für die Zirkelarbeit zu geben. Die Praxis hat gezeigt, daß Führungskräfte sich damit schwer tun, weil sie dadurch ihr eigenes Führungsrisiko erhöhen. Sie neigen meist unbewußt dazu, weniger geeignete Mitarbeiter als Zirkel-Moderatoren vorzuschlagen. Dies kann nicht nur wegen der fehlenden Akzeptanz der Moderatoren sehr schnell zum Scheitern des Projektes führen.

3.5 Führen zur Gruppenarbeit – flächendeckende Einführung von Qualitätszirkeln 245

Der Moderator

Wer könnte das sein?
Jeder Mann. Jede Frau.
Sie sollten ...

- gerne mit anderen zusammenarbeiten
- andere Meinungen tolerieren
- gut organisieren können
- sich nicht so leicht unterkriegen lassen
- Kritik vertragen können
- von ihren Arbeitskollegen akzeptiert werden
- Arbeit sehen und sie anpacken
- gerne neue Wege gehen

Bild 3.16

Aus der Wertigkeit der eingesetzten Personen werden von den Mitarbeitern Schlüsse auf die Wertigkeit des Projektes für die Geschäftsleitung gezogen. Deshalb kommt der Durchsetzung des Anforderungsprofils im betrieblichen Geschehen eine sehr große Bedeutung zu.

- Anforderungsprofil durchsetzen

In noch viel stärkerem Maße sollte der Koordinator dem Anforderungsprofil entsprechen. Einfach einen Meister oder Abteilungsleiter zu nehmen, der gerade keine Aufgabe hat oder den weder Führungskräfte noch Mitarbeiter(innen) akzeptieren, bringt das Projekt schnell zum Erliegen. Diese schmerzliche und teure Erfahrung mußten auch wir in manchen Bereichen machen. Nach dem Auswechseln der ungeeigneten Koordinatoren bedurfte es enormer Energie und Überzeugungskraft, um das Zirkel-Projekt in den betroffenen Bereichen neu zu starten, denn die Mitarbeiter(innen) hatten sich ihr negatives Urteil über Zirkel längst gebildet.

- Ein zweiter Start ist schwierig

Von Anfang an sollten unter den Moderatoren möglichst alle hierarchischen Ebenen vertreten sein, weil so auch in der unternehmensinternen Öffentlichkeit sichtbar wird, daß Zirkel für alle da sind und nicht nur für eine Gruppe, die es vielleicht besonders nötig hat. Dieses Vorgehen erhöht die Akzeptanz des Projektes und verstärkt den Prozeß des cultural change im jeweiligen Bereich.

Nehmen wir mal an, es gäbe ein Problem:

VW-Zirkel-Gruppen bleiben nicht auf Dauer zusammen, wie es bei den meisten Qualitätszirkel-Modellen üblich ist, sondern lösen sich auf, wenn ein Problem/Thema abgearbeitet ist. Die Mitglieder von Zirkelgruppen werden nach „Problembetroffenheit" vom Themeneinreicher und Koordinator zusammengestellt: Jeder Teilnehmer muß irgendwie persönlich mit dem Problem zu tun haben. Dadurch kommt es sehr schnell zu bereichs- und hierarchieübergreifenden Gruppen, deren Problemlösungskompetenz in der Regel höher ist als bei permanenten Gruppen. Dafür ist allerdings der gruppendynamische Effekt geringer. Jedoch geht man bei diesem Ansatz davon aus, daß den Gruppenmitgliedern die Zirkelarbeit soviel Spaß gemacht hat, daß sie versuchen, möglichst schnell in eine neue Gruppe eingebunden zu werden.

Unverzichtbar ist, daß die Gruppe ihre unter Kosten–Nutzen

- Problemlösungskompetenz

Nehmen wir mal an, es gäbe ein Problem

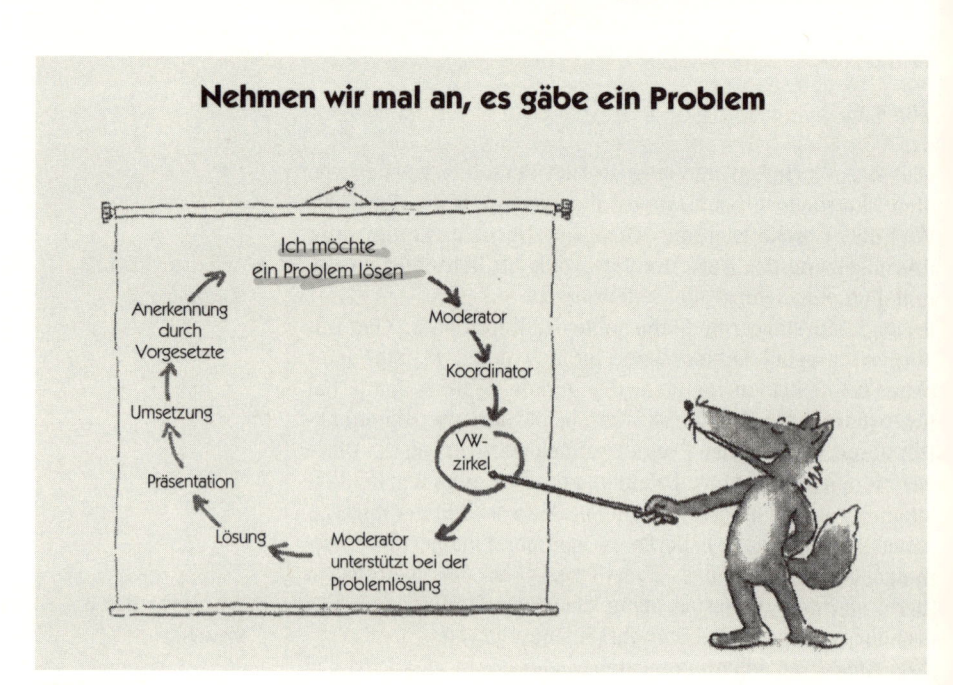

Bild 3.17

bewertete Lösung den Vorgesetzten präsentiert, die die notwendigen Entscheidungskompetenzen haben. Die Umsetzungsentscheidung sollte sofort im Beisein der Gruppe getroffen werden.

Über die Präsentation wird eine Art Zwangskommunikation oft über mehrere hierarchische Ebenen aufgebaut, bei der Führungskräfte und Mitarbeiter(innen) ihre gegenseitigen Vorurteile abbauen (können). Führungskräfte erleben in diesen Präsentationen, wie positiv sich Mitarbeiter(innen) durch Zirkelarbeit verändern, wie kostenbewußt sie mit dem Geld des Unternehmens umgehen und wieviel Experten-Wissen in der Vergangenheit nicht genutzt wurde.

Bei diesen Präsentationen sollten auch die direkten Vorgesetzten der Gruppenmitglieder anwesend sein und für ihre Unterstützung der Zirkelidee gelobt werden. Leider neigen bei guten Problemlösungen Führungskräfte und auch Betriebsratsmitglieder dazu, die Frage zu stellen: Wer hat Schuld, daß wir nicht eher darauf gekommen sind? Diese Frage ist auf Dauer tödlich für die Zirkel-Idee, weil sie das Unternehmen nicht wegbringt von der alten „Schuld-Kultur" hin zur offenen „Problemlösungs-Kultur". Auf diese Weise wird ein latenter Widerstand der Vorgesetzten gegen Zirkel geradezu provoziert.

- Kosten–Nutzen bewerten

- Führungskräfte erleben Mitarbeiter

- Weg von der „Schuld-Kultur"

Widerstände sind dazu da, überwunden zu werden.

VW-Zirkel verstehen sich als ein Baustein, um mittelfristig das Verhalten vieler Mitarbeiter(innen) und Führungskräfte gezielt zu verändern. Durchgreifende Veränderungen sind ohne Konflikte in der Einführungsphase nicht möglich. Wichtig ist, diese Konflikte als Folge eines gelungenen Einführungsprozesses anzusehen und die Mitarbeiter(innen) und Führungskräfte bei ihrer Bewältigung nicht allein zu lassen. Dem Koordinator, seiner Qualifikation und Akzeptanz bei Führungskräften und Mitarbeiter(innen) kommt dabei eine besondere Bedeutung zu.

Ein wesentliches Konfliktfeld stellen die Befürchtungen von Führungskräften, aber auch von Betriebsratsmitgliedern, vor „Machtverlust" dar: Wo bleibe ich als Führungskraft, als Mitglied des Betriebsrates, wenn die Mitarbeiter(innen) „meine Probleme" lösen? Die Angst vor Machtverlust führt in der Regel zu offenem oder verstecktem Widerstand gegen Zirkel. Kein Beschluß der Geschäftsleitung und kein bedrucktes Papier, nur die persönliche Erfahrung, daß gute Zirkelarbeit sein Ansehen eher fördert als schadet, daß Problemlösungen durch Zirkel ihm mehr Zeit für seine eigentli-

- Konflikte sind wichtig

- Angst vor Machtverlust

Widerstände sind dazu da, überwunden zu werden

- Verordnung von oben
- Angst vor Machtverlust
- Keine Integration in bestehende Strukturen
- Nur der rechenbare Nutzen wird beachtet
- Erfolge werden zu schnell erwartet
- Realisierung der Lösungen dauern zu lange

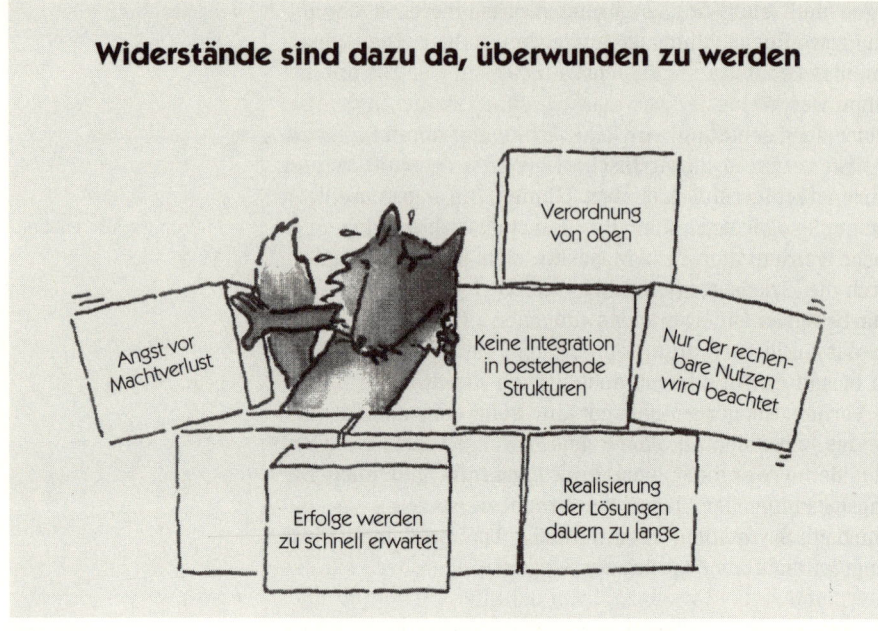

Bild 3.18

- Erfolg zu schnell erwartet

- Mitarbeiter testen ihre Vorgesetzten

- Zirkel sind Führungsaufgabe

che Arbeit geben, machen die Führungskraft oder das Betriebsratsmitglied auf Dauer zu einem Unterstützer der Zirkel-Idee.

Viele Firmen sind mit Qualitätszirkeln gescheitert, weil der Erfolg quasi über Nacht erwartet wurde. Nicht gesehen wird, daß hier Verhaltensänderungen nicht nur von Einzelnen, sondern von ganzen Organisationseinheiten angestrebt werden, die Zeit benötigen. Hinzu kommt, daß die Mitarbeiter(innen) auf Grund ihrer negativen Erfahrung mit dem Unternehmen in der Vergangenheit oft sehr vorsichtig sind und die Führungskräfte „testen", ob die neue Freiheit, das Mitreden-Dürfen, auch wirklich ernst gemeint ist.

Zirkel fristen oft ein isoliertes Dasein auf den unteren Ebenen der Produktion. Auf Dauer werden sie nur erfolgreich sein können, wenn sie auch in anderen Bereichen und auf allen Hierarchieebenen Fuß fassen und in die bestehende Struktur eingebunden sind. „Zirkel" sind nicht Aufgabe des Koordinators, sondern Führungsaufgabe, deren Bewältigung z.B. im Jahresbonus berücksichtigt werden kann.

Das größte Problem ist sicherlich die sehr oft schleppende Realisierung der Zirkel-Lösungen. Die Mitarbeiter, die sich in Zirkeln engagiert und bedeutende Einsparungen vorgeschlagen haben, zeigen wenig Verständnis, daß die Unternehmensbürokratie erst ein Projekt eröffnen und Geld beantragen muß etc. Für die Lösung dieses Problems, das die neu gewonnene Motivation der Mitarbeiter(innen) sehr schnell in Demotivation umschlagen läßt, gibt es kein Patentrezept. Das Wenigste, was man tun muß, ist die Zirkel-Mitglieder über den Stand der Realisierung auf dem Laufenden zu halten, um so zu signalisieren: Wir nehmen euch und euere Arbeit ernst. Getreu dem Motto: „Tue Gutes und rede darüber" sollte nach der Realisierung auch sichtbar gemacht werden, daß diese Maschine oder jener Arbeitsplatz durch die Zirkel-Lösung positiv verändert wurde. Mitarbeiter(innen) entwickeln ein feines Gespür dafür, ob von der Geschäftsführung nur der exakt berechenbare Nutzen beachtet wird oder ob auch andere Vorschläge wie z.B. die Verbesserung der Arbeitsorganisation oder der Ergonomie des Arbeitsplatzes eine Realisierungschance haben. Sobald sie meinen, daß Zirkel als einseitiges Rationalisierungsinstrument mißbraucht werden, verweigern sie die Mitarbeit: Sie nennen einfach keine Probleme mehr und bringen damit das Projekt zum Scheitern.

- Umsetzung der Lösungen darf nicht zu lange dauern

- Nur „Ratio" zu beachten ist falsch

Das Mitdenken während der Arbeitszeit ist ausdrücklich erlaubt?

Nicht nur wegen der großen Anzahl von Mitarbeiter(innen) bei Volkswagen ist es notwendig, alle Phasen des Zirkel-Projektes mit modernen, aufeinander abgestimmten Werbemedien zu begleiten. Das Plakat (Bild 3.19) wird z.B. im jeweiligen Startbereich in großer Anzahl vor den ersten Informationsveranstaltungen geklebt. Die Mitarbeiter(innen) fühlen sich in der einen oder anderen Richtung provoziert. Für die nachfolgenden Informationsveranstaltungen ist das ein belebender Einstieg.
Das VW-Zirkel-Logo und der Zirkel-Fuchs sind bei allen verwendeten Medien die immer wiederkehrenden Elemente. Es gibt z.B. auch einen Plüsch-Fuchs für Zirkel-Teilnehmer als ein mögliches Anerkennungspräsent; er kann aber auch käuflich von jedem Werksangehörigen erworben werden. Jeden Monat erscheint neben aktuellen Berichten zu Zirkel-Themen ein Zirkel-Comic mit dem Fuchs in der Werkszeitung. Ebenso gibt es einen Zirkel-Film, der in Informationsveranstaltungen eingesetzt wird, der aber auch von den Werksangehörigen entliehen oder gekauft werden kann. Die VW-Transporter, die im innerbetrieblichen Transport eingesetzt werden, wurden mit regelmäßig wechselnder Werbung für Zirkel beklebt. Bei gezielten Aktionen in den einzelnen Bereichen erhalten die Mitarbeiter(innen) z.B.

- Begleitung durch Werbung

- Zirkel-Comic

Bild 3.19

- Die Praxis entscheidet

„Scheckhefte", mit denen sie unterschiedliche Informationsangebote über Zirkel (z.B. Schnupperzirkel, Teilnahme an einer Präsentation) abrufen können.
Wichtig ist: Werbung kann nur eine flankierende Maßnahme sein. Für den dauerhaften Erfolg der Zirkel ist die Kongruenz zwischen Zirkel-Theorie und Zirkel-Praxis entscheidend – und zwar auf allen Hierarchieebenen.
Das VW-Zirkel-Modell wurde bei der Volkswagen AG in den neunziger Jahren vom KVP-Quadratmodell weitgehend abgelöst, wurde aber wegen seiner grundlegenden Bedeutung in die Neuauflage übertragen.

Literatur

Breisig, T.: Betriebliche Sozialtechniken, Neuwied und Frankfurt a. M. 1990
Deppe, J.: Quality Circle und Lernstatt, 3. überarbeitete Aufl. Wiesbaden 1992
Schanz, G. (Hrsg.): Handbuch Anreizsysteme in Wirtschaft und Verwaltung, Stuttgart 1991
Wehner, J.: Anwender Bibliographie Quality Circles, Hamburg 1990
Weltz, F. u. a.: Qualitätsförderung im Büro, Frankfurt a. M./New York 1989

3.6 Der Qualitätsmanager im TQM – Aufgabenbereiche eines modernen Qualitätswesens

F. Krämer

Einführung

Ein modernes Qualitätswesen übernimmt im Rahmen eines TQM-Prozesses eine Vielzahl von Aufgaben. Die Pflege bzw. der Aufbau eines QM-Systems zählt aufgrund der wachsenden Notwendigkeit einer Zertifizierung derzeit noch immer zu einer der vordringlichsten Aufgaben in vielen Unternehmen. Inwieweit durch eine erfolgreiche Zertifizierung ein Beitrag für die weitere Auseinandersetzung mit dem Thema TQM geleistet wird, muß fallweise geprüft werden. Die genaue Untersuchung der Beweggründe für eine Zertifizierung sind hierfür ausschlaggebend.

- Zertifizierung noch immer eine wesentliche Aufgabe

Bei denjenigen Unternehmen, die die Zertifizierung als ersten Schritt betrachten, sich der Aufgabe Qualitätsmanagement zukünftig stärker zu widmen, kann dies sicherlich als erste formale Maßnahme in Richtung TQM gewertet werden. Die damit erreichte Qualitätsfähigkeit gilt es jedoch im Rahmen von TQM weiterzuentwickeln, d. h. es muß eine Vielzahl weiterer TQM-spezifischer Handlungsfelder bearbeitet werden. Für die Entwicklung eines solchen Grundverständnisses hat das Qualitätswesen die notwendige Aufklärungsarbeit zu leisten.

- TQM erfordert die Auseinandersetzung mit einer Vielzahl von anspruchsvollen Aufgaben

(Mit-)Erarbeiten der Q-Politik des Unternehmens unter Berücksichtigung der Kundenzufriedenheit

Eine wesentliche Grundvoraussetzung für den Unternehmenserfolg ist, daß die Geschäftsleitung eine Qualitätspolitik betreibt. Der Qualitätsmanager trägt aufgrund seiner Fachkenntnis wesentlich dazu bei, Transparenz und Verständnis beim Thema Qualität zu erzeugen. In seiner Funktion übernimmt er hier die Beraterrolle, um insbesondere den Führungskräften das entsprechende Qualitätswissen zu vermitteln, damit dieses bei der Festlegung der strategischen Ziele entsprechend berücksichtigt wird. Dadurch kann der Qualitätsmanager mit dazu beitragen, den Zweck des Unternehmens TQM-orientiert auszurichten. Orientierungshilfe können die Kriterien einzelner TQM-Modelle, wie z. B. Euro-

- Der Qualitätsmanager ist hier Berater für die Führungskräfte

- Gemeinsam qualitätsorientiertes Leitbild entwickeln

- Zielbildungs- bzw. Zielvereinbarungsprozeß zur Operationalisierung nutzen
- Umsetzung in Workshops vornehmen

pean Quality Award (EQA), Malcolm Baldrige National Quality Award (MBNQA) etc. sein.

Im Rahmen von Workshops für Führungskräfte auf höchster Ebene arbeitet er daran mit, ein qualitätsorientiertes Leitbild, das sich aus Grundhaltungen und Leitsätzen zusammensetzt, gemeinsam zu entwickeln. Dadurch wird gewährleistet, daß die Qualitätspolitik von allen Beteiligten gemeinsam getragen und verinnerlicht werden kann. Dies bildet die Basis dafür, daß alle Führungskräfte das Gedankengut von TQM innerhalb des Tagesgeschäftes aktiv vorleben können.

Aus dem qualitätsorientierten Leitbild werden mit Hilfe des Zielbildungsprozesses die Ziele je nach Unternehmensgröße auf einzelne Abteilungen oder Gruppen „heruntergebrochen", also schrittweise operationalisiert (Bild 3.20).

Die Durchführung von weiteren Workshops, mit der Absicht, die entsprechenden Ziele unter Berücksichtigung der Meinungen der jeweiligen Teilnehmer zu vereinbaren und dabei allen Beteiligten verbindlich den Beitrag zur Zielerreichung zu verdeutlichen, scheint ein geeignetes Mittel zu

Zielbildungsprozeß als TQM-Element

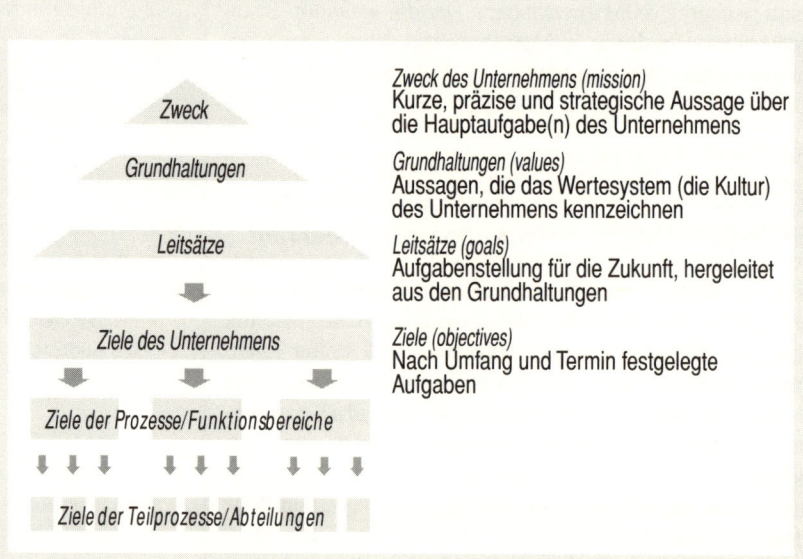

Zweck — Zweck des Unternehmens (mission)
Kurze, präzise und strategische Aussage über die Hauptaufgabe(n) des Unternehmens

Grundhaltungen — Grundhaltungen (values)
Aussagen, die das Wertesystem (die Kultur) des Unternehmens kennzeichnen

Leitsätze — Leitsätze (goals)
Aufgabenstellung für die Zukunft, hergeleitet aus den Grundhaltungen

Ziele des Unternehmens — Ziele (objectives)
Nach Umfang und Termin festgelegte Aufgaben

Ziele der Prozesse/Funktionsbereiche

Ziele der Teilprozesse/Abteilungen

Quelle: Herrmann/Walter, S. 922

Bild 3.20

sein. Dieser Prozeß geht einher mit der Erarbeitung geeigneter Qualitätsindikatoren. Dieses Vorgehen bedeutet, daß nicht die vielfach praktizierte Methode der Zielvorgabe, sondern ein Führen mit Zielvereinbarung zum Tragen kommt. Ein so praktizierter Zielfindungsprozeß, der auf Mitwirkung der Mitarbeiter basiert, kann zu höherer Leistung und Zufriedenheit führen und stellt somit ein zentrales TQM-Instrument dar [1]. Die bedeutendste Grundhaltung, um den langfristigen Geschäftserfolg zu sichern, bleibt die konsequente Ausrichtung auf Kundenzufriedenheit (intern und extern).

- Führen auf Grundlage von Zielvereinbarungen

Vor allem die Führungskräfte sind gefordert, Kundenzufriedenheit als „jedermanns Aufgabe" im Unternehmen in allen Funktionen und Ebenen zu verankern. Der Qualitätsmanager sollte sich hierbei seiner Vorbildfunktion bewußt sein. Besonders die Tatsache, daß sich heutzutage eine Vielzahl von Produkten nur unwesentlich voneinander unterscheidet, sog. „Me-too"-Produkte, bedeutet für das einzelne Unternehmen, daß die Wettbewerbsposition sich nur durch Kundenzufriedenheit und der sich daraus ergebenden Kundenbindung festigen oder ausbauen läßt [2].

- Kundenorientierung zu erreichen, ist Aufgabe aller

- Kundenbindung anstreben

Technisches Controlling

Die Funktion des Leiters Qualitätswesen ist im technisch-organisatorischen Bereich in Analogie zu einer wohlbekannten, etablierten Funktion zu sehen: der des Controllers. Controlling wird hier gesehen als

„… ein Subsystem der Führung, das Planung und Kontrolle sowie Informationsversorgung systembildend und systemkoppelnd koordiniert." [3]

Ebenso wie der Qualitätsmanager hat auch dieser eher regelnde und weniger exekutive Aufgaben. Er ist nicht für die tatsächlich angefallenen Kosten verantwortlich, hilft aber nachdrücklich mit, Schwachstellen aufzudecken. Mit der Analyse der Daten und der Berichterstattung arbeitet er der Geschäftsleitung zu und unterstützt diese, das Unternehmen „auf dem richtigen Kurs zu halten" [4]. So gesehen übernimmt der moderne Qualitätsmanager zunächst auch die Funktion eines technischen Controllers, der der Geschäftsleitung direkt angegliedert und dieser gegenüber berichtspflichtig sein sollte [5]. Qualitätskennzahlen, die aus den Qualitätstechniken abgeleitet werden können, wie z. B. Prozeßfähigkeitskennzahlen (c_{pk}-Werte), Risikoprioritätszahlen (RPZ), Auditkennzahlen

- Der Qualitätsmanager unterstützt bei der Suche nach Verbesserungspotentialen

- Der Qualitätsmanager ist auch ein technischer Controller

- Leistungsarten der Prozesse zur Bestimmung des Wertschöpfungsanteils nutzen

etc. erscheinen geeignet, die Qualitätsfähigkeit der Geschäftsprozesse zu beschreiben, um als Managementinformationen genutzt zu werden. Eine andere Möglichkeit, Kennzahlen zu generieren, bildet die Systematik zur Bestimmung der vier Leistungsarten Nutz-, Fehl-, Stütz- und Blindleistung von den Prozessen entlang der Wertschöpfungskette (Bild 3.21). In einem weiteren Schritt kann damit der Wirkungsgrad der Prozesse berechnet werden [6].

Dieses primär an den Geschäftsprozessen orientierte technische Controlling auf Basis qualitätsorientierter Kennzahlen

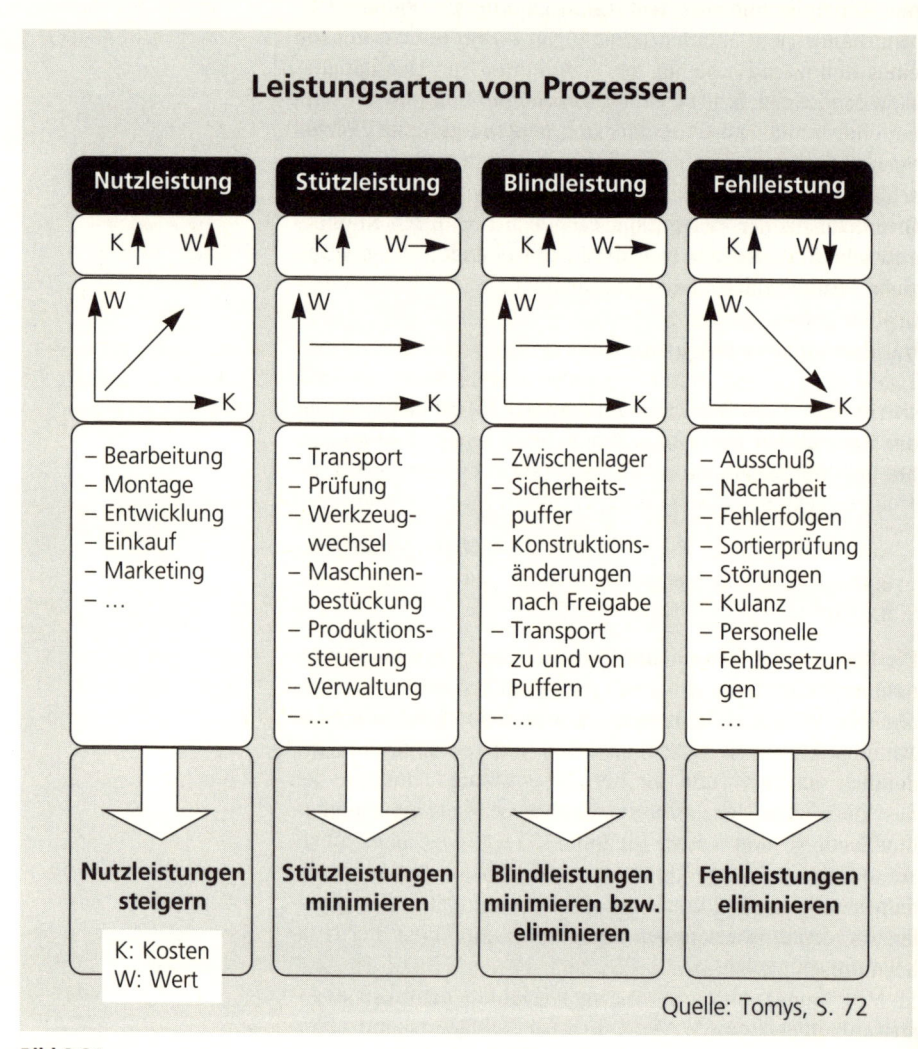

Leistungsarten von Prozessen

Nutzleistung	Stützleistung	Blindleistung	Fehlleistung
K↑ W↑	K↑ W→	K↑ W→	K↑ W↓
– Bearbeitung – Montage – Entwicklung – Einkauf – Marketing – …	– Transport – Prüfung – Werkzeugwechsel – Maschinenbestückung – Produktionssteuerung – Verwaltung – …	– Zwischenlager – Sicherheitspuffer – Konstruktionsänderungen nach Freigabe – Transport zu und von Puffern – …	– Ausschuß – Nacharbeit – Fehlerfolgen – Sortierprüfung – Störungen – Kulanz – Personelle Fehlbesetzungen – …
Nutzleistungen steigern	Stützleistungen minimieren	Blindleistungen minimieren bzw. eliminieren	Fehlleistungen eliminieren

K: Kosten
W: Wert

Quelle: Tomys, S. 72

Bild 3.21

3.6 Der Qualitätsmanager im TQM – Aufgabenbereiche eines modernen Qualitätswesens

wird als Qualitätscontrolling (im engeren Sinne) bezeichnet. Die Entwicklung eines „Qualitätscontrollings als Bestandteil eines Unternehmenscontrollings (Teilsystem)" ist vergleichbar mit einer „Differenzierung des Controllings in ein Beschaffungs-, Personal- und Marketingcontrolling, um nur einige zu nennen" [7].

Im Rahmen von TQM muß jedoch vielmehr der Aufbau eines umfassenden qualitätsorientierten Unternehmenscontrollings verfolgt werden [8]. Langfristig existiert damit im Unternehmen nur ein Controlling-System: das TQM-Controlling-System. Zu den instrumentellen Aufgaben zählen dabei die Konzipierung von sog. Controllinginstrumenten, d. h. Mitarbeiter- und Kundenbefragungen sowie die Gestaltung eines Kennzahlensystems, das sich an den Zielkriterien sog. TQM-Modelle (z. B. EQA, MBNQA) orientieren kann. Im Rahmen der inhaltlichen Aufgabenstellung gilt es zu berücksichtigen, daß die Controllinginstrumente grundsätzlich der Entscheidungsfindung dienen sollen. Ziel dabei ist es, nach dem Grundprinzip der Prävention sog. Frühwarnindikatoren zu entwickeln, die bereits im Vorfeld Hinweise auf die tendenzielle Entwicklung nachgelagerter finanzwirtschaftlicher Größen geben können.

Darüber hinaus sollen es die unternehmensspezifischen, am TQM-Prozeß orientierten Kennzahlen ermöglichen, den Fortschritt des TQM-Prozesses zu erkennen. Der Generierung der Kennzahlen aus geeigneten Beurteilungsgrößen kommt hierbei eine bedeutende Rolle zu.

„Measurements are keys. If you cannot measure it, you cannot control it. If you cannot control it, you cannot manage it. If you cannot manage it, you cannot improve it." [9]

Die Bestimmung der Qualitätsfähigkeit des gesamten Unternehmens und damit der Reifegrad des TQM-Prozesses, der ohnehin Wirtschaftlichkeitsaspekte berücksichtigt, steht im Mittelpunkt eines TQM-Controlling-Systems. Damit wird deutlich, daß ein TQM-Controlling-System als Symbiose eines klassischen betriebswirtschaftlich-orientierten Controlling-Systems und eines Qualitätscontrollings im engeren Sinne betrachtet werden muß. Im Klartext bedeutet dies, daß neben ausgewählten betriebswirtschaftlichen Kennzahlen auch qualitätsorientierte Kennzahlen aus Sicht von TQM harmonisch innerhalb eines Systems berücksichtigt werden. Im Mittelpunkt eines solchen Systems stehen nicht mehr nur ausschließlich monetäre Steuergrößen, sondern ebenso einfache, dezentrale, nicht-monetäre Steuergrößen. Dies zu er-

- Qualitätscontrolling als Vorstufe zum TQM-Controlling-System

- Der Aufbau eines TQM-Controlling-Systems ist zwingend erforderlich

- Kennzahlen zur Beurteilung der Qualitätsfähigkeit generieren

- Ein TQM-Controlling-System dient zur Bestimmung des Reifegrades des TQM-Prozesses

Entwicklungsschritte zum TQM-Controlling-System

Schritt 1	Schritt 2	Schritt 3	Schritt 4	Schritt 5	Schritt 6
Qualitätsbezogene Kostenrechnung	Qualitätsberichtswesen	Qualitätsorientiertes Prozeßcontrolling	Qualitätscontrolling bei Produkt- und Prozeßplanung	Planung und Steuerung von Qualitätsverbesserungsprojekten	Integration in die strategische Unternehmensplanung
– „Klassische" Fehler-, Prüf- und Fehlerverhütungskosten – Qualitätsbezogene Kosten im Gemeinkostenbereich – Blind- und Fehlleistung – Bereichs- und unternehmensübergreifende Kosten	– Fertigungsnahme Qualitätsinformationen und Einzelkennzahlen – Kosten – Lebenszyklusperspektive – Kennzahlensystem	– Kosten – Zeit – Qualität	– QFD – Target Costing – Benchmarking	– Projektselektion – Projektmanagement und -controlling	– Operationalisieren von Qualitätsstrategien – Detaillierung in Form von Projekt-, Mehrjahres- und Jahresplanung

Quelle: In Anlehnung an Horváth, S. 28

Bild 3.22

reichen, setzt von Beginn an eine enge Zusammenarbeit insbesondere zwischen den Controllern und den Mitarbeitern des Qualitätswesens voraus (Bild 3.22).

Beurteilen/Messen des erreichten Qualitätsniveaus

- Durch Audits wird die Wirksamkeit des Qualitätsmanagements überprüft

Der Qualitätsmanager, als Vorgesetzter der Mitarbeiter der Qualitätsauditstelle, verschafft sich durch die Ergebnisse, die auf der Grundlage verschiedener durchgeführter Auditarten (intern/extern) im Unternehmen entstanden sind,

3.6 Der Qualitätsmanager im TQM – Aufgabenbereiche eines modernen Qualitätswesens

einen Überblick über die Wirksamkeit des Qualitätsmanagements. Speziell zur begleitenden Begutachtung des Produktentwicklungsprozesses führt das Qualitätswesen zu verschiedenen, vorher festgelegten Zeitpunkten (Meilensteine) sog. „Design Reviews" durch [10]. Die Vielzahl der unternehmensweit gewonnenen Ergebnisse ermöglicht es ihm, eine kontinuierliche Weiterentwicklung des TQM-Prozesses gewährleisten zu können.

Die Beurteilung bzw. das Messen der Qualitätsfähigkeit kann an verschiedenen Betrachtungsobjekten vorgenommen werden. Dabei müssen Qualitätsanforderungen an Systeme, Prozesse und Produkte unterschieden werden. Für das System Unternehmen bedeutet dies, die Qualitätsfähigkeit, d. h. die relevanten Zielerreichungsgrade des gesamten Unternehmens mittels des TQM-Controlling-Systems zu bestimmen. Die hier gewonnenen Ergebnisse werden im Sinne einer „Standortbestimmung" interpretiert und zeigen auf, an welchen Punkten zukünftig verstärkt Handlungsbedarf im Sinne der kontinuierlichen Verbesserung des TQM-Zielerreichungsgrades besteht.

- Qualitätsforderungen an Systeme, Prozesse und Produkte müssen erfüllt werden

Hohe Produktqualität zu niedrigen Preisen zu erzeugen, wird in einem qualitätsorientierten Unternehmen als die „logische Konsequenz" von aufeinander abgestimmten qualitätsfähigen Prozessen verstanden. Fehl- sowie Blindleistungen (Verschwendungen) jeglicher Art müssen vermieden werden. Dazu bedarf es des Einsatzes einer Vielzahl von Techniken und Konzepten des Qualitätsmanagements. Zur ständigen Verbesserung von Fertigungsprozessen zählt auch die Anwendung des TPM-Konzeptes, welches eine Steigerung der Gesamtanlageneffektivität zum Ziel hat [11]. Unter Prozessen sind nicht nur die Fertigungsprozesse im engeren Sinne zu verstehen, sondern sämtliche Geschäftsprozesse eines Unternehmens. Der Qualitätsmanager unterstützt die einzelnen Bereiche bzw. die Prozeßverantwortlichen bei der Erarbeitung von Qualitätsmerkmalen für die Prozesse, die die Basis zur Bestimmung der Qualitätskennzahlen sind.

- Der Einsatz von Qualitätstechniken hilft, Verschwendungen zu vermeiden

Produktprüfungen sind das traditionelle Aufgabenfeld des Qualitätswesens. Jedoch wird eine Vielzahl dieser Prüftätigkeiten in fortschrittlichen Unternehmen zunehmend in Eigenverantwortung durch die vor Ort arbeitenden Mitarbeiter erledigt. Weiterhin werden unter Federführung des Qualitätswesens Produktaudits und Laborprüfungen sowie ggf. Prüfungen im Umfeld der Endabnahme durchgeführt. Bezüglich des Umfangs von Prüfaufgaben, die nicht mehr in den Zuständigkeitsbereich eines modernen Qualitätswesens

- Für welche Produktprüfungen das Qualitätswesen verantwortlich ist, muß unternehmensspezifisch entschieden werden

fallen, kann kein allgemeingültiges Urteil abgegeben werden. Dies ist im Einzelfall zu entscheiden. Es können bspw. branchenbezogene Richtlinien oder Kundenforderungen existieren, die die Durchführung von einzelnen Produktprüfungen in verschiedenen Stadien der Produkterstellung von einer unternehmensinternen neutralen Stelle fordern. In diesen Fällen wird das Qualitätswesen auch weiterhin für einen größeren Teil von Produktprüfungen als Stellvertreter des Kunden verantwortlich zeichnen müssen. Dieser Umstand sollte aber nicht von den Linienbereichen im Sinne einer weiterhin vorrangigen Kontrollfunktion des Qualitätswesens mißinterpretiert werden. Um eventuell entstehenden Mißinterpretationen vorzubeugen, sollte der Qualitätsmanager über die Hintergründe informieren.

Durchführung von Analysen

- Qualitätsbezogene Daten dienen dem Qualitätsmanager als Entscheidungsgrundlage

Grundlage vieler Entscheidungen, die von einem Qualitätsmanager erwartet werden, bilden sog. qualitätsbezogene Daten. Diese basieren auf den Auswertungen von Ist-Analysen, Fehler-(Schwachstellen-)analysen, Risikoanalysen, Schadensanalysen, Chartanalysen und Auditdaten, um nur einige zu nennen. Die Ergebnisse all dieser Analysewerkzeuge ganzheitlich zu nutzen, wird zu einer wichtigen Aufgabe. In diesem Zusammenhang sollte sich das Qualitätswesen als Dienstleister verstehen.

- Das Qualitätswesen ist Dienstleister für die Linie

Qualitätsberichterstattung

- Der Qualitätsmanager gestaltet die Berichterstattung zielgruppenorientiert

Um den entsprechenden Stellen im Unternehmen Informationen über den Grad der Zielerreichung (Qualitätsniveau) zur Verfügung zu stellen sowie *"zu einem geordneten ganzheitlichen Managen der Qualität"* zu gelangen, hat der Qualitätsmanager nach festgelegten Zyklen die Berichterstattung zu koordinieren bzw. selbst durchzuführen. Eine Berichterstattung, die sich vorwiegend auf die obere Führungsebene beschränkt, kann nicht im Sinne von TQM sein. Eine Ausdehnung auf weitere Personenkreise im Unternehmen sollte angestrebt werden. Art, Inhalt und Häufigkeit der Berichterstattung sind auf den jeweiligen Verteilerkreis abzustimmen. Dabei sind nicht nur die Bedürfnisse unternehmensinterner Personen, sondern auch Außenstehender wie Kunden, Versicherungen, Behörden und Kapitalgeber zu berücksichtigen [11].

Unabhängig vom Verteilerkreis sind folgende grundlegenden Anforderungen an Qualitätsberichte zu erfüllen:

3.6 Der Qualitätsmanager im TQM – Aufgabenbereiche eines modernen Qualitätswesens

- Leichte Verständlichkeit,
- übersichtliche Darstellung (Visualisierung statt Darstellen von „Zahlenfriedhöfen"),
- Reduzierung auf das Wesentliche und
- entscheidungsgerechte Darstellung (Zielwerte, Istwerte, Abweichungen).

Die im TQM-Controlling-System aggregierten Daten nutzt der Qualitätsmanager zur Erstellung des Qualitätsberichts für die Geschäftsleitung. Ziel der Berichterstattung ist es, über das gegenwärtige unternehmensweite Qualitätsniveau bzw. den Stand des strategischen Qualitätsgeschehens zu informieren. Gleichzeitig sollte der Qualitätsmanager die Präsentation dazu nutzen, der Geschäftsleitung Empfehlungen oder konkrete Maßnahmen zur Qualitätsförderung vorzuschlagen und deren Zustimmung herbeizuführen. Mit der Art und Weise der Darstellung des Qualitätsberichts kann der Qualitätsmanager gezielt Einfluß auf den TQM-Prozeß nehmen und die Stellung des Qualitätswesens stärken.

- Basis des Qualitätsberichts bilden Daten aus dem TQM-Controlling-System

Da die „Sprache des Geldes" bei oberen Führungskräften im Vordergrund steht, wird heutzutage vielfach der Inhalt eines Qualitätsberichts noch immer von der klassischen Sichtweise der „Qualitätskosten" bestimmt.
Werden Kostengrößen aus dem Blickwinkel einer für das Management sinnvollen Berichterstattung betrachtet, so sind nur solche von Interesse, die:

- *„... eine klare Zielgröße haben,*
- *einfach zu ermitteln sind,*
- *hinreichend vollständig ermittelt werden können und*
- *eindeutig verständlich sind".*

Damit erscheinen Fehlerverhütungs- und Prüfkosten nicht geeignet, über sie zu berichten. Lediglich Fehlerkosten sind eindeutig zu definieren, zu erfassen und besitzen eine Zielgröße: Null. Dies ist ein Grund mehr, endgültig die Wortschöpfung „Qualitätskosten" in den Qualitätsberichten zu streichen. In der Normung wurde dies bereits 1992 in dem Entwurf der heutigen DIN EN ISO 8402 berücksichtigt. Dort wird die Bezeichnung „qualitätsbezogene Kosten" verwendet, die jedes Unternehmen individuell definieren kann.

- „Qualitätskosten" sind aus dem Qualitätsbericht zu streichen

Im Rahmen eines umfassenden Qualitätsverständnisses sollte der Qualitätsbericht weitere TQM-Perspektiven berücksichtigen. Wichtige Eckwerte bilden z.B. Leistungswerte zur Kunden-, Mitarbeiter- und Prozeßorientierung. Der Vorteil eines solchen Berichtes, der sog. „balance score card", für die Geschäftsleitung ist der, daß er nicht ausschließlich von Finanzdaten geprägt ist [13]. Die aus den Ergebnissen abgeleiteten Maßnahmen, d.h. eine nach vorne

- Die Berichterstattung erfolgt unter der Prämisse der Handlungsorientierung

gerichtete Handlungsorientierung des Unternehmens, stehen im Vordergrund der Berichterstattung. Der Qualitätsmanager trägt daher in entscheidender Weise mit dazu bei, durch Gestaltung des Qualitätsberichtes ein handlungsorientiertes Umfeld zu schaffen. Dies ist eine wichtige Voraussetzung, den lang andauernden TQM-Prozeß gezielt durch Aktivitäten im Sinne der ständigen Verbesserung schrittweise weiterzuentwickeln.

Darstellung und Kommunikation des Qualitätsgeschehens

- Qualitätsinformationen müssen auf den jeweiligen Nutzer abgestimmt und jederzeit verfügbar sein

Um den Qualitätsprozeß für alle Mitarbeiter transparent und nachvollziehbar zu gestalten, ist es notwendig, die Qualitätsinformationen adressatenorientiert zur Verfügung zu stellen. Geeignet erscheint hierfür der Ausbau des TQM-Controlling-Systems zu einem rechnerunterstützen Qualitätsdateninformationssystem, das die für den jeweiligen Mitarbeiter notwendigen Qualitätsdaten bereitstellt. Eine einfache graphische Darstellung ist sehr einprägsam (Bild 3.23).

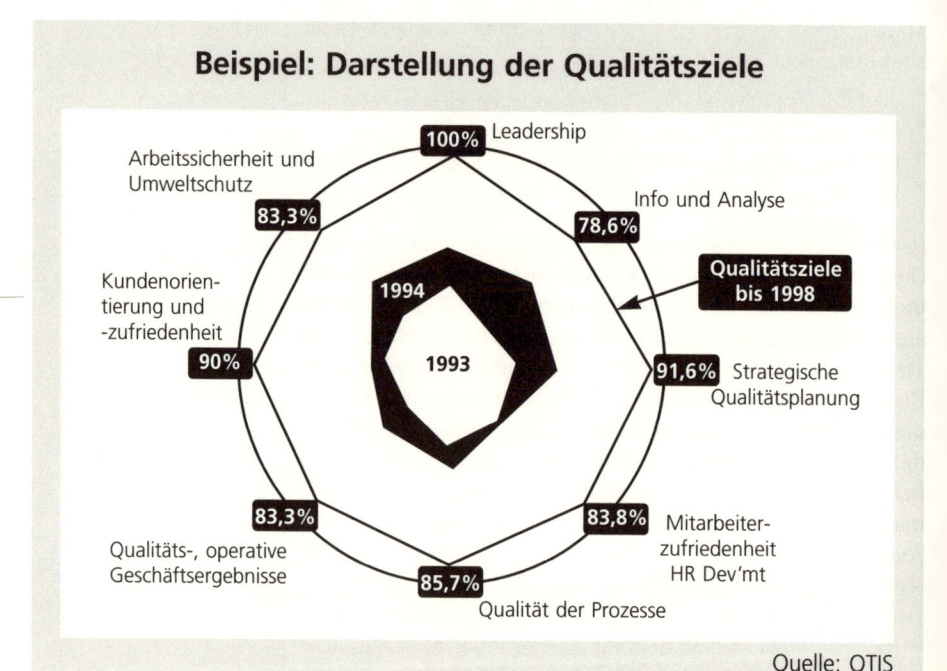

Beispiel: Darstellung der Qualitätsziele

- Leadership 100%
- Arbeitssicherheit und Umweltschutz 83,3%
- Info und Analyse 78,6%
- Qualitätsziele bis 1998
- Kundenorientierung und -zufriedenheit 90%
- 1994
- 1993
- Strategische Qualitätsplanung 91,6%
- Qualitäts-, operative Geschäftsergebnisse 83,3%
- Mitarbeiterzufriedenheit HR Dev'mt 83,8%
- Qualität der Prozesse 85,7%

Quelle: OTIS

Bild 3.23

Die Informationen werden mittels Audits vom Qualitätswesen generiert und dem unternehmensspezifischen Bewertungssystem zugeführt. Alle Führungskräfte erhalten jährlich vom Qualitätswesen eine Kopie in Kleinbildformat, die sich in einen eigens dafür vorgesehenen Bilderrahmen am Arbeitsplatz einsetzen läßt. Ist die Geschäftsleitung mehr an „hardfacts" interessiert, so stehen für die Mitarbeiter der operativen Ebene andere Schwerpunkte im Vordergrund. Plakat-Aktionen im Sinne von „Qualität geht jeden an" etc. sind damit nicht gemeint, da diese ohnehin von den Mitarbeitern nicht ernsthaft wahrgenommen werden.

Besonders der mangelnde Informationsfluß von der Geschäftsleitung zu den Mitarbeitern gehörte in der Vergangenheit in vielen Unternehmen zum Alltag [14]. Bedenkt man allerdings, daß die Mitarbeiter der operativen Ebene die Stütze eines jeden Qualitätsmanagementsystems darstellen und die Qualität ihrer Arbeit nicht unwesentlich von der Motivation bestimmt wird, muß man zukünftig diesem Punkt besondere Bedeutung beimessen. Visual Management ist eine Bezeichnung, die diesem Umstand Rechnung zu tragen versucht.

• Informationen müssen im Unternehmen „fließen"

• Visual Management ist ein bedeutender Erfolgsfaktor im TQM

„Im Visual Management muß sich die Rolle der Führungskraft vom ‚Informationsmonopolisten' zum ‚Informationslieferanten' ändern. Nur durch die ständige Bereitstellung und die verständliche Aufbereitung aller wichtigen Informationen können einzelne Mitarbeiter oder Teams durch permanente Rückkoppelung ihre Produktionsaufgaben selbständig steuern, indem sie die Arbeitsleistungen ständig den vereinbarten Zielgrößen angleichen." [14]

Qualitätsinformationen, allen Mitarbeitern in verständlicher und ansprechender Form nahegebracht, sind deshalb als ein unverzichtbarer Erfolgsfaktor bei der Umsetzung von TQM zu betrachten. Schließlich wollen die Mitarbeiter den Beitrag ihrer Qualitätsarbeit erleben können. Die Kreativität des Qualitätswesens sollte insbesondere bei der Gestaltung des Informationsträgers einfließen (z.B. Schautafeln, Mitarbeiterzeitschrift, rechnerunterstütztes Qualitätsdateninformationssystem).

• Kreativität des Qualitätswesens ist gefragt

Interne und externe Repräsentation der Qualitätsfunktion (in Vertretung der Geschäftsleitung)

- Der Qualitätsmanager ist der Coach des TQM-Prozesses

Der Qualitätsmanager übernimmt intern die Rolle eines „Qualitätssensors" im Unternehmen. Einerseits verschafft er sich einen Überblick über das Qualitätsbewußtsein in allen Bereichen, andererseits versucht er bei erkennbaren Defiziten, die jeweiligen Stellen kontinuierlich zum Thema Qualität neu zu sensibilisieren. Vor allem der Qualitätsmanager hat die Aufgabe, eine gemeinsame Identität aller Bereiche zum Thema Qualität auf Basis eines Leitbildes (siehe Kapitel 10.2) zu erzeugen, damit sich allmählich eine „Qualitätskultur" im Unternehmen etablieren kann. In dieser zentralen Funktion kann der Qualitätsmanager auch als „Coach des TQM-Prozesses" bezeichnet werden. Sowohl in seiner internen als auch externen Funktion fungiert er häufig als „Sprachrohr" der Geschäftsleitung.

- Beschwerden als Quelle zur Steigerung der Kundenzufriedenheit nutzen

Eine schwierige Aufgabe besteht in der Darstellung der Qualitätsaktivitäten des Unternehmens gegenüber Externen. Im Falle von Rückrufaktionen, Reklamationen (Beschwerden) und Kulanzfragen sollte das Qualitätswesen die Koordination übernehmen, aber auch nicht mehr. Die Kundenbeschwerden sollten zum Technischen Leiter gelangen und dieser sollte mit dem Kunden Kontakt aufnehmen. Die im Rahmen von TQM geforderte kundenorientierte Grundhaltung im Unternehmen wird beim Umgang mit Beschwerden deutlich, die als wesentlicher Teil einer Kundenbeziehung betrachtet werden sollte und deren systematische Analyse wertvolle Informationen ergibt, die der Verbesserung der Kundenbindung dient [15].

- Beschwerden müssen zum „Verursacher" gelangen

Das systematische Bearbeiten von Beschwerden im Sinne eines Beschwerdemanagements zählt zu einer Kernaufgabe im Rahmen der Erhöhung der Kundenorientierung [16]. Bei Berührungspunkten mit öffentlichen Institutionen gilt vielfach das Qualitätswesen als Ansprechpartner, nicht zuletzt deswegen, weil es die „neutralste" Stelle im Unternehmen ist. Vor allem bei Produkthaftungs- und Umwelthaftungsangelegenheiten kann der Qualitätsmanager gefordert sein, eine Stellungnahme abzugeben. Er trägt dazu bei, die Verbindung zwischen den Themenkomplexen Qualität und Recht herzustellen. In diesem Zusammenhang ist er in Zusammenarbeit mit einem juristischen Vertreter für die Aus-

- Durch Qualitätssicherungsvereinbarungen unmißverständliche Regelungen treffen

gestaltung von Qualitätssicherungsvereinbarungen (QSV) verantwortlich. QSV sind ein wesentlicher Bestandteil der Geschäftsbeziehung zwischen Lieferant und Besteller. Die aus Bestellersicht zu erfüllenden Qualitätsmerkmale werden dadurch rechtsverbindlich festgelegt und helfen mit, spätere Streitigkeiten aufzuklären [17].

Know-how-Zentrum für Qualitätsfragen

Der Qualitätsmanager (mit den ihm unterstellten Mitarbeitern) ist Ansprechpartner in allen Qualitätsfragen. Das Qualitätswesen verfügt über das Fachwissen zum Thema TQM. Daher stellt es die Qualitätsinformationsbasis für alle Unternehmensebenen dar. Sowohl strategische, taktische als auch operative Qualitätsfragen zählen zum Aufgabenbereich. Anders formuliert übernimmt das Qualitätswesen die Funktion einer sog. „Servicestelle Qualität" oder eines „TQM-Förder-Teams". Es hat sich gezeigt, daß vor allem die Linienmanager im Rahmen des Aufbaus eines Qualitätsmanagementsystems Unterstützung bei der Auswahl geeigneter Qualitätstechniken, Schulung und Einführung benötigen. Damit fungiert das moderne Qualitätswesen innerhalb des Unternehmens im Sinne einer „*in-house quality consulting group*", die im Bedarfsfall gemeinsam mit den Beteiligten vor Ort Problemlösungen erarbeitet und qualitätsförderliche Pilotprojekte federführend begleitet.

- Das Qualitätswesen fungiert als „Servicestelle Qualität"

Dieses Vorgehen hat mehrere Vorteile: Einerseits sind die Mitarbeiter des Qualitätswesens im Unternehmen verankert, d. h. die Skepsis der Betroffenen bzgl. der Umsetzbarkeit der vorgeschlagenen Maßnahmen läßt sich im Gespräch mit den Kollegen vor Ort klären; andererseits erhält das Qualitätswesen unmittelbar ein Feedback über die Effizienz der vorgeschlagenen Maßnahmen. Insbesondere der zuletzt genannte Sachverhalt wird oft vielen externen Beratern negativ ausgelegt, da sie in der Regel zum Zeitpunkt der Realisierung der vorgeschlagenen Konzepte das Unternehmen bereits verlassen haben.

Im Gegensatz zu den externen Beratern kann ein modernes Qualitätswesen bei der Umsetzung von Qualitätskonzepten „adaptiv" wirken, also ein vorgeschlagenes Konzept bzw. eine Problemlösung vollständig von der Einführung bis zum Abschluß begleiten, mit der Möglichkeit, entsprechend den Bedingungen vor Ort regulierend einzuwirken.

Eng verbunden mit dem Trend von Industrieunternehmen nach Verringerung der eigenen Fertigungstiefe bestimmen Kaufteile nicht selten in einem erheblichen Maße die Qualität der Produkte des Finalproduzenten. Der Aufbau eines leistungsfähigen Zuliefermanagements ist insbesondere bei großen Abnehmern (z.B. bei der Automobilindustrie) zu beobachten [18]. Im Rahmen der Wertschöpfung eines Unter-

- Zulieferer sind als verlängerter Arm der Eigenfertigung zu betrachten und daher partnerschaftlich zu behandeln

nehmens werden deshalb Zulieferer als Wertschöpfungspartner betrachtet, d.h. sie sind als „verlängerter Arm der Eigenfertigung" aufzufassen. Damit einher geht das Interesse der Abnehmer an der Qualität der Kaufteile. Die Auswahl geeigneter Lieferanten sowie deren kontinuierliche „Entwicklung" sind dabei die Handlungsschwerpunkte. Eine Realisierung dessen bedarf der vertrauensvollen Zusammenarbeit zwischen Zulieferer und Abnehmer. Im Vordergrund der gemeinsamen Aktivitäten steht die Reduktion nicht wertschöpfender Tätigkeiten beim Zulieferer. Ein modernes Qualitätswesen könnte die hierfür notwendige Beratungsleistung und Hilfestellung vor Ort (z.B. Workshops) zur Verfügung stellen.

Fachliche Unterstützung bei der Aufstellung und Durchführung von Schulungsprogrammen

- Mithilfe bei der Konzipierung von Schulungen

Üblicherweise ist für die Aus- und Weiterbildung der Mitarbeiter eines Unternehmens das Personalwesen verantwortlich. Bei der Konzipierung von fachspezifischen Schulungseinheiten zum Thema Qualität übernimmt der Qualitätsmanager eine Schlüsselstellung. Dabei werden sich die Schulungsinhalte einerseits am Kompetenzgrad des Unternehmens zum Thema Qualität, andererseits an den zu schulenden Mitarbeitern orientieren müssen. Der Qualitätsmanager unterstützt die Erarbeitung von zielgruppenorientierten Schulungsplänen sowohl für die operativ tätigen Mitarbeiter als auch für die Führungskräfte. Im Rahmen von TQM können sich die Schulungsschwerpunkte auf folgende Themen beziehen:
- *„Bewußtseinsbildung und Verhaltensbeeinflussung*
- *Vermittlung von Kenntnissen über Prozesse und Systeme*
- *Vermittlung von Kenntnissen über und Fertigkeiten bei der Anwendung von Methoden und Werkzeugen" (siehe Kapitel 2.2).*

Unterstützung/Mitwirkung bei der Einführung von Qualitätstechniken

- Die Linienbereiche bei der Einführung von Qualitätstechniken unterstützen

Das moderne Qualitätsmanagement bietet eine Vielzahl sog. Qualitätstechniken an, die wesentlich zur Wertschöpfungssteigerung beitragen können. Vor diesem Hintergrund kommt der Einführung von Qualitätstechniken (z.B. SPC, QFD, FMEA etc.) in den Linienbereichen eine große Bedeutung zu. Vielerorts sind jedoch die Linienmanager überfordert, und sie benötigen in der Anfangsphase eine intensive

Betreuung. Diese Aufgabe gemeinsam mit den Beteiligten der Linie zu meistern, ist eine weitere Herausforderung, der sich ein modernes Qualitätswesen zu stellen hat. Da die Anwendung einer Vielzahl der Qualitätstechniken eine gruppenorientierte Bearbeitung erfordert und Gruppenarbeit ohnehin als ein wesentlicher Bestandteil von TQM zu betrachten ist, ohne die sich ein Prozeß ständiger Verbesserung kaum verwirklichen läßt, gilt es, diesem Aspekt besondere Aufmerksamkeit im Unternehmen zu widmen. Durch Gruppenarbeit soll das Wissen, die Kreativität und die Lernfähigkeit aller Mitarbeiter genutzt werden, um die Qualität der Prozesse kontinuierlich zu verbessern. Prozeßteams, KVP-Teams, CIP-Teams, Qualitätszirkel etc. sind nur einige Gruppenarbeitskonzepte, die sich mittlerweile in der Industrie etabliert haben.

- Gruppenarbeit ist eine wesentliche Voraussetzung im TQM

Zu den Aufgaben des Qualitätsmanagers zählen die Schulung und Auswahl der Moderatoren, Erarbeitung der organisatorischen Rahmenbedingungen bei der Durchführung von Gruppenarbeit (Zeitdauer, Häufigkeit, Ort etc.) sowie die Koordination aller Qualitätszirkel-Aktivitäten. Besonders wichtig bei der Gruppenarbeit ist neben fachlichem Wissen die Sozialkompetenz, die der Moderator benötigt, um insbesondere die Kommunikations- und Teamfähigkeit der einzelnen Mitarbeiter zu fördern. Mangelnde Qualifizierung in diesem Bereich erklärt die Startschwierigkeiten einiger Unternehmen bei der Einführung.

- Qualitätszirkelaktivitäten können durch den Qualitätsmanager koordiniert werden

Konzipierung, Pflege und kontinuierliche Verbesserung des Qualitätsmanagementsystems

Die Gründe für den Aufbau von Qualitätsmanagementsystemen auf Grundlage der internationalen Normenreihe DIN EN ISO 9000 ff. sind vielerorts verschieden. Einerseits wird es zur Pflichtübung für diejenigen Unternehmen, die auf Druck ihrer Abnehmer reagieren müssen, andererseits erkennen viele Unternehmen die Marktvorteile, die sich durch ein zertifiziertes Qualitätsmanagementsystem ergeben.

- Gründe für den Aufbau von Qualitätsmanagementsystemen

Unabhängig von den Beweggründen, die zum Aufbau eines QM-Systems führen, übernimmt der Qualitätsmanager die Schlüsselposition. Ohne seine planende, koordinierende und überwachende Funktion wird es kein dauerhaft funktionierendes Qualitätsmanagementsystem geben. Unter besonderer Berücksichtigung der jeweiligen Voraussetzungen im Unternehmen – Eckdaten sind Unternehmensgröße, Qualifikation der Mitarbeiter und deren Qualitätsbewußtsein,

- Der Qualitätsmanager nimmt beim Aufbau und der weiteren Pflege eines QM-Systems eine Schlüsselposition ein

Qualitätsfähigkeit der Geschäftsprozesse etc. – muß er den Rahmen eines unternehmensspezifischen Qualitätsmanagementsystems entwerfen. Insbesondere hat er dabei, in vorheriger Abstimmung mit den Linienverantwortlichen, die Einführung von qualitätsförderlichen Maßnahmen, darauf abgestimmte Schulungsprogramme sowie die Erstellung aller qualitätsbezogenen Dokumente (z. B. Qualitätsmanagementhandbuch, Verfahrens-, Arbeitsplatz- und Prüfanweisungen etc.) zu leiten.

Einen Überblick über das Qualitätsgeschehen vor Ort verschafft er sich durch das Führen von Mitarbeitergesprächen und die Nutzung von Auditergebnissen im Rahmen der Feststellung des Erfüllungsgrades der einzelnen QM-Elemente. Stellt er hierbei Qualitätsdefizite fest, leitet er entsprechende Maßnahmen bei den Verantwortlichen ein bzw. unterstützt die Betroffenen bei der Erarbeitung von Problemlösungen. Nach erstmalig erfolgter Zertifizierung muß er kontinuierlich daran arbeiten, daß das Qualitätsniveau im Unternehmen nicht wieder absinkt. Vielmehr muß das QM-System weiter verfeinert und optimiert werden, mit dem Ziel, daß alle Mitarbeiter sich dieser Aufgabe zukünftig verstärkt widmen.

- Nach der Zertifizierung wird das QM-System kontinuierlich verbessert

Erarbeitung von Qualitätsprogrammen zur Förderung und Weiterentwicklung des TQM-Prozesses

Im Rahmen der Weiterentwicklung eines unternehmensspezifischen Qualitätskonzeptes in Richtung TQM orientieren sich viele Unternehmen an sog. „TQM-Modellen". Darunter versteht man die Rahmenbedingungen, die erfüllt werden müssen, wenn sich Unternehmen den Anforderungen sog. Qualitätsauszeichnungen stellen, wie dem Malcolm Baldrige National Quality Award (MBNQA), dem Deming Prize (DP) oder dem European Quality Award (EQA).

- TQM-Modelle erfordern ein Qualitätsverständnis auf hohem Niveau

Die Ausrichtung der unternehmerischen Aktivitäten am Beispiel dieser Orientierungsmodelle erfordert einerseits ein Qualitätsverständnis auf hohem Niveau sowie die Fähigkeit, sukzessive die einzelnen modellbasierten Anforderungen im Unternehmen umzusetzen. Da es sich bei einem solchen Vorhaben um einen jahrelang andauernden unternehmensweiten Veränderungsprozeß handelt, bedingt dies, daß kontinuierlich an der Umsetzung der zu erfüllenden Bausteine (Handlungsfelder) gearbeitet wird.

Während der langjährigen Umsetzungsphase ergeben sich nicht selten erhebliche motivationale Probleme bei den Mitarbeitern, dadurch bedingt, daß sie sich fragen, ob derartige einschneidende Veränderungen überhaupt notwendig sind. Gerade diesem Aspekt, dem Verharrungsvermögen sowohl von Führungskräften als auch von Mitarbeitern, gilt es von Beginn an und kontinuierlich entgegenzuwirken. Benchmarking kann dafür ein geeignetes Mittel sein:

„... Prozeß, Produkte, Dienstleistungen und Praktiken zu messen gegen den stärksten Mitbewerber oder die Firmen, die als Industrieführer angesehen werden." [19]

Insbesondere die heute vorherrschende starke internationale Ausrichtung von Unternehmen erfordert eine „globale Orientierung", d. h. eine objektive Leistungsbewertung, die immer im Vergleich zu den Leistungswerten der weltweit besten Konkurrenten („Best in Class") steht. Unternehmen, die sich dieser Notwendigkeit stellen, können anhand der zu gewinnenden Ergebnisse bzw. Erkenntnisse weitere Leistungspotentiale erschließen.

Des weiteren können Benchmarking-Daten zur Förderung der Motivation der Mitarbeiter genutzt werden. Von besonderer Bedeutung ist dabei, die Benchmarking-Informationen im Unternehmen erfolgreich zu kommunizieren, um die notwendige Akzeptanz für Veränderungsschritte zu erreichen [19]. Benchmarking-Informationen müssen daher ein Bestandteil des TQM-Kommunikationsprozesses sein.

- Dem Verharrungsvermögen einzelner Personen muß kontinuierlich entgegengewirkt werden

- Benchmarking-Daten als Impulsgeber für den Prozeß der ständigen Verbesserung

Umwelt-, Risiko- und Krisenmanagement

Da jede unternehmerische Tätigkeit mit Risiken verbunden ist, müssen potentielle Störungen, die Kosten, Imageverlust, Verlust an Marktanteilen etc. bedeuten, durch ein konsequentes Risikomanagement (RM) vermieden werden.

„... die systematische Erfassung, Beurteilung und Bewältigung der Risiken des Unternehmens nach kaufmännischen Gesichtspunkten. Ziel des RM ist die Absicherung der Unternehmensziele gegen störende Ereignisse." [20]

Sowohl produkt- als auch prozeßspezifische Besonderheiten können, abgesehen von außerbetrieblichen Ereignissen, ursächlich für das Eintreten von Schadensfällen bzw. Notfallsituationen sein. Diese potentiellen Störereignisse sind durch eine Risikoanalyse zu erfassen sowie hinsichtlich ihrer Eintrittswahrscheinlichkeit und Schadenshöhe zu bewerten. Im Anschluß wird anhand der im Unternehmen formulierten Sicherheitsziele entschieden, inwieweit diese Risiken vermieden, vermindert, an andere übertragen, selbst getragen oder versichert werden können. Der vom Unternehmen

- Umfassendes Qualitätsmanagement heißt auch Risikomanagement betreiben

- Programme zur Risikominderung oder -vermeidung nutzen

- Informationen des TQM-Controlling-Systems als Frühwarnsystem nutzen

- Der Qualitätsbegriff besitzt auch eine ökologische Dimension

gewählte Maßnahmenkatalog, der sog. Risiko-Management-Mix, setzt sich aus einer effizienten Kombination der o.g. Handlungsalternativen zusammen [20]. Da präventives Handeln zum Ziel der Fehlervermeidung oder Fehlerverhinderung ein wesentliches Prinzip des Qualitätsmanagements ist, wird hier der Berührungspunkt zum Risikomanagement deutlich [21].

In einem TQM-geführten Unternehmen sollten daher vor allem Programme zur Risikominderung oder -vermeidung, als Teilbereich des RMs, dazu genutzt werden, um die ganzheitliche Ausrichtung des Unternehmens auf die Forderungen der Gesellschaft und die Erwartungen der Kunden zu unterstützen. Der Vorbeugung von Umweltbelastungen sowie Produktgefahren für die Nutzer gilt in dieser Hinsicht besonderes Interesse. Nicht zuletzt spiegelt die gegenwärtige Rechtsprechung neben der geltenden Rechtslage ohnehin die Forderungen nach mehr Verbraucherschutz und Schutz der Umwelt wider. Dies wird besonders durch die Regelungen im Produkthaftungsgesetz (ProdHaftG) und Umwelthaftungsgesetz (UmweltHG) deutlich.

Sollte es zum Eintreten von Ereignissen kommen, die die Existenz des Unternehmens gefährden, gilt es, darauf in systematischer Weise vorbereitet handeln zu können, d.h. diese im Sinne eines systematischen Krisenmanagements zu meistern. Aus qualitätswissenschaftlicher Sicht bedeutet dies, frühzeitig gedanklich mögliche Szenarien zu entwerfen, aus denen modellhaft entsprechende Handlungskonzepte abgeleitet werden können. Ebenso sollten die Informationen des TQM-Controlling-Systems im Sinne eines Frühwarnsystems genutzt werden.

Neben den o.g. sicherheitspolitischen Fragestellungen werden die Unternehmen auch durch die zunehmenden Forderungen der Gesellschaft bzgl. umweltverträglicher Produkte und Dienstleistungen mit ökologischen Fragestellungen konfrontiert, die es stärker in ihrem unternehmerischen Handeln zu berücksichtigen gilt [22]. Das steigende Umweltbewußtsein und die gesetzlichen Auflagen sind Ausdruck von Kundenwünschen, sowohl des Einzelkunden als auch der Gesellschaft. In diesem Sinne sollte der Qualitätsbegriff um die ökologische Dimension erweitert werden, da der einzelne als Kunde der Unternehmensleistung genauso im Mittelpunkt steht wie die Gesellschaft als „Kunde" der unerwünschten Nebenleistungen (vgl. Butterbrodt, Kapitel 1.5). Dieser Qualitätsbegriff, der die unerwünschten Nebenleistungen einbezieht, entspricht dem ganzheitlichen Denken von TQM (Bild 1.22).

Ein modernes Qualitätswesen (Servicestelle Qualität) bietet günstige Voraussetzungen, Fragen des Umweltschutzes und des Risiko- und Krisenmanagements strategisch und operational durchzusetzen [21]. Qualitäts- und Umweltfachleute sowie auch Fachleute für Arbeitssicherheit könnten in einer internen Servicestelle für *Umweltschutz-, Qualitäts- und Arbeitssicherheitsfragen* zusammengefaßt, die *UQA*-Serviceabteilung bilden. Wird hingegen TQM in seinem multidimensionalen Sinne interpretiert, erscheint auch die Bezeichnung *TQM-Förderstelle* durchaus geeignet, den Charakter dieser Abteilung zu kennzeichnen.

- Servicestelle Qualität bietet ideale Voraussetzungen, um die unterschiedlichen Themenbereiche unternehmensbezogen zu bearbeiten

Literatur

1 Herrman, J.; Walter, T.: TQM-Verständnis und Umsetzung, in: QZ, 40. Jg., 1995, Heft 8, S. 922–925.
2 Töpfer, A.: Kundenzufriedenheit – die Meßlatte für den Erfolg, in: Tagungsband „Kundenzufriedenheit messen und steigern", hrsg. v. Euroforum, Düsseldorf, 1995.
3 Horváth, P.: Controlling, 5. Aufl., München: Vahlen, 1994.
4 Weber, J.: Controller sind Navigatoren, Co-Piloten, Hofnarren- oder gar Pfarrer?, in: controller magazin, o. Jg., 1994, Heft 5, S. 267–270.
5 Heidenreich, U.; Oser, E.: Effektives Qualitätsmanagement, in: QZ, 38. Jg., 1993, Heft 2, S. 83–86.
6 Tomys, A.-K.: Kostenorientiertes Qualitätsmanagement: Qualitätscontrolling zur ständigen Verbesserung der Unternehmensprozesse, München; Wien: Hanser, 1995.
7 Reichmann, T.: Controlling mit Kennzahlen und Managementberichten, 4. Aufl., München: Vahlen, 1995.
8 Horváth, P.; Gentner, A.; Lingscheid, A.: Qualitätscontrolling, in: Qualitätsmanagement im Unternehmen, hrsg. v. Kamiske, G. F. u. a., Loseblattsammlung, Berlin: Springer, Abschnitt 08.07, 1994, S. 1–29.
9 Harrington, H. J.: Business Process Improvement – the breakthrough strategy for total quality, productivity and competitiveness, New York: McGraw-Hill, 1991.
10 Sondermann, J. P.: Interne Anforderungen und Anforderungsbewertung, in: Handbuch Qualitätsmanagement, hrsg. v. Masing, W., 3. Aufl., München u. a.: Hanser, 1994, S. 355–372.
11 Al-Radhi, M.; Heuer, J.: Total Productive Maintenance – Konzept, Umsetzung, Erfahrung, München; Wien: Hanser, 1995.
12 Juran, J. M.: Handbuch der Qualitätsplanung, 3. Aufl., Landsberg/Lech: Moderne Industrie, 1991.
13 Kaplan, R. S.; Norton, D. N.: In Search of Excellence-der Maßstab muß neu definiert werden, in: Harvard Manager, 14. Jg. 1992, Heft 4, S. 37–46.
14 Lindinger, C.: Visualisierung in der Produktion unterstützt neue

Formen der Arbeitsorganisationen, in: io Management, 64. Jg., 1995, Heft 7/8, S. 63-69.
15 Schöler, F.; Hammerschmidt, Chr.: Nach dem Kauf spielen die Kunden nur noch eine Nebenrolle, in: VDI-Nachrichten v. 17. Mai 1996, Nr. 20, S. 6.
16 Krämer, F.; Rulla, B.: Qualitätsmanagement in japanischen Unternehmen, io Management, 65. Jg., 1996, Heft 11, S. 39-42.
17 Bauer, C.-O., Hintsch, Chr.: Produkthaftung – Herausforderung an Manager und Ingeneieure, Berlin: Springer, 1994.
18 Wildemann, H.: Entwicklungsstrategien für Zulieferunternehmen, in: ZfB, 62. Jg., 1992, Heft 4, S. 391-413.
19 Camp, R. C.: Benchmarking, München; Wien: Hanser, 1994.
20 Hofmann, K.: Risk-Management, in: Handbuch der Sicherheitstechnik, Bd. 2, hrsg. v. Perters, O.-H., Meyna, A., München; Wien: Hanser, 1986, S. 95-111.
21 Seghezzi, H.-D.: Integriertes Qualitätsmanagement – Das St. Galler Konzept, München; Wien: Hanser, 1996.
22 Adams, H. W.: Integriertes Management-System für Sicherheit und Umweltschutz: Generic-Management-System, München; Wien: Hanser, 1995.

4 Qualitätstechniken

4.1 Qualität entsteht aus Geisteshaltung und Technik

G. F. Kamiske

Führen mit Qualitätstechniken

Ausschlaggebende Größen im unternehmerischen Wettbewerb sind die Produktivität als Grundvoraussetzung für die Rentabilität, die Flexibilität, die Innovationskraft und ganz wesentlich die Qualität.

Produktivität und Qualität stehen dabei in einer sehr reizvollen Wechselbeziehung zueinander, reizvoll deshalb, weil es zwei entgegengesetzte Auffassungen über die Wirkung aufeinander gibt. Die eine besagt, daß steigende Qualitätsansprüche die Produktivität belasten, die andere, daß sie ihr im Gegenteil förderlich sind, ja geradezu die Voraussetzung für höhere Produktivität darstellen. Die Richtigkeit beider Auffassungen ist beweisbar, dennoch stellen sie keine Alternativen dar: gegen höhere Produktivität aufgrund besserer Qualität gibt es keine vernünftigen Argumente.

- Die Auffassung über die Wechselbeziehung von Qualität und Produktivität ist gegensätzlich

Die klassischen Konzepte scheinen sich abgenutzt zu haben. Ihre große Leistungsfähigkeit hat Grenzen erreicht, die zu überschreiten sie nicht mehr in der Lage sind. Trotzdem ist einer Industrienation ein Durchbruch in ausgewählten Branchen überzeugend gelungen. Große Qualitätsfortschritte einerseits und überzeugende Produktivitätskennwerte andererseits zwingen zur Beachtung.

- Die klassischen Konzepte stagnieren

Für viele von uns ist der Weg dorthin allerdings lang und steinig. Es nützt auch nichts, ihn alleine beschreiten zu wollen. Das ganze Unternehmen muß es sein, Qualität muß zur Unternehmensaufgabe werden (Bild 4.1; [1]). Das gelingt natürlich nur, wenn die Unternehmensleitung dieses erkennt und es versteht, darauf eine faszinierende Führungsstrategie zu entwickeln, sie einzuführen und durchzusetzen. Ein häufig genutzter Fluchtweg führt in eine Sackgasse: die unterschiedliche Mentalität der Japaner, ihre schwächeren Tarifverträge und vieles mehr dürften als Entschuldigung nicht mehr dienen, seit General Motors und Toyota das Gemeinschaftsprojekt NUMMI (New United Motor Manufac-

- Alle müssen und dürfen mitmachen

Ziele und Instrument des Qualitätsmanagements

- Kundenzufriedenheit
- Rentabilität
- Umweltverträglichkeit
- Gesetzeskonformität

Qualitätsmanagement:
- Qualitätspolitik
- Qualitätssicherung
- Rechnerunterstützung
- Mitarbeiterengagement
- Qualitätstechniken
- Führungsaufgabe Qualität

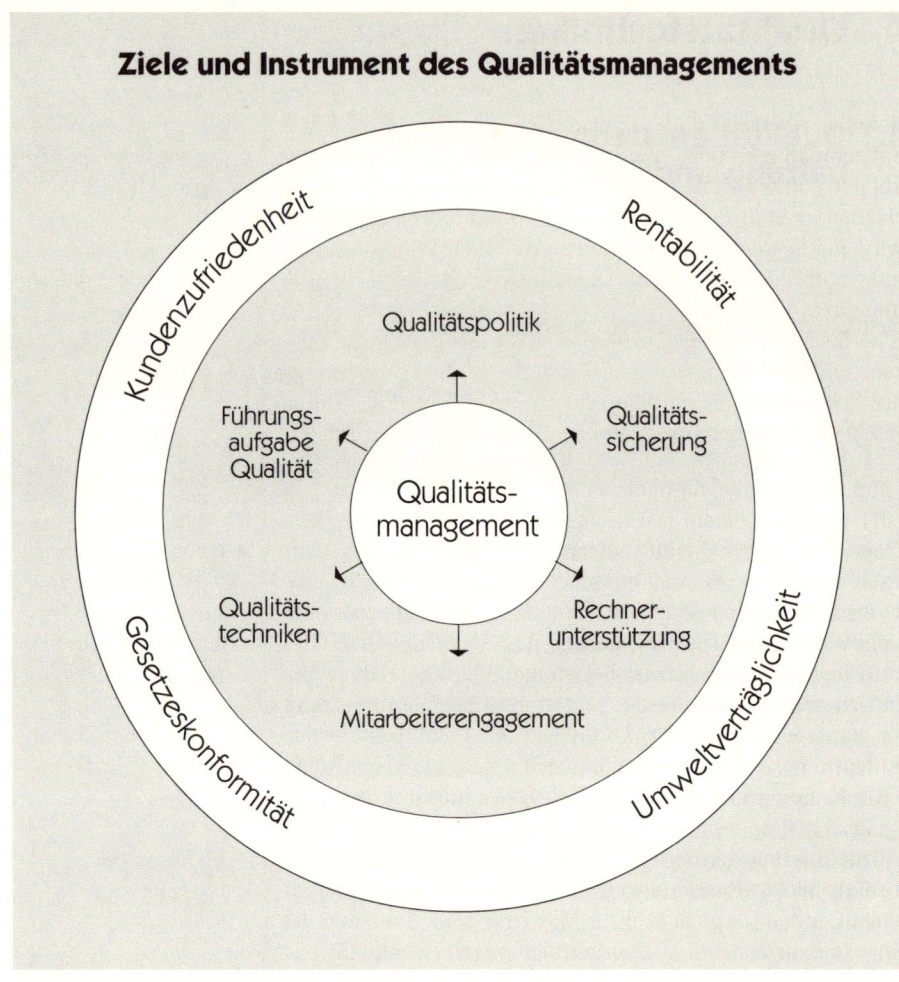

Bild 4.1

turing Inc.) durchgeführt haben. Das besondere an diesem Projekt war, daß eine amerikanische Fabrik mit amerikanischen Arbeitern unter japanischem Management arbeitete und damit in relativ kurzer Zeit fast gleich hohe Qualitäts- und Produktivitätskennzahlen erzielte wie sonst nur in Japan selber. Die danach aufgebauten transplants bestätigen dieses Ergebnis [2].

Dieses muß wohl als ein schlagender Beweis für die Überlegenheit der japanischen Managementmethode angesehen werden, von der Junji Noguchi (Executive Director der Union of Japanese Scientists & Engineers) sinngemäß feststellt:

4.1 Qualität entsteht aus Geisteshaltung und Technik

Qualität ist unsere Überlebensstrategie, Produktivität ist davon die Folge.

Beinahe überraschend scheuen sich manche japanischen Spitzenmanager nicht, den Ursprung ihres Erfolgskonzeptes auf den starken Einfluß der Führungsphilosophien der Amerikaner Juran [3] und Deming [4] zurückzuführen. Bis heute wird für besondere Leistungen hinsichtlich Weiterentwicklung und Verbreitung der Qualitätsidee der jährliche Demingpreis verliehen.

- Der japanische Erfolg hat westliche Grundlagen

Eine faszinierende Ergänzung erhalten die Denkweisen Jurans und besonders Demings durch die geniale Entwicklung des Produktionsführungskonzeptes Just in Time (JIT) durch Taiichi Ohno [5] bei Toyota in den 50er und 60er Jahren.

Manche unserer Betriebe wollten ihrer Pflichtübung zu JIT genügen, indem sie die Last auf die Lieferanten verlagerten. Sinnvoll wäre jedoch die Einführung von JIT zuerst in der eigenen Fertigung, um schließlich aus der Vorbildfunktion heraus auch die Belieferung von außen mit einzuschließen. JIT, bei uns häufig als bloßes Logistikkonzept mißverstanden, räumt gründlich mit den Verlustquellen im Betrieb auf (Bild 4.2) und führt zur schlanken Produktion (lean production).

Just in Time als Untermenge von TQM stellt eine in sich geschlossene Geisteshaltung dar, deren wesentlicher Inhalt die Unduldsamkeit gegenüber Fehlern jeder Art, nicht nur Produktfehlern, ist, und der Drang zur unermüdlichen Verbesserung, „the steady improvement" lt. Deming oder, wie es sich im Deutschen einbürgert: KVP für Kontinuierlicher Verbesserungsprozeß.

Eine solche Geisteshaltung, beginnend in der Unternehmensleitung, ist Voraussetzung für den erfolgreichen Einsatz von Techniken und Methoden als Hilfsmittel zur weiteren Systematisierung von Konstruktions-, Planungs- und Fertigungsaufgaben.

Wie entsteht Qualität? Aus dem bisher Beschriebenen ist abzulesen, daß die Geisteshaltung von Führungskräften und Mitarbeitern eine große Rolle spielt. Die Bereitschaft und die Fähigkeit zur Teamarbeit, zum ständigen Verbesserungsprozeß, das Erzielen von Sinn in der Arbeit jedes Einzelnen und berechtigtes Vertrauen vertikal und horizontal zueinander sind große Herausforderungen. TQM aber auf diese Bestandteile alleine zu beziehen, hieße von einem Extrem ins andere zu fallen. Die Technik hat nach wie vor ihre große

- Qualität entsteht aus Technik und Geisteshaltung

Just In Time durch Perfektion und Harmonie

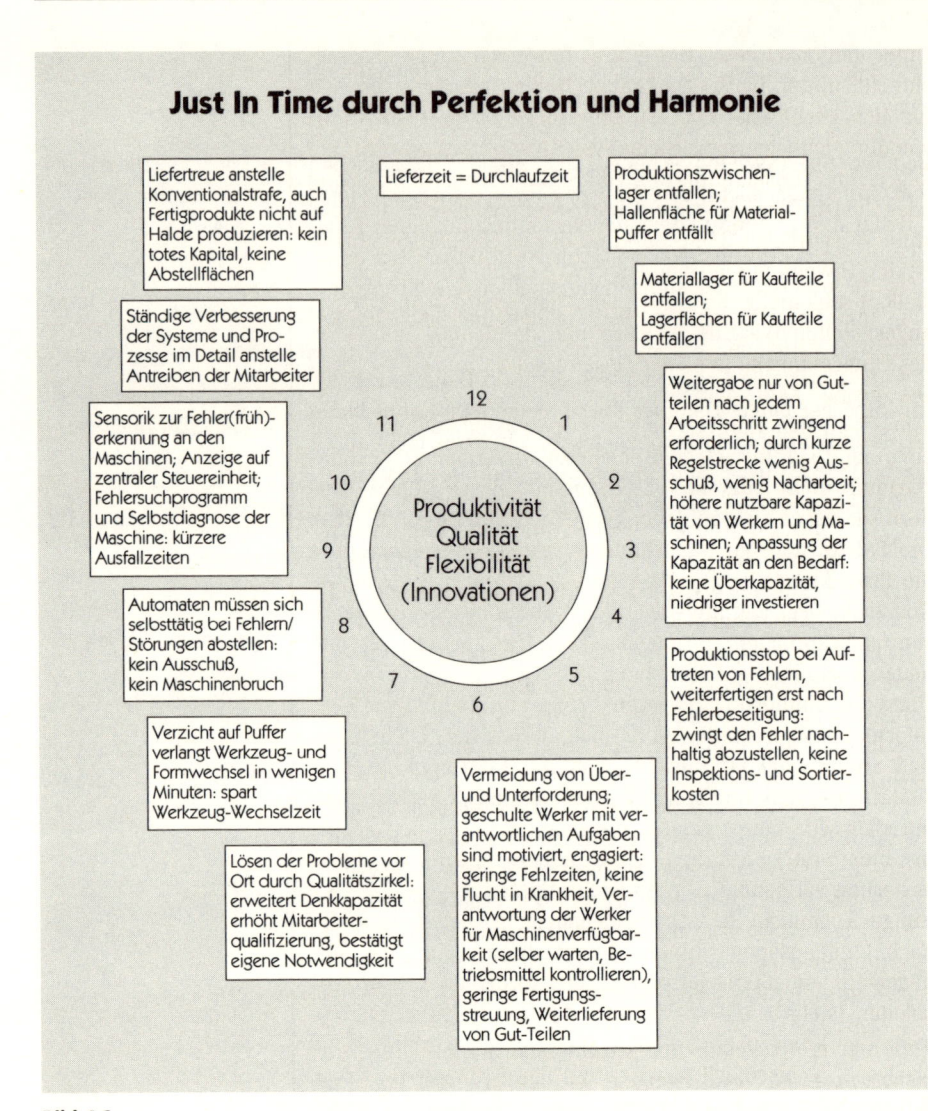

Liefertreue anstelle Konventionalstrafe, auch Fertigprodukte nicht auf Halde produzieren: kein totes Kapital, keine Abstellflächen

Lieferzeit = Durchlaufzeit

Produktionszwischenlager entfallen; Hallenfläche für Materialpuffer entfällt

Ständige Verbesserung der Systeme und Prozesse im Detail anstelle Antreiben der Mitarbeiter

Materiallager für Kaufteile entfallen; Lagerflächen für Kaufteile entfallen

Sensorik zur Fehler(früh)-erkennung an den Maschinen; Anzeige auf zentraler Steuereinheit; Fehlersuchprogramm und Selbstdiagnose der Maschine: kürzere Ausfallzeiten

Weitergabe nur von Gutteilen nach jedem Arbeitsschritt zwingend erforderlich; durch kurze Regelstrecke wenig Ausschuß, wenig Nacharbeit; höhere nutzbare Kapazität von Werkern und Maschinen; Anpassung der Kapazität an den Bedarf: keine Überkapazität, niedriger investieren

Produktivität Qualität Flexibilität (Innovationen)

Automaten müssen sich selbsttätig bei Fehlern/Störungen abstellen: kein Ausschuß, kein Maschinenbruch

Produktionsstop bei Auftreten von Fehlern, weiterfertigen erst nach Fehlerbeseitigung: zwingt den Fehler nachhaltig abzustellen, keine Inspektions- und Sortierkosten

Verzicht auf Puffer verlangt Werkzeug- und Formwechsel in wenigen Minuten: spart Werkzeug-Wechselzeit

Lösen der Probleme vor Ort durch Qualitätszirkel: erweitert Denkkapazität erhöht Mitarbeiterqualifizierung, bestätigt eigene Notwendigkeit

Vermeidung von Über- und Unterforderung; geschulte Werker mit verantwortlichen Aufgaben sind motiviert, engagiert: geringe Fehlzeiten, keine Flucht in Krankheit, Verantwortung der Werker für Maschinenverfügbarkeit (selber warten, Betriebsmittel kontrollieren), geringe Fertigungsstreuung, Weiterlieferung von Gut-Teilen

Bild 4.2

- An die großen Erfolge der Vergangenheit anknüpfen

Bedeutung. Qualität entsteht also aus Technik und Geisteshaltung.

Mit Technik sind grundsätzlich die großen ingenieurmäßigen Leistungen in Vergangenheit und Gegenwart gemeint, mit denen das „Made in Germany" begründet wurde. Das Forschen, Entwickeln und Konstruieren, das Planen und Organisieren, das Fertigen und Montieren, das Ein- und Verkaufen seien hier genannt, unterstützt von der Versuchs- und Werkstofftechnik, der Meß- und Prüftechnik in Verbindung mit der Technischen Statistik.

4.1 Qualität entsteht aus Geisteshaltung und Technik

Unter dem Dach des TQM gibt es nun noch einige zusätzliche Hilfsmittel, häufig Qualitätstechniken genannt, die jede für sich leicht erlernbar ist, ohne deren konsequente Anwendung jedoch erforderliche Systemveränderungen zur erfolgreichen Implementierung von Simultaneous Engineering oder Just-In-Time-Fertigung und -Montage kaum denkbar sind. Wesentliches TQM-Merkmal dieser Qualitätstechniken ist die Anwendung in Gruppen bzw. Teams, um die Schnittstellenproblematik des in den verschiedenen Fachbereichen angesiedelten Wissens zu lösen und damit das Know-how des Unternehmens in seiner Gesamtheit zu nutzen.

Die große Zahl der Qualitätstechniken darf nicht abschrecken, sich damit zu befassen und sie einzuführen. Zum einen sind sie überwiegend leicht zu verstehen, zum anderen muß nicht jeder im Unternehmen alle verstehen, sondern sie lassen sich aufgabenbezogen zuordnen.

• Die Qualitätstechniken sind leicht zu erlernen

Die Palette der Qualitätstechniken reicht vom Markt über die Produkterstellungskette zurück zum Markt. Entwickler, Konstrukteure, Planungsingenieure und Betriebsingenieure sind angesprochen, ihre klassischen Disziplinen mit den neuen Techniken aufzuwerten.

Über die Einführung und den Erfolg von Qualitätszirkeln, Informationswerkstätten und Werkstattkreisen, Lernstätten und andere, die ja Einrichtungen mit Führungscharakter sind, ist viel berichtet worden. Hier wird das Wissenspotential aller Mitarbeiter genutzt für ein qualitativ gutes Ergebnis, indem die sieben elementaren Werkzeuge der Qualitätssicherung verwendet werden (siehe Kapitel 4.2).

Einige Techniken der Qualitätssicherung bieten über die Fachabteilungsebene hinaus Informationen für das Management, um taktische und strategische Maßnahmen abzuleiten (siehe Kapitel 4.3 und 4.4): Der Konstrukteur erstellt die Konstruktions-FMEA (Failure Mode and Effects Analysis, Fehlermöglichkeits- und Einflußanalyse) unter Hinzuziehung von Fachkollegen aus Kundendienst, Produktionsplanung, Fertigung und Qualitätswesen. Der Versuchsingenieur wendet das Design of Experiment (DoE, Versuchsplanung) an, um eine gründliche Produkterprobung zu erleichtern, ebenso wie eine Prozeßerprobung. Der Fertigungsplaner wendet die Prozeß-FMEA unter fachlicher Beteiligung von benachbarten Bereichen an. Der Betriebsingenieur nimmt die statistische Prozeßregelung (SPC bzw. SPR) als Hilfsmittel, um einen Einblick in die Qualitätsfähigkeit von Prozessen und Maschinen zu gewinnen. Mit Quality Function Deployment (QFD) als Methode der Qualitätsplanung werden die Kundenvorstellungen und -wün-

• Qualitätstechniken helfen, die Ergebnisse zu verbessern

- initiieren
  realisieren
  stabilisieren

  leicht
  :
  schwer

sche in die Entwicklungs- und Konstruktionsabteilung eingebracht.

Problematisch für viele Unternehmen ist nicht mehr das Einführen der Qualitätstechniken, sei es durch externe oder interne Fachleute, sondern vielmehr das Durchsetzen. Die notwendige Sorgfalt bei der Vorbereitung, das Zusammenstellen kollegialer Gruppen, die Organisation der Treffen und die fachliche Auseinandersetzung mit den nicht immer wohlmeinenden Kollegen stellen kurzfristig lästige Mehrbelastungen dar, deren Früchte erst später geerntet werden können.

Hier reicht es nicht, wenn Vorgesetzte ihren Mitarbeitern empfehlen, Qualitätstechniken einzusetzen. Führungskräfte müssen Qualitätstechniken und ihren Sinn kennen und von ihrer Wirkung überzeugt sein. Erst dann ist es ihnen möglich, ihre Mitarbeiter zu überzeugen. Aber auch das reicht noch nicht, wie es eben nicht reicht, wenn Führungskräfte lediglich hinter der Qualitätsbewegung stehen. Sie müssen im Gegenteil das tun, was ihre Aufgabe ist, nämlich führen.

Eindeutig durchsetzen wird man die Anwendung der Qualitätstechniken also nur, wenn deren Ergebnisse Grundlage von Führungsentscheidungen werden. Als Beispiele seien das Wettbewerbsprofil des geplanten eigenen Produkts in Beziehung zu den Wettbewerbern genannt – wie es das House of Quality von Quality Function Deployment QFD liefert – bevor die Geschäftsleitung die Produktplanung zur Konstruktion freigibt.

Bevor später die Konstruktion für die Fertigung freigegeben wird (und mit der Unterschrift des Konstruktionsleiters die Verantwortlichkeit feststeht), sollte die mittels der Failure Mode and Effects Analysis FMEA gewonnene Risikoprioritätszahl zur Kenntnis genommen und abgewogen werden. Entsprechendes gilt für die Fertigungsplanung vor Beschaffung der Betriebsmittel nach Durchführung der Prozeß-FMEA.

Der Betriebsleiter besitzt einen zuverlässigen Überblick über seine Fertigungsstätten, wenn er sich dafür die Prozeßfähigkeitsindices ermitteln läßt und übersichtlich, vielleicht in Form eines Fabrikatlasses, darstellen läßt. Mit den Ampelfarben

- grün   bei $c_{pk} > 1{,}33$ $(1{,}67)$
- gelb   bei $c_{pk} > 1$ bis $1{,}33$
- rot   bei $c_{pk} \leq 1$ [6]

läßt sich die Fähigkeit der Fertigungsprozesse sichtbar machen.
Die Indices liefert ihm die Statistische Prozeßregelung SPR/SPC.

Fordern Vorgesetzte solche Kennzahlen für ihre Entscheidungen, erkennen ihre Mitarbeiter die dafür notwendigen Methoden an und führen sie durch.

Literatur

1 Warnecke, H.-J.: Die Fraktale Fabrik: Revolution der Unternehmenskultur, Springer Verlag, Berlin Heidelberg
2 Womack, Jones, Roos (MIT): Die zweite Revolution in der Automobilindustrie Campus Verlag, Frankfurt/New York, 1991
3 Juran, J.: The Managerial Break Through (deutsche Übersetzung: Offensive Führungstaktik), Moderne Industrie, München, 1966
4 Deming, W. E.: Out of the Crisis, Massachusetts Institute of Technology, Cambridge, Mass. 02139/USA
5 Ohno, Taiichi: Toyota Production System = Aiming at an Off-Scale Management, Diamond-Verlag, Tokio, 1978
6 Kamiske, G. F.; Brauer, J.-P.: Qualitätsmanagement von A–Z, Carl Hanser Verlag München, Wien, 1999, 3. Auflage

4.2 Die sieben elementaren Werkzeuge der Qualität

J. Ebeling

In jedem Haushalt gibt es einige einfache Werkzeuge: Hammer, Zange, Schraubenzieher. Sie werden stets benötigt, selbst wenn der Hausherr über eine komplett ausgestattete Heimwerkstatt verfügt. Ohne Besitz und Beherrschung der einfachen Werkzeuge wäre die wirkungsvolle Benutzung der spezialisierten Einrichtungen gar nicht denkbar.
Ähnlich verhält es sich mit den *elementaren Werkzeugen der Qualität*. Aber es gibt einen Unterschied: viele meinen, heute sei ohne den Einsatz zumindest eines Personalcomputers nichts mehr zu erreichen. Diese Ansicht stellt sich jedoch rasch als falsch heraus, wenn es um die *Nutzung* und *Interpretation* der so schnell und bequem vom PC gelieferten Daten geht. Gerade die einfachen, altbekannten Methoden bilden noch immer die Grundlage des Verstehens und

- Ohne elementare Werkzeuge keine Beherrschung komplexer Verfahren

der sinnvollen Anwendung komplexerer Verfahren und Hilfsmittel – nicht nur in der Qualitätsarbeit.

Werkzeug und Wirkung

Die *sieben elementaren Werkzeuge der Qualität* werden stets in Zusammenhang mit japanischen Erfolgen genannt. Sie waren jedoch – mit einer Ausnahme – bei uns lange bekannt, bis sie im fernen Osten zu einer bislang unbekannten Wirksamkeit geführt wurden. Hier erhebt sich die Frage nach den Ursachen.

- Die Wirksamkeit dieser Werkzeuge wurde nachgewiesen

Evolution und Durchbruch

Um 1950 besaß die westliche Welt ein relativ hohes Qualitätsniveau ihrer Konsumgüter. Daher reichte es aus, die qualitative Weiterentwicklung auf die normale, *evolutionäre* Weise – gewissermaßen nebenbei – zu vollziehen.

Zu dieser Zeit produzierte Japan Waren, die auf dem Weltmarkt praktisch unverkäuflich waren. Es blieb nur die *revolutionäre* Strategie eines qualitativen *Durchbruchs*, um als exportabhängige Nation erfolgreich zu überleben.

Unterschiedliche Ziele und Wege

Im Westen setzte man auf die Optimierung der Produktion. Weil solche Ziele kurzfristig gelten, bestand kein Anlaß, langfristige Überlegungen anzustellen. Es wurden die bekannten Mittel der Rationalisierung und REFA-Technik eingesetzt. Auch die *Werkzeuge der Qualität* wurden benutzt, jedoch folgerichtig nur auf dem Teilgebiet der Produkt-Qualität. So entstanden Überzeugungen wie:

- Hier setzte man auf die Qualität der Produkte

Qualität ist ein isoliertes Problem der Produkte und der Produktion, das von der Qualitätsabteilung mit statistischen Methoden bearbeitet wird.

Auch wurde ein Glaubenssatz der Techniker niemals hinterfragt: „Toleranzausnutzung ist wirtschaftlich".

Für die Unternehmen bestand daher kein Bedürfnis, sich strategisch mit den *Werkzeugen der Qualität* zu befassen: es fehlte ganz einfach der ideelle Hintergrund dazu.

Anders in Japan. Dort folgte man den Ideen der US-amerikanischen Berater Deming und Juran.

Auch Japan kannte die *Werkzeuge*, setzte sie jedoch von Anfang an im Rahmen einer Gesamtstrategie ein:

4.2 Die sieben elementaren Werkzeuge der Qualität

- Qualität ist übergeordnetes und langfristiges Ziel des gesamten Unternehmens.
- Der Kunde steht im Mittelpunkt aller Bemühungen.
- Es muß – neben dem *Durchbruch* bei der Qualität – ein *ständiger Prozeß der Verbesserung* in Gang gesetzt werden.
- Nicht allein Toleranzeinhaltung ist das Ziel der Bemühungen, sondern das Minimieren der Streuungen um den Zielwert.

• Dort auf die Qualität der Prozesse

Die hierzu nötigen Maßnahmen wurden konsequent, langfristig – und erfolgreich – vollzogen: 25 bis 30 Jahre lang. Dann hatte Japan das qualitative Weltniveau eingeholt und konnte zum Überholen ansetzen.

Kenntnis und Können

Probleme mit der (Nicht-)Qualität wachsen mit steigender Komplexität der Produkte und höheren Marktforderungen ständig an. Da westliche Führungskräfte im allgemeinen weder ausgebildet noch daran gewöhnt sind, Qualitätsprobleme als Management-Aufgabe zu bearbeiten, wächst der Druck ständig an: „Mehr vom selben!" ist vielfach die Devise. Es werden dann nicht selten Losungen ausgegeben wie „Wir machen SPC" oder „Wir kaufen ein CAQ-System" im Glauben, damit die Probleme zu beheben. Parallel mit dem Glauben an die selbsttätige Wirkung von Werkzeugen nahm der Druck auf die wenigen Fachleute zu, doch endlich einen Durchbruch bei den Qualitätsproblemen zu erzielen.

• Die Lösung von Qualitätsproblemen ist eine Managementaufgabe

Spezialisten contra Breiteneinsatz

Spezialisten sind selten und teuer. Das verhindert, daß Fachleute für Qualitätsprobleme diese in größerer Anzahl bewältigen können. Es ist ein schlichtes Kapazitätsproblem, das sich die westliche Welt in ihrem Spezialisierungsdrang aufgebürdet hat. Dabei ist die Masse der Probleme von geringer Komplexität und kann mit einer Zusatzausbildung im Gebrauch der geeigneten Werkzeuge bewältigt werden. Auch hier hatte Japan die Nase vorn, indem von Anfang an die Werker in die Bewältigung der Qualitätskrise einbezogen wurden, eine entsprechende Grundausbildung erhielten und im Rahmen der bekannten *Quality Circles* die Menge der täglichen Probleme selbständig bearbeiteten.

• Werkerinnen und Werker stellen das größte Problemlösungspotential dar

> Beim Aufbau der japanischen Nachkriegs-Industrie wurde von vornherein akzeptiert, daß *Qualität von oben* vorgelebt werden und Sache des ganzen Unternehmens, sogar der ganzen Nation, sein muß. Folgerichtig setzte das Ausbildungskonzept für die *Qualitätsrevolution* an der Spitze der japanischen Unternehmen an, pflanzte sich nach unten fort, bis schließlich die Unternehmen als ganzes eine einheitliche Sprache und Kenntnis der wesentlichen Werkzeuge besaßen, die vom Werker bis zum Vorstand alle beherrschten und verstanden.

Werkzeuge – nicht Besitz, sondern Beherrschung macht den Unterschied

Werkzeuge allein stellen keine Lösung dar. Man muß wissen, wie die allgemeine Zielvorstellung, Philosophie oder Strategie lautet, was man im Einzelfalle erreichen will, und es muß der Gebrauch der Werkzeuge sicher beherrscht werden.
Der Erwerb eines sündhaft teuren CAQ-Systems stellt eine Fehlinvestition dar, wenn die Benutzer und Führungskräfte nicht wissen, was das schöne System eigentlich tut und was der Hintergrund der automatisierten Ausgaben ist. Daher sind auch heute noch die anschließend geschilderten Methoden äußerst aktuell. Jeder in unseren Unternehmen sollte sie kennen und auf seinem Tätigkeitsgebiet beherrschen.
Gerade auch bei uns in der westlichen Welt!

Die sieben Werkzeuge

Die folgenden Methoden werden in der Literatur in leicht unterschiedlicher Gruppierung gezeigt. Bezeichnend ist, daß in westlichen Veröffentlichungen der erste – meines Erachtens wesentlichste – Punkt oftmals fehlt. Vorheriges Nachdenken scheint der dynamischen Art unserer Kultur nicht sonderlich zu liegen. Oder wird es als so selbstverständlich angesehen, daß es die Erwähnung nicht lohnt?

Geplantes Vorgehen

- Qualitätszirkel bieten einen geeigneten Rahmen

Streng betrachtet handelt es sich hier nicht um ein *Werkzeug*, sondern um eine Problemlösungstechnik, die in Japan in vereinfachter Form vorwiegend im Rahmen der Quality Circles angewendet wird.

4.2 Die sieben elementaren Werkzeuge der Qualität

Eigene Erfahrungen zeigen, daß die vorherige, gründliche Planung im Rahmen einer Gruppenarbeit wesentlicheres zum endgültigen Erfolg beiträgt als das schließlich benutzte Werkzeug – zumindest bei komplexeren Aufgaben.

- Gründliche Ablaufplanung sichert den Erfolg

Vorgehen

I *Problem erkennen:* Sensibilisierung, daß es ein Problem gibt. Definieren, was das Problem tatsächlich ist. Man sollte sich nicht mit einer raschen Antwort zufriedengeben!

Formulieren Sie Ihr Problem schriftlich!

II *Ziel setzen:* Quantifizieren des Zieles; Kosten-, Kapazitäts- und Zeitrahmen. Welcher Grad der Zielerreichung (80, 90 oder 100%) soll als Erfolg gelten?

Legen Sie das Ziel und seine Bedingungen schriftlich fest!

III *Problemanalyse:* Zerlegen des Gesamtproblems in einzelne, bearbeitbare Teilprobleme. Untersuchen jedes Teilproblems. Ermitteln der Wirkungen und Wechselbeziehungen bei den Teilproblemen im Rahmen des Gesamtzusammenhanges.

Analysieren Sie das Problem in einer sachverständigen Gruppe der direkt Betroffenen!

IV *Problemdefinition:* Konzentrieren auf das wirklich Entscheidende. Möglichkeit der Leistungsbeurteilung durch klares Verständnis des Vorhabens. Verständlichmachen und Vermeiden von Meinungsverschiedenheiten mit anderen. Selbstvertrauen durch Wissen. Klare Zielvorstellungen.

Definieren Sie das tatsächliche Problem aufgrund der erworbenen Kenntnisse!

V *Lösungsalternativen:* Bei kreativ lösbaren Problemen wird häufig mit Ideenfindungs-Techniken gearbeitet, z.B. Brainstorming.

Geben Sie sich niemals mit einer einzigen Lösung zufrieden!

VI *Bewertung und Auswahl der Lösung:* Bewertung nach den in Punkt II und III festgelegten Kriterien.

Nehmen Sie nach festgelegten Kriterien eine nachvollziehbare, systematische Bewertung vor!

VII *Realisieren der Lösung:* Verwirklichen der ausgewählten Lösung unter Berücksichtigung möglicher Anfangsschwierigkeiten. Nachweis erfolgreicher Einführung.

Das Einführen neuer Maßnahmen besteht in INFORMATION, ÜBERZEUGUNG und MITARBEIT aller Betroffenen!

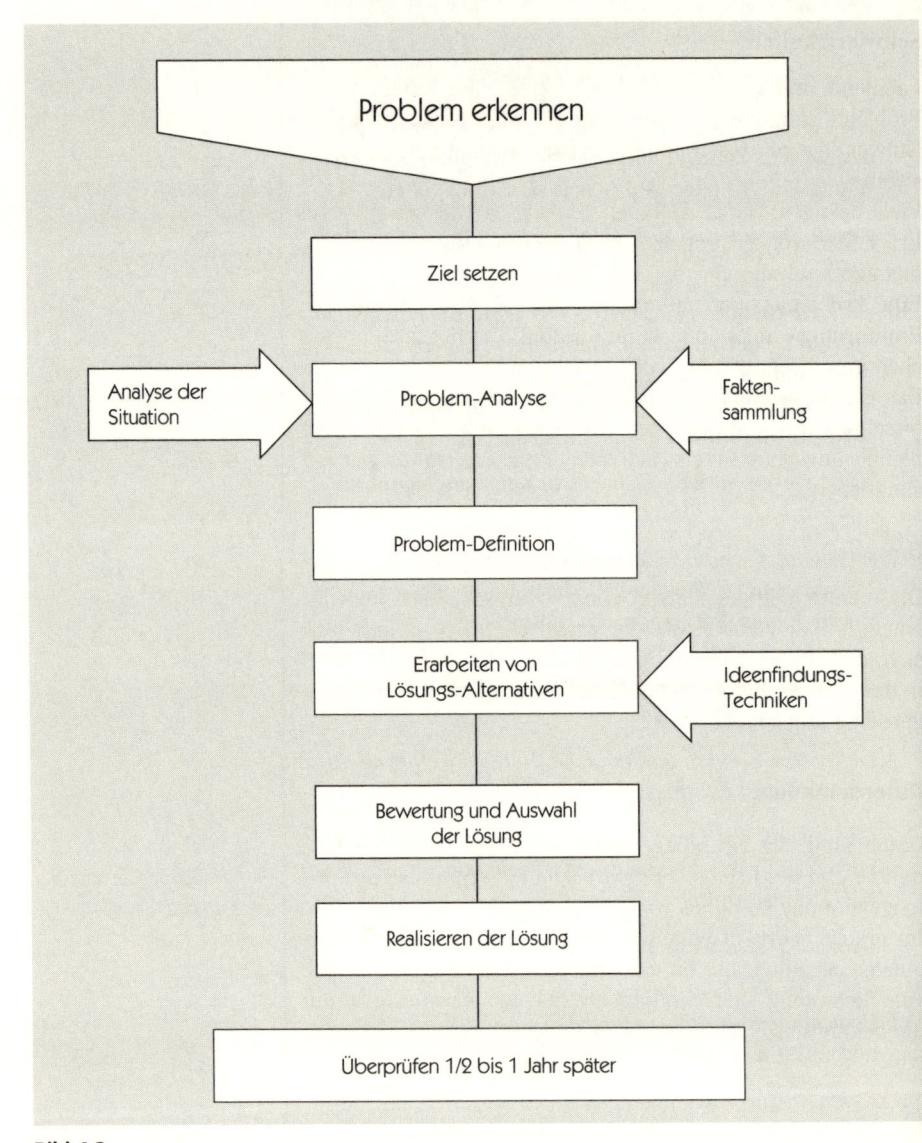

```
                    Problem erkennen
                            |
                       ┌─────────┐
                       │Ziel setzen│
                       └─────────┘
                            |
   ┌──────────┐         ┌──────────────┐        ┌──────────┐
   │Analyse der│ ═════> │Problem-Analyse│ <═════ │ Fakten-  │
   │Situation  │        │              │        │sammlung  │
   └──────────┘         └──────────────┘        └──────────┘
                            |
                    ┌─────────────────┐
                    │Problem-Definition│
                    └─────────────────┘
                            |
                    ┌─────────────────┐        ┌─────────────┐
                    │  Erarbeiten von  │ <═════ │Ideenfindungs-│
                    │Lösungs-Alternativen│      │  Techniken  │
                    └─────────────────┘        └─────────────┘
                            |
                    ┌─────────────────┐
                    │Bewertung und Auswahl│
                    │   der Lösung     │
                    └─────────────────┘
                            |
                    ┌─────────────────┐
                    │Realisieren der Lösung│
                    └─────────────────┘
                            |
                    ┌─────────────────────────┐
                    │Überprüfen 1/2 bis 1 Jahr später│
                    └─────────────────────────┘
```

Bild 4.3

VIII *Überprüfen der Routineanwendung:* Belegen des endgültigen Erfolges in quantifizierter Form anhand der in Punkt II gesetzten Zielvorstellungen nach angemessener Zeit.
Verzichten Sie nicht auf diesen letzten Punkt; Papier ist geduldig und mit der Zeit ändert sich vieles!

Schwierigkeiten

Fachleute und Vorgesetzte lehnen häufig eine systematische Problemlösung als zu aufwendig ab. Sie meinen oft, alles Notwendige zu wissen und die Problemlösung bereits zu besitzen.
Viele drängt es nach Aktionen. Daher wird sofort mit dem Erarbeiten von Lösungen begonnen, ohne vorher das Problem zu analysieren.
Eine Problemlösung funktioniert am besten im Team. Die Einführungswiderstände einer Lösung durch Einzelne machen gute Lösungen oftmals unwirksam.
Das Fachwissen der Mitarbeiter an der Basis wird gerne unterschätzt; auch sie gehören selbstverständlich in das Problemlösungsteam hinein. Schließlich müssen sie mit der Lösung leben.

- Der Mitarbeiter ist der eigentliche Fachmann im Prozeß

Hinweis

Diese erste Methode scheint zunächst unspezifisch und nur wenig faßbar zu sein. Bei der praktischen Erprobung zeigt sich, daß die nachfolgend geschilderten Werkzeuge vielfach in das Ablaufschema eingepaßt werden können und sich gegenseitig stützen.

Datensammlung

Daten sind die Grundlage jeder weiteren Analyse, Maßnahme und des Erfolges. Entsprechende Sorgfalt bei der Datengewinnung ist daher von grundlegender Bedeutung.
Im ersten Schritt (Geplantes Vorgehen) werden die Bedingungen ermittelt, die für die Datensammlung und -analyse von Bedeutung sind. Es handelt sich im wesentlichen um die bekannten *7 W's* (warum, was, wann, wer, wie, womit, wo).

- Sorgfältige Gewinnung der Daten ist Basis jeder Analyse

Vorgehen

I *Daten und technischer Hintergrund:*
- Welche Merkmale.
- Mit welchen Meß- und Prüfmitteln.
- Genauigkeit und Reproduzierbarkeit der Datenerfassung.

II *Stichprobenziehung:*
Die Art der Stichprobenziehung richtet sich nach den technischen Voraussetzungen der Daten selbst, ihren Entstehungsbedingungen und nach den Möglichkeiten der Datengewinnung.

Hinweise zu den Bildern 4.4–4.7:
- Eine Querschnittsuntersuchung erfordert Zufallsstichproben.
- Eine Trendanalyse benötigt mind. 6 Teilstichproben pro Zyklus, die jeweils aus direkt nacheinander gezogenen Merkmalswerten bestehen.
- Chargen- oder Niveausprünge werden mit Zufallsstichproben pro Charge erfaßt.
- Parallel arbeitende Maschinen oder Anlieferungen werden getrennt mit Zufallsstichproben beurteilt.
- Jede unbekannte Datenstruktur erfordert neben der gedanklichen Analyse ggf. Voruntersuchungen, deren Daten nach Gruppierungen, Trends, Niveausprüngen und zeitlichen Abhängigkeiten untersucht werden müssen (Stratifizierung).

III *Klären der Datenerfassung*
- Wer nimmt die Datenerfassung vor?
- Bereitstellen der Meß- und Prüfmittel sowie des Arbeits-/Lagerplatzes.
- Informieren des Ausführenden und seiner Vorgesetzten.
- Überprüfen, daß der Ausführende die genaue Art der Stichprobenziehung/Protokollierung, Datengewinnung und ihren Zweck verstanden hat.
- An wen kann sich der Ausführende bei Problemen wenden?
- Bei wichtigen oder einmaligen Projekten: Freistellen und Einweisen einer Ersatzperson zum Sicherstellen ordnungsgemäßer Datengewinnung.

IV *Erfassen der Daten*
- Angeben von Zeit, Ort, Ausführendem, Meß- bzw. Prüfmittel, Ablese-/Anzeigegenauigkeit.

4.2 Die sieben elementaren Werkzeuge der Qualität

- Erfassen der Daten wie vorgesehen.
- Registrieren jeder Abweichung.

Schwierigkeiten

Unterschätzen der grundlegenden Wichtigkeit richtiger Datengewinnung als Basis aller folgenden Bemühungen und Ergebnisse:

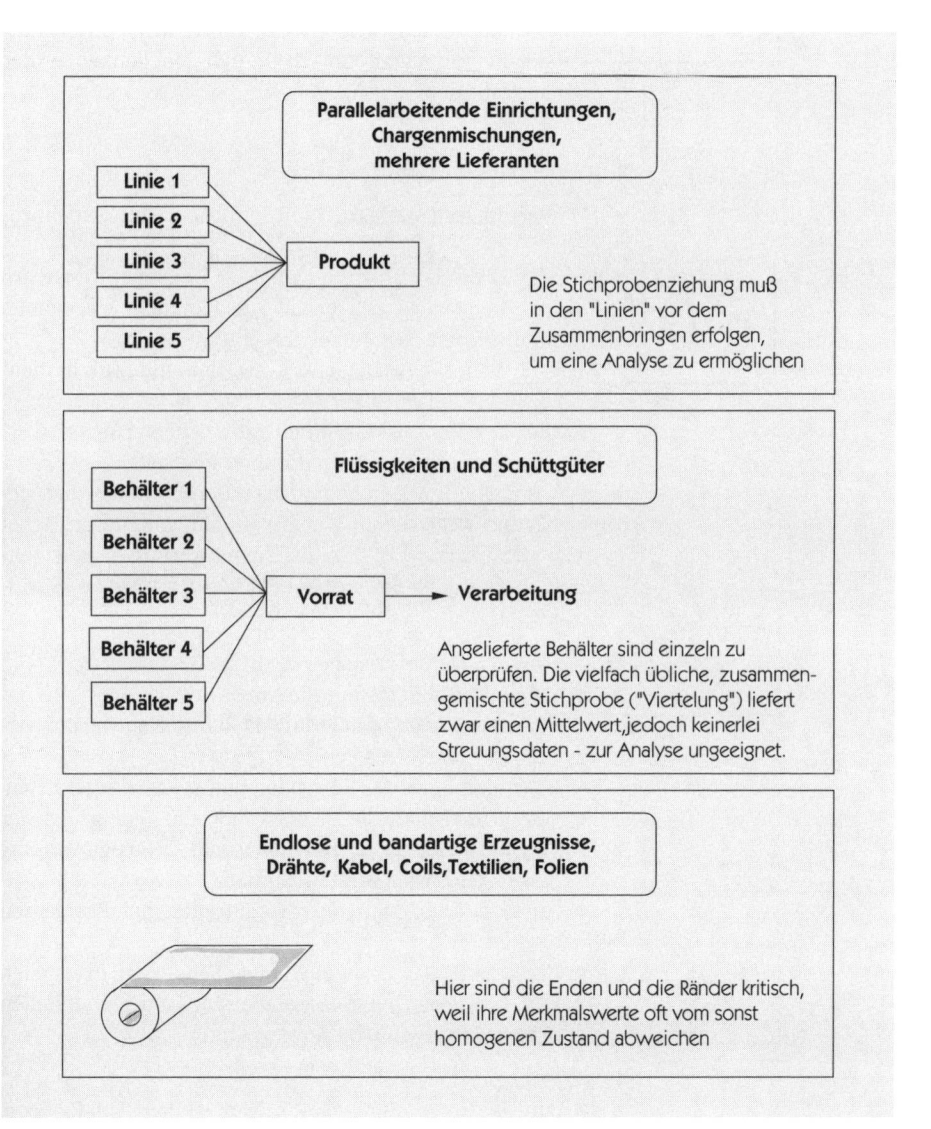

Parallelarbeitende Einrichtungen, Chargenmischungen, mehrere Lieferanten

Linie 1, Linie 2, Linie 3, Linie 4, Linie 5 → Produkt

Die Stichprobenziehung muß in den "Linien" vor dem Zusammenbringen erfolgen, um eine Analyse zu ermöglichen

Flüssigkeiten und Schüttgüter

Behälter 1, Behälter 2, Behälter 3, Behälter 4, Behälter 5 → Vorrat → Verarbeitung

Angelieferte Behälter sind einzeln zu überprüfen. Die vielfach übliche, zusammengemischte Stichprobe ("Viertelung") liefert zwar einen Mittelwert, jedoch keinerlei Streuungsdaten - zur Analyse ungeeignet.

Endlose und bandartige Erzeugnisse, Drähte, Kabel, Coils, Textilien, Folien

Hier sind die Enden und die Ränder kritisch, weil ihre Merkmalswerte oft vom sonst homogenen Zustand abweichen

Bild 4.4: Einige häufige Fälle, die bei der Datensammlung beachtet werden müssen

Stabiler Prozeß mit Zufallsstreuungen

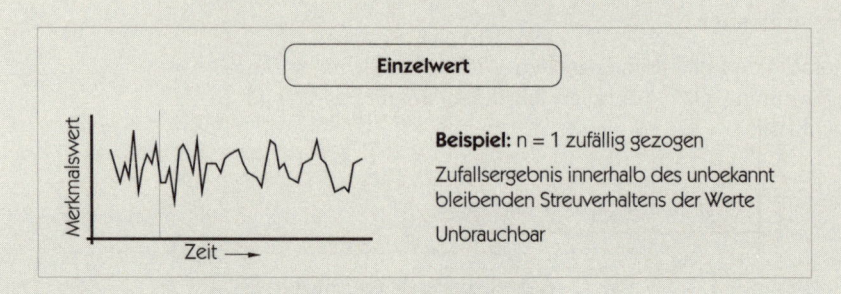

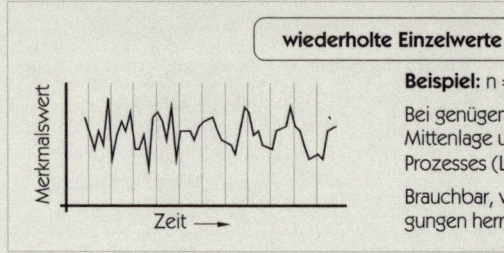

Einzelwert

Beispiel: n = 1 zufällig gezogen

Zufallsergebnis innerhalb des unbekannt bleibenden Streuverhaltens der Werte

Unbrauchbar

wiederholte Einzelwerte

Beispiel: n = 1 zufällig einmal pro Zeiteinheit

Bei genügend häufiger Wiederholung sind Mittenlage und Streuverhalten des Prozesses (Langzeitverhalten) feststellbar

Brauchbar, wenn langfristig stabile Bedingungen herrschen und man Zeit hat

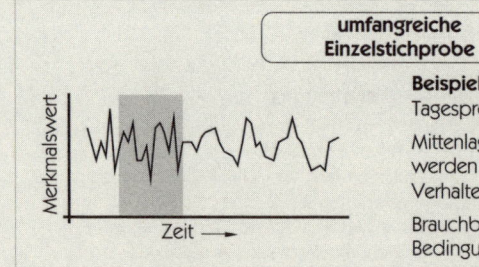

umfangreiche Einzelstichprobe

Beispiel: n = 50 zufällig z.B. aus einer Tagesproduktion

Mittenlage und Streuverhalten des Prozesses werden festgestellt (kurz- bis mittelfristiges Verhalten)

Brauchbar, wenn langfristig stabile Bedingungen herrschen

wiederholte Stichproben geringen Umfanges

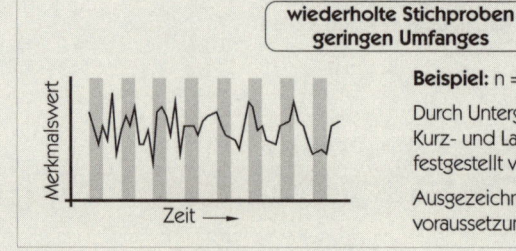

Beispiel: n = 5 z.B. alle 20 Minuten

Durch Untergruppenbildung können Kurz- und Langzeitverhalten des Prozesses festgestellt werden

Ausgezeichnet brauchbar, weil weitgehend voraussetzungsfrei anwendbar

Bild 4.5: Bei stabilen Prozessen ist die Art der Stichprobenziehung am wenigsten kritisch

Prozeß mit Trend

Einzelwert

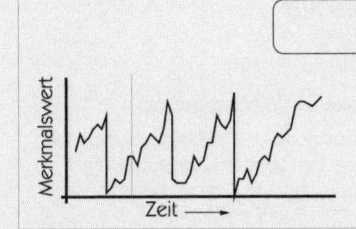

Beispiel: n = 1 zufällig gezogen

Zufallsergebnis innerhalb des unbekannt bleibenden Streuverhaltens der Werte. Trend kann nicht erkannt werden

Unbrauchbar

wiederholte Einzelwerte

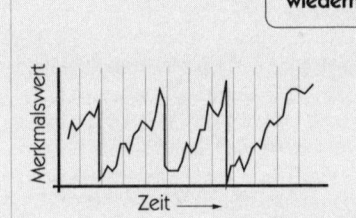

Beispiel: n = 1 zufällig einmal pro Zeiteinheit

Bei sehr(!) häufiger Wiederholung sind Mittenlage und Streuverhalten des Prozesses (Langzeitverhalten) feststellbar. Trend kann nur erkannt werden, wenn mehrere Werte pro Zyklus gewonnen werden

Sehr bedingt brauchbar

umfangreiche Einzelstichprobe

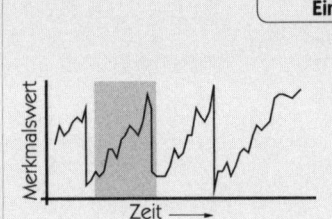

Beispiel: n = 50 zufällig z.B. aus einer Tagesproduktion

Bei umfangreicher Stichprobe und kurzzeitigem Trend können Mittenlage und Streuverhalten des Prozesses ermittelt werden (mittelfristiges Verhalten). Trend ist nichtfeststellbar.

Sehr bedingt brauchbar

wiederholte Stichproben geringen Umfanges

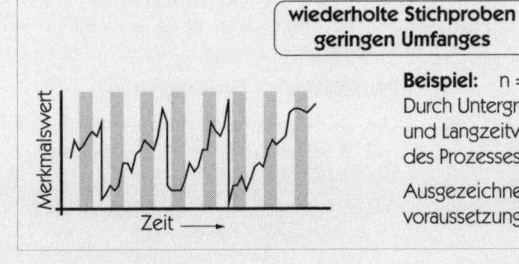

Beispiel: n = 5 z.B. alle 20 Minuten
Durch Untergruppenbildung können Kurz- und Langzeitverhalten sowie Trend des Prozesses festgestellt werden

Ausgezeichnet brauchbar, weil weitgehend voraussetzungsfrei anwendbar

Bild 4.6: Trendbehaftete Prozesse sind kritisch

Prozeß mit Niveausprüngen

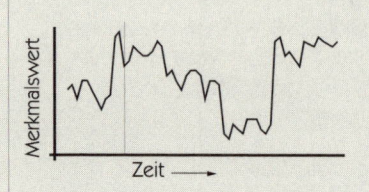

Einzelwert

Beispiel: n = 1 zufällig gezogen

Zufallsergebnis innerhalb des unbekannt bleibenden Streuverhaltens der Werte. Niveausprünge können nicht erkannt werden

Unbrauchbar

wiederholte Einzelwerte

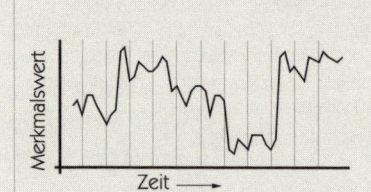

Beispiel: n = 1 zufällig einmal pro Zeiteinheit

Bei sehr(!) häufiger Wiederholung sind Mittenlage und Streuverhalten des Prozesses (Langzeitverhalten) feststellbar. Niveauänderungen können nur erkannt werden, wenn mehrere Werte pro Niveau gewonnen werden

Sehr bedingt brauchbar

umfangreiche Einzelstichprobe

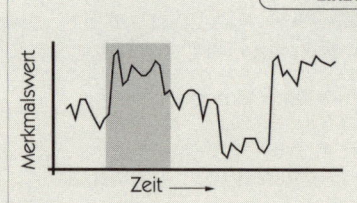

Beispiel: n = 50 zufällig z.B. aus einer Tagesproduktion

Es können weder aussagefähige kurz- noch langfristige Feststellungen getroffen werden

Unbrauchbar

wiederholte Stichproben geringen Umfanges

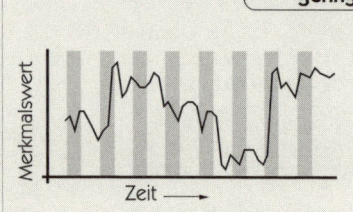

Beispiel: n = 5 z.B. alle 20 Minuten

Durch Untergruppenbildung können Kurz- und Langzeitverhalten sowie Niveausprünge des Prozesses festgestellt werden

Ausgezeichnet brauchbar, weil weitgehend voraussetzungsfrei anwendbar

Bild 4.7: Auch Prozesse mit Niveauänderungen sind anspruchsvoll

4.2 Die sieben elementaren Werkzeuge der Qualität

- Fehlende Zielfestlegung.
- Unkenntnis der zu erfassenden Merkmale und ihrer Meßmöglichkeiten.
- Vernachlässigen des Meßfehlers.
- Fehlen geeigneter Meßeinrichtungen.
- Keine Zufallsauswahl (einer der fundamentalen Fehler).
- Falsche Zusammensetzung (Schichtung, Stratifikation) der Daten (zum Erkennen z. B. zeitabhängiger Veränderungen).

Fehlersammelliste

Fehlersammellisten und verwandte Werkzeuge wie Checklisten und Fehlerort-Darstellungen dienen zur rationellen Erfassung und übersichtlichen Darstellung attributiver Daten (Fehler bzw. fehlerhafte Einheiten) nach Art und Anzahl. Sie werden vorwiegend für Routinearbeiten eingesetzt, weil vorher bekannt sein sollte, welche Merkmale auftreten werden.

- Die Daten sollen übersichtlich aufbereitet werden

Vorgehen

- Erstellen einer Tabelle mit den bekannten oder vorhersehbaren Fehlern.
- Stets ein Merkmal „Sonstiges" vorsehen.
- Anwenden der Fehlersammelliste.
- Bei Routineeinsatz: regelmäßiges Auswerten unter Beachtung neuer Fehler.

Fehlersammelliste

Risse	Anzahl	Fehlerart	Anzahl
1	⊩⊩ |||	locker	
2	||||	beschädigt	||
3		unsauber	⊩⊩	
4			Riß	
5		Überlappung		
6	||	Maß 35,2	|||
7		2 x 45°		
8		Sonstiges		

Bild 4.8

Schwierigkeiten

- In üblichen Fehlersammellisten geht die zeitliche Folge der erfaßten Daten verloren.
- Die Trennung nach Herkunft bzw. Entstehung der Merkmale ist nur mit zusätzlichen Aufschreibungen möglich.
- Die Rückmeldung der Ergebnisse an die verursachende Stelle unterbleibt.
- Von den Ausführenden werden nur die bereits vorgegebenen Merkmale überprüft; neue Fehler fallen unter den Tisch.
- Das regelmäßige Auswerten wird als unnötig angesehen.

Strichliste und Häufigkeitsverteilung

Strichlisten werden zum Erfassen meßbarer oder rangmäßiger Merkmalswerte verwendet. Sie ähneln den Fehlersammellisten und weisen vergleichbare Vorteile auf.

Ihre Hauptfunktionen sind
- Erleichtern des Datensammelns,
- grafische Darstellung der Verteilungsform,
- grafische Darstellung der Merkmalswerte im Verhältnis zur Toleranz,
- Vorstufe zur statistischen Auswertung und Analyse.

Strichlisten

Strichliste mit Urwerten

Merkmalswert	Anzahl
14,0	I
14,1	II
14,2	⊬⊬⊬ I
14,3	⊬⊬⊬ III
14,4	⊬⊬⊬ ⊬⊬⊬ IIII
14,5	⊬⊬⊬ ⊬⊬⊬
14,6	⊬⊬⊬
14,7	I
14,8	III
14,9	

Strichliste mit Klassen

Klasse	Anzahl
>13,8 - 14,0	I
>14,0 - 14,2	⊬⊬⊬ III
>14,2 - 14,4	⊬⊬⊬ ⊬⊬⊬ ⊬⊬⊬ ⊬⊬⊬ II
>14,4 - 14,6	⊬⊬⊬ ⊬⊬⊬ ⊬⊬⊬
>14,6 - 14,8	IIII
>14,8 - 15,0	

Anzahl besetzter Klassen:
Richtwert: $8 \leq \sqrt{n} \leq 20$

Bild 4.9

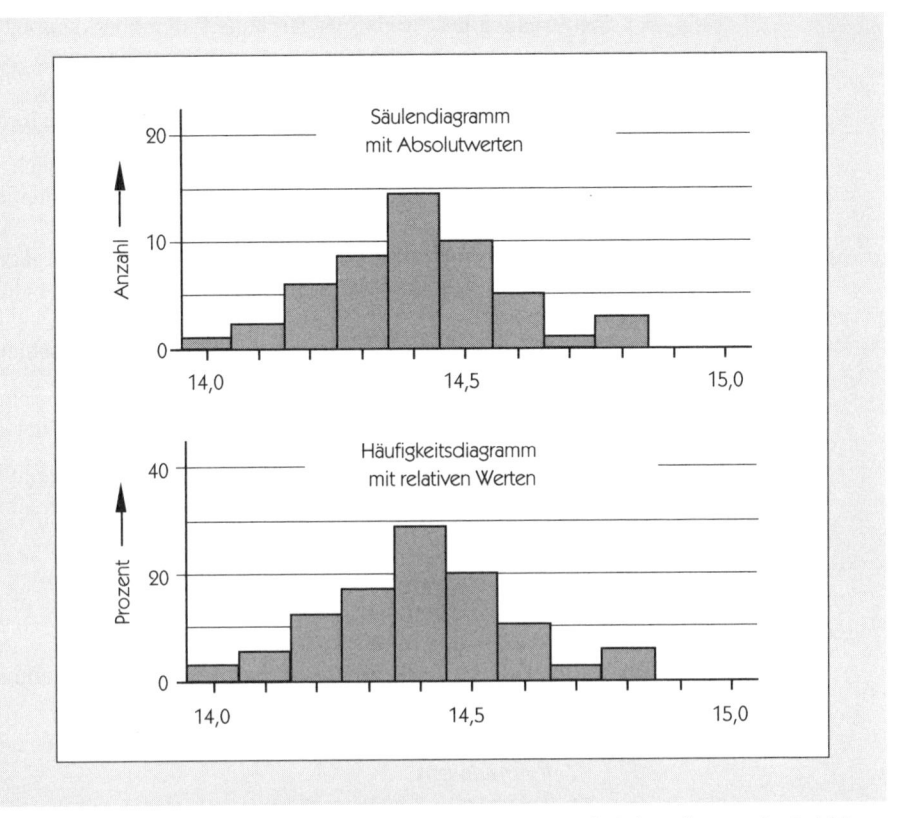

4.2 Die sieben elementaren Werkzeuge der Qualität

Bild 4.10: Säulen- und Häufigkeitsdiagramm sind Absolut- bzw. Relativdarstellungen der Strichliste

Strichlisten und Häufigkeitsverteilungen zeigen ein Bild des Streuverhaltens. Ihre Form liefert häufig Hinweise auf den Ablauf des betreffenden Prozesses wie
- Mischung von Losen (mehrgipflige Form),
- aussortierte Lieferungen (abgeschnittene Verteilung),
- Streuung im Vergleich zur Toleranz,
- Prozeßzentrierung auf Toleranzmitte.

Zwei Kenngrößen können aus Häufigkeitsverteilungen ohne besondere Auswertung abgeschätzt werden: Mittenlage und Streuverhalten der Merkmalswerte. Zusätzlich kann bei einiger Erfahrung die Gefahr von Toleranzüberschreitungen erkannt werden.

- Mittelwert und Streuung sind erste Anhaltspunkte

Unter Mittenlage versteht man die Tendenz, daß sich die Daten um einen in der Mitte liegenden Wert häufen, während sie zum Rand der Verteilung hin immer seltener auftreten. Übliche Meßgrößen hierfür sind der (arithmetische) Mittelwert und der Zentralwert (engl. median), welcher jede Stichprobe in zwei Hälften teilt.

Die Streuung beschreibt, wie stark die Daten über den Meßbereich verstreut sind und kann zahlenmäßig durch die Spannweite R (engl. range) angegeben werden ($R = x_{max} - x_{min}$) oder durch die Standardabweichung s, die aufwendiger zu berechnen ist.

Vorgehen

Je nach Informationsstand und Aufgabe gibt es drei Möglichkeiten:

I   *Es ist nichts bekannt.*
In jedem Zweifelsfalle sollten die Urwerte in ihrer Erfassungsfolge als Einzelwerte erfaßt werden, auch wenn dies mühsam erscheint. So ist anschließend jede beliebige Auswertung möglich.

II *Es ist nichts bekannt. Die Daten sollen ein Bild der Verteilung zeigen:*
- Vorab-Zufalls-Stichprobe mit n = 10-25 ziehen.
- Strichliste erstellen mit der Klassenweite

$$w = \frac{x_{max} - x_{min}}{\sqrt{n}}$$

- Sämtliche Daten mit Strichliste erfassen.

III *Es wird erwartet, daß die Daten in der vorgegebenen Toleranz liegen :*
- Toleranz in 8 gleichgroße Klassen teilen.
- Strichliste mit 10 Klassen erstellen, wobei je eine nach außen offene Klasse außerhalb der Toleranzgrenzen liegt.
- Die Daten in der standardisierten Strichliste erfassen.

Schwierigkeiten

- Es wird eine zu grobe Klassierung gewählt, die genauere Auswertungen nicht zuläßt.
- Die Klassenweiten sind ungleichmäßig. Dies macht eine visuelle Beurteilung fast unmöglich.

ABC-Analyse (Pareto-Diagramm)

- Wichtiges als solches erkennen

Die ABC-Analyse (Pareto-Verteilung, Lorenz-Verteilung) ist ein Hilfsmittel, um mit geringstem Aufwand große Wirkungen hervorzurufen. Grundlage ist eine empirisch festgestellte Tatsache, die auf dem Qualitätssektor wesentliche Bedeutung hat:

4.2 Die sieben elementaren Werkzeuge der Qualität

Nur wenige Fehlerarten rufen den größten Teil aller Fehler hervor,

quantifiziert ausgedrückt:

Nur 20–30% der Fehlerarten sind für 70–80% aller Fehler verantwortlich.

In den USA hat Juran den Slogan von den wenigen wichtigen und den vielen unwesentlichen Einflüssen geprägt. Mit der ABC-Analyse kann die Fehlerbekämpfung mit optimaler Wirkung vorgenommen werden, indem man sich auf die wenigen fehlerträchtigen bzw. kostspieligen Ursachen konzentriert.

- Bedeutendes zuerst abarbeiten

Vorgehen

- Sortieren der Fehlerarten nach absteigender Fehleranzahl.
- Kumulieren der Fehleranzahlen, Ermitteln der kumulierten Fehler-Häufigkeiten.
- Das erste Drittel der Fehlerarten mit den meisten Fehlern bildet die A-Gruppe.
- Das letzte Drittel liefert die C-Gruppe.
- Der Rest dazwischen bildet die B-Gruppe.

Schema einer ABC-Analyse

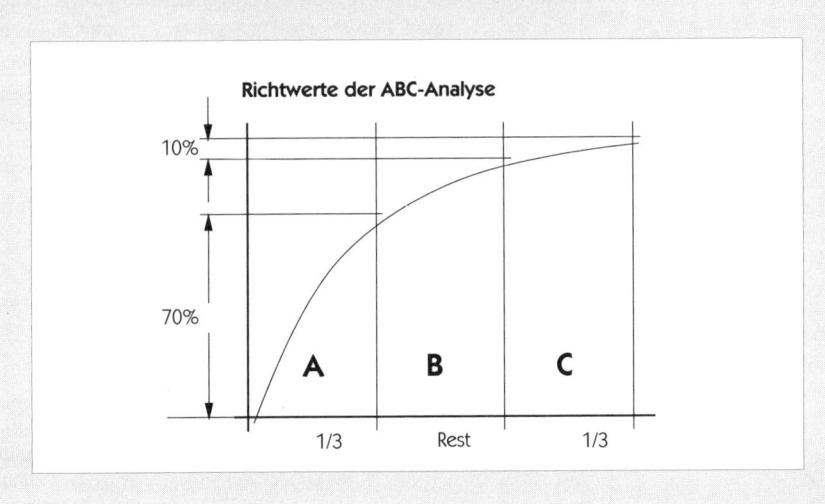

Bild 4.11: Vorrangig zu bearbeiten sind die Felder der Gruppe A. Bei der Gruppe C sollte überlegt werden, ob es sich lohnt, sie im Detail zu erfassen

Arbeitsgang		fehlerhaft		kumuliert	
		Stck	%	Stck	%
1	Bohren	26	25,2	26	25,2
2	Anreißen	11	10,7	37	35,9
3	mech. Bearbeitung	9	8,7	46	44,7
4	Punktschweißen	8	7,8	54	52,4
5	Schutzgas-Schweißen	8	7,8	62	60,2
6	Endmontage	7	6,8	69	67,0
7	Materialzuschnitt	6	5,8	75	72,8
8	Justage	4	3,9	79	76,7
9	Transport/Verpackung	4	3,9	83	80,6
10	Sonstige *)	20	19,4	103	100,0
Summe		103			

*) Summe aus 12 weiteren Fehlerarten

Bild 4.12: Absteigend sortierte und kumulierte Fehlersammelliste

Schwierigkeiten

Es kommt gelegentlich vor, daß viele gleich häufige Fehlerarten auftreten. Meist handelt es sich um zusammengefaßte Fehlerarten, die anders aufgeteilt werden sollten.

Bei sehr (!) vielen Fehlerarten erstreckt sich der A-Bereich u. U. über hunderte von Fehlerarten und die priorisierende Wirkung der ABC-Analyse versagt praktisch ihren Dienst. Dann sollte eine vergröberte Zusammenfassung in übergeordneten Fehlerkategorien vorgenommen werden.

Ursache-Wirkungs-Diagramm (Fischgräten-Diagramm)

- Das Kernstück der Basiswerkzeuge

Ursache-Wirkungs-Diagramme (Fischgräten-Diagramme) wurden von Dr. Kaoru Ishikawa entwickelt, einem der Vorreiter der Qualitätsbewegung in Japan. Sie eignen sich ausgezeichnet zur Problemdiskussion und -analyse im Rahmen der Gruppenarbeit in sämtlichen Hierarchie-Ebenen.

Die in den Bildern 4.14 und 4.15 gezeigten Modelle von Fischgrätendiagrammen unterscheiden sich nach ihrer Zielsetzung. Sollen in einem komplexeren Einzelprozeß oder

4.2 Die sieben elementaren Werkzeuge der Qualität

Pareto-Diagramm von Bild 4.12

Einzel- und kumulierte Häufigkeit der ersten 9 Fehlerarten

„Die wenigen wesentlichen Fehlerarten"

73% aller Fehler

Fehlerart 1 2 3 4 5 6 7 8 9

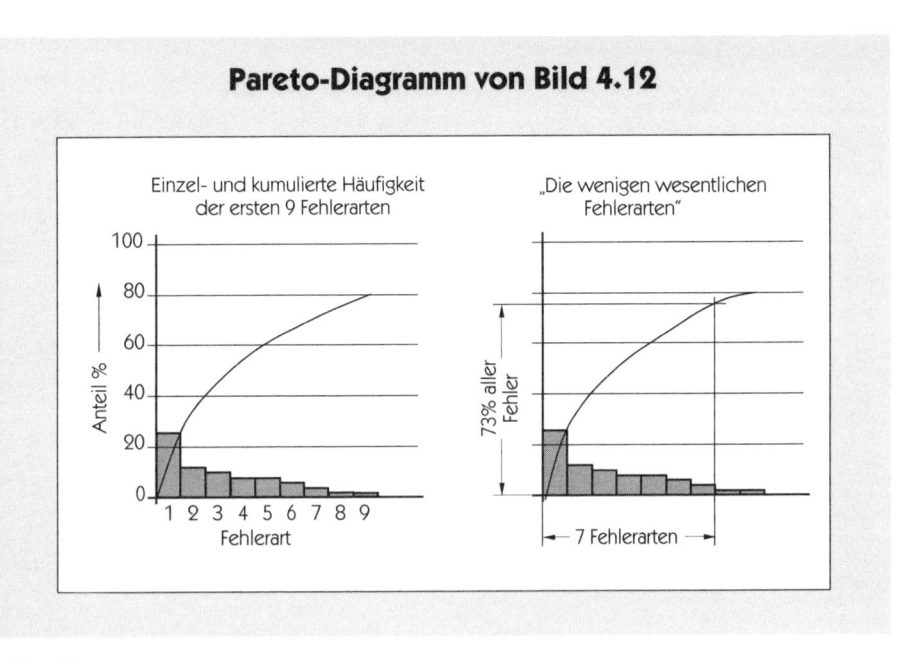

7 Fehlerarten

Bild 4.13

Prozeßschritt die Ursachen für störende Streuungen ermittelt werden, so lautet die Schlüsselfrage: „Welche Streuungsursachen gibt es?"

Im zweiten Falle, siehe Bild 4.15, handelt es sich um die prinzipielle Analyse einer Folge von Prozeßschritten, bei denen die Problemstufen herausgefunden werden sollen. Oft dient dies als Vorklärung, nach der anschließend entsprechend Bild 4.14 eine detaillierte Einzelanalyse vorgenommen wird.

Vorgehen

I *Zusammenstellen einer sachverständigen Arbeitsgruppe*, auch mit Vertretern der „Basis", die Einigung über das gesetzte Ziel, die Wirkung, herbeiführt.
II *Vorklärung*, ob ein in sich abgeschlossener Prozeß oder eine Prozeßkette analysiert werden muß.
III *Tatsachensammlung:* Geführt durch einen Moderator, wird in der Gruppe frei diskutiert, welche Haupt- und Nebenursachen es gibt (hier kommen häufig Elemente des Brainstormings in die Tatsachensammlung hinein). Die Daten werden sofort und kritiklos vom Moderator in das Fischgrätendiagramm an der geeignetsten Stelle ein-

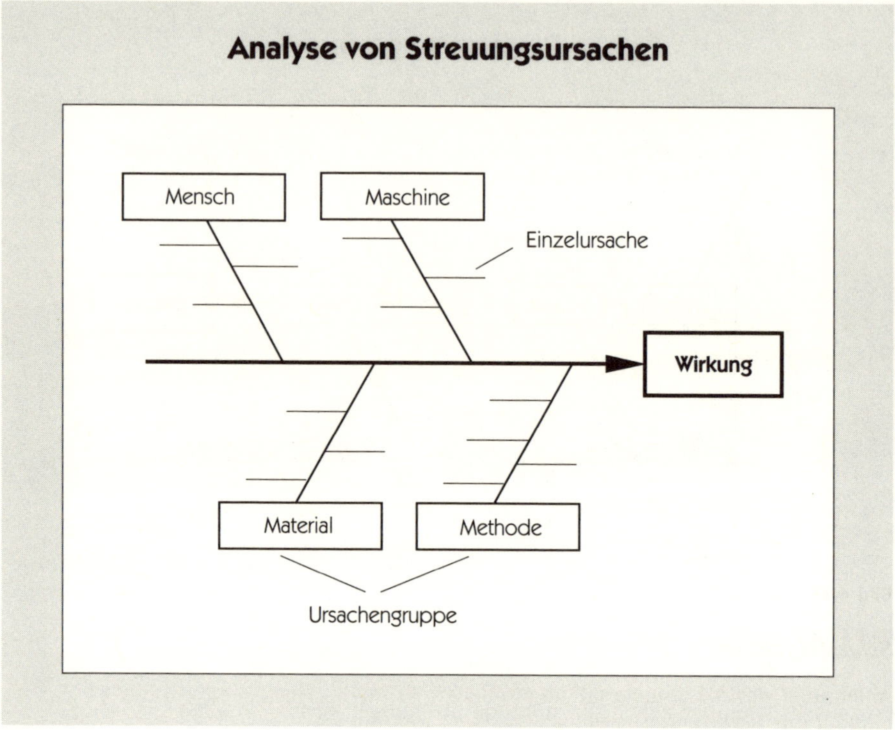

Analyse von Streuungsursachen

Mensch, Maschine, Einzelursache, Wirkung, Material, Methode, Ursachengruppe

Bild 4.14

gezeichnet. Klärende Fragen sind hier erwünscht, Kritik oder Bewertung sind jedoch (noch) nicht zulässig!

IV *Zusammenhang mit dem Ziel:* Entsprechend Bild 4.16 werden die einzelnen Einflußgrößen gekennzeichnet, um die Abhängigkeiten der Zielgröße zu zeigen.

Hier wird sichtbar, welche Grundkenntnisse vorhanden sind und in welchem Maße der betreffende Prozeß technisch beherrscht wird. Die Kennzeichnung zeigt auf, wo rasche, sinnvolle Einflußnahme möglich erscheint und wo ggf. noch „Grundlagenforschung" betrieben werden muß.

V *Bewertung:* Durch Punktvergabe oder Rangbezifferung werden in der Gruppe im Rahmen einer Diskussion aufgrund der erarbeiteten Kenntnisse und der grafisch aufgezeigten Zusammenhänge die Prioritäten der Bearbeitung gesetzt. Es sollten maximal 5 als wesentlich erkannte Einflußgrößen gekennzeichnet werden. Diese werden anschließend einzeln näher untersucht, um ihr Streuverhalten zu stabilisieren bzw. zu verringern.

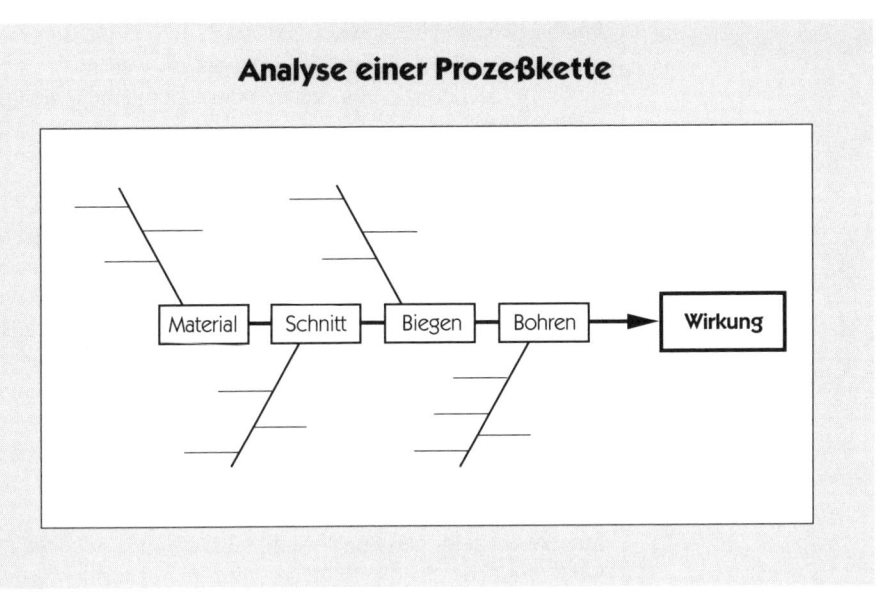

4.2 Die sieben elementaren Werkzeuge der Qualität

Analyse einer Prozeßkette

Bild 4.15

Schwierigkeiten

Ablehnung der als „Spielerei" angesehenen Methode. Hier können nur praktische Überzeugung und Geduld helfen.
Bei sehr komplexen Problemen wird das Diagramm umfangreich und völlig unübersichtlich. Es muß in Einzelprobleme handhabbarer Größe aufgespalten werden.

Kennzeichnung nach Zielzusammenhang

Lieferant	hat wesentlichen, bekannten und quantifizierbaren Zusammenhang zur Wirkung
Wärme	hängt mit Sicherheit mit der Wirkung zusammen, ist jedoch entweder wegen Komplexität nicht grafisch darstellbar oder kann nicht quantifiziert werden
Rauhtiefe	es ist kein Zusammenhang zur Wirkung bekannt

Bild 4.16

Wechselwirkungen, sowohl zwischen den Einflüssen, wie mit der Zielgröße, können nicht dargestellt werden.
Zeitliche Abhängigkeiten und Änderungen sind ebenfalls nicht darstellbar.

Hinweise

Zu Beginn der Diagramm-Erstellung geht man oftmals zunächst von den bekannten *4 M's* (Bild 4.14) bzw. *7 M's* (zusätzlich: Meßbarkeit, Management und Mitwelt/Umwelt) als Hauptgruppen (Seitengräten) aus und verfeinert entsprechend den Diskussionsbeiträgen der Gruppenmitglieder die Darstellung durch Untergräten an der passenden Hauptgruppe.
Bereits bei einfacheren Aufgaben wird das Diagramm recht umfangreich. Es empfiehlt sich, sofort mit Pinnwänden oder „von der Rolle an der Wand entlang" zu arbeiten.
Eine Abart des Ursache-Wirkungs-Diagramms arbeitet mit Karten, auf denen die Ursachen einzeln vermerkt werden. Von Vorteil ist, daß bei neuen Erkenntnissen oder Meinungsänderungen leicht eine Umordnung vorgenommen werden kann. Das Anstecken der Karten beteiligt auch die Gruppenmitglieder mehr, so daß das Engagement verbessert wird. Ein Vorteil besteht auch darin, daß überflüssig gewordene Karten entfernt werden können und die Darstellung übersichtlicher wird.
Manchmal nimmt man statt der Karten die bequemeren Haftnotizen (PostIt).

Qualitätsregelkarten

- Das Werkzeug zur Prozeßregelung

Qualitätsregelkarten sind heute die bekanntesten Werkzeuge der Statistischen Prozeßregelung (SPC). Sie können universell bei attributiven, rangmäßigen und variablen Merkmalswerten verwendet werden. Weil ihre Wirkung bei meßbaren und Rang-Daten durchaus komplex ist, sind einige Vorklärungen erforderlich.

Analyse oder Steuerung?

Qualitätsregelkarten für meßbare und Rang-Merkmale können für zwei völlig unterschiedliche Aufgaben eingesetzt werden:

- *Untersuchung* von Prozessen auf beherrschten Ablauf, d.h. ob lediglich zufallsbedingte Streuungen auftreten,

- *Steuerung* der Serienproduktion auf Sollwert oder Toleranzeinhaltung mit dem Ziel *vorbeugend-fehlerverhütender Eingriffe*.

Prozeßbeherrschung

Während im Westen überwiegend der Aspekt der Steuerung im Vordergrund stand, wurden in Japan beide Schritte getan, in der richtigen Erkenntnis, daß nur ein beherrschter Prozeß brauchbar gesteuert werden kann.
Prozesse können ein beherrschtes (zufallsbedingtes) oder ein nicht beherrschtes (von außen beeinflußtes) Streuverhalten aufweisen. Dies kann anhand von zwei Kenngrößen beurteilt werden:
Die STABILITÄT der Niveau- oder Mittenlage eines Prozesses wird durch äußere Ursachen beeinflußt wie Materialchargen, Einstellung der Maschine, Art der Bedienung, Trends usw. Ein stabiler Prozeß weist MITTELWERTE auf, die lediglich zufallsbedingt um den gewünschten Ziel- bzw. Sollwert schwanken.

Die Stabilität kann auf Fertigungsebene beeinflußt und gesteuert werden.

Sie kann z. B. durch die Mittelwerte von Stichproben in zeitlicher Folge über der Laufdauer des Prozesses angezeigt und überwacht werden.

Die GLEICHFÖRMIGKEIT der produzierten Teile ist vom Werker weitgehend unbeeinflußbar und von der Güte des Prozesses selbst abhängig. Ein gleichförmig ablaufender Prozeß weist eine STREUUNG auf, die nur zufallsbedingten Schwankungen unterworfen ist.

Die Gleichförmigkeit der Prozeßergebnisse kann i.a. nicht auf Fertigungsebene beeinflußt werden.

Sie fällt in das Verantwortungsgebiet des Managements. Sie wird mit Hilfe einer Streuungskenngröße, z.B. mit der Spannweite (Range) oder Standardabweichung von Stichproben über der Laufzeit des Prozesses ermittelt.

Prozeßfähigkeit

Unabhängig von den eben gezeigten Faktoren sind die Toleranzen, die zur Funktionserfüllung von den Produkten ein-

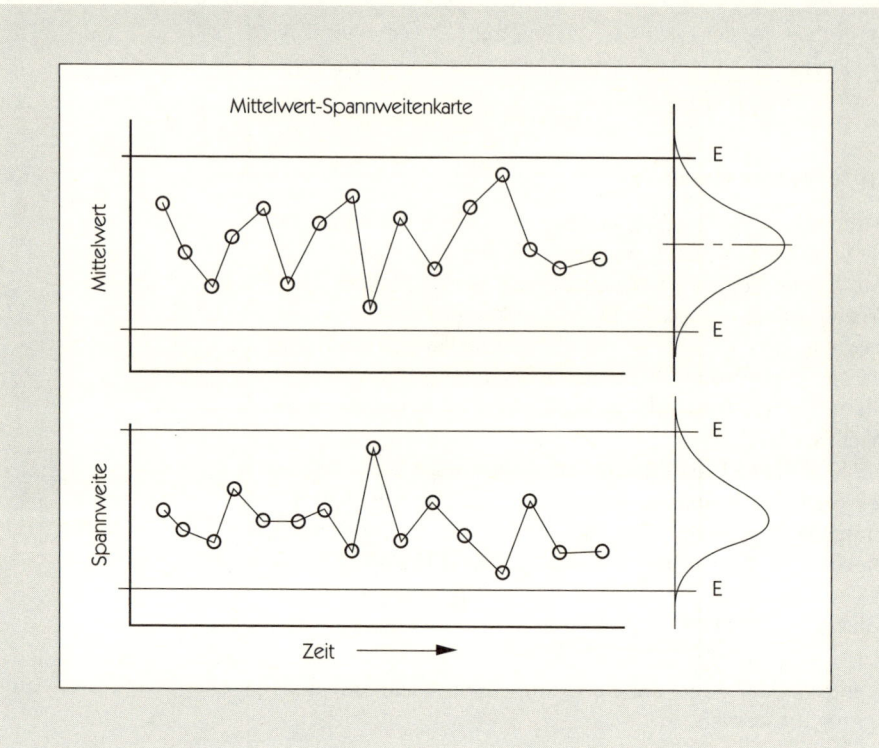

Bild 4.17: Bei einem beherrschten Prozeß (veraltet: in statistischer Kontrolle) weisen sowohl Stabilität (oben) wie auch Gleichförmigkeit (unten) nur zufallsbedingte Streuungen auf. Dies wird durch die Lage sämtlicher Meßpunkte innerhalb der statistisch ermittelten Eingriffsgrenzen E belegt.

• Die Prozeßfähigkeit bezieht sich auf die Toleranz, die der Konstrukteur vorschreibt

gehalten werden müssen. Der Begriff der Fähigkeit kennzeichnet einen Prozeß, der langfristig sicher innerhalb der vorgegebenen Toleranz abläuft.

Bei Fertigungsprozessen werden zwei unterschiedliche Streuungskomponenten der Merkmalswerte unterschieden:
• Die Gesamtstreuung (Langzeitstreuung, Prozeßstreuung), welche die tatsächliche und langfristige Leistungsfähigkeit eines Prozesses unter echten Betriebsbedingungen zeigt,
• die innere Streuung (Kurzzeitstreuung, Maschinenstreuung), die wenig bis gar nicht beeinflußbar ist und die gewissermaßen ein typisches Kennzeichen des Prozesses ist.

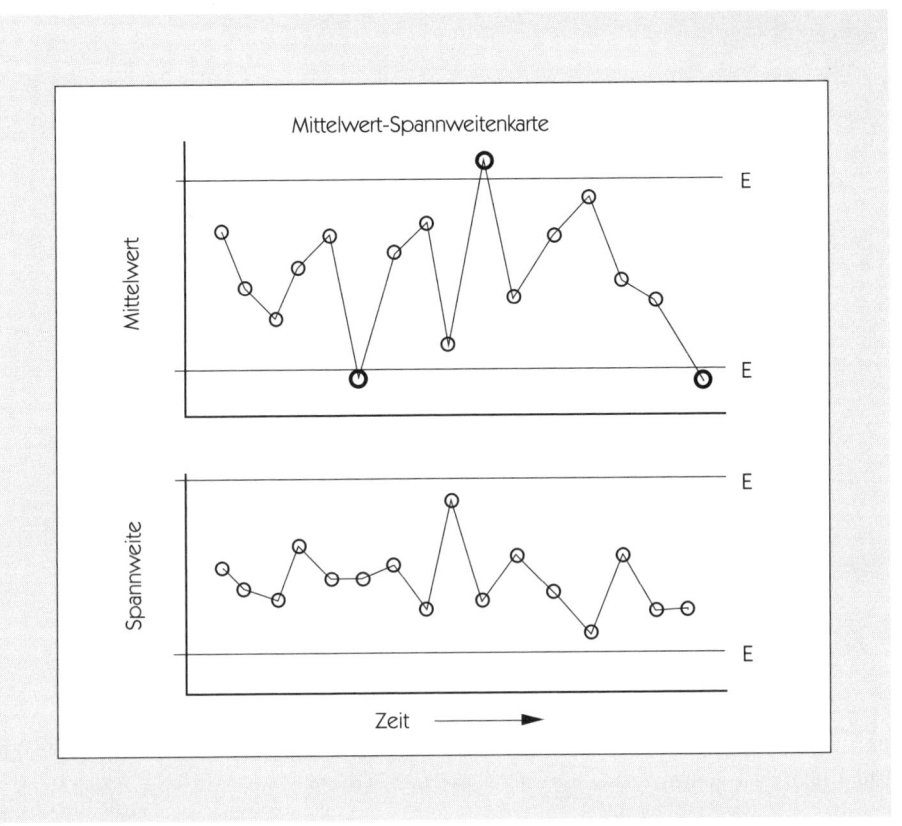

4.2 Die sieben elementaren Werkzeuge der Qualität

Bild 4.18: Unbeherrschter Prozeß, Stabilität unzureichend

Tatsächlich gibt es jedoch 3 Komponenten:
1. innere Streuung des Prozesses
2. + äußere Streuungs-Ursachen

3. = Gesamtstreuung des Prozesses

Wenn es um das Verbessern des Streuverhaltens geht, muß daher zunächst eine Analyse der Streuungsursachen erfolgen, um festzustellen, ob sie *im Prozeß selbst* oder *im Betrieb des Prozesses* zu suchen sind. Qualitätsregelkarten sind für diese Aufgabe prädestiniert.

Vorgehen

Wie die vorstehenden Punkte zeigen, ist der Arbeitsbereich von Qualitätsregelkarten äußerst weit gespannt. Es gibt viele

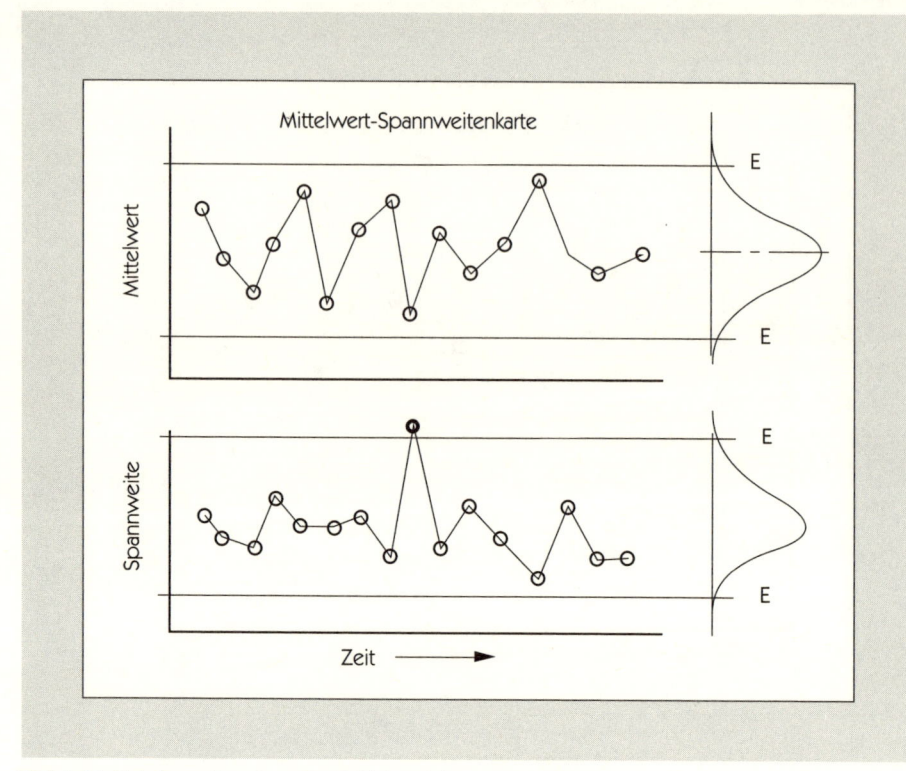

Bild 4.19: Unbeherrschter Prozeß, Gleichförmigkeit unzureichend

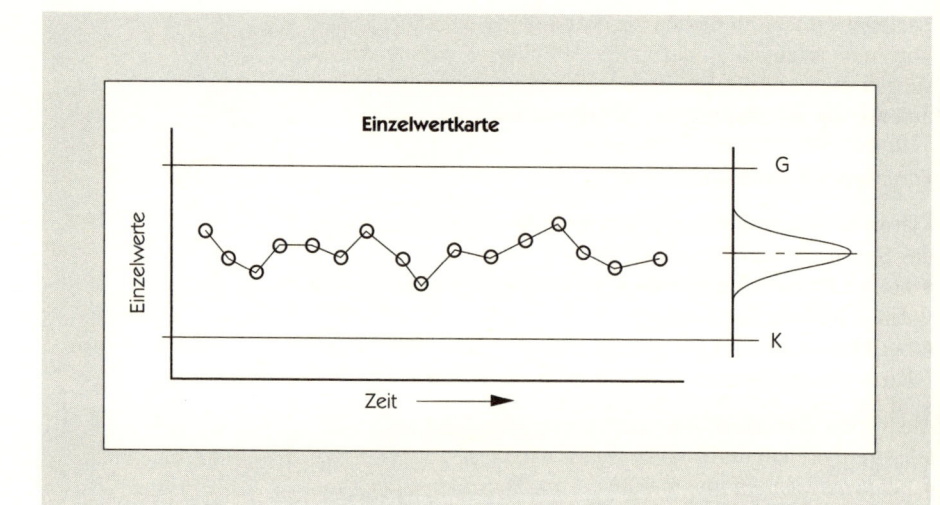

Bild 4.20: Ein fähiger Prozeß läuft langfristig (!) sicher innerhalb der Toleranz ab

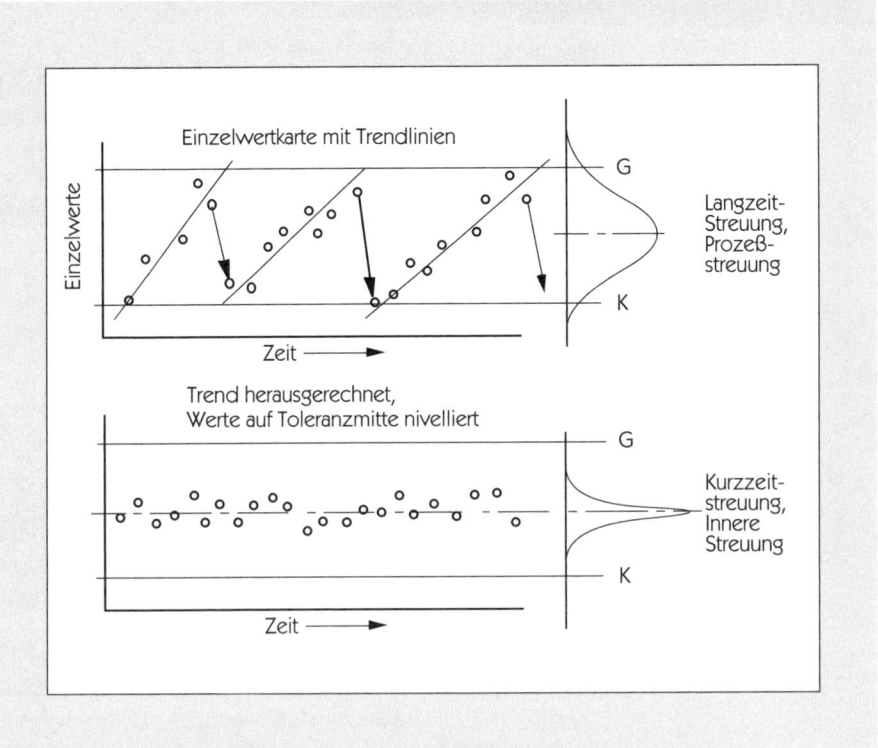

4.2 Die sieben elementaren Werkzeuge der Qualität

Bild 4.21: Innere (Kurzzeit-)Streuung und Langzeit- (äußere, Prozeß-)Streuung

Kartenarten und Methoden zur Darstellung mit spezifischen Vor- und Nachteilen. Bezüglich detaillierter Arbeitsanweisungen muß auf die Literatur verwiesen werden. Hier können nur die grundsätzlichen Schritte gezeigt werden.

Vorgehen bei Untersuchungen

Klären der Datensammlung, anzuwendenden Kartenart und des Stichprobenumfanges. Richtwerte sind:
- bei attributiven Stichproben n ≈ 4/p mit p = erwarteter Anteil fehlerhafter Teile,
- bei Meß- oder Rangwerten Zentralwert- oder Mittelwertkarte mit mindestens 20 Untergruppen zu je n = 5.

Auswerten, Zeichnen, Bestimmen der Eingriffsgrenzen (Zufallsstreubereich) der Qualitätsregelkarte.
- Bei *beherrschtem und fähigem Prozeß* wird zur Steuerung mit der Karte übergegangen, andernfalls muß eine genauere Analyse vorgenommen werden.

• Eingriffsgrenzen werden als Prozeßdaten ermittelt

Vorgehen zur Steuerung

Allgemein: Organisation nach Teillosen erforderlich (siehe nächste Seite). Nur bei meßbaren oder rangmäßigen Merkmalswerten möglich, deren Herstellprozeß kurzfristig einstellbar ist.
- Aus einer Vorlauf-Stichprobe mit etwa n = 100 (20 ↔ 5 Stück) werden die Eingriffsgrenzen bestimmt und eingezeichnet.
- Routineeinsatz (Regeln nachfolgend).
- Auswerten der gefüllten Karte.

Organisation

Die Qualitätssteuerung in der Serienproduktion braucht organisatorische Voraussetzungen. Die üblichen Regeln lauten:

I *Bilden von Teillosen:* Der Produktionsprozeß ist in identifizierbare Teillose (etwa) gleichen Umfanges aufzuteilen, die jeweils aus einem homogenen Produktionsabschnitt stammen.

Teillose sind z.B.: eine Kiste mit Teilen, eine Palette, Schichtproduktion, eine Ofencharge. Bei jeder Änderung der Produktionsbedingungen ist ein neues Teillos zu beginnen.

Zweck: Durch jede Änderung (Nachstellen, Werkzeugwechsel, neue Materialcharge) wird die Homogenität gegenüber dem vorherigen Teillos zerstört.

Die Teillose sind nach Fertigungsreihenfolge zu kennzeichnen bzw. entsprechend zu lagern, bis sie mittels Stichprobenprüfung in der Qualitätsregelkarte beurteilt worden sind.

- Stichproben aus Teillosen oder laufendem Prozeß

II *Stichprobenprüfung mit Qualitätsregelkarte:* Den zwischengelagerten Teillosen bzw. dem laufenden Fertigungsprozeß werden in regelmäßigen Abständen (Stück, Zeit) Stichproben vorgegebenen Umfanges entnommen, beurteilt und die Ergebnisse in eine Qualitätsregelkarte eingetragen.

Meist werden die zuletzt in einem Teillos produzierten Teile als Stichprobe verwendet, um den Zustand des Prozesses zu diesem Zeitpunkt festzustellen.

III *Beurteilung der Eintragungen:*
- Liegen sämtliche Eintragungen innerhalb der Eingriffsgrenzen, ist alles in Ordnung.
- Fällt mindestens ein Punkt der aktuellen Eintragung außerhalb einer Eingriffsgrenze an, ist der Prozeß

ausgewandert. Die Ursache muß ermittelt und der Prozeß nachgestellt werden. Das aktuelle Teillos wird gesperrt und ist zu sortieren.

Hiermit wird sichergestellt, daß die Bedingungen für den wirkungsvollen Serieneinsatz zur Qualitätssteuerung erfüllt werden. Auch wird erreicht, daß – wenn etwas schiefgelaufen ist – nur ein Minimum an Teilen sortiert werden muß. Die Regeln sind nicht schwer zu erfüllen, wenn man bereits bei der Planung einer Fertigungslinie an den Lagerraumbedarf für die Teillose denkt und zusätzlich für ausreichende Prüfkapazitäten sorgt.

Heute wird mit *Selbstprüfung* unter Verwendung von Qualitätsregelkarten durch Mitarbeiter der Fertigung gearbeitet. Dies ist eine sehr brauchbare Lösung, wenn Eignung und Ausbildung den Anforderungen entsprechen.

- Für die Selbstprüfung muß der Mitarbeiter qualifiziert sein

Schwierigkeiten

Gießkannenprinzip: Qualitätsregelkarten werden vielfach mit SPC (Statistische Prozeß-Steuerung) gleichgesetzt und kritiklos im Breiteneinsatz benutzt.

Verletzte Voraussetzungen: Das Anwenden von Qualitätsregelkarten bei nicht beherrschten und/oder nicht fähigen Prozessen ist unsinnig und kostspielig.

Fehlende Organisation: Qualitätsregelkarten ohne durchgängige Teillos-Organisation verlieren ihre vorbeugendfehlerverhütende Wirkung und ihre Steuerungsfunktion. Sie stellen nur noch eine kostspielige Dokumentation dar.

Fehlende Auswertung: Werden ausgefüllte Qualitätsregelkarten nicht regelmäßig ausgewertet, verschenkt man wertvolle Informationen und gibt den Prozeß ständiger Qualitätsverbesserung preis.

Problemanzeige ohne Abstellhinweis: Qualitätsregelkarten sind ausgezeichnet geeignet, Probleme bei Produktionsprozessen aufzuzeigen. Sie geben jedoch keinen Hinweis auf die Ursache der Probleme. Hier ist eine getrennte Analyse nötig.

Verzögerter Wirkungseinsatz: Die Karten benötigen bei jedem neuen Prozeß einen Vorlauf von rund 100 Teilen, um zur Wirkung zu kommen. Dies kostet Produktions- und Prüfzeit. Während dieser Zeitdauer sind die Karten nahezu unwirksam.

Aufwand und Kosten: Das Ziehen der (nicht immer kleinen) Stichproben, deren Prüfung und vor allem die Auswertung der Karten erfordern Personalkapazität und Kosten, die nicht unterschätzt werden dürfen.

Verhindern des Prozesses ständiger Verbesserung:
Dies ist der schwerwiegendste Einwand. Die Karten werden in der westlichen Welt weitgehend zum Einhalten (tatsächlich zum Ausnutzen) von Toleranzen eingesetzt. Dabei entfällt jegliche Möglichkeit, den Prozeß ständiger kleiner Verbesserungen zu einer Verringerung der Fertigungsstreuung zu nutzen.

Die Summe der Einschränkungen zwingt zur Frage: „Stellen Qualitätsregelkarten in der Serienfertigung einen Irrtum dar"? Die Antwort muß „Ja" lauten, wenn man die heutige Situation in der Mehrzahl der westlichen Unternehmen betrachtet. Falsche Zielvorstellungen (Einhalten von Toleranzen statt Minimieren der Streuung) und das Verweigern der wesentlichsten Funktionsvoraussetzung (Teillos-Organisation), zusammen mit mäßig informierten Führungskräften und noch weniger ausgebildeten Mitarbeitern haben dazu geführt.

- Die Qualitätsregelkarte will verstanden sein

Qualitätsregelkarten: wozu?

Trotz aller Einschränkungen ist die Karte ein wertvolles Hilfsmittel für den Fachmann. Sie verfügt über zwei Funktionen, die kein anderes der elementaren Werkzeuge aufweist:
- Überprüfung, ob ein Prozeß beherrscht und fähig ist,
- Anzeige zeitlicher Veränderungen wie Trends und Niveausprünge.

Die Qualitätsregelkarte ist als grundlegendes Hilfsmittel und Dokumentation zur Überwachung gut laufender Prozesse anzusehen, aber nicht als besonders effizientes Analysewerkzeug oder als kostengünstiges Steuerungsmittel.

Zusammenfassung

Die vorstehenden Seiten gaben einen knappen Abriß der elementaren Methoden zur Bearbeitung von Aufgaben auf dem Qualitätsgebiet. Wie bei grundlegenden Verfahren üblich, werden sie vielfach modifiziert, erweitert und auf rationellere Weise eingesetzt. Besonders das Vordringen automatischer Meßsysteme und von Computern in der Fertigung hat sich deutlich ausgewirkt. Auf einmal ist es nicht mehr modern, die Datenerfassung, Auswertung oder Analyse von Hand vorzunehmen. Man hört oft die Ansicht, man brauche nur ein passendes Computerprogramm, um seine Probleme bewältigen zu können.

Hier sollte die vorliegende Schrift für eine Klärung gesorgt haben. Die Kenntnis und Beherrschung der elementaren Methoden und ihrer Hintergründe bildet die bindende Voraussetzung, sowohl die Computer-Ergebnisse wie auch die weiterentwickelten Verfahren auf dem Gebiet der heutigen Qualitätstechnik zu verstehen und zu nutzen.

Moderne Methoden wie das *Quality Function Deployment* ermöglichen es, die Kundenerwartungen besser als bisher umzusetzen. Risikoanalysen wie die *FMEA* helfen vorbeugend, mögliche Probleme zu vermeiden. Das *Design of Experiments* liefert scharfe Analyseinstrumente. Die Taguchi-Verfahren mit ihrer Lebensdauer-Qualitätsphilosophie, den Mitteln des *System-, Parameter-* und *Toleranz-Designs* und speziellen *orthogonalen Versuchsanordnungen* schaffen die Bedingungen bei Entwicklung und Planung zu einer weitgehend beherrschten Serienfertigung. Schließlich können *Positrol* und *Poka Yoke* die Voraussetzungen im Produktionsbereich fixieren.

Jedoch: das Einmaleins der Qualität bilden noch immer bei jedem dieser spezialisierten und wirkungsvollen Verfahren

Die sieben elementaren Werkzeuge!

4.3 Techniken des Quality Engineering

A. Gogoll und P. Theden

Einleitung

- Qualitätstechniken werden überwiegend zur Problemlösung eingesetzt

- Der Begriff Qualitätstechniken muß klar abgegrenzt werden

Als Qualitätstechniken werden Instrumente und Methoden des Qualitätsmanagements bezeichnet, die zum Lösen spezifischer Probleme auf verschiedenen Ebenen eingesetzt werden können. Der Begriff Qualitätstechnik wird dabei häufig sehr weit gefaßt. Dadurch beinhaltet er nicht nur die eigentlichen Qualitätstechniken, sondern auch organisatorische Maßnahmen (wie z. B. Qualitätszirkel) oder Techniken, die nicht speziell für das Qualitätsmanagement entwickelt wurden.

Eine Abgrenzung der Qualitätstechniken im engeren Sinne von den übrigen Techniken verdeutlicht die folgende Abbildung. Dabei werden hier auch die sog. klassischen qualitätsunterstützenden Tätigkeiten berücksichtigt, die schon immer existiert und die Qualitätsfähigkeit gefördert haben.

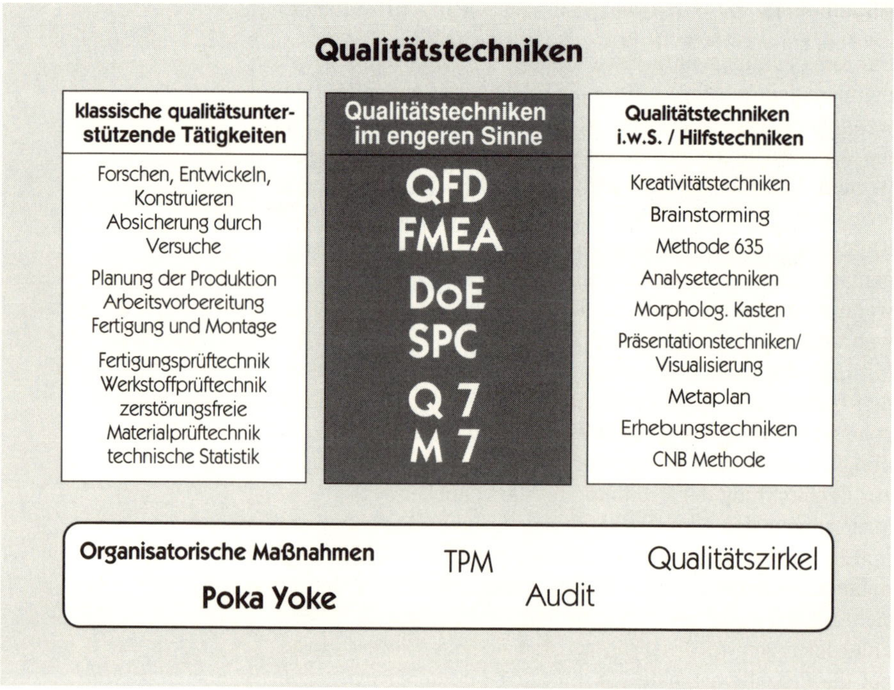

Qualitätstechniken

klassische qualitätsunter-stützende Tätigkeiten	Qualitätstechniken im engeren Sinne	Qualitätstechniken i.w.S. / Hilfstechniken
Forschen, Entwickeln, Konstruieren Absicherung durch Versuche	QFD FMEA DoE SPC Q 7 M 7	Kreativitätstechniken Brainstorming Methode 635
Planung der Produktion Arbeitsvorbereitung Fertigung und Montage		Analysetechniken Morpholog. Kasten
Fertigungsprüftechnik Werkstoffprüftechnik zerstörungsfreie Materialprüftechnik technische Statistik		Präsentationstechniken/ Visualisierung Metaplan Erhebungstechniken CNB Methode

Organisatorische Maßnahmen   TPM   Qualitätszirkel
Poka Yoke   Audit

Bild 4.22

Der folgende Beitrag konzentriert sich auf vier ausgewählte Qualitätstechniken i. e. S., die für unterschiedliche Aufgabengebiete eingesetzt werden:
- *Qualitätsplanung* mit Hilfe von *QFD* (Quality Function Deployment)
- *Schwachstellenanalyse* mit Hilfe der *FMEA* (Failure Mode and Effects Analysis oder Fehlermöglichkeits- und -einflußanalyse)
- *Robust Design* mit Hilfe der Versuchsplanung (*DoE* – Design of Experiments)
- *Statistische Prozeßregelung* mit Hilfe der *SPC* (Statistical Process Control oder Statistische Prozeßregelung (SPR))

Es wird ein Überblick über die Herkunft und Vorgehensweisen sowie über die Ziele und Anwendungsgebiete der einzelnen Techniken gegeben, wobei die üblicherweise verwendeten Formblätter vorgestellt werden sollen.

Qualitätsplanung mit Hilfe von QFD

Allgemeines

Die Konstruktions- und Entwicklungsabteilung eines Unternehmens legt mit ihrem Entwurf die Qualität eines Produkts weitgehend fest. Hier wird vorgegeben, auf welche Weise die Anforderungen des Kunden an das Produkt umgesetzt werden. Dabei besteht die schwierige Aufgabe von Entwicklern und Konstrukteuren darin, das Anforderungsprofil (Qualitätsfunktion) des Kunden richtig zu erfassen und sinngemäß umzusetzen. Leicht kommt es zu Mißverständnissen, wenn nicht auf die „Stimme des Kunden" gehört wird oder wenn man sich nicht versteht [Hauser 88].
Mit Hilfe der Quality Function Deployment (Qualitätsfunktionen-Darstellung, QFD) kann solchen Mißverständnissen vorgebeugt werden. Die QFD ist ein Kommunikations- und Planungsinstrument, das von der Produktentwicklung bis hin zur Beobachtung der Produkte im Markt konsequent die Anforderungen des Kunden in dessen Sprache berücksichtigt und in mehreren Planungsstufen in die Sprache des Unternehmens übersetzt. Die Übersetzungsarbeit konzentriert sich zunächst auf die wesentlichen und kritischen Designanforderungen an das Produkt, in weiteren Planungsstufen auf die Prozeßmerkmale bis hin zur Optimierung aller Produktionsparameter. Der besondere Vorteil von QFD liegt in

- Die QFD übersetzt die „Stimme des Kunden" in die „Sprache der Konstrukteure"

- Bereits 1972 wurde die von Akao entwickelte QFD in Japan erstmals eingesetzt

der systematischen Beseitigung von Schnittstellenproblemen und der Objektivierung des gesamten Planungsprozesses.
Die QFD wurde bereits 1966 von dem Japaner Akao [Akao 90, 92] konzipiert und fand erste konkrete Anwendungen 1972 auf der Werft von Mitsubishi Heavy Industries in Kobe, Japan. Nach erfolgreichem Einsatz in der japanischen Automobil- und Zulieferindustrie etablierte sich die QFD, wesentlich vorangetrieben durch das American Supplier Institute (ASI) unter Sullivan, in den achtziger Jahren auch in Amerika [King 89]. In Deutschland wurde QFD Ende der achtziger Jahre vor allem durch Bläsing eingeführt [Bläsing 89].

- Das „House of Quality" ist das zentrale Hilfsmittel der QFD

Im Mittelpunkt der QFD-Methode steht eine Übersetzungsmatrix, das von dem Japaner Fukahara entwickelte Qualitätshaus (House of Quality, HoQ). Kundenanforderungen und Designanforderungen werden in Matrixform übersichtlich gegenübergestellt. Hiermit lassen sich schon in frühen Phasen des Entwicklungsprozesses Unstimmigkeiten und Widersprüche zwischen diesen erkennen. Produktspezifikationen, die nicht den Kundenerwartungen entsprechen, können auf diese Weise weitgehend vermieden werden.

Vorgehen

- Teamarbeit ist die Voraussetzung für den Erfolg der QFD

Voraussetzung für die erfolgreiche Durchführung der QFD ist die Bildung eines Teams, das sich aus Fachleuten verschiedener Funktionsbereiche des Unternehmens zusammensetzt. Ein mit der Methode vertrauter Moderator leitet die QFD-Sitzungen. Zunächst werden die wirtschaftlichen, technischen und marktstrategischen Eckdaten für das Produkt festgelegt; vor allem aber muß eine genaue Definition des Kunden und seiner Qualitätsansprüche erfolgen [Bläsing 89; Brunner 92; Hauser 88; Sullivan 88].
Um das HoQ (siehe Bild 4.23) aufzubauen, werden zuerst die Anforderungen des Kunden an das Produkt erfaßt und strukturiert zusammengestellt ①. Zur Bereitstellung der notwendigen Informationen wird auf geeignete Quellen wie Marketinguntersuchungen, Händlerhinweise, Kundenbefragungen etc. zurückgegriffen. Dieser erste Planungsschritt ist der wichtigste und schwierigste zugleich, da hier der „Kunde definiert" und mit „Kundenstimme gesprochen"

- Die Kundenanforderungen sind die wichtigsten Eingangsgrößen für die QFD

werden muß [Bläsing 93]. In der Regel kann man primäre, sekundäre und tertiäre Merkmale unterscheiden. Es genügen 15 bis 20 Anforderungen, da die Darstellung sonst sehr schnell unübersichtlich wird. Die Reduzierung auf wenige Schlüsselmerkmale kann durch den Einsatz von Hilfstechni-

ken wie Bottleneck-Engineering [Akao 92] o. ä. erreicht werden.
Da nicht jede Kundenanforderung die gleiche Priorität hat, werden sie durch den Kunden gewichtet ②. Hierfür stehen wiederum verschiedene Hilfstechniken wie der Paarweise Vergleich oder das Rangreihenverfahren zur Verfügung. Die Anforderungen werden mit Wettbewerbsprodukten verglichen, woraus ein Profil erstellt werden kann, das Stärken und Schwächen des neuen Produkts erkennbar werden läßt ③. Wird der Erfolg eines Produktes wesentlich durch den Service bestimmt, zeigt die Servicegewichtung den Entwicklern als zusätzliche Information an, welche technischen Merkmale hierfür besonders zu gestalten sind. Mit der Festlegung von Verkaufsschwerpunkten wird vorgegeben, auf welche produktspezifischen Aktivitäten sich das Unternehmen konzentrieren soll ④.

Der konsequenten Kundenorientierung der Methode entsprechend wird erst die horizontale, kundenspezifische Achse des HoQ vollständig bearbeitet, bevor mit der vertikalen, technikspezifischen Achse begonnen wird.

In einem zweiten Schritt werden die zu realisierenden Anforderungen an das Produktdesign in der Sprache des Konstrukteurs formuliert ⑤. Auch hier werden zunächst primäre, dann sekundäre und schließlich tertiäre Merkmale herausgearbeitet.

Nun kann in der aus den Kundenanforderungen und technischen Designanforderungen gebildeten Matrix die Stärke ihrer Beziehungen bewertet werden ⑥. Hierzu werden aus Gründen der Anschaulichkeit Symbole verwendet, die jeweils einer Wertzahl entsprechen (schwache Beziehung: 1, mittlere Beziehung: 3, starke Beziehung: 9).

Die Optimierungsrichtungen (Minimum, Maximum bzw. Zielwert oder -bereich) für die Designanforderungen werden ebenfalls mit Symbolen bezeichnet ⑦. In einer zusätzlichen Matrix, dem „Dach" des Qualitätshauses, werden die Wechselwirkungen der technischen Merkmale angegeben. Jede technische Eigenschaft wird entsprechend ihrer festgelegten Orientierungsrichtung im Verhältnis zu den anderen technischen Merkmalen diskutiert und mit Hilfe von entsprechenden Symbolen, die die Stärke der Beziehungen charakterisieren, bewertet. Zielharmonie, Zielneutralität und Zielkonflikt werden so festgestellt und berücksichtigt ⑧.

Daraufhin werden die technischen Schwierigkeiten bei der Umsetzung der Designanforderungen bewertet ⑨ und ein objektiver Zielwert in der entsprechenden Dimension angegeben ⑩. Die Spezifikationen des neuen Produkts werden

- In der zentralen Matrix werden die Kundenanforderungen den technischen Designanforderungen gegenübergestellt
- In den „Zimmern" des House of Quality werden die Qualitätsinformationen erfaßt

Bild 4.23

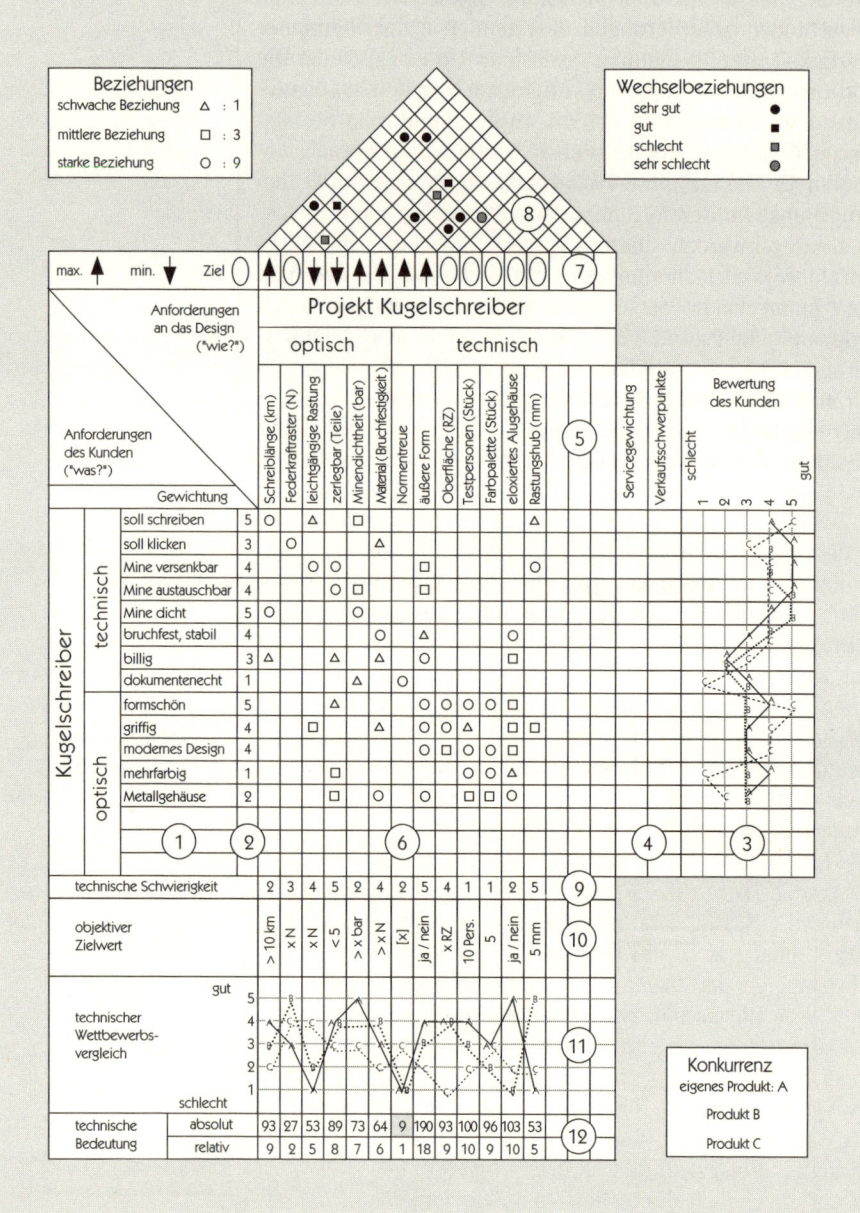

4.3 Techniken des Quality Engineering

mit den technischen Merkmalen der Wettbewerber-Produkte verglichen ⑪.

Mit Hilfe eines einfachen Rechenschemas kann nun die Bedeutung der technischen Merkmale bewertet werden. Das Gewicht der Anforderungen des Kunden ② wird mit der Wertigkeit der Beziehung zwischen Kundenanforderung und Designanforderungen ⑥ multipliziert und spaltenweise aufaddiert. Hieraus läßt sich die absolute und relative technische Bedeutung der kritischen Designanforderungen ermitteln ⑫. Die auf diese Weise gebildete Rangfolge ist Ausgangspunkt für den folgenden QFD-Planungsschritt.

- Die relative Bedeutung der Designanforderungen ist Ausgangspunkt für das weitere Vorgehen

In der Regel werden mehrere Phasen durchlaufen, wobei die Anzahl vom Detaillierungsgrad der Untersuchung abhängt. Man unterscheidet dabei die Qualitätspläne Produkt, Baugruppen/Teile, Prozeß und Produktion, um die Kundenanforderungen bis zu einzelnen Arbeits- und Prüfanweisungen herunterzubrechen. Jeder QFD-Planungsschritt wird in einem HoQ erarbeitet, wobei die kritischen Merkmale jedes Qualitätsplans die Eingangsgrößen des folgenden HoQ darstellen.

- Schrittweise werden die Kundenanforderungen bis auf Prozeßparameter heruntergebrochen

Bild 4.24 Phasen der Quality Function Deployment

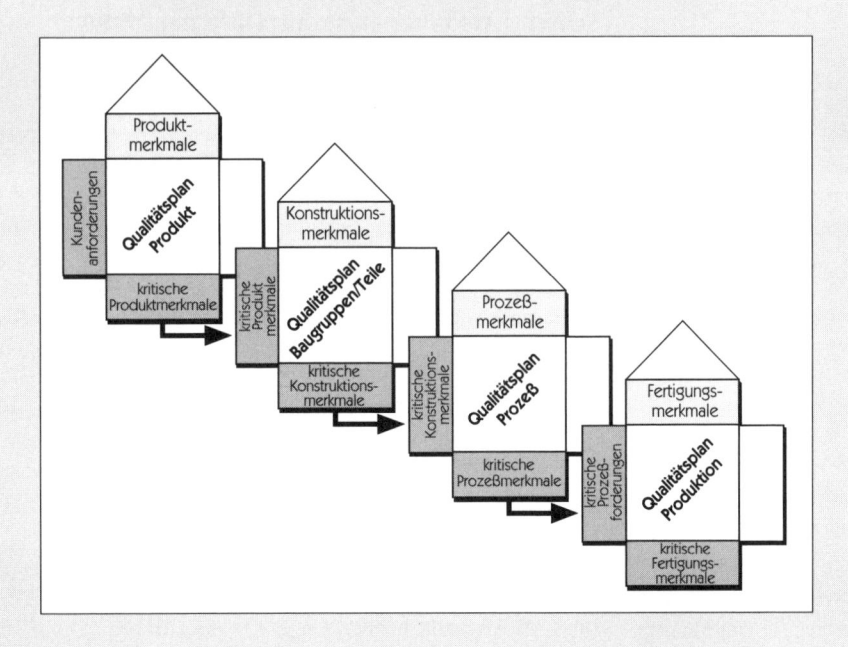

Literatur

Akao, Y.: Quality Function Deployment. Integrating Customer Requirements into Product Design. Cambridge, Mass.: Productivity Press, 1990

Akao, Y.: Quality Function Deployment. Wie die Japaner Kundenwünsche in Qualitätsprodukte umsetzen. Übers. aus dem Amerikanischen von Prof. G. Liesegang. Landsberg/Lech: moderne industrie 1992

Bläsing, J. P.: QFD – Quality Function Deployment. In: Kamiske, G. F. (Hrsg.): Tagungsband „Die Hohe Schule der Qualitätstechnik", TU Berlin, 1989

Brunner, F. J.: Produktplanung mit Quality Function Deployment (QFD) in Managementzeitschrift, 61 (1992) 6, S. 42–46

Hauser, J. R.; Clausing, D.: Wenn die Stimme des Kunden bis in die Produktion vordringen soll. HARVARD manager, (1988) 4, S. 57–70

King, B.: Better Designs in Half the Time. Implementing Quality Function Deployment (QFD) in America. 3. Aufl., Methuen, Mass.: GOAL/QPC 1989

Sullivan, L. P.: Quality Function Deployment. In deutscher Bearbeitung von J. P. Bläsing (Hrsg.). In: Praxishandbuch Qualitätssicherung. Band 4. Baustein B3. Ausgabe Mai 1988. Ulm: Transferzentrum Qualitätssicherung 1988

Schwachstellenanalyse mit Hilfe der FMEA

Allgemeines

- Mit Hilfe der FMEA wird das Risiko potentieller Fehler präventiv bewertet

Die Fehlermöglichkeits- und -einflußanalyse (FMEA, engl. Failure Mode and Effects Analysis) ist eine weitgehend formalisierte analytische Methode, mit der potentielle Fehler bei der Entwicklung, Fertigung und Montage neuer Produkte und bei der Gestaltung von Prozessen aufgedeckt werden können. Das Risiko des Auftretens eines Fehlers, seine Bedeutung und die Wahrscheinlichkeit, ihn zu entdecken, bevor das Produkt zum Kunden gelangt, werden bereits im Vorfeld der Realisierung bewertet. Anhand dieser Bewertung ist es möglich, Prioritäten bei der Fehlerverhütung und -bekämpfung zu setzen. Die FMEA kann eine Reduzierung von Entwicklungszeit und Entwicklungskosten bewirken und somit auch die Anlaufkosten verringern. Nicht zuletzt kann mit dieser einfachen Technik das Risiko für Rückrufaktionen vermindert und der damit verbundene Imageverlust für das Unternehmen verhindert werden [Franke 87].

- Die FMEA wurde bereits in den 60er Jahren für Projekte der bemannten Raumfahrt eingesetzt

Die FMEA wurde bereits Ende der 60er Jahre in den USA im Rahmen der bemannten Raumfahrt für das Apollo-Projekt entwickelt, um die komplexen Systeme der Raumfahrt-Technologie durch systematisches Vorgehen besser handhaben zu können. Später folgten Anwendungen in der Kerntechnik, in der Automobilindustrie und in anderen technischen Bereichen. Heute gehört die FMEA zu den Standardtechniken der Qualitätssicherung und wird von den meisten Automobilherstellern angewendet und von Lieferanten abgefordert [Ford 88, Mercedes Benz 90, Volkswagen 88].

Die Durchführung einer FMEA ist erforderlich bei
- der Neuentwicklung von Systemen, Produkten und Prozessen,
- Sicherheits- und Problemteilen und bei
- Produkt-, Prozeß- und Systemveränderungen.

Ziele des Einsatzes der FMEA sind
- die Identifizierung kritischer Komponenten,
- das frühzeitige Erkennen und Lokalisieren von möglichen Fehlern,
- die Abschätzung und Beurteilung von Risiken,
- die Bildung von Prioritäten bei der Fehlerbekämpfung,
- die Erhebung, Analyse sowie Speicherung von Daten und
- die Verbesserung von Systemen, Produkten und Prozessen.

Arten der FMEA

Hinsichtlich des Betrachtungshorizonts werden System-, Konstruktions- und Prozeß-FMEA unterschieden. Mit der System-FMEA wird das funktionsgerechte Zusammenwirken von Systemkomponenten mit ihren Wechselbeziehungen zur Vermeidung von Fehlern bei der Systemauswahl bzw. -gestaltung untersucht. Ziel der Prozeß-FMEA ist es, die zur Herstellung eines Produkts erforderlichen Prozeßschritte zu analysieren, um potentielle Fehler zu erkennen und zu verhüten. Die Konstruktions-FMEA analysiert den Entwurf eines Produkts. Lieferanten, die Konstruktionsverantwortung für Zulieferteile tragen, werden in der Regel aufgefordert, solche Konstruktions-FMEAs durchzuführen, zu dokumentieren und die Ergebnisse mit dem Abnehmer abzustimmen.

- System-FMEA

- Prozeß-FMEA

- Konstruktions-FMEA

Methodischer Zusammenhang der FMEA-Arten
nach [Kersten 90]

	Komponente/ Prozeß	Funktion/ Zweck	Fehler- auswirkung	Fehler- art	Fehler- ursache
System-FMEA	Zündverteiler	Spannungsimpulse verteilen	Kfz-Stillstand	Zündungsausfall	Schaft gerissen
Konstruktions-FMEA	Zündverteilerläufer	Preßsitz auf Nockenwelle	Zündungsausfall	Schaft gerissen	Lunker
Prozeß-FMEA	Spritzgießen Zündverteilerläufer	homogenes Gefüge gewährleisten	Schaft gerissen	Lunker	Nachdruck zu gering

Bild 4.25

- Die FMEA wird in interdisziplinären Teams durchgeführt

- Das FMEA-Formblatt unterstützt die systematische Vorgehensweise

Vorgehen

Die FMEA wird wie die meisten Qualitätstechniken in interdisziplinären Arbeitsgruppen durchgeführt, um das im Unternehmen befindliche Know-how zu nutzen. Die Teammitglieder werden für eine effiziente und zielgerichtete Projektdurchführung mit der Methode vertraut gemacht. Einzelne Mitarbeiter werden zu FMEA-Moderatoren ausgebildet und sind für die methodisch korrekte Planung, Durchführung und Dokumentation der FMEA-Projekte verantwortlich. Die umfassende Unterstützung durch das Management ist Grundvoraussetzung für den Erfolg der FMEA [Scheucher 90].

Die Durchführung einer FMEA erfolgt in mehreren Schritten. Wichtigstes Instrument der Methode ist dabei das FMEA-Formblatt (vgl. Bild 4.26). In dieses Formular werden zunächst alle zur Orientierung erforderlichen Daten (Stammdaten) eingetragen. Das zu betrachtende System wird abgegrenzt und beschrieben ①. Mögliche Fehler werden gesammelt ② und dann die möglichen Folgen ③ und Ursachen ④ analysiert. Kontrollmaßnahmen, die zur Entdeckung potentieller Fehler beitragen und deren Auswirkungen verringern können, werden ebenfalls in dem Formblatt verzeichnet ⑤. Schließlich wird das Fehlerrisiko

4.3 Techniken des Quality Engineering 317

Beispiel für eine Konstruktions-FMEA

Bild 4.26 nach VDA 1986

- Die Risikoprioritätszahl gibt die Kritizität des Fehlers an

differenziert bewertet. Dazu werden die Wahrscheinlichkeit des Auftretens eines Fehlers ⑥, seine Bedeutung ⑦ sowie die Wahrscheinlichkeit, den Fehler rechtzeitig zu entdecken ⑧, jeweils mit Werten von 1 bis 10 beurteilt. Eine Anleitung zur Bewertung der Risiken findet sich auf dem Formblatt. Das Produkt der ermittelten Werte ergibt die Risikoprioritätszahl RPZ ⑨, die somit Werte zwischen 1 (kein Risiko) und 1000 (höchstes Risiko) annehmen kann. Sie ist ein relatives, dimensionsloses Maß dafür, mit welcher Priorität Abstellmaßnahmen für die verschiedenen Fehlermöglichkeiten zu erarbeiten sind.

In der nächsten Phase werden mit Unterstützung der elementaren Qualitätstechniken (siehe Kapitel 4.1) potentiell geeignete Abstellmaßnahmen empfohlen ⑩, Verantwortlichkeiten festgelegt ⑪ und schließlich die getroffenen Maßnahmen zur Verringerung der RPZ ausgewählt ⑫. Hierbei sind fehlervermeidende Maßnahmen den fehlerentdeckenden Maßnahmen vorzuziehen.

- Die aus der RPZ abgeleiteten Maßnahmen werden nochmals bewertet

Für die einzelnen Verbesserungsmaßnahmen wird nun eine erneute Beurteilung der Fehlerbedeutung ⑭, der Auftretens- ⑬ sowie der Entdeckungswahrscheinlichkeit ⑮ vorgenommen und eine neue RPZ ⑯ berechnet. Mit der Differenz zwischen den Risikoprioritätszahlen für den derzeitigen ⑨ und den verbesserten Zustand ⑯ kann der Erfolg der eingeführten Maßnahmen quantifiziert werden. Falls das Restrisiko noch nicht akzeptabel erscheint, wird versucht, die RPZ mit weiteren FMEA-Durchgängen zu reduzieren.

Die standardisierten Formblätter (vgl. Bild 4.26), die zur Dokumentation der FMEA verwendet werden, können auch in Datenbanken übernommen werden, um jederzeit auf bereits durchgeführte FMEAs zurückgreifen und Erfahrungswissen weitergeben zu können.

Literatur

Franke, W. D.: FMEA – Fehlermöglichkeits- und -einflußanalyse in der industriellen Praxis. Landsberg/Lech: moderne industrie 1987

Ford AG (Hrsg.): Fehlermöglichkeiten und -Einfluß-Analyse (FMEA). Ein Instruktionsleitfaden. Köln: Ford AG 1988

Kersten, G.: FMEA – eine wirksame Methode zur präventiven Qualitätssicherung. VDI-Z, 132. (1990) Nr. 10, S. 201–207

Mercedes Benz AG (Hrsg.): Fehler- Möglichkeits- und Einfluß-Analyse – Leitfaden zur Anwendung. Firmenschrift der Mercedes-Benz AG, Zentrale Qualitätssicherung. Stuttgart: Mercedes Benz AG 1990

Scheucher, F.: FMEA – Failure Mode and Effects Analysis. In: Ka-

miske, G. F. (Hrsg.): Tagungsband „Die Hohe Schule der Qualitätstechnik", TU Berlin, 1990
Volkswagen AG: Fehler-Möglichkeits- und Einfluß-Analyse. Notwendigkeit – Chance – Voraussetzung. Firmenschrift der Volkswagen AG. Wolfsburg: Volkswagen AG 1988.
VDA (Hrsg.): VDA-Schriftenreihe Qualitätskontrolle in der Automobilindustrie, Band 4: Sicherung der Qualität vor Serieneinsatz. Frankfurt: VDA 1986

Robust Design mit Hilfe der Versuchsplanung (Design of Experiments)

Allgemeines

Beim Gestalten von Prozessen steht man in der Regel vor dem Problem, eine Kombination für die Einstellung der Prozeßparameter zu finden, die optimale Ergebnisse bei minimaler Streuung liefert. Bei einer größeren Anzahl von Einstellgrößen ist die Durchführung eines sogenannten vollfaktoriellen Versuchs, d.h. die Kombination sämtlicher Einstellungen aller Parameter miteinander, in der Regel recht aufwendig. Zur rationellen Ermittlung der optimalen Einstellungen bei einer erheblichen Begrenzung der Anzahl von Versuchen wird die statistische Versuchsplanung (Design of Experiments, DoE) eingesetzt. Neben den von Fisher in den 20er Jahren entwickelten klassischen Versuchsplänen haben sich die Methoden nach Taguchi und Shainin bewährt. Mit Hilfe dieser Verfahren wird der Einfluß der Steuer- und Störgrößen auf eine oder mehrere Zielgrößen (Qualitätsmerkmale) bestimmt. Durch die systematische Auswahl, Durchführung und Beurteilung von Versuchsreihen wird diejenige Parameterkonstellation ermittelt, die ein gegen Störgrößen robustes Prozeßverhalten garantiert.

- Mit Hilfe statistischer Methoden ist es möglich, Prozesse robust gegenüber Störgrößen zu gestalten

- Die klassischen Verfahren der statistischen Versuchsplanung wurden von Taguchi und Shainin weiterentwickelt

Taguchi

Im Gegensatz zu den klassischen Versuchsplänen ist das darauf aufbauende, in den 50er und 60er Jahren in Japan entwickelte Verfahren der statistischen Versuchsplanung nach Taguchi in eine umfassende Qualitätsphilosophie eingebettet, die eine Qualitätsverbesserung bei gleichzeitiger Kostensenkung anstrebt [Brunner 89; Kleppmann 92; Phadke 89; Taguchi 90].

Taguchis Ansatz konzentriert sich dabei auf zwei wesentliche Bestandteile:

• Die Qualitätsverlustfunktion liegt der Philosophie Taguchis zugrunde	• die *Qualitäts-Verlustfunktion* als Maß für den volkswirtschaftlichen Gesamtverlust, der durch jede Abweichung von den Sollwerten entsteht. Gegenüber der herkömmlichen Sichtweise wird angenommen, daß der Verlust mit zunehmendem Abstand des Qualitätsmerkmals vom Sollwert quadratisch anwächst und nicht erst an der Toleranzgrenze sprunghaft entsteht. Die Minimierung dieses Qualitätsverlustes ist Bestandteil der Qualitätssicherung während der Produktion, z.B. mit Hilfe der SPC (*On-line Quality Control*). • die *Versuchsplanung*, als Optimierungsverfahren, mit deren Hilfe der Qualitätsverlust schon im Vorfeld der Fertigung minimiert werden soll. Sie umfaßt die Schritte System-Design, Parameter-Design und Toleranz-Design (*Off-line Quality Control*). Das Parameter-Design bildet dabei den Kern der Methodik, denn es ermöglicht die Optimierung von Produkt- und Prozeßparametern schon vor Produktionsbeginn mit dem Ziel, sie möglichst unempfindlich gegenüber Störeinflüssen zu machen. Produkte und Prozesse, die unempfindlich gegen den Einfluß von Störgrößen sind, werden in der Terminologie Taguchis als robust bezeichnet [Müller 89].
	Die sich daraus ergebenden Ziele der Taguchi-Methodik sind • die Bestimmung der Steuergrößen zur Erreichung eines optimalen Prozeßergebnisses und einer minimalen Varianz, • die Gestaltung von robusten Prozessen, ohne die Störgrößen auszuschalten und • die Minimierung des Qualitätsverlustes ohne Kostenerhöhung.
	Bestimmung der Faktoren
• Stör- und Steuergrößen werden bestimmt	Zunächst werden ein oder mehrere Qualitätsmerkmale und die auf den Prozeß wirkenden Einflußgrößen, d.h. die Steuer- und die vermuteten Störgrößen mit Hilfe unterstützender Techniken wie Brainstorming etc. bestimmt. Die Einflußgrößen werden getrennt voneinander betrachtet, damit der Prozeß bzw. das Produkt robust gegenüber Störgrößen wird. Das heißt, die Störgrößen werden nicht unterdrückt, sondern es wird versucht, den Prozeß ihrem Auftreten gegenüber unempfindlich zu gestalten. Für das Qualitätsmerkmal wird nun die zu optimierende

4.3 Techniken des Quality Engineering

Vorgehensweise nach Taguchi

System-Design
- Qualitätsmerkmal
- Steuergrößen
- Störgrößen
- Signal-Rausch-Verhältnis

Parameter-Design
- Bestimmung von Faktoren
- Festlegen des Versuchsplanes
- Auswertung der Experimente
- Bestätigungsexperimente

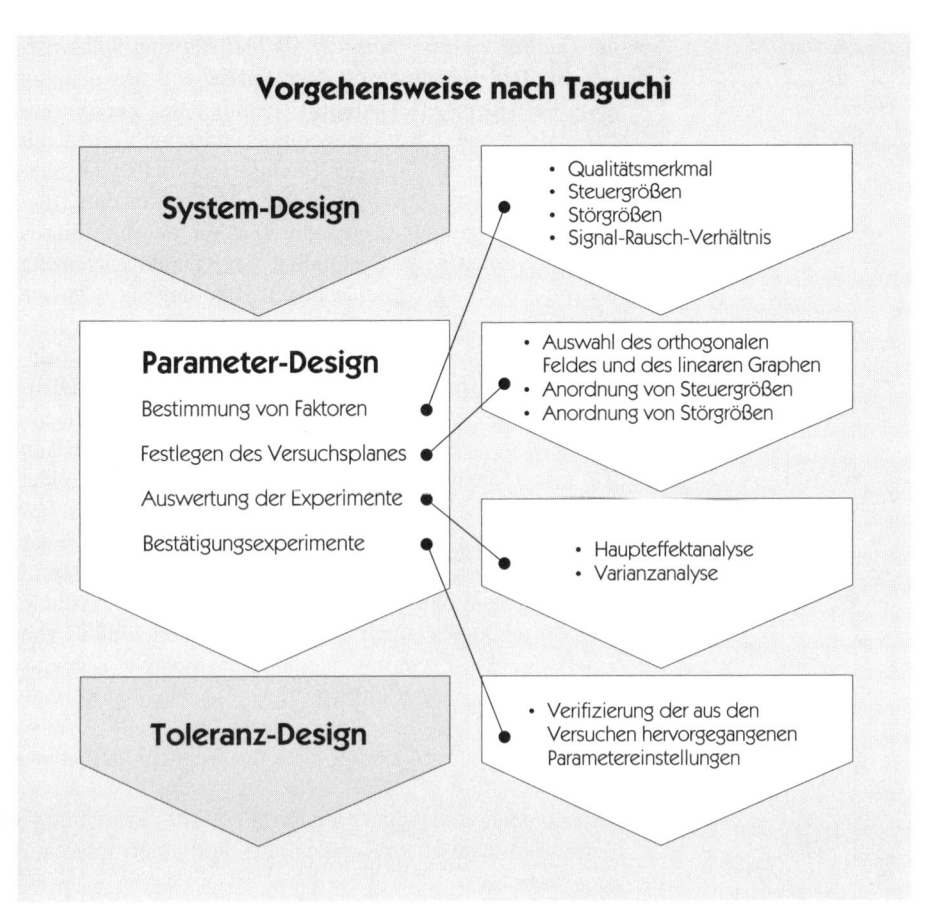

- Auswahl des orthogonalen Feldes und des linearen Graphen
- Anordnung von Steuergrößen
- Anordnung von Störgrößen

- Haupteffektanalyse
- Varianzanalyse

Toleranz-Design
- Verifizierung der aus den Versuchen hervorgegangenen Parametereinstellungen

Bild 4.27

Zielfunktion festgelegt. Dafür wird ein Signal-Rausch-Verhältnis definiert, wobei die Werte der Steuergrößen als Signal und die Störgrößen als Rauschen (engl. noise) bezeichnet werden. Das Signal-Rausch-Verhältnis ist allgemein das Verhältnis des Mittelwerts zur Varianz:

- Das Signal-Rausch-Verhältnis bildet die Zielgröße der Optimierung

$$S/N = \frac{(\text{Mittelwert})^2}{\text{Varianz}} = \frac{\bar{y}^2}{s^2}$$

Die Berechnung des Signal-Rausch-Verhältnisses S/N und der dazu gehörigen Verlustfunktion L(y) erfolgt mit Hilfe der in Bild 4.28 zusammengefaßten Formeln. Je größer S/N, um so robuster ist der Prozeß gegen Störgrößen. Das Signal-

Formeln für Signal-Rausch-Verhältnisse und Verlustfunktionen

1. je-kleiner-desto-besser

$$S/N = -10 \log\left(\overline{y}^2 + s^2\right)$$

$$L(y) = ky^2 = \frac{A_0}{\Delta_0^2} y^2$$

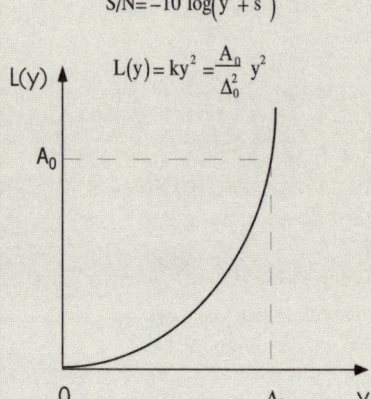

2. je-größer-desto-besser

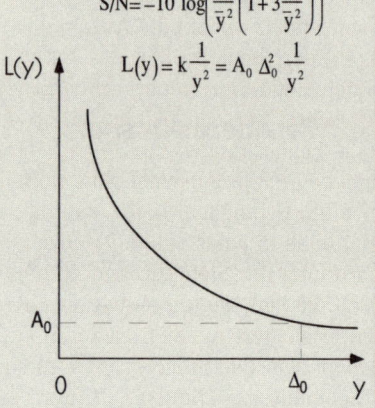

$$S/N = -10 \log\left(\frac{1}{\overline{y}^2}\left(1 + 3\frac{s^2}{\overline{y}^2}\right)\right)$$

$$L(y) = k\frac{1}{y^2} = A_0 \Delta_0^2 \frac{1}{y^2}$$

3. Sollwert-ist-Bestwert

$$S/N = -10 \log\left(\frac{s^2}{\overline{y}^2}\right)$$

$$L(y) = k(y-m)^2 = \frac{A_0}{\Delta_0^2}(y-m)^2$$

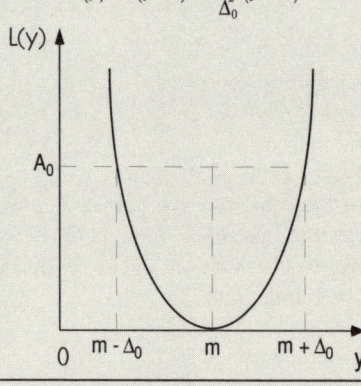

4. Null-ist-Bestwert

$$S/N = -10 \log(s^2)$$

$$L(y) = k(y-m)^2 = ky^2 = \frac{A_0}{\Delta_0^2} y^2$$

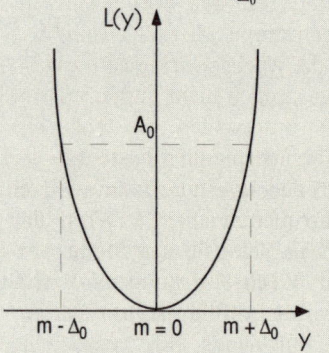

S/N : Signal-Rausch-Verhältnis
L(y) : Qualitätsverlustfunktion
y : Qualitätsmerkmal
k : Konstante
m : Sollwert des Qualitätsmerkmals
Δ_0 : Abweichung vom Sollwert
A_0 : Qualitätsverlust

Bild 4.28

Rausch-Verhältnis ist umgekehrt proportional zur Qualitäts-Verlustfunktion.

Festlegen des Versuchsplans

Im zweiten Schritt wird der Versuchsplan festgelegt. Fraktionierte Versuchsanordnungen werden in der Regel mit $L_i(a)^m$ bezeichnet, wobei i die Anzahl der Versuchsreihen, m die Anzahl der Steuergrößen des Versuchsplans und a die Anzahl der Stufen der Steuergrößen bedeuten. Taguchi setzt auf klassischen Versuchsplänen basierende sogenannte orthogonale Felder (Matrixexperiment) ein, mit deren Hilfe nur eine begrenzte Auswahl von Kombinationen getestet werden muß. Orthogonal heißt, daß die Anzahl der Stufenkombinationen in jeder Spalte identisch ist.

- Taguchi setzt orthogonale Felder als Versuchspläne ein

Die Zuordnung der Steuergrößen zu den Spalten des Plans soll durch die von Taguchi entwickelte Technik der linearen Graphen erleichtert werden. Dadurch können bekannte Interaktionen zwischen Steuergrößen, die das Ergebnis nachhaltig beeinflussen können, in der Versuchsanordnung berücksichtigt werden. Sowohl Versuchspläne als auch lineare Graphen können Tabellenwerken entnommen werden [Phadke 89].

- Wechselwirkungen zwischen den Steuergrößen werden berücksichtigt

Taguchis orthogonale Felder sind im Gegensatz zu den bekannten Versuchsplänen hochvermengt (additives Modell). Das bietet zwar den Vorteil einer reduzierten Anzahl von Versuchen, kann aber den Optimierungsversuch scheitern lassen, da Wechselwirkungen zwischen den Haupteffekten der Steuergrößen nicht immer auszuschließen sind. Der wesentliche Unterschied von Taguchis Methode zur klassischen Versuchsplanung besteht in der Berücksichtigung der Steuergrößen in einem inneren Feld (*inner-array*) ① und der Störgrößen in einem äußeren Feld (*outer-array*) ②. Erst durch diese Versuchsanordnung wird die gewünschte Analyse der Wechselwirkungen zwischen Steuer- und Störgrößen erreicht (Bild 4.29).

Für die Einstellung aller relevanten Steuergrößen werden vorzugsweise drei verschiedene Stufen vorgegeben, die gegeneinander getestet werden. Durch die Verwendung von drei anstelle von zwei Stufen können nichtlineare Zusammenhänge zwischen den Steuergrößen und der Ausprägung des Qualitätsmerkmals aufgedeckt und für die Optimierung genutzt werden. Taguchi empfiehlt z. B. für dreistufige Versuchsreihen die orthogonalen Anordnungen $L_9(3)^4$, $L_{27}(3)^{13}$, und $L_{81}(3)^{40}$.

- Auch nichtlineare Zusammenhänge können berücksichtigt werden

Auch die Störgrößen werden nach einem teilfaktoriellen

Orthogonale Versuchsanordnung $L_9(3)^4 / L_4(2)^3$

	Steuergrößen A	B	C	D	Störgrößen E	F	G			③ ȳ$_i$	④ s$_i$	⑤ S/N$_i$
		①		②	1 1	1 2	1 2	2 1	2 2			
Versuch #1	1	1	1	1	y_{11}	y_{12}	y_{13}	y_{14}		$\bar{y}_1$	s_1	S/N_1
Versuch #2	1	2	2	2	y_{21}	y_{22}	y_{23}	y_{24}		$\bar{y}_2$	s_2	S/N_2
Versuch #3	1	3	3	3	y_{31}	y_{32}	y_{33}	y_{34}		$\bar{y}_3$	s_3	S/N_3
Versuch #4	2	1	2	3	y_{41}	y_{42}	y_{43}	y_{44}		$\bar{y}_4$	s_4	S/N_4
Versuch #5	2	2	3	1	y_{51}	y_{52}	y_{53}	y_{54}		$\bar{y}_5$	s_5	S/N_5
Versuch #6	2	3	1	2	y_{61}	y_{62}	y_{63}	y_{64}		$\bar{y}_6$	s_6	S/N_6
Versuch #7	3	1	3	2	y_{71}	y_{72}	y_{73}	y_{74}		$\bar{y}_7$	s_7	S/N_7
Versuch #8	3	2	1	3	y_{81}	y_{82}	y_{83}	y_{84}		$\bar{y}_8$	s_8	S/N_8
Versuch #9	3	3	2	1	y_{91}	y_{92}	y_{93}	y_{94}		$\bar{y}_9$	s_9	S/N_9

Bild 4.29

Versuchsplan gezielt verändert. Dieses orthogonale Feld mit zumeist zwei Stufen ist für jede Versuchsreihe i des äußeren Feldes abzuarbeiten. Hierfür schlägt Taguchi die orthogonalen Anordnungen $L_4(2)^3$, $L_8(2)^7$, $L_{16}(2)^{15}$ sowie $L_{32}(2)^{31}$ vor. Die auf diese Weise systematisch erzwungene Streuung erlaubt diejenigen Einstellungen der Steuergrößen zu bestimmen, bei denen die Störgrößen den geringsten Einfluß auf das Qualitätsmerkmal haben.

Auswertung der Experimente

Nach der Durchführung aller Versuchsreihen erfolgt im nächsten Schritt die Auswertung der Matrixexperimente. Dabei werden zunächst Mittelwert y_i ③, Streuung s_i ④ und daraus das Signal-Rausch-Verhältnis S/N_i für jede Versuchsreihe ⑤ bestimmt. Im folgenden werden mit Hilfe der *Analyse der Haupteffekte* die Auswirkungen der Steuergrößen auf das Signal-Rausch-Verhältnis ermittelt. Daraus läßt sich erkennen, welche der Steuergrößen die Streuung und welche die Ausprägung des Qualitätsmerkmals beeinflussen.

Die sich daran anschließende *Varianzanalyse* (engl. Analysis of Variance, ANOVA) der Versuchsergebnisse dient dazu, statistisch insignifikante Steuergrößen zu identifizieren, die bei der Optimierung des Qualitätsmerkmals nicht berücksichtigt werden dürfen.

Als Ergebnis der Haupteffekt- und der Varianzanalyse ergeben sich die statistisch signifikanten Parameter sowie diejenigen Stufen, die das größte Potential zur Optimierung des Signal-Rausch-Verhältnisses vermuten lassen. Damit sind die Einstellungen der Steuergrößen ermittelt worden, mit denen sich ein Maximalwert für das Signal-Rausch-Verhältnis, das heißt ein minimaler Qualitätsverlust ergibt.

- Die Einstellungen der wichtigsten Einflußgrößen werden mit Hilfe von Haupteffekt- und Varianzanalyse ermittelt

Bestätigungsexperimente

Der Versuch wird im letzten Schritt mit einem Bestätigungsexperiment abgeschlossen, in dem die gewählten Werte der Steuergrößen auf ihre prognostizierte Qualitätsverbesserung überprüft werden.

Stimmen die Ergebnisse des Bestätigungsexperiments nicht mit den vorhergesagten Werten überein, so liegen zwischen mindestens zwei Steuergrößen Wechselwirkungen vor. Die Versuchsanordnung muß in diesem Fall entsprechend geändert werden.

- Das Bestätigungsexperiment bildet den Abschluß der Versuchsplanung nach Taguchi

Werden hingegen die Prognosen über die Verbesserung des Signal-Rausch-Verhältnisses im abschließenden Experiment bestätigt, so können diese Stufen für eine verbesserte Produktkonstruktion bzw. Prozeßgestaltung eingesetzt werden. Damit kann ein optimales Produkt- bzw. Prozeßverhalten unter realen Feldbedingungen und die daraus resultierende Qualitätsverbesserung gewährleistet werden.

Literatur

Brunner, F.J.: Die Taguchi-Optimierungsmethoden. in: Qualität und Zuverlässigkeit QZ 34 (1989) 7, S. 339–344

Kleppmann, W.G.: Statistische Versuchsplanung – Klassisch, Taguchi oder Shainin? in: Qualität und Zuverlässigkeit QZ 37 (1992) 2, S. 89–92

Müller, H.W.: Die Taguchi Lehre des Quality Engineering. In: Kamiske, G.F. (Hrsg.): Tagungsband „Die Hohe Schule der Qualitätstechnik", TU Berlin, 1989

Phadke, M.S.: Quality Engineering Using Robust Design. Englewood Cliffs, New Jersey: Prentice Hall 1989

Taguchi, G.: Introduction to Quality Engineering. Designing Quality into Products and Processes. American Supplier Institute (ASI), Dearborne, Mich.: ASI Press 1986

Shainin

- Pareto-Prinzip: nur wenige Größen beeinflussen das Ergebnis entscheidend

- Ziel der Methode nach Shainin ist die Ermittlung des roten x

Der Grundgedanke bei der Methode der statistischen Versuchsplanung nach Shainin ist die Anwendung des Pareto-Prinzips, das auch als 80/20- bzw. 70/30-Regel bezeichnet wird. Diese Regel besagt, daß im allgemeinen nur wenige Einflußgrößen das Prozeßergebnis entscheidend beeinflussen. Die Haupteinflußgröße wird in der Terminologie Shainins als *rotes x* bezeichnet, die Sekundärgröße als *rosa x* und die Tertiärgröße als *blaßrosa x*. Diese Einflußgrößen müssen möglichst rationell identifiziert und entsprechend eingestellt werden, um das Prozeßergebnis zu optimieren. Shainins Methode der Versuchsplanung ist eine Zusammenstellung von Instrumenten, mit denen eine anfangs schwer überschaubare Anzahl von Einflußgrößen sukzessive reduziert werden kann, um diese schließlich mit Hilfe eines vollfaktoriellen Versuchs untersuchen zu können. Hat man die Anzahl der Einflußgrößen auf vier oder weniger reduziert, kann dieser ohne großen Aufwand durchgeführt werden und liefert die gewünschte Aussage über die optimale Einstellung der Steuergrößen des Prozesses [Rosemann 89; Mittmann 90].

Die nachfolgend beschriebenen Instrumente stammen nicht alle von Shainin selbst. So wurde das Verfahren der Multi-Variations-Karten erstmals 1950 von Seder veröffentlicht, der A-zu-B Vergleich im Jahre 1959 von Tukey. Fisher beschrieb den vollfaktoriellen Versuch bereits in den dreißiger Jahren, und auch Streudiagramme sind schon länger bekannt. Es ist jedoch der Verdienst Shainins, die Methoden in dieser Weise zusammengestellt zu haben.

- Ausgewählte Methoden ermöglichen die systematische Isolierung der Haupteinflußgrößen

Die Vorgehensweise bei der Versuchsplanung nach Shainin läßt sich grob in drei Schritte gliedern: das Identifizieren der Haupteinflußgrößen, das Validieren der Ergebnisse und schließlich das Optimieren der Zielgrößen.

Zunächst muß das zu optimierende Qualitätsmerkmal bestimmt werden. Um die Ausprägung des Qualitätsmerkmals zu messen, wird ein geeignetes Verfahren ausgewählt. Mit Hilfe der sogenannten *Hinweisgeneratoren* werden die Haupteinflußgrößen für das gewählte Qualitätsmerkmal identifiziert. Ziel ist es, die Anzahl der potentiell relevanten Einflußgrößen zunächst auf weniger als 20 zu reduzieren, um diese dann genauer zu untersuchen. Die von Shainin dazu vorgeschlagenen Instrumente sind *Paarweiser Vergleich, Komponententausch* und *Multi-Variations-Karte*.

4.3 Techniken des Quality Engineering

Vorgehensweise nach Shainin

Phase	Methode	Beschreibung	Anzahl der Einflußgrößen
Identifizieren	paarweiser Vergleich	Häufigkeitsanalyse von Unterschieden zwischen Gut- und Schlechtteilen	
Identifizieren	Multi-Variations-Karten	Klassifizieren der Haupteffekte	
Identifizieren	Komponententausch	Wechselseitiges Vertauschen der Komponenten von Gut- und Schlechtteilen	20 - 100
Identifizieren	Variablensuche	Variieren der 5 - 20 Steuergrößen auf zwei Stufen und Vergleich mit einem Vorlauf	5 - 20
Identifizieren	vollständiger faktorieller Versuch	Untersuchen der Effekte und Wechselwirkungen der verbleibenden Steuergrößen	≤ 4
Validieren	Vergleich A zu B	Vergleichen des vermutlich besseren Prozesses mit dem alten Prozeß	1
Optimieren	Streudiagramme	Optimieren und Tolerieren der Hauptgröße	

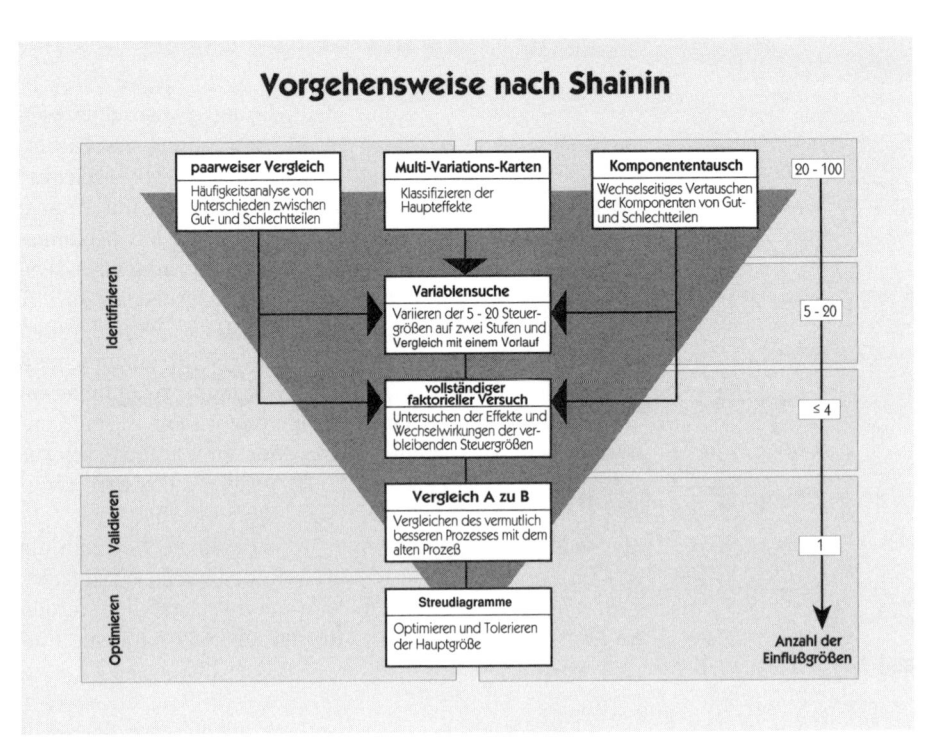

Bild 4.30

Paarweiser Vergleich

Die Methode des Paarweisen Vergleichs ist ein einfaches Verfahren zur Ermittlung der wichtigsten Einflußgrößen. Insbesondere kann diese Methode angewandt werden, wenn das Produkt nicht ohne weiteres zerlegbar ist. Mehrere Paare von guten und schlechten Einheiten werden miteinander verglichen und die wesentlichen Unterschiede zwischen beiden bestimmt. Häufig ist bereits nach dem Vergleich weniger Paare erkennbar, was eine schlechte Einheit von einer guten unterscheidet. Die Häufung von Unterschieden läßt Rückschlüsse auf die entscheidenden Merkmale zu. Man sollte mindestens fünf, besser acht Paare vergleichen, um ein ausreichendes Signifikanzniveau zu erreichen. Der besondere Vorteil der Methode liegt in dem Vergleich von realen Produkten gegeneinander anstelle der Prüfung gegen ein theoretisches Ideal.

- Die Unterschiede zwischen guten und schlechten Einheiten werden mit Hilfe des Paarweisen Vergleichs herausgestellt

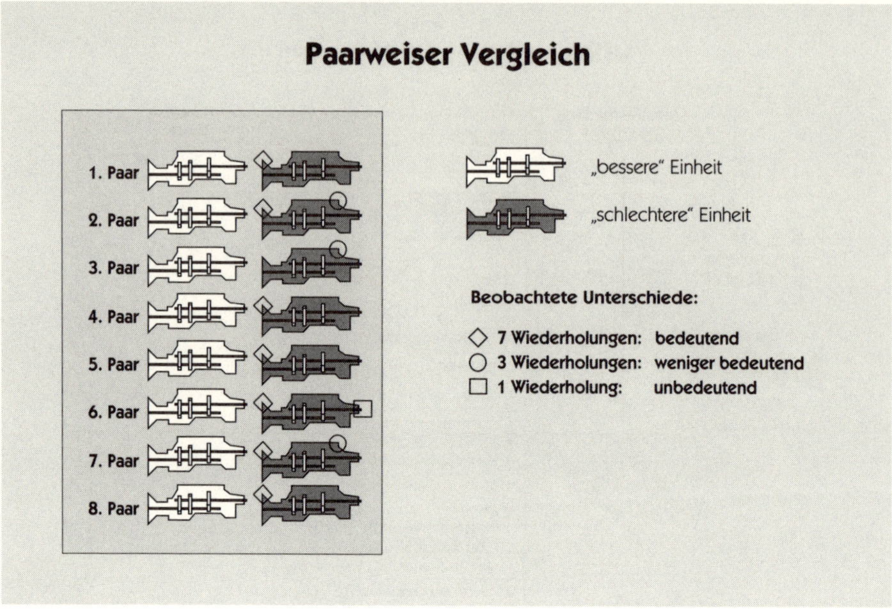

Bild 4.31

Komponententausch

Falls es sich bei der Untersuchung um ein Produkt handelt, das aus mehreren Komponenten besteht, z.B. ein Motor oder ein Getriebe, und dieses zerstörungsfrei zerlegt und wieder zusammengesetzt werden kann, so kann man mit Hilfe der Methode des Komponententauschs diejenigen Komponenten oder Baugruppen mit dem größten Einfluß auf das Qualitätsmerkmal bestimmen.

Je eine gute und eine schlechte Einheit werden untersucht. Zunächst werden beide Einheiten komplett demontiert und wieder zusammengesetzt, um den Einfluß der Montagetätigkeiten zu erfassen. Die Ausprägung des Qualitätsmerkmals wird vorher und nachher gemessen. Der Zustand vor und nach der Montage sollte sich nicht wesentlich unterscheiden, anderenfalls ist wahrscheinlich die Montagetätigkeit das rote x, und man müßte sich zuerst um eine Verbesserung des Zusammenbauverfahrens kümmern.

Nacheinander werden jeweils eine Komponente der guten Einheit mit der entsprechenden Baugruppe der schlechten Einheit ausgetauscht und der Zustand beider Einheiten bezüglich des Qualitätsmerkmals beurteilt. Die Ergebnisse werden in einem Diagramm festgehalten.

- Diejenigen Komponenten, die einen entscheidenden Einfluß auf die Qualität des Produktes haben, werden mit dem Komponententausch ermittelt

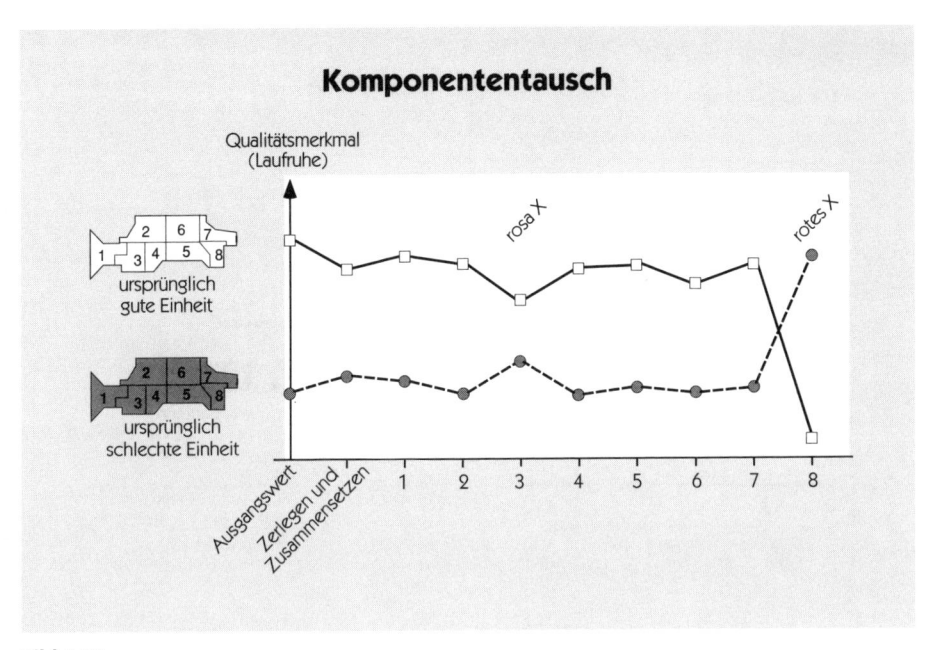

Bild 4.32

Bleibt die Ausprägung des Qualitätsmerkmals bei beiden Einheiten trotz Austausch der Komponenten im wesentlichen unverändert, so ist diese Baugruppe scheinbar bedeutungslos. Kommt es zur teilweisen Umkehr der Ergebnisse, kann eine Wechselwirkung vorliegen oder die Komponente ist weniger wichtig (rosa x). Kommt es zur vollständigen Umkehr der Ergebnisse, so ist die entscheidende Komponente (rotes x) gefunden [Rosemann 89].

Multi-Variations-Karte

Die Prozeßstreuung läßt sich recht anschaulich mit Hilfe von Multi-Variations-Karten darstellen, die der Qualitätsregelkarte ähneln. Zur Erstellung dieser Diagramme entnimmt man dem Prozeß in regelmäßigen Abständen Stichproben. Für das zu untersuchende Qualitätsmerkmal werden Meßwerte aufgenommen, evtl. auch an mehreren Stellen eines Teils, die in die Multi-Variations-Karte eingetragen werden. Die Abszisse bildet die Zeitachse, auf der Ordinate wird die Ausprägung des Qualitätsmerkmals abgetragen. Aus dieser Darstellung kann man Rückschlüsse auf die wesentlichen für eine nähere Untersuchung in Frage kommenden Einflußgrößen ziehen.

Multi-Variations-Karten

Qualitätsmerkmal, (Durchmesser einer Welle an zwei Stellen)

positionale Variation (innerhalb eines Teils) — zyklische Variation (zwischen Elementen einer Stichprobe) — zeitliche Variation (zwischen Stichproben)

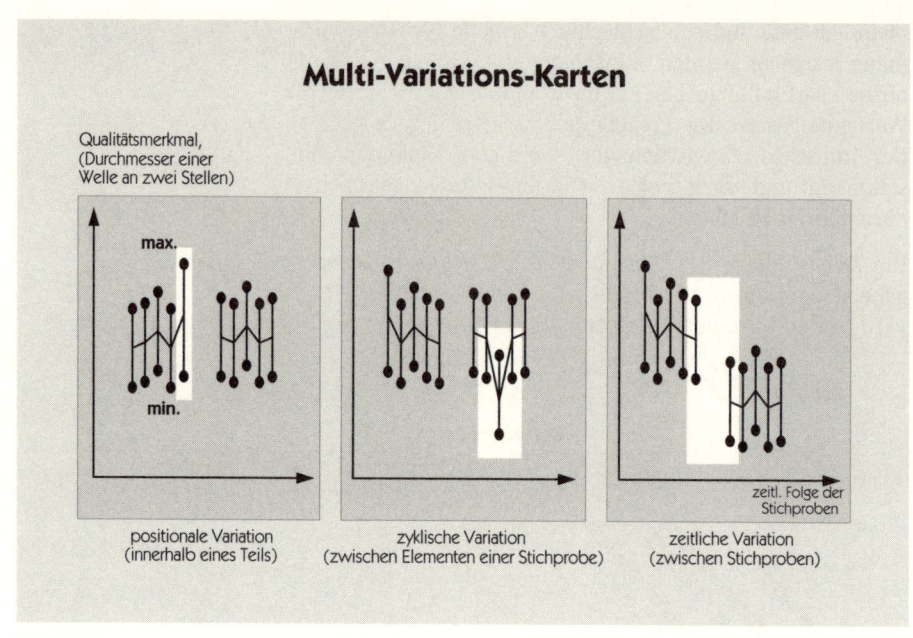

zeitl. Folge der Stichproben

Bild 4.33

- Die graphische Analyse der Streuung läßt Rückschlüsse auf die wichtigsten Einflußgrößen zu

Die *positionale Variation* zeigt die Streuung der Meßwerte an einem Teil, z.B. verschiedene Durchmesser einer Welle an zwei Stellen. Die *zyklische Variation* gibt die Streuung der Werte innerhalb einer Stichprobe an. Die Veränderung der Meßwerte in größeren Zeitabständen zeigt die *zeitliche Variation* zwischen aufeinanderfolgenden Stichproben. Die Interpretation der Multi-Variations-Karte sollte in der Gruppe erfolgen. In der Regel kann man ein Hauptabweichungsmuster erkennen, das Hinweise auf mögliche Einflußgrößen gibt. In der Praxis hat sich oft bereits nach diesem Schritt die Lösung des Problems ergeben [Quentin 92; Herrmann 90].

Nachdem mit Hilfe der Hinweisgeneratoren die Anzahl der potentiell wichtigen Einflußgrößen schon erheblich reduziert worden ist, kann sie mit Hilfe der *Variablensuche* weiter eingegrenzt werden.

Variablensuche

Auch bei der Variablensuche wird die unterschiedlich starke Wirkung der verbliebenen 5 bis 20 Einflußgrößen durch den Vergleich von Paaren von Einheiten beurteilt. Dazu müssen zunächst in einem Team von Spezialisten die Einflußgrößen nach ihrer Wichtigkeit geordnet werden und je eine ver-

4.3 Techniken des Quality Engineering

meintlich gute und eine schlechte Wertstufe für jeden Parameter festgelegt werden. Zunächst werden in einer Vorlaufphase alle Einflußgrößen auf die gute und auf die schlechte Wertstufe gesetzt. Die Prozeßergebnisse werden verglichen. Der Unterschied zwischen den gefertigten Einheiten muß signifikant und wiederholbar sein, um den nächsten Schritt durchführen zu können.

Die zweite Phase des Variablenvergleichs entspricht weitgehend dem zuvor beschriebenen Komponententausch. Es wird in der vermuteten Reihenfolge der Wichtigkeit jeweils

Variablensuche

Versuchs-Nr.	Kombination der Variablen	Qualitätsmerkmal (Laufruhe)	Interpretation
1	A-R+	102	A ist nicht wichtig
2	A+R-	3	
3	B-R+	47	B ist nicht wichtig
4	B+R-	5	
5	C-R+	72	C ist nicht wichtig
6	C+R-	7	
7	D-R+	30	evtl. Wechselwirkung mit anderen Variablen
8	D+R-	23	
9	E-R+	20	evtl. rosa X
10	E+R-	7	
11	F-R+	18	evtl. rotes X mit Wechselwirkung
12	F+R-	73	
Testlauf	D-F-R+	4	völlige Umkehrung erzielt
	D+F+R-	70	

A- F : Variablen
R   : restliche Variablen
+   : gute Einstellung
−   : schlechte Einstellung

Erläuterung:

In der Reihenfolge der von den Experten festgelegten Wichtigkeit werden die Einflußgrößen auf ihren guten bzw. schlechten Wertstufen mit den restlichen Einstellungen kombiniert.

So bedeutet z.B. A-R+: schlechte Wertstufe von A mit den guten Wertstufen der restlichen Größen kombiniert.

Erst wenn sich die Ergebnisse des Qualitätsmerkmals signifikant verändern bzw. umkehren, ist ein rosa oder rotes X gefunden worden.

Bild 4.34

- Durch systematische Variation der Einstellungen werden die wichtigsten Prozeßparameter aufgedeckt

ein Versuch mit einer Einflußgröße auf der guten und allen anderen auf der schlechten Wertstufe durchgeführt. Anschließend erfolgt der Versuch mit der entgegengesetzten Einstellung. Erreicht man bei einem Paar von Versuchen die partielle, besser noch die komplette Umkehrung der Ergebnisse von gut nach schlecht, so ist eine wichtige (rosa x) oder sogar die wichtigste Einflußgröße (rotes x) gefunden.

Ein besonderer Vorteil der Methode liegt darin, daß man sofort nach Auffinden der wichtigsten Einflußgröße den Versuch beenden kann, sofern man zu Beginn die Reihenfolge der Wichtigkeit der Parameter richtig gewählt hat und nur eine wichtige Einflußgröße vorhanden ist [Quentin 92].

Vollständiger faktorieller Versuch

- Die verbleibenden Einflußgrößen werden in einem vollständigen Versuch gegeneinander getestet

Hat man mit Hilfe der vorstehend beschriebenen Verfahren die Anzahl der Einflußgrößen auf höchstens vier reduziert, wird ein *vollständiger faktorieller Versuch* durchgeführt. Dazu werden alle Kombinationen von guten und schlechten Wertstufen für alle Einflußgrößen getestet, es werden also maximal 16 Versuche durchgeführt. Auf diese Weise kann die

Vollständiger faktorieller Versuch

		I –		I +	
		II –	II +	II –	II +
III –	IV–	19	15	108	8
III –	IV+	16	61	1	0
III +	IV–	4	45	41	3
III +	IV+	33	13	10	0

I-IV Faktoren
\+ gute Wertstufe
\− schlechte Wertstufe
▓ Ausprägung des Qualitätsmerkmals

Bild 4.35

4.3 Techniken des Quality Engineering

optimale Kombination der Einstellungen der als entscheidend identifizierten Prozeßparameter gefunden werden.

A-zu-B-Analyse

Die vermeintlich optimale Einstellung der entscheidenden Prozeßparameter muß nun noch bestätigt werden. Dies geschieht mit Hilfe der *A-zu-B-Analyse* (alt gegen besser). Dem alten und dem besseren Prozeß werden Stichproben entnommen, um aus deren Verteilung auf die Verteilung der Grundgesamtheiten, also der beiden Prozesse zu schließen. Der Umfang der Stichproben ist abhängig von der gewünschten Aussagesicherheit und der Streubreite der Prozesse. Bei einem normalverteilten Prozeß werden für eine Aussagesicherheit von 95% je drei Teile aus dem alten und dem besseren Prozeß benötigt. Nun wird eine Rangfolge bezüglich der Ausprägungen des Qualitätsmerkmals aufgestellt. Sind die Ergebnisse der Teile aus dem optimierten Prozeß tatsächlich alle besser als die Resultate aus dem alten Prozeß, so kann man davon ausgehen, daß der neue Prozeß tatsächlich der bessere ist.

- Die A-zu-B-Analyse bestätigt das Ergebnis der vorangegangenen Versuche

Streudiagramm

Schließlich kann zur weiteren Optimierung der Ergebnisse mit *Streudiagrammen* gearbeitet werden. Ein Streudiagramm zeigt als einfache Form der linearen Regression den Zusammenhang zwischen Einflußgröße und Qualitätsmerk-

A- zu B-Analyse

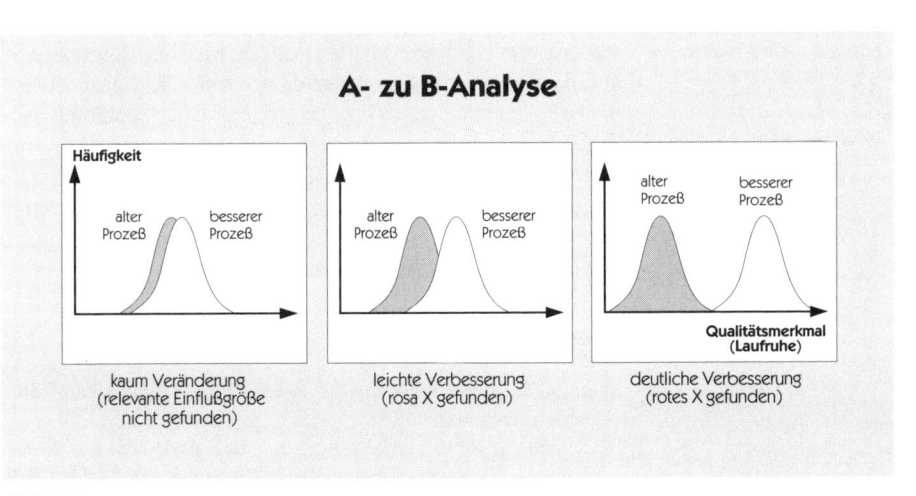

Häufigkeit		
alter Prozeß / besserer Prozeß	alter Prozeß / besserer Prozeß	alter Prozeß / besserer Prozeß
		Qualitätsmerkmal (Laufruhe)
kaum Veränderung (relevante Einflußgröße nicht gefunden)	leichte Verbesserung (rosa X gefunden)	deutliche Verbesserung (rotes X gefunden)

Bild 4.36

Streudiagramm

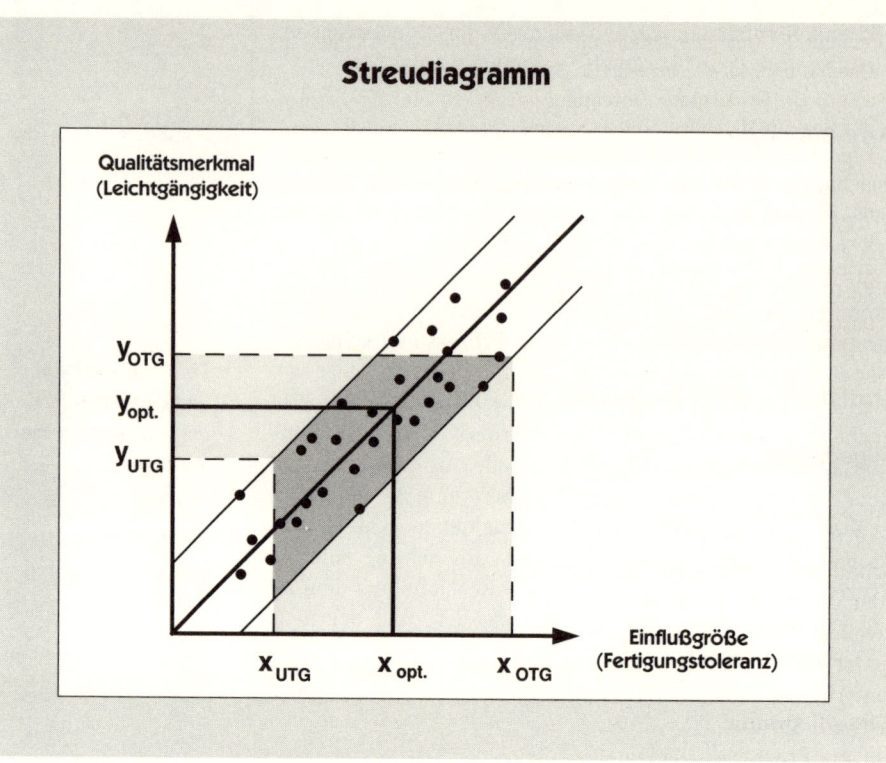

Bild 4.37

- Die Optimierung der Einstellungen der Parameter erfolgt mit Hilfe des Streudiagramms

mal. Für je 30 Wertstufen der Haupteinflußgröße werden die entsprechenden Ausprägungen des Qualitätsmerkmals bestimmt. Die Wertpaare lassen sich als Punktwolke darstellen. Mit Hilfe der Mediantechnik wird die Regressionsgerade sowie zwei Parallelen dazu ermittelt, die alle Wertpaare einschließen. Gibt man auf der Ordinate die Kundenforderung und eine realistische Toleranz vor, kann man auf der Abszisse graphisch die richtige Einstellung und die zulässige Abweichung für die Einflußgröße bestimmen [Mittmann 90]. Auf diese Weise wird der Prozeß hinsichtlich der Erfüllung der Kundenanforderungen optimiert.

Literatur

Bhote, K. R.: World Class Quality. New York, N.Y.: American Management Association 1988

Herrmann, J.: Betriebserfahrungen mit DoE nach Shainin. In: Kamiske, G. F. (Hrsg.): Tagungsband „Die Hohe Schule der Qualitätstechnik", TU Berlin, 1990

Mittmann, B.: Qualitätsplanung mit den Methoden von Shainin. in: Qualität und Zuverlässigkeit QZ 35 (1990) 4, S. 209-212

Quentin, H.: Grundzüge, Anwendungsmöglichkeiten und Grenzen der Shainin-Methoden. Teil 1: Shainins Philosophie und Techniken. in: Qualität und Zuverlässigkeit QZ 37 (1992) 6, S. 345-348

Quentin, H.: Grundzüge, Anwendungsmöglichkeiten und Grenzen der Shainin-Methoden. Teil 2: Versuchsmethoden. in: Qualität und Zuverlässigkeit QZ 37 (1992) 7, S. 416-419

Rosemann, F.-K.: Design of Experiments nach Shainin. In: Kamiske, G. F. (Hrsg.): Tagungsband „Die Hohe Schule der Qualitätstechnik", TU Berlin, 1989

Statistische Prozeßregelung mit Hilfe der SPC

Allgemeines

Die Statistische Prozeßregelung, SPR (engl. Statistical Process Control, SPC) ist eine auf mathematisch-statistischen Grundlagen beruhende Qualitätstechnik, die bereits in den 20er Jahren in England entwickelt worden ist. Nach dem Zweiten Weltkrieg wurde die SPR zunächst in Japan und später auch in Europa eingesetzt, vor allem, um in der Massenfertigung laufende Fertigungsprozesse zu steuern [Deming 51; Shewart 31].

- Statistische Prozeßregelung ist bereits seit den 20er Jahren bekannt

Auf die Prozesse in einem Produktionsbetrieb wirken verschiedene Einflüsse, die dazu führen, daß die Istwerte einer Streuung unterliegen. Dabei werden systematische und zufällige Einflüsse unterschieden. Systematische Einflüsse treten unregelmäßig auf und beruhen auf Ursachen, die gefunden und abgestellt, also beeinflußt werden können. Das Auftreten von zufälligen Einflüssen ist auf die natürliche Streuung von Prozessen zurückzuführen und in der Regel nicht beeinflußbar, aber weitgehend stabil und vorhersagbar. Das Verhalten von Prozessen wird anhand der statistischen Größen Mittelwert bzw. Median einerseits und Standardabweichung oder Spannweite andererseits charakterisiert und kann als Verteilungsfunktion dargestellt werden. Eine häufig anzutreffende Form ist die Normalverteilung (auch Gaußverteilung).

- Auf die Prozesse wirken systematische und zufällige Einflüsse

Wird ein Prozeß über längere Zeit beobachtet und treten keine systematischen, sondern lediglich zufällige Einflüsse auf, so wird dieser als *beherrscht* bezeichnet.

- Nach dem Eliminieren der systematischen Einflüsse gilt ein Prozeß als beherrscht

Maschinen- und Prozeßfähigkeit

Nachdem ein Qualitätsmerkmal bestimmt worden ist, müssen entsprechende Meßgeräte ausgewählt werden, mit de-

- Die Maschinenfähigkeit bezeichnet die Fertigungs- und Wiederholgenauigkeit einer Werkzeugmaschine

nen Meßwerte mit der geforderten Genauigkeit und Wiederholbarkeit ermittelt werden können [Kuhn 89].

Als Maß für die Güte eines Produktionsprozesses werden die Maschinen- und die Prozeßfähigkeit herangezogen. Erstere ist ein Indikator für die Fertigungs- bzw. Wiederholgenauigkeit einer Werkzeugmaschine und damit für das Kurzzeitverhalten des Prozesses. Nicht maschinenbedingte Streuungseinflüsse wie Werkzeugverschleiß und Meßunsicherheit werden bei der Ermittlung der Maschinenfähigkeit rechnerisch eliminiert. Der Kennwert c_m (c steht hier für engl.: capability) berücksichtigt die Streuung der Maschine, während der Index c_{mk} zusätzlich die Lage des Mittelwertes innerhalb der Toleranz einbezieht. Diese Indizes werden mit folgender Formel bestimmt:

$$c_m = \frac{OTG - UTG}{6 \cdot s} \quad \text{und} \quad c_{mk} = \frac{z_{krit}}{3}$$

OTG und UTG bezeichnen die obere bzw. die untere Toleranzgrenze, s ist die Standardabweichung des Loses als Näherung für die Standardabweichung σ der Grundgesamtheit. Der Wert z_{krit} bezeichnet den kritischen Abstand des Stichprobenmittels zur Toleranzgrenze und wird folgendermaßen hergeleitet:

$$z_{krit} = \frac{\min(OTG - \bar{\bar{x}};\ \bar{\bar{x}} - UTG)}{\hat{\sigma}}$$

$\hat{\sigma}$ bezeichnet den Schätzwert für die Varianz der Grundgesamtheit σ:

$$\hat{\sigma} = \frac{\bar{R}}{d_2} \quad \text{bzw.} \quad \hat{\sigma} = \frac{\bar{s}}{c_4}$$

Die Werte für c_4 und d_2 werden in Abhängigkeit vom Stichprobenumfang der Tabelle 1 entnommen.

Für die Durchführung der Maschinenfähigkeitsuntersuchung werden zunächst mindestens 50 Teile unmittelbar nacheinander gefertigt und daraus die entsprechenden Indizes berechnet. Erst wenn die Maschinenfähigkeit gewährleistet ist ($c_m \geq 1{,}67$, $c_{mk} \geq 1{,}33$), wird in einem zweiten Schritt die Prozeßfähigkeit untersucht, die mit den Indizes c_p und c_{pk} in Analogie zur Maschinenfähigkeit das Langzeitverhalten des Prozesses beschreibt und berechnet wird:

- Die Prozeßfähigkeit ist ein Maß für die Güte des Fertigungsprozesses

4.3 Techniken des Quality Engineering

Tabelle 1: Faktoren zur Berechnung der Eingriffsgrenzen mit
S = 99 % ($\approx$ 2,576 σ bei NV) nach [Hoffmann 93]

n	c_4	d_2	A_2	D_3	D_4
2	0,789	1,128	1,614	0,008	3.520
3	0,886	1,693	0,878	0,080	2,613
4	0,921	2,059	0,626	0,167	2,280
5	0,940	2,326	0,495	0,239	2,101
6	0,952	2,543	0,415	0,296	1,986
7	0,959	2,704	0,360	0,341	1,906
8	0,965	2,847	0,320	0,378	1,846
9	0,969	2,970	0,289	0,408	1,798
10	0,973	3,078	0,265	0,434	1,760

$$c_p = \frac{OTG - UTG}{6 \cdot \hat{\sigma}} \quad \text{und} \quad c_{pk} = \frac{z_{krit}}{3}$$

Zur Ermittlung der Prozeßfähigkeit werden einem Vorlauf mindestens 25 Stichproben mit je 5 Elementen (zeitlich über eine Schicht oder einen Tag gestreckt), also 125 Teile entnommen. Je größer die Werte für c_p bzw. c_{pk} sind, desto besser ist der Prozeß in der Lage, die Qualitätsforderung zu erfüllen.

In der Industrie werden heute unterschiedliche Vorgaben für c_p und c_{pk} gemacht, wobei die Werte mit dem Ziel der Null-Fehler-Produktion ständig nach oben verschoben werden.

Qualitätsregelkarten (siehe auch Kapitel 4.1)

Um das Verhalten des laufenden Prozesses zu überwachen, werden Qualitätsregelkarten eingesetzt. Dazu werden aus den Stichproben Mittelwert und Spannweite ermittelt und in die Regelkarten eingetragen, um daraus Rückschlüsse auf den Fertigungsprozeß zu ziehen. In der Praxis haben sich verschiedene Regelkarten bewährt, wobei man Karten für variable Merkmale (z.B. Durchmesser einer Welle in Millimeter) und solche für attributive Merkmale (z.B. Kratzer vorhanden oder nicht) unterscheidet.

- Qualitätsregelkarten dienen der Beobachtung und Analyse der Prozesse

Urwertkarte

Die Grundform der Qualitätsregelkarte für variable Merkmale, die Urwertkarte, stellt nacheinander gewonnene Meßergebnisse von Stichproben über der Zeit dar. Diese Meßwerte x_i streuen dabei um den Mittelwert $\bar{x}$, der im Idealfall dem Sollwert entspricht.

Bedeutung und Auswirkung beherrschter und fähiger Prozesse

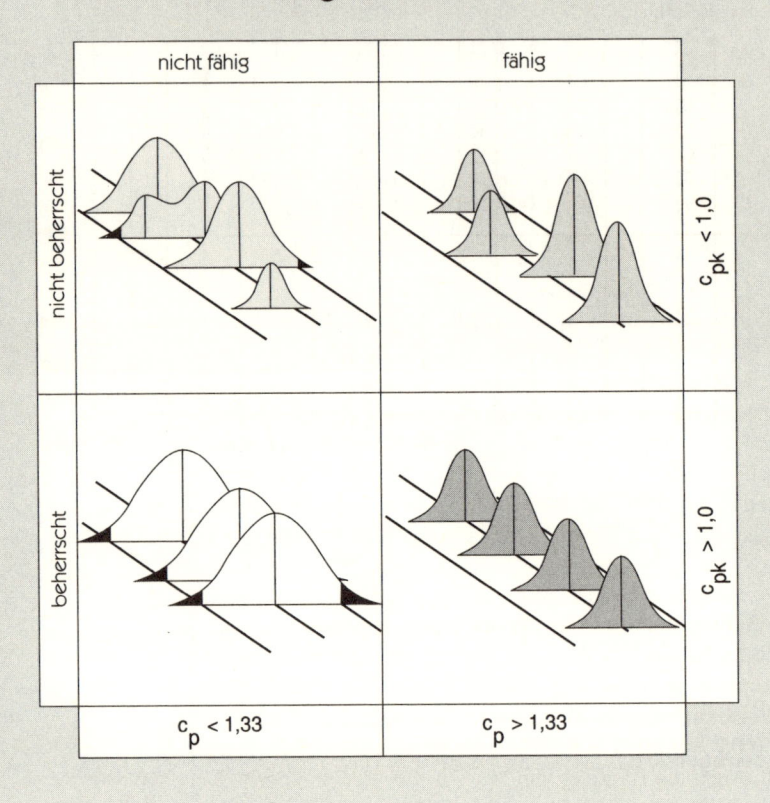

Bild 4.38

- In der Urwertkarte werden die Meßwerte von Stichproben über der Zeit eingetragen

Zur Konstruktion der Urwertkarte werden zunächst parallel zur Abszisse der Sollwert des Qualitätsmerkmals sowie die oberen und unteren Warn- und Eingriffsgrenzen festgelegt. Im allgemeinen wählt man, abgeleitet aus den Ergebnissen der Prozeßfähigkeitsuntersuchung, einen Abstand von $\pm 2\sigma$ für die Warngrenzen und $\pm 3\sigma$ für die Eingriffsgrenzen. Die Wahrscheinlichkeit dafür, daß ein zufällig gezogenes Element einer normalverteilten Grundgesamtheit die Warngrenze überschreitet, beträgt dann 5%. Die Wahrscheinlichkeit für das Überschreiten der Eingriffsgrenzen beträgt 0,3%. Liegt ein Element einer Stichprobe außerhalb der Eingriffsgrenzen, ist es sehr wahrscheinlich, daß sich die Lage und/oder Form der Verteilung der Ist-Maße in der Grundge-

4.3 Techniken des Quality Engineering

Urwertkarte

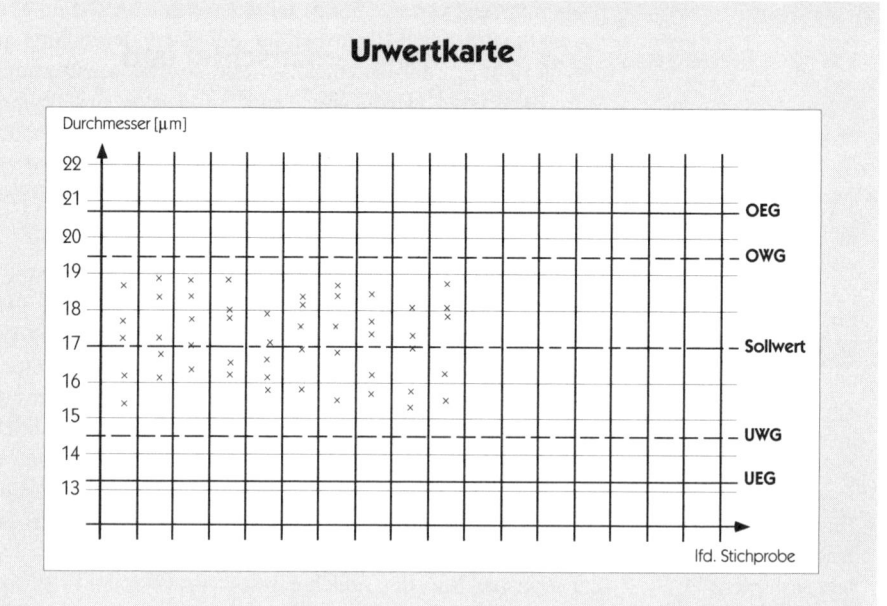

Bild 4.39

samtheit verändert hat. Der Prozeß muß nachgestellt werden. Überschreitet ein Wert die Warngrenze, so ist erhöhte Wachsamkeit geboten. Die Wahrscheinlichkeit dafür, daß zwei Werte in Folge die Warngrenze überschreiten, liegt bei $0,05 \cdot 0,05 = 0,0025 = 0,25\%$, zwingt also gleichfalls zum Eingriff. Auch die Häufung von Werten ober- oder unterhalb des Mittelwerts bzw. Sollwerts ist auffällig: die Wahrscheinlichkeit, daß beispielsweise sechs Werte nacheinander einseitig vom Mittelwert abweichen, ist nur noch $0,5^6 = 0,15\%$. Hieraus kann geschlossen werden, daß sich der Mittelwert der Prozeßgröße mit großer Wahrscheinlichkeit verschoben hat und nachgeregelt werden muß.

Mittelwertkarten

Entnimmt man dem Prozeß laufend Stichproben und errechnet daraus deren Mittelwerte, so ist festzustellen, daß die Verteilung dieser Mittelwerte eine geringere Streuung aufweist als die Verteilung der einzelnen Stichproben. Auch wenn die Istmaße in einem Fertigungslos nicht normalverteilt sind, nähert sich die Verteilung der Mittelwerte der Stichproben mit wachsendem Stichprobenumfang einer Normalverteilung an. Für die Betriebspraxis genügt ein Stich-

- Wegen der kleineren Streuung von Mittelwerten haben sich Mittelwertkarten zur statistischen Prozeßregelung durchgesetzt

- Als Mittelwerte werden arithmetische Mittel und Median eingesetzt

probenumfang von n = 5, um mit ausreichender Genauigkeit die mathematischen Eigenschaften der Normalverteilung auf die Verteilung der Stichproben-Mittelwerte anzuwenden. Mittelwertkarten zeigen eine Lageveränderung des Produktionsprozesses schneller an als Einzel- oder Urwertkarten. Aus diesem Grund werden heute für die statistische Prozeßregelung überwiegend Mittelwertkarten mit arithmetischem Mittel ($\bar{x}$) oder Median ($\tilde{x}$) eingesetzt.

Um die Warn- und Eingriffsgrenzen zu berechnen, müßte man die Verteilung der Grundgesamtheit ermitteln. Da man aber im allgemeinen weder Mittelwert noch Streuung der Grundgesamtheit kennt, muß man diese Parameter mittels Stichproben schätzen. Für den Mittelwert kann man als gute Näherung den Hauptmittelwert $\bar{\bar{x}}$ aus mindestens 20 Stichproben setzen. Für die Schätzung der Streuung gibt es ebenfalls zwei Möglichkeiten: entweder man verwendet die

- Für die Streuung finden Standardabweichung und Spannweite Anwendung

mittlere Standardabweichung $\bar{s}$ einer Reihe von Stichproben oder man setzt deren mittlere Spannweite $\bar{R}$ ein.

Zur Konstruktion der üblicherweise verwendeten $\bar{x}$-R-Karte werden aus den Ergebnissen der Prozeßfähigkeitsuntersuchung die Warn- und Eingriffsgrenzen mit folgenden Formeln berechnet:

$$OEG_{\bar{x}} = \bar{\bar{x}} + A_2 \cdot \bar{R} \qquad OEG_R = D_4 \cdot \bar{R}$$
$$\text{und}$$
$$UEG_{\bar{x}} = \bar{\bar{x}} - A_2 \cdot \bar{R} \qquad UEG_R = D_3 \cdot \bar{R}$$

Die Werte für A_2, D_4 und D_3 werden in Abhängigkeit vom Stichprobenumfang der Tabelle 1 entnommen.

Nachdem der Kopf der Qualitätsregelkarte ausgefüllt worden ist ①, werden die Werte für die Eingriffsgrenzen berechnet und eingetragen ②. Der Sollwert des Prozeßmerkmals und die Eingriffsgrenzen werden eingezeichnet ③. Nun können die einzelnen Meßwerte aufgenommen und die Werte für $\bar{x}$ und R berechnet werden ④. Diese werden entsprechend in die Karte eingezeichnet, wobei die einzelnen Werte untereinander verbunden werden ⑤.

Regelkarten für attributive Merkmale

Die variable Stichprobenprüfung ist der attributiven im allgemeinen überlegen, denn Veränderungen im Prozeß können frühzeitig und ohne großen Aufwand erkannt werden. Dies ist natürlich nur möglich, wenn es sich bei dem Qualitätsmerkmal um eine quantitativ ausgeprägte Größe han-

4.3 Techniken des Quality Engineering 341

x̄-R-Karte

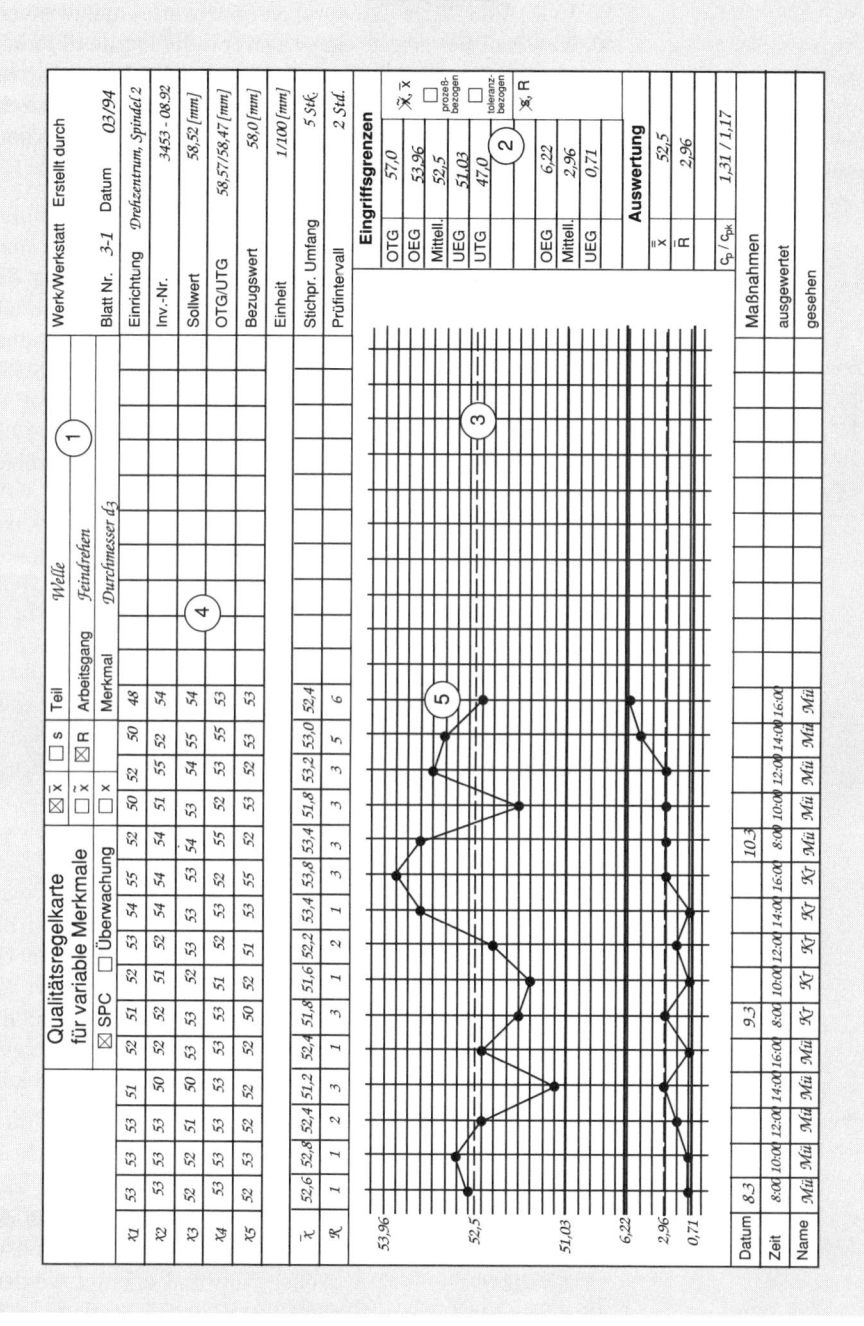

Qualitätsregelkarte für variable Merkmale ☒ SPC ☐ Überwachung		☒ x̄ ☐ x̃ ☐ x	☐ s ☒ R	Teil *Welle* Arbeitsgang *Feindrehen* Merkmal *Durchmesser d₃*							Werk/Werkstatt	Erstellt durch
											Blatt Nr. 3-1	Datum 03/94
											Einrichtung	*Drehzentrum, Spindel 2*
											Inv.-Nr.	3453 - 08.92
											Sollwert	58,52 [mm]
											OTG/UTG	58,57/58,47 [mm]
											Bezugswert	58,0 [mm]
											Einheit	1/100 [mm]
											Stichpr. Umfang	5 Stck.
											Prüfintervall	2 Std.

Eingriffsgrenzen ☒ x̄ ☐ prozeßbezogen
 ☒ R ☐ toleranzbezogen

OTG	57,0
OEG	53,96
Mittell.	52,5
UEG	51,03
UTG	47,0

OEG	6,22
Mittell.	2,96
UEG	0,71

Auswertung

x̿	52,5
R̄	2,96

c_p / c_{pk} 1,31 / 1,17

Maßnahmen
ausgewertet
gesehen

x1	53	53	51	52	51	52	53	54	54	50	52	55	48
x2	53	53	50	52	52	51	54	54	54	51	55	52	54
x3	52	52	51	53	52	53	53	53	54	53	54	53	54
x4	53	53	53	53	51	52	53	52	55	52	55	53	53
x5	52	53	52	52	50	51	52	55	52	53	53	53	53
x̄	52,6	52,8	51,4	52,4	51,2	51,8	51,6	52,2	53,4	53,8	53,4	51,8	53,2	53,0	52,4
R	1	1	2	3	1	2	1	3	3	1	3	3	5	6

53,96

52,5

51,03

6,22

2,96

0,71

Datum	8.3				9.3				10.3				
Zeit	8:00	10:00	12:00	14:00	16:00	8:00	10:00	12:00	14:00	16:00	8:00	10:00	12:00	14:00	16:00
Name	Mü	Mü	Mü	Mü	Mü	Kr	Kr	Kr	Kr	Kr	Mü	Mü	Mü	Mü	Mü

Bild 4.40

- Auch für attributive Merkmale können Regelkarten eingeführt werden, wobei der erforderliche Stichprobenumfang entsprechend größer sein muß

delt. Falls dies nicht der Fall ist, werden Regelkarten für attributive Merkmale eingesetzt.
Im Gegensatz zu Mittelwertkarten muß bei Qualitätsregelkarten für attributive Merkmale der Stichprobenumfang auf mindestens n = 20 erhöht werden, um eine genügende Aussagesicherheit zu erhalten. Der Mittelwert des Prozesses wird als gewogenes Mittel einer Vorlaufbeobachtung über die 20 Stichproben errechnet. Zur Berechnung der Warn- und Eingriffsgrenzen sind die Gesetze zu den diskreten Verteilungen zu beachten (Binomial-, Poissonverteilung).

Interpretation der Regelkarten

- Die eigentliche Prozeßregelung erfolgt durch die Auswertung der Regelkarte und die Ableitung von Maßnahmen

Die eigentliche Regelung des Prozesses erfolgt schließlich aufgrund der Auswertung der Regelkarte nach vorgegebenen Entscheidungsmustern. Es läßt sich statistisch nachweisen, daß eine Folge von sieben Werten unterhalb bzw. oberhalb des Mittelwertes (sog. Run) einen systematischen Einfluß haben muß, da die Wahrscheinlichkeit für eine solche einseitige Häufung sehr klein wäre. Ebenso verhält es sich bei sieben Werten in einer Richtung (sog. Trend). Bei einer Häufung von Werten nahe dem Mittelpunkt muß man davon ausgehen, daß die Eingriffsgrenzen falsch berechnet wurden. Bei jeder Abweichung vom normalen Prozeßverhalten müssen entsprechende Maßnahmen ergriffen werden, d. h. der Prozeß muß gestoppt und nachgeregelt werden. Solche Maßnahmen werden auf der Regelkarte vermerkt, wodurch einerseits die Ursachen für Prozeßveränderungen auch zu einem späteren Zeitpunkt nachvollziehbar sind und andererseits bei ähnlich gelagerten Problemen auf die dokumentierten Maßnahmen zurückgegriffen werden kann.

Einfache Prozeßregelung

- Eine Alternative zur herkömmlichen Qualitätsregelkarte ist die EPR-Karte

Eine stark vereinfachte Form der Regelkartentechnik wird als *einfache Prozeßregelung* (EPR) bezeichnet. Das Verfahren wurde 1954 von einem Team amerikanischer Statistiker, unter ihnen auch Shainin, entwickelt [Rosemann 89] und von Bhote aufgegriffen [Bhote 88]. Die EPR ist eine Technik, die warnt, bevor der Prozeß mit großer Wahrscheinlichkeit eine oder mehrere Einheiten außerhalb des Toleranzbereichs erzeugt. Der Einsatz wird insbesondere empfohlen, um Prozesse zu überwachen, die zuvor mit den Verfahren des Design of Experiments sicher gemacht und deren Toleranzen bereits optimiert worden sind.

Interpretation der Regelkarte

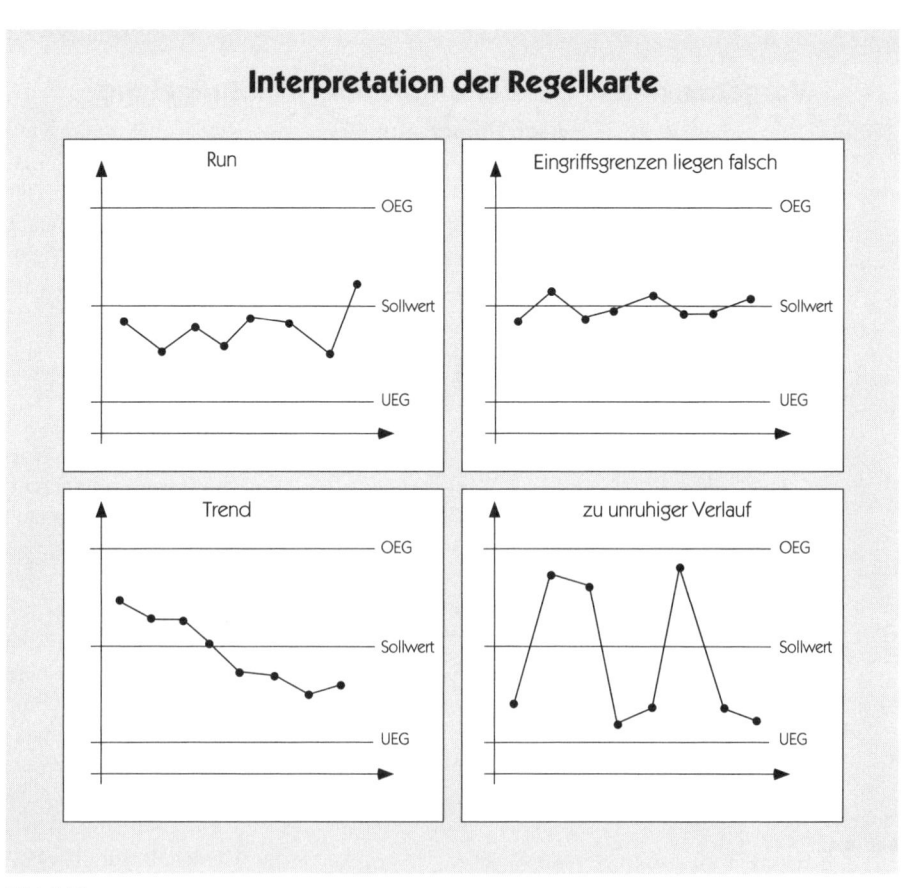

Bild 4.41

Das Prinzip der einfachen Prozeßregelung entspricht dem der statistischen Prozeßregelung, das Verfahren ist jedoch erheblich leichter zu handhaben. Zur Erstellung einer EPR-Regelkarte werden zunächst nach folgendem Schema die Warn- und Eingriffsgrenzen ermittelt: Bei einem zweiseitig tolerierten Qualitätsmerkmal wird der Toleranzbereich des zu prüfenden Qualitätsmerkmals in vier Bereiche aufgeteilt. Die beiden Bereiche um den Sollwert herum bilden den Beobachtungsbereich (grüne Zone), die beiden äußeren Viertel innerhalb der Toleranz bilden den Warnbereich (gelbe Zone) und die Bereiche außerhalb der Toleranzgrenzen den Eingriffsbereich (rote Zone).

- Beobachtungs-, Warn- und Eingriffsgrenzen sind durch unterschiedliche Farben gekennzeichnet

Nachdem der Prozeß angelaufen ist, werden fünf aufeinanderfolgende Teile entnommen und vermessen. Liegt nur ein Wert in der gelben oder roten Zone, muß die Maschinenein-

Vorgehensweise bei der einfachen Prozeßregelung
nach [Rosemann 89]

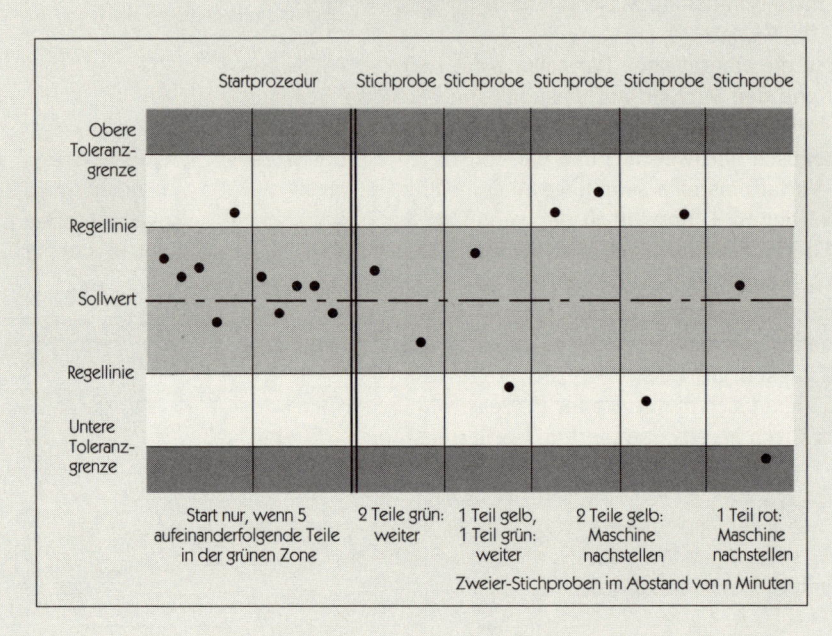

	Startprozedur	Stichprobe	Stichprobe	Stichprobe	Stichprobe	Stichprobe
Obere Toleranzgrenze						
Regellinie						
Sollwert						
Regellinie						
Untere Toleranzgrenze						
	Start nur, wenn 5 aufeinanderfolgende Teile in der grünen Zone	2 Teile grün: weiter	1 Teil gelb, 1 Teil grün: weiter	2 Teile gelb: Maschine nachstellen	1 Teil rot: Maschine nachstellen	
		Zweier-Stichproben im Abstand von n Minuten				

Bild 4.42

stellung überprüft und korrigiert werden. Die Startprozedur wird solange wiederholt, bis alle Teile in der grünen Zone liegen. Wenn dies der Fall ist, wird angenommen, daß der Prozeß beherrscht und fähig ist.

Nun werden in einem vorher festgelegten Abstand (in der Regel ein Sechstel des Intervalls zwischen zwei Maschineneinstellungen) Stichproben vom Umfang n = 2 entnommen.

Die Ergebnisse der Stichprobe werden in die EPR-Regelkarte eingetragen. Nach einem einfachen Entscheidungsmuster kann entschieden werden, ob in den Prozeß eingegriffen werden muß oder nicht:
- zweimal grün:
  kein Eingreifen erforderlich,
- einmal grün, einmal gelb:
  kein Eingreifen erforderlich,

- zweimal gelb:
  Prozeß anhalten, Maschine nachstellen,
- einmal rot:
  Prozeß anhalten, Maschine nachstellen.

Durch die einprägsame Darstellung mit Hilfe der Ampelfarben und den Verzicht auf umständliche Berechnungen sind die EPR-Regelkarten sehr einfach zu handhaben. Es ist mathematisch nachweisbar, daß die EPR trotz des vereinfachten Verfahrens eine sehr hohe Aussagefähigkeit bietet und dabei der SPR hinsichtlich der vereinfachten Handhabung und der Verständlichkeit überlegen ist [Rosemann 89]. Kritisch sollte an dieser Stelle angemerkt werden, daß aufgrund des beschränkten Stichprobenumfangs aus der Startprozedur nicht ohne weiteres auf eine ausreichende Prozeßfähigkeit geschlossen werden kann [Logothetis 90]. Die EPR eignet sich damit nur für Prozesse, die hinsichtlich der Toleranzen bereits optimiert und beherrscht und fähig sind.

- Trotz reduzierten Aufwands ist eine ausreichend hohe Aussagesicherheit gewährleistet

Literatur

Bhote, K. R.: World Class Quality. AMA Management Briefing. New York, N.Y.: American Management Association 1988

Deming, W. E.: Out of the Crises. Massachusetts Institute of Technology (MIT). Cambridge, MA.: MIT Press 1986

DGQ (Hrsg.): SPC 1 – Statistische Prozeßlenkung. Deutsche Gesellschaft für Qualität (DGQ) DGQ-Schrift Nr. 16-31. 1. Aufl., Frankfurt 1990

DGQ (Hrsg.): SPC 2 – Qualitätsregelkartentechnik. Deutsche Gesellschaft für Qualität (DGQ) DGQ-Schrift Nr. 16-32. 4. Aufl., Frankfurt 1992

DGQ (Hrsg.): SPC 3 – Anleitung zur Statistischen Prozeßlenkung. Deutsche Gesellschaft für Qualität (DGQ) DGQ-Schrift Nr. 16–33. 1. Aufl., Frankfurt 1990

Hoffmann, L.: Faktoren zur Berechnung der Eingriffsgrenzen von Qualitätsregelkarten. in: Qualität und Zuverlässigkeit QZ 38 (1993) 7, S. 429-432

Kuhn, H.: SPC – Statistical Process Control. In: Kamiske, G. F. (Hrsg.): Tagungsband „Die Hohe Schule der Qualitätstechnik", TU Berlin, 1989

Logothetis, N: The theory of 'Pre-Control': a serious method or a colourful naivity. Total Quality Management, Vol. 1, No. 2, 1990

Kamiske, G. (Hrsg.): Pocket Power, Qualitätstechniken, Carl Hanser, 2. Aufl. 1997

Shewart, W. A.: Economic Control of the Manufactured Product. New York, N.Y.: van Nostrand 1931

4.4 Management-Werkzeuge der Qualität

A. Gogoll

Allgemeines

Die Management-Werkzeuge der Qualitätssicherung (M7), sogenannt zur Unterscheidung von den Q7 (elementare Werkzeuge, siehe Kapitel 4.2) wurden in dieser Form Anfang der 70er Jahre von einem Ausschuß der Japanese Union of Scientists and Engineers (JUSE) unter der Leitung von Prof. Yoshinobu Nayatani aus einer Vielzahl von einschlägigen Techniken abgeleitet und 1977 der Öffentlichkeit vorgestellt [Nayatani 90].

- Die Management-Werkzeuge der Qualitätssicherung werden zur Analyse „verbaler Daten" eingesetzt

Während die elementaren Werkzeuge der Qualitätssicherung vorwiegend zur Untersuchung numerischer Werte eingesetzt werden, sind die Management-Werkzeuge speziell zur Analyse „verbaler Daten" in der Produktentwicklung und -konzeption entwickelt worden, da hier in der Regel kaum numerische Daten vorliegen. Es handelt sich um Visualisierungstechniken, die zur Unterstützung des Problemlösungsprozesses in der Gruppe geeignet sind.

- Alle Schritte der Problemanalyse werden durch die M7 unterstützt

Schon in der Phase der Qualitätsplanung werden die Management-Werkzeuge unterstützend eingesetzt. Hierbei lassen sich drei Teilschritte unterscheiden: zunächst muß das Problem identifiziert und analysiert werden. Dazu werden das Affinitäts- und das Relationen-Diagramm benutzt. Dann müssen Lösungsmöglichkeiten gefunden, strukturiert und bewertet werden. Hier kommen das Baumdiagramm, das Matrixdiagramm und die Matrix-Daten-Analyse bzw. das Portfolio zum Einsatz. Schließlich muß eine sinnvolle Reihenfolge für die Umsetzung der Maßnahmen festgelegt werden, was mit Hilfe des Netzplans geschieht. Um möglichen Problemen bei der Umsetzung der gefundenen Lösung vorzubeugen, kann ein Problem-Entscheidungs-Plan erstellt werden.

Für die Durchführung der Management-Werkzeuge der Qualitätssicherung werden kaum Hilfsmittel benötigt. Es genügt ein großer Bogen Papier, eine Tafel, ein Flipchart oder eine Pinnwand, einige Stifte, möglichst verschiedenfarbig, einige Kärtchen oder besser noch Haftnotiz-Zettel, also im Prinzip Material, wie es in jedem Büro vorhanden ist. Die wichtigste Voraussetzung ist eine gut motivierte Gruppe von Mitarbeitern und ein mit den Methoden vertrauter Modera-

4.4 Management-Werkzeuge der Qualität

Einsatz der Management-Werkzeuge der Qualitätssicherung

(1) Probleme finden und analysieren
(2) Lösungen suchen und bewerten
(3) Maßnahmen ableiten

1: Affinitätsdiagramm, Relationendiagramm
2: Baumdiagramm, Portfolio, Matrixdiagramm
3: Netzplan, Problem-Entscheidungs-Plan

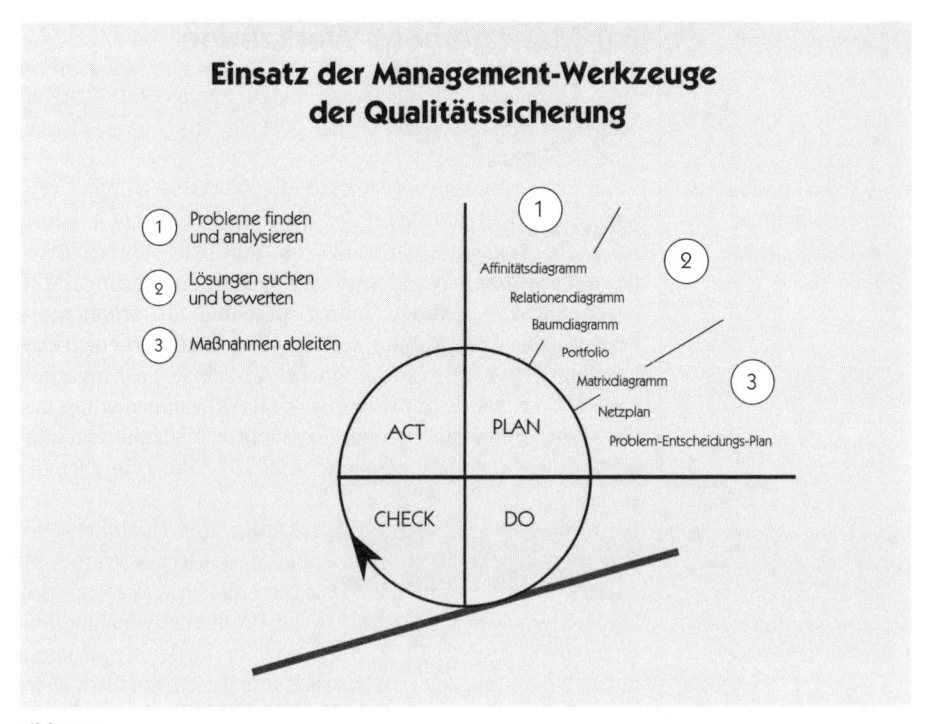

PDCA-Zyklus: ACT, PLAN, CHECK, DO

Bild 4.43

tor, die in einer angemessenen Umgebung und ohne Zeitdruck zusammen arbeiten können.

Affinitäts-Diagramm (Affinity-Diagram)

Das Affinitäts-Diagramm ist ein Werkzeug, das die Strukturierung von Fakten, Ideen, Meinungen etc. unter passenden Oberbegriffen unterstützt. Die Ideen können durch Brainstorming oder Brainwriting erzeugt werden. Kritik ist zunächst verboten. Ideen können weiterentwickelt werden. Alle Ideen werden auf Karten oder Zetteln festgehalten. Für jede Idee wird nur eine Karte benutzt. Es wird große, von weitem gut lesbare Schrift verwendet.

Alle Ideen-Karten werden zunächst ungeordnet auf eine Pinnwand geheftet. Dann versucht die Gruppe, geeignete Oberbegriffe für die Ideen zu finden. Diese Überschriften werden ebenfalls auf Karten geschrieben, die Ideen-Karten werden zugeordnet und Cluster gebildet, die zur Abgrenzung dick umrandet werden. Die auf diese Weise gebildeten Schwerpunkte können nun durch die Gruppe z.B. mit Hilfe von Klebepunkten bewertet werden. So entsteht ein struktu-

- Im Affinitäts-Diagramm werden die wichtigsten Ideen zu Clustern zusammengefaßt

- Die Dokumentation ist ein oft vernachlässigter Bestandteil der Methode M7

rierter, bewerteter Pool von Fakten bzw. Gedanken, das Affinitäts-Diagramm. Es wird vor allem dann eingesetzt, wenn eine komplexe Menge von Fakten oder Gedanken in schlecht überschaubarer Form vorliegt und nach Schwerpunkten gesucht wird.

Ein oft vernachlässigtes Element aller Visualisierungstechniken ist die Dokumentation der Ergebnisse. Das entstandene Affinitäts-Diagramm wird mit einer speziellen Sofortbildkamera (Board-copier, Pinnwand-Kopierer) fotografiert und der Abzug vervielfältigt. Jeder Teilnehmer bekommt seine persönlichen Unterlagen, so daß er die Ergebnisse der Diskussion vor Augen hat und weiter über den Sachverhalt nachdenken kann, um in der nächsten Gruppensitzung unmittelbar an die vorliegenden Ergebnisse anknüpfen zu können.

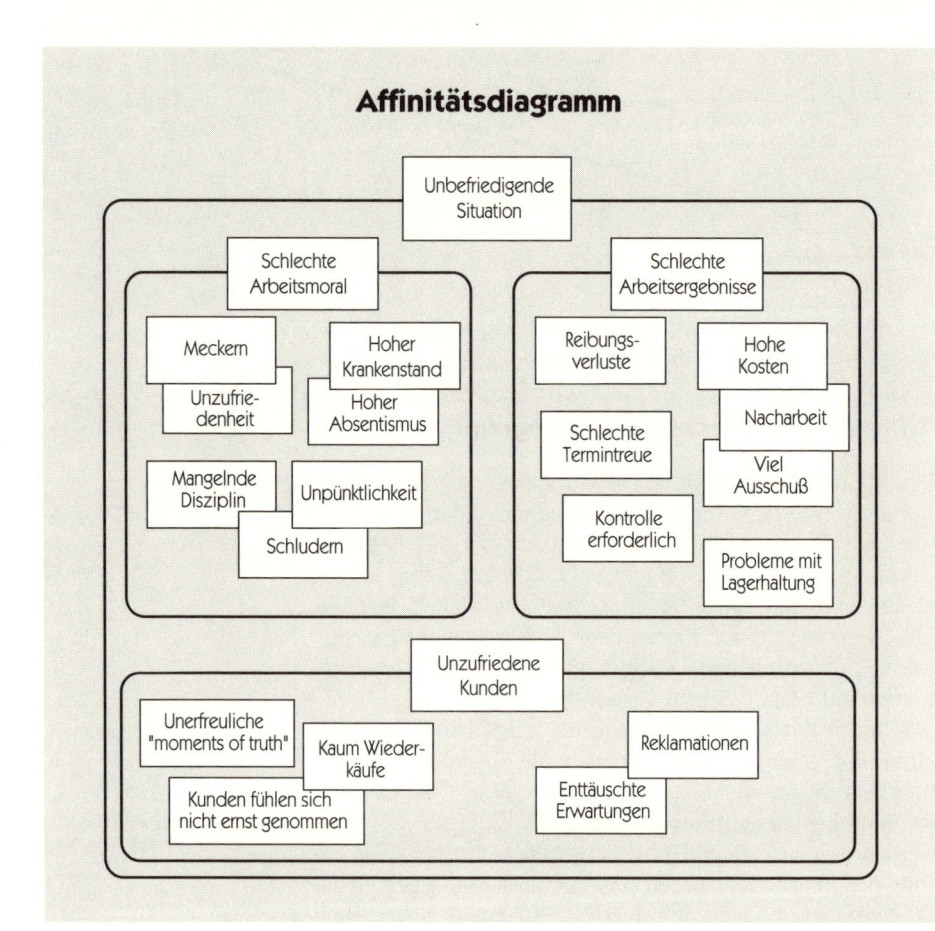

Affinitätsdiagramm

Unbefriedigende Situation

Schlechte Arbeitsmoral
- Meckern
- Unzufriedenheit
- Hoher Krankenstand
- Hoher Absentismus
- Mangelnde Disziplin
- Unpünktlichkeit
- Schludern

Schlechte Arbeitsergebnisse
- Reibungsverluste
- Hohe Kosten
- Nacharbeit
- Schlechte Termintreue
- Viel Ausschuß
- Kontrolle erforderlich
- Probleme mit Lagerhaltung

Unzufriedene Kunden
- Unerfreuliche "moments of truth"
- Kaum Wiederkäufe
- Reklamationen
- Kunden fühlen sich nicht ernst genommen
- Enttäuschte Erwartungen

Bild 4.44

Relationen-Diagramm
(Interrelationship-Diagram)

Das Relationen-Diagramm geht von einem zentralen Problem oder einer zentralen Idee aus und zeigt die Zusammenhänge mit anderen Fakten auf. Mit dem Relationen-Diagramm soll das multidimensionale Denken gefördert werden, es lassen sich komplexe, nicht lineare Zusammenhänge oder Gedankengänge darstellen.
Das Relationen-Diagramm wird ebenfalls mit Hilfe von Karten und einer Pinnwand erstellt. Zunächst wird das Ausgangsproblem auf eine Karte geschrieben und angeheftet.

- Komplexe Zusammenhänge können mit Hilfe des Relationen-Diagramms dargestellt werden

Relationen-Diagramm

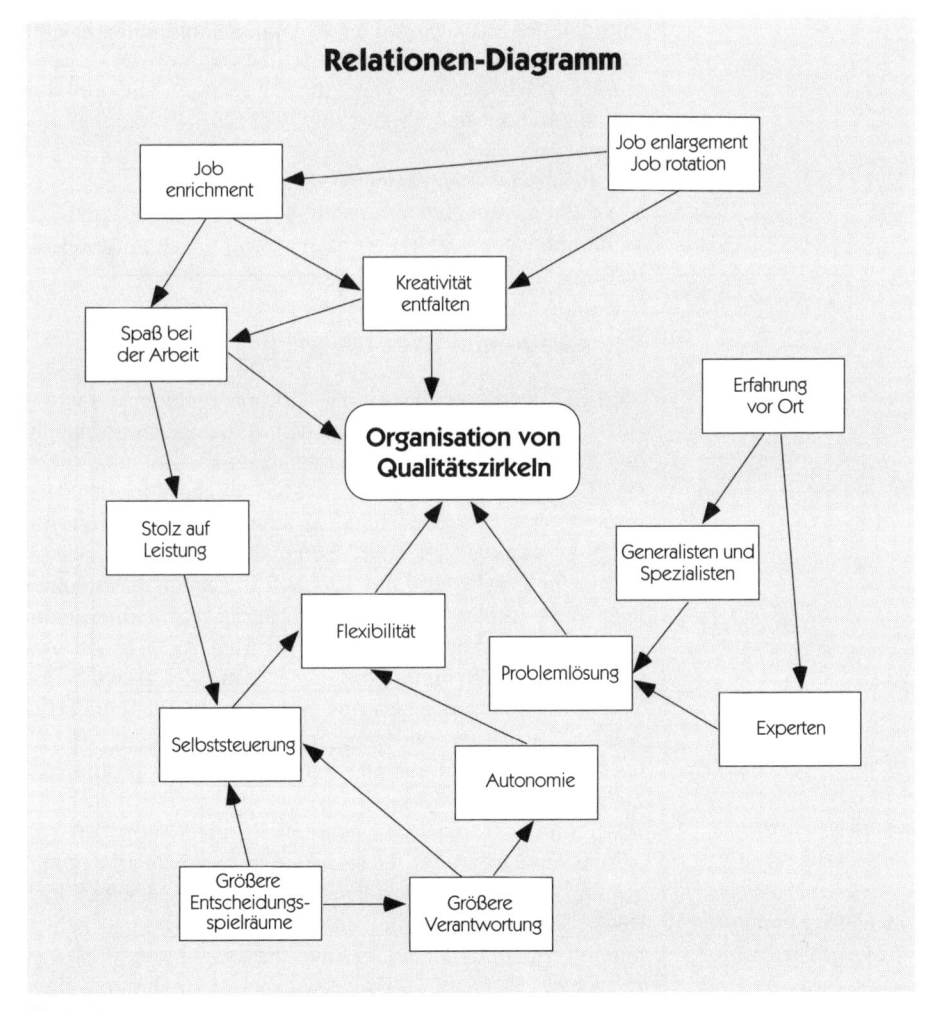

Bild 4.45

Hier können auch die mit Hilfe des Affinitätsdiagramms gefundenen Oberbegriffe als Ausgangspunkt für die weitere Untersuchung des Problems verwendet werden. Man diskutiert, findet neue Aspekte, schreibt diese auf Karten, heftet die Karten an, stellt Beziehungen her und zeichnet diese als Pfeile ein. Die Pfeile sollen nur in eine Richtung weisen, ggf. muß die Gruppe sich in der Diskussion für die stärkere Einflußrichtung entscheiden. Zur Gewichtung der Wechselbeziehungen werden die von einer Karte ausgehenden bzw. eingehenden Pfeile gezählt und die Zahl an die Karten geschrieben. Das Ergebnis ist eine strukturierte Darstellung der Wechselwirkungen verschiedener Aspekte eines Problems. Für die Teilnehmer der Diskussion ist das für den Außenstehenden zunächst verwirrend erscheinende Bild gut nachvollziehbar und gibt den Gedankengang der Gruppe wieder. Auch für das Relationen-Diagramm gilt, daß die Dokumentation der Ergebnisse wichtiger Bestandteil der Technik ist.

Das Relationen-Diagramm wird auch eingesetzt, um komplexe Gedankengänge festzuhalten, die zu einem späteren Zeitpunkt weiterverfolgt werden sollen. Diese Anwendung heißt auch Mind-mapping.

Baumdiagramm (Tree-Diagram)

Mit Hilfe des Baumdiagramms wird ein Problem in mehreren aufeinanderfolgenden Schritten systematisch auf mögliche Ursachen oder Lösungsmöglichkeiten hin untersucht. Der Unterschied zu dem auch als Ursache-Wirkungs-Diagramm bezeichneten Ishikawa-Diagramm besteht in der strikt systematischen und sequentiellen Vorgehensweise. Schritt für Schritt wird das Problem in seine Ursachen zerlegt. Eine andere Darstellungsform ist die Fehlerbaumanalyse (Fault Tree Analysis, FTA). Eine wichtige Ausprägungsform des Baumdiagramms ist unter der Bezeichnung Mittel-Ziel-Diagramm bekannt. In mehreren aufeinanderfolgenden Schritten werden mit zunehmendem Detaillierungsgrad die Mittel zur Erreichung eines bestimmten Ziels spezifiziert.

- Mit Hilfe des Baumdiagramms wird ein Problem in mehreren Schritten auf mögliche Lösungen heruntergebrochen

Das Baumdiagramm wird ebenfalls in der Gruppe erstellt. Ausgangspunkt ist das durch Affinitäts- oder Relationendiagramm identifizierte Problem bzw. das erwünschte Ziel. Dieses Ziel wird in mehreren aufeinanderfolgenden Schritten mit zunehmendem Detaillierungsgrad hinsichtlich der zu seiner Erreichung erforderlichen Maßnahmen untersucht. Um von einer Betrachtungsebene zur nächsten zu ge-

Baumdiagramm

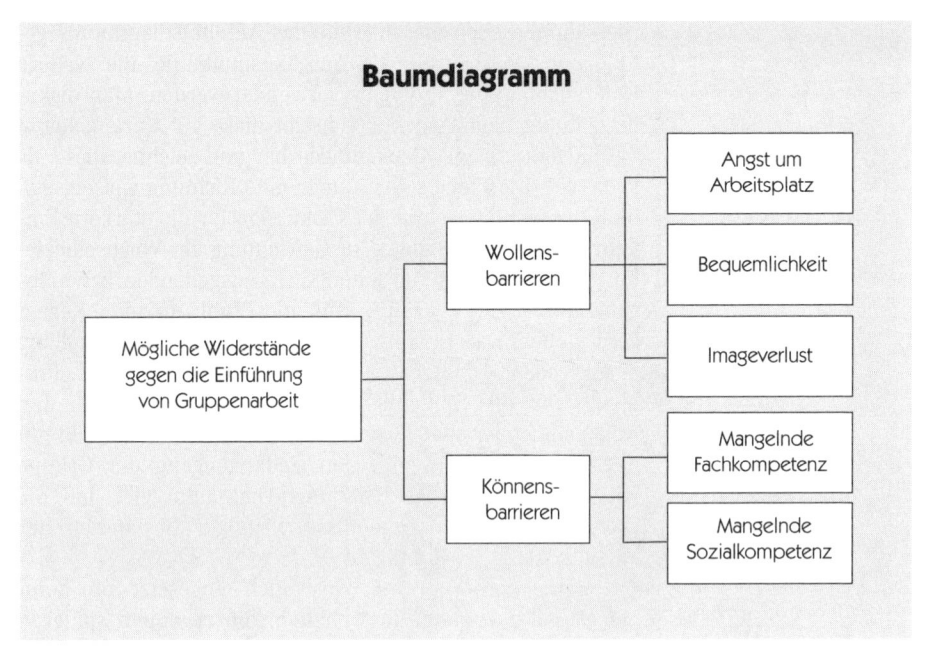

```
Mögliche Widerstände          ┌── Wollens-      ├── Angst um Arbeitsplatz
gegen die Einführung  ────────┤   barrieren     ├── Bequemlichkeit
von Gruppenarbeit             │                 └── Imageverlust
                              │
                              └── Könnens-      ├── Mangelnde Fachkompetenz
                                  barrieren     └── Mangelnde Sozialkompetenz
```

Bild 4.46

langen, wird in jeder Sequenz immer wieder die Frage bearbeitet, wie man das nächste Teilziel erreichen kann. Alle Vorschläge werden auf Karten gesammelt, die dann in der typischen Baumstruktur vertikal oder horizontal an eine Pinnwand geheftet werden. Die Gruppe wertet die Maßnahmen hinsichtlich ihrer Durchführbarkeit. Das Ergebnis ist eine detaillierte übersichtliche Zusammenstellung der von der Gruppe beurteilten und gewichteten Maßnahmen zur Erreichung des gewünschten Ziels. Auch das Baumdiagramm wird in der Regel als Fotoprotokoll für alle Diskussionsteilnehmer festgehalten.

- In der Gruppe werden Prioritäten festgelegt

Matrixdiagramm (Matrix-Diagram)

Mit dem Matrixdiagramm können die Wechselwirkungen von unterschiedlichen Aspekten eines Problems in den durch die Spalten und Zeilen einer Matrix gebildeten Felder anschaulich dargestellt werden. Bei der Erstellung des Matrixdiagramms wird in der Gruppe mit einfachen Hilfsmitteln wie Flipchart oder Pinnwand gearbeitet. Je nach Problemlage werden L-, T- oder X-förmige Matrizen (2-, 3- und 4achsig) eingesetzt.

Die L-Matrix ist ein Diagramm, das zwei Dimensionen eines

- Im Matrixdiagramm werden verschiedene Dimensionen eines Problems gegenübergestellt und die Beziehung analysiert und bewertet

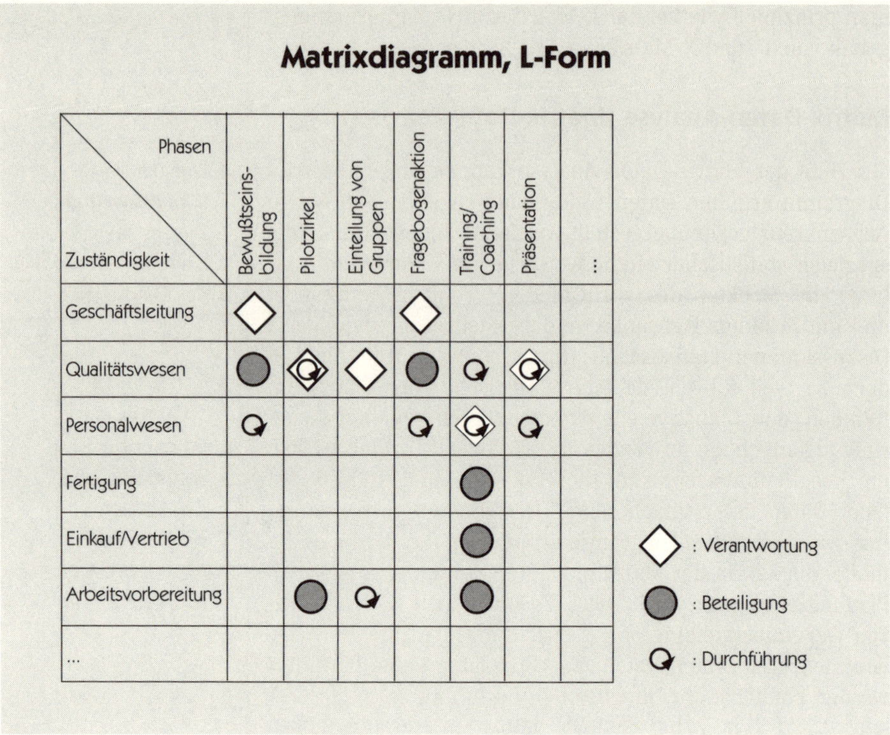

Matrixdiagramm, L-Form

Phasen \ Zuständigkeit	Bewußtseins-bildung	Pilotzirkel	Einteilung von Gruppen	Fragebogenaktion	Training/ Coaching	Präsentation	...
Geschäftsleitung	◇			◇			
Qualitätswesen	●	◈	◇	●	↻	◈	
Personalwesen	↻			↻	◈	↻	
Fertigung				●			
Einkauf/Vertrieb				●			
Arbeitsvorbereitung		●	↻	●			
...							

◇ : Verantwortung
● : Beteiligung
↻ : Durchführung

Bild 4.47

Problems gegenübergestellt. Zunächst muß dazu festgestellt werden, ob überhaupt eine Beziehung zwischen zwei Ausprägungen der betrachteten Dimensionen des Problems besteht. Falls dies der Fall ist, kann man im entsprechenden Feld der Matrix die Art der Beziehung z.B. durch die Verwendung unterschiedlicher Symbole bewerten. Eine typische Anwendung der L-Matrix ist das in der Quality Function Deployment (QFD) verwendete House of Quality (HoQ). In der Grundmatrix werden die Anforderungen an ein Produkt einerseits aus Sicht der Kunden, andererseits aus der Sicht der Konstrukteure dargestellt. Die entstehenden Felder werden im Idealfall von einer Gruppe aus Kunden und Konstrukteuren hinsichtlich der Stärke der Wechselwirkung beurteilt. Die Ergebnisse finden dann in der Qualitätsplanung Verwendung.

Die T-Matrix ist eine Kombination aus zwei L-Matrizen. Zwei Dimensionen werden hinsichtlich einer gemeinsamen dritten Dimension gegenübergestellt. Die X-Matrix ist eine Kombination aus vier L-Matrizen. Bei der Erstellung geht man prinzipiell wie bei der L-Matrix vor. Der Informationsgehalt von T- und X-Matrizen ist entsprechend komplexer.

Matrix-Daten-Analyse (Matrix-Data-Analysis)

Mit Hilfe der Matrix-Daten-Analyse können die im Matrix-Diagramm erfaßten Daten weiter untersucht und in einem Achsenkreuz gegenübergestellt werden. Dazu wird mit Hilfe spezieller statistischer Methoden (Principle Component Analysis) die Struktur des vorliegenden Problems untersucht und mit in einem Achsenkreuz dargestellt. Eine detaillierte Diskussion der statistischen Hintergründe würde hier jedoch zu weit führen, da eine statistische Auswertung im Rahmen der Management-Werkzeuge der Qualitätssicherung eigentlich zu aufwendig ist; schließlich handelt es sich um Kreativitätstechniken, die eine spontane Analyse verbaler Daten unterstützen sollen. Das für die Matrix-Daten-Analyse verwendete Diagramm erinnert an die Portfolio-Methode, die z.B. in der Marktforschung und der strategischen Planung eingesetzt wird. Diese Technik dient der qualitativen Gegenüberstellung von Betrachtungsobjekten hinsichtlich mehrerer Dimensionen. Zur Erstellung eines Portfolios werden zunächst die Dimensionen bestimmt, anhand derer

- Eine detaillierte statistische Auswertung der Dimensionen des Problems erfolgt mit Hilfe der Matrix-Daten-Analyse

- Alternativ kann in einem Portfolio die strategische Positionierung der Lösungsalternativen erfolgen

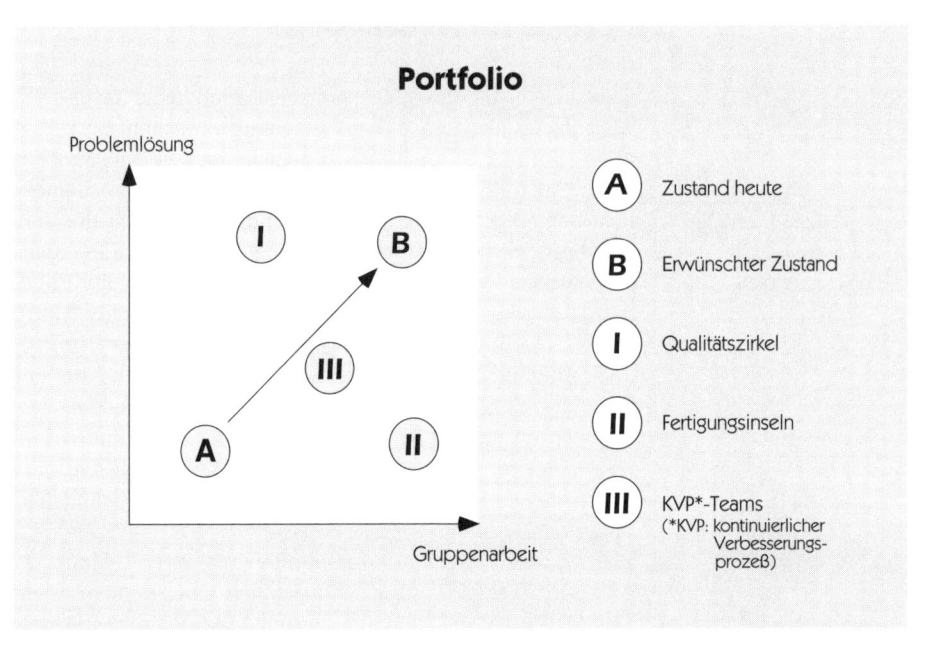

Portfolio

A Zustand heute
B Erwünschter Zustand
I Qualitätszirkel
II Fertigungsinseln
III KVP*-Teams
(*KVP: kontinuierlicher Verbesserungsprozeß)

Bild 4.48

die Gegenüberstellung durchgeführt werden soll. Die Dimensionen sollten einen in Richtung und Stärke kontinuierlichen Verlauf haben. Dann werden die betrachteten Objekte zugeordnet. Durch die Darstellung der Objekte mit Hilfe geeigneter Symbole und in unterschiedlicher Größe können zusätzliche Dimensionen einbezogen werden. Im Ergebnis entsteht eine sehr anschauliche qualitative Darstellung der Position der betrachteten Objekte, die die inhaltliche Diskussion der Gruppe visuell unterstützen kann.

Problem-Entscheidungs-Plan
(Problem-Decision-Program-Chart)

- Mit dem Problem-Entscheidungs-Plan werden präventiv mögliche Probleme bei der Realisierung von Maßnahmen untersucht

Ein Problem-Entscheidungs-Plan wird angefertigt, um möglichen Schwierigkeiten bei der Umsetzung einzelner Teilschritte einer Lösung vorzubeugen. Ähnlich der Fehlermöglichkeits- und -einflußanalyse (FMEA) werden schon im Vorfeld alle potentiellen Hindernisse untersucht und geeignete Gegenmaßnahmen festgelegt. Man unterscheidet zwei inhaltlich identische Darstellungsformen: die grafische Darstellung und die Textform. Für die Textform werden die in

Problem-Entscheidungs-Plan

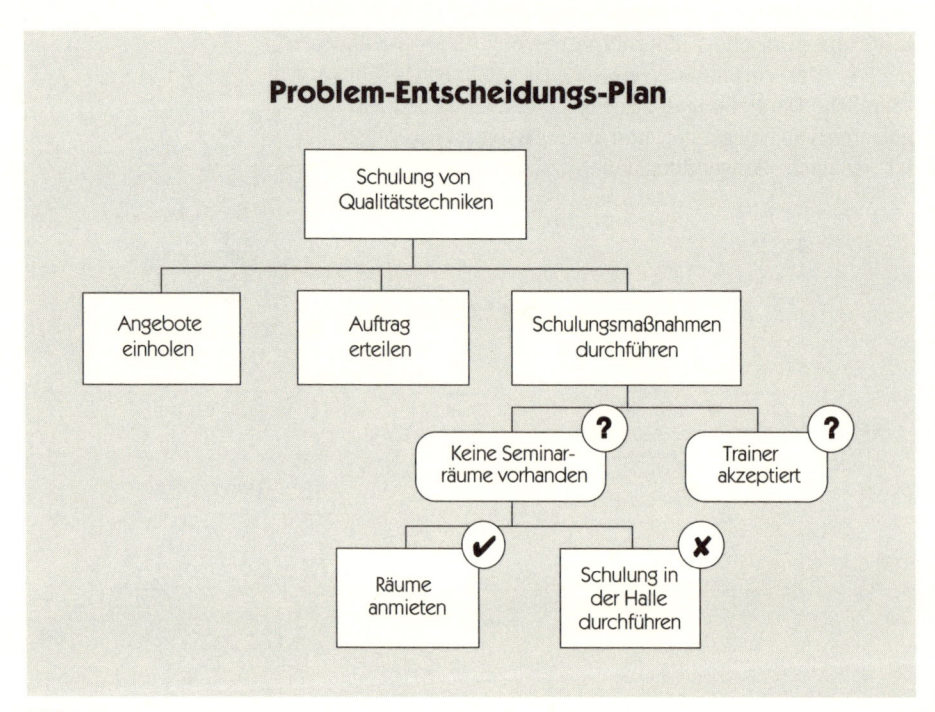

Bild 4.49

4.4 Management-Werkzeuge der Qualität

der Grafik als geometrische Symbole dargestellten Teilschritte bzw. Maßnahmen verbal beschrieben und mit einer Referenznummer versehen. Im Einzelfall kann die Textform übersichtlicher sein als die grafische Darstellung.
Im allgemeinen geht man zur Entwicklung des Problem-Entscheidungs-Plans von der mit Hilfe des Baumdiagramms hergeleiteten erwünschten Lösung aus. Die Teilschritte zur Erreichung dieses Ziels werden in ihrer logischen bzw. zeitlichen Abfolge abgeleitet. Für jeden einzelnen Teilschritt wird nun untersucht, welche Schwierigkeiten sich bei der Umsetzung ergeben könnten. Schließlich werden z.B. durch Brainstorming mögliche Gegenmaßnahmen oder Alternativen gefunden und festgehalten. Diese werden durch die Gruppe auf ihre Durchführbarkeit hin bewertet. Aus Gründen der Übersichtlichkeit ist es ratsam, das Diagramm in nicht mehr als zwei bis drei Ebenen zu untergliedern. Gegebenenfalls müssen mehrere korrespondierende Problem-Entscheidungs-Pläne angefertigt werden.

- Als Ergebnisse des Problem-Entscheidungs-Plans werden potentielle Gegenmaßnahmen und Alternativen ausgewählt

Netzplan (Activity-Network-Diagram, Arrow-Diagram)

Netzpläne werden angewandt, um unübersichtliche Projekte durch die grafische Aufbereitung leichter überschaubar zu machen. Der Vorteil von Netzwerk-Darstellungen ist die anschauliche Darstellung der gegenseitigen (zeitlichen) Abhängigkeiten von Vorgängen und Ereignissen. Man unterscheidet je nach Anwendungsfall verschiedene Formen von

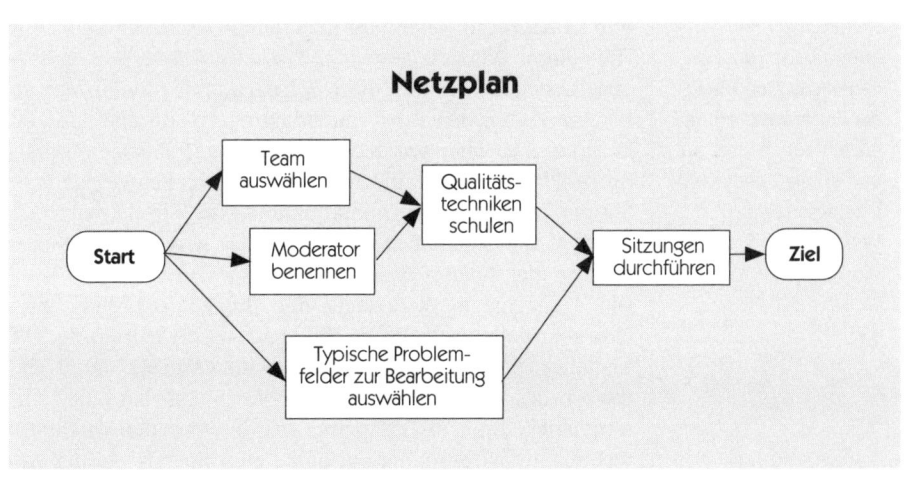

Bild 4.50

- Die Detailplanung von Maßnahmen erfolgt mit unterschiedlichen Formen von Netzplänen

Netzplänen: Vorgangsknoten-Netzpläne (Zuordnung von Vorgängen zu Knoten, z.B. Metra Potential Method, MPM), Vorgangspfeil-Netzpläne (Zuordnung der Vorgänge zu Pfeilen, z.B. Critical Path Method, CPM) und Ereignisknoten-Netzpläne (Zuordnung der Ereignisse zu Knoten, z.B. Program Evaluation and Review Technique, PERT). Netzpläne sind für größere Projekte nahezu unverzichtbar; um die ständige Aktualisierung von Netzplänen zu erleichtern, wird eine Reihe von Softwareprodukten angeboten.

Für den Einsatz als Management-Werkzeug genügt eine einfache, der CPM-Methode angenäherte Form der Netzplantechnik, um das geplante Vorgehen darzustellen und darüber diskutieren zu können. Ereignisse werden als Kreise, Rechtecke etc. dargestellt, Vorgänge als Pfeile. Die Dauer der Vorgänge (minimal/maximal) kann an den Pfeilen vermerkt werden, einzelne kritische Vorgänge, vor allem aber der sogenannte kritische Pfad, dessen Verzögerung den Endtermin des gesamten Projekts beeinflussen würde, können farbig hervorgehoben werden.

Zusammenfassung

> Jedes der sieben Management-Werkzeuge für sich genommen ist auch isoliert sehr wirkungsvoll. In der Verbindung der Werkzeuge liegt jedoch zusätzlicher Nutzen: die M7 sind so konzipiert, daß sie aufeinander aufbauen und sich nahtlos in das Gefüge der bestehenden Werkzeuge der Qualitätssicherung einfügen lassen.

- Mit dem Ziel einer systematischen Problemlösung bauen die Management-Werkzeuge der Qualitätssicherung logisch aufeinander auf und erzielen dadurch eine besondere Wirkung

Ausgangspunkt einer Problemlösung kann entweder das Affinitätsdiagramm oder das Relationen-Diagramm sein. Mit Hilfe dieser Werkzeuge werden zunächst Schwerpunkte herausgearbeitet. Hat man diese Schwerpunkte identifiziert, so können sie mit Hilfe des Baumdiagramms auf Maßnahmen heruntergebrochen werden. Mit Hilfe des Problem-Entscheidungs-Plans können für evtl. auftretende Schwierigkeiten bei der Umsetzung Gegenmaßnahmen im Vorfeld festgelegt werden. Der Netzplan fördert die Übersicht bei der Detailplanung der Umsetzung.

Die Management-Werkzeuge der Qualitätssicherung sind eine sehr gute methodische Hilfe bei der Strukturierung und Visualisierung von Problemen und unterstützen damit alle Phasen des Problemlösungsprozesses. Sie stellen eine Weiterentwicklung und Ergänzung der bestehenden Qualitätstechniken dar, besonders geeignet zum Einsatz bei der Arbeit in Gruppen für die Analyse verbaler Daten.

4.4 Management-Werkzeuge der Qualität

Zusammenwirken der M7

Affinitätsdiagramm

Relationendiagramm

Baumdiagramm

Portfolio

Matrixdiagramm

Problem-Entscheidungs-Plan

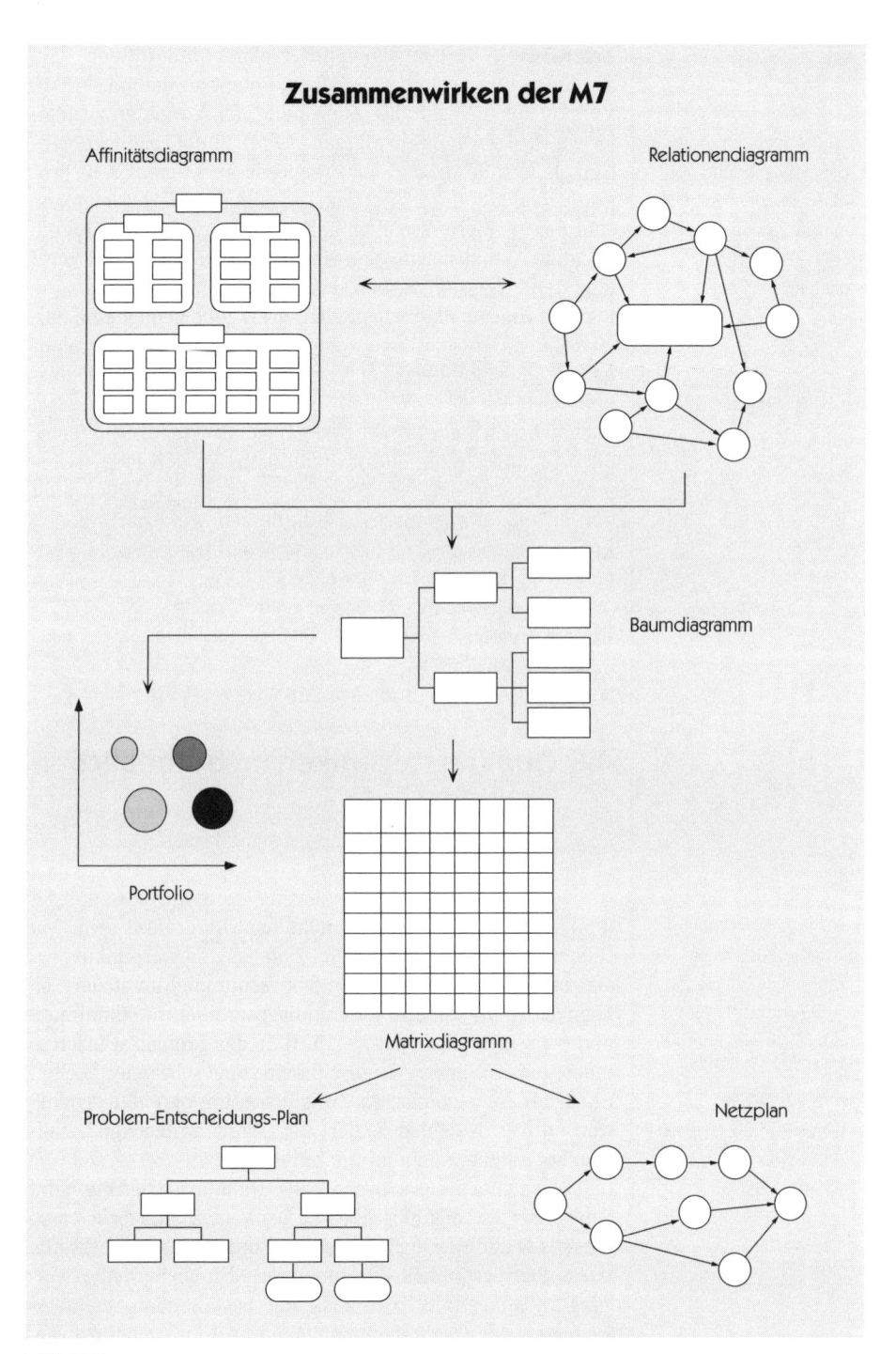

Netzplan

Bild 4.51

Literatur

Brassard, M.: The Memory Jogger Plus+ Methuen, Mass.: GOAL/QPC 1989

Kamiske, G. (Hrsg.) Pocket Power, Qualitätstechniken, Carl Hanser Verlag, 2. Aufl. 1997

Gitlow, H. S.: Planning for Quality, Productivity & Competitive Position. Bloomington, Minn.: Process Management International Inc. 1990

Karatsu, H.; Ikeda, T.: Mastering the Tools of QC. Learning Through Diagrams and Illustrations. Singapore: PHP International Ltd. 1987

King, B.: Hoshin Planning. The Developmental Approach. Methuen, Mass.: GOAL/QPC 1989

Mizuno, S.: Management for Quality Improvement: The 7 New QC Tools. Cambridge, Mass.: Productivity Press, 1988

Nayatami, Y. et al.: Seven Management Tools for QC. Rep. Stat. Appl. Res., Japanese Union of Scientists and Engineers Vol. 33, No. 2. Tokio: JUSE Press Ltd. 1986

Nayatami, Y.: The 7 Management Tools for TQC and its Applications. In: Kamiske, G.F. (Hrsg.) Tagungsband „Die Hohe Schule der Qualitätstechnik", TU Berlin, 1989

Ozeki, K.; Asaka, T.: Handbook of Quality Tools. Cambridge, Mass.: Productivity Press 1990

4.5 Qualitätstechniken im betrieblichen Umweltschutz

U. Tammler

1 Aufgaben für den Technikeinsatz

Der betriebliche Umweltschutz ist heute noch in vielen Fällen vom Bemühen zur Einhaltung gesetzlicher Bestimmungen geprägt. Leistungen zum Schutz der Umwelt werden in güterproduzierenden Unternehmen nur selten in Verbindung mit der eigentlichen Zweckbestimmung – der Produktion unter Gesichtspunkten der Wirtschaftlichkeit – erbracht. Eingebunden in ein Umweltmanagementsystem ist einerseits eine systematische Verfolgung und Erledigung der Umweltschutzaufgaben eines Unternehmens möglich, andererseits zeugt dies auch von dem inzwischen weit verbreiteten Selbstverständnis der Industrie, sich ihrer Verantwortung im Umweltschutz zu stellen.

- Umweltschutz ist auch ein Aspekt der Wirtschaftlichkeit

Dagegen wird Qualitätsmanagement heute als eine Notwendigkeit bei der Erstellung von betrieblichen Leistungen angesehen, die auf dem Markt Erfolg haben sollen. Aus diesem Grund wurden Techniken entwickelt, die dem einen Zweck dienen, Kundenforderungen und -wünsche auf wirtschaftlichem und vollständigem Weg umzusetzen. Qualitätstechniken sind daher selbstverständlicher Teil der Erstellung eines Produktes vom ersten Entwurf bis zur Auslieferung; ihre sorgfältige Anwendung daher ein unternehmerischer Erfolgsfaktor.

- Umwelttechniken sind Werkzeuge, die dem Umweltschutz dienen

In ähnlicher Form wird es zur Notwendigkeit, Umweltschutz ebenfalls nicht nur in die betrieblichen Abläufe einzubinden, sondern zur wirtschaftlichen Leistungserstellung zu nutzen und die Chancen z.B. bei der Einsparung von Ressourcen für das betriebswirtschaftliche Ergebnis zu ergreifen. Die Erfüllung dieser Aufgaben wird ergänzt durch die traditionellen Aufgaben für den Einsatz von Techniken im betrieblichen Umweltschutz:

- Erfassen, Systematisieren und Bewerten unternehmensexterner Umweltschutzforderungen und interner Umweltschutzaufgaben,
- Umsetzen der Forderungen durch Strukturierung von Aufgaben und Problemen sowie Verringerung der Komplexität, Nachweis der Umweltleistungen gegenüber Externen, z.B. Behörden,
- Beseitigen dringlicher Probleme auf einfache Art und Weise,
- Fördern einer ganzheitlichen Sichtweise und Aufgabenbewältigung im Sinne des Produktlebenszyklus,
- Fördern des integrierten Umweltschutzes sowie des Vorsorgeprinzips,
- Verwirklichen der ständigen und innovativen Verbesserung des betrieblichen Umweltschutzes.

- Sie helfen, Arbeiten systematisch zu erledigen

Aufgrund ihrer Ausrichtung sind Qualitätstechniken nahezu universell im Unternehmen einsetzbar. Im folgenden werden einige Verknüpfungen mit bewährten Umweltschutztechniken dargestellt. Zunächst erfolgt eine Beschreibung der Techniken.

2 ABC/XYZ-Analyse

- Hier werden Prioritäten gesetzt

Die ABC/XYZ-Analyse unterstützt die Strukturierung von Problemen und Untersuchungsbereichen durch eine vergleichende Bewertung anhand verschiedener Kriterien. Über bisherige, im wesentlichen auf Stoffe bezogene Anwendungen hinaus können durch Betrachtung von einzelnen Prozeßschritten, Produktionsanlagen oder Umwelteinwirkungen (ungewollter Produktions-Output in Form von z.B.

Emissionen und Entstehung von Sonderabfällen) bereits im frühen Stadium der Planung von Produkten und Fertigungsprozessen umweltbezogene Wirtschaftlichkeitsaspekte berücksichtigt werden. Dies betrifft die Ressourceneinsparung ebenso wie die Vermeidung von Umweltrisiken, deren Beherrschung nur mit erhöhtem Kostenaufwand erreicht werden kann. Ziel ist dabei die Ermittlung der besonders kritischen Bereiche, um eine Reihenfolge für die Bearbeitung von Aufgaben festlegen zu können. In Anlehnung an das bekannteste Schema nach Stahlmann [3] werden folgende Kriterien zur Bewertung verwendet:

- Gesetze

- *Umweltrechtliche/-politische Anforderungen*

  Betreffen nationale und/oder europäische Gesetze, Verordnungen, Satzungen und Länderregelungen den Untersuchungsbereich bzw. liegen Schwierigkeiten bei der Umsetzung/Erfüllung vor? Je mehr Regelungen, desto umfangreicher ist in der Regel der Aufwand zur Umsetzung (z. B. für spezielle Lagerungsbedingungen für bestimmte Stoffe, Einrichtungen des nachsorgenden Umweltschutzes, persönliche Schutzausrüstung für die Mitarbeiter), also ist entsprechend höher zu bewerten (A-Bewertung).

- Gesellschaft

- *Gesellschaftliche Akzeptanz*

  Stellen gesellschaftliche Gruppen Anforderungen auf? Lärm, Geruch oder ähnliche unmittelbar erkennbare Folgen industrieller Produktion führen häufig zu öffentlichen Diskussionen mit Berichterstattung in Druck- und Funkmedien mit entsprechendem Imageverlust und ggf. dem Einbüßen von Marktanteilen. Je kritischer und häufiger diskutiert wird, desto höher ist zu bewerten.

- Risiken

- *Gefährdungs-/Störungspotential*

  Liegt nach wissenschaftlichen Erkenntnissen (vielfach Grundlage für technische und gesetzliche Regelungen!) ein Risikopotential im Untersuchungsbereich vor, z. B. bzgl. der Giftigkeit von Stoffen (krebserzeugend, erbgutverändernd, sehr giftig, giftig usw. nach Gefahrstoffverordnung)? Zwei Aspekte sind zu berücksichtigen:
  - *Umwelteinwirkungen während des Normalbetriebs* bzgl. Emissionen in Wasser, Boden, Luft und Giftigkeit der Einsatzstoffe,
  - *Störungs- und Störfallrisiko,* das Risiko, daß eine Störung/ein Unfall eintritt, sowie das Gefährdungspotential

eines möglichen Unfalls, z.B. Explosion, Grundwassergefährdung aufgrund von unbeachteten Leckagen. Der bestimmungsgemäße oder Normalbetrieb ist von der technischen Ausrüstung (Vorhandensein von Einrichtungen des integrierten und additiven Umweltschutzes) wesentlich abhängig, Störungen dagegen haben ihre Ursache in vielen Fällen in organisatorischen Mängeln (z.B. unzureichende Unterweisung der Mitarbeiter, Vorhandensein und Anwendung von persönlicher Schutzausrüstung und Notfallplänen), so daß beide Bereiche voneinander unabhängig bewertet werden können. Auch hier führt erhöhtes Risiko zu erhöhtem Aufwand zur Beherrschung.

- *Internalisierte Umweltkosten* • Kosten

Welche Kosten muß ein Unternehmen zur Vermeidung, Schadensbeseitigung und Reduzierung von Umwelteinwirkungen aufbringen, z.B. für den Betrieb von Einrichtungen des nachsorgenden Umweltschutzes, für die Abfall- und Abwasserentsorgung oder die Einrichtung von Gefahrstofflagern? Je höher die Kosten, desto höher die Bewertung (A).

- *Umwelteinwirkungen auf vor- und nachgelagerten Stufen (externe Effekte)* • Folgewirkungen

Welche Umwelteinwirkungen sind die Folge von Rohstoffbereitstellung (Gewinnung, Transport, Vorbehandlung usw.), anschließenden Produktionsstufen, z.B. beim Finalproduzenten, und Produktgebrauch sowie Transporten und Entsorgung? Je mehr Einwirkungen auf dieser Ebene, desto sorgfältiger hat z.B. die Lieferantenauswahl zu erfolgen – auch hier spielen wirtschaftliche Aspekte eine Rolle.

- *Erschöpfung nichtregenerativer/regenerativer Ressourcen* • Ressourcen

Wie lange ist ein Rohstoff, unter Berücksichtigung von Mehrfachnutzung oder, im organischen Bereich, des Nachwachsens, noch in der Natur verfügbar? Hierzu erforderliche umfangreichere Recherchen lassen die Berücksichtigung dieses Kriteriums nicht immer zweckmäßig erscheinen; es bleibt im folgenden daher unberücksichtigt.
Die Untersuchungsbereiche werden für jedes Kriterium in drei Bedeutungsklassen eingeordnet:
A: besonders schwerwiegende Umwelteinwirkung, besonders dringlicher Handlungsbedarf, wichtig
B: Umwelteinwirkung weiter zu beobachten, mittelfristiger Handlungsbedarf, weniger wichtig
C: unbedenklich, kein Handlungsbedarf, unwichtig

- Ordnen nach Wichtigkeit

- Quantitative Wartung

Die Addition der A-, B- und C-Bewertungen für jeden Bereich ergibt eine Rangfolge der Wichtigkeit der einzelnen Bereiche. Ergänzend werden quantitative Gesichtspunkte bewertet, z.B. Dauer einer Umwelteinwirkung, Menge eines eingesetzten Stoffes oder Anzahl gleichartiger Produktionsanlagen bzw. Emittenten:

X: dauerhafte Umwelteinwirkung, große Einsatzmenge
Y: zeitweilige Umwelteinwirkung, mittlere Menge im Einsatz
Z: sporadische Umwelteinwirkung, geringe Menge im Einsatz

Die Beurteilung kann aufbauend auf vorangegangenen Checklisten-Untersuchungen, der Analyse von Gesetzestexten, Prozeßbilanzen, Sicherheitsdatenblättern und der Beobachtung der öffentlichen Diskussion erfolgen.

Mit der ABC/XYZ-Analyse erfolgt eine relative und ausschließlich für die miteinander verglichenen Unternehmensbereiche zum Zeitpunkt der Analyse gültige Bewertung. Sie bezieht sich auf den gegenwärtigen Zustand. Vergleiche mit anderen Unternehmen sind nur ausnahmsweise sinnvoll.

An der Analyse sollten die betroffenen Mitarbeiter eines Untersuchungsbereichs (Umweltbeauftragte, Qualitätsfachleute, Produktionsfachleute, Betriebswirte, Juristen) beteiligt sein.

3 Ursache-Wirkungs-Diagramm

- Fischgrätendiagramm für die wertfreie Auflistung möglicher Ursachen

Zur Ermittlung von möglichen und bekannten technischen, organisatorischen und sonstigen Ursachen für denkbare und tatsächlich aufgetretene Umwelteinwirkungen wird das Ursache-Wirkung-Diagramm eingesetzt [1]. Die möglichen und bekannten Ursachen werden in einem Brainstorming gesammelt und z.B. den Feldern Mensch, Maschine, Methode, Material und Milieu (Mitwelt), den 5 M, zugeordnet. Das Hinterfragen der Hauptursachen (was, wann, wo, warum, wer, wie) fördert Nebenursachen zutage und führt zu Verzweigungen des Diagramms. Bei Verwendung von Pinnwänden und darauf zu befestigenden Karten kann die Bewertung der Ursachen mit Hilfe von Punkten erfolgen, die je nach subjektiver Einschätzung der Bedeutung durch die beteiligten Mitarbeiter auf die Ursachen geklebt werden.

Das Ursache-Wirkungs-Diagramm eignet sich vor allem, um die mit der ABC/XYZ-Analyse identifizierten Schwerpunktprobleme weiterzubearbeiten. Eine andere Zuordnung der Ursachen anstelle der 5 M erfolgt z.B. in organisatorisch, produktionsprozeßbedingt, produktbedingt und sonstige. Die Beurteilung mit Klebepunkten berücksichtigt den Ge-

sichtspunkt, ob und in welchem Maße die betrachtete Umwelteinwirkung durch die erfaßten Ursachen hervorgerufen wird.
Die wichtigsten Ursachen ergeben sich aus den Summen der subjektiven Einschätzungen. Es muß sichergestellt sein, daß im Bearbeitungsteam vorhandenes Spezialwissen von Umweltexperten, wie Gewässerschutz-, Immissionsschutz- oder Abfallbeauftragte, in diesem „demokratischen" Prozeß berücksichtigt wird.

4 Die umweltbezogene FMEA

Die Beseitigung der technischen, organisatorischen oder planerischen Ursachen von Umwelteinwirkungen soll in der umweltbezogenen FMEA auf nachhaltige und wirtschaftliche Weise geplant und vorbereitet werden [2]. Ursachen sind im geplanten, normalen Prozeßablauf bzw. bei der vorgesehenen Produktanwendung zu finden. Sie können Einwirkungen hervorrufen, die vom Unternehmen als sowohl vom eigenen Anspruch der Umweltverträglichkeit als auch aus Gründen der Beherrschbarkeit unter Wirtschaftlichkeitsgesichtspunkten nicht mehr tolerierbar angesehen werden. Andere Ursachen sind unplanmäßige Vorfälle/Störfälle. Im zweiten Fall führt eine Bearbeitung mit der herkömmli-

- Potentiellen Fehlern vorbeugen

Bewertungskriterien \ Bewertungspunkte	1–3	4–7	7–10
Schwere der Umwelteinwirkung	geringe Menge, geringes Gefährdungspotential (z.B. durch toxische Wirkungen), geringes Störfallrisiko, keine gesellschaftlichen oder gesetzlichen Vorgaben,	mittlere Menge, mittleres Gefährdungspotential, mittleres Störfallrisiko, leicht erhöhte Sensibilität in der Gesellschaft, einfache gesetzliche Vorgaben	Große Menge, großes Gefährdungspotential, großes Störfallrisiko, erregte gesellschaftliche Diskussion, massive gesetzliche Vorgaben
Auftreten (Wahrscheinlichkeit einer Ursache)	unwahrscheinlich	mäßig wahrscheinlich	sehr wahrscheinlich
Beeinflußbarkeit	schwerwiegende Konstruktions-/Prozeßveränderungen erforderlich, z.B. Fertigungsreihenfolge, umfangreiche technische Zusatzeinrichtungen erforderlich	einfache bis mittelschwere technische und organisatorische Änderungen am Prozeß/ Produkt erforderlich	Ursache durch einfache Veränderung von Prozeß-/Produktparametern abstellbar, Maßnahme in kurzer Zeit durchführbar

Bild 4.52: Bewertungskriterien der umweltbezogenen FMEA

- Die FMEA wird der Umweltschutzaufgabe angepaßt

- Ergebnisse aus der Anwendung anderer Techniken sind sehr hilfreich

- Wie groß ist die Wahrscheinlichkeit der Einwirkung?

chen, qualitätsbezogenen FMEA zur Verfolgung der Defekte als prozeß- oder produktbeeinflussende Fehler.
Im ersten Fall der rein umweltbezogenen Anwendung der FMEA ist eine neue Definition der Beurteilungskriterien der qualitätsbezogenen FMEA notwendig:
- Die Fehlerart wird zur Umwelteinwirkung. Es ist der normale vom gestörten Betrieb zu unterscheiden. Mit Einwirkung wird das zunächst wertneutrale Einbringen von Emissionen und Abfällen in die Umwelt beschrieben.
- Die Bedeutung des Fehlers läßt sich als Bedeutung bzw. „Schwere" der Umwelteinwirkung definieren. Eine Abschätzung erfolgt anhand der externen Forderungen und der Umweltbelastungen, die von einer Einwirkung ausgehen können. Hierbei entsprechen die Belastungen der Fehlerfolge, indem durch Wechselwirkung der Einwirkungen mit der Umwelt ein Umweltschaden entsteht. Es können die Ergebnisse einer vorangegangenen ABC/XYZ-Analyse verwendet werden. Anstelle eines nur in wenigen Fällen vorliegenden objektiven Bewertungsmaßstabs auf wissenschaftlicher Grundlage muß im Unternehmen aus der Beobachtung der unternehmensexternen Forderungen und den internen Zielsetzungen ein Maßstab abgeleitet werden. Dies kann entweder im Bearbeitungsteam geschehen bzw. durch Grundsatzentscheidungen der Unternehmensleitung. Dabei ist zu berücksichtigen, daß der gewählte Maßstab aufgrund der dynamischen Entwicklung der Forderungen, z.B. bei Verschärfung gesetzlicher Regelungen, veränderlich ist und regelmäßig überprüft werden muß.
- Wie die Ursache eines qualitätsbeeinträchtigenden Fehlers wird auch die Ursache einer Umwelteinwirkung in einem technischen oder organisatorischen Sachverhalt zu suchen sein. Es wird beurteilt, wie groß die Wahrscheinlichkeit ist, daß eine der technischen oder organisatorischen Ursachen die Einwirkung hervorruft. Bei mehreren gleichzeitig wirkenden Ursachen wird der Anteil jeder Ursache an der Einwirkung bzw. deren mengenmäßiger Ausprägung abgeschätzt. Wurde eine derartige Beurteilung des „Ob" und „Wie groß" bereits anhand eines Ursache-Wirkungs-Diagramms vorgenommen, kann sie hier übernommen werden.
- Für die Entdeckbarkeit eines Fehlers sind zwei Aspekte zu berücksichtigen, die statt dessen in einer umweltbezogenen FMEA beurteilt und unter „Beeinflußbarkeit" zusammengefaßt werden.
Zunächst wird die Wirksamkeit der bereits ergriffenen

Maßnahmen als Grundlage weiterer Verbesserungen zur Vermeidung einer Umwelteinwirkung abgeschätzt. Je wirksamer die bisherigen Maßnahmen, desto weniger dringend sind weitere Maßnahmen. Für nennenswerte Verbesserungen müßte ein immer größerer auch finanzieller Aufwand betrieben werden. Was „nennenswert" bedeutet, muß das Team fallbezogen festlegen. Ist der gegenwärtige Zustand jedoch eher unbefriedigend, so kann der Aufwand unter Umständen gering ausfallen, z. B., wenn einfache organisatorische Regelungen oder einfache Instandhaltungsmaßnahmen die Wirksamkeit vorhandener Maßnahmen erhöhen. Sind dagegen Innovationen z. B. bei der Anlagentechnik für „nennenswerte" Verbesserungen erforderlich, so ist der Aufwand in der Regel sehr groß.

- Nachhaltig wirkende einfache Maßnahmen tragen erheblich zur Wirtschaftlichkeit des Umweltschutzes bei

Dies ist bei der Abschätzung des Aufwands, eine Umwelteinwirkung durch Einflußnahme auf deren Ursache/Ursachen weiter nachhaltig zu verringern, zu berücksichtigen. Da einfach durchzuführende Maßnahmen vorrangig umzusetzen sind (hohe Bewertung), führt großer organisatorischer, technischer oder personeller und damit finanzieller Aufwand zu einer niedrigen Bewertung. Einfache Maßnahmen entsprechen in der Regel dem Vorgehen der ständigen Verbesserung, während großer Aufwand oft von Innovationen ausgeht.

Umweltbezogene FMEA																
Stammdaten																
Teil-Benennung: Teil-Nummer: Modell/System/Typ: Lieferanten: Datum Konstruktions-Freigabe:							Erstellt durch (Name/Abteilung): Datum: Geändert am: Verantwortung (Name/Abteilung): Andere betroffene Abteilungen: Datum Produktions-Serienbeginn:									
Umwelteinwirkungsanalyse								Bewertung verbesserter Zustand								
schritt Arbeits- Ablauf Prozeß	Umwelteinwirkung Nr.	Umwelteinwirkung	daraus folgende Umweltbelastung	Schwere = S	Ursache der Umwelteinwirkung	Auftreten = A (Wahrscheinlichkeit)	bisherige Umweltschutzmaßnahmen	Beeinflußbarkeit = E	$RPZ_{alt} = S \times A \times E$	Empfohlene Umweltschutzmaßnahmen	Verantwortlicher, Bereich, Termin	Realisierte Umweltschutzmaßnahmen	S	A	E	RPZ_{neu}	Vergleich RPZ_{alt}/RPZ_{neu}

Bild 4.53: Formblatt der umweltbezogenen FMEA

Bedeutung („Schwere"), Wahrscheinlichkeit/Anteil und Beeinflußbarkeit werden mit einer Zahl zwischen 1 und 10 bewertet, wobei 1 das niedrigste und 10 das größte Risiko darstellt. Treffen von den in Bild 4.52 aufgeführten Anhaltspunkten für ein Bewertungskriterium (also in einer Zeile) für die Bewertung solche aus verschiedenen Matrixfeldern zu, ist im Einzelfall im Team abzuwägen, welcher Punkt wichtiger ist. Die Multiplikation der Bewertungen ergibt eine umweltbezogene RPZ.

- Das Formblatt der Umwelt-FMEA

Das Formblatt der umweltbezogenen FMEA läßt sich gemäß Bild 4.53 ableiten.

5 Anwendungsbeispiel: Planung von Verbesserungen des Umweltschutzes in einer Lackiererei

Eine Prozeßaufnahme, ABC/XYZ-Analyse, Ursache-Wirkungs-Diagramm und umweltbezogene FMEA wurden im Rahmen eines Workshops mit Fachleuten des betrieblichen Umweltschutzes eines Schienenfahrzeugherstellers zur Verbesserung der Umweltschutzmaßnahmen einer Lackiererei

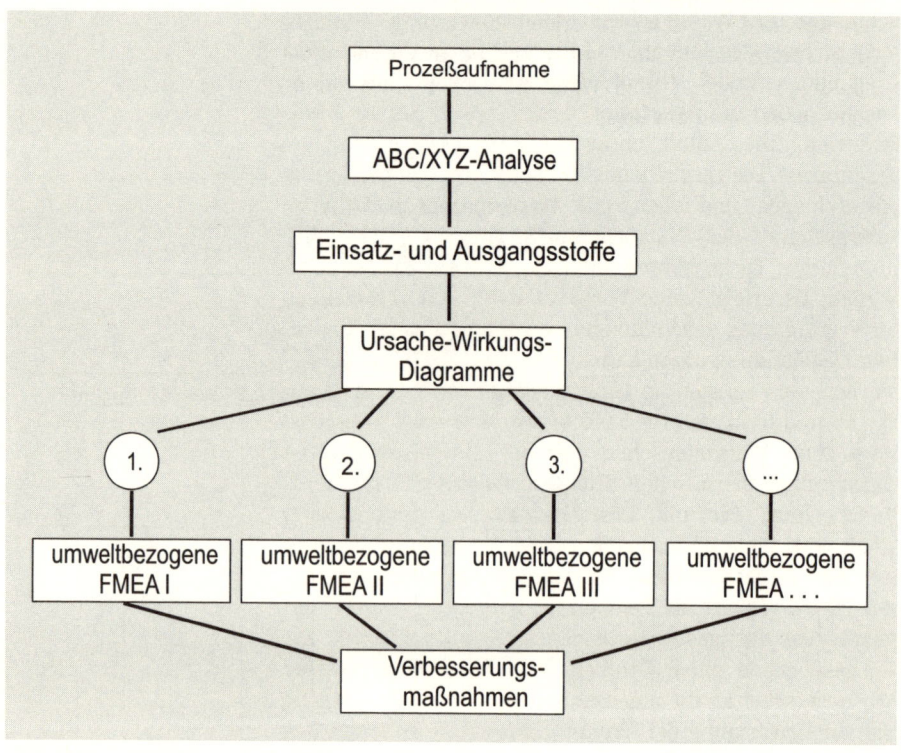

Bild 4.54: Verknüpfung von Techniken

verknüpft (Bild 4.54). Die Diskussionsergebnisse wurden mit Karten an Pinnwänden visualisiert. Ziel war die Verringerung der bei Handling und Entsorgung mit dem Einsatz von Lacken und Lösemitteln als wassergefährdenden Stoffen verbundenen Umwelt- und Arbeitssicherheitsrisiken. Steigende Kosten für die Entsorgung von Lackschlämmen waren der Anlaß, weitere Verbesserungsmöglichkeiten für die bereits gut ausgerüstete Anlage zu ermitteln.

• Die Verringerung der Umweltrisiken als Projektziel

5.1 Beschreibung des Lackiervorgangs

Die Eisenbahnwaggons werden im Handspritzverfahren in entsprechend dimensionierten geschlossenen Spritzkabinen lackiert und trocknen anschließend in gleichfalls großräumigen Kabinen ab. Das Einblasen gefilterter und über eine warmwassergespeiste Heizung erwärmter Außenluft stellt eine Temperatur von 23 °C sicher und erzeugt einen Luftstrom, der überschüssige Farbnebel (Overspray, Anteil bei unter 30%) vom Lackierer weg in eine Naßabscheidung führt.

Die Naßabscheidung besteht aus zwei wassergefüllten Betonwannen am Boden der Kabine mit Verwirbelungseinrichtungen. Ein Wasserschleier nimmt die Farbpartikel der vorbeiströmenden Luft auf und führt sie in die Wannen. Ein Koagulierungsmittel (Flockungsmittel) fördert die Auswaschung und die Absetzung der festen Partikel am Wannenboden. Die Abluft entweicht durch vier Abluftauswaschtürme. Die verbliebenen Reststoffe werden an Blechen „abgeschlagen" und fallen in die Wasserbecken zurück. Der Auswaschgrad des Festkörperanteils erreicht 99,5%. Der ausgeflockte Lackschlamm muß als Sonderabfall entsorgt werden. Es erfolgt keine Vorbehandlung (z.B. Trocknung) zur Verringerung des Volumens, obwohl hiermit ein Kostenfaktor beeinflußt werden kann.

Die Waggons dunsten im Umluftkammertrockner beschleunigt ab und trocknen. Die Luft im Trockner wird mit einem ölbeheizten Wärmetauscher und der zurückgewonnenen Wärme einer thermischen Nachverbrennung (TNV) auf ca. 80 °C erhitzt. Die mit Lösemitteldämpfen angereicherte Abluft wird einer TNV zugeführt und in der Brennkammer auf die vorgeschriebene Oxidationstemperatur von ca. 685–700 °C erhitzt. Die Temperatur wird zur Sicherung der geforderten Reingaswerte kontinuierlich überwacht. Die Reingase geben einen Großteil ihrer Wärmeenergie über Wärmetauscher an die ungereinigte Abluft zur Vorwärmung und zur Erwärmung der Trockenkammer ab, bevor sie ins Freie gelangen.

• Anlage und Abläufe sind schon gut durchdacht

Als wichtige Punkte wurden die Abmischung der Lacke und die Lagerung und Handhabung der Komponenten in einem besonderen Raum bei der FMEA berücksichtigt.

5.2 Prozeßaufnahme

- Der Prozeß wird dargestellt ...

Die Prozeßaufnahme wurde für die Bereiche Farbspritzkabine und Umluftkammertrockner getrennt erstellt. Der Prozeß wurde gegliedert in Prozeßschritte, Eingangsstoffe, Ausgangsstoffe und Umwelteinwirkungen. Ungeachtet der Identifikation von Teilprozessen erfolgte keine direkte Zuordnung von Einsatzstoffen, Ausgangsstoffen und sonstigen Umwelteinwirkungen, um eine übersichtliche Darstellung ohne Wiederholungen zu erhalten (Bild 4.55). Diese einfache Aufnahme kann bereits als Ausgangsbasis für eine Prozeßbilanz genutzt werden. Eine Quantifizierung ist durch eine Datensammlung während des Betriebs mit Fehlersammellisten und anschließender graphischer Aufbereitung mit Histogrammen und Paretodiagrammen möglich.

5.3 ABC/XYZ-Analyse

- ... und analysiert

Anschließend wurden die Ausgangsstoffe der Prozeßbereiche Spritzkabine und Umluftkammertrockner gemeinsam einer ABC-Analyse unterzogen (Bild 4.56). Da genauere Daten nicht unmittelbar zur Verfügung standen, wurde auf eine mengenmäßige Abstufung XYZ verzichtet. Am Beispiel des am schwerwiegendsten eingeschätzten Ausgangsstoffes verunreinigtes Lösemittel soll die Bewertung nachvollzogen werden. Der Vergleich der Bedeutung der unterschiedlichen Ausgangsstoffe für jedes Kriterium führte zur Festlegung der Bewertungen.

Lösemittel ist Bestandteil der verwendeten Lacke. Es entweicht einerseits beim Verdunsten vom gespritzten Waggon und als Bestandteil des Oversprays, so daß es bei hohen Konzentrationen zurückgehalten werden muß, um nicht in die Außenluft zu gelangen. Andererseits entweicht Lösemittel beim Anmischen der Lacke und wird zur Säuberung der Spritzpistolen bei Farb- und Lackwechseln mit entsprechender Verunreinigung eingesetzt. Unter dem Stichwort verunreinigtes Lösemittel werden auch diese Probleme der Handhabung in Form von Anmischung und Reinigung eingeordnet. Dagegen wurde die Luftbelastung durch die beim oder nach dem Spritzen entweichenden Lösemitteldämpfe unter dem Stichwort Abluft in der ABC-Analyse berücksichtigt.

4.5 Qualitätstechniken im betrieblichen Umweltschutz

Von Rechts wegen sind hier das BImSchG (Luftverunreinigung durch entweichende Dämpfe) und die Gefahrstoffverordnung zu beachten. Hinsichtlich der Mischung der Lacke und der Reinigung sollen durch die Beachtung der Sicherheitsdatenblätter zum Umgang mit den Lösemitteln Sicherheitsgefahren ausgeschlossen werden. Gleichzeitig wird damit zur Minimierung der Luftbelastung beigetragen. Der trotz des Gefahrenpotentials sorglose Umgang mit Lösemitteln führte aufgrund der gleichzeitigen Risiken für Gesundheit und Umwelt zu einer Bewertung mit A. Da die Abluft-

- Sorglos und fahrlässig liegen dicht beieinander

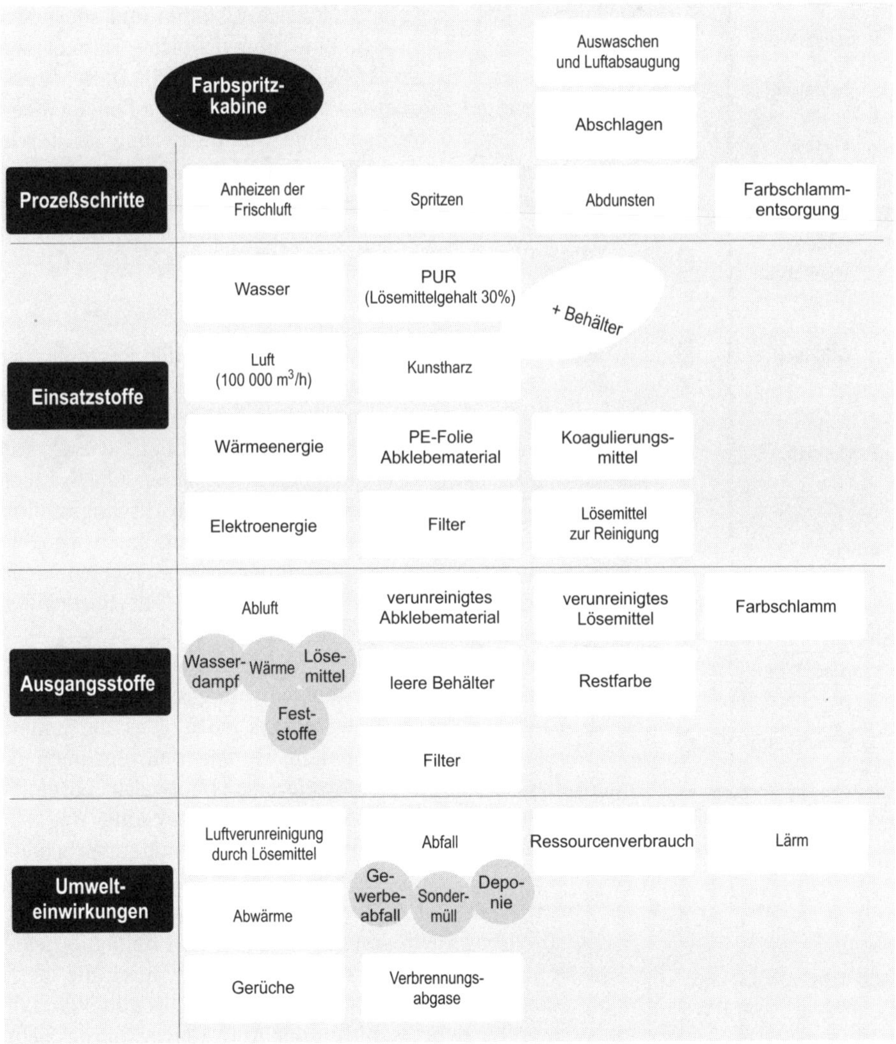

Prozeßschritte	Farbspritzkabine		Auswaschen und Luftabsaugung	
			Abschlagen	
	Anheizen der Frischluft	Spritzen	Abdunsten	Farbschlammentsorgung
Einsatzstoffe	Wasser	PUR (Lösemittelgehalt 30%)	+ Behälter	
	Luft (100 000 m³/h)	Kunstharz		
	Wärmeenergie	PE-Folie Abklebematerial	Koagulierungsmittel	
	Elektroenergie	Filter	Lösemittel zur Reinigung	
Ausgangsstoffe	Abluft	verunreinigtes Abklebematerial	verunreinigtes Lösemittel	Farbschlamm
	Wasserdampf, Wärme, Lösemittel, Feststoffe	leere Behälter	Restfarbe	
		Filter		
Umwelteinwirkungen	Luftverunreinigung durch Lösemittel	Abfall	Ressourcenverbrauch	Lärm
	Abwärme	Gewerbeabfall, Sondermüll, Deponie		
	Gerüche	Verbrennungsabgase		

Bild 4.55: Prozeßaufnahme

	Abluft	Klebematerial	verunreinigtes Lösemitel	Farbschlamm, Restfarben	leere Behälter	Filter	Wärmeenergie
Einhaltung umweltrechtlicher Bedingungen	A	C	A	A	B	C	B
Gesellschaftliche Anforderungen	A	C	B	B	C	C	B
Normalbetrieb Luftbelastung	A	C	B	C	C	C	B
Wasserbelastung	C	C	C	C	C	C	B
Bodenbelastung	C	C	C	C	C	C	C
Giftigkeit	B	C	B	B	C	C	C
Störfallrisiko	C	C	B	B	C	C	C
Kosten	A	B	A	A	B	B	A
vorher/nachher Vorproduktion	C	B	A	A	B	B	A
Entsorgung	C	B	A	A	B	B	C
SUMME A	4	0	4	4	0	0	2
SUMME B	1	3	4	3	4	3	4
SUMME C	5 (3.)	7	2 (1.)	3 (2.)	6	7	4

Bild 4.56: ABC-Analyse

problematik vergleichsweise stärker als Fragen des Lösemitteleinsatzes öffentlich diskutiert wird, erfolgte hier eine Abstufung. Andere Ausgangsstoffe wie Abklebematerialien sind dagegen noch in weit geringerem Umfang von gesellschaftlichen Forderungen betroffen, so daß im Vergleich dazu stärker bewertet werden mußte und eine Einigung auf B erfolgte.

Von den Umweltmedien wird durch den Normalbetrieb, d. h. dem üblichen Umgang mit Lösemitteln beim Mischen und Reinigen, vor allem die Luft durch Ausdampfungen belastet. Andere Luftschadstoffe sind jedoch als vergleichsweise schwerwiegender zu beurteilen. Andererseits besteht die Notwendigkeit der Entsorgung des beim Reinigen verunreinigten Lösemittels als Sonderabfall, wenn keine Rückgewinnung (z. B. Destillation) stattfindet. Auch hier wurde der Mittelweg mit einer B-Beurteilung gewählt. Ebenso wurde aufgrund der Einstufung der verwendeten Lösemittel im Sicherheitsdatenblatt ein B für die Giftigkeit vergeben. Das Störfallrisiko schließt auch die Frage der Arbeitssicherheit ein. Da der Umgang durch die Mitarbeiter (offene Behälter) als relativ sorglos eingestuft wurde, erfolgte eine Bewertung mit B.

- Schadstoffbelastung der Luft

Bei der Kostenfrage spielte die Einstufung der verunreinigten Lösemittel als Sondermüll im Vergleich zu den meist als Hausmüll entsorgbaren Klebematerialien und leeren Gebinden wiederum eine wichtige Rolle, die zur Einstufung mit A führte. Vorproduktion (chemische Industrie) und Entsorgung wurden ebenfalls vergleichsweise als schwerwiegend beurteilt (A).

5.4 Ursache-Wirkungs-Diagramm

Im Ursache-Wirkungs-Diagramm wurden technische und organisatorische Ursachen der drei höchstbewerteten Ausgangsstoffe verunreinigtes Lösemittel, Farbschlamm und Abluft ermittelt und strukturiert. Als Beispiel soll wiederum der Bereich verunreinigtes Lösemittel dienen (Bild 4.57).

- Mögliche Zusammenhänge werden transparent

Unter den menschlichen Einflußmöglichkeiten auf die Menge des anfallenden verunreinigten Lösemittels wurden die Art der Mischung und im Zusammenhang damit die mischende bzw. reinigende Person selbst gesehen. Außerdem wurde hier die Art und Weise der Bestimmung der Sättigung des verwendeten Lösemittels eingeordnet, d. h. des Zeitpunkts, ab dem die Reinigungswirkung nicht mehr gegeben und das Lösemittel zu erneuern ist. Die Ursachen zweiter Ordnung zeigt Bild 4.57. Aufeinanderaufbauende Punkte

- Die Schwerpunkte kristallisieren sich heraus

führen im Diagramm zu Kausalketten. Als Merkpunkt wurde die Gesundheitsgefährdung, die von einem unsachgemäßen Umgang mit Lösemitteln ausgeht, notiert.
Maschinenbedingt beeinflußt die Lösemittelmenge die Art der Zusammenführung der Lackkomponenten (Zweikomponentenlack). Je näher die Zusammenführung an der Düse erfolgt, desto geringer ist der zu reinigende Bereich und desto weniger Lösemittel muß eingesetzt werden. Weiterhin

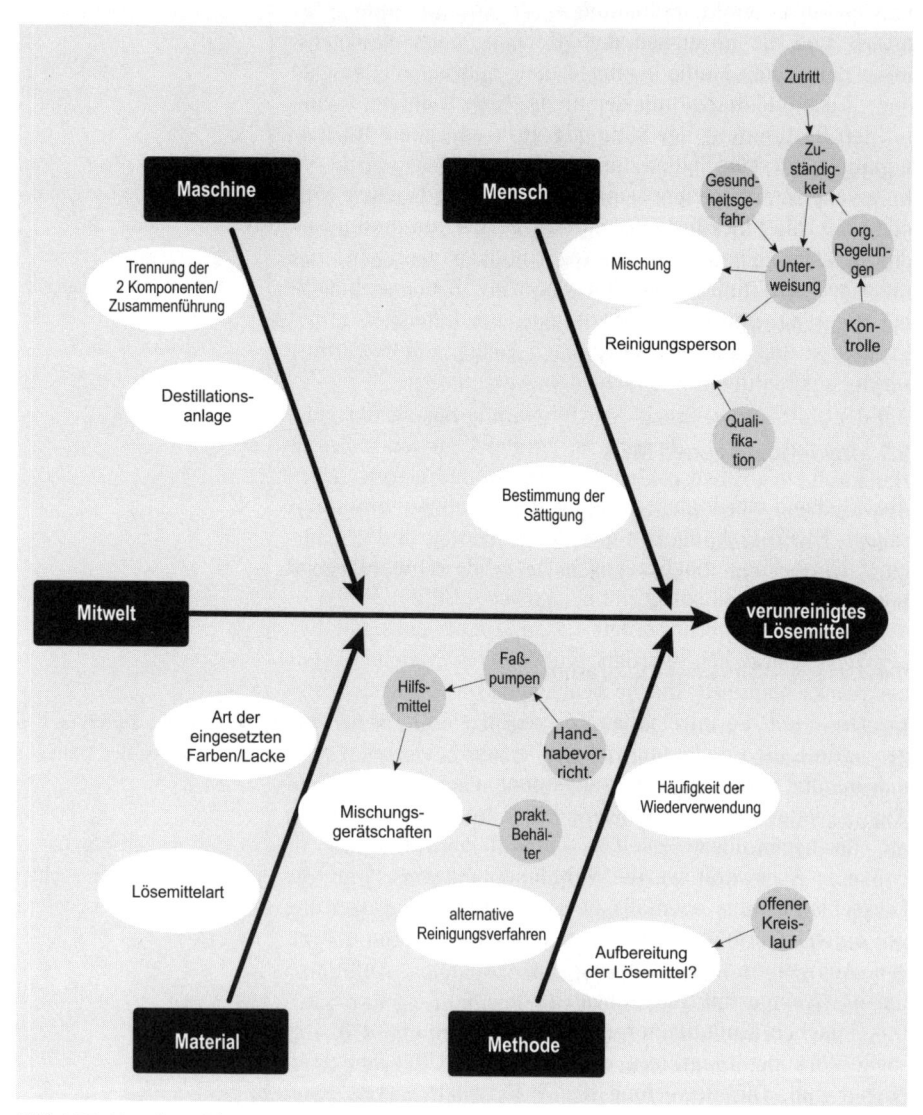

Bild 4.57: Ursache-Wirkungs-Diagramm

wurde das Nichtvorhandensein einer Destillationsanlage als Entsorgungsmenge und Entsorgungskosten erhöhender Faktor genannt. Materialbedingte Einflußfaktoren sind die Art der Lacke, der Lösungsmittel (Gefährdungspotential) und Mischungsgerätschaften. Hinsichtlich der Mischungsgerätschaften wurde die Notwendigkeit von praktikablen Behältern, Hilfsmitteln wie Faßpumpen und Handhabungsvorrichtungen als Ursachen zweiter Ordnung diskutiert. Das Reinigungsverfahren bzw. die Frage nach möglichen Alternativen zur Lösemittelreduktion, die Aufbereitung des Lösemittels und die Häufigkeit der Wiederverwertung wurden unter dem Punkt Methode eingeordnet. Hierbei zeigten sich enge Zusammenhänge mit der unter Mensch bereits aufgeführten Bestimmung der Sättigung, bzw. zwischen der Aufbereitung mit dem Fehlen der Destillationsanlage.

Insbesondere die letzten Bemerkungen lassen deutlich werden, daß die Einordnung in die Kategorien verständnisfördernd, aber nicht immer eindeutig und zwingend ist. Ein mehrfaches Aufführen von Ursachen/Einflußfaktoren ist dabei nicht als überflüssig anzusehen, sondern fördert die Kreativität und lenkt die Suche nach Lösungs- und Verbesserungsmaßnahmen in verschiedene Richtungen.

- Die Beiträge der einzelnen Parameter als Ursache des Problems sind nicht immer eindeutig

5.5 Umweltbezogene FMEA

Abschließend wurde das in Kapitel 4 entworfene umweltbezogene FMEA-Formblatt in gekürzter Form zusammen mit einer Darstellung möglicher Verbesserungsmaßnahmen in Form eines Affinitätsdiagramms bearbeitet (Bild 4.58). Wiederum dient das verunreinigte Lösemittel als beispielhafter „Prozeß". Zusätzlich wurden die Problembereiche Abluft und Lackschlamm/Restfarbe bearbeitet. Die Umwelteinwirkungen durch verunreinigtes Lösemittel sind, wie bereits geschildert, die Entstehung von Sondermüll und die Luftverunreinigung. Aus dem Bewertungsschema gemäß ABC/XYZ-Analyse leitet sich die „Schwere" der Umwelteinwirkungen ab. Hier liegen überwiegend A- und B-Bewertungen vor, so daß eine 8 gewählt wurde. Verglichen mit dem Problem Lackschlamm, das ebenfalls überwiegend hohe Bewertungen aufweist, erfolgte entsprechend der Reihenfolge aus der ABC-Analyse ein Differenzierung, Lackschlamm wurde also nur mit 7 eingestuft (nicht abgebildet).

Die Ursachen/Einflußfaktoren erster Ordnung aus dem Ursache-Wirkungs-Diagramm wurden in die Ursachenspalte eingetragen. Die Bewertung der Wahrscheinlichkeit bzw. des Anteils, den diese Ursachen an der Menge des verunrei-

- Aus der Bewertung durch Fachleute ergibt sich die Schwere der Einwirkung

nigten Lösemittels haben, wurde im Vergleich getroffen, da eine Bepunktung im Ursache-Wirkungs-Diagramm nicht stattgefunden hatte. Statt dessen erfolgte eine ausführliche Diskussion der einzelnen Punkte. Als bedeutendste Ursachen wurden die Reinigungsperson, das fehlende Recycling (Destillationsanlage) und die Art der Lacke und Lösemittel angesehen und mit 10 bewertet. Im relativen Vergleich schließen sich die Bestimmung der Sättigung bzw. die Häufigkeit der Wiederverwendung (9), der Einsatz von Mischungshilfsmitteln und die Trennung der zwei Komponenten (jeweils 8) an. Es erweist sich, daß hier alle Ursachen sehr einflußreich sind und nur sehr geringe Abstufungen sinnvoll waren.

- In manchen Fällen lassen sich Wertigkeiten kaum abstufen

Parallel zum FMEA-Formblatt wurden für die Beeinflußbarkeit der Ursachen/Einflußfaktoren mögliche Verbesserungs-

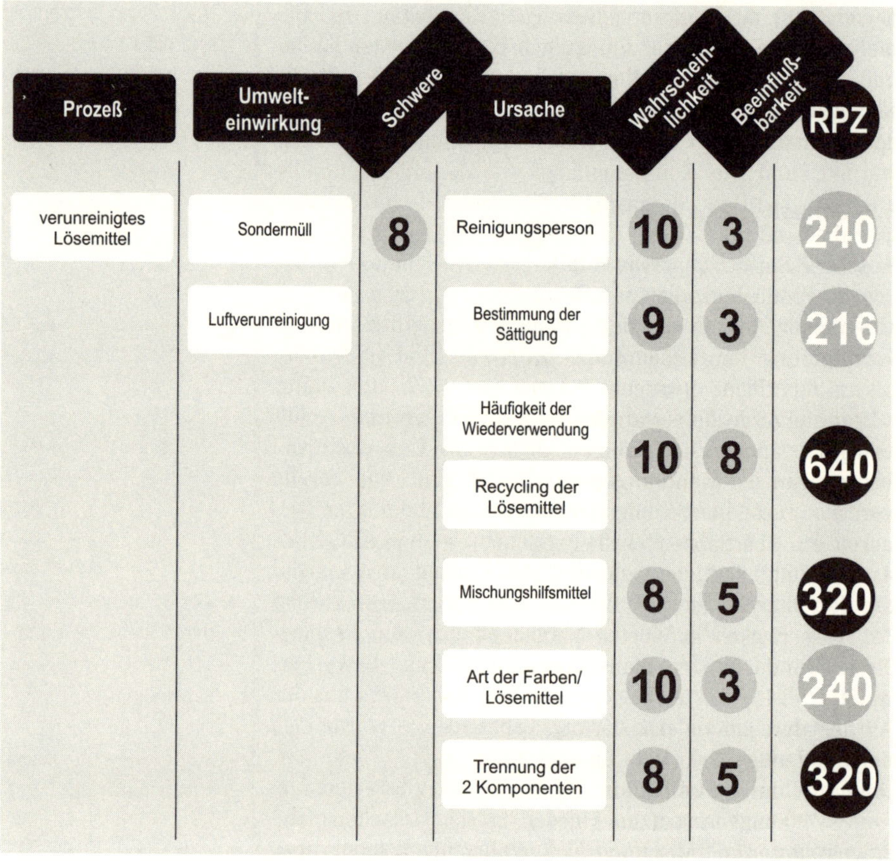

Prozeß	Umwelteinwirkung	Schwere	Ursache	Wahrscheinlichkeit	Beeinflußbarkeit	RPZ
verunreinigtes Lösemittel	Sondermüll	8	Reinigungsperson	10	3	240
	Luftverunreinigung		Bestimmung der Sättigung	9	3	216
			Häufigkeit der Wiederverwendung	10	8	640
			Recycling der Lösemittel			
			Mischungshilfsmittel	8	5	320
			Art der Farben/Lösemittel	10	3	240
			Trennung der 2 Komponenten	8	5	320

Bild 4.58: Umweltbezogene FMEA

maßnahmen aufgelistet. Bezüglich der Reinigungsperson wurden in enger Anlehnung an das Ursache-Wirkungs-Diagramm Verbesserungen der Unterweisung und Qualifikation, eindeutige Klärung und Regelung der Zuständigkeiten sowie Überwachungsmöglichkeiten genannt. Obwohl diese Maßnahmen als einfach durchzuführen eingeschätzt wurden, erschien der Effekt auf die Lösemittelmenge eher fraglich, so daß mit 3 relativ niedrig bewertet wurde. Im Falle der Bestimmung der Sättigung wurden Möglichkeiten zur Objektivierung durch Messung als verhältnismäßig aufwendig eingestuft, wenngleich der zu erwartende Effekt größer eingeschätzt wurde, so daß auch hier eine 3 vergeben wurde.

Den größten Erfolg versprach sich das Bearbeitungsteam von der Wiederaufbereitung der Lösemittel mit einer Destillationsanlage, der auch den relativ großen Aufwand (Kosten) aufwiegt. Daher wurde diese Maßnahme am höchsten bewertet (8). Als weitere vielversprechende Verbesserungsmöglichkeiten galten der Einsatz von Mischungshilfsmitteln und die Trennung der Komponenten. Da jedoch für Mischungshilfsmittel Aufwendungen erforderlich wären, die den zu erwartenden (Kosten-)Effekt teilweise kompensieren würden, und die Komponententrennung vielfach bereits umgesetzt wird, wurde für beide Fälle deutlich zur Destillation abgestuft (5).

Auch der Einsatz von Wasserlacken als Alternative zu den Zweikomponentenlacken wurde diskutiert und stellt nach allgemeiner Ansicht die beste Möglichkeit zur drastischen Verringerung der Lösemittelmenge dar, da anstelle des Lösemittels beim Reinigen Wasser ausreicht. Einerseits wären hierzu große verfahrenstechnische Umstellungen erforderlich; andererseits können mit Wasserlacken die Anforderungen der Kunden nicht im bisherigen Maße erfüllt werden. Dies betrifft Belastbarkeit und Standzeit der lackierten Oberflächen (bisher deutlich geringer als bei stark lösemittelhaltigen Lacken) und die Reinigungsmöglichkeit der Oberflächen, z.B. bei Beschädigung durch Graffiti. Bei Wasserlacken kann eine Neulackierung nötig werden. Diese Gründe führten hier zu einer niedrigen Bewertung mit 3.

Bei der Berechnung der Risikoprioritätszahlen ergab sich eine eindeutige Priorität für die Wiederaufbereitung der Lösemittel durch Destillation. Es wurde daher beschlossen, hierfür Planungen aufzunehmen. Außerdem sollten die „Nächstplazierten" Mischungshilfsmittel und Trennung der Komponenten intensiv bearbeitet werden. Aufgrund der

- Teamarbeit kanalisiert die Problematik

- Mit Hilfe der FMEA wurde eine eindeutige Priorität ermittelt

- Bei Meinungsverschiedenheiten im Team entscheidet der Verantwortliche für die Anlage

nicht zu großen Abstände zu den übrigen Ursachen erscheinen auch diesbezüglich Überlegungen angebracht.

Hinsichtlich der Abluftproblematik ergaben sich eindeutigere Ergebnisse, die Verminderung des Oversprayanteils wurde als vordringlich erachtet. Welche Möglichkeiten bestehen und welcher Effekt von Verbesserungsmaßnahmen ausgeht, wurde kontrovers diskutiert, so daß übereinstimmend die Beratung durch einen Prozeßexperten der Lackiererei als erforderlich angesehen wurde. Weitere Möglichkeiten wurden im wesentlichen als gering oder bereits ausgeschöpft angesehen.

Die Planungen für die Installation einer Destillationsanlage wurden abgeschlossen.

6 Zusammenfassung und Ausblick

Die vorgestellte Vorgehensweise fördert insbesondere die Ausrichtung des betrieblichen Umweltschutzes auf eine vorsorgende Vorgehensweise; sie führt zu einem umfassenden Denken und geht über das noch vielfach vorherrschende ausschließliche Festhalten am Einhalten rechtlicher Vorgaben hinaus. Sie lenkt dabei die Aufmerksamkeit auf die wirtschaftlichen Aspekte und Chancen des betrieblichen Umweltschutzes. Insbesondere bei der Neuplanung von Anlagen können umweltbezogene Risiken und Fehleinschätzungen von vornherein vermieden werden. Eine externe Moderation bewährt sich insbesondere bei Prozeßaufnahme, ABC/XYZ-Analyse und Ursache-Wirkungs-Diagramm (Problem der „Betriebsblindheit"). Extern bedeutet in diesem Fall nicht notwendigerweise die Hinzuziehung eines außerbetrieblichen Beraters, betriebsinterne Moderatoren mit ausreichendem „Abstand" zu dem bearbeiteten Problem bewähren sich hierbei oftmals besser.

- Wenn auch der Zeitaufwand für methodische Vorgehensweisen lästig erscheint ...

Der Zeitaufwand für methodisch und mit dem Denken im vorsorgenden, prozeßorientierten Umweltmanagement ungeübte mag zunächst hoch erscheinen; die Förderung gerade dieser Sichtweise kompensiert ihn jedoch weitestgehend. Bei Unternehmen, die dem Umweltschutz und Umweltmanagement schon länger einen hohen Stellenwert einräumen, kann durch die Einbeziehung von Ergebnissen von Prozeßbilanzen und bereits durchgeführten ABC/XYZ-Analysen bzw. anderen Stoffbewertungen der Aufwand deutlich reduziert werden.

- ... eine breit getragene Entscheidung hat einen großen Wert

Forderungen an eine stärkere Prozeßorientierung von Qualitätsmanagementsystemen finden sich in immer stärkerem Maß in Normen (Revision der ISO 9000er Reihe) oder normähnlichen Schriften z. B. der Automobilindustrie (QS-9000 oder VDA Band 6.1). Basis für das Vertrauen in die Funktion eines Managementsystems sind dabei Prozeßdarstellungen und Risikobewertungen im Sinne einer FMEA. D. h. im Gesamtprozeß der Produkterstellung vom ersten Entwurf bis zur Auslieferung und darüber hinaus etabliert sich z.Zt. eine qualitätsorientierte Vorgehensweise, um Verbesserungs- und Prozeßabsicherungsmaßnahmen abzuleiten. Die hier beschriebene Bearbeitung von Umweltschutzaufgaben arbeitet in sehr ähnlicher Weise. Durch Berücksichtigung innerhalb der regulären Maßnahmen zur Prozeßabsicherung können die positiven wirtschaftlichen Effekte des betrieblichen Umweltschutzes bei der Produkterstellung genutzt werden. Voraussetzung und gleichzeitig Ziel sollte daher sein, die Sonderbehandlung von Umweltschutzproblemen – wie sie auch im geschilderten Beispiel noch erfolgte – aufzugeben und eine vollständige Integration in die betrieblichen Abläufe zu erreichen.

- Durchdachte Umweltschutzmaßnahmen liefern einen wertvollen Beitrag zum gesamtbetrieblichen Ergebnis

Literatur

1 Butterbrodt, D.; Tammler, U.: Techniken des Umweltmanagements. In Kamiske, G. F. (Hrsg.): Reihe Pocket Power. München, Wien: Hanser 1996
2 Tammler, U.: Prozeßorientierte Techniken zur systematischen Verbesserung des betrieblichen Umweltschutzes. Berlin IPK: 1997
3 Umweltbundesamt; Bundesumweltministerium (Hrsg.): Handbuch Umweltcontrolling. München: Vahlen 1995

Autoren

Dr.-Ing. Detlef Butterbrodt

Jahrgang 1962, studierte nach einer abgeschlossenen Berufsausbildung Maschinenbau mit Vertiefung Produktionstechnik und Qualitätsmanagement an der Technischen Universität Berlin. Am Fachgebiet Qualitätswissenschaft arbeitete er seit 1992 als Wissenschaftlicher Mitarbeiter unter der Leitung von Prof. Dr.-Ing. Kamiske an der ökologischen Ausrichtung des TQM-Führungsmodells. 1997 promovierte er auf diesem Gebiet. Daneben ist er Dozent an verschiedenen Bildungsinstituten. 1996 wurde er für seine Arbeit mit dem Walter Masing-Preis der Deutschen Gesellschaft für Qualität ausgezeichnet. Als Berater für Innovationsprojekte im „HAUS DER ZUKUNFT" in Hamburg tätig, erhielt er den Lehrauftrag für Betriebliches Umweltmanagement der TU Berlin.

Dipl.-Ing. (FH) Jürgen Ebeling

Geboren 1937, studierte Fertigungstechnik in Berlin. Nach drei Jahrzehnten in Stabs- und Führungspositionen im Qualitätswesen der Elektro- und Automobilindustrie sowie als DGQ-Dozent seit 1991 selbständiger Berater und Trainer für Total Quality Management, Motivation und Methodeneinsatz.

Dipl.-Kfm. Karl Josef Ehrhart †

Geboren 1933 in Heidenheim, studierte Maschinenbau und Betriebswirtschaft an der Technischen Hochschule Wien und der Hochschule für Welthandel Wien. 1958 begann er seine Tätigkeit bei der Carl Edelmann GmbH in Heidenheim und übernahm 1963 die Geschäftsführung. 1995 übernahm Herr Ehrhart den Aufsichtsratsvorsitz derselben Firma. Zugleich wurde er zum Präsidenten der Deutschen Gesellschaft für Qualität e. V. gewählt. Völlig unerwartet verstarb Herr Ehrhart am 03. November 1996.

Dr.-Ing. Alexander Gogoll

Geboren 1964, studierte Wirtschaftsingenieurwesen und promovierte über Qualitätsmanagement im Dienstleistungsbereich am Fachgebiet Qualitätswissenschaft des IWF der Technischen Universität Berlin. Heute ist er Leiter Service Marketing bei der Siemens AG im Unternehmensbereich Medizinische Technik.

Dipl.-Kfm. Peter Haase

Jahrgang 1941, Abitur und Banklehre in Bremen; Studium der Betriebswirtschaft in Kiel und Göttingen; seit 1969 bei Volkswagen AG, zunächst als Management-Trainer und pädagogischer Leiter des Trainingszentrums für Führungskräfte, dann als Leiter der Hauptabteilung Zentralplanung Bildungswesen und ab 1992 Leiter der Personalentwicklung. 1995 wurde er Geschäftsführer der neugegründeten Volkswagen Coaching GmbH.

Prof. Dr. phil. Gertrud Höhler

studierte Literaturwissenschaft und Kunstgeschichte in Bonn, Berlin, Zürich und Mannheim. 1976–1993 Professorin für Allgemeine Literaturwissenschaft und Germanistik an der Universität Paderborn. 1987–1990 Beraterin für Fragen der Öffentlichkeitsarbeit bei der Deutschen Bank AG und seit November 1992 Non-Executive Director der Grand Metropolitan PLC, London. Seit 1985 ist Frau Professor Höhler als freie Unternehmerin und Unternehmensberaterin in Fragen der Kommunikation, Führung und Unternehmenskultur tätig. Sie ist Mitglied in zahlreichen Kuratorien und Beiräten.

PD Dr. Ulrich Jürgens

Geboren 1943, studierte Volkswirtschaftslehre und Politische Wissenschaft an der Freien Universität Berlin. Seit 1977 Mitarbeiter am Wissenschaftszentrum Berlin für Sozialforschung führte er mehrere, international vergleichende Forschungsprojekte durch, darunter ein Projekt im Zusammenhang des MIT-Verbundes über „Die Zukunft des Automobils".

Prof. Dr.-Ing. Gerd F. Kamiske

Geboren 1932, studierte Maschinenbau an der Technischen Hochschule Braunschweig. In über dreißigjähriger Industriepraxis auf dem Qualitätsgebiet in leitender Funktion sammelte er vielschichtige Erfahrungen im In- und Ausland. Aus der Position des Leiters Qualitätssicherung im Volkswagenwerk Wolfsburg folgte er 1988 dem Ruf an die Technische Universität Berlin zum Aufbau des neugegründeten Lehrstuhls Qualitätswissenschaft. Zahlreiche Forschungsprojekte zu TQM mit nationalen und internationalen Auszeichnungen. Gründungsmitglied und Vorstand der Gesellschaft für Qualitätswissenschaft.

Dr.-Ing. Henning Kirstein

Jahrgang 1937, studierte Werkzeugmaschinen und Betriebstechnik an der Technischen Universität Berlin. Er trat danach bei Volkswagen als Vorstandsassistent ein und war innerhalb des Unternehmens in drei verschiedenen Vorstandsbereichen und bei drei Konzerngesellschaften tätig. Er war zuletzt Leiter des Qualitäts-Audits im Volkswagenkonzern und ist heute u.a. Sprecher der Deutschen EFQM.

Dr.-Ing. Claudia Kostka

Geboren 1964, studierte nach einer Tätigkeit als Krankenschwester Maschinenbau an der TU Berlin. Anschließend war sie als Doktorandin bei der Siemens AG im Bereich Halbleiter tätig und promovierte zum Thema „Führungsqualität im TQM" im Bereich Qualitätswissenschaft der TU Berlin. Hier ist sie seit 1998 Oberingenieurin mit den Forschungsschwerpunkten Führungsqualität und Veränderungsmanagement.

Dr.-Ing Frank Krämer

Geboren 1963, studierte Maschinenbau mit der Vertiefungsrichtung Produktionstechnik an der Fachhochschule Giessen-Friedberg und der Technischen Universität Berlin. Seit 1992 ist er wissenschaftlicher Mitarbeiter am Fachgebiet Qualitätswissenschaft, wo er über das Thema „Anpassung des Qualitätswesens im Total Quality Management (TQM)" promovierte. Begleitend zu seiner Lehr- und Forschungstätigkeit auf dem Gebiet TQM, führte er dazu eine Vielzahl von Industrieprojekten in unterschiedlichen Branchen im In- und Ausland durch. Z.Zt. ist er Leiter des Fertigungsbereichs Variable Nockenwellensteuerung bei der BMW Rolls-Royce GmbH.

Dipl.-Kfm. Jürgen H. Lietz

Geboren 1935. Nach 25jähriger Industrietätigkeit mit Leitung von Einkauf/Materialwirtschaft, Arbeitsvorbereitung und Fertigungssteuerung, Vertrieb und Marketing in großen Unternehmen und als Allein-GF eines mittelständischen Zulieferers machte er sich 1984 selbständig. Er ist heute spezialisiert auf Führungsberatung, insbesondere auf Fehlzeitenreduzierung und Veränderung des Denkens (Bewußtsein) von Führungskräften bei der Implementation von Lean Management.

Dr.-Ing. Christian Malorny

Geboren 1965, studierte Maschinenbau an der Technischen Universität Berlin. 1996 Promotion am Fachgebiet Qualitätswissenschaft derselben Universität. Gegenwärtig Berater bei McKinsey & Company. Er bekam für seine wissenschaftlichen Arbeiten als erster Deutscher 1996 den European Quality Award for Theses on TQM von der European Foundation for Quality Management verliehen und ist Autor zahlreicher Veröffentlichungen zum Qualitätsmanagement.

Dipl. rer. soc. Dr. rer. soc. Friedhelm Marciniak

Geboren 1948, studierte Sozialwissenschaften in Bochum und Bonn. Unterschiedliche Funktionen in diversen Firmen. Seit 1979 bei Volkswagen im Personalwesen mit verschiedenen Tätigkeiten betraut. Dazu gehörte auch das VW-Zirkel-Projekt, das mit dem Deutschen Qualitätszirkelpreis ausgezeichnet wurde. 1991 Geschäftsführer einer Stahlgießerei in Magdeburg. Seit 1996 Leiter des Vorschlagswesens und ab 1998 des Ideenmanagements im Volkswagenwerk Kassel. Lehrauftrag an der Technischen Universität Braunschweig.

Holger Schaar

Geboren 1947, ist Generalist für ganzheitliche Unternehmensentwicklung. 23 Jahre Berufserfahrung in Organisation und Betriebswirtschaft in allen Branchen. Seit 1980 in der Automobil/Zulieferer-Industrie tätig. Gelernter Bankkaufmann, Organisationsberater bei der Schitag Schwäbische Treuhand, 1985 Gründung der hsp Holger Schaar + Partner in Stuttgart. Die hsp ist Teil eines Netzwerkes aus Beratern und Trainern. *Persönlicher Schwerpunkt:* Coaching von Führungskräften und Entwicklung von Visionen.

Dipl.-Ing. Per-Ake Sörensson

Geboren 1932, studierte Maschinenbau in Göteborg, Schweden, und Business Administration in Genf. Von 1958–1984 in der Automobilindustrie tätig. Bis 1979 Produktion, Qualitätssicherung, ab 1974 als Vize-Präsident für Qualität und Produktsicherheit bei AB Volvo, Schweden. Seit 1979 bei Volkswagen AG. 1982–88 als Vorstandsmitglied für Qualitätssicherung bei Volkswagen of America, dann als Leiter der Qualitätsmanagementausbildung für den Konzern in Wolfsburg tätig. Seit 1994 selbständiger Berater für Qualitätsmanagement.

Dr.-Ing. Ulrich Tammler

Jahrgang 1967, studierte Maschinenbau an der Technischen Universität Berlin. Er arbeitet seit 1992 im Fachgebiet Qualitätswissenschaft des Instituts für Werkzeugmaschinen und Fabrikbetrieb der TU Berlin als Wissenschaftlicher Mitarbeiter unter der Leitung von Prof. Dr.-Ing. Kamiske auf dem Gebiet des Umweltmanagements, wo er auch im Sommer 1997 seine Promotion abschloß. Von 1994 bis 1997 betreute er das AiF/FQS-geförderte Forschungsprojekt „Umweltschutz als Bestandteil eines umfassenden Managementsystems". Er ist Mitbegründer eines Hochschularbeitskreises und Mitglied in weiteren Arbeitskreisen. Seit 1998 führt er das Qualitätsmanagementsystem der Robert Bosch GmbH in Blaichach, dazu gehören u. a. qualitätsbezogene Schulungen

Dr.-Ing. Philipp Theden

Jahrgang 1965, studierte Wirtschaftsingenieurwesen an der Technischen Universität Berlin. Von 1993 bis 1995 arbeitete er als Wissenschaftlicher Mitarbeiter im Fachgebiet Qualitätswissenschaft des IWF der TU Berlin im Themenbereich Qualitätscontrolling und promovierte zum Dr.-Ing. Nach einer zweijährigen Tätigkeit als Unternehmensberater ist er heute bei der RobotSystems Gesellschaft für Palettiertechnik mbH in Berlin tätig.

Dipl.-Ing. (FH) Johann Tikart

Geboren 1937 – von 1988 bis 01.07.1997 Geschäftsführer der Mettler-Toledo (Albstadt) GmbH – führte das Unternehmen wieder in den Erfolg und verhalf ihm zu internationalem Renommee.
Tikart ist Erfinder der Absatzgesteuerten Produktion sowie der Synchronen Produktentwicklung und setzte diese Neuerungen gemeinsam mit seinen Mitarbeitern in die Praxis um. Daß ausschließlich Menschen den Erfolg ermöglichen und sicherstellen, war ihm dabei die Basis der Veränderungen.
Tikart gilt als Visionär einer neuen Arbeitswelt, in der der Erfolg von Menschen gemacht wird, die sich ganz einbringen dürfen. Er hält Vorträge in ganz Europa.
Seit Beginn der neunziger Jahre verzeichnete die Mettler-Toledo (Albstadt) GmbH einen nicht abreißenden Besucherstrom und ist Gegenstand zahlloser Veröffentlichungen sowie Fernsehberichte gewesen.
Tikart verließ Mettler-Toledo (Albstadt) GmbH, um in anderen Unternehmen das in Albstadt so erfolgreich Erreichte umzusetzen und um neue, weitere Projekte an anderen Orten zu entwickeln.
Tikart hat seit dem Jahresende 1996 ein Forum eingerichtet, in dem interdisziplinär – d.h. nicht nur aus der Wirtschaft heraus – der notwendige Handlungsbedarf aus unterschiedlichen Sichtweisen dargestellt und auf die Weise ein Grundverständnis entwickelt wird, das ein gezieltes Agieren möglich macht. Tikart setzt derzeit seine neuesten Ideen (neue, ganzheitliche Ausbildungsformen, interdisziplinäres Werteverständnis in der Wirtschaft, Motivation der Mitarbeiter durch ganzheitliche Sinnerfüllung, etc.) in die Praxis um. Er ist seit 1997 mit einem eigenen Ingenieur-Büro tätig: Büro Johann Tikart, Teckstraße 13, 71638 Ludwigsburg.

Hanser – Fachbücher für Computer, Technik und Wirtschaft

Der neue Masing:
Auf jede Frage eine Antwort.

Das Handbuch zum Aufbau eines einheitlichen Managementsystems für Qualitätssicherung, Umweltschutz und Arbeitsschutz. Wenn bereits wenige Jahre nach Erscheinen eines Werkes eine gründlich überarbeitete und ergänzte Neuauflage erforderlich wird, ist dies ein Zeichen dafür, daß seine Thematik noch in voller Entwicklung ist. Deshalb ändert sich die Bedeutung einzelner Themen von Auflage zu Auflage. So sind z.B. Software und Umwelt, die in der letzten Auflage noch in je einem Kapitel gehandelt sind, jetzt je ein Teil mit mehreren Kapiteln gewidmet.

Aus dem Inhalt:
- Grundlagen des Qualitätsmanagement
- Qualitätsmanagementsysteme
- Warenerzeugung: Entwicklung, Fertigung, Prüfung und Einsatz
- Dienstleistung
- Software und Information
- Umwelt
- Der Mensch im Qualitätsgeschehen

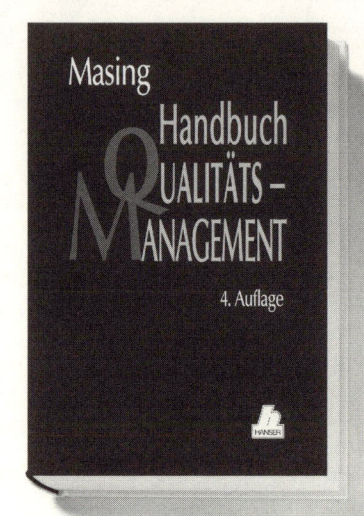

Ein Anhang mit Informationen zu den Werkzeugen der Qualitätstechnik, den Fachorganisationen des Qualitätsmanagement und ein umfangreiches Sachregister ergänzen das Werk. So stellt sich das Handbuch als eine ausgewogene Mischung bekannter und neuer Themen dar, allein nur mit dem Ziel, das schon die früheren Auflagen zum unentbehrlichen Standardwerk gemacht hat: allen Verantwortlichen an der Qualitätsfront ein zuverlässiger Helfer bei der Arbeit zu sein.

W. Masing (Hrsg.)
Handbuch Qualitätsmanagement
4. gründlich überarbeitete und erweiterte Auflage
1184 Seiten.
1999. Gebunden
ISBN 3-446-19397-9

Der Herausgeber

Professor Dr.rer.nat Dr. h.c. Dr.-Ing. E.h. Walter Masing ist Ehrenvorsitzender der Deutschen Gesellschaft für Qualität e.V., Pastpräsident der International Academy for Quality und Fellow der American Society for Quality. Er war lange Jahre Herausgeber der Zeitschrift "Qualität und Zuverlässigkeit" und lehrt heute als Honorarprofessor an der Technischen Universität Berlin und an der Universität Stuttgart.

Carl Hanser Verlag

Postfach 86 04 20, D-81631 München
Tel. (0 89) 9 98 30-0, Fax (0 89) 9 98 30-269
eMail: info@hanser.de, http://www.hanser.de

HANSER

Hanser – Fachbücher für Computer, Technik und Wirtschaft

Mit guter Personalführung zu Total Quality Management.

"Total Quality" im Produzieren setzt beim Vorgesetzten mindestes "High Quality" bei der Mitarbeiterführung voraus. Doch daran mangelt es nicht selten.

Dieses Buch schafft Abhilfe: mit wenig Theorie und dafür reichlich Praxisbeispielen ist es ein Arbeitsmittel für alle Führungskräfte, die für Ihre tägliche Führungsarbeit konkrete Handlungsempfehlungen brauchen.

Denn eins ist klar: Nur erstklassig geführte Mitarbeiter, die ein hochentwickeltes Verständnis von ihrer Arbeit haben, sind überhaupt in der Lage, echte Qualitätsstrategien ihrem Arbeitsalltag zugrundezulegen und diese umzusetzen.

Total Quality Management ist nicht ausschließlich ein technisches Problem, sondern muß immer den "Faktor Mensch" mit einbeziehen.

Inhalt
Teil 1: Personalführung im Management • Das „Arbeitsmittel Mensch" im Unternehmen • Arbeit im Qualitätsmanagement („Wertarbeit") • Mittel zum Aktivieren von Wertarbeit • Prozeß des Motivierens im Arbeitsleben
Teil 2: Menschenbild und Führungsstil in Wertarbeit • Wertarbeit qualitätsfördernd organisieren • Informieren und Kommunizieren • Kooperieren in Gruppen • Bewertete Rückmeldung in der laufenden Arbeit geben • Entwicklungsprozesse fördern und Veränderungen bewältigen • Zusammengefaßte Empfehlungen zur Praxis des Führens im QM • Führungsrelevante Maßnahmen am Beginn des Implementierungsprozesses

M. Richter
Personalführung im Qualitätsmanagement
296 Seiten, 46 Abbildungen.
1999. Gebunden
ISBN 3-446-21162-4

Der Autor

Prof. Dr. Manfred Richter, Jurastudium, danach 26 Jahre Lehrtätigkeit an Fachhochschulen mit den Schwerpunkten Wirtschaftsrecht und Personalführung. Gleichzeitig langjährige Mitarbeit in Arbeitskreisen von Personalleitern und der Deutschen Gesellschaft für Personalführung (DGfP).

Carl Hanser Verlag

Postfach 86 04 20, D-81631 München
Tel. (0 89) 9 98 30-0, Fax (0 89) 9 98 30-269
eMail: info@hanser.de, http://www.hanser.de

HANSER

Hanser – Fachbücher für Computer, Technik und Wirtschaft

Qualitätsmaßnahmen planen und entwerfen.

Unternehmen aller Dienstleistungsbereiche, die um die Qualität der von ihnen angebotenen Leistungen bemüht sind, stellen zunehmend fest, daß Aktivitäten des Qualitätsmanagements nicht losgelöst von finanziellen Aspekten geplant und kontrolliert werden können. Zur Wirtschaftlichkeitsbetrachtung des Qualitätsmanagements stellt dieses Buch das Konzept einer Kosten-Nutzen-Analyse vor und erläutert es an exemplarischen Fallstudien.

Im ersten Teil werden positive und negative finanzielle Konsequenzen von Qualitätsmaßnahmen unter Anwendung der qualitätsbezogenen Kosten-Nutzen-Analyse einander gegenübergestellt.

Der zweite Teil veranschaulicht das Konzept anhand von drei (fiktiven) Fallstudien.

Im dritten Teil werden Ansatzpunkte zur Implementierung eines Qualitätscontrollings mit der Kosten-Nutzen-Analyse als Kernbaustein aufgezeigt.

Aus dem Inhalt
TEIL A:
Grundkonzeption einer Wirtschaftlichkeitsbetrachtung des Qualitätsmanagements
TEIL B:
Besonderheiten der Kosten-Nutzen-Analyse des Qualitätsmanagements für unterschiedliche Leistungstypen
TEIL C:
Implementierung und Zukunftsperspektiven des Qualitätscontrolling

M. Bruhn, D. Georgi
Kosten und Nutzen des Qualitätsmanagements
Grundlagen, Methoden, Fallbeispiele
370 Seiten, 262 Abbildungen.
1999. Gebunden
ISBN 3-446-21078-4

Die Autoren

Prof. Dr. Manfred Bruhn
ist Ordinarius für BWL, insbesondere Marketing und Unternehmensführung, am Wirtschaftswissenschaftlichen Zentrum der Universität Basel. Er verfaßte zahlreiche Monographien und Beiträge und ist als Herausgeber von Handbüchern und Sammelbänden bekannt.

Dipl.-Kfm. Dominik Georgi
arbeitet als Wissenschaftlicher Mitarbeiter am Lehrstuhl für Marketing und Unternehmensführung am Wirtschaftswissenschaftlichen Zentrum der Universität Basel.

Carl Hanser Verlag
Postfach 86 04 20, D-81631 München
Tel. (0 89) 9 98 30-0, Fax (0 89) 9 98 30-269
eMail: info@hanser.de, http://www.hanser.de

HANSER